FamRZ-Buch **34**

Die

FamRZ-Bücher

werden herausgegeben von

Prof. Dr. Dr. h.c. Peter Gottwald
Dr. Ingrid Groß (†)
Dr. Meo-Micaela Hahne
Prof. Dr. Dr. h.c. mult. Dieter Henrich
Prof. Dr. Dr. h.c. Dieter Schwab
Prof. Dr. Thomas Wagenitz

VERLAG ERNST UND WERNER GIESEKING, BIELEFELD

Der Zugewinnausgleich

– Eine Anleitung für Rechtsanwälte, Richter und Notare –

von

Dr. Max Braeuer
Rechtsanwalt und Notar in Berlin

2. neu bearbeitete Auflage

2015

VERLAG ERNST UND WERNER GIESEKING, BIELEFELD

Bibliografische Information der Deutschen Nationalbibliothek
Die Deutsche Nationalbibliothek verzeichnet diese Publikation in der
Deutschen Nationalbibliografie; detaillierte bibliografische Daten sind
im Internet über http://dnb.d-nb.de abrufbar.

2015
© Verlag Ernst und Werner Gieseking GmbH, Bielefeld
Lektorat: Dr. iur. Jobst Conring
Satz: SATZstudio Josef Pieper, Bedburg-Hau
Gesamtherstellung: CPI books GmbH, Leck – Germany
ISBN 978-3-7694-1152-2

Vorwort

Der Zugewinnausgleich im gesetzlichen Güterstand der Zugewinngemeinschaft ist mehr als andere Rechtsmaterien ein mathematisches
Rechenwerk. Dieses Buch will die Praktiker – Rechtanwälte, Richter und
Notare – bei allen Schritten begleiten, die bis zur Feststellung eines Zugewinnausgleichsanspruchs in dem Rechenwerk zu gehen sind. Sein Aufbau
orientiert sich an der Reihenfolge der Feststellungen und Berechnungen,
die sinnvoller Weise eingehalten wird. Das Buch versucht, die auftreten-
den Rechtsprobleme erschöpfend darzustellen. Es ist dadurch gleicherma-
ßen für denjenigen bestimmt, der eine Einführung in das System des gesetzlichen Güterstandes möchte, wie für denjenigen, der eine Antwort auf
eine ganz bestimmte Frage sucht.

Vier Jahre nach dem ersten Erscheinen kann nun die zweite Auflage
vorgelegt werden. Sie ist weiterhin ganz auf die seit der Güterrechtsreform
2009 geltende Rechtslage ausgerichtet. Streitfragen, die durch die Reform
obsolet geworden sind, werden nicht mehr erwähnt. Zu den Neuerungen
der Reform kann inzwischen auf eine große Zahl veröffentlichter Ge-
richtsentscheidungen zurückgegriffen werden. Die wissenschaftliche Diskussion dazu ist lebhaft. Die zweite Auflage dieses Buches hat den Anspruch, sie weitgehend vollständig wiederzugeben. Der Verfasser versucht,
durch eigene Stellungnahmen an dieser Diskussion teilzunehmen. Rechtsprechung und Literatur sind bis Juni 2015 berücksichtigt.

Die durch die Reform neu geschaffenen Ansprüche auf Auskunft auf
den Trennungszeitpunkt und über illoyale Verfügungen haben in Rechtsprechung und Literatur seit der Vorauflage erheblich an Kontur gewonnen. Die daran geknüpften Vermutungen und der Zusammenhang mit einem Anspruch vorzeitigen Zugewinnausgleichs werden ausführlich erörtert. Beachtung hat auch die Verjährung der Zugewinnausgleichsforderung
gefunden, die seit der Vorauflage gesetzlich neu geregelt ist. Bei der Bewertung von Vermögensgegenständen hat die Frage einer latenten Steuer-
belastung und eines gleitenden Vermögenserwerbs durch einschlägige
höchstrichterliche Entscheidung hohe Aktualität gewonnen, wozu in diesem Buch Stellung bezogen wird. Neben der materiell-rechtlichen Darstellung haben die Fragen des gerichtlichen Verfahrens erhebliches Gewicht in der Darstellung, sowohl das Hauptsache- wie auch das vorläufige Verfahren.

Der Zugewinnausgleich ist nicht nur Gegenstand streitiger Auseinandersetzungen. Die komplizierte Ermittlung eines Ausgleichsanspruches ist auch erforderlich, um eine gerechte, einvernehmliche Lösung zu erarbeiten. Das Buch richtet sich deshalb auch an Notare, die mit der Ausarbeitung von Scheidungsfolgenvereinbarungen beauftragt sind. Außerhalb der Krise einer Ehe besteht Bedarf, durch vorsorgende Vereinbarungen auf einen zukünftigen Zugewinnausgleichsanspruch Einfluss zu nehmen. Das erfordert besondere ehevertragliche Gestaltungen, zu denen dieses Buch sowohl beratenden Rechtsanwälten wie Notaren Hilfestellung geben möchte. Dabei werden auch Alternativlösungen vorgeschlagen, die sich aus der neu eingeführten Wahlzugewinngemeinschaft ergeben. Die aktuelle Rechtsprechung zur Inhaltskontrolle von Verträgen über das Güterrecht wird zusammenhängend dargestellt.

Berlin, im September 2015 *Max Braeuer*

Inhaltsverzeichnis

Literaturverzeichnis

Monographien und Lehrbücher

Bärenz, Oliver, Der zwischenzeitliche Zugewinnausgleich, Gieseking, Bielefeld, 2010

Bergschneider, Ludwig, Verträge in Familiensachen, 5. Aufl., Gieseking Bielefeld 2014

Börger, Ulrike/Engelsing Lutz, Eheliches Güterrecht, 2. Aufl., Nomos, Baden-Baden, 2005, zitiert: *Börger/Engelsing*

Büte, Dieter, Zugewinnausgleich bei Ehescheidung, C.H. Beck, München, 4. Aufl. 2012

Günter, Ehevertrag und Vermögenszuordnung unter Ehegatten, 6. Aufl., C.H. Beck, München, 2012

Gernhuber, Joachim/Coester-Waltjen, Dagmar, Familienrecht, 6. Aufl., C.H. Beck, München, 2010

Göppinger, Horst/Börger, Ulrike (Hrsg.), Vereinbarungen anlässlich der Ehescheidung, 10. Aufl., C.H. Beck, München, 2013, zitiert: *Göppinger/Börger/[Bearbeiter]*

Haußleiter, Otto, Vermögensauseinandersetzung anläßlich Scheidung und Trennung, 1. Aufl. 1992

Heiss, Beate, Vertragsgestaltung in Familiensachen, Nomos Baden-Baden, 2007

Hohloch, Gerhard, Familienrecht, Boorberg, Stuttgart, 2002

Jeep, Jens, Ehegattenzuwendungen im Zugewinnausgleich, Diss. Freiburg, Berlin, 2000

Kanzleiter/Wegmann, Vereinbarungen unter Ehegatten, 7. Aufl. 2007

Klein, Reform der Zugewinngemeinschaft 2009, Deutscher Anwaltverlag, Bonn, 2010

Kogel, Walter, Strategien beim Zugewinnausgleich, 4. Aufl., C.H. Beck, München 2013, zitiert: *Kogel,* Strategien

Langenfeld, Gerrit/Milzer, Lutz, Handbuch der Eheverträge und Scheidungsvereinbarungen, 7. Aufl., C.H. Beck, München 2015

Larenz, Karl/Wolf, Manfred, Allgemeiner Teil des Bürgerlichen Rechts, 9. Aufl., München Beck, 2004

Muscheler, Karlheinz, Familienrecht, 3. Aufl., Vahlen, München 2013

Schröder, Rudolf, Bewertungen im Zugewinnausgleich, 5. Aufl., Gieseking, Bielefeld, 2011

Schulz, Werner/Hauß, Jörn, Vermögensauseinandersetzung bei Trennung und Scheidung, 6. Auflage, C.H. Beck, München, 2015 (zitiert: *Schulz/Hauß*)

Schwab, Dieter, Handbuch des Scheidungsrechts, 7. Aufl., Vahlen, München, 2013, zitiert: *Schwab/[Bearbeiter]*

Schwab, Dieter, Familienrecht, 18. Aufl., C.H. Beck, München, 2010, zitiert: *Schwab, Lehrbuch*

Waldner, Wolfram, Eheverträge, Scheidungs- und Partnerschaftsvereinbarungen, 2. Aufl., Schmidt-Verlag, Berlin 2004

Wever, Reinhardt, Vermögensauseinandersetzung der Ehegatten außerhalb des Güterrechts, 6. Aufl., Gieseking, Bielefeld, 2014

Zimmermann, Stefan/Dorsel, Christoph, Eheverträge, Scheidungs- und Unterhaltsvereinbarungen, 5. Aufl., Bonn 2009

Kommentare und Handbücher

Bamberger, Heinz Georg/Roth, Herbert, Kommentar zum Bürgerlichen Gesetzbuch, Beck'scher Online-Kommentar, Edition 35, Stand 1.5.2015, zitiert: *Bamberger/Roth/[Bearbeiter]*

Baumbach/Lauterbach/Albers/Hartmann, Kommentar zur ZPO, 73. Aufl., C.H. Beck, München 2015, zitiert: *Baumbach/Lauterbach*

Blümich, EStG, Kommentar, 125. Auflage, 2014

Dauner-Lieb, Barbara/Heidel, Thomas/Ring, Gerhard (Hrsg.), Anwaltkommentar, Band 4, Familienrecht, 3. Aufl. 2014, zitiert: Anwaltkommentar/[Bearbeiter]

Erman, Bürgerliches Gesetzbuch, herausgegeben von *Harm Peter Westermann* u.a., 14. Aufl., Otto Schmidt, Köln 2014, zitiert: *Erman/[Bearbeiter]*

Firsching, Karl/Schmidt, Jürgen, Familienrecht, 1. Halbband Familiensachen, 8. Aufl., C.H. Beck, München 2015

Hahne/Munzig (Hrsg.), Beck'scher Onlinekommentar zitiert: BeckOK *[Bearbeiter]*

Haußleiter, Otto, FamFG, 1. Aufl. C.H. Beck, München 2011

Hoppenz, Rainer (Hrsg.), Familiensachen, C. F. Müller, Heidelberg, 9. Aufl. 2009, zitiert: *Hoppenz/[Bearbeiter]*

Johannsen/Henrich, Familienrecht Kommentar, 4. Aufl., C.H. Beck, München 2003, zitiert: *Johannsen/Henrich/[Bearbeiter], 4. Aufl.*

Johannsen/Henrich, Familienrecht Kommentar, 6. Aufl., C.H. Beck, München 2015, zitiert: *Johannsen/Henrich/[Bearbeiter]*

Juris Praxiskommentar, BGB, Bd. 4, 7. Aufl., Saarbrücken 2014, zitiert: *juris-PK-BGB-[Bearbeiter]*

Kaiser/Schnitzler/Friederici, Nomos Kommentar BGB, Familienrecht, 3. Aufl., Nomos, Baden-Baden 2014, zitiert: *NK-BGB/[Bearbeiter]*

Münch, Christof, Ehebezogene Rechtsgeschäfte, Carl Heymanns Verlag, Köln, 4. Aufl. 2015

Münchener Kommentar, BGB, Bd. 2, 6. Aufl., C.H. Beck, München 2012, zitiert *MK/[Bearbeiter]*

Münchener Kommentar, BGB, Bd. 7/1, 6. Aufl., C.H. Beck, München 2013, zitiert: *MK/[Bearbeiter]*

Münchner Kommentar, ZPO, 4. Aufl., C.H. Beck, München 2012/2013, zitiert: *MK-ZPO/[Bearbeiter]*

Musielak/Voit, Kommentar zur ZPO, 12. Aufl., Vahlen, München 2015, zitiert: *Musielak/[Bearbeiter]*

Musielak/Borth (Hrsg.), FamFG, 5. Aufl. 2015, zitiert: *Musielak/Borth/[Bearbeiter]*

Palandt, Bürgerliches Gesetzbuch, 74. Aufl., C.H. Beck, München 2015

Prütting/Wegen/Weinreich, BGB, Kommentar, Luchterhand, 10. Aufl. 2015, zitiert *PWW/[Bearbeiter]*

Schönke/Schröder, Strafgesetzbuch, 28. Aufl., C.H. Beck, München 2010, zitiert: *Schönke/Schröder/[Bearbeiter]*

Soergel, BGB, Bd. 7, 13. Aufl., Kohlhammer, Stuttgart/Berlin/Köln 2012, zitiert: *Soergel/[Bearbeiter]*

Schröder, Rudolf/Bergschneider, Ludwig, Familienvermögensrecht, 2. Aufl., Gieseking, Bielefeld, 2007

Schulz, Werner/Hauß, Jörn, Familienrecht Handkommentar, Nomos, Baden-Baden, 2. Aufl. 2011, zitiert: *Schulz/Hauß,* Familienrecht

Staudinger, BGB, Neubearbeitung, de Gruyter, Berlin 2007 ff., zitiert: *Staudinger/[Bearbeiter]*

Stein/Jonas, Kommentar zur ZPO, Bd. 4, 22. Aufl., Mohr Siebeck, Tübingen 2008, zitiert *Stein/Jonas/[Bearbeiter]*

Tröndle, Herbert/Fischer, Thomas, Strafgesetzbuch und Nebengesetze, 62. Aufl., C.H. Beck, München 2015

Weinreich, Gerd/Klein, Michael, Fachanwaltskommentar Familienrecht, 5. Aufl., Luchterhand 2013, zitiert: FAKomm-FamR/*[Bearbeiter]*

Zöller, Richard, Kommentar zur ZPO, 30. Aufl., Otto Schmidt, Köln 2014

Aufsätze

Bärmann, Johannes, Das neue Ehegüterrecht, AcP 157, 145-214 (1958/1959)

Battes, Robert, Echte Wertsteigerungen im Zugewinnausgleich, FamRZ 2007, 313

Battes, Robert, Echte Wertsteigerungen im Anfangsvermögen – immer Zugewinn? FamRZ 2009, 261

Becker, Eva, Ein europäischer Güterstand? Der deutsch-französische Wahlgüterstand, ERA-Forum, Springer, Vol. 12, Nummer 1, S. 103

Bergschneider, Ludwig, Der Auskunftsanspruch gemäß § 1379 BGB unter besonderer Berücksichtigung seiner Auswirkungen auf den vorzeitigen Zugewinnausgleich nach der Zugewinnausgleichsreform, FamRZ 2009, 1713

Born, Winfried, Selbstständiges Beweisverfahren – eine Alternative zur Wertbestimmung im Zugewinnausgleich?, FPR 2009, 305

Borth, Helmut, Zuordnung einer privaten Rentenversicherung mit Kapitalwahlrecht im Versorgungsausgleich, FamRZ 2011, 1919

Borth, Helmut, Latente Ertragsteuern im Zugewinnausgleich, FamRZ 2014, 1687

Braeuer, Max, Der neue deutsch-französische Wahlgüterstand, FF 2010, 113

Braeuer, Max, Probleme der neu gestalteten Auskunftsansprüche im Zugewinnausgleichsrecht, FamRZ 2010, 773

Braeuer, Max, Kann der Zugewinn negativ sein? FamRZ 2010, 1614

Braeuer, Max, Zuwendungen innerhalb der Familie und gesetzlicher Zugewinnausgleich, FPR 2011, 75

Braeuer, Max, Vom Wert der Arbeit im Zugewinn, FF 2012, 273

Braeuer, Max, Gesamtschuld und Bürgschaft im Zugewinnausgleich, FPR 2012, 100

Braeuer, Max, Gütertrennung und Ausübungskontrolle, FamRZ 2014, 77

Braeuer, Max, Der gleitende Vermögenserwerb im Zugewinnausgleich, FamRZ 2015, 1087

Brambring, Günter, Vorerbe und Zugewinnausgleich, DNotZ 1980, 725

Brudermüller, Gerd, Die Entwicklung des Familienrechts seit Mitte 2009 – Güterrecht und Versorgungsausgleich, NJW 2010, 3198

Brudermüller, Gerd, Die Entwicklung des Familienrechts seit Herbst 2012 – Güterrecht und Versorgungsausgleich, NJW 2013, 1282

Brudermüller, Gerd, Die Entwicklung des Familienrechts seit Frühjahr 2013 – Güterrecht und Versorgungsausgleich, NJW 2013, 3218

Brudermüller, Gerd, Gesellschaftsvertragliche Klauseln im Spannungsfeld von Familien- und Erbrecht, in: Festschrift für Mark Binz, 2014, S. 105 ff.

Büte, Dieter, Die Anrechnung von Vorausempfängen, FuR 2006, 289

Büte, Dieter, Die Reform des Zugewinnausgleichs, FF 2009, 350

Büte, Dieter, Die Reform des Zugewinnausgleichsrechts, NJW 2009, 2776

Büte, Dieter, Ausnahme von der Hinzurechnung nach § 1374 II BGB, FuR 2007, 289

Büte, Dieter, Anwendung des neuen Güterrechts auf Altfälle, FuR 2010, 87

Büte, Dieter, Anrechnung von Vorausempfängen nach § 1380 BGB nach der Güterrechtsreform, FamFR 2010, 196

Büte, Dieter, Anwendung des neuen Güterrechts auf Altfälle, FPR 2010, 87

Büte, Dieter, Anrechnung von Vorausempfängen nach § 1380 BGB nach der Güterrechtsreform, FPR 2010, 196

Büte, Dieter, Das negative (auch privilegierte) Anfangsvermögen und die Möglichkeit der Indexierung, FPR 2012, 73

Dutta, Anatol, Das neue internationale Erbrecht der Europäischen Union – Eine erste Lektüre der Erbrechtsverordnung, FamRZ 2013, 4

Eichel, Susanne von, Die Sicherung des Zugewinnausgleichs nach geltendem Recht und die hierzu geplanten Änderungen im Zugewinnausgleichsrecht, ZFE 2008, 206

Elzer, Oliver, Rechtskraft von Teilklagen, JuS 2001, 224

Erbarth, Alexander, Die Ehe ist kein Schuldverhältnis, NJW 2013, 3478

Fassnacht, Jürgen, Die latente Spekulationssteuer bei der Bewertung von Immobilien im Zugewinnausgleich, FamRZ 2014, 1681

Finger, Peter, § 1378 Abs. 2 BGB – „dritter Stichtag" und neues Güterrecht, JR 2010, 369

Friedrich-Büttner, Karin/Herbst, Catarina, (Steuer-)Rechtliche Chancen und Risiken des lebzeitigen Zugewinnausgleichs, ErbStB 2011, 45

Gernhuber, Joachim, Geld und Güter beim Zugewinnausgleich, FamRZ 1984, 1053

Götsche, Frank, Neues Güterrecht: Indexierung des negativen Anfangsvermögens?, ZFE 2009, 404

Götsche, Frank, Versorgungsausgleich und Güterrecht: Manipulation des Stichtagsvermögens, FamRB 2011, 380

Groß, Ingrid, Aktuelle Rechtsprechung zum Zugewinnausgleich, NZFam 2014, 1121

Grziwotz, Herbert, Doppelverwertungsverbot im Scheidungsfolgenrecht, MittBayNot 2005, 284

Günther, Helmut, Rückdatierung des Stichtags für die Berechnung des Zugewinns bei der Ehescheidung, FamRZ 1971, 231

Gutdeutsch, Werner, Kein gleitender Vermögenserwerb, FamRZ 2015, 1083

Hahne, Meo-Micaela, Rückausgleich der Schwiegerelternzuwendung, FF 2010, 271

Hartmann, Klaus, Aufrechnung gegen eine Zugewinnausgleichsforderung im Scheidungsverbund?, FamRZ 2007, 869

Hauer, Florian, Koalition verbessert in zentralen Punkten die Reform des Zugewinnausgleichsrechts, FuR 2009, 331

Hauß, Jörn, Bewertung des Wohnrechts im Zugewinnausgleich, FamRZ 2015, 1086

Heinig, Jens, Erhöhung des Ehegattenerbteils nach § 1371 Absatz 1 BGB bei Anwendbarkeit ausländischen Erbrechts, DNotZ 2014, 251

Herr, Thomas, Die Änderungen im ehelichen Güterrecht, FF 2010, 13

Hoppenz, Rainer, Reformbedarf und Reformbestrebungen im Zugewinnausgleich, FamRZ 2008, 1889

Hoppenz, Rainer, Wertänderungen im Zugewinnausgleich, FamRZ 2010, 16

Hoppenz, Rainer, Die Zugewinnneutralität von Schenkungen, FamRZ 2010, 1718

Hoppenz, Rainer, Der gleitende Vermögenserwerb beim Wohnrecht, FamRZ 2015, 1089

Jaeger, Wolfgang, Reicht § 1381 BGB aus, um unbillige Ergebnisse im Zugewinnausgleich angemessen zu korrigieren?, FPR 2005, 352

Jaeger, Wolfgang, Der Umfang der Auskunfts- und Belegpflicht nach § 1379 BGB, FPR 2012, 91

Jäger, Torsten, Der neue deutsch-französische Güterstand der Wahl-Zugewinngemeinschaft, DNotZ 2010, 804

Jeremias, Christoph/Schäper, Eva, Zugewinnausgleich nach § 1371 BGB bei Geltung ausländischen Erbrechts, FamRZ 2005, 521

Kanzleiter, Rainer, Ausschluss des Zugewinnausgleichs für den Fall der Ehescheidung und Ausübungskontrolle, FamRZ 2014, 998

Kasenbacher, Martin, Gesamtschuldnerische Verbindlichkeiten im Zugewinnausgleich, NJW-Spezial 2011, 132

Klippstein, Thomas, Der deutsch-französische Wahlgüterstand der Wahl-Zugewinngemeinschaft, FPR 2010, 510

Koch, Elisabeth, Die Teilungsmasse des Zugewinns, in: *Schwab/Hahne,* Familienrecht im Brennpunkt, Gieseking, Bielefeld 2004, zitiert: *Koch,* Teilungsmasse

Koch, Elisabeth, Die Entwicklung der Rechtsprechung zum Zugewinnausgleich, FamRZ 2009, 1191; FamRZ 2010, 1205; FamRZ 2012, 1521; FamRZ 2013, 831; FamRZ 2014, 885

Kogel, Walter, § 1380 – kein Buch mit sieben Siegeln, FamRB 2005, 368

Kogel, Walter, Die geplanten Änderungen des Zugewinnausgleichs- und Vormundschaftsrechts, MDR 2008, 297

Kogel, Walter, Güterrechtsnovelle – Zugewinn quo vadis?, FamRB 2009, 280

Kogel, Walter, Die Finanzkrise – zugleich der familienrechtliche GAU für den Zugewinnausgleichspflichtigen?, FF 2009, 390

Kogel, Walter, Vorzeitiger Zugewinnausgleich, vorläufiger Rechtsschutz – eine Herausforderung an Familienrechtler, FPR 2009, 279

Kogel, Walter, Das selbständige Beweisverfahren – gerichtskostenfreie Wertermittlung im Zugewinnausgleich, FamRB 2010, 155

Kogel, Walter, Rechtsprechungsänderung zu den schwiegerelterlichen Zuwendungen – der vorprogrammierte Gau im Zugewinnausgleich, FamRB 2010, 309

Kogel, Walter, Negativer Zugewinn – Einführung der „Sippenhaft" im gesetzlichen Güterstand?, FamRZ 2010, 2036

Kogel, Walter, Die Hinzuziehung des Auskunftsberechtigten gem. § 1379 Abs. 1 Satz 3 BGB – ein ungeklärtes Problem der Güterrechtsnovelle, FamRB 2011, 316

Kogel, Walter, Zugewinn und Unterhaltsrückstände, FamRZ 2011, 779

Kogel, Walter, Negatives Anfangsvermögen und Privatinsolvenz – ein Stolperstein bei der Vermögensbewertung, FamRZ 2013, 1352

Kogel, Walter, Die Darlegungs- und Beweislast im gesetzlichen Güterstand, FF 2014, 475

Kogel, Walter, Der Unterrichtungs- und Auskunftsanspruch im vorzeitigen Zugewinnausgleich, FamRZ 2015, 369

Kogel, Walter, BAföG-Darlehen im Zugewinn – ein Steifkind des Güterrechts, FamRZ 2015, 545

Kogel, Walter, Privatinsolvenz und Zugewinn, FamRZ 2015, 715

Kornexl, Thomas, Faire Teilhabe am Zugewinn (besonders bei Diskrepanzehen), FamRZ 2011, 692

Krause, Lambert, Die vorzeitige Beendigung des gesetzlichen Güterstandes nach neuem Recht, ZFE 2008, 406

Krause, Lambert, Der 3-fache Auskunftsanspruch nach neuem Güterrecht, ZFE 2009, 284

Leipold, Dieter, Ist der Wegfall des Zugewinnausgleichs bei Vorversterben des Ehegatten mit dem geringeren Zugewinn verfassungsgemäß?, NJW 2011, 1179

Löhnig, Martin/Plettenberg, Ina, Vermögensbezogene Informationspflichten unter getrennt lebenden Ehegatten und vorzeitiger Ausgleich des Zugewinns bei vorzeitiger Aufhebung der Zugewinngemeinschaft, NZFam 2015, 49

Meyer, Thomas, Der neue deutsch-französische Wahlgüterstand, FamRZ 2010, 612

Motzke, Gerd, Anrechnung von Zuwendungen auf den Zugewinnausgleich, NJW 1971, 182

Münch, Christof, Vorweggenommene Erbfolge im Zugewinn – Vertragliche Regelung statt Gutachterstreit, DNotZ 2007, 795

Münch, Christof, Die Reform des Zugewinnausgleichsrechts, MittBayNot 2009, 261

Münch, Christof, Inhaltskontrolle bei Eheverträgen mit modifizierter Zugewinngemeinschaft, FamRB 2014, 71

Muscheler, Karlheinz, Wertänderungen des privilegierten Erwerbs in der Zugewinngemeinschaft, FamRZ 1998, 265

Neumann-Duesberg, H., Rückdatierung des Zugewinn-Berechnungszeitpunkts bei Ehescheidung (§ 1384 BGB), FamRZ 1970, 561

Oertzen, Christian von, Zugewinn und Steuern, FPR 2012, 103

Piltz, Detlev, Latente Steuern im Zugewinnausgleich, NJW 2012, 1111

Rakete-Dombek, Ingeborg, Die Reform des Güterrechts – Was leistete die Reform, was leistet sie nicht?, FPR 2009, 270

Reetz, Wolfgang, Die Reform des Zugewinnausgleichs, DNotZ 2009, 826

Reich, Manfred, Die rückwirkende Begründung der Zugewinngemeinschaft und ihre Auswirkung auf § 29 Abs. 1 Nr. 3 ErbStG und § 1380 BGB, ZEV 2011, 59

Rohlfing, Hubertus, Der Zugewinnausgleich im Todesfall nach § 1371 Abs. 1 BGB und seine kollisionsrechtlichen Auswirkungen in Fällen mit Auslandsberührung – eine weitere Schnittstelle zwischen Familien- und Erbrecht, FF Sonderheft 2000, 43

Röthel, Anne, Plädoyer für eine echte Zugewinngemeinschaft, FPR 2009, 273

Schlünder, Rolf/Geißler, Oliver, Güterrechtlicher Neustart um Mitternacht oder der schenkungsteuerliche Reiz der „Güterstandsschaukel", NJW 2007, 482

Schlünder, Rolf, Nochmals: Die latente Ertragsteuer beim Zugewinnausgleich, FamRZ 2015, 372

Schmid, Michael, Substanziierung des Sachvortrages für Schenkungen nach § 1374 Abs. 2 BGB, FamRZ 2012, 17

Schneider, Norbert, Gerichtskostenfreiheit im selbständigen Beweisverfahren nach dem FamFG?, FamRZ 2009, 1802

Schneider, Norbert, Verfahrenswerte in Zugewinnverfahren, NZFam 2015, 497

Schröder, Rudolf, Eigentumsübertragung beim Zugewinnausgleich und § 23 EStG, FamRZ 2002, 1010

Schröder, Rudolf, Verhältnis zwischen § 1384 BGB n.F. und Kappungsgrenze des § 1378 Abs. 2 S. 1 BGB, FamRZ 2010, 421

Schulz, Werner, Die Auswirkungen der neuen Rechtsprechung des BGH auf die Rückforderung von Zuwendungen der Schwiegereltern und den Zugewinn zwischen den Eheleuten, FF 2010, 273

Schulz, Werner, Rückforderung von Zuwendungen der Schwiegereltern und die Auswirkungen auf den Zugewinnausgleich, FPR 2012, 79

Schulz, Werner, Latente Ertragsteuern im Zugewinnausgleich – ein Albtraum, FamRZ 2014, 1684

Schulz, Werner, Der gleitende Vermögenserwerb beim Wohnrecht – Berechnung und Kritik, FamRZ 2015, 460

Schwab, Dieter, Zugewinnausgleich in der Wirtschaftskrise, FamRZ 2009, 1445

Schwab, Dieter, Übergangsprobleme der Reform des Zugewinnausgleichs – Zugleich: Die Aufstockung der Kappungsgrenze, FamRZ 2009, 1961

Schwab, Dieter, Schenkung unter Ehegatten – eine verdächtige Sache, in: Festschrift für *Meo-Micaela Hahne,* Gieseking, Bielefeld 2012, S. 175

Sengl, Klaus, Die Auswirkungen des deutsch-französischen Güterstandes der Wahl-Zugewinngemeinschaft auf das deutsche Grundbuchverfahren, Rpfleger, 2011, 125

Spieker, Ulrich, Ermittlung der „fiktiven Steuerlast" beim Zugewinnausgleich – Erstreckung auf alle Vermögensgegenstände?, NZFam 2015, 394

Weinreich, Gerd, Die Reform des Güterrechts, FuR 2009, 497

Wönne, Christine, Abgrenzung von Zugewinnausgleich zu Hausratsverordnung und Versorgungsausgleich unter Berücksichtigung der Strukturreform, FPR 2009, 293

Entscheidungsanmerkungen

Battes, Robert, Anm. zu *BGH,* 8.3.1995, XII ZR 54/94, FuR 1995, 235

Bergschneider, Ludwig, Anm. zu *OLG Celle,* 8.2.2008, 21 UF 197/07, FamRZ 2008, 2116

Borth, Helmut, Anm. zu *BGH,* 9.2.2011, XII ZR 40/09, FamRZ 2011, 705

Börger, Ulrike, Anm. zu *BGH,* 4.12.2013, XII ZB 534/12, FF 2014, 200

Braeuer, Max, Anm. zu *OLG Bremen* vom 11.3.2010, 5 UF 76/09, FamFR 2010, 335

Braeuer, Max, Anm. zu *BGH,* 22.9.2010, XII ZR 69/09, FamRZ 2010, 1039

Braeuer, Max, Anm. zu *BGH,* 6.10.2010, XII ZR 10/09, FamRZ 2011, 453

Braeuer, Max, Anm. zu *BGH,* 15.8.2012, XII ZR 80/11, FamRZ 2013, 1788

Braeuer, Max, Anm. zu *OLG Celle,* 23.7.2013, 10 UF 74/12, FamRZ 2014, 1459

Braeuer, Max, Anm. zu *BGH,* 9.10.2013, XII ZR 125/12, FPR 2014, 537

Braeuer, Max, Anm. zu *BGH,* 29.1.2014, XII ZB 303/13, NZFam 2014, 457

Braeuer, Max, Anm. zu *BGH,* 8.10.2014, XII ZB 318/11, NZFam 2014, 1137

Braeuer, Max, Anm. zu *BGH,* 12.11.2014, XII ZB 469/13, FamRZ 2015, 233

Braeuer, Max, Anm. zu *OLG Hamburg,* 20.10.2014, 2 UF 70/12, NZFam 2015, 222

Cremer, Arnim, Anm. zu *BGH,* 17.9.2014, XII ZB 604/13, FF 2015, 121

Dauner-Lieb, Anm. zu *BGH,* 16.10.2013, XII ZB 277/12, FamRZ 2014, 26

Dörner, Heinrich, Anm. zu *OLG Stuttgart,* 8.3.2005, 8 W 96/04, ZEV 2005, 444

Götz, Isabell, Anm. zu *OLG Bamberg,* 20.8.2009, 2 UF 133/09, FamRZ 2009, 1907

Graba, Hans-Ulrich, Anm. zu *BGH,* 2.6.2010, XII ZR 124/08, FamRZ 2011, 23

Groß, Ingrid, Anm. zu *OLG Köln,* 22.7.2009, 4 UF 80/09, FamFR 2009, 119

Hoppenz, Rainer, Anm. zu *BGH,* 4.12.2013, NJW 2014, 629

Kogel, Walter, Anm. zu *OLG Frankfurt,* 1.7.2009, 2 UF 16/09, FF 2010, 161

Kogel, Walter, Anm. zu *BGH,* 22.9.2010, XII ZR 69/09, FF 2011, 29

Kogel, Walter, Anm. zu *BGH,* 17.11.2010, XII ZR 170/09, FF 2011, 116

Kogel, Walter, Anm. zu *BGH,* 4.12.2013, XII ZB 534/12, FamRZ 2014, 372

Kogel, Walter, Anm. zu *BGH,* 16.7.2014, XII ZR 108/12, FF 2014, 414

Koch, Elisabeth, Anm. zu *BGH,* 3.2.2010, XII ZR 189/60, DNotZ 2010, 861

Koch, Elisabeth, Anm. zu *BGH,* 9.2.2011, XII ZR 40/09, FamRZ 2011, 627

Koch, Elisabeth, Anm. zu *BGH,* 16.7.2014, XII ZR 108/12, FamRZ 2014, 1613

Koch, Elisabeth, Anm. zu *BGH,* 17.9.2014, XII ZB 604/13, FamRZ 2015, 36

Looschelders, Dirk, Anm. zu *OLG Düsseldorf,* 19.12.2008, I-3 Wx 51/08, IPRax 2009, 505

Ludwig, Ingo, Anm. zu *OLG Stuttgart,* 8.3.2005, 8 W 96/04, DNotZ 2005, 586

Odersky, Felix, Anm. zu *OLG Frankfurt,* 20.10.2009, 20 W 80/07, notar 2010, 342

Schröder, Rudolf, Anm. zu *BGH,* 22.11.2006, XII ZR 8/05, FamRZ 2007, 982

Schröder, Rudolf, Anm. zu *BGH,* 6.10.2010, XII ZR 10/09, FF 2011, 40

Wellenhofer, Marina, Anm. zu *BGH,* 22.9.2010, XII ZR 69/09, JZ 2011, 106

Wellenhofer, Marina, Anm. zu *BGH,* 16.10.2013, XII ZB 277/12, JZ 2014, 311

Wegen der verwendeten **Abkürzungen** wird verwiesen auf *Kirchner,* Abkürzungsverzeichnis der Rechtssprache, 7. Aufl. 2013.

1. Kapitel:
Überblick

A. Das Wesen der Zugewinngemeinschaft

Die Zugewinngemeinschaft ist keine Gemeinschaft. Der Begriff ist **1**
irrführend[1]. Das Wort Gemeinschaft könnte auf eine Rechtsform entsprechend § 741 hindeuten. Gemeinschafter sind dinglich an der gemeinschaftlichen Sache beteiligt. Das trifft auf die Zugewinngemeinschaft
nicht zu[2]. Solange der Güterstand andauert, herrscht ein Zustand, der der
Gütertrennung weitgehend entspricht[3]. Die Vermögensgegenstände beider Ehegatten bleiben deren getrenntes Eigentum (§ 1363 II 1)[4]. Zwar
sieht das Gesetz für den Güterstand der Zugewinngemeinschaft einige
Verfügungsbeschränkungen vor, die bei Gütertrennung nicht gelten
(§§ 1365, 1369). Diese haben jedoch nur sehr geringe praktische Bedeutung, so dass während bestehender Ehe nennenswerte Unterschiede zur
Gütertrennung nicht bestehen.

Der für den gesetzlichen Güterstand wesentliche Anspruch entsteht **2**
erst mit dessen Ende und ist rein **schuldrechtlicher Natur.** Es wird der
Zugewinn ausgeglichen (§ 1363 II 2), und das geschieht durch eine Geldzahlung (§ 1378 I). Ein Ehegatte hat an den anderen eine Ausgleichszahlung zu leisten, damit beide eine wertmäßig gleiche Vermögensmehrung
aus der Ehe mitnehmen. Die Gemeinschaft, die dem gesetzlichen Güterstand ihren Namen gegeben hat und die die Rechtfertigung für die Ausgleichzahlung ist, ist dabei eher virtueller Natur. Die Zugewinngemeinschaft unterstellt, dass alle Werte, die die Eheleute während der Ehe schaffen, gemeinschaftlich geschaffen sind. Auf der Basis der Annahme, dass
die Beiträge beider Eheleute zum wirtschaftlichen Erfolg der Ehe gleichwertig seien, gebührt, wenn der Güterstand endet, auch jedem gleich viel[5].
Wenn die in dinglicher Hinsicht bestehende Gütertrennung dazu geführt

---

1 So auch *Hohloch,* Rn. 451, und *Muscheler,* Rn. 335; *Röthel,* FPR 2009, 273.
2 *Staudinger/Thiele,* § 1363, Rn. 2.
3 *Johannsen/Henrich/Jaeger,* Vor § 1372, Rn. 3.
4 Paragraphen ohne Bezeichnung sind solche des BGB.
5 *BVerfG,* 28.2.1980, BVerfGE 53, 257 Rn. 159 = FamRZ 1980, 236; *BGH,* 25.11.1988, XII
   ZR 84/97, FamRZ 1999, 361 Rn. 30; *Johannsen/Henrich/Jaeger,* vor § 1372, Rn. 4; *Schwab/*
   Schwab, VII Rn. 3.

hat, dass die geschaffenen Werte nicht gleichmäßig auf beide Eheleute verteilt sind, dann bedarf es des Zugewinnausgleichs[6]. Der Ausgleich in der Art kommunizierender Röhren findet durch die einmalige Geldzahlung statt.

3   Die Eheleute sind nicht nur nicht dinglich am Vermögen des jeweils anderen beteiligt[7]. Der schuldrechtliche Ausgleichsanspruch, der am Ende des Güterstandes entsteht, ist bis dahin auch kaum geschützt. Die Zugewinngemeinschaft gibt dem schwächeren Ehegatten während ihres Bestehens kaum Rechte. Das Verbot, ohne Zustimmung des anderen über das Vermögen als Ganzes zu verfügen (§ 1365), ist die einzige relevante Schutzvorschrift, die während des Bestehens des Güterstandes gilt. Das betrifft nur einen seltenen Ausnahmefall und wirft damit ein Schlaglicht auf die Schutzlosigkeit des schwächeren Ehegatten. Der Ausgleichsanspruch existiert vor dem Ende des Güterstandes nicht, nicht einmal als Anwartschaft[8]. Der potentiell ausgleichsberechtigte Ehegatte hat keinen Anspruch darauf, dass der andere zielstrebig um die Schaffung seines – zukünftig auszugleichenden – Vermögens bemüht ist. Und er ist nicht dagegen geschützt, dass der andere mutwillig Vermögen beiseite schafft, um sich der Ausgleichszahlung zu entziehen. Zwar gibt es einen schuldrechtlichen Schutz, indem § 1384 die Höhe des Ausgleichsanspruchs unabhängig von Veränderungen macht, die nach der Rechtshängigkeit des Scheidungsantrages eintreten. Ein dinglich wirkender Schutz ergibt sich daraus aber nicht.

4   In seiner Ausgestaltung hat der Zugewinnausgleich **Nähe zum Pflichtteilsrecht**. Auch der Pflichtteilsberechtigte ist, anders als der Erbe, nicht dinglich am Nachlass beteiligt, sondern hat nur einen Zahlungsanspruch. So wie der Pflichtteilsanspruch mit dem Erbfall entsteht und übertragbar wird (§ 2317), entsteht auch der Zugewinnausgleichsanspruch mit Ende des Güterstandes (§ 1378 III 1). Für die Berechnung ist der Wert des Nachlasses bzw. des ehelichen Vermögens an einem ganz bestimmten Tag maßgeblich. Die Bewertungsvorschriften entsprechen einander weitgehend (§§ 2311 und 1376 sowie §§ 2312 I und 1376 IV), und auch die Ansprüche auf Auskunfterteilung sind sehr ähnlich (§§ 2314 und 1379). Zum Verständnis der Zugewinngemeinschaft und auch zur Lösung von Zweifelsfragen empfiehlt sich deshalb immer wieder ein Blick auf das Pflichtteilsrecht[9].

---

6 *Schröder/Bergschneider* (Rn. 4.183) halten den Ausgangspunkt für willkürlich und auf einer reinen Willensentscheidung des Gesetzgebers beruhend.

7 So auch *Bärenz*, S. 13.

8 *Staudinger/Thiele*, § 1378, Rn. 14; *MK/Koch*, § 1378, Rn. 16.

9 Ein wesentlicher Unterschied ergibt sich aus dem Fehlen einer dem § 2313 entsprechenden Vorschrift (→ Rn. 71).

Der irreführende Begriff der Gemeinschaft hat, wie die Praxis lehrt, 5
bei juristisch nicht gebildeten Eheleuten auch immer wieder Missver-
ständnisse zur Folge. Viele nehmen an, sie lebten ohne Ehevertrag in Gütergemeinschaft, und sind offenbar durch das Wort Gemeinschaft zu diesem Missverständnis veranlasst worden. Andere nehmen an, dass sie als
Folge der Zugewinngemeinschaft jeweils verlangen könnten, dass ihnen
Miteigentum an einzelnen Gegenständen verschafft wird. Der anwaltliche und notarielle Berater muss sich deshalb bewusst sein, dass auch fast
60 Jahre nach dem Inkrafttreten des Gleichberechtigungsgesetzes, mit
dem die Zugewinngemeinschaft eingeführt wurde, deren Mechanik noch
keineswegs Allgemeingut ist. In jeder Phase, vor der Eheschließung ebenso wie in der Krise, besteht Anlass, das Wesen und die Auswirkungen des
gesetzlichen Güterstandes zu erläutern.

Die beschriebenen Schwächen der Zugewinngemeinschaft bedingen 6
aber auch ihre **unbestrittenen Vorteile.** Der Gesetzgeber des Gleichberechtigungsgesetzes (GleichberG) war sich durchaus bewusst, dass eine
konsequentere Teilhabe an dem gemeinsam Geschaffenen durch eine auf
den Zugewinn beschränkte Gütergemeinschaft (Errungenschaftsgemeinschaft) verwirklicht werden würde[10]. Im Interesse einer einfachen und un-
aufwendigen Handhabung ist anstelle der Errungenschaftsgemeinschaft
indes die Zugewinngemeinschaft erfunden worden. Das Gesetz ist am
1. Juli 1958 in Kraft getreten[11]. Dass es in 57 Jahren seither fast unverändert geblieben ist, belegt, wie sehr es dem praktischen Bedarf gerecht wird.
Eine Neuorientierung des deutschen gesetzlichen Güterstandes ist nicht
in Sicht. Die letzte Anpassung[12] hat an einigen Stellschrauben gedreht, die
ursprüngliche Konzeption der Zugewinngemeinschaft aber unangetastet
gelassen. Ein grundlegender Reformbedarf besteht auch nicht. Das System des rein schuldrechtlichen Ausgleichs hat sich bewährt.

International hat das deutsche System der Zugewinngemeinschaft bis- 7
her wenig Nachahmer gefunden. Das hat aber wohl zuvörderst Ursachen,
die in den Rechtstraditionen anderer Länder liegen. In den meisten (kon-
tinental-)europäischen Ländern wird der gemeinsamen Wertschöpfung in
der Ehe durch eine Form der Gütergemeinschaft Rechnung getragen. Das
ist im allgemeinen Bewusstsein jeweils so tief verwurzelt, dass zu einer Abkehr davon wenig Anlass besteht. Unterstützung für den Güterstand der
Zugewinngemeinschaft kann sich aber aus den Bemühungen um eine europäische Rechtsvereinheitlichung ergeben. Frankreich und Deutschland
haben das Projekt eines gemeinsamen und einheitlichen Güterstandes der

---

10 BT-Drucks. 2/224, S. 35.
11 Gleichberechtigungsgesetz vom 15.6.1957, BGBl. I S. 609.
12 Gesetz zur Änderung des Zugewinnausgleichs- und Vormundschaftsrechtes vom 6.7.2009,
   BGBl. I Nr. 39, S. 1696.

Wahl-Zugewinngemeinschaft auf den Weg gebracht[13]. Dieser Wahlgüterstand ist weitestgehend der deutschen Zugewinngemeinschaft nachgebildet[14]. Er steht seit dem 1.5.2013 in Deutschland und in Frankreich so zur Verfügung und kann durch Ehevertrag als Güterstand vereinbart werden (§ 1519). Diese Form des Ausgleichs lässt sich besonders leicht unter verschiedenen Rechtsordnungen durchführen. Das Abkommen steht weiteren Ländern zum Beitritt offen[15].

B. Anwendung auf die eingetragene Lebenspartnerschaft

8   Die Zugewinngemeinschaft ist auch für die Lebenspartnerschaft zweier gleichgeschlechtlicher Personen der gesetzliche Güterstand (§ 6 LPartG). Das war bei Einführung der Lebenspartnerschaft zunächst nicht so. Ohne Vertrag galt in der ersten Gesetzesfassung Vermögenstrennung. Mit Wirkung vom 1.1.2005 ist die Lebenspartnerschaft güterrechtlich der Ehe gleichgestellt worden. Die Vorschriften des ehelichen Güterrechts gelten entsprechend. Abweichungen sind nicht vorgesehen. Im weiteren Verlauf dieses Buches wird die Lebenspartnerschaft nicht mehr besonders erwähnt. Die gesamte Darstellung ist jedoch auf die Lebenspartnerschaft übertragbar.

9   Der Güterstand der Zugewinngemeinschaft gilt auch für Lebenspartnerschaften, die vor dem 1.1.2005 begründet worden sind. In einer **Übergangsfrist** bis zum 31.12.2005 konnte jeder Lebenspartner durch Erklärung gegenüber dem Amtsgericht Gütertrennung herbeiführen (§ 21 II LPartG). Soweit davon nicht Gebrauch gemacht wurde, ist der gesetzliche Güterstand eingetreten.

---

13 Abkommen zwischen der Bundesrepublik Deutschland und der Französischen Republik über den Güterstand der Wahl-Zugewinngemeinschaft vom 4.2.2010; ausführlich dazu → Rn. 830 ff.

14 *Braeuer*, FF 2010, 113.

15 Ausführlich zu dem Güterstand und seinen Besonderheiten *Jäger*, DNotZ 2010, 804; *Klippstein*, FPR 2010, 510 und → Rn. 829 ff.

2. Kapitel:
Der erbrechtliche Zugewinnausgleich

A. Grundsätzliches zum erbrechtlichen Zugewinnausgleich

I. Ausgangspunkt

Dem Praktiker in der Beratung und im Gericht begegnet das Güter- **10**
recht vornehmlich im Zusammenhang mit der Scheidung einer Ehe. Dennoch endet der Güterstand weitaus häufiger, indem einer der Eheleute
stirbt. Dadurch entsteht ebenso wie im Fall der Scheidung die Notwendigkeit, die güterrechtlichen Verhältnisse der beendeten Ehe zu regeln.
Beide Fälle der Güterstandsbeendigung unterscheiden sich jedoch in einem wesentlichen Punkt: Hat die Ehe bis zum Tod eines Ehegatten bestanden, so war sie normalerweise nicht in der Krise; zwischen den Eheleuten bestand kein Konflikt. Dass der Überlebende an dem Erwirtschafteten weiter teilhat, entsprach im Zweifel bis zuletzt der gemeinsamen
Vorstellung. Hingegen ist die Scheidung typischerweise Folge einer Krise
der Ehe, in der die Vorstellung von der gemeinschaftlichen Teilhabe dem
Einzelinteresse gewichen ist. Diese im Prinzip unterschiedlichen Interessenlagen spiegeln sich darin wider, dass der Gesetzgeber den Ausgleich des
Zugewinns im Todesfalle und im Scheidungsfalle völlig verschieden geregelt hat.

Im Todesfalle wird das Güterrecht mit dem Erbrecht verknüpft und **11**
ausschließlich auf erbrechtlicher Ebene verwirklicht. Der Zugewinn
wird pauschal dadurch ausgeglichen, dass der Anteil des überlebenden
Ehegatten am Nachlass des verstorbenen um ein Viertel des Nachlasses erhöht wird. Der Überlebende erhält nicht, wie beim güterrechtlichen Zugewinnausgleich einen Zahlungsanspruch, sondern ist dinglich über die
Miterbenstellung am Nachlass beteiligt[1]. Ob der Verstorbene überhaupt
einen Zugewinn erwirtschaftet hat und ob dieser die Erhöhung des Erbteils rechtfertigt, spielt keine Rolle[2]. Der erbrechtliche Zugewinnausgleich wird sogar dann durchgeführt, wenn dem Verstorbenen rechne-

---

1 *Staudinger/Thiele*, Vorbem. zu § 1371, Rn. 8.
2 *Staudinger/Thiele*; § 1371, Rn. 7.

risch ein Ausgleichsanspruch zugestanden hätte[3]. Der erhöhte Erbteil nimmt uneingeschränkt an den Regelungen des Erbrechts Teil. Er hat keine güterrechtliche Sonderrolle, sondern bildet mit dem gesetzlichen Ehegattenerbteil (§ 1931) eine Einheit[4]. Regelungen des güterrechtlichen Zugewinnausgleichs finden keine, auch nicht entsprechende Anwendung. Insbesondere haben lebzeitige Verfügungen jeglicher Art keinen Einfluss auf die Höhe des Erbteils. Weder sind Zuwendungen zu Lebzeiten an den Überlebenden entsprechend § 1380 anzurechnen noch kann sich der Erbteil entsprechend § 1375 II erhöhen, wenn der Erblasser zu seinen Lebzeiten über Vermögen illoyal verfügt hat[5]. Derartige Verfügungen können sich nur erbrechtlich, nämlich bei der Berechnung von Pflichtteilsansprüchen des überlebenden Ehegatten oder der übrigen gesetzlichen Erben auswirken[6].

12   Der erbrechtliche Zugewinnausgleich ist ebenso wie die Zugewinngemeinschaft selbst ein Etikettenschwindel (→ Rn. 1). Mit dem Zugewinn hat die Erhöhung des Erbteils nichts zu tun. Sie ist durch die Gesetzeskonstruktion ausdrücklich von dem erwirtschafteten Zugewinn losgelöst. Damit steht der **Versorgungscharakter** des erhöhten Erbteils gegenüber der Teilhabe am wirklich Geschaffenen im Vordergrund. Außerdem soll der Zugewinnausgleich im Todesfall, da er der Regelfall ist und somit massenhaft auftritt, möglichst **einfach gestaltet** sein. Beide Ziele mögen ursprünglich erreicht worden sein. Aufgrund von Gesetzesänderungen ist von den angestrebten Vorteilen des erbrechtlichen Zugewinnausgleichs kaum etwas übrig geblieben. Zu Recht erfährt diese Form des Ausgleichs in der Rechtslehre deshalb auch wenig Zustimmung.

II. Gesetzesänderungen

13   Der erbrechtliche Zugewinnausgleich ist durch das GleichberG zusammen mit dem damals neuen Güterstand der Zugewinngemeinschaft eingeführt und seither nicht geändert worden. Allerdings sind seither das gesetzliche Erbrecht sowie das Erbschaftsteuerrecht geändert worden. Dadurch hat der erbrechtliche Zugewinnausgleich seine beabsichtigten Vorzüge gegenüber dem güterrechtlichen weitgehend eingebüßt.

---

3 *Leipold* (NJW 2011, 1179) hält den erbrechtlichen Zugewinnausgleich in diesem Fall wegen der darin liegenden Benachteiligung der gesetzlichen Erben des verstorbenen Ehegatten für verfassungswidrig.
4 *Gernhuber/Coester-Waltjen*, § 37, Rn. 2; *Schröder/Bergschneider*, Rn. 4.135.
5 *Schröder/Bergschneider*, Rn. 4.132; *Soergel/Grziwotz*, § 1371, Rn. 20.
6 *Soergel/Grziwotz*, § 1371, Rn. 14.

1. Gesetzlicher Erbteil bei Gütertrennung

Beim Inkrafttreten des GleichberG gab es § 1931 IV noch nicht. Der   **14** gesetzliche Erbteil des überlebenden Ehegatten war immer ein Viertel. Der erbrechtliche Zugewinnausgleich des § 1371 I führte also zu einer Verdoppelung des gesetzlichen Erbteils. Unter dem Gesichtspunkt der Versorgung des überlebenden Ehegatten war das erheblich. § 1931 IV ist durch das NEhelG von 1969 eingeführt worden. Seither ist auch im Falle der Gütertrennung der gesetzliche Erbteil des überlebenden Ehegatten erhöht, wenn der Erblasser weniger als drei Kinder hatte – heute eher die Regel. In einer Vielzahl von Fällen ist der Erbteil des Überlebenden bei Gütertrennung dadurch ebenso oder fast ebenso hoch wie im gesetzlichen Güterstand. Es gibt also im Erbfall durch den erbrechtlichen Zugewinnausgleich fast keinen Vorsprung beim Erbteil mehr vor der Gütertrennung. Im Ergebnis wird deshalb ein Zugewinn nicht ausgeglichen, weil der Erbe, der in Gütertrennung gelebt hatte, fast ebensoviel bekommt. Der ohnehin problematische rein pauschale Zugewinnausgleich wird dadurch noch ungerechter[7].

2. Erbschaftsteuer

Das ursprüngliche Ziel des Gesetzes in der Fassung des GleichberG   **15** war, eine möglichst einfache und praktikable Lösung zu schaffen, die eine konkrete Ermittlung des beiderseitigen Zugewinns überflüssig macht. Dieses Ziel war wichtig insbesondere angesichts der Nachweisprobleme, wenn nach dem Tod des Erblassers dessen Anfangsvermögen ermittelt werden muss. Diesem Ziel entsprach, dass seinerzeit das Erbschaftsteuerrecht mit dem erbrechtlichen Zugewinnausgleich parallel lief. Das erhöhte Viertel war von der Erbschaftsteuer befreit. Wohl zur Vermeidung von Gestaltungsmissbräuchen ist die Besteuerung durch das 2. StRefG von 1974 grundlegend geändert worden. Seither ist gem. § 5 I 1 ErbStG der Nachlass nur noch in dem Umfang steuerbefreit, wie sich beim güterrechtlichen Zugewinnausgleich nach § 1371 II ein Anspruch ergeben hätte[8]. Nur zum Zwecke der Besteuerung muss deshalb fiktiv bei jedem Todesfall der Zugewinnausgleich auch güterrechtlich berechnet werden, wenngleich es zivilrechtlich bei dem pauschalen Ausgleich bleibt. Das ist jedenfalls erforderlich, wenn der Wert des Erbteils, den der überlebende Ehegatte erhält, den steuerlichen Freibetrag von derzeit 500 T€ übersteigt. Dadurch macht das Steuerrecht die Vereinfachung zunichte, die durch den erbrechtlichen Zugewinnausgleich erreicht werden sollte.

---

7 *MK/Leipold*, § 1931, Rn. 32.
8 Im Einzelnen dazu *Staudinger/Thiele*, § 1371, Rn. 15.

B. Durchführung des erbrechtlichen Zugewinnausgleichs

I. Erbrechtlicher und güterrechtlicher Zugewinnausgleich

16   Der erbrechtliche und der güterrechtliche Zugewinnausgleich schließen einander aus. In keinem Fall können Sie nebeneinander vorkommen, einander etwa gegenseitig ergänzen. Indes findet nicht in jedem Falle überhaupt ein Zugewinnausgleich statt. Es gibt auch Fälle, in denen der Güterstand ohne Ausgleich endet, obwohl der Zugewinnausgleich ehevertraglich nicht beschränkt war. Wegen der Einzelheiten der Abgrenzung → Rn. 39 ff.

II. Erhöhung des gesetzlichen Erbteils

17   Der erbrechtliche Zugewinnausgleich wird immer, aber auch nur dann durchgeführt, wenn der Überlebende seinen Gatten **gesetzlich beerbt**.

Der gesetzliche Erbteil des überlebenden Ehegatten ist abhängig davon, in welchem gesetzlichen Rang die übrigen gesetzlichen Erben stehen. Er beträgt danach entweder ein Viertel oder die Hälfte des Nachlasses. Durch § 1371 I wird dieser Erbteil auf die Hälfte bzw. auf drei Viertel erhöht. Erbt der überlebende Ehegatte gem. § 1931 II alles, so bleibt für eine Erhöhung naturgemäß kein Raum.

18   Der erbrechtliche Zugewinnausgleich hat immer **Vorrang vor dem güterrechtlichen**, auch wenn in einem gerichtlichen Verfahren der güterrechtliche Zugewinnausgleich bereits geltend gemacht worden war. Voraussetzung ist nur, dass der überlebende Ehegatte den anderen gesetzlich beerbt hat.

Beispiel: M stellt Scheidungsantrag. F beantragt im Verbund, den M zur Zahlung von Zugewinnausgleich zu verpflichten. Im Scheidungsverfahren äußert sie sich nicht. Nach Erlass des Scheidungsverbundbeschlusses, in dem M zur Zahlung von Zugewinnausgleich verpflichtet wird, aber vor dessen Rechtskraft, stirbt F.

Im Beispielsfall findet das **Scheidungsverfahren** durch den Tod von F vor Rechtskraft seine Erledigung. Der güterrechtliche Zugewinnausgleichsanspruch von F kann infolge ihres Todes nicht entstehen (→ Rn. 45). Statt dessen wird zugunsten von M der erbrechtliche Zugewinnausgleich durchgeführt. Er beerbt seine Frau gesetzlich, weil beide zum Zeitpunkt ihres Todes verheiratet waren und F weder Scheidung beantragt noch ihr zugestimmt hatte (§ 1933). Der erbrechtliche Zugewinnausgleich kommt also auch bei Anhängigkeit eines Scheidungsverfahrens zur Anwendung, wenn der Verstorbene nicht selbst die Scheidung verfolgt hatte.

Der erbrechtliche Zugewinnausgleich überholt jedenfalls den **vorzei-**   **19**
tigen Zugewinnausgleich, sofern der Verstorbene kein Testament errichtet hatte. Stirbt ein Ehegatte während des Verfahrens auf vorzeitigen
Zugewinnausgleich oder vorzeitige Beendigung der Zugewinngemeinschaft (§§ 1384, 1386), so erledigt sich dadurch das Verfahren. Bei einem Verfahren auf vorzeitigen Zugewinnausgleich ist § 1933 nicht entsprechend anwendbar[9]. Der Überlebende beerbt also den verstorbenen
Ehegatten gesetzlich, auch wenn der Verstorbene einen Antrag auf vorzeitigen Zugewinnausgleich gestellt hatte. Gütertrennung tritt erst mit
dem rechtskräftigen Abschluss dieses Verfahrens ein (§ 1388). Bis dahin
wird demnach der Zugewinn erbrechtlich nach § 1371 I durchgeführt,
und das Verfahren auf vorzeitigen Zugewinnausgleich erledigt sich dadurch.

Wird der Überlebende aufgrund einer **letztwilligen Verfügung** Erbe   **20**
seines verstorbenen Ehegatten, so hat es mit dieser Erbeinsetzung sein Bewenden. Der letztwillige Erbteil kann nicht gem. § 1371 I erhöht werden,
weil es keinen gesetzlichen Erbteil gibt. Die testamentarische Erbfolge ist
dann abschließend. Daneben findet auch **kein güterrechtlicher Zuge-**
winnausgleich statt. Eine Ausnahme gilt nur, wenn der Erblasser durch
Testament seine gesetzlichen Erben (§ 2066) eingesetzt hat. Das ist der
gesetzlichen Erbfolge gleichzustellen, so dass auch dieser Erbteil zu erhöhen ist[10].

Der Zugewinnausgleich im Todesfall lässt sich zusammenfassen: **21**

– Wird der Überlebende gesetzlicher Erbe, so ist der Zugewinn erbrechtlich auszugleichen.

– Wird der Überlebende nicht Erbe und auch nicht Vermächtnisnehmer,
so ist der Zugewinn güterrechtlich auszugleichen.

– Wird der Überlebende testamentarischer Erbe oder Vermächtnisnehmer, so findet überhaupt kein Zugewinnausgleich statt.

III. Ausländisches Erbstatut

Der erbrechtliche Zugewinnausgleich ist darauf zugeschnitten, dass   **22**
sowohl das Güterrecht wie auch das Erbrecht im Einzelfall dem deutschen
Recht unterliegen. § 1371 I setzt die spezifische Erbfolge, die in § 1931 geregelt ist, voraus. Allerdings **fallen Güterrechtsstatut und Erbrechtssta-**
tut häufig auseinander. Das liegt an der unterschiedlichen Anknüpfung

---

9 *Staudinger/Thiele*, § 1371, Rn. 5; *Soergel/Grziwotz*, § 1371, Rn. 6.
10 *Staudinger/Thiele*, § 1371, Rn. 6.

der beiden Statute. Das Güterrechtsstatut knüpft an die Staatsangehörigkeit der Ehegatten an, wenn beide dieselbe haben, andernfalls an den Wohnsitz (Art. 14 I EGBGB). Es ist zudem unwandelbar (Art. 15 I EGBGB). Hingegen richtete sich das Erbrechtsstatut ausschließlich nach der Staatsangehörigkeit des Erblassers im Todeszeitpunkt (Art. 25 I EGBGB). Während das Güterrechtsstatut von Eheleuten mit unterschiedlicher Staatsangehörigkeit immer das deutsche ist, wenn sie bei der Eheschließung in Deutschland gelebt haben (Art. 14 I Nr. 2 EGBGB), wird der ausländische Ehegatte nach seinem Heimatrecht beerbt.

23   **Beispiel:** M ist Deutscher und F ist Amerikanerin. Beide heiraten und leben ohne Ehevertrag in Deutschland. Später übersiedeln sie nach New York, wo M die amerikanische Staatsbürgerschaft annimmt. Später stirbt er dort[11].

Seit dem 17.8.2015 wird das Erbrechtsstatut nach der **Europäischen Erbrechtsverordnung** (EU Nr. 650/2012) bestimmt. Das Erbrechtsstatut richtet sich nicht mehr nach der Staatsangehörigkeit, sondern nach dem letzten Wohnsitz oder ständigen Aufenthaltsort des Erblassers. Es ist zu prüfen, ob sich die Bestimmung des anzuwenden Rechts auch auf den Zugewinnausgleich im Todesfall erstreckt. Die Frage ergibt sich aus Art. 23 II lit. b der Erbrechtsverordnung. Dort ist angeordnet, dass das nach der Verordnung anzuwendende Recht auch gilt für *die Bestimmung sonstiger Rechte an dem Nachlass, einschließlich der Nachlassansprüche des überlebenden Ehegatten oder Lebenspartners.* Daraus könnte hergeleitet werden, dass der erbrechtliche Zugewinnausgleich nach § 1371 I nur stattfinden kann, wenn sich aus der Erbrechtsverordnung die Anwendbarkeit deutschen Rechts ergibt. Die Frage ist gerichtlich bisher nicht entschieden. Mit guten Gründen spricht sich *Dutta*[12] dagegen aus.

1. Erbrechtlicher Zugewinnausgleich bei ausländischem Erbstatut

24   Wenn sich das Erbrecht nach ausländischem Recht richtet, ist streitig, wie der Zugewinn auszugleichen sei. Manche Oberlandesgerichte erhöhen in Anwendung § 1371 I den gesetzlichen Erbteil nach ausländischem Erbrecht[13], andere halten den erbrechtlichen Zugewinnausgleich nicht für

---

11 Beispiel nach *Rohlfing*, FF Sonderheft 2000, 43.
12 *Dutta*, FamRZ 2013, 4, 9.
13 *OLG Frankfurt*, 12.11.2013, 21 W 17/13 – juris; *OLG Frankfurt*, 20.10.2009, 20 W 80/07, FamRZ 2010, 767, mit Anm. *Odersky*, notar 2010, 342; *OLG Schleswig*, 19.8.2013, 3 Wx 60/13, FamRZ 2014, 504, mit sehr ausführlicher Darstellung des Streitstandes; *OLG München*, 16.4.2012, 31 Wx 45/12, FamRZ 2013, 36; *OLG Frankfurt*, 12.11.2013, 21 W 17/13, FamRZ 2015, 144; *OLG Frankfurt*, 30.7.2014, 21 W 47/14 – juris (nicht rkr.).

möglich, wenn ausländisches Erbstatut anzuwenden ist[14][15]. Der *BGH* hatte in einer Entscheidung von 2012 die Frage ausdrücklich offengelassen[16]. Nunmehr hat sich der BGH der Ansicht angeschlossen, dass § 1371 I allein güterrechtlich zu qualifizieren und deshalb der gesetzliche Erbteil nach ausländischem Recht um ein Viertel zu erhöhen sei[17]. In der Literatur ist die Frage bisher umstritten[18]; Stimmen zu der *BGH*-Entscheidung vom 13.5.2015 konnten bis Redaktionsschluss noch nicht vorliegen. Zutreffend erscheint weiterhin die Ansicht, dass der erbrechtliche Zugewinnausgleich nur bei Anwendung des deutschen Erbstatuts stattfinden kann.

Ob in derartigen Fällen der Zugewinn erbrechtlich auszugleichen sei,   **25**
hängt nach überwiegender Ansicht davon ab, ob § 1371 I güterrechtlicher oder erbrechtlicher Natur sei[19]. Die Ansicht, dass § 1371 I güterrechtlicher Natur sei, scheint in der Literatur zu überwiegen. Daraus wird geschlossen, dass der Zugewinn erbrechtlich nach § 1371 I auszugleichen ist, wenn auch auf die güterrechtlichen Beziehungen der Eheleute deutsches Recht anzuwenden ist. Die gesetzliche Erbquote des überlebenden Ehegatten, die sich aus dem ausländischen Erbrecht ergibt, soll dann um ein Viertel des Nachlasses erhöht werden. Für den Beispielsfall (Rn. 23) bedeutet das, dass das Erbrecht des Staates New York auf den beweglichen Nachlass anzuwenden ist, während das Güterrechtsstatut wegen seiner Unwandelbarkeit das deutsche ist. Daraus soll folgen, dass der gesetzliche Erbteil eines überlebenden Ehegatten, soweit er sich nach ausländischem Sachrecht richtet, aufgrund des deutschen Güterrechts um ein Viertel erhöht wird.

Die Frage, ob § 1371 I auch anwendbar ist, wenn sich das Erbstatut   **26**
nach ausländischem Sachrecht richtet, darf sich nicht in der Frage erschöpfen, ob die Vorschrift güterrechtlich oder erbrechtlich zu qualifizie-

---

14 *OLG Düsseldorf,* 3.8.1987, 3 Wx 207/87, MittRhNotK 1988, 68; *OLG Düsseldorf,* 19.12.2008, I-3 Wx 51/08, FamRZ 2009, 354, mit Anm. *Looschelders,* IPRax 2009, 505; *OLG Stuttgart,* 8.3.2005, 8 W 96/04, FamRZ 2005, 1711, mit Anm. *Dörner,* ZEV 2005, 444, und mit ablehnender Anm. *Ludwig,* DNotZ 2005, 586; *OLG Frankfurt,* 20.10.2009, 20 W 80/07, FamRZ 2010, 767, mit Anm. *Odersky,* notar 2010, 342; *OLG Köln,* 5.8.2011, I-2 Wx 115/11, 2 Wx 115/11, FamRZ 2012, 819; *OLG Köln,* 11.2.2014, 2 Wx 245/13, FuR 2014, 494.

15 Das *OLG Düsseldorf* hat seine Auffassung ausdrücklich aufgegeben und hält nun auch eine Erhöhung des ausländischen (hier italienischen) Erbteils für angezeigt (*OLG Düsseldorf,* 13.3.2015, 3 Wx 196/14 – juris).

16 *BGH,* 12.9.2012, IV ZB 12/12, FamRZ 2012,1871; in dem Verfahren des *OLG Schleswig* (19.8.2013, 3 Wx 60/13, FamRZ 2014, 504) ist die zugelassene Rechtsbeschwerde nicht eingelegt worden.

17 *BGH,* 13.5.2015, IV ZB 30/14, juris.

18 Für die Anwendung von § 1371 I: *Heinig,* DNotZ 204, 251, mit ausführlicher Darstellung des Streitstandes.

19 *Jeremias/Schäper,* FamRZ 2005, 521 mit ausführlichen Nachweisen.

ren sei. Auch das ausländische gesetzliche Erbrecht des überlebenden Ehegatten kann einen güterrechtlichen Ausgleichanteil enthalten. Dann würde der Überlebende durch die gleichzeitige Anwendung des deutschen erbrechtlichen Zugewinnausgleichs **doppelt begünstigt**. Das ist etwa beim schwedischen oder österreichischen Erbrecht der Fall, wo der überlebende Ehegatte neben den Kindern ein Drittel erbt und damit (auch) einen Ausgleich erhalten soll. Bei gleichzeitiger Begünstigung durch das ausländische Erbrecht und das deutsche Güterrecht wird von einer **Normenhäufung** gesprochen[20]. Das schließt eine Erhöhung des gesetzlichen Erbteils nicht aus. In einem solchen Falle soll allerdings eine Anpassung durchgeführt werden[21]. Der überlebende Ehegatte soll nur so viel erhalten wie in dem für ihn günstigsten Fall, wenn für Güter- und Erbrecht jeweils insgesamt das deutsche oder das ausländische Sachrecht angewandt würde[22].

27   Der Vergleich, der für die Vermeidung einer Doppelbegünstigung gezogen werden soll, ist nicht in jedem Falle möglich. Wenn das ausländische Güterrecht als gesetzlichen Güterstand eine Form der Gütergemeinschaft vorsieht, ist eine Vergleichsrechnung mit dem deutschen Recht nicht möglich, weil der Ausgangspunkt für die Berechnung, nämlich getrenntes Vermögen, nicht vorhanden ist. Damit ist das Problem, dass der überlebende Ehegatte durch das deutsche Güterrecht im Zusammenspiel mit einem ausländischen Erbrecht möglicherweise doppelt begünstigt wird, nicht zuverlässig zu vermeiden.

Die Lösung kann nicht davon abhängen, ob § 1371 I als güterrechtliche Regelung zu verstehen ist. Die Vorschrift ist beides. Sie regelt die Rechtsfolgen der Beendigung des Güterstandes – und gleichzeitig bestimmt sie die Erbfolge in derselben Weise, wie das etwa § 1931 tut. Auf diese Weise würde bei ausländischem Erbstatut über § 1371 I jedenfalls auch deutsches Erbrecht angewandt. Es würden dadurch ja nicht nur die Erbquote des überlebenden Ehegatten, sondern in Konsequenz auch die Quoten aller übrigen Miterben bestimmt.

28   Die Erhöhung der Quote nach ausländischem Erbrecht wäre nur praktikabel, wenn die betroffene ausländische Rechtsordnung die Entscheidung anerkennen und die Erbquote ebenfalls erhöhen würde. Die veröffentlichten Entscheidungen, die diese Ansicht vertreten, beschäftigen sich mit dem Problem überhaupt nicht. Es kann jedoch nicht unterstellt werden, dass andere Rechtsordnungen, die den Zugewinnausgleich überhaupt nicht kennen, in jedem Falle ebenso entscheiden werden wie die

---

20 *Jeremias/Schäper*, FamRZ 2005, 521, 525.
21 *BGH*, 13.5.2015, IV ZB 30/14, Rn. 34, juris.
22 *Rohlfing*, FF Sonderheft 2000, 43, 45.

deutschen Gerichte. Jedenfalls bei Nachlassgegenständen, die in dem jeweiligen Land belegen sind, wird es nicht zu einer Bindung an deutsche Entscheidungen über den erbrechtlichen Zugewinnausgleich kommen.

Die erbrechtliche Regelung hat nach allgemeiner Ansicht eine schwache Legitimität[23]. Die erbrechtliche Lösung kann deshalb auch von jedem der beiden Eheleute einseitig vermieden werden, von dem Erblasser durch Errichtung eines Testaments und von dem Überlebenden durch Ausschlagung. Bei Anwendung ausländischen Erbrechts ist das nicht immer gesichert. Nicht jedes ausländische Erbrecht eröffnet diesen Weg über ein Testament[24].   **29**

Die Anwendung des § 1371 I bei ausländischem Erbstatut erweist sich auch als praktisch nicht handhabbar. Sinn des § 1371 I ist, den Normalfall zu regeln und für ihn eine möglichst einfache Lösung zu bieten, die die konkrete Ermittlung des Zugewinns überflüssig macht. Einfach ist die Lösung bei Anwendung ausländischen Erbrechts aber nicht, wie die durchaus alltäglichen Fälle der zitierten Rechtsprechung zeigen. So ist das *OLG Schleswig*[25] zur Anwendung österreichischen Erbrechts gelangt, das eine Quote von ⅓ für den überlebenden Ehegatten vorsieht. Das *OLG* hat darin keine güterrechtliche Komponente erkannt und somit den österreichischen Erbteil um ¼ erhöht. Die sich daraus ergebenden ⁷⁄₁₂ hat es als Ergebnis einer Überhöhung durch Normenhäufung angesehen und somit die Quote angeglichen auf ½. Das ist nicht nur erkennbar kompliziert; es ist auch nicht zu erwarten, dass ein österreichisches Gericht, das etwa mit demselben Erbfall befasst wird, mit denselben Schritten zu demselben Ergebnis gelangen wird. Verwirrung ist also zu erwarten. Noch deutlicher ist der Fall des *OLG München*[26], in dem deutsches Güterrecht und iranisches Erbrecht anzuwenden waren. Dort ergibt sich eine gesetzliche Erbquote für den überlebenden Mann von ½, für die überlebende Frau aber nur von ¼. Das *OLG* hat die gesetzliche Erbquote der Frau unter Berücksichtigung des orde public zunächst auf ½ erhöht und dann güterrechtlich um eine weiteres Viertel. Ein Testament des Ehemannes, das § 1371 I ausgeschlossen hätte, wurde nicht berücksichtigt, weil es nach iranischem Erbrecht nicht zulässig war.   **30**

---

23 *MK/Koch*, § 1371, Rn. 3.

24 Z.B. gestattet das iranische Erbrecht keine Erbeinsetzung durch Testament (*OLG München*, 16.4.2012, 31 Wx 45/12, FamRZ 2013, 36) oder das griechische kein gemeinschaftliches Testament (s. *OLG Frankfurt*, 2.11.2013, 21 W 17/13, FamRZ 2015, 144).

25 *OLG Schleswig*, 19.8.2013, 3 Wx 60/13, FamRZ 2014, 504.

26 *OLG München*, 16.4.2012, 31 Wx 45/12, FamRZ 2013, 36.

31   Deshalb sollte dem *BGH* nicht gefolgt werden. Der Ansicht der *OLGe Frankfurt*[27] und *Düsseldorf*[28] ist zuzustimmen, dass ein gesetzlicher Erbteil, der sich nach ausländischem Recht richtet, **nicht gem. § 1371 I zu erhöhen** ist.

Dem Gesetz lässt sich nicht unmittelbar entnehmen, wie der güterrechtliche Ausgleich stattzufinden hat, wenn der überlebende Ehegatte (nach ausländischem Erbrecht) zwar Erbe geworden, sein Erbteil aber nicht nach § 1371 I erhöht wird. Dass in einem solchen Falle Zugewinnausgleich ganz zu unterbleiben hätte, kann nicht Sinn des Gesetzes sein. Die Vorschrift des § 1371 II S. 1 ist deshalb **ergänzend so zu lesen**, dass nur der gesetzliche Erbteil *des BGB* um eine Viertel der Erbschaft erhöht wird.

2. Güterrechtlicher Zugewinnausgleich bei ausländischem Erbstatut

32   Wenn die pauschale Erhöhung des gesetzlichen Erbteils bei ausländischem Erbstatut nicht in Betracht kommt, ist damit noch nicht entschieden, ob der Zugewinn statt dessen güterrechtlich auszugleichen sei. Das *OLG Frankfurt*[29] und das *OLG* Stuttgart[30] haben ohne nähere Begründung angenommen, dass nunmehr gem. § 1371 II der **güterrechtliche Zugewinnausgleich** durchzuführen sei. Die Frage ist im Erbscheinsverfahren nicht erheblich und deshalb dort auch nicht vertieft worden. Der Lösung ist gleichwohl zuzustimmen. Der Fall, dass der erbrechtliche Zugewinnausgleich wegen des ausländischen Erbrechtsstatuts scheitert, ist ersichtlich im Gesetz nicht geregelt. Es ergibt keinen Sinn, in diesem Fall den Zugewinnausgleich ganz zu versagen. Deshalb ist in teleologisch ausweitender Auslegung des § 1371 II der güterrechtliche Zugewinnausgleich durchzuführen.

33   Bisher ist keine gerichtliche Entscheidung bekannt, ob und ggf. wie der Zugewinnausgleich durchzuführen sei, wenn bei **ausländischem Erbstatut der Erblasser letztwillig verfügt** und den Überlebenden zum Erben eingesetzt hat. Unter der Geltung deutschen Rechts würde ein Zugewinnausgleich in diesem Fall gar nicht stattfinden. Eine testamentarische Erbeinsetzung, auf die ausländisches Erbstatut anzuwenden ist, kann diese Folge nicht haben. Unter Geltung des deutschen Erbstatuts wird angenommen, dass der Erblasser die in § 1371 I vorgesehene Pauschalisierung durch seine letztwillige Verfügung habe ersetzen wollen, diese deshalb ebenso endgültig sein müsse (→ Rn. 40). Ein ähnlicher Wille kann

---

27 *OLG Frankfurt*, 20.10.2009, 20 W 80/07, FamRZ 2010, 767, mit Anm. *Odersky*, notar 2010, 342.
28 *OLG Düsseldorf*, 19.12.2008, I-3 Wx 51/08, FamRZ 2009, 354, mit Anm. *Looschelders*, IPRax 2009, 505.
29 *OLG Frankfurt*, 20.10.2009, 20 W 80/07, FamRZ 2010, 767.
30 8.3.2005, 8 W 96/04, FamRZ 2005, 1711.

auch bei einem Testament nach ausländischem Recht unterstellt werden. Allerdings kann der Erblasserwille nicht allein über den Zugewinnausgleich entscheiden. Unter der Geltung des deutschen Rechts steht dem Überlebenden, wenn er letztwillig bedacht ist, zumindest der **große Pflichtteil** zu, bis zu dem das Hinterlassene zu ergänzen ist. Dieser große Pflichtteil ist im ausländischen Recht in der Regel nicht gewährleistet. Deshalb kann eine testamentarische Erbeinsetzung unter ausländischem Erbstatut nicht in derselben Weise abschließend sein, wie eine vom großen Pflichtteil begleitete Erbeinsetzung unter dem deutschen Erbstatut. Einem güterrechtlichen Zugewinnausgleich steht somit eine Erbeinsetzung unter ausländischem Erbstatut nicht entgegen. Er ist in diesem Falle durchzuführen.

Bei der Annahme, dass der Zugewinnausgleich bei ausländischem   **34** Erbstatut güterrechtlich auszugleichen sei, bedarf es der Klärung, welchen Einfluss der Erwerb des Überlebenden, der auf ausländischem Erbrecht beruht, auf seine Zugewinnausgleichsforderung hat. Die Frage stellt sich bei gesetzlicher Erbfolge ebenso wie bei gewillkürter. Der erbrechtliche Erwerb kann nicht als ein Aktivposten in die Zugewinnausgleichsbilanz eingestellt werden, denn er entsteht nicht vor dem Ende des Güterstandes. Dem Überlebenden darf aber auch nicht beides, der erbrechtliche Erwerb und der güterrechtliche Ausgleich, zugute kommen. Dabei ist entscheidend, dass der Grund für die beiden Erwerbe derselbe ist, nämlich der Tod des anderen Ehegatten. Der erbrechtliche Erwerb findet aus der Sicht des Güterrechts aus Anlass der Beendigung des Güterstandes (durch Tod) statt. Der Erwerb von Todes wegen fällt gleichzeitig mit dem Entstehen der Zugewinnausgleichsforderung an. Was dem Überlebenden von Todes wegen zufällt, erfüllt somit gleichzeitig die Zugewinnausgleichsforderung. Somit ist der Zugewinnausgleichsanspruch nach § 1372 ohne Berücksichtigung des Nachlasses zu berechnen. Auf den Ausgleichsanspruch ist der Wert des **Erwerbes von Todes wegen anzurechnen**[31].

3. Zusammenfassung

– Wenn sich nach dem Tod eines Ehegatten das Erbrecht nach auslän-   **35** dischem Sachrecht richtet, so ist der Zugewinnausgleich nicht erbrechtlich nach § 1371 I durchzuführen.

---

31 Das *OLG Frankfurt* (2.11.2013, 21 W 17/13, FamRZ 2015, 144) sieht darin ein Argument dafür § 1371 I auch bei ausländischem Erbrechtsstatut anzuwenden sei, weil der güterrechtliche Anspruch des Überlebenden danach niedriger ausfallen könnte als der pauschale erbrechtliche Ausgleich. Das verkennt jedoch, dass der erbrechtliche Ausgleich seiner Art nach eine geringere Legitimität besitzt (s. *MK/Koch*, § 1371, Rn. 3) und eher zu ungerechteren Ergebnissen führt. Deshalb ist der nach güterrechtlichen Prinzipien ermittelte Ausgleich auch dann vorzuziehen ist, wenn das Ergebnis nach unten abweicht.

- Der Zugewinnausgleich ist immer güterrechtlich durchzuführen, wenn das Erbrechtsstatut auf ein ausländisches Sachrecht verweist, sowohl bei gesetzlicher wie bei gewillkürter Erbfolge.

- Was der überlebende Ehegatte von Todes wegen aufgrund ausländischen Erbrechts erwirbt, ist auf seinen güterrechtlichen Zugewinnausgleichsanspruch anzurechnen.

C. Pflichtteil

36   Der erbrechtliche Zugewinnausgleich kann nicht ohne die ihn begleitenden Pflichtteilsansprüche gesehen werden. Da der erbrechtliche Zugewinnausgleich von dem tatsächlichen Vermögenszuwachs völlig unabhängig ist, kann für beide Eheleute Anlass bestehen, das gesetzliche Ergebnis zu verändern. Der Erblasser kann durch letztwillige Verfügung verhindern, dass ein gesetzlicher Erbteil entsteht, der zu erhöhen wäre. Der güterrechtliche Zugewinnausgleich findet dann ebensowenig statt. Der Überlebende kann in diesem Fall die Erbschaft ausschlagen, um den güterrechtlichen Zugewinnausgleich zu erlangen. In beiden Fällen kommen Pflichtteilsansprüche in Betracht.

I. Großer und kleiner Pflichtteil

37   Der Pflichtteilsanspruch des überlebenden Ehegatten kann sich nach dem Erbteil richten, der um das gesetzliche Viertel des § 1371 I erhöht ist (großer Pflichtteil), oder nach dem gesetzlichen Erbteil aus § 1931 ohne Berücksichtigung des erbrechtlichen Zugewinnausgleichs (kleiner Pflichtteil).

Der große Pflichtteil, der unter Einschluss der Erhöhung des § 1371 I ermittelt wird, ist im Gesetz nicht ausdrücklich geregelt. Er ergibt sich aber aus konsequenter Gesetzesanwendung. Der um ein Viertel erhöhte gesetzliche Erbteil ist ein einheitlicher Erbteil. Er ist deshalb Maßstab für die Pflichtteilsquote des § 2303 I 2 und führt zum großen Pflichtteil. Indes schreibt § 1371 II vor, dass sich der Pflichtteil nach dem nicht erhöhten Erbteil richtet (kleiner Pflichtteil), sofern der überlebende Ehegatte überhaupt nicht Erbe oder Vermächtnisnehmer geworden ist. Das hat zur Folge, dass der große Pflichtteil nur in der Form der **Pflichtteilsergänzung** nach §§ 2305 oder 2307 vorkommen kann. Hingegen ist der Pflichtteil, der anstelle einer Erbeinsetzung verlangt wird, immer der kleine Pflichtteil.

II. Pflichtteilsfälle

Im Hinblick auf den Pflichtteil lassen sich folgende Fälle unterscheiden: **38**

Der Überlebende

ist gesetzlicher Erbe	kein Pflichtteil
ist durch Testament enterbt	kleiner Pflichtteil
hat den gesetzlichen Erbteil ausgeschlagen	kleiner Pflichtteil
hat eine testamentarische Zuwendung ausgeschlagen	kleiner Pflichtteil
ist Testamentserbe	Ergänzung auf großen Pflichtteil
ist Vermächtnisnehmer	Ergänzung auf großen Pflichtteil

3. Kapitel:
Der güterrechtliche Zugewinnausgleich

A. Grundlagen

I. Wann ist der Zugewinn güterrechtlich auszugleichen?

Voraussetzung für das Entstehen eines Zugewinnausgleichanspruches **39**
ist in jedem Falle, dass der gesetzliche Güterstand beendet ist (§ 1363 II 2).
Mit dem Ende des Güterstandes **entsteht der Ausgleichsanspruch**
(§ 1378 III 1). Auf diesen Zeitpunkt wird er im Normalfall auch **berechnet**. Für den Berechnungszeitpunkt gibt es allerdings wichtige gesetzliche
Ausnahmen. Im Fall der Scheidung (§ 1384) und beim vorzeitigen Zugewinnausgleich (§ 1387) wird der Berechnungszeitpunkt auf die Rechtshängigkeit dieses Verfahrens vorverlegt. Auch vertraglich lässt sich der Berechnungszeitpunkt vom Ende des Güterstandes lösen. In jedem Falle
bleibt es aber bei der Güterstandsbeendigung als Voraussetzung für den
Anspruch. Auch ehevertraglich kann das Entstehen des Anspruches nicht
vom Ende des Güterstandes gelöst werden.

Wenn ein gesetzlicher Güterstand bestanden hat, endet er unter folgen **40**
Umständen:

- Tod eines der Eheleute
- rechtskräftige Scheidung oder Aufhebung der Ehe
- Vorzeitige Aufhebung der Zugewinngemeinschaft
- durch Ehevertrag
- für die Ehe wird ein ausländisches Güterrechtsstatut wirksam.

Nicht in jedem dieser Fälle entsteht auch tatsächlich ein Zugewinnausgleichsanspruch. Im Einzelnen gilt Folgendes:

1. Tod des Ehegatten mit dem größeren Zugewinn

Stirbt einer der Ehegatten, so ist im Normalfall der erbrechtliche Zu- **41**
gewinnausgleich des § 1371 I einschlägig (→ Rn. 17 ff.). Zum güterrechtlichen Ausgleich kommt es indes, wenn der überlebende Ehegatte weder
Erbe noch Vermächtnisnehmer geworden ist. Der Grund, weshalb der
Überlebende nicht Erbe geworden ist, ist ohne Bedeutung. Er kann durch

Testament enterbt worden sein, einen Erbverzicht vereinbart haben (§ 2346) oder durch ein anhängiges Scheidungsverfahren von der Erbfolge ausgeschlossen sein (§ 1933). Dieselbe Wirkung tritt auch ein, wenn der Überlebende das ihm Zugewandte ausgeschlagen hat.

42   Ist der Überlebende letztwillig bedacht, als Miterbe oder durch ein Vermächtnis, so **scheidet der Zugewinnausgleich vollständig aus**. Der Umfang des Zugewandten ist ohne Bedeutung. Auch ein sehr kleines Vermächtnis schließt, wenn es angenommen wird, den Zugewinnausgleich aus. Ein Zugewinn wird weder auf erbrechtlichem noch auf güterrechtlichem Wege ausgeglichen[1]. Die erbrechtliche Lösung läuft leer: wenn der Überlebende keinen gesetzlichen Erbteil erhält, so kann sich dieser auch nicht erhöhen. Der güterrechtliche Zugewinnausgleich setzt indes voraus, dass der Überlebende überhaupt nicht am Nachlass des anderen beteiligt ist. Das ergibt sich aus § 1371 II und ist allgemeine Meinung[2]. Ihren Sinn findet die Regelung im unterstellten Erblasserwillen: Wenn dem Überlebenden ein bestimmter Bruchteil oder ein bestimmter Gegenstand zugewandt worden ist, so ist zu vermuten, dass es nach dem Willen des Erblassers damit sein Bewenden haben und die komplizierte Zugewinnausgleichsberechnung daneben vermieden werden soll.[3] Es wird angenommen, dass der Erblasser mit seiner letztwilligen Verfügung dieselbe Pauschalierung beabsichtigt hat, wie sie als Gedanke dem § 1371 I zugrunde liegt.

43   Der Überlebende hat jedoch die Möglichkeit, den güterrechtlichen Ausgleich zu erlangen, indem er die Erbschaft **ausschlägt**. Allerdings ist dieser Ausweg mit erheblichen Risiken verbunden. Für die Ausschlagung gilt die allgemeine Frist des § 1944[4]. Innerhalb dieser Frist wird es oft nicht möglich sein, eine konkrete Feststellung darüber zu treffen, ob das letztwillig Zugewandte oder der Zugewinnausgleich den Überlebenden günstiger stellen. Weder das Endvermögen noch das Anfangsvermögen des Verstorbenen kann regelmäßig innerhalb der sechswöchigen Frist ermittelt werden. Auch der eigene Zugewinn des Überlebenden ist häufig nicht so schnell zuverlässig zu ermitteln. Schlägt der Bedachte deshalb nicht aus, so bleibt ihm aber jedenfalls der Anspruch auf den **großen Pflichtteil** (→ Rn. 38).

44   Ein Zeitdruck entsteht nicht, wenn dem Überlebenden nur ein **Vermächtnis** zugewandt worden ist. Für die Ausschlagung des Vermächtnisses gilt **keine Frist**[5].

---

1 Das gilt nur, wenn deutsches Erbrechtsstatut angewandt wird. Bei ausländischem Erbrechtsstatut bleibt es beim güterrechtlichen Zugewinnausgleich, → Rn. 33.

2 *Staudinger/Thiele*, § 1371 Rn. 24.

3 So auch *MK/Koch*, § 1371, Rn. 20.

4 *MK/Koch*, § 1371, Rn. 38; *Staudinger/Thiele*, § 1371 Rn. 30.

5 *Palandt/Weidlich*, § 2180, Rn. 1.

2. Tod des Ehegatten mit dem kleineren Zugewinn

Verstirbt der potentiell Ausgleichsberechtigte, so findet **überhaupt**   **45**
kein Zugewinnausgleich statt.

Anders als der erbrechtliche Zugewinnausgleich ist der güterrechtliche davon abhängig, ob der Verstorbene überhaupt einen Zugewinn erwirtschaftet hat. Er findet nur statt, wenn der Verstorbene einen Zugewinn erwirtschaftet hat und dieser größer war als der des anderen. Trifft das nicht zu, wäre also der Überlebende ausgleichspflichtig gewesen und ist der erbrechtliche Zugewinnausgleich ausgeschlossen, so findet **überhaupt kein Zugewinnausgleich** statt.

Von Bedeutung ist die Frage nur, wenn nicht der überlebende Ehegatte der Erbe ist. Sind Außenstehende, etwa Kinder, (Mit-)erben des Verstorbenen, so ist es für sie von Interesse, ob sich der Zugewinnausgleichsanspruch im Nachlass befindet. Die ganz überwiegende Ansicht nimmt an, dass der Verstorbene keinen Zugewinnausgleichsanspruch habe vererben können[6]. Der Schlüssel hierzu liegt in § 1378 III 1. Der Zugewinnausgleichsanspruch ist erst ab seinem Entstehen vererblich. Daraus ist zu folgern, dass er ein höchstpersönlicher Anspruch ist, der nur in der Person eines Ehegatten zu dessen Lebzeiten entstehen kann[7].

Der Ehegatte, der im Falle einer Scheidung ausgleichspflichtig gewe-   **46**
sen wäre, wird von der Ausgleichspflicht **endgültig frei**, wenn er den anderen überlebt, solange die Ehe noch nicht rechtskräftig geschieden ist. Das gilt sogar dann, wenn ein Scheidungsverfahren anhängig ist, und der Verstorbene vor seinem Tod noch die Folgesache Zugewinnausgleich anhängig gemacht hat[8].

3. Gleichzeitiger Tod

Sterben beide Eheleute gleichzeitig, so endet der gesetzliche Güter-   **47**
stand. Er endet auch auf andere Weise als durch den Tod *eines* Ehegatten (§ 1372), nämlich durch den Tod beider, so dass nach dem Wortlaut dieser Vorschrift der güterrechtliche Zugewinnausgleich stattfinden müsste. Dennoch **findet ein Zugewinnausgleich nicht statt**[9]. Bis zu der grundlegenden Entscheidung des *BGH* aus dem Jahre 1978 war die Frage durch-

---

6 *BGH*, 8.3.1995, XII ZR 54/94, FamRZ 1995, 597; *Schwab/Schwab*, VII Rn. 273.

7 Das französische Recht, in dem die Zugewinngemeinschaft ein Wahlgüterstand ist, regelt den Fall anders. Auch der Erbe des zuerst verstorbenen Ehegatten kann gegen den anderen einen Zugewinnausgleichsanspruch geltend machen (Art. 1561 II 2 c.c.); s. auch *Battes*, Anm. zu *BGH* (8.3.1995, XII ZR 54/94, FamRZ 1995, 597), FuR 1995, 235.

8 *BGH*, 8.3.1995, XII ZR 54/94, FamRZ 1995, 597.

9 *BGH*, 28.6.1978, IV ZR 47/77, FamRZ 1978, 678.

aus umstritten. Die Auffassung des *BGH* entspricht inzwischen der überwiegenden Meinung[10].

Fest steht, dass kein Ehegatte den anderen beerben kann, wenn beide gleichzeitig versterben. Dadurch scheidet die erbrechtliche Lösung für den Zugewinnausgleich aus. Ob statt dessen der güterrechtliche Ausgleich anzuwenden ist, ist dem Gesetz nach Ansicht des *BGH* nicht zu entnehmen. Der Gesetzgeber habe diese Möglichkeit übersehen. Die so entstandene Gesetzeslücke sei aber nicht durch Analogie des § 1372 zu schließen. Der wesentliche Grund für diese Ansicht, der zu folgen ist, liegt in § 1378 III 1. Indem der Zugewinnausgleichsanspruch erst nach seinem Entstehen vererblich ist, kommt der höchstpersönliche Charakter des Anspruchs zum Ausdruck. Er muss vor dem Tod entstanden sein, um den Erben zur Verfügung zu stehen. Die Einschränkung ist die Konsequenz daraus, dass der gesetzliche Güterstand im Ausgangspunkt eine Gütertrennung und der Ausgleichsanspruch nicht dinglich, sondern nur schuldrechtlich ausgestaltet ist[11].

4. Scheidung

48   Die Scheidung der Ehe ist der in der Praxis weitaus häufigste Fall des güterrechtlichen Zugewinnausgleichs. Auch in diesem Fall entsteht der Ausgleichsanspruch erst mit dem Ende des Güterstandes, also mit der **Rechtskraft des Ehescheidungsbeschlusses** (§ 116 II FamFG). Zwar regelt § 1384 in der seit dem 1.9.2009 geltenden Fassung, dass der Zeitpunkt der Rechtshängigkeit des Scheidungsantrages sowohl die Berechnung wie auch die Höhe des Zugewinns bestimmt. Diese missglückte Formulierung verlegt aber nicht den Zeitpunkt vor, zu dem der Anspruch entsteht. Für den Ausgleichsanspruch, der sich aus den beiderseitigen Zugewinnbeträgen ergibt, gilt unverändert § 1378 II 1. Der **Berechnungszeitpunkt** und der **Entstehenszeitpunkt** fallen bei der Scheidung also auseinander. Diesem Umstand trägt auch das gerichtliche Verfahren Rechnung, indem es erlaubt, vor Entstehen des Anspruches einen Rechtsstreit darüber zu führen. Davon kann aber nur im Verbund mit der Scheidung und nur für den Fall des rechtskräftigen Scheidungsbeschlusses Gebrauch gemacht werden (→ Rn. 789).

5. Eheaufhebung

49   Die Eheaufhebung umfasst nach der heutigen Gesetzeslage auch die Fälle, die früher zur Nichtigkeit der Ehe geführt hätten. Eine fehlerhafte

---

10 *Börger/Engelsing,* Rn. 222; *Schwab/Schwab,* VII Rn. 2; *Staudinger/Thiele,* § 1371, Rn. 58;
   Palandt/Brudermüller, § 1371, Rn. 13; *MK/Koch,* § 1371, Rn. 10.
11 Die abweichende Meinung von *Gernhuber/Coester-Waltjen* (§ 37, Rn. 26) vermag dieser gesetzlichen Wertung nichts entgegen zu setzen.

Ehe ist damit in jedem Falle zunächst wirksam. Der damit entstandene gesetzliche Güterstand wird erst durch den rechtskräftigen Aufhebungs-beschluss beendet (§ 1313 S. 2). Hinsichtlich der Berechnung und des Entstehens des Ausgleichsanspruchs sind die für die Scheidung gelten-den Vorschriften entsprechend anzuwenden[12]. Ob der Anspruch über-haupt entsteht, unterliegt bei der Eheaufhebung einer Billigkeitsprüfung (§ 1318 III)[13].

6. Vorzeitiger Zugewinnausgleich

Die vorzeitige Aufhebung der Zugewinngemeinschaft hat dieselbe **50** Wirkung wie die rechtskräftige Scheidung. § 1387 entspricht der Parallel-vorschrift in § 1384, und § 1388 entspricht § 1378 III 1. Der Zugewinn-ausgleichsanspruch entsteht also erst mit der Rechtskraft des Beschlusses, der die Zugewinngemeinschaft vorzeitig beendet. Allerdings spricht § 1385 davon, dass auch ohne vorherige Beendigung des Güterstandes auf Zugewinnausgleich geklagt werden kann. Das ist aber zwingend mit dem Antrag auf vorzeitige Aufhebung zu verbinden und kann nur einheitlich entschieden werden. Prozessual ist das dem Scheidungsverbundverfahren sehr nahe[14]. Soweit sich Besonderheiten ergeben, wird das unter Rn. 733 bis 744 behandelt.

7. Ehevertrag

Durch Ehevertrag kann jederzeit der bestehende gesetzliche Güter- **51** stand beendet werden. Das hat immer das Entstehen der Zugewinnaus-gleichsforderung zur Folge[15]. Soll das vermieden werden, so muss zusätz-lich vereinbart werden, dass der durch das Güterstandsende entstehende Zugewinnausgleichsanspruch ausgeschlossen werden soll. Vor der Been-digung des Güterstandes kann die Ausgleichsforderung nicht Gegenstand eines Vertrages sein (§ 1378 III 1, → Rn. 449). Daraus folgt, dass ein Zu-gewinnausgleichsanspruch immer, aber auch nur dann entsteht, wenn durch Ehevertrag der gesetzliche Güterstand beendet wird.

Ehevertragliche Vereinbarungen, die die Fälligkeit des Anspruchs an- **52** ders regeln, sind zulässig[16]. Insbesondere ist es möglich, eine Pflicht zu Vo-rausleistungen (§ 1380) zu begründen. Nach mancher Auffassung kann

---

12 *Johannsen/Henrich/Jaeger*, § 1384, Rn. 2.
13 *Schwab/Schwab*, VII Rn. 14.
14 Ob auch im Verfahren nach § 1385 zwei Verfahren im Verbund geführt werden oder ob über das Ende des Güterstandes inzident entschieden wird, ist nach dem Gesetzeswortlaut nicht eindeutig. *Johannsen/Henrich/Jaeger* (§ 1384, Rn. 6) lassen es offen. Die hier vertre-tene Ansicht, da es sich um zwei Streitgegenstände handele, wird erläutert unter Rn. 733 ff.
15 *Johannsen/Henrich/Jaeger*, § 1378, Rn. 8.
16 *Schwab/Schwab*, VII Rn. 378.

auch die Fälligkeit der Gesamtforderung vorverlegt werden[17]. Das ist dann ein rein vertraglicher Anspruch. Der Zugewinnausgleichsanspruch entsteht kraft Gesetzes mit dem Ende des Güterstandes. Er kann nicht vertraglich begründet und somit nicht durch Vertrag vom Güterstandsende gelöst werden[18] [19].

8. Beweislast

53   Die Voraussetzungen für die Durchführung des güterrechtlichen Zugewinnausgleichs hat der Anspruchsteller zu beweisen. Damit obliegt ihm insbesondere der Beweis, dass die Voraussetzungen des § 1371 II erfüllt sind, er also weder Erbe noch Vermächtnisnehmer des verstorbenen Ehegatten geworden ist. Ihm obliegt damit die Beweislast für die Einhaltung der **Ausschlagungsfrist**.

Zur Beweislast gehört nicht, dass überhaupt der gesetzliche und **nicht ein vertraglicher Güterstand** gegolten habe. Aus § 1363 I ergibt sich, dass die Zugewinngemeinschaft der Regelfall und der vertragliche Güterstand der Ausnahmefall ist. Den Ausschluss der Zugewinngemeinschaft hat deshalb derjenige zu beweisen, der sich darauf beruft[20].

II. Der Rechenweg

1. Zugewinnausgleich als bilanzieller Vermögensvergleich

54   Der Zugewinnausgleich dient dazu, Wertunterschiede auszugleichen. Es geht nicht darum, Vermögensgegenstände aufzuteilen oder auseinanderzusetzen. An der Zuordnung der einzelnen Gegenstände, den Eigentumsverhältnissen, soll nichts verändert werden. Nur der abstrakte Erfolg, der sich im Vermögenszuwachs ausdrückt, soll ausgeglichen werden. Dafür ist es erforderlich, die einzelnen Vermögensgegenstände vollständig zu erfassen und zu bewerten. Um das Vermögen der beiden Eheleute und zu den beiden relevanten Zeitpunkten vergleichbar zu machen, muss es nach einem einheitlichen Maßstab bewertet werden. Das Vermögen muss in ei-

---

17 *Schwab/Schwab* VII Rn. 378; *Bärenz*, S. 92; dagegen: *Staudinger/Thiele*, § 1378, Rn. 37, *MK/Koch*, § 1378 Rn. 36.

18 Feststehende höchstrichterliche Rechtsprechung: *BFH* 24.8.2005, II R 28/02, FamRZ 2006, 1670, Rn. 18, 19; *BFH* 28.6.2007, II R 12/06, FamRZ 2007, 1812 (nur Leitsatz) BFHE 217, 260, Rn. 12, 13.

19 *Bärenz* vertritt in seiner Dissertation mit ausführlicher Begründung die Auffassung (S. 237 ff.), entgegen der dargestellten Ansicht ließen sich das Entstehen des Ausgleichsanspruches und das Ende des Güterstandes entkoppeln, überzeugt damit aber nicht.

20 *BGH*, 25.1.1989, IVb ZR 44/98, FamRZ 1989, 476, Rn. 23.

ner Währungseinheit ausgedrückt werden. Am Ende der Bewertung muss für das Vermögen jedes Ehegatten **eine einzige Zahl** stehen.

Durch den Zugewinnausgleich soll nicht das Vermögen der Eheleute   **55** gleichmäßig aufgeteilt werden, sondern nur ausgeglichen werden, was in der Ehezeit hinzuerworben worden ist. Dafür muss eine Vermögensveränderung erfasst werden, die von Veränderungen vor und nach der Ehezeit abgegrenzt wird. Es muss eine **periodenbezogene Vermögensentwicklung** festgestellt werden.

Mit der periodenbezogenen Feststellung einer Veränderung gleicht die   **56** Ermittlung des Zugewinns der **kaufmännischen Gewinnermittlung**. Zur Feststellung seines Gewinns hat der Kaufmann auf den Beginn und auf das Ende einer Periode, normalerweise Jahresanfang und Jahresende, jeweils eine Bilanz aufzustellen (§ 242 HGB). Die Bilanz hat alle Vermögensgegenstände und Verbindlichkeiten zu dem jeweiligen Zeitpunkt mit ihrem Wert zu enthalten (§ 246 I HGB). Der Saldo dieser Bilanz gibt den Wert des Vermögens am Bilanzstichtag wieder. Der Gewinn in der Periode wird durch **Betriebsvermögensvergleich** festgestellt (§ 4 I 1 EStG). Der Unterschied im Wert des Vermögens zu beiden Zeitpunkten stellt den Gewinn oder den Verlust dar. Dem entspricht der Zugewinn, wenn als Bilanzstichtage jeweils der Anfang und das Ende des Güterstandes angesehen werden.

Die Grundsätze der kaufmännischen Bilanzaufstellung können für das Zugewinnausgleichsrecht fruchtbar gemacht werden. So bestimmt § 246 II HGB, dass in der Bilanz Posten aus der Passivseite nicht mit solchen der Aktivseite verrechnet werden dürfen. Grundstücksrechte dürfen nicht mit Grundstücklasten verrechnet werden. Wendet man diese und ähnliche Bestimmungen aus dem HGB auf die Zugewinnberechnung an, so dient das unmittelbar der besseren Verständlichkeit und Übersichtlichkeit auch der Zugewinnbilanz.

2. Streng mathematisches Verfahren

Der Zugewinnausgleichsanspruch wird in einem streng mathemati-   **57** schen Verfahren ermittelt. Auch der Ehegattenunterhalt wird in der Praxis vielfach als ein mathematischer Vorgang verstanden. Davon zeugen die weit verbreiteten Computerprogramme, die zur Ermittlung von Unterhaltsansprüchen herangezogen werden. Im Unterhaltsverfahren sind die Berechnungsprogramme jedoch nur scheinbar exakt. Es gibt keinen gesetzlich vorgeschriebenen Berechnungsweg, und in nahezu jeder Berechnungsstufe sind Billigkeitserwägungen anzustellen, die wesentlichen Einfluss auf den weiteren Rechenweg haben können. Anders die Ermittlung des Zugewinns. Der Rechenweg folgt aus der gesetzlichen Regelung und ist zwingend zu verfolgen. Abweichungen hiervon aus Billigkeitsgründen dürfen, von wenigen Ausnahmen abgesehen, nicht stattfinden. Die einzelnen Vermögensgegenstände sind mit ihrem objektiven Wert in die Ausgleichsbilanz einzustellen; ergebnisorientierte Wertansätze sind unzulässig. Eine **Billigkeitsprüfung** findet nur einmal ganz am Ende des Rechenweges statt (§ 1381), nicht aber in dessen Verlauf.

Ein solches Verfahren muss zwangsläufig zu Ergebnissen führen, die dem tatsächlichen Beitrag der Ehegatten nicht immer völlig gerecht werden. Die schematische Ausgestaltung des Zugewinnausgleichsverfahrens kann der Erwartung nach Einzelfallgerechtigkeit nicht immer genügen[21]. Dessen war sich der Gesetzgeber ausweislich der amtlichen Begründung[22] durchaus bewusst. Das ist im Interesse der praktischen Handhabbarkeit in Kauf genommen worden. Einzelbeiträge der Ehegatten zu ermitteln, ist für praktisch unmöglich gehalten worden. Statt dessen ist eine schematische, starre Regelung Gesetz geworden. Der *BGH* hat diesen Gedanken auch zur Grundlage seiner Rechtsprechung gemacht[23]. Die Rechtsprechung ist im Wesentlichen unumstritten.

3. Reihenfolge der Feststellungen

58   Es ist eine allein praktische Frage, ob bei der Feststellung des Zugewinns zuerst das End- oder das Anfangsvermögen ermittelt wird. Traditionell empfahl es sich, mit dem **Endvermögen zu beginnen.** Ergab sich kein positiver Saldo, so war damit der Fall gelöst, weil mangels positiven Endvermögens kein Zugewinn entstanden sein konnte. Nach der aktuellen Rechtslage kann sich auch bei einem negativen Endvermögen ein Zugewinn ergeben, wenn das Anfangsvermögen in noch größerem Umfang negativ war. Eine Zugewinnausgleichspflicht setzt jedoch in jedem Falle ein positives Endvermögen des Pflichtigen voraus. Wegen der **Kappungsgrenze** in § 1378 II muss ein Zugewinnausgleich jedenfalls nur aus vorhandenem positivem Endvermögen gezahlt werden. Es ist deshalb auch weiterhin zu empfehlen, mit der Ermittlung des Endvermögens zu beginnen, weil das u.U. weitere Feststellungen zum Anfangsvermögen entbehrlich macht.

59   Die Reihenfolge, in der Feststellungen zum Vermögen getroffen werden, hat auf das Ergebnis keinen Einfluss. Der Bestand des Endvermögens und dessen Bewertung hat völlig unabhängig von den Feststellungen zum Anfangsvermögen zu sein. Nur die tatsächlich am Stichtag des Endvermögens vorhandenen Gegenstände sind aufzunehmen. Es spielt keine Rolle,

---

21 *Johannsen/Henrich/Jaeger,* vor § 1372, Rn. 5.
22 BT-Drucks II/224, S. 45.
23 *BGH,* 22.12.1976, IV ZR 11/76, FamRZ 1977, 124, Rn. 11.

ob ein Gegenstand schon im Anfangszeitpunkt vorhanden war oder ob einer ins Anfangsvermögen gehört, zum Endzeitpunkt aber nicht mehr im Bestand des Vermögens ist. Auch die Bewertung zum Endzeitpunkt ist völlig unabhängig von der Bewertung zum Anfangszeitpunkt. Eine **Fortschreibung der Bilanzansätze**, wie sie im Handelsrecht vorgesehen ist, gibt es im Zugewinnausgleichsrecht nicht.

4. Die Rechenschritte

Die Feststellung eines Zugewinnausgleichsanspruches folgt einem **60** weitgehend vorgegebenen Muster. Dem Muster sollte sowohl in der vorgerichtlichen Beratung wie auch in der Antragsschrift und im gerichtlichen Beschluss gefolgt werden.

- Der Stichtag für das Endvermögen wird ermittelt, in Regel der Tag, an dem der Scheidungsantrag bei der Gegenseite zugestellt wurde, oder der Todestag.

- Der Stichtag für das Anfangsvermögen wird ermittelt, in der Regel der Hochzeitstag, bei Eheschließung in der DDR der 3.10.1990, der Tag der deutschen Wiedervereinigung.

- Es werden vier Zugewinnausgleichsbilanzen erstellt, je zwei für beide Ehegatten, jeweils auf den Stichtag des End- und Anfangsvermögens.

- Die folgenden Schritte werden für jeden Ehegatten gesondert durchgeführt.

- Alle Vermögensgegenstände, aktive und passive, werden für den Stichtag des Endvermögens ermittelt und bewertet.

- Die Vermögensgegenstände werden einzeln in die Endvermögensbilanz eingetragen.

- Die Vermögensgegenstände, die nach § 1375 II dem Endvermögen hinzuzurechnen sind, werden ermittelt und auf den Tag der Hinzurechnung bewertet.

- Die hinzugerechneten Werte sind vom Tag der Hinzurechnung[24] bis zum Tag des Endvermögens zu indexieren und mit dem indexierten Wert in die Endvermögensbilanz einzustellen.

- Der Saldo der Bilanz, die Differenz zwischen positivem Vermögen und Verbindlichkeiten, ist das Endvermögen. Es kann positiv oder negativ sein.

- Alle Vermögensgegenstände werden für den Stichtag des Anfangsvermögens ermittelt und auf diesen Tag mit der an diesem Tag gültigen Währung bewertet.

---

24 *BGH*, 20.5.1987, IVb ZR 62/86, FamRZ 1987, 791, Rn. 9.

- Der Wert von Gegenständen im Ausland wird nach dem Tagesmittelkurs des Stichtages in deutsche Währung und anschließend ggf. nach dem amtlichen Umrechnungskurs (1,95583) in Euro umgerechnet und auf den Stichtag des Endvermögens indexiert.

- Die Vermögensgegenstände werden einzeln, wie schon bei der Endvermögensbilanz, in die Anfangsvermögensbilanz eingestellt.

- Die nach § 1374 II dem Anfangsvermögen hinzuzurechnenden Vermögensgegenstände werden ermittelt und auf den Tag der Hinzurechnung bewertet.

- Die hinzugerechneten Werte sind vom Tag der Hinzurechnung bis zum Tag des Endvermögens zu indexieren und mit dem indexierten Wert in die Anfangsvermögensbilanz einzutragen.

- Der Saldo der Bilanz, die Differenz zwischen positivem Vermögen und Verbindlichkeiten, ist das Anfangsvermögen. Es kann positiv oder negativ sein.

- Das Anfangsvermögen ist von dem Endvermögen zu subtrahieren. Das Ergebnis ist der Zugewinn eines jeden Ehegatten. Nach überwiegender Meinung ist der Zugewinn mindestens Null.

- Es ist die Differenz der Zugewinne beider Ehegatten zu bilden.

- Die Differenz ist zu halbieren.

- Die halbe Differenz steht dem Ehegatten mit dem geringeren Zugewinn als Zugewinnausgleichsanspruch zu.

B. Auszugleichendes Vermögen

I. Grundregeln

61   Zu Beginn einer Zugewinnausgleichsberechnung müssen die Vermögensgegenstände beider Eheleute zusammengetragen werden. Mit **Anspruch auf Vollständigkeit** müssen alle Rechte und Verbindlichkeiten erfasst werden. Für den Ausgleich des Zugewinns sind Bilanzen aufzustellen, für jeden Ehegatten jeweils auf den End- und Anfangsstichtag. Dafür ist das zusammengetragene Vermögen der Eheleute in Form von vielen Einzelpositionen in die Bilanzen einzustellen.

Die einzelnen Vermögensgegenstände und Verbindlichkeiten müssen so beschrieben werden, dass sie mit einem Betrag in die Bilanz eingestellt werden können. Den Vermögensgegenständen muss ein **bestimmter Wert beigemessen** werden, mit dem sie in die Bilanz einzustellen sind.

In diesem Abschnitt I. werden die Grundregeln behandelt, nach denen die Zugewinnausgleichsbilanz aufzustellen ist. Im folgenden Abschnitt II. wird die Abgrenzung zu anderen Systemen und schließlich in III. werden typische Probleme behandelt und die wichtigsten Einzelfälle dargestellt.

1. Gleiche Regeln für Anfangs- und Endvermögen

Die beschriebenen Fragen ergeben sich in gleicher Weise beim End- wie beim Anfangsvermögen. Die Darstellung kann sich deshalb **gleichzeitig auf beides** beziehen[25]. Das Vermögen wird zur Ermittlung des Zugewinns an zwei Zeitpunkten betrachtet. Die Regeln, welche Vermögensgegenstände einzusetzen sind und wie das zu geschehen hat, sind somit **für beide Zeitpunkte gleich**. Die nachfolgenden Einzelfälle und Ausnahmen gelten, soweit nicht ausdrücklich etwas anderes gesagt wird, für das Anfangs- wie für das Endvermögen.

62

Auf einen dritten Zeitpunkt, den **Tag der Trennung**, ist ebenfalls eine Bilanz aufzustellen. Auch diese folgt denselben Regeln. Allerdings gehört diese Bilanz nicht in die Vergleichsrechnung, um den Zugewinn zu ermitteln, sondern dient nur der Beweiserleichterung.

2. Rechte und Verbindlichkeiten

Das Anfangs- wie das Endvermögen umfasst sowohl Rechte wie auch Verbindlichkeiten. Zum **Vermögensbegriff des Privatrechts** gehören eigentlich nur die Rechte, nicht auch die Verbindlichkeiten[26]. So versteht offenbar auch der Text des § 1375 I das Vermögen. Der Satz *Verbindlichkeiten sind über die Höhe des Vermögens hinaus abzuziehen*, ergibt nur einen Sinn, wenn unter dem Vermögen ausschließlich Rechte, nicht auch Verbindlichkeiten verstanden werden. In den speziellen, nur für den gesetzlichen Güterstand verwendeten Begriffen *Anfangsvermögen* und *Endvermögen* hat das Wort Vermögen hingegen eine **weitere Bedeutung**. Das Anfangs- und das Endvermögen umfassen das Vermögen und die Verbindlichkeiten am jeweiligen Stichtag.

63

Das Vermögen ist eine Zusammenfassung von geldwerten Rechten und Rechtsverhältnissen im Hinblick auf eine bestimmte Person, der sie zustehen[27]. Das Vermögen eines Ehegatten setzt sich somit zusammen aus dem Eigentum an Sachen, beweglichen und unbeweglichen, Forderungen und anderen Vermögensrechten.

64

---

25 *Schwab/Schwab*, VII Rn. 21.
26 *Larenz/Wolf*, § 21, Rn. 5.
27 *Larenz/Wolf*, § 21, Rn. 3.

Zu den Verbindlichkeiten zählen alle Leistungspflichten, die sich aus einem Vertrag oder einem gesetzlichen Schuldverhältnis ergeben. Es kommen auch unvollständige Verbindlichkeiten (Naturalobligationen, → Rn. 164) Pflichten aus dinglichen Rechtsverhältnissen oder Haftung für Verbindlichkeiten Dritter in Betracht.

65   Das Anfangs- und das Endvermögen, aus dem der Zugewinn ermittelt wird, setzen sich zusammen aus dem Vermögen eines jeden Ehegatten an dem Stichtag, vermindert um dessen Verbindlichkeiten.

3. Alle Positionen mit wirtschaftlichem Wert

66   In die Zugewinnausgleichberechnung wird das gesamte Vermögen beider Ehegatten einbezogen. Das sind alle Vermögenspositionen, die ungeachtet ihrer Herkunft an dem jeweiligen Stichtag vorhanden sind. Dem Zugewinnausgleich unterliegen **alle rechtlich geschützten Positionen mit wirtschaftlichem Wert**[28]. Das ist sehr weit zu verstehen. Dazu gehören nicht nur Sachen, sondern auch Ansprüche, Anwartschaften, Immaterialgüterrechte und ähnliches. Nach der Definition des *BGH* sind *das neben den dem Ehegatten gehörenden Sachen alle ihm zustehenden objektiv bewertbaren Rechte, die* am Stichtag *bereits entstanden sind*[29]. Das gilt für Verbindlichkeiten ebenso wie für das positive Vermögen. Die Rechte oder Verbindlichkeiten dürfen nicht mehr von einer Gegenleistung abhängig sein. Sie müssen nicht sofort verfügbar sein[30].

4. Blitzlichtbetrachtung

67   Die Zugewinnausgleichsbilanz betrachtet nicht, woher einzelnen Gegenstände stammen und wie sie sich weiterentwickelt haben. Sie bildet wie eine Blitzlichtaufnahme das ab, was am Stichtag vorgefunden wird[31]. Jeder Gegenstand, der dem Ehegatten am Stichtag gehört, und jede Verbindlichkeit, die ihn trifft, sind mit ihrem jeweiligen Wert in die Bilanz einzustellen, den sie exakt an dem Stichtag hatten. Veränderungen davor oder danach bleiben außer Betracht. So ist es im Endvermögen gleichgültig, ob dieselbe Sache schon bei Ehebeginn vorhanden war. Und im Anfangsvermögen spielt es keine Rolle, ob der Gegenstand während der Ehe veräußert oder untergegangen ist. Welcher Ehegatte einen Gegenstand bezahlt hat, ist ohne Bedeutung. Relevant ist alleine das zivilrechtliche Ei-

---

28 Ständige Rechtsprechung des *BGH*, 3.10.1979, IV ZR 103/78, FamRZ 1980, 39; *BGH*, 28.1.2004, XII ZR 221/01, FamRZ 2004, 781, Rn. 13.

29 *BGH*, 15.11.2000, XII ZR 197/98, FamRZ 2001, 278, Rn. 41.

30 Ständige Rspr. des *BGH*, 28.1.2004, XII ZR 221/01, FamRZ 2004, 781, mit vielen Nachweisen.

31 Der Vergleich mit der fotografischen Aufnahme findet sich auch bei *Schwab*, Lehrbuch, Rn. 268; *Schulz/Hauß*, Kap. 1, Rn. 6.

gentum oder die Inhaberschaft des Rechts. Die Kursentwicklung eines Wertpapiers nach dem Stichtag muss unberücksichtigt bleiben. Ein Schaden aus einem Unfall, der unmittelbar nach dem Stichtag eintritt, beeinflusst das auf den Stichtag festgestellte Vermögen nicht[32].

Wenn eine wesentliche Vermögensveränderung am Stichtag selbst **68** stattfindet, dann führt die Blitzlichtbetrachtung dazu, dass der **maßgebliche Moment** ermittelt werden muss. Es kommt dann darauf an, wann im Verlaufe des Tages die Ehe geschlossen oder der Scheidungsantrag zugestellt wurde oder wann die Beurkundung des Ehevertrages abgeschlossen wurde. Dieser Moment ist für die Betrachtung entscheidend, wenn das Vermögen am Beginn und am Ende des Stichtages verschieden war. Die Fälle, in denen das praktische Bedeutung hat, werden selten sein. Daran lässt sich aber das dem Zugewinnausgleich zugrundeliegende Prinzip besonders anschaulich erkennen.

5. Ungewisse Rechte und Verbindlichkeiten

Die Blitzlichtbetrachtung erzeugt Probleme bei Rechten und Verbind- **69** lichkeiten, deren Entwicklung am Stichtag noch nicht sicher vorherzusehen ist. Bei einer Geldforderung kann beispielsweise am Stichtag ungewiss sein, ob der Schuldner bei Fälligkeit zahlen kann. Bei einer Bürgschaftsverpflichtung ist nach ihrer Natur ungewiss, ob der Bürgschaftsfall eintreten wird. Ebenso ungewiss kann sein, ob der Bürgenregress Erfolg haben wird. Weder der ungewisse Anspruch noch die ungewisse Verbindlichkeit dürfen jedoch in der Zugewinnausgleichsbilanz unberücksichtigt bleiben[33].

Zum Vermögen gehören rechtlich geschützte Positionen von wirt- **70** schaftlichem Wert. Das müssen nicht Ansprüche i.S.d. § 194 sein. Es dürfen aber auch nicht „**bloße Erwerbsaussichten**, die noch nicht zur Anwartschaft erstarkt sind", sein[34]. Bei ungewissen Rechten und Verbindlichkeiten muss abgegrenzt werden, ob sie wegen ihrer Ungewissheit ganz außer Betracht bleiben oder mit einem Wert in die Bilanz einzusetzen sind.

Die Ungewissheit, die hinsichtlich einer Position am Stichtag besteht, **71** mag sich im weiteren Verlauf klären. Bei der Berechnung eines **Pflichtteils**, die der Zugewinnausgleichsberechnung ähnlich ist, wird dafür das

---

32 Bei der Ermittlung des Vermögens am Stichtag dürfen grundsätzlich Umstände, die nach dem Stichtag eintreten, nicht berücksichtigt werden. Etwas anderes gilt nach Ansicht des *BGH*, wenn der Tatrichter gem. 287 ZPO einen Wert zu schätzen hat. Dann sollen auch später eingetretene Umstände zur Konkretisierung der Schätzgrundlage herangezogen werden können (*BGH*, 17.11.2010, XII ZR 170/09, FamRZ 2011, 183, Rn. 34).

33 *Schwab/Schwab*, VII Rn. 53.

34 *BGH*, 28.1.2004, XII ZR 221/01, FamRZ 2004, 781, Rn. 13.

Stichtagsprinzip durchbrochen. Gemäß § 2313 bleiben ungewisse Rechte und Verbindlichkeiten zunächst außer Ansatz. Löst sich nachträglich die Ungewissheit auf, so ist die Berechnung anzupassen. Nach allgemeiner und zu billigender Auffassung kann § 2313 im Zugewinnausgleichsrecht nicht entsprechend angewendet werden[35]. Der Gesetzgeber hat bewusst auf eine dem Erbrecht entsprechende Regelung im Güterstand verzichtet. Auch die Reform von 2009 hat keinen Anlass gesehen, eine solche Vorschrift einzufügen. Von einer Regelungslücke, die durch entsprechende Anwendung des § 2313 zu schließen wäre, kann deshalb nicht ausgegangen werden.

72   Ein Recht, dessen Durchsetzung am jeweiligen Stichtag ungewiss ist, kann nicht unberücksichtigt bleiben. Dasselbe gilt von einer Verbindlichkeit, bei der ungewiss ist ob und welchem Umfang sie zu erfüllen sein wird. Da eine nachträgliche Korrektur nach Auflösung der Ungewissheit nicht zulässig ist, muss ihr auf andere Weise Rechnung getragen werden. Das geschieht bei ihrer **Bewertung** (§ 1376)[36]. Von dem Wert, den das unzweifelhafte Recht hätte, ist ein angemessener Abschlag zu machen[37]. Ebenso wird der Nennwert einer ungewissen Verbindlichkeit angemessen gekürzt.[38]

73   Die Ungewissheit kann verschiedene Ursachen haben. Die Ungewissheit kann aus Rechtsgründen bestehen. Das ist der Fall bei einer **bedingten Forderung**, wenn der Bedingungseintritt ungewiss ist[39].

Die Ungewissheit kann aber auch **tatsächliche Gründe** haben. Es können Zweifel bestehen, ob der Schuldner leisten wird oder kann. Eine Ungewissheit besteht auch, wenn gegen den Schuldner ein Prozess zu führen ist, dessen Ausgang in der Regel ungewiss ist. Dann sind bei der Bewertung Abschläge zu machen. Eine Forderung, die gewiss nicht realisier-

---

35 *BGH*, 28.1.2004, XII ZR 221/01, FamRZ 2004, 781, Rn. 22; *MK/Koch*; § 1376, Rn. 16; *Schwab/Schwab*, VII Rn. 93; *Johannsen/Henrich/Jaeger*, § 1376, Rn. 11.

36 *Groß* (FamFR 2009, 119) vertritt die Ansicht, das Zugewinnausgleichsverfahren müsse gem. § 148 ZPO ausgesetzt werden, bis über den Prozess, in dem um die Forderung gestritten wird, entschieden sei. Das verkennt jedoch die strenge Stichtagsbetrachtung, die Umstände nach dem Stichtag nicht mehr berücksichtigen darf. § 2313 würde bei dieser Ansicht gleichsam durch die Hintertür in das Zugewinnausgleichsverfahren eingeführt.

37 *BGH*, 17.11.2010, XII ZR 170/09, FamRZ 2011, 183.

38 *Kogel* (FF 2011, 116, 118) schlägt vor, das Problem zu umgehen, indem anstelle eines Leistungsantrages im Zugewinnausgleich ein Feststellungsantrag gestellt werde mit dem Inhalt, dass der andere Ehegatte verpflichtet sei, die Hälfte des zukünftigen Zuflusses als Zugewinnausgleich zu zahlen. Hiervon rückt er in einer späteren Abhandlung (FamRZ 2013, 1352) wieder ab und meint, dass eine Verbindlichkeit nur mit einem reduzierten Wert einzusetzen sei, wenn der Schuldner möglicherweise nicht zahlen müsse oder könne.

39 *Schulz/Hauß*, Rn. 460.

bar ist (z.B. aufgrund von Insolvenz), ist konsequenterweise mit Null zu bewerten[40].

Bei **Verbindlichkeiten** ist entsprechend zu verfahren. Auch eine **74** Schuld kann aus tatsächlichen Gründen ungewiss sein, wenn sie etwa von dem Ausgang eines Prozesses abhängt oder wenn nicht sicher ist, dass sie geltend gemacht werden wird. Als ungewisse Verbindlichkeit ist auch eine **Geldstrafe** zu werten, wenn die Straftat vor dem Stichtag liegt und am Stichtag mit erheblicher Wahrscheinlichkeit eine Verurteilung zu erwarten ist[41]. Ungewiss kann auch die Rückzahlungsverpflichtung eines **BAföG-Darlehens** sein, weil das Gesetz eine Vielzahl von Erlass- und Teilerlasstatbeständen vorsieht, die am Stichtag noch nicht vollständig bekannt sein müssen[42].

Weitergehend wir auch vertreten, dass eine Verbindlichkeit gegenüber **75** ihrem Nominalwert abzuwerten sei, wenn erkennbar ist, dass der Schuldner nicht in der Lage sein wird, sie in vollem Umfange auszugleichen[43]. Dem wird indes nicht zuzustimmen sein[44]. Der angenommene Gleichlauf bei der Bewertung von Forderungen und Verbindlichkeiten besteht insoweit nicht. Für den Gläubiger hängt der Wert seiner Forderung von der Leistungsfähigkeit des Schuldners ab. Der Titel als solcher hat keinen Wert. Hingegen ist der Umfang der Schuld auf Seiten des Schuldners von seiner Leistungsfähigkeit ganz unabhängig.

Unzulässig ist es hingegen, eine **ungeklärte Rechtsfrage** über einen **76** Bewertungsabschlag zu lösen. Rechtsfragen, auch soweit sie einzelne Bilanzpositionen betreffen, müssen im Zugewinnausgleichsverfahren geklärt werden.

Ein Recht oder eine Verbindlichkeit muss am Stichtag jedenfalls im **77** Kern **entstanden sein**. Die Ungewissheit darf sich nur auf die zukünftige Realisierung richten. Ist hingegen ungewiss, ob ein Recht oder eine Verbindlichkeit zukünftig überhaupt entstehen werden, so kommt es auf die Ungewissheit nicht an, und das Recht darf schon mangels Existenz nicht in die Bilanz eingestellt werden (→ Rn. 161).

6. Ansprüche der Eheleute gegeneinander

Für die Behandlung im Zugewinnausgleich ist unerheblich, wem ge- **78** genüber eine Forderung oder eine Verpflichtung besteht. Es sind alle Rechte und Verbindlichkeiten zu berücksichtigen. Somit sind auch An-

---

40 *Schulz/Hauß* Familienrecht, § 1376, Rn. 19; *Schwab/Schwab*, VII Rn. 53.
41 *Schulz/Hauß*, Rn. 512.
42 Ausführlich dazu: *Kogel*, FamRZ 2015, 545.
43 *Kogel*, FamRZ 2013, 1352.
44 Ebenso *OLG Stuttgart*, 25.4.2014, 18 WF 85/14, NJW 2014, 2885.

sprüche, die die Eheleute gegeneinander haben, in die Bilanzen einzustellen[45].

Gegenseitige Ansprüche bringen es zwangsläufig mit sich, dass das jeweilige Rechtsverhältnis bei **beiden Eheleuten zu berücksichtigen** ist, bei einem als Forderung und bei dem anderen als Verbindlichkeit. In der Regel hat das zur Folge, dass die beiden Positionen sich bei der Ermittlung des Ausgleichsanspruchs **gegenseitig neutralisieren.** Der Zugewinn des einen steigt durch die Position in demselben Umfang wie sich der Zugewinn des anderen verringert. Dadurch wird die Differenz der beiden Zugewinnste doppelt so groß wie die Position, um die es geht. Der Ehegatte, der in dem Rechtsverhältnis der Schuldner ist, erlangt einen Ausgleichsanspruch in derselben Höhe wie seine Schuld (oder seine Ausgleichspflicht verringert sich in demselben Maße). Im Ergebnis lohnt also ein Verfahren um **Trennungsunterhalt** für die Zeit vor dem Stichtag des Endvermögens nicht, wenn auch um Zugewinnausgleich gestritten wird[46]. Der gewonnene Trennungsunterhalt verringert in gleicher Höhe den Zugewinnausgleichsanspruch.

79   Obwohl sich Forderung und Verbindlichkeit gegenseitig neutralisieren, dürfen sie nicht einfach aus der Bilanz herausgehalten werden. Der Neutralisierungseffekt tritt nicht ein, wenn der Zugewinn eines der Ehegatten **negativ** ist oder es durch die Position wird. Die h.M. nimmt an, dass Zugewinn nicht negativ werden könne (→ Rn. 417). Ist der Zugewinn des einen ohnehin negativ, so wirkt sich bei ihm die Position weder als (weitere) Verbindlichkeit aus noch als Forderung, wenn der Zugewinn dadurch nicht positiv wird.

80   Besondere Sorgfalt ist geboten, wenn der gegenseitige Anspruch Teil eines **komplexen Rechtsverhältnisses** ist. Das ist der Fall, wenn die Eheleute Gesamtschuldner sind und gegeneinander Ausgleichsansprüche haben (§ 426). Etwas Entsprechendes gilt, wenn eine Ehegatte für Schulden des anderen gebürgt hat und ihm dafür der Bürgenregress zusteht. Hier kann die Aufnahme der Rückgriffsrechte und -ansprüche neben der Hauptverpflichtung, die gegenüber einem Dritten besteht, zu verfälschenden Rechenergebnissen führen. Die Einzelheiten dazu → Rn. 128.

---

45 *MK/Koch*, § 1375, Rn. 16; *Staudinger/Thiele*, § 1375, Rn. 7.
46 *Kogel*, Strategien, Rn. 699.

II. Abgrenzung zu anderen Ausgleichssystemen

1. Versorgungsausgleich

a) Grundsätzliches

Anwartschaften, die der zukünftigen Versorgung des Berechtigten die-   **81**
nen, sowie laufende Versorgungsansprüche sind in der Zugewinnausgleichsbilanz nicht zu berücksichtigen. Versorgungsrechte sind zwar häufig der bedeutendste Vermögensposten eines Ehegatten. Sie würden ihrer
Art nach in das System des Zugewinnausgleichs passen und könnten dort
ausgeglichen werden. Sie sind jedoch kraft gesetzgeberischer Entscheidung dort ausgenommen worden, indem für Versorgungsrechte ein eigenes Ausgleichssystem geschaffen wurde, der Versorgungsausgleich. Beide
Ausgleichssysteme schließen einander aus. Ein Recht gehört entweder in
das eine System oder in das andere, nie in beide. § 2 IV VersAusglG
nimmt Anrechte, die dem Versorgungsausgleich unterliegen, ausdrücklich
vom güterrechtlichen Ausgleich aus[47].

Das VersAusglG nennt dasjenige, das dem Versorgungsausgleich unterliegt, *Anrechte*. Was darunter im Einzelnen zu verstehen ist, ist in § 2
VersAusglG geregelt. Unter die Anrechte fallen sowohl Ansprüche auf laufende Versorgung als auch Anwartschaften auf zukünftige Versorgung.
Sie müssen außerdem folgende Kriterien erfüllen:

– die Anrechte müssen durch Arbeit oder Vermögen geschaffen worden
 sein

– sie müssen der Versorgung im Alter oder bei gesundheitlicher Einschränkung dienen

– sie müssen auf eine laufende Rente gerichtet sein.

Von dieser recht einfachen Abgrenzung wird kraft Gesetzes eine Aus-   **82**
nahme gemacht: Betriebliche Altersversorgung (die im Gesetz genauer beschrieben ist) unterliegt auch dann dem Versorgungsausgleich, wenn die
Versorgung anders als in Form einer Rente gewährt wird.

b) Abgrenzungsfragen

aa) Lebensversicherungen

Unter dem Obergriff der Lebensversicherung sind Versicherungen zu-   **83**
sammenzufassen, die dem Versicherten im Erlebensfall eine laufende, in

---

47 *Schwab/Schwab* (VII Rn. 27) weist zu Recht auf eine Formulierungsungeschicklichkeit des
 Gesetzes („Anrechte im Sinne dieses Gesetzes") hin, die bei wörtlicher Auslegung dazu führen würden, dass einzelne Rechte weder dem güterrechtlichen noch dem Versorgungsausgleich
 unterliegen würden. Es ist jedoch offensichtlich, dass es dem Sinn der gesetzlichen Regelung
 nur entsprechen kann, dass alle Anrechte, die nicht nach § 2 VersAusglG dem Versorgungsausgleich unterliegen, grundsätzlich im güterrechtlichen Ausgleich zu berücksichtigen sind.

der Regel lebenslange Rente versprechen, und solche, die einen Kapitalbetrag versprechen. Der Kapitalbetrag kann entweder im Todesfall des Versicherten fällig werden oder, wenn der Versicherte ein nach dem Kalender definiertes Enddatum erlebt.

84 Versicherungen, die eine laufende Rente versprechen, **Rentenversicherungen**, setzen regelmäßig voraus, dass bis zum Rentenbeginn ein bestimmter Kapitalbetrag angesammelt ist. Sie stellen jedenfalls vor Beginn der Rentenzahlung einen Vermögenswert dar. Der Wert ist auch realisierbar, weil Rentenversicherungen bis zum Rentenbeginn regelmäßig kündbar sind. Im Kündigungsfall wird das angesammelte Kapital an den Versicherungsnehmer ausgezahlt. Eine solche noch nicht fällige Rentenversicherung erfüllt die Tatbestandsvoraussetzungen des § 2 VersAusglG. Sie ist deshalb dem güterrechtlichen Ausgleich entzogen.

85 Soweit eine Lebensversicherung nur im Todesfall eine Kapitalzahlung verspricht (**Risikolebensversicherung**), stellt sie bis zur Fälligkeit keinen Vermögenswert dar. In einer Risikoversicherung wird kein Kapital angesammelt, sondern nur eine Versicherungsprämie gezahlt, die den Fall absichert, dass der Versicherte während der Laufzeit der Versicherung stirbt. Die Versicherung hat regelmäßig eine Laufzeit und endet bei einem bestimmten Alter des Versicherten. Erlebt er dieses Alter, ist der Versicherungsfall nicht eingetreten und die Versicherung endet ohne Zahlung. Die Versicherung kann auch während der Laufzeit gekündigt werden. In diesem Falle ergibt sich kein Auszahlungsanspruch. Deshalb hat die Risikolebensversicherung keinen Wert, der in die Zugewinnausgleichsbilanz eingestellt werden könnte. In manchen Fällen kann während des Laufes der Risikolebensversicherung ein geringer **Rückkaufwert** entstehen, der dann in die Zugewinnausgleichsbilanz einzustellen ist, auch wenn die Versicherung nicht gekündigt ist.

86 Am weitesten verbreitet sind **gemischte Kapitallebensversicherungen**. Sie stellen eine Kombination aus einem Sparvertrag und einer Risikolebensversicherung dar. Das angesparte Kapital wird zuzüglich Zinsen zurückgezahlt, wenn der Versicherte bei Laufzeitende noch lebt. Stirbt er vorher, so wird das angesparte Kapital ausgezahlt und aufgrund des Risikoversicherungsanteils an dem Vertrag auf die vereinbarte Versicherungssumme aufgestockt. Das angesparte Kapital ist ein Vermögenswert. Er unterliegt nicht dem Versorgungsausgleich, weil der Vertrag nicht auf eine Rentenzahlung gerichtet ist[48]. Dass die Versicherung von dem Ehegatten als Vorsorge für das Alter abgeschlossen worden ist, ändert an der Zuordnung zum Güterrecht nichts[49]. Die Kapitallebensversicherung ist mit ihrem jeweiligen Wert in die Zugewinnausgleichbilanz einzustellen.

---

48 Zum früheren Recht: *BGH*, 9.11.1983, IVb ZB 887/80, FamRZ 1984, 156, Rn. 10.
49 *OLG Nürnberg*, 25.7.1975, 6 U 61/75, FamRZ 1976, 457.

Die Lebensversicherung ist nicht immer dem Versicherungsnehmer **87**
zuzuordnen. Der Versicherungsnehmer (Vertragspartner des Versicherungsunternehmens) ist normalerweise Inhaber der Rechte an dem Versi-
cherungsvertrag. Vom Versicherungsnehmer zu unterscheiden ist, wer im
Versicherungsfall, also beim Tode des Versicherungsnehmers, begünstigt
ist. Das bestimmt der Versicherungsnehmer. Ist die Bestimmung, wie im
Normalfall, widerruflich, so hat der Begünstigte vor dem Versicherungsfall noch keine gesicherte Rechtsposition. Die Lebensversicherung ist allein in das Endvermögen des Versicherungsnehmers einzustellen[50]. Ist
aber der Ehegatte unwiderruflich im Todesfall begünstigt, so ist die Lebensversicherung ausschließlich als Vermögen des Begünstigten einzusetzen. Die Rechte können auch gespalten sein: Dem Versicherungsnehmer
bleiben die Rechte an der Versicherung, wenn er das Ablaufdatum erlebt;
der andere Ehegatte ist unwiderruflich für den Fall des Todes eingesetzt.
Der Versicherungsnehmer hat dann einen aufschiebend bedingten, der
Begünstigte einen auflösend bedingten Anspruch. Beide Ansprüche sind
für sich zu bewerten und jeweils in die Ausgleichsbilanz einzustellen[51].

Hat der Arbeitgeber eines Ehegatten für diesen eine **Direktversiche-** **88**
rung abgeschlossen, so handelt es dabei auch um eine Lebensversicherung. Versicherungsnehmer ist jedoch der Arbeitgeber, und in der Regel
ist der Arbeitnehmer nur widerruflich als Bezugsberechtigter eingesetzt.
Die Direktversicherung ist für den Arbeitnehmer-Ehegatten deshalb noch
kein Vermögenswert, der in die Zugewinnausgleichsbilanz einzustellen
wäre. Das gilt nach früherer Ansicht des *BGH*[52] sogar dann noch, wenn
der Arbeitgeber die Bezugsberechtigung nach dem BetrAVG nicht mehr
widerrufen dürfte. Das stelle nur einen schuldrechtlichen Anspruch des
Arbeitnehmers dar, der den Arbeitgeber nicht daran hindere, die Ansprüche abzutreten oder zu beleihen. Die Ansicht hat der *BGH* in der Entscheidung vom 20.5.1992[53] ausdrücklich aufgegeben. Nach seiner jüngeren
Ansicht genügt es für die Annahme einer geschützten Rechtsposition, dass
dem Arbeitgeber nach dem Betriebsrentengesetz verboten ist, das Bezugs-
recht zu widerrufen.

Abgrenzungsprobleme entstehen, wenn die Kapitallebensversicherung **89**
ein **Wahlrecht** des Versicherungsnehmers enthält, ob er bei Fälligkeit die
Kapitalzahlung oder eine Rentenzahlung erhalten möchte. Für die Einordnung in die Ausgleichssysteme ist entscheidend, ob das Wahlrecht am
Stichtag schon ausgeübt worden ist[54]. Besteht bei einer Kapitallebensver-

---

50 *BGH*, 22.3.1984, IX ZR69/83, FamRZ 1984, 666; *Johannsen/Henrich/Jaeger*, § 1376, Rn. 13.
51 *BGH*, 20.5.1992, XII ZR 255/90, FamRZ 1992, 1155.
52 *BGH*, 22.3.1984, IX ZR 69/83, FamRZ 1984, 666.
53 *BGH*, 20.5.1992, XII ZR 255/90, FamRZ 1992, 1155.
54 *BGH*, 9.11.1983, IVb ZB 887/80, FamRZ 1984, 156, Rn. 15.

sicherung ein Rentenwahlrecht, ist dieses aber noch nicht ausgeübt, so ist die Versicherung in der Zugewinnausgleichbilanz zu berücksichtigen. War schon die Rente gewählt, so gehört dieselbe Versicherung in dem Versorgungsausgleich. Für Rentenversicherungen mit Kapitalwahlrecht gilt umgekehrt dasselbe.

90   Nach Ansicht des *BGH* ist es bei der Rentenversicherung auch noch von Bedeutung, wenn die **Wahl für eine Kapitalzahlung nach dem Stichtag**, aber vor der Entscheidung über den Versorgungsausgleich ausgeübt wird[55]. Diese schon nach altem Recht bestehende Rechtsprechung[56] hat der *BGH* auch für das VersAusglG bestätigt, obwohl nach diesem Gesetz auch Kapitalrechte (in der betrieblichen Altersversorgung, § 2 II Nr. 3 VersAusglG) ausgeglichen werden können.

Ob und ggf. wie dieser Kapitalanspruch, der erst nach dem Stichtag für das Endvermögen entstanden ist, in die Zugewinnausgleichsbilanz einzustellen ist, ist noch nicht abschließend geklärt. Der *BGH* hat die Problematik in seinen Entscheidungen vom 2003 und 2011 zwar angesprochen. Nach seiner Ansicht unterliegen die Rechte dem güterrechtlichen Ausgleich. Wie das zu geschehen habe, hat er aber offen gelassen. *Johannsen/Henrich/Jaeger* wollen den Kapitalanspruch zum Endvermögen rechnen. Zwar sei der Anspruch am Stichtag noch aus dem Zugewinnausgleich ausgeschieden gewesen, er sei aber als wirtschaftlicher Wert schon vorhanden gewesen[57]. Das begegnet Bedenken. Eine Veränderung nach dem Stichtag durch Ausübung des Wahlrechts ist wegen des strengen Stichtagsprinzips im Zugewinnausgleich nicht mehr zu berücksichtigen[58]. Würde man für die Rentenversicherung davon eine Ausnahme machen, so könnte das anderen latenten Werten, etwa einem erst zum Jahresende entstehenden, wirtschaftlich aber schon vorhandenen Steuererstattungsanspruch, nicht verwehrt werden[59].

91   Für die hier vertretene Auffassung spricht auch der Vergleich mit der umgekehrten Konstellation[60], einer Lebensversicherung mit **Rentenwahlrecht**. Der Berechtigte übt nach dem Stichtag des Endvermögens das Rentenwahlrecht aus und lässt sich dann nach Kündigung die Versicherungssumme auszahlen. Nach den zur Ausübung des Kapitalwahlrechts vertretenen Grundsätzen müsste die Ausübung des Rentenwahlrechts Rückwirkung auf das Endvermögen haben und die Versicherung dort aus-

---

55 *BGH*, 5.10.2011, XII ZB 555/10, FamRZ 2011, 1931.

56 *BGH*, 5.2.2003, XII ZB 53/98, FamRZ 2003, 664; *BGH*, 19.3.2003, XII ZB 42/99, FamRZ 2003, 923.

57 *Johannsen/Henrich/Jaeger*, § 1375, Rn. 9; ebenso *Borth*, FamRZ 2011, 1919.

58 *Johannsen/Henrich/Jaeger*, Vorauflage 2010, § 1375, Rn. 9.

59 Die gleiche Frage ergibt sich auch bei der Berücksichtigung einer latenten Steuerlast (→ Rn. 210).

60 Fall nach *Götsche*, FamRB 2011, 380.

scheiden lassen. Im Versorgungsausgleich kann sie jedoch ebenfalls keine Berücksichtigung finden, weil sie zum Zeitpunkt der Entscheidung über den Versorgungsausgleich nicht mehr vorhanden ist. Auch das belegt, dass durch eine Aufweichung des strengen Stichtagsprinzips schwer beherrschbare anderweitige Probleme entstehen.

Als Lösung des Problems wird vorgeschlagen, § 162 II analog anzuwenden. Danach könne dem treuwidrig ausgeübten Kapitalwahlrecht (im Verhältnis der Eheleute) seine Wirksamkeit versagt werden[61]. Das führt allerdings gerade nicht dazu, dass der Wert in das Endvermögen einzustellen wäre. Die Versicherung gilt im Verhältnis der Eheleute ja weiter als Rentenversicherung und könnte allenfalls im Versorgungsausgleich Berücksichtigung finden. Der *BGH* folgt diesem Ansatz zumindest dann, wenn es weitere auszugleichende Anrechte gibt. „Entzieht ein Ehegatte ein von ihm zum Zwecke der Alterssicherung erworbenes Anrecht durch Ausübung des Kapitalwahlrechts dem Versorgungsausgleich und wird dieser Entzug nicht dadurch kompensiert, dass der andere Ehegatte über ein anderes Ausgleichssystem an dem Vermögenswert teilhaben kann, verschiebt sich die Verteilungsgerechtigkeit unter den Ehegatten und entfällt in demselben Umfang die Grundlage dafür, in umgekehrter Richtung an Anrechten des anderen Ehegatten teilzuhaben."[62]

bb) Betriebliche Altersversorgung

Kraft ausdrücklicher gesetzgeberischer Entscheidung sind alle Anrechte, auch soweit sie nicht auf eine Rentenzahlung gerichtet sind, dem güterrechtlichen Ausgleich entzogen, wenn sie dem Betriebsrentengesetz oder dem Altersvorsorgeverträge-Zertifizierungsgesetz unterworfen sind (§ 2 II Nr. 3 VersAusglG). Hierdurch werden Streitfragen gelöst, die sich aus der Gesetzesfassung der §§ 1587 ff. a.F. ergaben.

92

Aus dem Zugewinnausgleich ausgeschlossen sind Rechte aus einer Direktversicherung, die durch eine sog. **Gehaltsumwandlung** bedient wird. Ebenso ausgeschlossen sind **Riester-Verträge**. Einzelheiten der Abgrenzung müssen mit Hilfe der beiden genannten Gesetze geklärt werden.

cc) Sonstige Renten

Leibrentenansprüche (§ 779) können durch Rechtsgeschäft oder kraft Gesetzes außerhalb der klassischen Versorgungssysteme erworben werden. Es ist im Einzelfall zu prüfen, ob eine solche Rente im Versorgungsausgleich zu berücksichtigen oder güterrechtlich auszugleichen ist.

93

---

61 *MK/Koch*, § 1375 Rn. 16b.
62 *BGH*, 1.4.2015, XII ZB 701/13, NJW 2015, 1599, mit Anm. *Vogelsang*, AnwZert FamR 10/2015.

94   Wird ein Grundstück oder ein Betrieb auf **Leibrentenbasis verkauft**, so ist das Rentenanrecht offensichtlich durch Vermögen erworben. Dem Versorgungsausgleich unterliegt es aber nur dann, wenn es auch dem Versorgungszweck des § 2 II Nr. 2 VersAusglG dient. Dafür genügt nicht, dass die Rente tatsächlich für den Lebensunterhalt verwendet wird. Sie muss mit bewusster Versorgungszielrichtung geschaffen worden sein[63]. Das muss, wenn es nicht ausdrücklich geschehen ist, aus den Umständen geschlossen werden[64]. Von einer Rente zur Absicherung des Alters ist auszugehen, wenn der Betrieb aus Altersgründen oder das Haus zum Umzug in eine altersgerechte Wohnung verkauft wird. Wird die Rente hingegen als Gegenleistung ohne klar zuordenbare Zweckbestimmung als Alterssicherung versprochen, so ist die Rente zu bewerten und mit ihrem Wert in die Zugewinnausgleichsbilanz einzustellen.

Rentenanrechte können auch kraft Gesetzes erworben werden und dann zumeist Entschädigungscharakter haben. Das kann eine **Schadensersatzrente** sein (§ 843 I) oder eine öffentlich-rechtliche Rente (**Versorgungsrente**). Beide Arten von Renten sind nicht im Versorgungsausgleich zu berücksichtigen, weil sie nicht durch Arbeit oder Vermögen erworben werden. Sie sind deshalb nicht über § 2 IV VersAusglG dem güterrechtlichen Ausgleich entzogen[65]. Derartige Renten sind in der Regel aber zu den Einkünften zu rechnen und sind deshalb aus den hierfür geltenden Gründen (→ Rn. 182) nicht in die Zugewinnausgleichsbilanz einzustellen.

2. Unterhalt

a) Unterhaltsansprüche im Zugewinn

95   Der gesetzliche Unterhaltsanspruch ist, vergleichbar dem Zugewinnausgleich und dem Versorgungsausgleich, ein Ausgleichssystem zwischen den geschiedenen Eheleuten. Mag zwar die gesetzliche Regelung, die Unterhalt nach Bedürftigkeit und Leistungsfähigkeit gewährt, nicht wie ein Verteilungssystem aussehen, so ist doch das übliche Verfahren der Quotenberechnung ein System zur Verteilung von Einkommen. Das gesamte Einkommen der geschiedenen Ehegatten wird zu Unterhaltszwecken zwischen ihnen aufgeteilt. Daraus ergibt sich ein Abgrenzungsproblem zu dem System des Zugewinnausgleichs[66]. Gesetzlich ist die Abgrenzung anders als beim Versorgungsausgleich nicht geregelt. Die Rechte können aber nur in einem der Systeme ausgeglichen werden. Es muss deshalb feststehen, welche Werte in dem jeweils einen oder anderen System ausgeglichen werden.

---

63 *Johannsen/Henrich/Hahne*, § 2 VersAusglG, Rn. 5.
64 *BGH*, 1.6.1988, IVb ZB 132/85, FamRZ 1988, 936.
65 *Johannsen/Henrich/Hahne*, § 2 VersAusglG, Rn. 11.
66 Dieses Abgrenzungsproblem wird auch von *Grziwotz* so bezeichnet (MittBayNot 2005, 284).

Ansprüche auf **laufenden Unterhalt** sind in der Zugewinnausgleichs- **96**
bilanz grundsätzlich nicht zu berücksichtigen. Die Frage stellt sich
zwangsläufig nur für den Trennungsunterhalt (§ 1361), weil ein nachehe-
licher Unterhaltsanspruch am Stichtag noch nicht entstanden sein kann.
Es gelten dieselben Grundsätze wie für Lohn und Gehaltsansprüche. Ansprüche auf zukünftigen Unterhalt, mögen sie auch auf einer gesetzlichen
Anspruchsgrundlage beruhen, gelten nur als geschützte Erwartungen, die
noch nicht zu einem Anspruch erstarkt sind[67]. Die zukünftigen Zahlungen sind für den zukünftigen Unterhalt bestimmt und dadurch ebenso
wie künftiges Arbeitseinkommen (→ Rn. 187) dem Zugewinnausgleich
entzogen.

Laufender zukünftiger Unterhalt ist dem Zugewinnausgleich sowohl **97**
im Aktiv- wie im Passivvermögen entzogen. Sowenig wie ein zukünftiger
Unterhaltsanspruch in die Zugewinnausgleichsbilanz eingestellt werden
darf, gilt das auch für die **zukünftige Unterhaltspflicht**. Auch laufender
Kindesunterhalt oder eine fortbestehende Unterhaltspflicht gegenüber einem früheren Ehegatten sind keine einsetzbaren Verbindlichkeiten.

Die Zuweisung in das Ausgleichssystem des Unterhalts gilt nur für zu- **98**
künftige Ansprüche. Soweit Unterhaltsansprüche am Stichtag schon entstanden und fällig, aber noch nicht gezahlt waren, sind sie wie jeder andere schuldrechtliche Anspruch als Vermögensposition einzusetzen, soweit
sie am Stichtag fällig und noch nicht erfüllt waren. **Rückstände an Unterhalt** sind auch dann als Position in die Bilanz einzustellen, wenn der
Anspruch gegenüber dem anderen Ehegatten besteht[68]. In diesem Falle ist
der rückständige Unterhalt bei beiden Eheleuten einzustellen, bei dem einen als Forderung und bei dem anderen als Verbindlichkeit. Im Ergebnis
führt das – wie bei allen gegenseitigen Ansprüchen der Eheleute – dazu,
dass der Ehegatte, der den Unterhalt schuldet, in gleicher Höhe einen Zugewinnausgleichsanspruch hat. Rückständige Ansprüche durchzusetzen,
ist vor dem Stichtag somit nicht sinnvoll[69] (→ Rn. 78).

b) Verbot der Doppelverwertung

Die Abgrenzung der Ausgleichssysteme Zugewinnausgleich und Ehe- **99**
gattenunterhalt wird besonders unter dem Stichwort der Doppelverwertung diskutiert. Es muss gewährleistet sein, dass derselbe Vermögenswert

---

67 *MK/Koch*, § 1375, Rn. 10.
68 *BGH*, 6.10.2010, XII ZR 10/09, FamRZ 2011, 106; *Büte*, Zugewinnausgleich, Rn. 209.
69 Die Gegenansicht von *Kogel* (Strategien, Rn. 710 ff.; ebenso FamRZ 2011, 779), der rück-
ständigen Unterhalt unter Berufung auf § 242 oder umgekehrte Anwendung von § 1375 II
ausschließen möchte, überzeugt nicht, weil die korrekte Behandlung des Unterhaltsanspruches in der Zugewinnausgleichsbilanz nicht zu korrekturbedürftigen Ergebnissen führt.

nicht doppelt ausgeglichen wird, indem er güterrechtlich verteilt und außerdem zur Grundlage der Unterhaltspflicht gemacht wird[70].

Die Diskussion ist im Wesentlichen durch zwei Entscheidungen des *BGH* aus 2002[71] und 2004[72] ausgelöst worden. In beiden Fällen hatten die Eheleute Vermögensansprüche, eine arbeitsrechtliche Abfindung und eine Unternehmensbeteiligung des Arbeitnehmers, zur Grundlage ihrer Unterhaltsvereinbarung gemacht. Der *BGH* hat entschieden, diese Vermögenswerte dürften wegen des Verbotes der Doppelverwertung nicht außerdem in den Zugewinnausgleich einbezogen werden.

Wesentlich für diese Entscheidungen war jeweils eine **Vereinbarung zwischen den Beteiligten** über die Verwertung im Unterhalt. Ohne eine solche Vereinbarung im Unterhaltsrecht lässt sich die Entscheidung des *BGH* nicht generell auf Abfindungen oder Unternehmensbeteiligungen anwenden[73]. Grundlage des Unterhaltsanspruches ist im Normalfall das Einkommen der Beteiligten, aus Arbeit oder aus Vermögen, nicht aber der Vermögensstamm. Wenn ausnahmsweise Unterhalt aus dem Vermögensstamm gezahlt werden soll (§ 1581 S. 2), beruht das auf Billigkeitsgründen, die **nach Durchführung des Zugewinnausgleichs** anzustellen sind. Dieser dem Unterhaltsrecht vorbehaltenen Billigkeitserwägung darf nicht im Güterrecht vorgegriffen werden, indem bestimmte Vermögenswerte, etwa eine Abfindung oder eine unternehmerische Beteiligung, aus der Zugewinnausgleichbilanz herausgehalten werden.

100   Die beiden genannten Entscheidungen des *BGH* waren in der Rezeption vielfach sehr weitgehend dahin verstanden worden, dass Vermögen, das unterhaltsrechtlich berücksichtigt wird, aus dem Zugewinnausgleich herausgehalten werden müsse. Der *BGH* hat im Jahre 2008 klargestellt[74], dass dieser Grundsatz nicht gilt. Vermögen, dessen Erträgnisse zu Unterhaltszwecken verwendet werden, ist gleichwohl im Zugewinn auszugleichen. Dem Zugewinnausgleich unterliegt der **Vermögensstamm**, während die **Erträgnisse** Grundlage der Unterhaltsermittlung sind. Das ist entschieden worden anhand einer freiberuflichen Praxis, deren good will ein Vermögensgegenstand ist, der in die Zugewinnausgleichsbilanz einzustellen ist. Der good will ist selbst ein Vermögenswert, der zukünftige Erträge erzeugen wird, selbst aber nicht Ertrag ist. Der Ertrag der Praxis ist hinsichtlich good will lediglich als Grundlage von dessen Berechnung bedeutsam. Allerdings muss bei der Ermittlung des good will der Teil des Erfolges, der auf der zukünftigen Arbeitsleistung des Unternehmers be-

---

70 *Grziwotz*, MittBayNot 2005, 284.
71 *BGH*, 11.12.2002, XII ZR 27/00, FamRZ 2003, 432.
72 *BGH*, 21.4.2004, XII ZR 185/01, FamRZ 2004, 1352.
73 Ebenso und ausführlich *Schwab/Schwab*, VII Rn. 55.
74 *BGH*, 6.2.2008, XII ZR 45/06, FamRZ 2008, 761 (mit Anm. *Hoppenz*).

ruht, außer Betracht bleiben. Deshalb muss sowohl beim Umsatz wie beim Gewinn ein **Unternehmerlohn** herausgerechnet werden[75]. Die Höhe des Unternehmerlohns ist individuell nach den Verhältnissen der Eheleute, die auch Grundlage des Unterhalts sind (§ 1578), zu ermitteln[76].

Somit tritt das Problem der Doppelverwertung **nur in zwei Fällen** auf: Wenn eine Vereinbarung besteht, dass Unterhalt aus Vermögen geschuldet werde, oder wenn ein Unternehmen zum Vermögen gehört, dessen Wert auch von der Arbeitsleistung des Unternehmers bestimmt wird[77].

Vermögenswerte wie eine Abfindung oder eine Beteiligung sind auch **101** dann nicht aus dem Zugewinn herauszuhalten, wenn sie nicht in einer Vereinbarung, sondern in einer **gerichtlichen Unterhaltsentscheidung** schon zur Grundlage des Unterhaltsanspruches gemacht worden sind. Wenn also eine gerichtliche Entscheidung zu Unterhalt verpflichtet hat, aus dem Vermögensstamm zu leisten, ist der am Stichtag noch verbleibende Stamm Teil des Endvermögens. Um eine Doppelverwertung zu vermeiden, muss nach Durchführung des Zugewinnausgleichs der Unterhaltsausspruch gemäß § 238 FamFG geändert werden. Der Unterhaltsanspruch folgt also dem Güterrecht, nicht umgekehrt.

Der Abgrenzungskonflikt zwischen Zugewinnausgleich und Unterhalt **102** ist also in erster Linie auf der Ebene des Unterhalts zu lösen, nicht durch Eingriffe in die Zugewinnausgleichsbilanz[78]. Es gilt der **Vorrang des Unterhaltsrechts**[79].

Dieselbe Problematik einer Doppelverwertung stellt sich bei **Verbind- 103 lichkeiten**. Relevant wird das vor allem bei Kreditschulden im Zusammenhang mit einer Wohnimmobilie. Ein offener Kreditsaldo ist als Verbindlichkeit in die Zugewinnausgleichsbilanz einzustellen. **Laufende Kreditraten**, auch solche, die nicht Zinszahlung, sondern Darlehenstilgung sind, können die unterhaltsrechtliche Leistungsfähigkeit verringern. Es kann dadurch zu einer doppelten Verwertung der Kreditverbindlichkeit kommen. Diese Problematik hat auf den Zugewinnausgleich keinen Einfluss. Die Doppelverwertung muss durch entsprechende Berücksichtigung ausschließlich im Unterhaltsrecht vermieden werden[80].

---

75 Bestätigt von *BGH*, 9.2.2011, XII ZR 40/09, mit Anm. *Koch*, FamRZ 2011, 622, sowie Anm. *Borth*, FamRZ 2011, 705.
76 Kritisch *Koch*, FamRZ 2009, 1191, 1193.
77 Ebenso *Schwab/Schwab*, VII Rn. 36.
78 *Johannsen/Henrich/Jaeger*, § 1375, Rn. 19, dort allerdings entwickelt für Verbindlichkeiten.
79 *Staudinger/Thiele*, § 1375, Rn. 7.
80 *Bamberger/Roth*, § 1375, Rn. 6 mit vielen Nachweisen; *Johannsen/Henrich/Jaeger*, § 1375, Rn. 19; *Schwab/Schwab*, VII Rn. 37.

3. Haushaltsgegenstände

104   Unter der Rechtslage vor der Güterrechtsreform war einhellige Meinung, dass die Verteilung von Hausratsgegenständen abschließend durch die HausratsVO geregelt sei. Dadurch waren Haushaltsgegenstände dem Zugewinnausgleich entzogen. Diese Auffassung ist nach Aufhebung der HausratsVO nicht mehr haltbar.

Haushaltsgegenstände waren nach der früheren HausratsVO nach Billigkeit zu verteilen, wobei auch in das Eigentum des durch die Verteilung belasteten Ehegatten eingegriffen werden konnte. Grundsätzlich war der gesamte Hausrat in die Verteilung einzubeziehen. Das hatte in einem gestaltenden Vorgang durch das Familiengericht zu geschehen und war nicht als materiell-rechtlicher Anspruch ausgestaltet. Eine Ausgleichszahlung war in der Regel nicht vorgesehen, musste jedenfalls nicht den vollen Wert der übertragenen Sachen erreichen. Daraus folgerte die Rechtsprechung zu Recht, dass diejenigen Gegenstände, die der HausratsVO unterlagen, vom Zugewinnausgleich durch eine lex specialis ausgenommen seien, weil es andernfalls zu Wertungswidersprüchen kommen könne[81]. Das war bis zum Inkrafttreten des § 1568b allgemeine Meinung[82].

105   An die Stelle der HausratsVO ist § 1568b getreten. Ob die bisherige Rechtsprechung auch zu der aktuellen Vorschrift anzuwenden ist, ist in der veröffentlichten Rechtsprechung bisher nicht entschieden. In der Literatur wird überwiegend die Ansicht vertreten, an dem Verhältnis zum Zugewinnausgleich habe sich nichts geändert[83]. *Wellenhofer*[84] und *Götz/ Brudermüller*[85] vertreten die Ansicht, Haushaltsgegenstände seien nur insoweit vom Zugewinn ausgenommen, wie von der Übertragungsmöglichkeit nach § 1568b I mit der Ausgleichzahlung nach Absatz 3 Gebrauch gemacht worden sei[86]. Abweichend von der Kommentierung zu § 1568b sieht *Koch*, ebenfalls im Münchener Kommentar, keine Sonderbestimmung mehr und unterstellt die Haushaltsgegenstände uneingeschränkt dem Güterrecht[87]. Der *BGH* hat die Frage in einer Entscheidung zum neuen Recht ausdrücklich offen gelassen[88].

---

81 *BGH*, 1.12.1983, IX ZR 41/83, FamRZ 1984, 144, Rn. 24.

82 Zuletzt *OLG Karlsruhe*, 21.1.2009, 5 UF 186/07, FamRZ 2009, 1326.

83 *Schwab/Schwab*, VII Rn. 29; *Schwab*, Lehrbuch, Rn. 270; *Johannsen/Henrich/Götz*, § 1568b BGB; *Johannsen/Henrich/Jaeger*, § 1375, Rn. 13 Rn. 20; *Wönne*, FPR 2009, 293, 294; *Münch*, MittBayNot 2009, 261, 266; *Münch*, Rn. 24; *Palandt/Brudermüller*, § 1372, Rn. 2.

84 *MK/Koch*, § 1568b, Rn. 31.

85 NJW 2008, 3025, 3031 (noch auf der Grundlage des amtlichen Gesetzesentwurfes).

86 Ebenso *Johannsen/Henrich/Jaeger*, § 1375, Rn. 13.

87 *MK/Koch*, § 1374, Rn. 8; § 1586b, Rn. 7.

88 *BGH*, 17.11.2010, XII ZR 170/09, FamRZ 2011, 183.

Nach der aktuellen Gesetzesfassung kann nicht mehr zweifelhaft sein, **106** dass diejenigen Haushaltsgegenstände, die im **Alleineigentum eines Ehegatten** stehen, uneingeschränkt dem Zugewinnausgleich unterliegen. § 1568b eröffnet für die nicht gemeinschaftlichen Gegenstände kein Regelungsspielraum für das Familiengericht mehr. Deshalb gelten für diese keinerlei Besonderheiten[89].

Die Streitfrage ist also nur für Gegenstände relevant, die im **gemeinschaftlichen Eigentum der Eheleute** stehen, wofür eine Vermutung streitet (§ 1568b II).

Auch dort wird sie nur in Ausnahmefällen praktische Bedeutung er- **107** langen. Da die Gegenstände bei beiden Eheleuten mit demselben Anteil und Wert in die Ausgleichsbilanz einzustellen sind, haben sie im Normalfall auf die Vermögensdifferenz und damit den Ausgleichsanspruch keinen Einfluss. Wenn ohne die Haushaltsgegenstände der Zugewinn eines Ehegatten negativ würde, wirken sie sich aus. Haushaltsgegenstände im Endvermögen der Eheleute erhöhen auch die Kappungsgrenze für den Zugewinnausgleich, die sich in § 1378 II findet.

Die zitierten Stellungnahmen nehmen überwiegend Bezug auf die **108** amtliche Begründung zum Gesetzentwurf[90]. Im Übrigen lasse sich der Grundgedanke der bisherigen Rechtsprechung auch auf die neue Rechtslage übertragen[91]. Die umfangreichste Begründung findet sich bei *Johannsen/Henrich/Jaeger*[92]. Es sei anzunehmen, dass die Eheleute eine Hausratsverteilung, die vor dem Stichtag vollzogen worden sei, als endgültig gewollt hätten. Sie hätten andernfalls etwas anderes vereinbart. Deshalb sollten nur die Haushaltsgegenstände, über die die Eheleute sich schon geeinigt haben, aus dem Zugewinnausgleich herausgenommen werden. Entsprechend sei eine einvernehmliche Ausgleichzahlung nach § 1568b III aus dem Zugewinnausgleich herauszuhalten, soweit sie am Stichtag noch vorhanden sei. Die Aufnahme der verteilten Haushaltsgegenstände wäre „überperfektionistisch".

Mit dieser Begründung lässt sich nicht rechtfertigen, dass Haushalts- **109** gegenstände dem Zugewinnausgleich entzogen sind. Schon die amtliche Begründung spricht eher dagegen. Sie bezeichnet den neuen § 1568b als eine Sonderregelung für die abschließende Verteilung der Haushaltsgegenstände. Über die Berücksichtigung in der Zugewinnausgleichsbilanz enthält die Begründung keine Aussage. Der Hinweis auf eine Sonderrege-

---

89 *BGH*, 11.5.2011, XII ZR 33/09, FamRZ 2011, 1039; das gilt nach Ansicht de *BGH* auch in Altfällen, in denen das Verfahren vor dem 1.1.2009 anhängig geworden war.
90 BT-Drucks. 16/10798, S. 24.
91 *Schwab/Schwab*, VII Rn. 29.
92 § 1375, Rn. 13, 14, 15.

lung dürfte eher das Verhältnis zu § 1383 betreffen. Wird die Berücksichtigung im Endvermögen davon abhängig gemacht, ob und wie die Eheleute sich vor dem Stichtag geeinigt haben, dann wird übersehen, dass eine solche Einigung mit Auswirkung auf den Ausgleichsanspruch gegen das Verfügungsverbot des § 1378 III 3 verstoßen würde (→ Rn. 449 ff.). Zu vollends systemwidrigen Ergebnissen führt es, wenn eine Ausgleichszahlung nach § 1568b III nur dann berücksichtigt wird, wenn sie noch vorhanden ist. Es widerspricht dem strikten Bilanzprinzip des Zugewinnausgleichsrechts, verschiedene Vermögensmassen zu bilden, die je nach ihrer Herkunft in das Endvermögen einzustellen sind oder nicht.

110 Die wesentlichen Gründe aus dem grundlegenden Urteil des *BGH*[93] zur HausratsVO treffen nicht mehr zu. Die Verteilung nach der Hausrats-VO folgte einem völlig eigenen Verfahren, das mit dem strengen Rechenweg des Zugewinnausgleichs nicht kompatibel war. Ein Zahlungsausgleich konnte nach Billigkeit festgesetzt werden, musste aber nicht dem Wert der übertragenen Gegenstände entsprechen. Schulden, die mit dem Hausrat verbunden waren, konnten nach Billigkeit (mit Außenwirkung) einem Ehegatten auferlegt werden. Das alles sieht das Gesetz in § 1568b, der die HausratsVO ersetzt, nicht mehr vor. Insbesondere ist nicht mehr ein besonderes Verfahren Grundlage der Verteilung. Vielmehr ist an die Stelle einer richterlichen Gestaltungsentscheidung das Recht auf Übertragung als echter Anspruch getreten[94], der deshalb zu dem System der Zugewinnausgleichsberechnung nicht mehr im Widerspruch steht. Das Gestaltungsrecht des Richters in Bezug auf Schulden aus der Hausratsbeschaffung ist entfallen. Vor allem aber sind Wertungswidersprüche nicht mehr zu erwarten. Nur Haushaltsgegenstände im gemeinschaftlichen Eigentum sind von § 1568b betroffen. Das ist Eigentum zu gleichen Bruchteilen. In der Zugewinnausgleichsbilanz sind die Gegenstände deshalb in aller Regel neutral[95]. Da der Ausgleichsanspruch nach Absatz 3 dem Verkehrswert der Sache entsprechen soll[96], kann auch dieser nicht zu einem Wertungswiderspruch zum Zugewinnausgleich führen.

Schließlich spricht auch das Fehlen einer gesetzlichen Regelung dagegen, Haushaltsgegenstände vom Zugewinnausgleich auszunehmen. § 1568b ist in dem Gesetz zur Änderung des Zugewinnausgleichs- und Vormundschaftsrechtes neu geschaffen worden. Es hätte deshalb nahegelegen, eine Stellung außerhalb des Güterrechts ausdrücklich zu regeln, wenn das gewollt gewesen wäre. In dem fast zeitgleich verkündeten Gesetz über den Versorgungsausgleich ist das in § 2 IV geschehen. Somit

---

93 *BGH*, 1.12.1983, IX ZR 41/83, FamRZ 1984, 144.
94 *Johannsen/Henrich/Götz*, § 1568b, Rn. 15.
95 Ebenso *Koch*, FamRZ 2010, 1205, 1206.
96 So die amtliche Begründung, BT-Drucksache 16/10798, S. 24.

nehmen **Haushaltsgegenstände im Zugewinnausgleichsrecht keine Sonderstellung** mehr ein.

III. Bewertung

Alle Vermögenspositionen müssen zur Ermittlung des Zugewinns in eine Bilanz eingestellt werden. Um Summen und Salden bilden zu können, muss jeder einzelne Gegenstand mit seinem in Geld ausgedrückten Wert eingestellt werden. Dafür bestimmt § 1376, dass der Wert zugrunde zu legen ist, den der einzelne Gegenstand am jeweiligen Stichtag hatte. Das Gesetz schreibt nicht vor, auf welche Weise ein Gegenstand zu bewerten sei (Ausnahme: land- und forstwirtschaftliche Betriebe). Zur Bewertung von Vermögenspositionen haben Rechtsprechung und Literatur differenzierte Grundsätze aufgestellt. Es existiert eine umfangreiche Kasuistik. Die Thematik ist so umfangreich, dass ihr in der Reihe, in welcher auch die vorliegende Arbeit erscheint, ein eigenes Buch gewidmet ist:

111

FamRZ-Buch Nr. 5
Bewertungen im Zugewinnausgleich
(6. Auflage in Vorbereitung für Anfang 2016)

Das FamRZ-Buch Nr. 5 wird als Ergänzung zu der vorliegenden Arbeit angesehen. Wegen der Bewertungsfragen wird darauf Bezug genommen.

IV. Die einzelnen Vermögensgegenstände

1. Einfache Gegenstände

Unproblematisch in die Zugewinnausgleichsbilanz aufzunehmen sind Sachen, die einem Ehegatten gehören, oder Ansprüche, die einem zustehen. Bewegliche Sachen und Grundstücke, die im **Eigentum** eines Ehegatten stehen, sind in die Bilanz aufzunehmen. Ebenso sind **Forderungen**, etwa Geldforderungen, aufzunehmen. Zu den Forderungen gehören auch Guthaben auf Bankkonten.

112

Forderungen und Rechte, die in einer Urkunde verkörpert sind (das Recht aus dem Papier folgt dem Recht an dem Papier), sind ebenso wie Sachen zu behandeln. Das gilt auch für **Inhaberaktien.**

Forderungen müssen, um aufgenommen zu werden, am Stichtag **nicht fällig** sein. Es genügt, dass sie entstanden sind.

113   Rechte, die einem Ehegatten gemeinschaftlich mit anderen zustehen (**Bruchteilsgemeinschaft**), sind mit ihrem Bruchteil einzustellen[97]. Rechte, die einem Ehegatten zur gesamten Hand zustehen, sind anders als Bruchteile zu behandeln. Das trifft für Miterbenanteile und Personengesellschaftsanteile zu (→ Rn. 118, 122).

114   So wie Sachen und Rechte auf der Aktivseite der Bilanz einzustellen sind, müssen **Verbindlichkeiten** eines Ehegatten auf der Passivseite der Bilanz erscheinen. Sachen können hingegen nicht als Passivposten auftreten. Soweit eine Sache mit einem dinglichen Recht belastet ist, begründet das keine persönliche Haftung des Eigentümers; die Last ist bei der Bewertung der Sache (§ 1376) zu berücksichtigen und kann nicht dazu führen, dass der Wert geringer als Null ist. Persönliche Verbindlichkeiten des Eigentümers, die mit einer Sache verbunden sind (etwa ein Hypothekarkredit), sind nicht eine Eigenschaft der Sache, sondern gesondert zu erfassen.

2. Sachgesamtheiten

a) Grundsätze

115   In die Zugewinnbilanz müssen alle Gegenstände einzeln mit ihrem jeweiligen Wert eingetragen werden. Hier sind ähnliche Grundsätze anzuwenden, wie sie für das kaufmännische Inventar vorgeschrieben sind (§ 240 HGB). Im Interesse der Klarheit und Überprüfbarkeit dürfen **keine willkürlichen Sachgesamtheiten** gebildet werden. So ist es beispielsweise unzulässig, die Summe mehrerer Bankkonten nur als einen Wert anzugeben; statt dessen müssen alle Konten mit ihrem Saldo einzeln aufgeführt werden. Dasselbe gilt für andere Gegenstände. Ein Kraftfahrzeugpark darf nicht mit einem Gesamtbetrag eingesetzt werden, sondern die Fahrzeuge müssen einzeln mit ihrem Wert angegeben werden. Nur so kann festgestellt werden, welche Position streitig ist, und eine Entscheidungsgrundlage erarbeitet werden.

116   Wie beim kaufmännischen Inventar kann dieser Grundsatz nicht uneingeschränkt gelten, sondern muss flexibel gehandhabt werden. Der Umstand alleine, dass die Inventarliste sehr lang wird, was bei großem Vermögen durchaus vorkommen kann, ist allerdings kein Grund, Sachgesamtheiten zu bilden. Da die Zugewinnausgleichsberechnung in aller Regel rechnergestützt vollzogen wird, sind umfangreiche Listen kein Problem. Indes führt es nicht zu einem weiteren Erkenntnisgewinn, wenn eine Vielzahl ähnlicher Positionen einzeln aufgeführt wird. Statt dessen werden hier besser die Gesamtzahl und der Gesamtwert angegeben.

---

97 *Brandenburgisches OLG*, 29.9.2003, 9 UF 225/02, FamRZ 2004, 1029, Rn. 35.

b) Einzelfälle

aa) Wertpapierdepot

Ein Wertpapierdepot ist ein Konto bei einer Bank, auf dem Wertpa- **117**
piere gebucht sind, Aktien, Anleihen, Fondsanteile und ähnliches. Die
Bank erstellt auf den jeweiligen Stichtag einen Kontoauszug, auf dem alle
Wertpapiere mit ihrer Anzahl und ihrem Kurswert angegeben sind. Der
Auszug kann im Einzelfall sehr lang sein. Für die Zugewinnausgleichsbilanz ist es unerlässlich, dass die Wertpapiere einzeln mit ihrem Wert aufgeführt sind. Würde nur der Gesamtwert des Depots angegeben, ließe
sich im Streitfall nicht klären, worum der Streit geführt wird. Der Streit
kann um die Zugehörigkeit eines bestimmten Wertpapiers gehen, um dessen Kurswert oder um die Anzahl der Papiere im Depot. Allerdings ist es
bei umfangreichen Depots nicht erforderlich, den Depotinhalt vollständig in die Zugewinnbilanz abzuschreiben. Wenn ein hinreichend deutlicher Depotauszug vorhanden ist, kann er gewissermaßen als ausgelager-
ter Teil des Inventars behandelt und der Zugewinnbilanz angefügt werden, in die nur dessen Saldo aufgenommen wird.

bb) Unternehmen

Wenn ein Ehegatte Inhaber eines Unternehmens ist, das nicht in der **118**
Form einer Kapitalgesellschaft geführt wird, ist er zivilrechtlich Inhaber
aller Vermögensgegenstände, die das Unternehmen ausmachen. Das kann
ein gewerbliches oder ein freiberufliches Unternehmen sein. In diesem
Fall wäre es verfehlt, alle Vermögensgegenstände des Unternehmens in der
Zugewinnausgleichsbilanz einzeln aufzuführen und zu bewerten. Die Zusammenstellung der einzelnen Gegenstände würde zu einer unrichtigen
Bewertung führen. **Unternehmen werden im Geschäftsverkehr als
Sachgesamtheit** angesehen und sind deshalb auch so in die Zugewinnausgleichsbilanz einzustellen[98]. Die einzelnen Gegenstände des Anlage-
und Umlaufvermögens werden bereits im Rahmen des handelsrechtlichen
oder steuerlichen Jahresabschlusses des Unternehmens erfasst. Darauf
kann Bezug genommen werden. Die Gesamtheit dieser Gegenstände ist
bei der Bewertung des Unternehmens auch nur eine Position neben anderen. Für die Bewertung ist außerdem der Ertrag, der Umsatz und die Zu-
kunftserwartung es Unternehmens von erheblicher Bedeutung[99]. Ein Unternehmen oder eine Beteiligung kann in der Zugewinnausgleichsbilanz
deshalb nur als Gesamtheit mit einem zusammenfassenden Wert angesetzt werden.

---

98 *Erman/Budzikiewicz*, § 1374, Rn. 2.
99 Wegen der Einzelheiten der Bewertung wird Bezug genommen auf die Darstellung an der
   entsprechenden Gliederungsstelle.

119   Eine Ausnahme bilden **nicht betriebsnotwendige** Bestandteile des Unternehmensvermögens. Sie sind auch bei der Unternehmensbewertung gesondert zu betrachten und müssen deshalb in der Zugewinnausgleichsbilanz einzeln erwähnt werden. Meist handelt es sich um nicht mehr betrieblich verwendete Grundstücke oder für den Betrieb nicht erforderliche Gewinnrücklagen.

120   **Kapitalgesellschaften** oder Personengesellschaften sind schon zivilrechtlich eine Sachgesamtheit. Der Gesellschafter hat an den einzelnen Vermögensgegenständen der Gesellschaft keinen Anteil. Derartige Beteiligungen sind deshalb auch in der Zugewinnausgleichsbilanz als Sachgesamtheit anzusetzen. Etwas anderes gilt nur, wenn die Gesellschaft als Form der Vermögensverwaltung eingesetzt wird, die gar keinen gewerblichen Geschäftsbetrieb hat. So gibt es vermögensverwaltende GmbH, in denen der Gesellschafter aus vornehmlich steuerlichen Gründen sein Vermögen aufbewahrt. In diesen Fällen wird es erforderlich sein, die Vermögensgegenstände der Gesellschaft auch für die Zugewinnausgleichsbilanz einzeln zu erfassen.

cc) Sammlungen

121   Zum Vermögen eines Ehegatten kann eine Sammlung gehören. In Betracht kommen vor allem thematische Sammlungen von Briefmarken, Kunstgegenständen oder Antiquitäten, eine Bibliothek. Ob die Sammlung als Sachgesamtheit aufzuführen ist oder jedes einzelne Sammlungsobjekt, hängt von der Bewertung ab. Wenn die Sammlung aus sehr vielen Einzelgegenständen zusammengesetzt ist, von denen jeder einzelne nur einen geringen Wert hat (z.B. Bücher oder Briefmarken), wird die Sammlung im Geschäftsverkehr als Gesamtheit bewertet. Dem hat dann auch die Zugewinnausgleichsbilanz zu folgen. Es gibt aber auch Sammlungen, die von ihren Einzelstücken geprägt sind. Bei umfassenden Sammlungen können wertvolle Einzelstücke der Sammlung ihr Gepräge geben. Bei einer Sammlung von Kunstgegenständen ist es in der Regel unverzichtbar, die einzelnen Kunstgegenstände und ihrem Wert anzugeben. Anders lässt sich die Wertangabe nicht überprüfen.

Sammlungen können auch durch ihre Vollständigkeit oder durch den Sammlungsansatz einen über die Summe der Einzelwerte hinausgehenden Wert haben. Das ist insbesondere bei thematischen Sammlungen der Fall. Solche Sammlungen sind, um ihren Wert zutreffend abzubilden, als Sachgesamtheit zu erfassen.

Die Abgrenzung, was bei einer Sammlung einzeln aufzuführen ist und was zusammengefasst werden kann, muss im konkreten Einzelfall getroffen werden und kann sehr schwierig sein. Das hat unmittelbaren Einfluss darauf, wie detailliert die nach § 1379 zu erteilende Auskunft sein muss (→ Rn. 604).

dd) Erbschaft

Die **Erbengemeinschaft** ist eine Gesamthand, an deren Vermögens- 122
gegenständen der Miterbe nicht unmittelbar beteiligt ist. Trotzdem ist
diese Beteiligung in der Zugewinnausgleichsbilanz nicht wie eine gesellschaftsrechtliche Beteiligung zu behandeln. Die Erbengemeinschaft ist
nicht auf Fortsetzung, sondern auf Auseinandersetzung angelegt. Für die
Zugewinnausgleichsbilanz ist deshalb das erwartete **Auseinandersetzungsguthaben** von Bedeutung. Das lässt sich nur ermitteln, indem die
einzelnen Gegenstände des Nachlasses aufgelistet, bewertet und dem Miterben mit dem Bruchteil seiner Erbenbeteiligung zugewiesen werden.

Ist der Ehegatte **Alleinerbe**, findet eine Vermögenssonderung wie bei 123
der Erbengemeinschaft nicht statt. Deshalb können Erbschaften, die typischerweise als Hinzurechnungen nach § 1374 II vorkommen, nicht mit
ihrem Gesamtwert, sondern nur mit den einzelnen Nachlassgegenständen
in der Zugewinnausgleichsbilanz berücksichtigt werden. Es wird häufig
angetroffen, dass in die Bilanz nur der Wert der Erbschaftsteuererklärung
angegeben wird. Das genügt nicht. Die Nachlassgegenstände müssen einzeln aufgeführt werden. Das wird zwar häufig auf Schwierigkeiten stoßen.
Spätestens im Streit um das Anfangsvermögen wird sich aber herausstel-
len, dass die Angabe der Einzelpositionen unerlässlich ist.

3. Gesamtschuld

a) Grundlagen der Gesamtschuld

Die Gesamtschuld ist ein komplexes Rechtsverhältnis, dessen Stellung 124
in der Zugewinnausgleichsbilanz nicht einheitlich beurteilt wird. Jeder
der Gesamtschuldner schuldet den gesamten Betrag, auch wenn der Gläubiger ihn insgesamt nur einmal fordern kann (§ 421). Die Gesamtschuldner haben gleichzeitig, schon mit Entstehen der Gesamtschuld[100], im Innenverhältnis einen Ausgleichsanspruch (§ 426). Im Zweifel hat jeder den
gleichen Anteil zu tragen. Solange die Schuld noch nicht erfüllt ist, besteht der Ausgleichsanspruch als Freistellungsanspruch. Nach Befriedigung des Gläubigers geht die Forderung im Wege der Legalzession auf den
zahlenden Gesamtschuldner über, soweit er mehr geleistet hat, als er im
Innenverhältnis musste.

Der güterrechtliche Ausgleich verdrängt den Gesamtschuldneraus- 125
gleich nicht[101]. In der Zugewinnausgleichsbilanz kommt die Gesamtschuld häufig vor, wenn die Eheleute gemeinsam ein **Darlehen** aufgenom-

---

100 *BGH*, 10.3.2009, VII ZR 167/08, *BGHZ* 181, 310.
101 *BGH*, 13.7.1988, IVb ZR 96/87, FamRZ 1988, 1031; *BGH*, 9.2.2011, XII ZR 40/09,
     FamRZ 2011, 622, Rn. 51.

men haben. Die Eheleute haften auch für **Steuerverbindlichkeiten** gesamtschuldnerisch, wenn sie zusammen zur Einkommensteuer veranlagt werden (§ 44 AO). Einer besonderen Betrachtung bedarf eine Gesamtschuld, die einer der Eheleute gemeinsam mit Dritten trifft.

b) Das Innenverhältnis der Gesamtschuldner

126   Nach allgemeiner Ansicht sind die güterrechtlichen Vorschriften keine Sondervorschriften zum gesetzlichen Gesamtschuldnerausgleich. Der auf § 426 gestützte Ausgleichsanspruch besteht auch während der Ehe und hat deshalb Einfluss auf die Behandlung in der Zugewinnausgleichsbilanz[102].

Auch bei Eheleuten gilt die Vermutung des § 426 I 1, dass jeder von ihnen **im Innenverhältnis die Hälfte** der Schuld zu tragen habe. An deren Stelle kann eine stillschweigende Abrede während intakter Ehe angenommen werden, dass der allein leistungsfähige Ehegatte die Schuld auch allein tragen soll. Eine solche stillschweigende Vereinbarung endet jedoch regelmäßig, wenn die Eheleute sich endgültig trennen, ohne dass es dafür einer ausdrücklichen Erklärung bedarf[103]. Das hat zur Folge, dass für Gesamtschuldraten, die vor der Trennung geleistet wurden, die Forderung nicht auf den Leistenden übergegangen ist. Für die Zugewinnausgleichsbilanz ist jedoch ausschließlich die noch offene Schuld von Bedeutung. Da das Scheitern der Ehe regelmäßig dem Stichtag des § 1384 vorausgeht, ist zum Zeitpunkt des Endvermögens davon auszugehen, dass beide die Restschuld hälftig zu tragen haben.

127   Bei **Steuerschulden** gilt nicht die Vermutung aus § 426 I 1, dass beide im Zweifel zu gleichen Teilen verpflichtet seien. Vielmehr ist der Maßstab des § 270 AO heranzuziehen. Beide haben die Schuld anteilig in dem Verhältnis zu tragen, in dem die Steuerlast bei getrennter Veranlagung stünde[104]. Dafür bedarf es keiner stillschweigenden Abrede zwischen den Eheleuten, sondern das ergibt sich aus einer gesetzlichen Regelung. Jeder von ihnen kann ohne Zustimmung des anderen die Aufteilung der Steuerschuld in der Vollstreckung in diesem Verhältnis verlangen (§ 268 AO). Deshalb ist auch vor der Aufteilung schon von diesem Innenverhältnis auszugehen.

c) Gesamtschuld in der Ausgleichsbilanz

128   Der *BGH* trägt in jüngeren Entscheidungen dem komplexen Charakter der Gesamtschuld Rechnung, indem er sowohl die (Gesamt-)schuld als

---

102 Ständige Rspr., *BGH*, 21.7.2010, XII ZR 104/08, FamRZ 2010, 1542, Rn. 14.
103 *BGH*, 30.11.1994, XII ZR 59/93, FamRZ 1995, 216.
104 *BGH*, 31.5.2006, XII ZR 111/03, FamRZ 2006, 1178.

auch den Ausgleichsanspruch in die Bilanz aufnimmt[105]. Wenn offensichtlich sei, dass der Ausgleichsanspruch werde realisiert werden können, könne vereinfachend die Gesamtschuld nur mit dem Anteil passiviert werden, der dem Innenverhältnis entspricht. Wenn das aber ungewiss sei, müsse die Gesamtschuld in vollem Umfange eingestellt werden. Auf der Aktivseite könne dann der Ausgleichsanspruch, dessen Werthaltigkeit bei der Bewertung zu berücksichtigen sei, eingestellt werden. Allerdings vertritt der *BGH* die Ansicht[106], dass ein Ausgleichsanspruch gegen den anderen Ehegatten werthaltig sei, wenn jener zwar gegenwärtig nicht zahlungsfähig sei, den Gesamtschuldnerausgleich voraussichtlich aber aus dem zu erwartenden Zugewinnausgleich werde zahlen können.

Die Lösung des *BGH* ist zu begrüßen, wenn ein Ehegatte Gesamt-   **129**
schuldner gemeinsam mit Dritten ist. Die volle Schuld einerseits und der individuell bewertete Ausgleichsanspruch andererseits zeichnen das Bild der Rechtslage genau und verhelfen zu einem deutlichen Verständnis. Sind jedoch nur die Eheleute Gesamtschuldner, führt der Ansatz zu einem **rechnerisch falschen Ergebnis.**

> **Beispiel:** Die Eheleute haben gemeinsam einen Kredit aufgenommen, zu dessen Rückzahlung sie gesamtschuldnerisch verpflichtet sind. Am Stichtag valutiert das Darlehen noch mit 10.000 €. Beide haben im Innenverhältnis die Hälfte zu tragen.

Bei jedem Ehegatten müsste die Gesamtschuld in vollem Umfange eingestellt werden und als weitere Verbindlichkeit die Ausgleichspflicht gegenüber dem anderen. Dem Stünde als Forderung ein gleich hoher Ausgleichsanspruch gegenüber dem anderen entgegen[107]. Es bliebe in der Bilanz die volle Schuld, obwohl der Ehegatte im Ergebnis nur die halbe Schuld zu tragen hat[108]. Folgt man dem *BGH,* so ergibt sich folgende Rechnung:

Mann	Darlehensschuld	./. 10.000,00
	Freistellungsanspruch an F	5.000,00
	Freistellungsverpflichtung gegen F	./. 5.000,00
	Summe	./. 10.000,00
Frau	Darlehensschuld	./. 10.000,00
	Freistellungsanspruch an M	5.000,00
	Freistellungsverpflichtung gegen M	./. 5.000,00
	Summe	./. 10.000,00

---

105 *BGH,* 9.1.2008, XII ZR 184/05, FamRZ 2008, 602, Rn. 16; *BGH,* 6.10.2010, XII ZR 10/09, FamRZ 2011, 25.
106 *BGH,* 6.10.2010, XII ZR 10/09, FamRZ 2011, 25, Rn. 30; dem folgt *OLG Frankfurt,* 2.3.2013, 6 UF 50/1, MittBayNot 2014, 163–165.
107 *Schulz/Hauß,* Rn. 516.
108 Im Einzelnen dazu *Braeuer,* Anm. zum Urteil des *BGH (BGH,* 6.10.2010, XII ZR 10/09, FamRZ 2011, 25), FamRZ 2011, 453.

130   Wenn beide Eheleute Gesamtschuldner sind, ist abweichend von dem Ansatz des *BGH,* immer nur die Gesamtschuld mit dem Anteil einzusetzen, den der jeweilige Ehegatte voraussichtlich zu tragen haben wird[109]. Der Ausgleichsanspruch und die entsprechende Verpflichtung dürfen nicht gesondert in die Bilanz eingestellt werden. Der Ausgleichsanspruch aus § 426 ist nur ein Umstand, der in den Wert der Gesamtschuld einfließt. Die Gesamtschuld ist wie eine ungewisse Verbindlichkeit (→ Rn. 74) abweichend von ihrem Nennwert gemäß § 1376 nach **der Wahrscheinlichkeit der endgültigen Inanspruchnahme** zu bewerten. In dem Beispiel wäre deshalb für jeden nur eine Passivposition von 5.000 € einzustellen[110].

4. Grundbesitz

131   Grundbesitz jeder Art ist in die Zugewinnausgleichsbilanz aufzunehmen. Beim Grundbesitz ergeben sich immer wieder auftauchende typische Probleme, die ihren Ursprung darin haben, dass Grundbesitz häufig von mehreren Personen gehalten wird und dass er auch zumeist belastet ist. Die auftauchenden Fragen sollen in diesem Abschnitt zusammenhängend behandelt werden.

a) Aus dem Zugewinnausgleich ausgenommen

132   Ausgenommen hiervon kann ausländischer Grundbesitz eines Ehegatten sein. Sofern das Recht der Belegenheit eine unterschiedliche güterrechtliche Anknüpfung für bewegliche und unbewegliche Gegenstände vorsieht, kann sich über Art. 3a EGBGB ergeben, dass ein im Ausland gelegenes Grundstück nicht in den deutschen Zugewinnausgleich einzubeziehen ist. Für Grundstücke in England trifft das jedenfalls nicht zu[111].

b) Grundbuchlich gesicherte Darlehen

133   **Beispiel:** M gehört das Haus, das die Ehewohnung ist. Beide wollen gemeinsam das Haus ausbauen und nehmen gemeinsam dafür einen Bankkredit auf, der nicht laufend getilgt, sondern nur verzinst wird. M bestellt als Sicherheit auf seinem Haus für die Bank eine Grundschuld. Das Darlehen soll bei Fälligkeit aus einer Lebensversicherung getilgt werden, die F auf ihren Namen abgeschlossen hat und die an die Bank als weitere Sicherheit verpfändet ist.

134   Wenn Eheleute gemeinsam ein Darlehen aufgenommen und dafür an ihrem Grundstück ein Grundpfandrecht bestellt haben, wird das Rechtsverhältnis, das als Gesamtschuld schon komplex ist, noch komplexer. Derartige Darlehen werden im Bankverkehr als **Hypothekenkredite** be-

---

109 *Erman/Budzikiewicz,* § 1375, Rn. 6; *Staudinger/Thiele,* § 1375, Rn. 8.
110 Ausführlich: *Braeuer,* FPR 2012, 100.
111 *OLG Hamm,* 27.11.2013, 14 UF 96/13, FamRZ 2014, 947.

zeichnet, obwohl als Sicherheit eine Grundschuld anstatt einer Hypothek bestellt wird. Hypotheken haben im Geschäftsverkehr keine praktische Relevanz mehr.

Beide Eheleute schulden die Rückzahlung des Hypothekenkredits als **135** Gesamtschuldner. Im Zweifel haben sie im Innenverhältnis die Schuld je zur Hälfte zu tragen. Als Sicherheit ist zugunsten der Bank eine Grundschuld eingetragen. Die Grundschuld ist abstrakt und muss deshalb durch eine **schuldrechtliche Sicherungsabrede** an das Darlehensverhältnis geknüpft werden. Wenn das Darlehen getilgt ist, wird aus der Grundschuld nicht etwa ein Eigentümerrecht, sondern die Grundschuld belastet das Grundstück unverändert. Die ehemaligen Darlehensschuldner haben aus der Sicherungsabrede gegenüber der Bank einen schuldrechtlichen Anspruch auf Rückgewähr der Grundschuld.

Darlehensnehmer und Besteller der Grundschuld müssen, wie im Bei- **136** spielsfall, nicht identisch sein. Nach Tilgung des Darlehens steht der schuldrechtliche Rückübertragungsanspruch hinsichtlich der Grundschuld entweder demjenigen zu, der die Sicherheit bestellt hat, dem Grundstückseigentümer, oder dem ehemaligen Darlehensnehmer, beiden Ehegatten. Wer Inhaber des Anspruchs ist, hängt vom Inhalt der Sicherungsvereinbarung ab.

aa) Grundschuld in der Zugewinnausgleichsbilanz

Die Grundschuld ist eine **abstrakte dingliche Belastung** eines **137** Grundstücks. Durch die Grundschuld wird der Grundstückseigentümer nicht persönlich zur Zahlung verpflichtet. Die Grundschuld berechtigt den Inhaber, *Zahlung aus dem Grundstück* zu verlangen (§ 1191). Im Gegenzug ist der Eigentümer verpflichtet, zu Realisierung des Anspruchs die Zwangsvollstreckung in das Grundstück zu dulden.

Die Grundschuld muss nicht in jedem Falle durch Sicherungsabrede mit einem Schuldverhältnis verknüpft sein. Sie kann auch isoliert bestehen und gibt dem Inhaber dann das Recht, schlechthin Zahlung aus dem Grundstück zu verlangen. Das ist der Fall, wenn ein belastetes Grundstück ohne Übernahme der persönlichen Schuld erworben wird. Praktisch relevant ist es, wenn die Grundschuld in der Zwangsversteigerung **Teil des geringsten Gebots** war und bestehen geblieben ist, ohne dass die ursprünglich gesicherte Schuld übernommen worden wäre.

Da die Grundschuld abstrakt und nicht kraft Gesetzes zu einem **138** Schuldverhältnis akzessorisch ist, hat die Grundschuld selbst Einfluss auf den Bilanzsaldo. Vielfach wird vertreten, dass die Grundschuld als Verbindlichkeit in die Bilanz einzustellen sei[112]. Das ist nicht zutreffend, weil

---

112 *OLG Karlsruhe*, 10.5.2001, 2 UF 116/00, FPR 2002, 107.

die Grundschuld keine persönliche Schuld begründet. Die Grundschuld **mindert,** wie jede andere dingliche Last auch, **den Wert des Grundstücks.** Das belastete Grundstück ist mit einem Wert einzustellen, der von vorneherein die Belastung durch die Grundschuld berücksichtigt. Die Grundschuld hat keine eigene Position in der Zugewinnausgleichsbilanz.

bb) Hypothekenkredit in der Zugewinnausgleichsbilanz

139   Der Hypothekenkredit kann in der Zugewinnausgleichsbilanz in seine Bestandteile zerlegt werden, wie der *BGH* das für die Gesamtschuld verlangt (→ Rn. 128). Dann sind die Gesamtschuld aus dem Darlehensvertrag, der Ausgleichsanspruch der Gesamtschuldner nach § 426, die Grundschuld als wertmindernde Grundstückslast und der schuldrechtliche Rückgewähranspruch aus dem Sicherungsverhältnis jeweils gesondert zu berücksichtigen. So verfährt das *OLG Karlsruhe*[113]. Dem folgt der Erbrechtssenat des *BGH* nicht[114], sondern fasst die Grundschuld und das Sicherungsverhältnis zusammen und bewertet sie gemeinsam.

140   Im Normalfall, wenn Darlehensnehmer und Grundstückseigentümer identisch sind, führt die Aufgliederung der Rechtsverhältnisse zur Verwirrung. Die Grundschuld wird im Normalfall nicht in Anspruch genommen, sondern nach Erledigung des Kredits gelöscht. Der Schuldner muss in jedem Falle nur einmal leisten. In die Zugewinnausgleichsbilanz ist nur das Darlehensverhältnis aufzunehmen. **Das Grundpfandrecht bleibt gänzlich unberücksichtigt.**

Wenn Darlehensschuldner und Sicherungsgeber auseinanderfallen, muss die Grundschuld gesondert berücksichtigt werden. Sie kann mit dem schuldrechtlichen Anspruch auf Rückgewähr/Freistellung zusammengefasst werden. Die Grundschuld hat keinen wertmindernden Einfluss auf das Grundstück, wenn die gesicherte Forderung voraussichtlich bedient werden und das Grundpfandrecht deshalb zurückgegeben werden wird. Die Grundschuld mindert aber in dem Maße den Wert des belasteten Grundstückes, wie die Inanspruchnahme der Sicherheit wahrscheinlich ist, weil die Bedienung der gesicherten Schuld zweifelhaft ist.

141   Im Beispielsfall ist ein Hypothekenkredit tilgungsfrei vereinbart und soll bei Fälligkeit aus einer gleichzeitig angesparten **Lebensversicherung** oder einem **Bausparvertrag** getilgt werden. Diese ist verpfändet oder zur Sicherheit abgetreten. Der Lebensversicherungs- oder Bausparvertrag ist in der Zugewinnausgleichsbilanz in jedem Falle gesondert als Guthabenposition mit seinem angesparten Wert am Stichtag zu berücksichtigen,

---

113 *OLG Karlsruhe,* 10.5.2001, 2 UF 116/00, FPR 2002, 107.
114 *BGH,* 10.11.2010, IV ZR 51/09, FamRZ 2011, 105, allerdings entschieden bei der Bewertung zur Berechnung eines Pflichtteils.

während der volle Darlehensbetrag zu passivieren ist. Die Verpfändung des Sparvertrages wird nicht gesondert berücksichtigt, wenn der Inhaber des Vertrages gleichzeitig Schuldner der gesicherten Verbindlichkeit ist. Ist er nicht persönlicher Schuldner, mindert das Pfandrecht den Wert des Sparvertrages (→ Rn. 144).

cc) Grundpfandrechtsinhaber

Ist ein Ehegatte Inhaber einer Grundschuld, so ist diese als sonstiges Recht in die Guthabenseite der Bilanz aufzunehmen. Die Grundschuld kann mit ihrem Nominalwert zuzüglich der Grundschuldzinsen, die denselben Rang haben wie die Grundschuld[115], eingestellt werden.   **142**

Beim Wert der Grundschuld ist ein Abschlag zu machen, wenn ihr **Rang** im Falle der Verwertung keine volle Befriedigung verspricht.

Wenn die Grundschuld zur **Sicherheit** für eine Forderung bestellt und mit dieser durch eine Sicherungsabrede verbunden ist, dann ist wie auf Schuldnerseite zu verfahren und die Grundschuld außer Betracht zu lassen.

5. Sonstige Sicherungsrechte

a) Pfandrechte

Gesetzliche Pfandrechte sind anders als die Grundschuld **zwingend**   **143**
akzessorisch zu dem gesicherten Recht (§§ 1204, 1273). Ist ein Ehegatte Inhaber einer durch Pfandrecht gesicherten Forderung, so kommt dem Pfandrecht kein eigener Wert zu, und es ist deshalb in der Bilanz nicht gesondert zu berücksichtigen. Auch ein Faustpfand, das zwingend mit dem Besitz der Sache verbunden ist (§ 1253), hat keinen eigenen Wert neben der gesicherten Forderung.

Ein werthaltiges Pfand kann aber Einfluss auf die Bewertung der gesicherten Forderung haben. Ist eine Forderung unsicher, so ist bei der Bewertung ein Abschlag zu machen. Das kann unterbleiben, wenn das Pfandrecht die Forderung sicher(er) macht.

Ist eine Sache oder ein Recht mit einem Pfandrecht belastet, so mindert das ihren Wert nicht, wenn der Eigentümer gleichzeitig der Schuldner ist. Fallen Sicherungsgeber und Schuldner auseinander, so geht die Hauptforderung auf den Besteller des Pfandrechts über, wenn das Pfand in Anspruch genommen wird (§ 1225). Bis zum Übergang der Forderung kann aus dem Sicherungsvertrag ein Freistellungsanspruch gegen den   **144**

---

115 Den gleichen Rang und damit gleichen Wert wie die Grundschuld haben die Grundschuldzinsen der letzten 2 Jahre (§ 10 I 4 ZVG).

Schuldner bestehen. Entsprechend dem Verfahren bei der Sicherungs-grundschuld sind das Pfandrecht und der Freistellungsanspruch zusam-menzufassen und einheitlich zu bewerten (→ Rn. 140). Dabei ist maßgeb-lich, wie groß das Risiko ist, dass das Pfand für die gesicherte Schuld in Anspruch genommen werden wird.

b) Sicherungsübereignung

145   Sicherungsübereignung und Sicherungsabtretung sind gesetzlich nicht geregelte Sicherungsrechte. Sie entsprechen dem Pfandrecht ohne dessen strenge Akzessorietät. In der Zugewinnausgleichsbilanz sind sie **wie die Pfandrechte** zu behandeln. Das Eigentum an dem Sicherungsgut ist be-lastet mit der Rückgabepflicht nach Erledigung der Forderung. Die Schuld ist nur einmal zu bezahlen.

In der Zugewinnausgleichsbilanz ist nur die gesicherte Forderung oder Schuld zu berücksichtigen. Das Sicherungsgut wird abweichend vom zi-vilrechtlichen Eigentum demjenigen zugerechnet, der die Sicherheit gege-ben hat. Wenn der Ehegatte Inhaber der Forderung ist, taucht das Siche-rungsgut, das ihm übereignet ist, in seiner Bilanz nicht auf.

146   Dasselbe gilt für den **Eigentumsvorbehalt**[116].

c) Bürgschaft

147   Die Bürgschaft ist ein Sicherungsrecht, das anders als alle Pfandrech-te zu einer persönlichen Haftung des Bürgen führt. Bürge und Schuldner können deshalb nicht identisch sein. Auch die Bürgschaft ist ein komple-xes Rechtsverhältnis. Der Bürge kann vom Hauptschuldner Befreiung verlangen, wenn die Inanspruchnahme droht (§ 775). Muss der Bürge auf die Hauptschuld zahlen, geht sie auf ihn über (§ 774).

Das Risiko, in Anspruch genommen zu werden, und die Werthaltig-keit des Rückgriffsanspruches hängen in gleicher Weise von der Leistungs-fähigkeit des Hauptschuldners ab. **Auf Seiten des Bürgen** sind deshalb die Bürgschaftspflicht und der Rückgriffsanspruch gegen den Schuldner als eine Passivposition zusammenzufassen. Bei der Bewertung sind das Ri-siko des Bürgschaftsfalles und die Werthaltigkeit des Rückgriffsanspru-ches gemeinsam zu berücksichtigen[117].

148   Wenn ein Ehegatte **Schuldner einer verbürgten Schuld** ist, führt die Aufgliederung des komplexen Rechtsverhältnisses zu falschen Ergebnis-sen. Auf Seiten des Schuldners wäre die Hauptschuld als Verbindlichkeit einzusetzen und außerdem die Freistellungsverpflichtung gegenüber dem

---

116 *Schulz/Hauß*, Rn. 482.
117 *Büte*, Rn. 109.

Bürgen. Die Schuld würde also doppelt auftauchen, obwohl der Schuldner nur einmal leisten muss. Die Freistellungsverpflichtung ist deshalb als Teil der Hauptschuld anzusehen, die keinen eigenen Wert hat, die Schuld jedenfalls nicht über ihren Nennwert hinaus erhöhen kann.

Wenn **ein Ehegatte die Schuld des anderen verbürgt** hat, müssen **149** die Hauptschuld und die Bürgschaft in Abhängigkeit voneinander in die Bilanzen eingestellt werden. Wenn die Leistungsfähigkeit des Hauptschuldners zweifelhaft ist, ist die Bürgschaft für den anderen ein Risiko. Sie ist dann als Verbindlichkeit in die Bilanz einzustellen. Der Hauptschuldner schuldet gleichzeitig zweifellos den gesamten Betrag. Würde die Hauptschuld zum Nennbetrag eingestellt werden, so würde dieselbe Schuld doppelt, nämlich beim Schuldner und beim Bürgen berücksichtigt. Das wäre nicht richtig. Wenn ein Ehegatte für den anderen gebürgt hat, ist das in der Zugewinnausgleichsbilanz **wie eine Gesamtschuld** zu behandeln (→ Rn. 129). Bei jedem Ehegatten ist der Teil der Schuld als Verbindlichkeit einzustellen, den er aus der Sicht des Stichtages voraussichtlich endgültig zu tragen haben wird.

d) Treuhand, Verwahrung

Der **Treuhänder** ist in der Zugewinnausgleichsbilanz ähnlich zu be- **150** handeln wie der Begünstigte einer Sicherungsübereignung (→ Rn. 145). Das zivilrechtliche Eigentum am Treugut ist belastet mit dem Rückforderungsanspruch des Treugebers. In die Bilanz des Treuhänders ist nichts aufzunehmen[118].

Auf Seiten des **Treugebers** ist der Anspruch gegen den Treuhänder auf Rückgabe in die Bilanz einzustellen. Das wird in der Regel dem Wert der Sache entsprechen. Ein Abschlag ist bei der Bewertung zu machen, sofern die Rückgabe zweifelhaft ist. Das kommt vor allem in Betracht, wenn mit dem Dritten streitig ist, ob er die Sache als Treuhänder oder als selbst Berechtigter hat.

Eine in der Praxis häufige Form der Treuhand ist die **Mietkaution**. **151** Der Mieter ist Treugeber, und bei ihm ist der Rückgabeanspruch als Aktivposten einzusetzen. Da die Rückzahlung von der Leistungsbereitschaft und der Leistungsfähigkeit des Vermieters abhängt, ist die Mietkaution, wie generell der Treuhandanspruch, als **unsicheres Recht** anzusehen[119]. Das kann bei der Bewertung einen Abschlag rechtfertigen. Allerdings kann eine Mietkaution nicht generell als unsicher angesehen werden, so

---

118 *Staudinger/Thiele*, § 1374, Rn. 3; ebenso *Gernhuber/Coester-Waltjen*, § 36, Rn. 54, die allerdings zu unrecht eine abweichende Meinung von *Staudinger/Thiele* annehmen.
119 Zur Behandlung der Kautionsansprüche der Eheleute untereinander: *OLG München*, 25.10.2012, 33 WF 1636/12, FamRZ 2013, 552, und *Groß*, NZFam 2014, 1121, 1127.

dass sie mangels eines substantiierten Vortrages mit dem Nennwert anzusetzen ist[120].

152   Es wird auch erwogen, bei der **Bewertung der Mietkaution** einen Abschlag zu machen, wenn Mietschulden bestehen oder die Wohnung in einem schlechten Zustand ist[121]. Dem ist nicht zu folgen. Die Ansicht verkennt, dass die Kaution nur ein Sicherungsmittel ist, die eine etwaige Verbindlichkeit aus dem Mietvertrag sichert. Soweit die Verbindlichkeit am Stichtag schon besteht, ist sie als solche in die Bilanz aufzunehmen und darf über eine Minderbewertung der Kaution dort nicht ein weiteres Mal auftauchen. Soweit eine zukünftig erst entstehende Schuld, etwa eine **Renovierungspflicht**, gesichert wird, darf diese am Stichtag nicht bereits über den Kautionswert den Zugewinn beeinträchtigen.

153   Ein Treuhand- oder Verwahrungsverhältnis ist meist dann anzunehmen, wenn ein Ehegatte einen Gegenstand **beiseite geschafft** hat, um ihn der Berücksichtigung im Zugewinnausgleich zu entziehen. Nicht selten werden Geldbeträge oder Sachen einem Freund oder Verwandten gegeben, um sie aus der Zugewinnausgleichsbilanz herauszuhalten. Das ergibt nur einen Sinn, wenn der Ehegatte den Gegenstand nach Abschluss des Verfahrens zurückbekommt. Mit dem Helfer kommt deshalb zumindest stillschweigend ein Treuhand- oder Verwahrungsvertrag (§ 688) zustande. Derartige Handlungen geschehen in Schädigungsabsicht. Dennoch sind die beiseite geschafften Gegenstände nicht über § 1375 II 1 Nr. 3 dem Endvermögen hinzuzurechnen. Sie sind über das Treuhandverhältnis noch unmittelbar Bestandteil des Endvermögens. Diese Unterscheidung ist im Hinblick auf die Auskunft und eine etwaige eidesstattliche Versicherung von Bedeutung. Die Bestandsauskunft auf den Stichtag ist bereits dann falsch, wenn sie den Anspruch auf Rückgabe des nur verwahrten Gegenstandes nicht enthält.

6. Zukünftige und unvollständige Rechte und Verbindlichkeiten

a) Anwartschaften

154   Anwartschaften werden nach ständiger Rechtsprechung des *BGH* ebenfalls bei der Berechnung des Zugewinns berücksichtigt und zwar mit ihrem gegenwärtigen Vermögenswert.[122] Der Wert muss objektiv messbar, braucht jedoch nicht zwingend sofort verfügbar zu sein.[123] Bloße Er-

---

120 *OLG Karlsruhe*, 20.6.2002, 2 UF 126/98, FamRZ 2003, 682; *Kogel*, Strategien, Rn. 923.
121 *Schulz/Hauß*, Kap. 1, Rn. 587.
122 *BGH*, 28.1.2004, XII ZR 221/01, FamRZ 2004, 781, 782; *BGH*, 31.10.2001, XII ZR 292/99, FamRZ 2002, 88; *BGH*, 15.11.2000, XII ZR 197/98, NJW 2001, 439; *BGH*, 9.6.1983, IX ZR 56/82, FamRZ 1983, 881, 882.
123 *BGHZ* 117, 70, 77; *Schulz/Hauß*, Rn. 434.

werbsaussichten, die noch nicht zu einem Anwartschaftsrecht erstarkt sind, bleiben dagegen unberücksichtigt[124]. Die folgenden Anwartschaftsrechte sind von besonderer Bedeutung.

aa) Nacherbenrecht

Die Rechtsposition eines Nacherben vor Eintritt des Nacherbfalls ist **155** soweit gesichert, dass von einem **Anwartschaftsrecht** zu sprechen ist[125]. Der Vorerbe ist in der Verfügung über die Nachlassgegenstände soweit beschränkt, dass ihm wirtschaftlich nur eine Art Nießbrauch an dem Nachlass zusteht[126]. Entsprechend verfestigt ist das Recht des Nacherben vor Eintritt des Nacherbfalls. Es ist für die Zugewinnausgleichsbilanz zu bewerten. Dabei ist sowohl der Wert des Nachlasses als auch der erwartete Zeitpunkt, zu dem der Nacherbfall eintreten wird, zu berücksichtigen.

Praktisch wirkt sich das Nacherbenrecht in den meisten Fällen nicht aus, weil es mit demselben Wert in das Anfangs- und das Endvermögen einzusetzen ist, im Zugewinn also neutral ist (→ Rn. 389).

bb) Erbvertrag

In einem Erbvertrag kann dem Vertragserben die Stellung als zukünf- **156** tiger Erbe eingeräumt werden, die von dem zukünftigen Erblasser nicht einseitig widerrufen werden kann (§ 2290). Die dadurch erworbene Stellung des zukünftigen Vertragserben ist aber noch nicht so weit verfestigt, dass sie als Anwartschaft einen Wert hätte, der in die Zugewinnausgleichsbilanz einzustellen wäre.[127] Die Rechtsprechung[128] stellt für das Ergebnis darauf ab, dass das Vertragserbenrecht nicht übertragbar sei. Das ist indes für die Behandlung im Zugewinnausgleich nicht das entscheidende Kriterium, weil in anderen Fällen auch unübertragbare Rechte (beispielsweise Gesellschaftsanteile) mit einem positiven Wert in die Bilanz einzustellen sind. Hingegen ist völlig ungewiss, ob und in welchem Umfang der Nachlass im Erbfall werthaltig sein wird. Ungewiss ist auch, ob der Berechtigte den Erbfall erlebt. Im Ergebnis ist es deshalb zutreffend, das Vertragserbenrecht nicht als Anwartschaft in die Zugewinnausgleichsbilanz einzustellen.

---

124 *BGH*, 28.1.2004, XII ZR 221/01, FamRZ 2004, 781.
125 *BGH*, 9.6.1983, IX ZR 41/82, BGZ 87, 367 = FamRZ 1983, 882.
126 *Schröder*, Bewertungen, Rn. 233; *Schulz/Hauß*, Kap. 1, Rn. 674.
127 *Schulz/Hauß*, Kap. 1, Rn. 496.
128 *OLG Koblenz*, 3.10.1984, 13 WF 596/84, FamRZ 1985, 286.

cc) Auflassung und Vormerkung

157   Ist zur Übereignung eines Grundstücks die Auflassung erklärt und au
ßerdem für den Auflassungsempfänger eine Vormerkung im Grundbuch
eingetragen[129], so kann dem Auflassungsempfänger das Grundstück nicht
mehr entzogen werden, es ist eine Anwartschaft entstanden[130]. Die Anwartschaft steht dem Eigentum an dem Grundstück praktisch nicht mehr
nach, so dass **das Grundstück selbst** in die Bilanz aufzunehmen ist.

Die Auflassung wird in aller Regel nicht ohne Rechtsgrund erklärt.
Meist ist Rechtsgrund ein Vertrag, kann aber auch ein Vermächtnis sein.
Es handelt sich dann auch um ein komplexes Rechtsverhältnis. Neben der
Anwartschaft aus der Auflassung besteht der **schuldrechtliche Anspruch
auf Übereignung**. Dieser Anspruch ist noch nicht durch Erfüllung erloschen, solange der Erwerber nicht durch Umschreibung im Grundbuch
Eigentümer geworden ist. Anwartschaft und schuldrechtlicher Anspruch
dürfen dann nicht beide in die Bilanz eingestellt werden, sondern nur gemeinsam mit einem einheitlichen Wert.

b) Dauerschuldverhältnisse

158   Zukünftige Ansprüche aus einem Dauerschuldverhältnis sollen grundsätzlich unberücksichtigt bleiben[131]. Dem ist in der Regel zuzustimmen.
Allerdings ist die Begründung, die die h.M. dafür gibt, nicht überzeugend. Nach Ansicht des *BGH* stellen „die Ansprüche auf künftig fällig
werdende, wiederkehrende Einzelleistungen [...] noch keinen gegenwärtigen Vermögenswert des Berechtigten" dar[132]. Diese Begründung lässt
sich nicht vereinbaren mit der allgemeinen Definition der in die Bilanz
einzustellenden Vermögensgegenstände, rechtlich geschützte Positionen
von wirtschaftlichem Wert. Zukünftige Raten eines Dauerrechtsverhältnisses sind zumindest dann rechtlich geschützt, wenn der Vertrag für eine
bestimmte Zeit nicht durch Kündigung oder auf sonstige Weise beendet
werden kann. Einen wirtschaftlichen Wert hat die sichere Erwartung laufender Zahlungen auch.

159   Zukünftige Raten sind deshalb nicht generell aus der Zugewinnausgleichsbilanz herauszuhalten. Sie sind aber dann nicht in die Bilanz aufzunehmen, wenn sie nach ihrer **Zweckbestimmung** für den Unterhalt
oder die Versorgung des Empfängers bestimmt sind (→ Rn. 187). Außer

---

129 Das *OLG Köln* (26.5.1983, 4 WF 73/83, FamRZ 1983, 813) hält mit nicht überzeugenden Gründen eine Vormerkung nicht für erforderlich, um eine Anwartschaft annehmen
     zu können.
130 *Palandt/Weidlich*, § 925, Rn. 25.
131 *Schulz/Hauß*, Kap. 1 Rn. 479.
132 *BGH*, 15.11.2000, XII ZR 197/98, FamRZ 2001, 278, Rn. 54.

dem sind die meisten laufenden Zahlungen von einer ebenso laufend zu erbringenden **Gegenleistung** abhängig. Die noch nicht erbrachte Gegenleistung hindert die Aufnahme in die Bilanz.

Hingegen sind zukünftige Raten von Dauerrechtsverhältnissen in die **160** Bilanz einzustellen, wenn sie weder Einkommen noch von einer Gegenleistung abhängig sind. Das ist etwa der Fall, wenn ein Gegenstand verkauft worden und als Gegenleistung eine Rentenzahlung vereinbart ist. In diesem Fall ist die ausstehende Rente zu Kapitalisieren und in die Bilanz einzustellen (→ Rn. 94).

c) Zukünftige Verbindlichkeiten und Ansprüche

Ein Anspruch, der am Stichtag **noch nicht entstanden** ist, dessen **161** Entstehen aber als sicher vorherzusehen ist, ist nicht in die Bilanz einzustellen[133]. In der Literatur werden als Beispiel **zukünftige Zinsen** auf ein Darlehen genannt. Der Grund, weshalb zukünftige Zinsen nicht einzustellen sind ist aber ein anderer: Die Zinsen sind noch von einer nicht erbrachten Gegenleistung abhängig, der Überlassung des Kapitals[134].

Ein Anwendungsfall sind hingegen **Steuerverbindlichkeiten** oder Steuererstattungsansprüche. Einkommensteuer ist eine Periodensteuer und entsteht erst mit Ablauf des Veranlagungszeitraums, also am Jahresende. Gleichwohl kann im Verlaufe des Jahres schon gewiss sein, dass auf bezogene Einkünfte Steuer zu zahlen sein wird. Dennoch ist Einkommensteuer, die auf Einkünfte zu zahlen sein wird, welche vor dem Stichtag, aber in demselben Jahr bezogen worden sind, nicht zu passivieren (→ Rn. 202). Der Grund liegt allein darin, dass nicht entstandene Verbindlichkeiten nicht in Bilanz eingestellt werden dürfen, auch wenn ihr Entstehen als weitgehend sicher eingeschätzt werden muss.

d) Verhaltene Ansprüche

Ein verhaltener Anspruch kann von dem Gläubiger jederzeit geltend **162** gemacht werden, darf vom Schuldner aber nur auf Anforderung erfüllt werden. So sind die Rückgabeansprüche des Treugebers oder der **Rücknahmeanspruch aus der Verwahrung** einzuordnen. Für derartige Ansprüche gilt weder auf der Aktivseite noch auf der Passivseite eine Besonderheit. Verhaltene Ansprüche sind ohne Einschränkung in die Bilanz einzustellen[135].

---

133 *MK/Koch*, § 1375, Rn. 17.
134 So zutreffend entgegen vorhergehender Fn. *MK/Koch*,; § 1374, Rn. 10.
135 *Staudinger/Thiele*, § 1374, Rn. 4; a.A. wohl *MK/Koch*, § 1375, Rn. 11.

e) Betagte Forderungen

163   Eine Forderung, die **noch nicht fällig** ist, wird als *betagt* bezeichnet. Forderungen müssen ebenso wie Verbindlichkeiten nicht fällig sein, um in die Bilanz eingestellt zu werden. Erforderlich ist nur, dass sie entstanden sind[136]. Grundsätzlich sind nach ständiger Rechtsprechung auch solche Forderungen in die Berechnung des Zugewinnausgleichs einzubeziehen, die noch nicht fällig[137], bedingt, unsicher oder ungewiss sind. Betagte Forderungen werden bei der Berechnung des Zugewinns **abgezinst**, wenn sie unverzinslich sind.[138]

f) Naturalobligationen

164   Verbindlichkeiten, die nicht klagbar sind, die aber einen Rechtsgrund darstellen, wenn sie erfüllt werden, sind nach der Gesetzesüberschrift (Titel 19 des besonderen Schuldrechts) unvollkommene Verbindlichkeiten (Naturalobligationen). Dazu gehören **Spiel- und Wettschulden** (§ 762) und **verjährte Ansprüche** (§ 214 II).

165   Bei Naturalobligationen ist zu unterscheiden, ob der Ehegatte berechtigt oder verpflichtet ist.

Als **Verbindlichkeiten** dürfen Naturalobligationen in keinem Fall in die Bilanz eingestellt werden. Ihnen steht eine peremptorische Einrede entgegen, und es kann nicht darauf ankommen, ob der Ehegatte von der Einredemöglichkeit Gebrauch machen möchte oder nicht. Es ist das wirtschaftlich vernünftige Verhalten des Ehegatten zu unterstellen. Ihm kann nicht gestattet sein, zulasten des anderen großzügiger zu sein, als er es in eigenen Dingen wäre. Da die Einredemöglichkeit am Stichtag besteht, ist eine wirksame Verbindlichkeit nicht vorhanden. Verzichtet der Ehegatte später auf die Einrede, verringert sich sein Vermögen erst aufgrund dieser dann getroffenen Entscheidung. Diese ist nach Maßgabe der dann bestehenden Verhältnisse gesondert zu würdigen.

Auf **Gläubigerseite** kann eine Naturalobligation hingegen in die Bilanz einzustellen sein. Bei ihrer Bewertung ist die Wahrscheinlichkeit zu berücksichtigen, mit der der Schuldner erfüllen wird. In der Regel ist eine solche Forderung wertlos[139]. Es ist jedoch keineswegs immer gewiss, dass die Einrede erhoben werden wird. Nach allgemeiner Anschauung hat man Wettschulden zu erfüllen. Guter Kaufmannsbrauch ist es auch, sich nicht

---

136 *MK/Koch*, § 1375, Rn. 15.
137 *BGH*, 24.10.1990, XII ZR 101/89, FamRZ 1991, 43; *OLG Köln*, 3.3.1998, 25 UF 182/97, FamRZ 1999, 656.
138 *BGH*, 30.5.1990, XII ZR 75/89, FamRZ 1990, 1217; *BGH*, 15.1.1992, XII ZR 247/90, FamRZ 1992, 411; *Johannsen/Henrich/Jaeger*, § 1376, Rn. 10.
139 *Schwab/Schwab*, VII Rn. 53.

auf die Verjährung zu berufen. Es sind deshalb Fälle denkbar, in denen eine einredebehaftete Forderung (**Ehrenschuld**) als echte Forderung in die Bilanz einzustellen ist.

g) Formnichtige Verbindlichkeiten

Der Naturalobligation vergleichbar sind Verbindlichkeiten, die auf-   **166** grund eines Formmangels nicht vollständig entstanden sind, bei denen der **Formmangel** aber durch Erfüllung **geheilt** wird. So verhält es sich bei einem nicht beurkundeten Grundstücksvertrag, sobald die Auflassung erklärt ist (§ 311b I 2), ebenso bei einem Schenkungsversprechen, das nicht beurkundet ist (§ 518 II) oder einem privatschriftlichen Vertrag über GmbH-Anteile (§ 15 IV GmbHG), sobald der Vertrag erfüllt wird. Derartige Verbindlichkeiten sind unvollkommen und in der Zugewinnausgleichsbilanz **nicht zu berücksichtigen.**

Wie derartige Verbindlichkeiten in der Zugewinnausgleichsbilanz zu   **167** behandeln sind, ist in der Rechtsprechung weitgehend ungeklärt. Bekannt geworden ist nur eine Entscheidung[140]. Im dortigen Fall befanden sich im Endvermögen eines Ehegatten Wertpapiere, die er seiner Tochter als Aussteuer versprochen hatte. Das *OLG Frankfurt* hat die (formnichtig versprochene) Verbindlichkeit eingestellt, weil die Aussteuer nach Feststellung des Gerichts in dem Fall einer sittlichen Pflicht mit einer auf den Anstand zu nehmenden Rücksicht entsprochen hat[141].

Der Entscheidung kann nicht zugestimmt werden, weil sie mit dem Stichtagsprinzip, das die Zugewinngemeinschaft beherrscht, nicht vereinbar ist. Wird das Aussteuergeschenk vor dem Stichtag vollzogen, verringert es das Endvermögen. Eine Hinzurechnung nach § 1375 II 1 Nr. 1 scheidet aus, weil die Schenkung als sittlich geboten von dem anderen Ehegatten hinzunehmen ist. Wäre das Geschenk erst nach dem Stichtag bewirkt worden, hätte es auf den Zugewinn keinen Einfluss gehabt, obwohl es sittlich in derselben Weise geboten war. Die unvollständige Schuld des Zuwendenden kann nicht dazu führen, dass die Zuwendung nach dem Stichtag den Zugewinn noch beeinflusst. Das müsste dann in anderen Fällen ebenso geschehen. Einkommensteuer entsteht erst mit Ablauf des Veranlagungszeitraums, also am Jahresende. Steuern auf Einkünfte im Jahr des Stichtags können nicht in die Endvermögensbilanz eingestellt werden, weil sie am Stichtag noch nicht entstanden sind (→ Rn. 202). Behandelt man Naturalobligationen als echte Verbindlichkeit, dann wird es nicht möglich sein, Einkommensteuer auf bereits zugeflossene Einkünfte

---

140 *OLG Frankfurt*, 28.11.1989, 3 UF 57/89, FamRZ 1990, 998.
141 Zustimmend *Schwab/Schwab*, VII Rn. 23.

mit der Begründung außer Betracht zu lassen, die Steuer entstehe formell erst am Jahresende.

7. Dingliche Rechte

168　　Dinglichen Rechten ist gemeinsam, dass sie nicht zu einer persönlichen Schuld des Belasteten führen, sondern dass sie zu einem Recht führen, den belasteten Gegenstand in bestimmter Weise zu nutzen oder aus ihm wirtschaftliche Vorteile zu ziehen. In der Zugewinnausgleichsbilanz sind sie sowohl auf der Seite des Verpflichteten wie auf der des Berechtigten zu berücksichtigen.

a) Grundpfandrechte

aa) Beim Verpflichteten

169　　Grundpfandrechte (Hypothek oder Grundschuld) sind in der Regel zur **Sicherung einer Schuld** bestellt. Bei der Hypothek ist das sogar wesensbestimmend (§ 1113). Wenn Schuldner der gesicherten Verbindlichkeit der Grundstückseigentümer ist, hat das Grundpfandrecht in der Zugewinnausgleichsposition **keine eigene Position**. Sie ist in der Bilanz nicht auszuweisen, und sie beeinflusst den Grundstückswert auch nicht. Das Pfandrecht ist unselbständiger Teil des Schuldverhältnisses und bei diesem zu berücksichtigen[142] (wegen der Einzelheiten → Rn. 140).

170　　Eine **Grundschuld** ist von ihrem Wesen her kein Sicherungsrecht, sondern ist ein abstraktes dingliches Recht. Sie gewährt dem Berechtigten ohne weiteres das Recht, eine bestimmte Zahlung aus dem Grundstück zu verlangen (§ 1191). Sie begründet eine entsprechende Verpflichtung des Grundstückseigentümers. Es besteht aber keine persönliche Schuld des Eigentümers. Der Grundstückseigentümer hat nur aus dem Grundstück die Grundschuldsumme zu leisten oder die Zwangsvollstreckung in das Grundstück zu dulden. Die Pflicht des Eigentümers ist mit dem Grundstück verbunden und kann nicht unabhängig davon verfolgt werden. Deshalb ist die Grundschuld, die keine Sicherungsgrundschuld ist, als **wertmindernd bei der Bewertung des Grundstücks** zu berücksichtigen. Sie ist nicht als gesonderte Verbindlichkeit in die Zugewinnausgleichsbilanz einzustellen.

Abstrakte Grundschulden kommen selten vor. Im Regelfall dienen sie wie eine Hypothek der Sicherung eines Darlehensanspruches. Dafür wird

---

142　Das wird in der Entscheidung des *OLG Karlsruhe* (30.11.2005, 7 WF 511/05, FamRZ 2006, 624) verkannt. Dort wurde eine Grundschuld nur deshalb nicht als wertmindernd berücksichtigt, weil sie noch nicht valutiert war. Dabei wird nicht berücksichtigt, dass die Grundschuld auch nach der Valutierung neben der Darlehensschuld keine eigene wertmindernde Bedeutung hat.

die Grundschuld durch eine schuldrechtliche Vereinbarung, den Sicherungsvertrag, mit der gesicherten Forderung verknüpft. Die Grundschuld ist als Sicherungsmittel wie die Hypothek nach den oben beschriebenen Grundsätzen (→ Rn. 169) nicht gesondert in der Zugewinnausgleichsbilanz zu berücksichtigen.

Die schuldrechtliche Verknüpfung durch den Sicherungsvertrag kann aber weggefallen sein, so dass die Grundschuld wieder abstrakt geworden ist. Das kommt etwa vor, wenn eine Grundschuld im **Zwangsversteigerungsverfahren** als Teil des geringsten Gebots bestehengeblieben ist. Die frühere vertragliche Verknüpfung der Grundschuld mit einer gesicherten Verbindlichkeit war an die Person des früheren Eigentümers gebunden und ist mit dem Zuschlag im Zwangsversteigerungsverfahren aufgelöst worden. Die Rechte aus der Grundschuld können dann ohne Bindung an den früheren Sicherungsvertrag geltend gemacht werden. Sie ist in vollem Umfange als wertmindernd beim Grundstück zu berücksichtigen.

bb) Beim Berechtigten

Auf Seiten des Berechtigten gilt bei der Sicherungsgrundschuld und der Hypothek nichts anderes als auf Seiten des Verpflichteten (→ Rn. 169). Sie ist neben der gesicherten Forderung nicht zusätzlich als Vermögensposition zu erfassen. **171**

Die isolierte Grundschuld hingegen ist eine aktive Vermögensposition und gesondert zu erfassen. Bei ihrer Bewertung bilden einerseits der Nennwert der Grundschuld, andererseits der Wert des belasteten Grundstücks unter Berücksichtigung des Ranges der Grundschuld (§ 879) die Obergrenze. Beim Nennwert der Grundschuld ist zu beachten, dass die **Grundschuldzinsen** der letzten zwei Jahre denselben Rang haben wie die Hauptforderung (§ 10 I Nr. 4 ZVG), so dass wenigstens zwei Zinsjahre in den Grundschuldwert mit einzubeziehen sind.

b) Reallast

aa) Beim Verpflichteten

Die Reallast ist eine dingliche Belastung eines Grundstücks und berechtigt, regelmäßige Leistungen aus dem Grundstück zu verlangen (§ 1105). Insoweit entspricht sie einer Grundschuld. Anders als die Grundschuld, die den Grundstückseigentümer nicht persönlich verpflichtet, begründet die Reallast auch ein gesetzliches Schuldverhältnis zwischen Grundstückseigentümer und dem Berechtigten, aus dem der Berechtigte den jeweiligen Eigentümer auch persönlich in Anspruch nehmen kann (§ 1108), sofern die persönliche Haftung bei der Bestellung der Reallast nicht abbedungen ist. Die Reallast kann auch, wie die Grundschuld, ver- **172** traglich mit einem anderen Rechtsverhältnis verknüpft werden und dann als Sicherungsmittel dienen[143].

Die Reallast kommt häufig vor, wenn ein Grundstück als Geschenk oder mit Rücksicht übertragen wird. Für den Schenker wir eine vom Empfänger zu leistende (Leib-)rente oder ein Leibgedinge vereinbart. Sie ist gesetzlich vorgesehen zur Sicherung des Erbbauzinses bei der Bestellung eines Erbbaurechts (§ 9 ErbBauRG). Ebenso wird eine Reallast zur Sicherung des Wohngeldanspruchs der WEG-Gemeinschaft im Wohnungsgrundbuch eingetragen. Ist ein Grundstück mit einer Dienstbarkeit belastet und der Eigentümer zur Unterhaltung verpflichtet, so sind auf diese Unterhaltungspflichten die Regelungen der Reallast entsprechend anzuwenden, ohne dass es einer Eintragung der Reallast in das Grundbuch bedarf (§ 1121 II).

173   Wird die Reallast als Sicherungsmittel eingesetzt, etwa, um eine Rentenverpflichtung zu sichern, so ist die dingliche Belastung wie andere Sicherungsmittel nicht gesondert in der Zugewinnausgleichsbilanz zu berücksichtigen. Sofern der Grundstückseigentümer und der Verpflichtete identisch sind, gelten auf Seiten des Verpflichteten und des Berechtigten dieselben Grundsätze wie bei der Sicherungsgrundschuld: Die Verbindlichkeit ist im Zugewinn als Schuld zu berücksichtigen und zu bewerten. Die Reallast ist nicht gesondert anzusetzen. Wenn das Eigentum an dem Grundstück auf eine andere Person ohne die gesicherte Verpflichtung übergegangen ist, wird die Reallast abstrakt. Sie stellt dann eine Belastung des Grundstücks dar und mindert dessen Wert.

174   Die Reallast zur Sicherung des Erbbauzinses hat keinen eigenen Wert, sondern ist zusammen mit dem eingetragenen Erbbaurecht als Wertminderung des dienenden Grundstückes zu berücksichtigen.

Eine Reallast zur Sicherung des Wohngeldanspruches bei einer Eigentumswohnung stellt keine gesonderte Belastung dar. Sie ist eine reine Sicherung der Verpflichtung des Wohnungseigentümer, die dem Wohnungseigentum immanent ist (§ 16 WEG) und deshalb bei der Bewertung der Eigentumswohnung keine Wertbedeutung hat.

bb) Beim Berechtigten

175   Der wiederkehrende (Zahlungs-)anspruch ist bei dem Berechtigten eine Vermögensposition, die als Aktivum in die Zugewinnausgleichsbilanz einzustellen ist (→ Rn. 94). Dabei ist es unerheblich, ob sich das Recht aus einem durch Reallast gesicherten Schuldverhältnis oder unmittelbar aus einer abstrakten Reallast ergibt, also auf Zahlung aus dem Grundstück gerichtet ist. In beiden Fällen ist der Zahlungsanspruch als

---

143 *MK/Jost*, 6. Aufl., § 1105, Rn. 3.

bewerteter Rentenanspruch einzustellen. Die Sicherungsreallast hat daneben keinen besonderen Wert.

Die gesicherte Rente kann auf Seiten des Berechtigten dem Versorgungsausgleich unterfallen und deshalb dem güterrechtlichen Ausgleich entzogen sein (→ Rn. 94). In diesem Fall muss auch die sichernde Reallast der Einordnung des Rentenanrechts folgen und darf nicht in die Zugewinnausgleichsbilanz eingestellt werden.

c) Nießbrauch

Ein Nießbrauch ist eine dingliche Last an Sachen (§ 1030) oder Rechten (§ 1068). Der Nießbrauch berechtigt, die Nutzungen der belasteten Sache zu ziehen. Der Nießbraucher hat das Recht zum Besitz der Sache und kann sie weitgehend wie ein Eigentümer nutzen. Der Nießbrauch ist ein persönliches Recht des Berechtigten und kann weder übertragen noch einem anderen zur Ausübung überlassen werden. Die Unveräußerbarkeit hindert nicht, den Nießbrauch beim Berechtigten als rechtlich geschützte Position einzuordnen und sie mit ihrem Wert in die Bilanz einzustellen[144]. **176**

Der Nießbrauch kommt praktisch häufig vor, indem er bei der Übertragung eines Grundstücks oder eines Unternehmens vorbehalten wird. Dabei kann die Übertragung mit Rücksicht auf ein zukünftiges Erbrecht oder aus steuerlichen Gründen vollzogen werden. Der Nießbraucher behält dann das Recht, das Unternehmen selbst zu führen oder das Grundstück selbst zu verwalten und die Gewinne für sich zu beanspruchen.

Auf Seiten des Verpflichteten begründet Nießbrauch wie andere dingliche Lasten auch keine persönliche Schuld des Belasteten. Der Nießbrauch wirkt sich somit nur wertmindernd bei dem belasteten Gegenstand aus und ist nicht als gesonderte Position in die Bilanz aufzunehmen[145]. Der Nießbrauch kann, wenn die Dauer des Nießbrauchs noch sehr lange ist, den Wert der belasteten Sache weitgehend aufzehren. **177**

Auf Seiten des Berechtigten ist vor allem das Gewinnbezugsrecht eine geldwerte Position, die zu bewerten und in das Anfangs- bzw. Endvermögen einzustellen ist.

Der Wert der Belastung entspricht in der Regel dem Wert, den der Nießbrauch für den Berechtigten hat.

Wenn ein Gegenstand, der mit einem Nießbrauch belastet ist, zum Anfangsvermögen und zum Endvermögen gehört, verringert sich die Belastung sicher vorhersehbar durch Zeitablauf (**gleitender Vermögenser-**

---

144 *BGH*, 15.10.2003, XII ZR 23/01, FamRZ 2004, 527; *Staudinger/Thiele*, § 1374, Rn. 7; *Schulz/Hauß*, Rn. 326.
145 *OLG Köln*, 28.2.2012, 4 UF 186/11, Rn. 10, FamRZ 2012, 1713.

werb). Durch diese Abnahme der Belastung ergeben sich bei der Bewertung des Anfangsvermögens schwer lösbare Probleme. Diese werden zusammenhängend bei der Darstellung des Anfangsvermögens erörtert (→ Rn. 376 ff.).

d) Wohnungsrecht

178   Ein Grundstück kann mit dem Recht eines anderen belastet sein, eine darauf errichtete Wohnung unentgeltlich zu nutzen, entweder unter Ausschluss des Eigentümers oder gemeinsam mit ihm. Derartige Rechte werden als beschränkt persönliche Dienstbarkeit (§ 1090) oder, wenn die Mitbenutzung durch den Eigentümer ausgeschlossen werden soll, als Wohnungsrecht (§ 1093) in das Grundbuch eingetragen.

Das Wohnungsrecht ist eine dingliche Belastung des Grundstücks, die zur Nutzung berechtigt, aber keine persönliche Verpflichtung des Eigentümers begründet. Das Nutzungsrecht auf Seiten des Verpflichteten ist im Zugewinnausgleich wie der Nießbrauch zu behandeln und verringert den Grundstückswert.

Bei der Bewertung auf Seiten des Berechtigten ergibt sich allerdings ein Unterschied zum Nießbrauch. Der Berechtigte kann das Wohnrecht nur persönlich ausüben und nicht anderweitig verwerten. Er kann das Recht also nicht in Geld umsetzen. Aus der Sicht des Berechtigten hat das Wohnrecht deshalb nur einen individuellen Wert, der sich danach richtet, welchen Vorteil es ihm bei seinen persönlichen Verhältnissen tatsächlich bietet[146]. Aus der Sicht des Verpflichteten ist die objektive Wertminderung für das Grundstück zu berücksichtigen, die höher sein kann als der Wert für den Berechtigten. Aus der Sicht des Verpflichteten entspricht die Bewertung der bei einem Nießbrauch.

Bei einem Wohnrecht, das im Anfangsvermögen zu berücksichtigen ist, ergibt sich wie beim Nießbrauch eine gleitende Verringerung des Wertes durch Zeitablauf, die beim Anfangsvermögen zusammenfassend erörtert wird (→ Rn. 380).

8. Eigentumsähnliche Rechte

a) Verwertungsrechte

179   Aus einem Urheberrecht, das als solches unverfügbar ist (§ 29 UrhG), rühren Verwertungsrechte her (§ 31 UrhG). Diese Rechte sind veräußerbare Vermögensrechte. Sie sind, weil sie an das Werk geknüpft sind, eine gesicherte Rechtsposition. Verwertungs- bzw. Nutzungsrechte sind mit ih-

---

146 *Schulz/Hauß*, Rn. 355.

rem Wert in die Zugewinnausgleichsbilanz einzustellen[147]. Soweit die Nutzungsrechte einer **Verwertungsgesellschaft** überlassen sind, müssen die sich aus dem Verwertungsvertrag ergebenden Rechte eingestellt werden.

b) Leasing

Bei einem Leasingvertrag handelt es sich um ein Dauerschuldverhältnis, welches auf die Gebrauchsüberlassung einer Sache gegen monatliches Entgelt gerichtet ist. Soweit der Leasingvertrag dem Mietvertrag entspricht, ist er nicht als Recht in die Bilanz einzustellen. Die zukünftigen Nutzungsansprüche sind noch von einer Gegenleistung abhängig[148]. **180**

Typisch in Zugewinnausgleichsverfahren ist ein Leasingvertrag über ein Kraftfahrzeug. Dort wird eine **Sonderzahlung** für einen bestimmten Zeitraum mit laufen Leasingraten kombiniert. Die Sonderzahlung schafft ein zeitlich begrenztes Nutzungsrecht. Das Nutzungsrecht ist für die Restdauer, die am Stichtag besteht, abgezinst zu bewerten und mit dem Wert in die Bilanz einzustellen[149].

c) Erbbaurecht

Bei einem Erbbaurecht handelt es sich um ein grundbuchlich gesichertes, befristetes Nutzungsrecht an einem Grundstück, regelmäßig verbunden mit dem Eigentum an dem darauf errichteten Gebäude. Das Nutzungsrecht kann mit der Verpflichtung zu einer laufenden Erbbauzinszahlung verbunden sein. Das Erbbaurecht mit seinen so beschriebenen Bestandteilen ist insgesamt eine Vermögensposition, die in die Zugewinnausgleichsbilanz einzustellen ist[150]. **181**

Für den Eigentümer des Grundstücks stellt das Erbbaurecht eine Belastung dar, eingetragen in Abt. II des Grundbuchs. Die Belastung ist bei der Bewertung des Grundstücks zu berücksichtigen. Wie hoch die Belastung ist, hängt ganz wesentlich davon ab, wie hoch der grundbuchlich gesicherte Erbbauzinsanspruch ist. Dieser Erbbauzins ist nicht ein eigenständig zu bewertendes Recht, sondern als Teil des mit dem Erbbaurecht belasteten Grundstücks zu bewerten.

---

147 *Schulz/Hauß*, Rn. 397.
148 *OLG Karlsruhe*, 19.12.2003, 2 UF 95/03, FamRZ 2004, 1028; *Schulz/Hauß*, Kap. 1, Rn. 298.
149 *OLG Karlsruhe*, 19.12.2003, 2 UF 95/03, FamRZ 2004, 1028; *OLG Bamberg*, 7.8.1995, 2 UF 64/95, FamRZ 1996, 549; *Schulz/Hauß*, Rn. 298; a.A. *Brandenburgisches OLG*, 3.5.2004, 9 WF 78/04, FamRZ 2005, 991.
150 *Schulz/Hauß*, Rn. 216.

9. Einkommen und Einkommensersatz

a) Arbeitseinkommen

aa) Grundsätze der Abgrenzung vom Zugewinn

182   Erwartungen auf zukünftige laufende Zahlungen, Arbeitslohn, Unterhalt, Rente, können schon in der Gegenwart einen erheblichen Wert darstellen. Die Aussicht eines Beamten auf künftige Gehaltszahlungen lässt sich im Sinne der klassischen Definition als „rechtlich geschützte Position mit wirtschaftlichem Wert"[151] verstehen. Trotzdem sind alle Rechts- und Dauerschuldverhältnisse, die Ansprüche auf künftig fällig werdende, wiederkehrende Einzelleistungen, insbesondere auf **Arbeitsentgelt** oder **Unterhaltszahlungen**, vermitteln, in der Zugewinnausgleichsbilanz nicht zu berücksichtigen[152]. Das ist ständige Rechtsprechung des *BGH* und allgemeine Ansicht[153] und im Ergebnis auch richtig. Eine gesetzliche Regelung, auf der das beruhen würde, gibt es indes nicht[154]. Der Untertitel *gesetzliches Güterrecht* des BGB nimmt derartige Ansprüche nicht ausdrücklich vom Zugewinnausgleich aus. Auch an anderer Stelle enthält das Gesetz nicht, wie etwa in § 2 IV VersAusglG, eine ausdrückliche Regelung. Die Rechtsprechung hat der *BGH* aus der Natur der Sache entwickelt. Angesichts der großen Vielfalt von Erwartungen und Ansprüchen auf laufende Zahlungen ergeben sich erhebliche Abgrenzungsprobleme. Die Grundsätze, die die Rechtsprechung dazu entwickelt hat, sind nicht immer ganz widerspruchsfrei. Es gibt deshalb keine durchgehende Dogmatik, mit deren Hilfe alle Fälle zu lösen wären. Statt dessen ist eine Kasuistik entstanden, die im Wesentlichen unumstritten ist.

bb) Arbeitseinkünfte

183   Ein Anspruch auf laufende Zahlung, sei es aus einem Arbeitsverhältnis, einem öffentlich rechtlichen Beamtenverhältnis oder einem sonstigen Vertrag ist mit seinen zukünftig zufließenden Beträgen nicht in die Zugewinnausgleichsbilanz einzustellen. **Laufende Einkünfte** unterliegen nicht dem Zugewinnausgleich. Dieser Grundsatz ist einhellige Meinung in Literatur und Rechtsprechung. Es werden dafür aber verschiedene Begründungen gegeben, die nicht alle überzeugend sind.

184   Ein am Stichtag (Anfangs- oder Endvermögen) bestehendes Arbeitsverhältnis begründet die Erwartung, dass auch zukünftig Lohn- oder Gehaltszahlungen fließen werden. Wenn gesetzlicher Kündigungsschutz be-

---

151 Ständige Rechtsprechung des *BGH*, 3.10.1979, IV ZR 103/78, FamRZ 1980, 39; *BGH*, 28.1.2004, XII ZR 221/01, FamRZ 2004, 781, Rn. 13.
152 *BGH*, 15.11.2000, XII ZR 197/98, FamRZ 2001, 278.
153 *Schwab/Schwab*, VII Rn. 38; *Schulz/Hauß*, Rn. 439.
154 *Büte*, Zugewinnausgleich, Rn. 28.

steht oder wenn der Arbeitsvertrag befristet abgeschlossen worden ist, erst recht bei einem Beamtenverhältnis, ist das auch eine geschützte Position[155]. Die Gesamtheit der zu erwartenden Zahlungen lässt sich auch im Sinne einer Kapitalisierung bewerten. Dennoch besteht Einigkeit, dass ein solches Rechtsverhältnis nicht als Vermögensgegenstand in die Zugewinnausgleichsbilanz aufzunehmen ist.

Nach Ansicht des *BGH* stellen derartige Rechtsverhältnisse noch kei-   **185** nen gegenwärtigen Vermögenswert dar, sondern sollen zukünftiges Einkommen sichern und vermitteln[156]. Sie sind primär dazu bestimmt, dem Unterhalt zu dienen[157]. Die Erwartung zukünftiger Gehaltszahlungen ist noch nicht zu einem Anspruch erstarkt, der zukünftig fällig wird. Vielmehr entstehen die einzelnen Ansprüche erst zu dem jeweiligen Zahlungszeitpunkt. Lohn- und Gehaltsansprüche sind persönlicher Natur. Sie haben zudem, auch wenn sie im Rahmen eines gesicherten Rechtsverhältnisses entstehen, zur Voraussetzung, dass der Berechtigte den Zahlungszeitpunkt erlebt und die persönlichen Voraussetzungen für das Entstehen erfüllt[158]. Es ist auch von Bedeutung, dass nur solche Ansprüche in die Zugewinnausgleichsbilanz aufzunehmen sind, die nicht mehr von einer Gegenleistung abhängig sind[159]. Sofern dem anderen Ehegatten Unterhalt geschuldet wird, werden die laufenden Ansprüche bereits nach dem gesetzlichen Unterhaltsrecht ausgeglichen und dürfen nicht ein weiteres Mal über den Zugewinnausgleich in Anspruch genommen werden (**Verbot der Doppelverwertung**).

Die Gründe passen sich nicht ganz widerspruchsfrei in die übrige   **186** Rechtsprechung ein, die zur Abgrenzung des Zugewinnausgleichsvermögens ergangen ist:

– Ein Leibrentenanspruch, dem ein Stammrecht zugrunde liegt, ist in der Zugewinnausgleichsbilanz zu berücksichtigen[160]. Auch die Leibrente ist aber, wie die zukünftige Gehaltszahlung, davon abhängig, dass der Berechtigte den Fälligkeitstag erlebt.

– Fällige Gehaltsansprüche für zurückliegende Zeiträume sind als Ansprüche in die Bilanz einzustellen, obwohl der Anspruch durch den Zahlungsverzug seine Bestimmung, dem Unterhalt zu dienen, nicht verloren hat.

---

155 Deshalb ist die Begründung von *Schulz/Hauß* (Rn. 439), weshalb zukünftiges Arbeitseinkommen nicht zu aktivieren sei, nicht schlüssig.
156 *BGH*, 15.11.2000, XII ZR 197/98, FamRZ 2001, 278.
157 *Schwab/Schwab*, VII Rn. 38.
158 *BGH*, 9.6.1983, IX ZR 56/82, FamRZ 1983, 881.
159 *BGH*, 9.6.1983, IX ZR 56/82, FamRZ 1983, 881.
160 *Schwab/Schwab*, VII Rn. 56 (soweit es nicht dem Versorgungsausgleich unterfällt).

– Zukünftige Ansprüche auf Arbeitsentgelt sind noch von einer Gegenleistung, der Arbeitsleistung, abhängig; Besoldungsansprüche des Beamten sind das nicht (§ 3 BBesG), werden im Zugewinnausgleich aber wie Arbeitsentgelte behandelt.

– Das Recht des Zugewinnausgleichs unterscheidet nicht, ob die zukünftigen Einkünfte Grundlage einer Unterhaltspflicht des Berechtigten sind oder ob er gar keinen Unterhalt schuldet.

187   Allein entscheidend dafür, eine Erwartung oder ein Recht auf zukünftige laufende Zahlungen vom Zugewinnausgleich auszunehmen, ist deshalb die **Zweckbestimmung** der Zahlung und dass der Anspruch **noch nicht fällig** ist. Soweit eine laufende Zahlung dem zukünftigen Unterhalt zu dienen bestimmt sind, ist der darauf gerichtete Anspruch nicht im Zugewinnausgleich zu berücksichtigen. Deshalb kann künftiges Einkommen aus einem Arbeitsverhältnis und dementsprechend die wiederkehrenden, noch nicht fällig gewordenen Rentenleistungen für künftig entgehenden Arbeitsverdienst (Geldrente nach § 843, → Rn. 194) nicht im Endvermögen berücksichtigt werden[161]. Das entspricht „Sinn und Zweck der gesetzlichen Regelung über den Zugewinnausgleich"[162].

cc) Einkommensrückstände

188   Sobald ein Gehaltsanspruch **fällig geworden**, aber noch nicht bezahlt ist, handelt es sich um einen schuldrechtlichen Anspruch, der mit seinem Nennwert in die Zugewinnausgleichsbilanz einzustellen ist[163]. Mit Ablauf der Periode, für die das Gehalt oder der Lohn geschuldet ist, hat sich die Erwartung der Lohnzahlung zu einem echten Anspruch verdichtet. Der rückständige Lohn- oder Gehaltsanspruch ist von einer Gegenleistung nicht mehr abhängig. An der Bestimmung des Einkommens, dem Unterhalt zu dienen, ändert sich nichts dadurch, dass die Forderung rückständig geworden ist. Gleichwohl ist sie als Vermögenswert zu betrachten.

Lohn- und Gehaltsansprüche, die fällig und entstanden sind, sind als Aktivpositionen in die Bilanz einzustellen.

dd) Gehalt auf dem Bankkonto

189   Der Bestand eines Bankkontos am Stichtage ist immer mit dem Nennwert in die Bilanz einzustellen. Hiervon ist auch keine Ausnahme zu machen, wenn unmittelbar vor dem Stichtag Gehaltszahlungen auf dem Konto eingegangen sind, die dem eigenen Unterhalt im beginnenden Mo-

---

161 *BGH*, 29.10.1981, IX ZR 94/80, FamRZ 1982, 279.
162 *BGH*, 15.11.2000, XII ZR 197/98, FamRZ 2001, 278.
163 *Schwab/Schwab*, VII Rn. 39.

nat dienen oder für Unterhaltszahlungen zu verwenden sind. Dadurch tritt eine Unschärfe auf, denn derselbe Betrag wäre unmittelbar vor seiner Auszahlung als laufender Gehaltsanspruch nicht aufzunehmen gewesen. Diese Unschärfe ist als Folge des Systems hinzunehmen[164].

Es wird erwogen, von diesem Grundsatz eine Ausnahme zu machen, soweit der Geldbetrag auf dem Konto alsbald dafür verwendet werden muss, um dem anderen Unterhalt zu gewähren. Das soll gegen das Verbot der Doppelverwertung verstoßen[165]. Wegen dieses schwer zu ermittelnden und notwendig immer geringen Betrages das Stichtagssystem zu durchbrechen, erscheint nicht sachgerecht.

ee) Abfindungen

Vielfach werden Abfindungen im Zusammenhang mit einer Beendi-   **190** gung der beruflichen Tätigkeit gezahlt. Im Falle einer betriebsbedingten Kündigung kann das eine Abfindung nach § 1a KSchG sein. Der Abfindungsanspruch kann sich auch aus einem Sozialplan nach § 112 BetrVG ergeben. Schließlich kommt es vor, dass ein Arbeits- oder Dienstvertrag nicht oder nur verzögert gekündigt werden kann. Dann wird bei Freistellung des Arbeitnehmers oder Dienstverpflichteten die Vergütung für die Restlaufzeit des Vertrages gezahlt (z.B. vorzeitige Entlassung eines leitenden Angestellten, Fußballtrainers oder Vorstandsmitglieds).

Der Abfindungsbetrag kann am Stichtag für die Zugewinnausgleichsbilanz noch ganz oder teilweise vorhanden sein, oder die Abfindung ist noch nicht ausgezahlt, aber der Anspruch ist schon bindend entstanden. Für die Entscheidung, ob die Abfindung in die Bilanz aufzunehmen ist, ist danach zu differenzieren, welchem **Zweck die Abfindung** dienen soll.

Sofern die Abfindung **Entschädigungscharakter** hat, ist sie güter-   **191** rechtlich auszugleichen. Sie ist nicht unmittelbar für den Lebensunterhalt bestimmt[166]. Das trifft typischerweise für die Abfindung nach § 1a KSchG zu[167].

Ist hingegen die Abfindung eine **Vorauszahlung für zukünftige Pe-**   **192** **rioden**, so dient sie dem Lebensunterhalt. Vorauszahlungen auf den Ge-

---

164 *BGH*, 27.8.2003, XII ZR 300/01, FamRZ 2003, 1544; *Schulz/Hauß*, Rn. 455; a.A. *Schwab/Schwab*, VII Rn. 40; *Johannsen/Henrich/Jaeger*, § 1375 Rn. 7; MK/*Koch*, § 1375, Rn. 4.

165 MK/*Koch*, § 1375, Rn. 4; *Johannsen/Henrich/Jaeger*, § 1375, Rn. 7; *Bamberger/Roth*, § 1375, Rn. 9.

166 *BGH*, 13.11.1997, IX ZR 37/97, FamRZ 1998, 362, Rn. 6; kritisch MK/*Koch*, § 1375, Rn. 11.

167 *Schulz/Hauß* (Rn. 193) weisen darauf hin, dass der Arbeitsplatz selbst kein Vermögenswert sei, der in die Zugewinnausgleichsbilanz einzustellen ist. Deshalb dürfe auch eine Entschädigung für den Verlust des Arbeitsplatzes nicht güterrechtlich ausgeglichen werden.

haltsanspruch sind nicht als Vermögen im Sinne des § 1373 anzusehen und deshalb aus der Zugewinnausgleichsbilanz auszuscheiden[168]. Weil die Abfindung dem zukünftigen Unterhalt dient, würde sie **doppelt verwertet**, sofern sie außerdem im Zugewinnausgleich berücksichtigt würde[169] Entschieden worden ist das für die Übergangsgebührnisse eines Zeitsoldaten für die Zeit nach seinem Ausscheiden aus dem Dienst[170]. Das trifft für die Restvergütung zu, die ein **Fußballtrainer** bei Freistellung für den Rest der Saison oder ein **Vorstandsmitglied** für den Rest der Bestellungsperiode verlangen kann.

Die Zweckbestimmung der Abfindung aus arbeitsrechtlicher Sicht oder aus der Sicht des Dienstherren kann nicht maßgeblich sein für die Einordnung in das Endvermögen. Statt dessen kommt es darauf an, wie der Ehegatte die Abfindung voraussichtlich verwenden wird. Soweit er sie für Unterhaltszwecke einsetzen muss, ist sie Einkommen und nicht Vermögen, im Übrigen ist sie in das Endvermögen einzustellen. In einer jüngeren Entscheidung zum Unterhaltsrecht hat der BGH festgestellt, dass die Abfindung nicht nach ihrem arbeitsrechtlichen Hintergrund, sondern nach unterhaltsrechtlichen Regeln zu beurteilen sei[171]. Das bedeutet im Umkehrschluss, dass die Abfindung im Übrigen Vermögen ist, das dem Zugewinnausgleich unterliegt. Die Entscheidung von 1997[172] dürfte dadurch überholt sein.

Vielfach wird nicht klar abzugrenzen sein, ob eine Abfindung eine Vorauszahlung für zukünftige Perioden oder eine Entschädigung ist. Die Abfindung kann auch beide Komponenten enthalten. Dann ist zu schätzen, welcher Teil voraussichtlich für den Lebensunterhalt benötigt werden wird. Nur dieser ist dann dem Zugewinnausgleich entzogen. Der übrige (geschätzte) Anteil ist die Zugewinnausgleichsbilanz einzustellen[173]. Für **sehr hohe Abfindungsbeträge**, wie sie etwa beim vorzeitigen Ausscheiden von Vorständen gezahlt werden, bedeutet das: Die Abfindung ist eine Vorauszahlung für zukünftige Perioden. Nur ein Teil davon wird aber zu Unterhaltszwecken verwendet werden; der Rest dient, wie auch bei hohen laufenden Einkünften, der Vermögensbildung. Die Abfindung ist deshalb aufzuteilen. Der voraussichtlich zur Vermögensbildung genutzte Teil der Abfindung ist in das Endvermögen einzustellen.

---

168 *Johannsen/Henrich/Jaeger*, § 1375, Rn. 6 mit vielen Nachweisen.
169 *BGH*, 9.2.2011, XII ZR 40/09, NJW 2011, 999, Rn. 35.
170 *BGH*, 3.10.1979, IV ZR 103/78, FamRZ 1980, 39.
171 *BGH*, 18.4.2012, XII ZR 65/10, FamRZ 2012, 1040, Rn. 37.
172 *BGH*, 13.11.1997, IX ZR 37/97, FamRZ 1998, 362.
173 *OLG Karlsruhe*, 24.10.2013, 2 UF 213/12, FamRZ 2014, 940; zustimmend *Koch*, FamRZ 2014, 885, 886; *Schulz/Hauß*, Rn. 194.

Bei einer Abfindung aufgrund eines **Sozialplans** lässt sich eine generalisierende Regel nicht aufstellen. Die konkrete Vereinbarung in dem Sozialplan ist darauf zu untersuchen, welchem Zweck die Abfindung dient[174].

In Betracht kommen nur solche Ansprüche oder Guthaben, die am je- **193** weiligen Stichtag schon bestanden haben. Wird der Abfindungsanspruch oder Nachzahlungsanspruch erst nach dem Stichtag begründet, so ist er in der Bilanz auch dann nicht zu berücksichtigen, wenn er Zeiträume betrifft, die vor dem Stichtag liegen[175].

ff) Schadensersatz für entgangene Einkünfte

Wenn einem Ehegatten ein Schadensersatzanspruch wegen der Verlet- **194** zung seiner Gesundheit zusteht, kommt ein Anspruch auf Zahlung einer **Unfallrente** in Betracht (§ 843). Unter den Voraussetzungen des § 843 III kann statt der Geldrente eine **Kapitalabfindung** verlangt werden. Für die Zugewinnausgleichsbilanz ist zu unterscheiden, ob die Kapitalabfindung gezahlt worden ist oder am Stichtag der Anspruch auf die Unfallrente besteht.

Rentenbeträge, die am Stichtag noch nicht fällig waren, sondern erst für zukünftige Perioden zu zahlen sind, sind keine Vermögensposition, die in die Bilanz einzustellen wäre. Hier sind dieselben Grundsätze anzuwenden wie bei zukünftigen Unterhaltsraten oder Rentenansprüchen nach dem Versorgungsgesetz.

Ist hingegen eine Kapitalabfindung gezahlt worden, so ist sie Bestandteil des Vermögens, soweit sie am Stichtag noch vorhanden ist. Das gilt auch, wenn damit Rentenbeträge für Perioden nach dem Stichtag abgegolten werden sollten.

b) Unternehmensgewinn

Wenn ein Ehegatte Unternehmer ist oder an einem Unternehmen be- **195** teiligt ist, fließen ihm normalerweise Gewinne zu. Aus den Gewinnen wird der Unternehmer sein Einkommen beziehen, das seinem Lebensunterhalt dient. Trotzdem sind Gewinne, auch zukünftige, im Zugewinnausgleich anders zu behandeln als Einkünfte aus Arbeit oder Unterhalt.

Ist der Ehegatte **Einzelunternehmer**, so sind Gewinne für frühere **196** und das am Stichtag laufende Jahr kein eigener Vermögensposten, solange sie dem Unternehmen nicht entnommen worden sind. Das gilt ebenso für Personengesellschaften, an denen der Ehegatte beteiligt ist, freiberufliche wie gewerbliche. Der Gewinn ist ein reiner Rechnungsposten in der

---

174 Dazu auch *BGH*, 15.11.2000, XII ZR 97/98, FamRZ 2001, 278.
175 *BGH*, 14.1.1981, IVb ZR 525/80, FamRZ 1981, 239; *Schwab/Schwab*, VII Rn. 41.

Unternehmensbilanz und hat keinen eigenen Wert. Nicht entnommener, vorgetragener Gewinn gehört zum Eigenkapital des Unternehmens und ist deshalb bei der Unternehmensbewertung zu berücksichtigen. Gewinne werden erst dann als Vermögensposition berücksichtigt, wenn sie dem Unternehmen entnommen worden sind und sich im Privatvermögen des Unternehmers befinden.

197   Gewinnerwartungen für die Zukunft sind ebenfalls im Rahmen der **Unternehmensbewertung** zu berücksichtigen. Diese Gewinnerwartungen bilden als Teil des Unternehmenswerts einen Vermögensgegenstand, der in die Zugewinnausgleichsbilanz einzustellen ist. Die Erwartungen werden damit anders behandelt als die Aussicht auf zukünftige Gehaltseinkünfte. Diese Aussicht hat noch keinen einzustellenden Vermögenswert. Wenn die zukünftige Gewinnerwartung bereits in der Zugewinnausgleichsbilanz berücksichtigt wird, entsteht die Gefahr, dass dieser Gewinn doppelt zum Ausgleich herangezogen wird, nämlich für den Zugewinnausgleich und später, nach seinem Entstehen als Grundlage für eine Unterhaltsberechnung. Dieser **doppelten Inanspruchnahme** muss durch eine das berücksichtigende Unternehmensbewertung Rechnung getragen werden. Das geschieht, indem der auf eigener Arbeit beruhende zukünftige Gewinnanteil (individueller Unternehmerlohn) bei der Ermittlung des Ertragswertes des Unternehmens abgezogen wird.

198   Ist der Ehegatte an einer **Kapitalgesellschaft** beteiligt, einer GmbH oder einer AG, so ist der Gewinn bei dem Gesellschafter als Vermögensposition einzustellen, sobald durch einen Gewinnverwendungsbeschluss der Gesellschafter- oder der Hauptversammlung der schuldrechtliche Anspruch auf Gewinnausschüttung oder Dividendenzahlung entstanden ist. Solange es einen Gewinnverwendungsbeschluss nicht gibt, ist der bilanzielle Gewinn des Unternehmens als Teil des Eigenkapitals bei dessen Bewertung zu berücksichtigen.

10. Gegenstände des persönlichen Bedarfs

199   Vermögensgegenstände müssen keinen Mindestwert haben, um in die Zugewinnausgleichsbilanz aufgenommen zu werden. Auch geringwertige Güter können berücksichtigt werden, und infolgedessen ist über sie auch Auskunft zu erteilen. Auch Gegenstände des persönlichen Bedarfs machen davon keine Ausnahme[176]. Der *BGH* hat in der zitierten Entscheidung nicht verkannt, dass das zu kleinlichen und mühsamen Verfahren führen kann. Er sieht aber infolge der unzweideutigen Gesetzeslage nur die Möglichkeit, dem im Prozess durch angemessene Verwendung der richterlichen Schätzung nach § 287 ZPO gerecht zu werden.

---

176 *BGH*, 1.12.1983, IX ZR 41/83, FamRZ 1984, 144, Rn. 15.

11. Steuern

a) Grundsätzliches zur Steuerschuld

Steuerschulden sind nicht anders zu behandeln als andere Verbindlich- **200** keiten auch. Sie sind zu berücksichtigen, sobald sie entstanden sind. Auf die Fälligkeit kommt es nicht an. Für die Zugewinnausgleichsbilanz ist es deshalb unerheblich, ob die Steuer schon durch Bescheid festgesetzt ist. Maßgeblich ist, dass der **gesetzliche Steuertatbestand verwirklicht** ist. Bei einer Verkehrsteuer (Umsatzsteuer oder Grunderwerbsteuer) ist das die Erfüllung des jeweiligen Steuertatbestands. Die Steuererklärung oder -anmeldung ist für das Entstehen nicht erforderlich.

Eine Steuerschuld darf indes in der Zugewinnausgleichsbilanz nicht **201** auftauchen, wenn sie in einem Unternehmen entstanden ist und mit diesem als Gesamtheit bewertet wird. Bei einer Umsatzsteuerzahllast wird das regelmäßig der Fall sein, ebenso bei einer Gewerbesteuerschuld.

b) Besonderheit der Einkommen- und Kirchensteuer

Im Zugewinnausgleich ist am häufigsten eine Einkommensteuer- **202** schuld zu berücksichtigen. Einkommensteuer ist eine Ertragsteuer, die periodisch erhoben wird. Zum Steuertatbestand der Einkommensteuer gehört, dass die jeweilige Periode abgelaufen ist (§ 36 I EStG). Die Periode der Einkommensteuer ist das Kalenderjahr. Das hat zur Folge, dass Einkommensteuer jeweils am Ende des 31. Dezember für das abgelaufene Jahr entsteht[177]. Von diesem Moment an ist sie in die Zugewinnausgleichsbilanz einzustellen, vorher nicht. Selbst wenn der Stichtag kurz vor dem Jahresende liegt, ist die zu erwartende Steuerschuld auch nicht teilweise zu berücksichtigen. Sie ist bis dahin keine existente Verbindlichkeit, nicht einmal eine zweifelhafte[178].

Einkommensteuer wird auch als Vorauszahlung erhoben. Das kann **203** eine als solche bezeichnete **Einkommensteuervorauszahlung** nach § 37 I EStG sein. Auch Lohnsteuer oder die an der Quelle erhobene Abgeltungssteuer auf Kapitaleinkünfte ist eine Form der Vorauszahlung auf Einkommensteuer. Derartige Vorauszahlungspflichten entstehen typischerweise außerhalb des Periodensteuersystems der Einkommensteuer. Die Vorauszahlungsverpflichtungen sind abweichend von den für die Einkommensteuer beschriebenen Grundsätzen (→ Rn. 202) als Verbindlichkeiten in die Zugewinnausgleichsbilanz einzustellen, wenn sie entstanden und noch nicht erfüllt sind[179]. Das gilt nur für Vorauszahlungen, die in

---

177 *OLG Köln*, 3.3.1998, 25 UF 182/97, FamRZ 1999, 656; *Kogel*, Strategien, Rn. 1008.
178 *BGH*, 24.10.1990, XII ZR 101/89, FamRZ 1991, 43, Rn. 50.
179 *BGH*, 24.10.1990, XII ZR 101/89, FamRZ 1991, 43, Rn. 50.

dem Jahr zu erbringen waren, in dem der Stichtag liegt. Etwa noch offene Vorauszahlungsschulden für frühere Veranlagungszeiträume gehen in
der für das betreffende Jahr entstandenen Einkommensteuer auf und sind
nicht mehr gesondert zu berücksichtigen. In gewissen Grenzen lässt sich
die Steuerlast, die in die Zugewinnausgleichsbilanz einzustellen ist, steuern, indem rechtzeitig eine Herabsetzung oder Erhöhung der Vorauszahlungen beim Finanzamt beantragt wird[180].

204   **Steuererstattungsansprüche** sind bei der Unterhaltsberechnung wie
Einkommen zu behandeln. Sie haben selbst aber keinen Einkommenscha-
rakter, sondern sind aus Einkommen ersparte Beträge. Im Interesse des
strengen Stichtagsprinzips gibt es nicht den Grundsatz, dass einkommens-
bezogene Vermögensvorteile vorrangig nur unterhaltsrechtlich zu behandeln sind. Steuererstattungsansprüche sind deshalb uneingeschränkt im
Endvermögen zu berücksichtigen[181].

c) Steuern und Gesamtschuld

205   Bei der Zusammenveranlagung von Eheleuten wird die Steuer gegen
beide als Gesamtschuldner festgesetzt (§ 44 AO). Auf die Gesamtschuld
aus einem Steuerschuldverhältnis ist auch § 426 anzuwenden. Für das Innenverhältnis ist aber nicht hälftige Teilung anzunehmen, weil etwas anderes bestimmt ist. In der Regel sind die Einkünfte der Eheleute im Ver-
anlagungszeitraum nicht gleich gewesen. Ohne gemeinsame Veranlagung
wäre die Steuer bei beiden unterschiedlich ausgefallen. Wie sich das auf
das Innenverhältnis der Gesamtschuld auswirkt, war lange umstritten.
Der *BGH* hält den Maßstab des § 270 AO für angemessen[182]. Danach ist
Steuer auf die Eheleute in dem Verhältnis aufzuteilen, wie deren Belastung
bei einer fiktiven getrennten Veranlagung ausgefallen wäre. Dem ist zuzustimmen[183].

Die Gesamtschuld kann in die Bilanz mit einem anderen Aufteilungs-
maßstab als § 270 AO aufzunehmen sein, wenn die Eheleute etwas anderes **vereinbart** haben. Diese Vereinbarung kann auch stillschweigend zustande kommen. Das kommt insbesondere in Betracht, wenn die Eheleute bei der Bemessung ihrer Lebensverhältnisse oder bei der Gestaltung der
Unterhaltspflicht die Steuerlast bereits in bestimmter Form einem Ehegatten zugeordnet haben[184].

---

180 Im Einzelnen *Kogel*, Strategien, Rn. 1009, 1012.
181 *OLG Dresden*, 26.6.2010, 24 UF 800/09, FamRZ 2011, 113 mit einer ausführlichen Wie-
     dergabe des Streitstandes.
182 *BGH*, 31.5.2006, XII ZR 111/03, FamRZ 2006, 1178, Rn. 21, 22; *Staudinger/Thiele*,
     § 1375, Rn. 3.
183 Ebenso *Wever*, Rn. 764 ff.
184 *BGH*, 12.6.2002, XII ZR 288/00, FamRZ 2002, 1024.

In die Zugewinnausgleichsbilanz ist die gemeinsame Einkommensteu-   **206**
erschuld von vorneherein nur mit dem jeweiligen Anteil des einzelnen
Ehegatten nach § 270 AO einzustellen. Es wäre verfehlt, bei beiden Ehegatten die gesamte Steuerschuld zu passivieren und dem einen an § 270
AO orientierten Ausgleichsanspruch gegenüber zu stellen. Das würde
§ 268 AO übersehen. Nach dieser Vorschrift kann jeder die Aufteilung
der Vollstreckung nach dem Maßstab der §§ 270 ff. AO beantragen. Dem
Antrag muss entsprochen werden. Jeder Ehegatte hat also die Gewissheit,
nicht mehr an das Finanzamt zahlen zu müssen, als seinem internen Anteil entspricht. Somit gehört auch nur diese begrenzte Schuld in die Zugewinnausgleichsbilanz.

Anders als bei der Steuerschuld, wo Gesamtschuldnerschaft besteht,   **207**
sind die zusammen veranlagten Eheleute bei **Steuererstattungsansprü-
chen nicht Gesamtgläubiger.** Die Erstattungsforderung steht demjenigen Ehegatten zu, der die Steuer gezahlt hatte[185]. Entsprechend ist die Forderung in die Bilanz einzustellen. Es kommt in Betracht, dass der Ehegatte, der Erstattungsanspruch nicht zusteht, intern gegen den anderen
einen Ausgleichsanspruch hat[186]. Anspruch und Verpflichtung neutralisieren sich, so dass in der Zugewinnausgleichsbilanz in der Regel darauf
nicht eingegangen werden muss.

d) Latente Steuern

Von dem Grundsatz, dass nicht entstandene Steuern in der Bilanz kei-   **208**
ne Berücksichtigung finden, wird eine Ausnahme gemacht bei Steuern,
die zwar noch nicht entstanden sind, die aber zwangsläufig entstehen werden, wenn ein anderer Vermögenswert realisiert wird[187]. Die dabei notwendig anfallenden Steuern sind latent vorhanden. Allerdings sind diese
noch nicht entstandenen Steuern nicht als Passivposition in die Bilanz
aufzunehmen, sondern sind bei der Bewertung (§ 1376) wertmindernd zu
berücksichtigen.

Der *BGH* hat in der zitierten Entscheidung zu einer bis dahin umstrittenen Meinung den Bereich der Gegenstände, bei denen eine latente Steuerlast zu berücksichtigen ist, erheblich ausgedehnt. Nicht nur bei Unternehmen, auch bei Grundstücken, Wertpapieren und Lebensversicherun-
gen muss die latente Steuerlast berücksichtigt werden. Das ist in der
Literatur nicht unumstritten geblieben[188].

---

185 *BFH*, 7.8.2003, VI R 162/00, BStBl. Teil II 1983, 162.
186 *BGH*, 13.10.1976, IV ZR 104/74, FamRZ 1977, 38; zustimmend *Schwab/Schwab*, VII
Rn. 69b.
187 *BGH*, 9.2.2011, XII ZR 10/09, FamRZ 2011, 25, Rn. 29; MK/*Koch*, § 1375, Rn. 17.
188 *Fassnacht*, FamRZ 2014, 1681; *Schulz*, FamRZ 2014, 1684; *Borth*, FamRZ 2014, 1687;
Braeuer, FF 2012, 273; *Piltz*, NJW 2012, 1111.

Bei den in Betracht kommenden Gegenständen stellen sich die Probleme, wie die latente Steuerlast zu ermitteln ist, unterschiedlich dar[189].

209   Bei der Veräußerung eines **Grundstücks** aus dem Privatvermögen unterliegt der Unterschied zwischen Anschaffungs- und Veräußerungspreis der Steuer als Veräußerungsgewinn (§ 23 EStG). Auszugehen ist von einem Anschaffungswert, wie er sich im Rahmen einer Bilanzierung ergeben würde. Abschreibungen, die steuerlich geltend gemacht wurden, mindern deshalb den Anschaffungswert; Investitionen, die nicht als laufende Instandhaltung abgesetzt wurden, erhöhen ihn. Steuerpflichtig ist die Veräußerung allerdings nur, wenn der Verkauf vor Ablauf vor 10 Jahren seit der Anschaffung stattfindet. Nach dieser Frist ist er steuerfrei. Steuerfrei ist der Verkauf auch, wenn der Eigentümer bis zum Verkauf selbst in dem Haus oder der Wohnung gewohnt hat. Ist aber der Eigentümer der Wohnung im Zuge der Trennung der Eheleute aus der Wohnung ausgezogen und hat sie dem anderen Ehegatten alleine zur Nutzung überlassen, so greift die Steuerbefreiung nicht mehr[190].

Das alles ist bei der Bewertung zu berücksichtigen. Die fiktive Steuerlast ist auf den Tag der Bewertung zu ermitteln[191]. Ob tatsächlich erst nach Ablauf der Spekulationsfrist veräußert werden wird, ist ohne Bedeutung und führt auch nicht zu einer anteiligen Minderung der Steuerlast. Es ist der persönliche Steuersatz des Grundstückseigentümers im Bewertungsjahr anzusetzen[192].

Die Veräußerung eines Grundstücks kann sich auch als **gewerblicher Grundstückshandel** darstellen. Selbst wenn das Grundstück für den Zugewinnausgleich nicht verkauft wird, kann sich ergeben, dass jede Verwertung des Grundstückes steuerlich als gewerblicher Grundstückshandel anzusehen wäre. In einem solchen Fall ist das Grundstück als Vermögensbestandteil eines gewerblichen Unternehmens anzusehen, das nach den Grundsätzen der Unternehmensbewertung zu bewerten ist. Auch dabei kann eine latente Steuerlast zu berücksichtigen sein.

210   Eine Ungereimtheit entsteht, wenn das Grundstück unmittelbar vor dem Stichtag verkauft worden ist[193]. Dann wird durch den Verkauf zwar Ertragsteuer ausgelöst, die aber erst am Ende des Steuerjahres und somit nach dem Stichtag entsteht. Sie ist im Endvermögen nicht zu berücksich-

---

189 Ausführlich dazu: *Spieker*, NZFam 2015, 394.
190 Nur die Überlassung an Kinder i.S.d. § 32 EStG ist steuerunschädlich, an sonstige Familienmitglieder nicht (*Blümich/Glenk*, § 23, Rn. 51).
191 *Schulz*, FamRZ 2014, 1684 (1685).
192 Nach Ansicht von *Schulz* (FamRZ 2014, 1684) ist ein standardisierter Steuersatz von 35 % anzuwenden.
193 Dazu *Schlünder*, FamRZ 2015, 372, 374.

tigen[194]. In das Endvermögen ist der ungekürzte Erlös einzustellen, während der Grundstückswert, wenn er am Stichtag noch vorhanden gewesen wäre, um die latente Steuerlast zu verringern wäre. Den Wertungswiderspruch vermag die Rechtsprechung zur Bedeutung der latenten Steuerlast nicht aufzulösen. In der Literatur findet sich dazu der Vorschlag, im Falle eines steuerpflichtigen Veräußerungsgewinns die Steuerlast als „wirtschaftlich entstanden" anzusehen und als Verbindlichkeit in die Zugewinnausgleichsbilanz einzustellen[195]. Allerdings stößt das auf rechnerische Schwierigkeiten. Die Steuer ist auf das Gesamteinkommen eines Jahres zu berechnen, und die weiteren Einkünfte des Jahres können am Stichtag noch nicht bekannt sein.

Bei **Unternehmen**, gewerblich, freiberuflich oder auch landwirt-   **211**
schaftlich, ist bei einer Veräußerung ebenfalls der Unterschied zwischen Anschaffungskosten und Veräußerungserlös zu versteuern. Das sind steuerliche Gewinne in der jeweiligen Einkommensart (§§ 14, 16, 18 III EStG). Ebenso zu behandeln ist die Veräußerung von Anteilen an einer Kapitalgesellschaft, wenn der Ehegatte daran mit mehr als einem Prozent beteiligt war (§ 17 EStG). Diese Last ist bei der Bewertung zu berücksichtigen[196]. Auch bei der Unternehmensbewertung ist der persönlich Steuersatz des Ehegatten zugrunde zu legen. Allerdings muss dabei eine mögliche Steuererleichterung berücksichtigt werden. Ist der Ehegatte über 55 Jahre alt, so gilt die Tarifbegünstigung für einen Aufgabegewinn (§ 34 EStG)[197].

Bei der Veräußerung von **Wertpapieren** fällt Steuer auf den Unter-   **212**
schied zwischen Anschaffungskosten und Verkaufserlös an (§ 15 EStG). Diese „Spekulationssteuer" ist, anders als bei Grundstücken, von einer Frist unabhängig. Sie fällt immer an, gleichgültig, zu welchem Zeitpunkt veräußert wird. Da die Einkünfte aus Kapitalvermögen nicht mit Verlusten aus anderen Einkommensarten verrechnet werden können und die Besteuerung zudem an der Quelle stattfindet, ist diese Belastung besonders unvermeidbar und bei der Bewertung zu berücksichtigen. Die Steuer beträgt gemäß § 32d EStG immer 25 % (zuzüglich Solidaritätszuschlag und Kirchensteuer), so dass der persönliche Steuersatz keine Rolle spielt. Um die latente Last zuverlässig ermitteln zu können, muss die **Auskunft nach § 1379** neben dem Wertpapierbestand auch den Anschaffungszeitpunkt und den Anschaffungskurs enthalten. Mit diesen Angaben kann der Wert der Papiere zum Stichtag auch ohne Hilfe eines Sachverständigen ermittelt werden.

---

194 → Rn. 202.
195 *Johannsen/Henrich Jaeger*, § 1375, Rn. 18.
196 *BGH*, 9.2.2011, XII ZR 40/09, FamRZ 2011, 422, mit Anm. *Koch*.
197 Dazu *Borth*, FamRZ 2014, 1687 (1689); *Kogel*, Strategien Rn. 1052 bis 1064.

213   Auch **Lebens- und Rentenversicherungen** sind mit dem darin enthaltenen Zinsertrag steuerpflichtig (§ 20 I Nr. 6 EStG). Es gilt der Steuersatz von 25 % auf Kapitaleinkünfte. Die Belastung wird regelmäßig
schon in der Auskunft des Versicherungsunternehmens berücksichtigt
sein, die der Ehegatte im Rahmen seiner Belegpflicht beizubringen hat, so
dass keine ergänzenden Ermittlungen anzustellen sind. Allerdings muss
beachtet werden, dass die Zinserträge der Lebensversicherung nur zur
Hälfte steuerpflichtig sind, wenn der Ehegatte bei Fälligkeit über 55 Jahre alt ist und die Versicherung mindestens 12 Jahre gelaufen ist.

C. Endvermögen

214   Das Endvermögen setzt sich aus allen Vermögensgegenständen zusammen, aktiven wie passiven, die am Stichtag vorhanden waren. Die Gegenstände sind auf den Stichtag zu bewerten. Der Saldo der Rechte und der
Verbindlichkeiten bildet das Endvermögen. Der Saldo kann positiv oder
negativ sein. Der Saldo ist nach den Grundsätzen zu ermitteln, die gleich-
artig für das End- wie für das Anfangsvermögen gelten und im Abschnitt B dargestellt worden sind.

I. Stichtag

215   Das Endvermögen ist auf einen ganz bestimmten Tag festzustellen
(Blitzlichtbetrachtung, → Rn. 67). Die Regel ist, dass dieser Stichtag der
Tag ist, an welchem der gesetzliche Güterstand endet (§ 1375 I 1). In der
ganz überwiegenden Zahl der streitigen Fälle gilt statt dieser Regel aber
eine Ausnahme. Viel häufiger sind die Fälle zu entscheiden, in denen der
Stichtag vor dem Ende des Güterstandes liegt, vor allem die Fälle der Ehescheidung.

1. Regelmäßiger Stichtag

216   Ein während des gesetzlichen Güterstandes entstandener Zugewinn
soll vollständig ausgeglichen werden. Deshalb muss das Vermögen und
dessen Wert ganz am Ende des Güterstandes ermittelt werden. Zumeist
tritt an die Stelle des Güterstandsendes aber die Rechtshängigkeit des
Scheidungsantrages. Die Fälle, in denen das wirkliche Ende des Güterstandes relevant ist, sind daher relativ selten.

a) Tod eines Ehegatten

Der Güterstand wird immer durch den Tod beendet, wenn die Ehe bis **217**
dahin bestanden hat. In den meisten Fällen kommt es dann aber nicht
zum güterrechtlichen Zugewinnausgleich. Entweder wurde kein Testament errichtet; dann wird der Zugewinn pauschal durch Erhöhung des
gesetzlichen Erbteils ausgeglichen. Oder der überlebende Ehegatte wird
testamentarischer Erbe; dann findet überhaupt kein Zugewinnausgleich
statt, und der Ausgleich wird durch die letztwillige Verfügung ersetzt.
Zum güterrechtlichen Zugewinnausgleich kommt es nur dann, wenn der
Überlebende nicht Erbe wird, und auch nur dann, wenn der Verstorbene
den höheren Zugewinn hatte. Das sind die recht seltenen Fälle, in denen
die krisenhafte Ehe durch den Tod beendet wird und es nicht mehr zum
Scheidungsverfahren kommen konnte.

Stichtag zur Berechnung des Endvermögens ist der in der Sterbeur-
kunde ausgewiesene Todestag.

Stirbt ein Ehegatte, während ein **Scheidungsverfahren** anhängig ist, **218**
aber vor der Scheidung, so endet der Güterstand ebenfalls durch den Tod
dieses Ehegatten. Für die Ermittlung des Endvermögens bleibt es aber
trotzdem bei dem Stichtag des § 1384. Das ist von Bedeutung, wenn der
überlebende Ehegatte den geringeren Zugewinn erwirtschaftet hat. In aller Regel wird der Überlebende den verstorbenen Ehegatten nicht beerben,
weil mit Beginn des Ehescheidungsverfahrens das gesetzliche Erbrecht ge-
endet hat (§ 1933) oder weil ein Testament des Erblassers zugunsten des
überlebenden Ehegatten unwirksam geworden ist (§ 2077). In diesem Falle hat der güterrechtliche Zugewinnausgleich stattzufinden (§ 1371 II).
Der Zugewinnausgleichsanspruch ist von den Erben zu verfolgen. Der
Stichtag, der durch den Scheidungsantrag gesetzt worden ist, bleibt wirksam[198].

b) Ehevertrag

Der gesetzliche Güterstand kann auch durch Ehevertrag beendet wer- **219**
den. So sieht § 1408 I ausdrücklich vor, dass durch den Ehevertrag der
Güterstand aufgehoben werden könne. Allerdings ist die Vorschrift nicht
dahin zu verstehen, dass nach Aufhebung des Güterstandes überhaupt
kein Güterstand mehr bestehen würde. Für eine Ehe besteht zwingend
immer ein Güterstand. Wird der gesetzliche Güterstand aufgehoben, so
tritt der Güterstand der Gütertrennung ein (§ 1414 S. 2).

---

198 *BGH*, 15.10.2003, XII ZR 23/01, FamRZ 2004, 527.

Durch einen solchen Ehevertrag wird der Stichtag für die Berechnung des Endvermögens begründet[199]. Wird der Güterstand durch Ehevertrag beendet, so hängt der Stichtag von dem Inhalt der ehevertraglichen Regelung ab. Der Stichtag muss nicht mit dem Tag des Vertragsschlusses identisch sein.

220 Wird nicht ausdrücklich etwas anderes vereinbart, so wird der Ehevertrag mit dem Ende des Beurkundungsvorganges wirksam. Gleichzeitig endet dann auch der Güterstand. Wird der gesetzliche Güterstand aufgehoben und Gütertrennung vereinbart, so ist das regelmäßig dahin auszulegen, dass die **Aufhebung nicht rückwirkend** gemeint ist. Vielmehr gilt bei fortbestehender Ehe bis zum Vertragsschluss der gesetzliche Güterstand und danach Gütertrennung. Stichtag ist in den Fällen einer solchen einfachen Vereinbarung also der Tag des Vertragsschlusses.

221 Ehevertraglich kann vereinbart werden, dass das Güterstandsende zeitlich vom Vertragsschluss abweicht. Am häufigsten wird vereinbart, dass der gesetzliche Güterstand rückwirkend auf den Tag der Eheschließung ausgeschlossen wird. Das wirkt als Verzicht auf den Zugewinnausgleich. Ein Stichtag für das Endvermögen entsteht nicht, weil die Zugewinnausgleichsgemeinschaft nicht zustande gekommen ist.

222 Das Güterstandsende kann aber auch auf einen beliebigen Zeitpunkt zwischen Eheschließung und Vertragsschluss vereinbart werden. Ebenso kann ein zukünftiger oder von einer Bedingung abhängender Zeitpunkt vereinbart werden. Dann entsteht der Stichtag für das Endvermögen, sobald der Zeitpunkt erreicht oder die Bedingung eingetreten ist.

223 Der Stichtag kann ehevertraglich auch vom Ende des Güterstandes gelöst und auf einen früheren Zeitpunkt vereinbart werden. Vertraglich wird dann eine Wirkung entsprechend § 1384 ausgelöst. Der vereinbarte Stichtag ist maßgeblich, wenn er vor dem tatsächlichen Ende des gesetzlichen Güterstandes liegt. Er hat zur Folge, dass der Zugewinnausgleichsanspruch zwar berechnet werden kann, der Anspruch selbst aber erst später entsteht, wenn der Güterstand tatsächlich beendet ist.

2. Abweichende Stichtage

224 In der Praxis am häufigsten ist die Ermittlung des Zugewinns im Zusammenhang mit einer krisenhaften Auseinandersetzung. Das Gesetz sieht in diesen Fällen vor, dass der Stichtag für das Endvermögen vom Ende des Güterstandes getrennt und vorverlagert wird. Dem liegt die Annahme zugrunde, dass in der Krise nach Beginn eines gerichtlichen Verfahrens Vermögen nicht mehr gemeinschaftlich erworben wird. Außer-

---

199 *BGH*, 14.10.1987, IVb ZR 90/86, FamRZ 1988, 373.

dem ist die Versuchung, das Vermögen zu manipulieren, dann besonders groß.

a) Scheidung

Für den Scheidungsfall bestimmt § 1384, dass der Tag der **Rechts-**   **225**
hängigkeit des Scheidungsantrags der Stichtag für die Berechnung des
Endvermögens ist.

aa) Scheidungsantrag

Die Vorschrift ist seit ihrer Neufassung 2009 unglücklich formuliert.   **226**
Sie spricht davon, dass *für die Berechnung [...] und für die Höhe* der Zeitpunkt der Rechtshängigkeit maßgeblich sei. In der früheren Gesetzesfassung war nur die Berechnung erwähnt. Die Formulierung des § 1384
nicht ohne weiteres verständlich und wohl dem Ziel des Reformgesetzgebers geschuldet, so wenige Wörter wie möglich im Gesetzestext zu ändern.
Die Höhe eines Betrages und ein Zeitpunkt haben eigentlich nichts miteinander zu tun. Die Berechnung führt notwendig zu einer bestimmten
Betragshöhe, so dass deren Erwähnung im Zusammenhang mit einem
Zeitpunkt überflüssig erscheinen könnte. Die Intention des Gesetzgebers
ist jedoch offensichtlich: Durch Bezugnahme auf die Höhe in § 1384 soll
erreicht werden, dass die Kappungsgrenze des § 1378 II 1 nach den Verhältnissen am Stichtag und nicht nach denen bei Ende des Güterstandes
ermittelt wird.

Der Scheidungsantrag wird rechtshängig, wenn er der Gegenpartei
durch das Gericht zugestellt worden ist (§ 113 I FamFG, §§ 261, 253 I
ZPO). Der Tag der Zustellung ist durch die Geschäftsstelle zu bescheini-
gen (§ 169 I ZPO) und kann so von den Beteiligten zuverlässig festgestellt
werden.

bb) Mehrere Scheidungsanträge

Stichtag ist einheitlich der Tag des ersten Rechtshängigwerdens. Wenn   **227**
beide Eheleute Scheidung beantragen, so gilt für beide bei der Berechnung des Endvermögens der Tag, an dem zuerst einem Ehegatten der
Scheidungsantrag des anderen zugestellt worden ist. Bei dieser Wirkung
bleibt es auch, wenn der zuerst gestellte Scheidungsantrag zurückgenommen wird[200]. Die Rücknahme ist ohne Zustimmung der Gegenpartei
möglich, führt aber nicht zur Beendigung des Scheidungsverfahrens,
wenn die andere Partei vor der Rücknahme ihrerseits Scheidungsantrag
gestellt hatte. Auch im Rahmen des so fortgeführten Scheidungsverfah-

---

200 *BGH*, 22.5.1996, XII ZR 14/95, FamRZ 1996, 1142, Rn. 19.

rens ändert sich der Stichtag des Endvermögens aber nicht, sondern richtet sich weiterhin nach dem ersten, nun zurückgenommenen Scheidungsantrag.

cc) Manipulationen bei der Rechtshängigkeit

228   Bei dem Tag der Rechtshängigkeit als Stichtag für das Endvermögen bleibt es auch, wenn der Scheidungsantrag bewusst **zu früh gestellt** worden ist, um diese Stichtagswirkung herbeizuführen. So hat der *BGH* einen Fall entschieden, in dem das Familiengericht den Scheidungsantrag abgewiesen hatte, weil das **Trennungsjahr** noch nicht abgelaufen war. Im Berufungsverfahren war das Trennungsjahr vollendet worden, so dass das erstinstanzliche Urteil aufgehoben und die Scheidungssache zurückverwiesen worden war[201]. Auch in diesem Fall ist der – missbräuchlich herbeigeführte – frühe Stichtag maßgebend.

229   Das Zustellungsverfahren kann langwierig sein, namentlich wenn die **Zustellung im Ausland** bewirkt werden muss. Außerdem macht das Gericht die Zustellung regelmäßig davon abhängig, dass zunächst Gerichtskosten eingezahlt werden (§ 14 I 1 FamGKG). In der Literatur wird wegen dieser Schwierigkeiten und Verzögerungen immer wieder diskutiert, die Rechtshängigkeit einfacher und früher herbeizuführen[202]. Das soll insbesondere möglich sein, indem die Antragsschrift bei einem Gericht der **allgemeinen oder besonderen Verwaltungsgerichtsbarkeit** eingereicht wird. Diese Gerichte sind zwar unzweifelhaft nicht zuständig; für das Rechtshängigwerden soll aber die spezifische Verfahrensordnung anzuwenden sein, nach der die Rechtshängigkeit mit Einreichen der Klage, nicht mit deren Zustellung eintritt. Auf Antrag soll dann an das zuständige Gericht unter Beibehaltung der ohne Zustellung einmal herbeigeführten Rechtshängigkeit verwiesen werden.

Ob der Weg über die Verwaltungsgerichtsbarkeit die Rechtshängigkeit wirksam vorverlegen kann, ist **streitig**. In zwei Fällen war über eine vergleichbare prozessuale Situation zu entscheiden. Ein Scheidungsantrag war bei einem Verwaltungsgericht eingereicht worden, um eine örtliche bzw. internationale Zuständigkeit zu erhalten, die verloren zu gehen drohte. Das *Schleswig-Holsteinische OLG*[203] sieht das Vorgehen zwar als rechtsmissbräuchlich an, anerkennt die Rechtshängigkeitswirkung aber jedenfalls dann, wenn der Antragsteller nach Interessenabwägung vernünftige Gründe dafür hatte. Das *KG*[204] stellt den Missbrauch in den Vordergrund,

---

201   *BGH*, 4.12.1996, XII ZR 231/95, FamRZ 1997, 347.
202   *Kogel*, FamRB 2009, 164, m.w.N.
203   *Schleswig-Holsteinisches OLG*, 24.7.2008, 12 WF 8/08, FamRZ 2009, 59.
204   *KG*, 12.12.2007, 3 UF 88/07, FamRZ 2008, 1005.

weshalb die Rechtshängigkeit erst mit der Zustellung des Scheidungsantrages durch das Familiengericht, an das verwiesen worden ist, eintritt.
Der Auffassung des *OLG Schleswig* dürfte eher zu folgen sein. Wenn ein
missbräuchlich zu früh gestellter Scheidungsantrag nichts an der Stichtagswirkung des Scheidungsantrages ändert (→ Rn. 228), wäre es inkon-
sequent, die Wirkung eines missbräuchlich angerufenen falschen Gerichts
anders zu behandeln.

b) Eheaufhebung

Das Eheaufhebungsverfahren, das jetzt auch die frühere Nichtigkeits-   **230**
klage mitumfasst, ist verfahrenstechnisch dem Scheidungsverfahren inzwischen sehr nahe. Sofern es überhaupt zu einem güterrechtlichen Ausgleich kommt, sind die Vorschriften über die Ehescheidung entsprechend
anzuwenden (§ 1318 II 1). Maßgeblich für den Stichtag ist also auch hier
die Rechtshängigkeit des Aufhebungsantrags. Wenn in demselben Verfahren Widerantrag auf Scheidung gestellt oder im Wege der Antragshäu-
fung neben der Aufhebung auch Scheidung begehrt wird, ändert sich daran nichts. Es gelten dieselben Grundsätze wie im Scheidungsverfahren:
Der erste Zustellungstag ist maßgeblich.

c) Vorzeitiger Zugewinnausgleich

Die Verfahren auf vorzeitigen Zugewinnausgleich oder vorzeitige Auf-   **231**
hebung der Zugewinngemeinschaft sind mehr noch als das Scheidungsverfahren Ausdruck einer Krise. Hier ist deshalb ebenso die Rechtshängigkeit des gerichtlichen Antrags für den Stichtag des Endvermögens
maßgeblich (§ 1387). Zwar ist in der Vorschrift noch von „Klage" die
Rede, die es in Familiensachen nicht mehr gibt (§ 113 V 2 FamFG). Das
dürfte aber nur ein Redaktionsversehen und die Vorschrift auch auf Anträge anzuwenden sein[205].

Problematisch sind die Fälle, in denen ein Scheidungsverfahren und   **232**
eines auf vorzeitigen Zugewinnausgleich zusammentreffen. Es kann vorkommen, dass die Auseinandersetzung mit einem Verfahren auf vorzeitigen Zugewinnausgleich beginnt und dann ein Scheidungsantrag folgt. Es
kommt aber auch während des Laufs eines Scheidungsverfahrens ein Antrag auf vorzeitigen Ausgleich außerhalb des Verbunds in Betracht[206].

Grundsätzlich gilt, dass das **jeweils frühere Verfahren** alleine den
Stichtag bestimmt. Ein nachfolgendes Scheidungsverfahren kann nicht
einen neuen Stichtag schaffen, wenn mit dem Verfahren auf vorzeitigen

---

205 So auch *Schwab/Schwab*, VII Rn. 176.
206 Zum Rechtsschutzbedürfnis für einen solchen Antrag *OLG Karlsruhe*, 25.4.2003, 16 WF
    6/03, FamRZ 2004, 466.

Zugewinnausgleich bereits ein Stichtag gesetzt worden war[207]. Schon gar nicht kann durch ein nachträglich anhängig gemachtes vorzeitiges Ausgleichsverfahren der durch Zustellung des Scheidungsantrages schon feststehende Stichtag verändert werden. Würde einem der Stichtage nach § 1387 oder nach § 1384 generell der Vorrang eingeräumt, böte das Anlass zu gezieltem Missbrauch. Außerdem würde es verkennen, dass beide Verfahren denselben Anspruch betreffen und deshalb einheitlichen materiellrechtlichen Regeln folgen sollten.

233   Die möglichen Fallvarianten sind jedoch vielfältig[208], so dass der Grundsatz im Einzelfall kritisch geprüft werden muss. So wird etwa der Stichtag aus dem früheren Verfahren nicht angewandt werden können, wenn dieser frühere Antrag von Anfang an unbegründet war[209].

d) Abweichender Stichtag aus Billigkeitsgründen

234   Als Folge des eher mathematisch ausgestalteten Zugewinnausgleichsverfahrens gilt das **strenge Stichtagsprinzip**. Es kommt deshalb nur in seltenen Ausnahmefällen in Betracht, der Berechnung einen anderen Stichtag zugrunde zu legen, als er durch die Zustellung des Scheidungsantrages begründet worden ist.

235   Es kommt vor, dass ein Scheidungsverfahren einschläft, **über Jahre nicht betrieben** und dann wieder aufgenommen wird. Bleibt es bei dem ursprünglich durch den Scheidungsantrag gesetzten Stichtag, so bleibt ein Vermögenszuwachs, der während des Ruhens des Scheidungsverfahrens erwirtschaftet worden ist, außerhalb des Ausgleichs. Die Rechtsprechung ist äußerst zurückhaltend damit, in derartigen Fällen einen späteren Stichtag anzunehmen[210]. Nur wenn die Ehegatten ihre eheliche Gemeinschaft vorbehaltlos wieder aufgenommen und das Scheidungsverfahren vergessen haben, kommt es in Betracht, den Zeitpunkt der Wiederaufnahme des Verfahren zum Stichtag zu machen[211]. Sonst muss es bei der formalisierenden Betrachtungsweise bleiben.

236   In der Literatur wird sich auch immer noch die Frage erörtert, ob der Stichtag aus Billigkeitsgründen zu verändern sei, wenn die **Zustellung des**

---

207 *OLG Hamm*, 2.4.1982, 5 WF 147/82, FamRZ 1982, 609; *Schröder/Bergschneider/Bergschneider*, Rn. 4.480.

208 Beispielsweise *KG*, 21.9.2004, 18 UF 89/04, FamRZ 2005, 806; *OLG Köln*, 27.5.2008, 21 UF 43/08, FamRZ 2008, 2043; *OLG Bremen*, 29.10.1997, 4 WF 75/97, FamRZ 1998, 1516.

209 So auch *Schwab/Schwab*, VII Rn. 176; a.A. *Johannsen/Henrich/Jaeger*, § 1384, Rn. 6.

210 *BGH* 11.7.1979, IV ZR 159/77, FamRZ 1979, 905; *BGH* 15.10.1981, IX ZR 85/80, FamRZ 1983, 350.

211 *OLG Karlsruhe*, 12.6.1980, 16 UF 52/80, FamRZ 1980, 1119.

Scheidungsantrags verzögert worden ist[212]. Das beruht auf einer Diskussion aus dem Jahre 1970[213], als der Scheidungsanspruch noch von einem Verschulden des anderen Ehegatten abhing und als die Klagezustellung noch vom Willen des Klägers abhing. Die Frage, ob der andere durch Täuschung über den Scheidungsgrund von der Scheidungsklage abgehalten worden ist, hat seit dem 1. EheRG keine Relevanz mehr. Die Diskussion ist also überholt.

II. Hinzurechnungen zum Endvermögen

Das Endvermögen entspricht dem Bestand am Stichtag. Ihm sind jedoch weitere Vermögensgegenstände hinzuzurechnen, die am Stichtag tatsächlich nicht mehr vorhanden sind. Den Gegenständen ist gemeinsam, dass sie auf eine Weise aus dem Vermögen ausgeschieden sind, die dem anderen gegenüber als illoyal gewertet wird.   **237**

1. Illoyale Vermögensverfügungen

Das Gesetz nennt in § 1375 II drei Fallgruppen, die insgesamt mit der Bezeichnung illoyale Vermögensminderung umschrieben werden. In diesen Fällen sind ehemals vorhandene Vermögensgegenstände im Endvermögen nicht mehr enthalten, oder es sind zusätzliche Schulden entstanden, die der andere Ehegatte nicht soll mittragen müssen. Einheitlicher Grund ist die Annahme, dass die Vermögensminderung durch die Verletzung einer gegenüber dem anderen bestehenden Pflicht zustande gekommen ist. Wegen des stark formalisierten Charakters der Zugewinnausgleichsberechnung muss die Anpassung des Endvermögens streng auf die vom Gesetz vorgesehenen Fälle beschränkt bleiben.   **238**

§ 1375 II nennt in den Ziffern 1 bis 3 folgende Fallgruppen: **239**

– unentgeltliche Verfügungen
– Verschwendung
– Benachteiligungsabsicht.

Die drei Ziffern sind nicht streng voneinander abzugrenzen. Sie überlappen sich in der Anwendung. Auch wenn eine klare Abgrenzung untereinander nicht möglich und erforderlich ist, sind die Tatbestände des § 1375 II nicht analogiefähig, können also nicht durch entsprechende Anwendung ausgeweitet werden[214].

---

212 *Schwab/Schwab*, VII Rn. 177.
213 *Neumann-Duesberg*, FamRZ 1970, 561; *Günther*, FamRZ 1971, 231.
214 *OLG Karlsruhe*, 17.10.1985, 2 UF 129/84, FamRZ 1986, 167 mit umfassenden Nachweisen; *Schulz/Hauß* Familienrecht, 1. Aufl., § 1375, Rn. 92.

2. Vermögensminderung

240   Das Gesetz verwendet den Begriff *Verfügung* im Zusammenhang mit den Hinzurechnungen nicht. In Betracht kommt jede Vermögensminderung. Sie muss nicht durch Rechtsgeschäft verursacht sein. In Betracht kommt auch jede tatsächliche Vermögensminderung, die auf Veranlassung, zumindest Duldung des Ehegatten beruht.

Das Vermögen kann in erster Linie durch dingliche Verfügungen über eine Sache oder ein Recht vermindert werden. Aber auch das Eingehen einer Verbindlichkeit, der kein entsprechender Gegenanspruch gegenübersteht, führt zu Vermögensminderung[215].

Rein tatsächlich wird das Vermögen gemindert, indem eine Sache zerstört wird. Das kann in Benachteiligungsabsicht geschehen und fällt dann unter Nr. 3. Allein die **Aufgabe des Besitzes** wird regelmäßig nicht zu einer Minderung führen[216], weil ohne Eigentumsübertragung der Anspruch auf Rückgabe besteht, der dann zu aktivieren ist.

Die Vermögensminderung muss während des Güterstandes (vor dem Berechnungsstichtag) eingetreten sein. Wird eine verschwenderische Verpflichtung erfüllt, die schon vor der Ehe begründet worden war, so kann das nicht zu einer Hinzurechnung führen[217].

3. Unentgeltliche Verfügungen

241   Dem Endvermögen sind alle Vermögenswerte hinzuzurechnen, die ein Ehegatte als unentgeltliche Zuwendung weggegeben hat. Diese Gegenstände werden in der Zugewinnausgleichsbilanz so behandelt, als wären sie noch vorhanden. Der betreffende Ehegatte wird aufgrund der gesetzlichen Fiktion als wohlhabender behandelt, als er tatsächlich ist. Er kann dadurch zu einer Zugewinnausgleichsleitung verpflichtet werden, die er aus seinem Vermögen nicht zu leisten imstande ist. Nicht einmal die Kappungsgrenze des § 1378 II, wonach die Ausgleichsverpflichtung jedenfalls auf das vorhandene Vermögen begrenzt ist, bewahrt ihn davor. Denn auch bei der Feststellung der Kappungsgrenze wird das unentgeltlich Weggegebene so behandelt, als wäre es noch vorhanden.

Jeder Ehegatte verwaltet sein Vermögen selbständig (§ 1364) und ist dem anderen keine Rechenschaft schuldig. Er soll aber nicht berechtigt sein, zulasten des anderen großzügig zu sein. Geschenke kann jeder Ehegatte zwar uneingeschränkt wirksam (in den Grenzen des § 1365) ma-

---

215   Staudinger/Thiele, § 1375, Rn. 35.
216   A.A. *Staudinger/Thiele*, § 1375, Rn. 35.
217   *Staudinger/Thiele,* § 1375, Rn. 36.

chen. Er muss aber die Lasten alleine tragen, indem er den anderen nicht über den Zugewinnausgleich an seinen Aufwendungen beteiligen kann.

§ 1375 II 1 Nr. 1 ist der praktisch **wichtigste Hinzurechnungstatbe-**   **242**
stand. Zuwendungen, die darunter fallen, müssen keineswegs immer illoyal sein, sondern können von sehr billigenswerten Motiven geleitet sein. Der Zuwendende wird sich häufig der Wirkung auf ein zukünftiges Zugewinnausgleichsverfahren gar nicht bewusst sein. Trotzdem werden aufgrund gesetzgeberischer Wertung die unentgeltlichen Zuwendungen mit den eindeutig illoyalen Verfügungen der Nummern 2 und 3 gleichgesetzt. Das hat zu einer reichhaltigen Judikatur zu diesem Problem und einer intensiven Beschäftigung in der Literatur geführt.

Der Hinzurechnungstatbestand hat durch die Güterrechtsreform   **243**
2009 eine erhebliche Bedeutungssteigerung erfahren durch Ausweitung der **Auskunftspflicht.** Die gemäß § 1379 über das Endvermögen zu erteilende Auskunft umfasst auch Gegenstände, die dem Endvermögen hinzuzurechnen sind. Damit obliegt es jedem Ehegatten, dem anderen ohne besondere Aufforderung im Rahmen der Auskunftserteilung alle Geschenke zu offenbaren, die er vor dem Stichtag gemacht hat. Durch diese Auskunftspflicht erlangen die unentgeltlichen Zuwendungen ganz unvermeidbar Aufmerksamkeit und sind damit nicht mehr Ausnahmen, sondern bei jeder Zugewinnausgleichsberechnung zu berücksichtigen.

a) Unentgeltlich

Zu den unentgeltlichen Zuwendungen gehören jedenfalls Geschenke   **244**
im Sinne des § 516. Die Zurechnungsvorschrift ist jedoch weiter. Das Geschenk im Rechtssinne setzt den übereinstimmenden Willen zur Unentgeltlichkeit voraus. Diese Übereinstimmung ist für die Hinzurechnung nach § 1375 II 1 Nr. 1 nicht erforderlich. Es genügt **objektive Unentgeltlichkeit**.

Abweichend davon wird die Ansicht vertreten, die Zuwendung müsse wie das Geschenk objektiv und subjektiv unentgeltlich sein[218]. Das folge aus dem Grundsatz der freien Verwaltung des eigenen Vermögens, zu dem die Balance sonst gefährdet wäre. Das verkennt jedoch, dass der Inhalt von § 516 in die Zugewinnausgleichsvorschrift nicht übernommen worden ist und dass § 1364 2. Hs. die grundsätzlich freie Vermögensverwaltung gerade den Einschränkungen durch die nachfolgenden Vorschriften unterwirft.

Die Streitfrage wird selten relevant werden. Wenn die Beteiligten des Zuwendungsgeschäftes über die Unentgeltlichkeit einig waren, dann ist

---

218 *MK/Koch*, § 1375, Rn. 20.

auch für die Endvermögensberechnung davon auszugehen. Bestand hingegen die Überzeugung, das Geschäft enthalte eine Gegenleistung, so
spricht der erste Anschein gegen eine unentgeltliche Zuwendung. Dem
anderen Ehegatten obliegt dann der Beweis, dass die Zuwendung objektiv unentgeltlich gewesen sei[219].

245   Objektiv unentgeltlich ist eine Zuwendung nur, wenn **überhaupt keine Gegenleistung** gewährt wurde oder wenn ein krasser Wertunterschied
bestand. Geringfügige Wertunterschiede müssen außer Betracht bleiben,
denn die objektive Bestimmung des Wertes einer Sache ist kaum möglich[220]. Die Gegenleistung muss auch nicht in jedem Fall materiell gleichwertig sein, sie kann auch **ideeller Natur** sein. Allein die Hoffnung auf einen zukünftigen Ertrag kann angemessen sein. So ist typischerweise die
Zuwendung eines Sponsors nicht unentgeltlich, weil er sich von der Zuwendung einen indirekten und ungewissen Markterfolg verspricht.

Eine ganz unzureichende Gegenleistung führt dazu, eine **gemischte
Schenkung** anzunehmen. Das Geschäft ist dann aufzugliedern in einen
entgeltlichen und einen unentgeltlichen Teil. Der unentgeltliche Teil ist
dem Endvermögen hinzuzurechnen.

b) Pflicht- und Anstandsschenkungen

246   Geschenke sind eine Alltäglichkeit. Um nicht jedes Geschenk dem
Endvermögen hinzurechnen zu müssen, kommt der Einschränkung
Pflicht- und Anstandsschenkung besonderes Gewicht zu. Jede objektiv un-
entgeltliche Zuwendung ist unter dem Aspekt zu betrachten, ob sie aus
Pflicht oder Anstand geleistet worden ist.

Die Begriffe *sittliche Pflicht* und *auf den Anstand zu nehmende Rücksicht* sind nicht scharf voneinander zu trennen. Sie haben auch keinen
deutlich umrissenen Inhalt. Ob einer der Begriffe zutrifft, muss im Einzelfall wertend festgestellt werden[221]. Die Wörter des Gesetzes entspringen
offensichtlich einer früheren Zeit. Sie würden bei einer Neuformulierung
des Gesetzes mutmaßlich so nicht mehr verwendet werden. Indem die Begriffe „unmodern" geworden sind, ist auch ein Wandel ihrer Bedeutung
eingetreten. Wertungen, die sich in früherer Rechtsprechung zu derselben
Gesetzesfassung finden, müssen deshalb nicht mehr unbedingt der gegenwärtigen Anschauung entsprechen. Da unentgeltliche Zuwendungen je-

---

219 *Schwab/Schwab*, VII Rn. 182, sieht die Beweislast für die Entgeltlichkeit beim Zuwenden-
    den. Das widerspricht dem Grundsatz, dass der andere die Voraussetzungen der Hinzu-
    rechnung beweisen muss. Dazu gehört auch der Beweis der Unentgeltlichkeit.
220 *MK/Koch*, § 1375 Rn. 20.
221 *Staudinger/Thiele*, § 1375, Rn. 26.

weils in ihrem aktuellen gesellschaftlichen Umfeld stattfinden, sind bei der Einordnung auch die jeweils geltenden Anschauungen einzubeziehen.

Es wird vertreten, dass die Begriffe den gleichlautenden in §§ 534, 814, **247** 1641 und 1804 entsprechen würden[222]. Die dort gefundenen Wertungen lassen sich jedoch nicht ohne weiteres auf § 1375 II übertragen. Es macht einen Unterschied, ob von der unentgeltlichen Zuwendung die Interessen eines Mündels, eines Pflichtteilberechtigten oder eben des Ehegatten betroffen sind. Es hat eine Abwägung zwischen den Interessen des konkret Betroffenen und des Zuwendenden stattzufinden[223]. Bei dieser Abwägung ist zu berücksichtigen, dass die Freiheit eines Ehegatten, mit seinem Vermögen nach Belieben zu verfahren, wesentlich größer sein muss[224] als etwa die eines gesetzlichen Vertreters, soweit das Vermögen des Mündels betroffen ist. Es ist jede Kleinlichkeit zu vermeiden.

Der Begriff einer *sittlichen Pflicht* kommt in den Wertevorstellungen **248** der gegenwärtigen Gesellschaft kaum noch vor und ist deshalb zu übertragen. *Pflicht* kann nicht mehr in der Weise verstanden werden, dass der Zuwendende sich ihr nicht hätte entziehen können. Erfasst sind Zuwendungen, die der Leistende unter Berücksichtigung seiner **familiären, gesellschaftlichen und sozialen Verantwortung** für angemessen ansehen konnte. Bei der Wertung, ob eine Zuwendung einer sittlichen Pflicht entspricht, kann nicht ein objektiver Maßstab angelegt werden, sondern es müssen die individuellen Verhältnisse der Eheleute und ihre Gewohnheiten, ihr Lebensstil mit berücksichtigt werden[225]. Bei der Abwägung, die in jedem Falle vorzunehmen ist, ist besonders zu berücksichtigen

– die Nähe des Zuwendungsanlasses zu dem anderen Ehegatten

– der Umfang der Zuwendung unter Berücksichtigung der wirtschaftlichen Verhältnisse der Eheleute.

Weniger Probleme bereitet der Begriff der *auf den Anstand zu nehmen-* **249** *den Rücksicht*. Bei der Auslegung hilft unverändert die Definition des *BGH*, wonach eine Anstandsschenkung vorliegt, wenn „die Zuwendung nach den Anschauungen, die in den dem Schenker sozial gleichstehenden Kreisen vorherrschen, nicht unterbleiben könnte, ohne dass der Schenker an Achtung und Ansehen verlieren würde"[226]. Das sind vor allem **kleinere Geschenke**, die gewöhnlich bei typischen Gelegenheiten gemacht werden, wie Geburtstage, Jubiläen oder Besuchen. Sobald der Umfang des

---

222 *Staudinger/Thiele*, § 1375, Rn. 25; *Johannsen/Henrich/Jaeger*, § 1375, Rn. 26: *MK/Koch*, § 1375, Rn. 25; *OK/Roth*, § 1375, Rn. 39.
223 So auch *Palandt/Brudermüller*, § 1375, Rn. 26.
224 *Schwab/Schwab*, VII Rn. 184; *Büte*, Rn. 52.
225 *OLG München*, 31.1.1985, 26 UF 1403/84, FamRZ 1985, 814.
226 *BGH*, 19.9.1980, V ZR 78/79, FamRZ 1981, 34.

Geschenkes größer ist, wird gewöhnlich nicht mehr von einer Anstandsschenkung gesprochen werden können.

250   Wie Geschenke an Kinder im Zugewinnausgleich zu behandeln sind,
ist einer der wesentlichen Unterschiede zwischen dem gesetzlichen Güterstand und der Wahl-Zugewinngemeinschaft des § 1519. Dort ist in Art. 10
II 1b geregelt, dass ein Geschenk, das aus dem Anfangsvermögen einem
Abkömmling gemacht wird, dem Endvermögen nicht hinzuzurechnen ist.
In diesem Unterschied ist eine bewusste gesetzgeberische Wertung zu er-
blicken, zumal die Güterrechtsreform 2009 und die Wahl-Zugewinngemeinschaft fast zeitgleich zustande gekommen sind. Der Gesetzgeber
wollte im gesetzlichen Güterstand Geschenke an die Kinder nicht privilegieren. Deshalb soll bei derartigen Zuwendungen der Bereich der Pflicht-
und Anstandsschenkungen nicht ausgeweitet werden.

c) Einzelfälle

251   Bei Zuwendungen an Dritte lassen sich aus häufig wiederkehrenden
Fragestellungen Fallgruppen bilden, von denen die wichtigsten wiederge-
geben werden sollen.

aa) Zuwendungen an den anderen Ehegatten

252   Zuwendungen zwischen Ehegatten erfüllen generell nicht den Tatbestand des § 1375 II 1 Nr. 1. Sie sind auch im Rahmen von § 1374 II nicht
zu berücksichtigen. Gemeinsamer Grund dafür ist, dass § 1380 im Verhältnis der Eheleute zueinander dafür eine Sonderregelung enthält.

bb) Zuwendungen an Kinder

253   Geschenke, größere Zuwendungen oder Vermögensübertragungen an
Kinder spielen im Rahmen von § 1375 eine besonders große Rolle. Sie
sind nicht einheitlich, sondern fallbezogen zu beurteilen.

Maßvolle Zuwendungen, besonders solche aus besonderen Anlässen
wie Lebensabschnitten (Geburtstag, Konfirmation, Ausbildungsab-
schluss, Eheschließung) oder Bedürfnislagen sind in der Regel Pflichtschenkungen. Bei der Wertung ist zu beachten,

- ob es sich um ein gemeinsames Kind oder ein Kind des Zuwendenden
  handelt;
- wie der andere Ehegatte sich üblicherweise in vergleichbaren Situationen verhält;
- wie zuvor andere Kinder bedacht worden sind;
- wie erheblich die Zuwendung gemessen an den wirtschaftlichen Verhältnissen der Eheleute ist;

– ob bei dem Kind eine besondere Bedürfnislage im Vergleich zu seinen
Geschwistern bestand.

Bei Zuwendungen an Kinder ist besonders zu prüfen, ob der andere   **254**
Ehegatte ihnen zugestimmt hatte (§ 1375 III). Das **Einverständnis** kann
auch stillschweigend geschehen oder sich aus den Umständen ergeben. Sofern die Zuwendung bei noch intakter Ehe gemacht worden ist, ist davon
in der Regel auszugehen.

Wird ein Kind **regelmäßig unterstützt**, obwohl ihm ein gesetzlicher   **255**
Unterhaltsanspruch nicht zustand, kann das eine unter § 1375 II fallende
Zuwendung sein[227]. Häufig wird das mit Einverständnis des anderen geschehen. Ist davon bei zerrütteten Familienverhältnissen nicht auszugehen, so kann einem Elternteil nicht das Recht zugesprochen werden, zu
Lasten des anderen in dieser Weise freigiebig zu sein, auch wenn die Unterstützung nicht zu missbilligen ist.

Zuwendungen an Kinder, die in zeitlichem Zusammenhang mit dem   **256**
Scheitern der Ehe gemacht worden sind, liegt auch der Gedanke nahe,
dass sie den Zweck hatten, dem anderen Ehegatten **Vermögen zu entziehen**. Dann stellt sich die Frage nach einer sittlichen Pflicht nicht, weil sie
gem. § 1375 II 1 Nr. 3 dem Endvermögen hinzuzurechnen sind.

cc) Zuwendungen als vorweggenommene Erbfolge

Vermögensübertragungen, die dem Zweck dienen, die Erfolge vorzu-   **257**
ziehen, entsprechen nicht einer sittlichen Pflicht und erfüllen damit den
Hinzurechnungstatbestand[228]. Wenn ein Ehegatte seinen Kindern gleichmäßig Vermögen überträgt, ist von einer solchen Zweckbestimmung auszugehen.

Einer sittlichen Pflicht entsprechen Vermögensübertragungen an Kinder in der Regel nicht[229].

dd) Spenden und Stiftungen

Spenden an gemeinnützige, künstlerische oder kirchliche Organisati-   **258**
onen sind im Rechtssinne Geschenke und können damit den Tatbestand
der Nr. 3 erfüllen. Das gilt ebenso für Stiftungsgeschäfte (§ 81) oder Zuwendungen in den Kapitalstock einer Stiftung.

Kleinere Spenden werden in der Regel Anstandsgeschenke sein. Größere Zuwendungen als Pflichtschenkungen bedürfen einer Einzelfallbe-

---

227 *Schwab/Schwab*, VII Rn. 182.
228 *MK/Koch*, § 1375, Rn. 22.
229 *MK/Koch*, § 1375, Rn. 25; zu weitgehend *OLG München*, 31.1.1985, 26 UF 1403/84,
    FamRZ, 1985, 814.

trachtung. Je größer die Zuwendung ist, um so weniger liegt die Annahme nahe, dass sie durch eine sittliche Pflicht gerechtfertigt sein könnte. Welchen Zweck die Empfängerorganisation verfolgt, spielt nur eine untergeordnete Rolle[230].

ee) Abfindungsklausel im Gesellschaftsvertrag

259   Stimmt ein Ehegatte als Gesellschafter eines gewerblichen oder freiberuflichen Unternehmens einer Vertragsklausel zu, die beim Ausscheiden aus der Gesellschaft das Auseinandersetzungsguthaben auf einen Betrag unter dem wirklichen Wert beschränkt, so kann in diesem Vertragsschluss eine unentgeltliche Zuwendung an die anderen Gesellschafter liegen. Nach allgemeiner Meinung ist das nur anzunehmen, wenn der Ehegatte gesellschaftsvertraglich eine Einschränkung hingenommen hat, die die anderen Gesellschafter nicht trifft und die im Gesellschaftsverhältnisse keine nachvollziehbare Grundlage hat[231]. Damit ist die Wertung einer Gesellschaftsklausel als unentgeltliche Zuwendung eine **seltene Ausnahme**.

Zu Recht wird zur Begründung dieser Ansicht darauf abgestellt, dass die Vertragsklausel das Gesellschaftsverhältnis definiert und dem Gesellschafterehegatten damit von vornehrein kein Wert zugestanden hat, den er unentgeltlich hätte zuwenden können[232].

ff) Erfüllung einer einredebehafteten Forderung

260   Erfüllt ein Ehegatte eine Schuld, der eine dauerhafte Einrede entgegenstand, etwa eine verjährte Schuld, so kann das eine objektiv unentgeltliche Zuwendung an den Gläubiger sein. Die Literaturmeinungen nehmen das überwiegend nicht an[233]. Dem kann nur mit Einschränkungen gefolgt werden.

Allerdings ist die Erfüllung einer einredebehafteten Schuld nicht immer objektiv unentgeltlich. Wird etwa in einer laufenden Geschäftsbeziehung auf die Einrede verzichtet, um diese nicht zu gefährden, so ist diese Erwartung eine Gegenleistung, die die Unentgeltlichkeit ausschließt (→ Rn. 245). Lässt sich allerdings eine konkrete Erwartung nicht feststellen, so ist von Unentgeltlichkeit auszugehen. Eine allgemeine sittliche Pflicht, verjährte Schulden zu bezahlen, gibt es nicht. Sie müsste im Einzelfall festgestellt werden, was um so weniger gelingen wird, je ferner der Gläubiger im Verhältnis zu den Eheleuten steht.

---

230 *Schwab/Schwab* (VII Rn. 184) nimmt hier in der Regel eine Pflichtschenkung an.
231 *Schwab/Schwab*, VII Rn. 183; *Schulz/Hauß*, Kap. 1, Rn. 94.
232 *Johannsen/Henrich/Jaeger*, § 1375, Rn. 25.
233 *Schulz/Hauß*, Kap. 1, Rn. 94; *Palandt/Brudermüller*, § 1375, Rn. 25; *MK/Koch*, § 1375, Rn. 23.

gg) Erpressungszahlungen

Erbringt ein Ehegatte eine Leistung, weil er erpresst wurde, so ist die **261** Leistung nicht freiwillig und damit nicht unentgeltlich[234]. Das gilt auch dann, wenn die Erpressung mit Verfehlungen des Erpressten gegenüber dem anderen Ehegatten zusammenhängt, die er vor diesem verbergen wollte.

hh) Zuwendungen an den Ehebruchspartner

Wenn ein Ehegatte seinem neuen Partner, der möglicherweise der **262** Grund für die Ehezerrüttung ist, Zuwendungen macht, ist das besonders sensibel. Das können Geschenke, Restauranteinladungen, Zuwendungen zum Lebensunterhalt sein. In allen genannten Fällen handelt es sich um unentgeltliche Zuwendungen. Sie sind in der Regel weder Pflicht- noch Anstandsschenkungen.

In der Literatur wird vielfach angenommen, Schenkungen eines Mannes an eine mit ihm in nichtehelicher Gemeinschaft lebende Frau seien durch eine sittliche Pflicht geboten[235]. Das bezieht sich durchweg auf eine einzige Entscheidung des *Reichsgerichts*. Dem ist nicht zu folgen.

Die eheliche Treupflicht ist unverändert ein Wesensmerkmal der Ehe, wie es in der Generalklausel des § 1353 I zusammengefasst ist[236], auch wenn ein Verstoß dagegen nicht mehr sanktioniert ist. Geht einer der Eheleute heimlich und ohne Einverständnis des anderen fremd, so liegt darin ein Verstoß gegen eine grundlegende Pflicht aus der Ehe. Es wäre deshalb befremdlich, Handlungen, die dieses Verhältnis fördern, als sittlich verpflichtend anzusehen. Zwar trifft den ausscherenden Ehegatten gegenüber seinem neuen Partner zweifellos auch eine sittliche Pflicht. Da aber gegenüber dem Ehegatten gerade die Pflicht besteht, derartige Zuwendungen zu unterlassen, kann im Verhältnis zu diesem nicht gleichzeitig eine gegenteilige sittliche Pflicht bestehen.

Etwas anderes kann gelten, wenn der Ehegatte gem. § 1353 II nicht mehr zur ehelichen Gemeinschaft verpflichtet ist, weil **die Ehe gescheitert** ist. Das Verhältnis zu einem anderen Partner ist dann kein Pflichtenverstoß mehr. Zumindest Anstandsschenkungen wie Restauranteinladungen oder kleine Aufmerksamkeiten sind auch in diesem Verhältnis möglich. Eine sittliche Pflicht, dem anderen größere Zuwendungen zu machen oder ihn zu unterhalten kann im Verhältnis zu dem Ehegatten dadurch aber nicht entstehen.

---

234 *AG Köln*, 10.11.1997, 318 F 74/95, FamRZ 1999, 95.
235 *Staudinger/Thiele*, § 1375, Rn. 26; *Schulz/Hauß*, Kap. 1, Rn. 95.
236 *Muscheler*, Rn. 283.

263   Eine besondere Bedeutung erlangt die Problematik dadurch, dass der Ehegatte im Rahmen seiner **Auskunftspflicht** nach § 1379 unentgeltliche Zuwendungen an den neuen Partner offenbaren muss. Diese Pflicht stellt erhebliche Anforderungen an die Aufrichtigkeit des Ehegatten. Es ist abzusehen, dass daraus erhebliches Konfliktpotential in Zugewinnausgleichsverfahren entstehen wird.

4. Verschwendung

264   Die Rechtsprechung kennt fast nur Entscheidungen, in denen der Vorwurf der Verschwendung verneint worden ist[237]. Die Gesetzesvorschrift soll nicht dazu führen, den Lebensstil des anderen zu kontrollieren und auf seine Angemessenheit zu überprüfen. Weil mit wirklicher Verschwendung der Verschwender sich immer auch selbst schädigt, sind die Fälle tatsächlich recht selten.

265   In den Bereich der Verschwendung können **hohe Einsätze beim Glücksspiel** fallen, die zu Verlusten geführt haben. Dagegen wird eingewandt, dass Glücksspielgewinne als Teil des Endvermögens zu teilen seien und dadurch ein Wertungswiderspruch entstehen könne[238]. Trotzdem können leichtfertige Spielverluste eine Verschwendung sein[239].

Wenn eine auffällige Vermögensminderung mit Spielverlusten gerechtfertigt wird, wird aber in erster Linie zu prüfen sein, ob das Endvermögen tatsächlich durch den Spielverlust vermindert ist oder, was näher liegt, ob nicht Vermögensgegenstände in **betrügerischer Absicht verheimlicht** werden. Zwar muss der andere Ehegatte die Behauptung, Vermögen sei durch Spielverluste verloren gegangen, im Rahmen der ihn treffenden Beweislast widerlegen. An die **Substantiierungslast** dessen, der sich auf die Spielverluste beruft, sind aber besonders strenge Anforderungen zu stellen.

5. Benachteiligungsabsicht

266   Für Handlungen in Benachteiligungsabsicht finden sich in Rechtsprechung und Literatur kaum praktische Beispiele. Fast alle denkbaren Handlungen erfüllen bereits den Tatbestand einer unentgeltlichen Zuwendung, oder es handelt sich, weil Vermögen für irgendeinen unsinnigen Zweck hergegeben wird, um Verschwendung. Daneben bleibt für die benachteiligende Handlung kaum Raum. Bedeutung hat die Vorschrift deshalb nicht erlangt.

---

237 Ausnahme: OLG Rostock, 19.1.1999, 8 WF 295/98, FamRZ 2000, 228.
238 *Schwab/Schwab*, VII Rn. 185.
239 *Schulz/Hauß*, Kap. 1, Rn. 93.

Allerdings kommen Handlungen mit Benachteiligungsabsicht vielfach vor. Einer Hinzurechnungsvorschrift bedarf es dafür aber meist nicht, weil die Handlung das Endvermögen **gar nicht vermindert** hat.

Beispiel: Geld wird bei einem Freund deponiert, um es dem Zugewinnausgleich zu entziehen.

Hier bestand zwar Benachteiligungsabsicht. Das Geld gehört aber noch zum Endvermögen, weil mit dem Freund eine (stillschweigende) Treuhandabrede besteht, die in das Endvermögen einzustellen ist.

Die Benachteiligungsabsicht muss das leitende Motiv des Verfügenden, aber nicht sein einziger Beweggrund gewesen sein[240]. Es ist aber zu erwägen, eher alltägliche Vorgänge darunter fallen zu lassen.   **267**

Beispiel: Der Ehegatte veranlasst seinen Rechtsanwalt, vor Rechtshängigkeit der Scheidung eine Vorschussrechnung über alle zu erwartenden Kosten einschließlich Rechtsmittelverfahren zu stellen, um so den anderen hälftig an seinen Kosten der Scheidung zu beteiligen.

Beispiel: Ein Ehegatte macht kurz vor dem Stichtag ungewöhnlich hohe Anschaffungen in der Erwartung, dass der Verkehrswert der angeschafften Gegenstände erheblich unter dem Anschaffungspreis liegen werde[241].

Wer mutwillig Kosten vorzieht, die später voraussichtlich entstehen würden, verfügt weder unentgeltlich noch verschwendet er. Die Kosten werden zu einem späteren Zeitpunkt geschuldet und angemessen sein. Das Vorziehen geschieht aber nur, um den anderen auf dem Wege über den Zugewinnausgleich an den Kosten zu beteiligen. Das hat das Ziel, ihn zu benachteiligen. Die Kostenregelung des § 150 I FamFG soll unterlaufen werden. Es erscheint deshalb gerechtfertigt, den überwiegenden Teil der Kostenvorschussrechnung nach Nr. 3 dem Endvermögen hinzurechnen. Für übermäßige Anschaffungen von Hausrat gilt dasselbe.

6. Ausnahmen

a) Zehnjahresfrist

Alle illoyalen Verfügungen, die den Nummern 1 bis 3 des § 1375 II   **268** entsprechen, sind im Endvermögen nicht mehr zu berücksichtigen, wenn seit der Verfügung 10 Jahre verstrichen sind (§ 1375 III).

Die Frist beginnt, wenn das Vermögen effektiv gemindert ist. Das entscheidet sich nach denselben Kriterien, nach denen zu entscheiden ist, ob ein Vermögensgegenstand in die Ausgleichsbilanz einzustellen ist oder nicht. Ist der Ehegatte eine wirksame schuldrechtliche Verpflichtung eingegangen, so ist die Verpflichtung von dem Moment an als Verbindlich-

---

240 *BGH*, 19.4.2000, XII ZR 62/98, FamRZ 2000, 948.
241 Beispiel von *Schwab/Schwab*, VII Rn. 186.

keit in die Bilanz einzustellen; unerheblich ist, wann sie erfüllt worden ist. In dem häufigsten Anwendungsfall, der unentgeltlichen Verfügung, ist aber zu beachten, dass das Schenkungsversprechen zu seiner Wirksamkeit der notariellen Beurkundung bedarf (§ 518 I)[242]. Ein nicht beurkundetes Schenkungsversprechen ist also erst mit seinem Vollzug in der Ausgleichsbilanz zu berücksichtigen. Die Zehnjahresfrist beginnt bei Schenkungen also gewöhnlich erst mit der Hingabe des geschenkten Gegenstandes.

269   Die Frist endet nach dem Wortlaut des Gesetzes mit dem Ende des Güterstandes. Die Vorschrift ist jedoch ergänzend dahin auszulegen, dass **§ 1384 auch in diesem Fall** anzuwenden ist[243]. Würde die Vorschrift wörtlich genommen, die Zehnjahresfrist also erst mit Rechtskraft der Scheidung enden, so könnte durch ein bewusstes Verzögern des Scheidungsverfahrens, etwa auch durch ein Rechtsmittel gegen eine erstinstanzliche Entscheidung, der Ablauf der Frist noch nachträglich verändert, die Höhe des Zugewinnausgleichsanspruchs also noch während des Verfahrens geändert werden – ein offensichtlich widersinniges Ergebnis.

b) Zustimmung

270   Eine Verfügung, die dem Tatbestand des § 1375 II entspricht, ist gleichwohl nicht als illoyal anzusehen, wenn der andere Ehegatte ihr zugestimmt hat. Das gilt für ein Geschenk ebenso wie für eine Verschwendung[244]. Eine Benachteiligungsabsicht dürfte schon tatbestandlich ausgeschlossen sein, wenn sie mit Zustimmung des potentiell Benachteiligten stattgefunden hat[245].

Die Zustimmung muss sich nur auf die Verfügung als solche bezogen haben. Nicht erforderlich ist, dass der Zustimmende auch die Folge für die Zugewinnausgleichberechnung gekannt und gebilligt hat.

271   Die Zustimmung hat nicht rechtsgeschäftlichen Charakter. Schon die erkennbare Hinnahme ist ausreichend. Als Zustimmung ist auch zu werten, wenn ein Widerspruch ausbleibt, der möglich und zu erwarten gewesen wäre. Nicht ausreichend ist eine resignative Hinnahme, wenn Widerspruch nur ausbleibt, weil der andere keine Einflussmöglichkeit sieht.

Beispiel: Ein Ehegatte schenkt erhebliches Vermögen an gemeinsame Kinder.

Bei intakten Familienverhältnissen zum Zeitpunkt der Schenkung wird oft von einer stillschweigenden Zustimmung des anderen Elternteils auszugehen sein. Die Annahme ist im Familienkonflikt nicht mehr ge-

---

242 Zur Erfüllung eines formnichtigen Versprechens → Rn. 166.
243 *Schwab/Schwab*, VII Rn. 188.
244 *Johannsen/Henrich/Jaeger*, § 1375, Rn. 30; *Gernhuber/Coester-Waltjen*, § 36, Rn. 37–40; *Staudinger/Thiele*, § 1375, Rn. 41.
245 Anders *Schwab/Schwab*, VII Rn. 189.

rechtfertigt. Oft schlagen sich die Kinder im Streit der Eltern auf eine Seite. Vermögensgegenstände werden dann bei den parteilichen Kindern geparkt, um sie dem Zugewinnausgleich zu entziehen. Das ist die typische Interessenlage, der § 1375 II 1 Nr. 1 begegnen will. Schenkungen an gemeinsame Kinder nach Beginn des elterlichen Konflikts sind deshalb illoyale Verfügungen, wenn nicht die Zustimmung des anderen Elternteils konkret feststeht.

III. Billigkeitskorrektur des Endvermögens

Was in die Endvermögensbilanz einzustellen ist, ist ganz schematisch **272** danach zu entscheiden, welche Vermögensgegenstände am Stichtag vorhanden waren. Eine Billigkeitsprüfung findet dabei nicht statt.

Die schematische Berechnung kann ein Ergebnis erzeugen, das als ungerecht empfunden wird. Die Ungerechtigkeit ist häufig auf einzelne, erkennbare Vermögensgegenstände zurückzuführen. Es wird erörtert, einzelne Positionen, Vermögensgegenstände oder Verbindlichkeiten, aus dem Endvermögen unter Berufung auf § 242 herauszunehmen[246].

Beispiel: Ein Lotteriegewinn befindet sich im Endvermögen, zu dem der andere nichts beigetragen hat.

Beispiel: Eine Verbindlichkeit ist auf schlechte Wirtschaftsführung zurückzuführen.

Die Positionen in der Zugewinnausgleichsbilanz sind reine Rechnungsposten. Es handelt sich nicht um Ansprüche, auf die § 242 anzuwenden wäre. Es besteht weitgehend Einigkeit, dass einzelne Positionen nicht unter Berufung auf Billigkeitsgesichtspunkte korrigiert werden dürfen[247].

Das Gesetz kennt mit § 1381 eine spezielle Regelung zur Billigkeits- **273** korrektur eines Zugewinnausgleichsergebnisses. Sie geht als lex specialis der allgemeinen Billigkeitsregel des § 242 vor und verdrängt sie[248]. Sie schließt aus, dass im Verlauf des Rechenprozesses Korrekturen stattfinden, die auf allgemeine Billigkeitserwägungen gestützt sind.

Dabei lässt sich nicht verkennen, dass § 1381 nur einseitig wirken kann. Die Vorschrift kann zu einer dauernden Einrede gegen einen errechneten Ausgleichsanspruch führen. Sie kann aber nicht einen Ausgleichs-

---

246 → Rn. 341.
247 Unzutreffend deshalb: *OLG Hamburg*, 20.10.2014, 2 UF 70/12, NZFam 2015, 219, mit Anm. *Braeuer.*
248 *Gernhuber*, § 36, Rn. 95; *MK/Koch*, § 1381, Rn. 4; *Johannsen/Henrich/Jaeger*, § 1381, Rn. 2.

anspruch begründen. Sie wirkt nur zugunsten des Ausgleichsverpflichteten, nicht aber des Berechtigten. Dieses einseitig erscheinende Ergebnis wird mit dem schematischen Charakter des Zugewinnausgleichssystems gerechtfertigt, das bewusst Unschärfen in Kauf nehme. Tatsächlich passt die Regelung auch zu den sonstigen Vorschriften, die zwar eine pauschale Begrenzung des Anspruchs, etwa durch die Kappungsgrenze des § 1378 II kennen, nicht aber eine entsprechende pauschale Anspruchserhöhung. Anspruchserhöhend können auch die Hinzurechnungen nach § 1375 II wirken. Die Hinzurechnungsbestimmungen sind nach herrschender Ansicht abschließend und nicht analogiefähig[249]. Auch das führt zwangsläufig dazu, dass daneben nicht Korrekturen der Ausgleichsbilanz nach allgemeinen Billigkeitserwägungen zulässig sind.

IV. Beweislast

1. Beweislast hinsichtlich des Endvermögens

a) Allgemeine Beweislast

274   Die Beweislast für das Endvermögen ist von der Stellung im gerichtlichen Verfahren abhängig. Die Beweislast für den Bestand und des Werts der Endvermögen beider Eheleute trägt derjenige Ehegatte, der einen Zugewinnausgleichsanspruch durchsetzen möchten[250].

    Im Zugewinnausgleichsverfahren gelten die allgemeinen Beweislastregeln. Der Antragsteller hat alle Umstände zu beweisen, auf denen sein Anspruch beruht. Der Zugewinnausgleichsanspruch ergibt sich aus dem Vergleich zweier Salden, jeweils dem Saldo zwischen dem End- und dem Anfangsvermögen beider Ehegatten. Beide Salden muss der Antragsteller beweisen, also den des eigenen Zugewinns und den des anderen. Der Saldo beruht jeweils auf den Aktiva und den Passiva aus beiden Bilanzen, so dass der Beweispflicht jede einzelne Position dieser Bilanzen unterliegt.

275   Die Beweislast hängt nicht vom Wesen der zu beweisenden Tatsachen ab, sondern ausschließlich von der Stellung im Verfahren. Die Zugewinnausgleichsberechnungen beider Beteiligter können so weit voneinander abweichen, so dass sie jeweils einen Ausgleichsanspruch gegen den anderen rechtfertigen würden. Der Antrag auf Zugewinnausgleich kann also durch einen Widerantrag ebenfalls auf Zugewinnausgleich beantwortet werden. Antrag- und Widerantragsteller sind jeweils für alle Tatschen beweisbelastet, auf die sich ihr Anspruch stützt. Das gilt auch für solche, bei

---

249 *Johannsen/Henrich/Jaeger*, § 1375, Rn. 29.
250 *BGH*, 1.10.1986, IVb ZR 69/85, FamRZ 1986, 1196; *Staudinger/Thiele*, § 1375, Rn. 44.

denen sie sich zur reinen Verteidigung gegen den anderen jeweils auf Bestreiten beschränken könnten[251].

Beweisbedürftig sind das Vorhandensein oder die Abwesenheit einer jeden einzelnen Position sowie deren Wert. Der Beweisbelastete hat also zu beweisen, wie viele Gegenstände vorhanden waren, hat den Bestand eines Kontos oder die Menge an Gütern zu beweisen. Ferner obliegt ihm der Beweis wieviel der einzelne Gegenstand am Stichtag wert war. Es muss also nicht der Wert des Endvermögens bewiesen werden, sondern der Wert jedes einzelnen Gegenstandes, aus dem es sich zusammensetzt.

Soweit der Gegner im gerichtlichen Verfahren behauptet, **Schulden** 276 gehabt zu haben, die sein Endvermögen mindern, so trifft den Antragsteller auch die Beweislast dafür, dass diese Schulden nicht oder nicht im behaupteten Umfange bestanden haben[252]. Schulden sind demnach **nicht etwa eine Einwendung** des Gegners, deren Voraussetzungen er zu beweisen hätte. Das Maß der Schulden ist Teil der saldobildenden Faktoren und deshalb vom Antragsteller zu beweisen. Dasselbe gilt auch, wenn ein Ehegatte behauptet, er besitze einen Gegenstand nur treuhänderisch. Er behauptet damit eine (verhaltene) Rückgabeschuld gegenüber dem Treugeber, deren Abwesenheit ebenso wie andere Schulden zu beweisen wäre[253].

Eine Beweiserleichterung hat der Antragsteller nur beim **positiven** 277 **Anfangsvermögen** des Gegners. Dieses hat der Gegner zu beweisen. Bei einem negativen Anfangsvermögen des Gegners bleibt es hingegen bei der allgemeinen Beweislast. Dieses hat der Antragsteller zu beweisen (→ Rn. 412).

Ein Antrag auf Zugewinnausgleich beruht zumeist auf einer **Auskunft** 278 des Antragsgegners. Hatte die Auskunft Mängel oder fehlte sie ganz, führt das **nicht zu einer Beweislastumkehr**[254].

b) Sekundäre Vortragslast

Die Abwesenheit von Schulden zu beweisen, bedeutet für den Antrag- 279 steller die Notwendigkeit, eine **negative Tatsache** zu beweisen. Obwohl es schwer ist, einen negativen Beweis zu führen, hat das keine Umkehr der Beweislast zur Folge. Statt dessen kann der Antragsteller sich jedoch auf

---

251 *OLG Düsseldorf*, 28.11.2007, 8 UF 94/07, FamRZ 2008, 1858.
252 *BGH*, 20.4.1989, IVb ZR 48/88, FamRZ 1989, 954, Rn. 20; *OLG Rostock*, 13.7.2005, 10 UF 67/03, FamRZ 2005, 418; *OLG Hamburg*, 20.10.2014, 2 UF 70/12, NZFam 2015, 219, mit Anm. *Braeuer; Johannsen/Henrich/Jaeger*, § 1375, Rn. 31; *MK/Koch*, § 1375, Rn. 37; *Erman/Budzikiewicz*, § 1375 BGB, Rn. 13; a.A. *Schwab/Schwab*, VII Rn. 316 und *Kogel*, Strategien, Rn. 1473.
253 Unzutreffend deshalb: *MK/Koch*, § 1375 Rn. 18.
254 *BGH*, 1.10.1986, IVb ZR 69/85, FamRZ 1986, 1196; *Staudinger/Thiele*, § 1375, Rn. 44; *Schulz/Hauß*, Kap. 1, Rn. 106.

eine Beweiserleichterung berufen, indem den Gegner bei negativen Tatsachen eine gesteigerte **Substantiierungspflicht** trifft.

Es entspricht gefestigter Rechtsprechung des *BGH*, dass der Beweis für die Abwesenheit von Tatschen erst geführt werden kann, wenn der Gegner diese hinreichend substantiiert behauptet hat[255]. Das bedeutet angewandt auf das Zugewinnausgleichsverfahren:

Wenn der Antragsteller seinen Antrag mit der Behauptung begründet, der Gegner habe am Stichtag keine Schulden gehabt, so ist das im ersten Schritt für einen schlüssigen Vortrag ausreichend. Der Gegner kann seinen erheblichen Einwand nicht darauf beschränken, die Abwesenheit von Schulden zu bestreiten. Er hat im Wege der **sekundären Darlegungslast** nunmehr substantiiert darzulegen, welche Schulden bestanden haben. Das muss unter Angabe von Gläubiger, Schuldgrund und sonstigen Umständen des Schuldverhältnisses geschehen.

280   Hat der Gegner seiner sekundären Darlegungslast genügt, so liegt die Last, diese Behauptung durch Beweis zu widerlegen, uneingeschränkt beim Antragsteller. Die sekundäre Vortragslast darf also nicht, wie das in der Praxis häufig geschieht, mit einer Beweislastumkehr verwechselt werden. Das Risiko, dass nach einer erfolgten Beweisaufnahme der notwendige Beweis als nicht erbracht angesehen werden muss, liegt alleine beim Antragsteller[256].

2. Beweislast bei Hinzurechnungen

281   Für die Hinzurechnungen nach § 1375 II 1 gilt die allgemeine Beweislast nicht. Rechtsprechung und einhellige Literaturmeinung sehen die Hinzurechnungstatbestände als **Ausnahme** von der allgemeinen Definition des Endvermögens in § 1375 I an. Nach der Regel, dass derjenige die Ausnahme zu beweisen hat, der sich darauf beruft, muss derjenige eine illoyale Vermögensverfügung beweisen, der sie geltend macht. Das gilt unabhängig von der Beteiligtenstellung im Verfahren[257].

Der Beweislast unterliegt nicht nur die Verfügung als solche, die behauptet wird. Bewiesen werden muss auch, dass sie **unentgeltlich** war oder dass sie in **Benachteiligungsabsicht** geschehen ist.

282   Es wird erwogen, eine Beweislastumkehr zugunsten des Ausgleichsgläubigers eintreten zu lassen, wenn unstreitig ist, dass das Vermögen zur

255 *BGH*, 6.10.2010, XII ZR 202/08, FamRZ 2010, 1971, Rn. 23.
256 *Schulz/Hauß*, Kap. 1, Rn. 104.
257 *OLG Düsseldorf*, 8.4.1981, 3 WF 44/81, FamRZ 1981, 806; *Schwab/Schwab*, VII Rn. 317; *Schulz/Hauß*, Kap. 1, Rn. 108.

Zeit der Trennung höher war als am Stichtag des § 1384[258]. Dem ist nicht zu folgen. Allerdings kann sich eine Beweiserleichterung durch die **sekundäre Vortragslast** ergeben. Wenn der Ausgleichsgläubiger behauptet, die Verringerung des Vermögens seit der Trennung beruhe auf einer illoyalen Verfügung, kann es dem anderen Ehegatten obliegen, die Verwendung des Vermögens konkret vorzutragen. Nach Ansicht des *BGH* enthält die allgemeine Behauptung, die Verringerung sei nicht anders als durch eine illoyale Verfügung zu erklären, eine Behauptung, die die sekundäre Vortragslast auslöst[259]. Die Entscheidung des *BGH* dürfte zu weit gehen. Eine sekundäre Vortragslast kann nur ausgelöst werden, wenn der Vortragsbelastete seinerseits eine Tatsachenbehauptung aufgestellt hat. Eine schlichte Schlussfolgerung, dass es keine andere Erklärung für die Vermögensminderung geben würde, ist nicht der Vortrag eines Sachverhaltes[260]. Die Erwägungen des *BGH* würden im Ergebnis zu einer echten Beweislastumkehr führen, für die das Gesetz keine Grundlage bietet. Es kann andererseits als konkreter Sachvortrag ausreichen, wenn auf eine hohe Kontobewegung verwiesen wird, deren Anlass nicht ersichtlich ist. Dann wird der Kontoinhaber aufgrund sekundärer Vortragslast anzugeben habe, was Anlass für die Kontobewegung war, andernfalls angenommen wird, dass die Verfügung in Schädigungsabsicht geschehen sei[261].

Bei § 1375 III handelt es sich wiederum um eine **Ausnahme von der Ausnahme.** Wer geltend macht, dass die illoyale Verfügung länger als 10 Jahre zurückliege, oder wer die Zustimmung des anderen zu der Verfügung behauptet, muss das beweisen[262]. **283**

3. Beweislastumkehr bei höherem Trennungsvermögen

§ 1375 II 2 begründet die Vermutung, dass eine Vermögensminderung illoyal gewesen sei, wenn sie zwischen Trennung und Stichtag des Endvermögens eingetreten ist. Die Vorschrift ist durch die Güterrechtsreform 2009 neu eingefügt worden. Das Gesetz hat dafür einen zusätzlichen Auskunftsanspruch auf einen dritten Zeitpunkt geschaffen, auf den Zeitpunkt der Trennung (§ 1379 I 1 Nr. 1). Ergibt sich aus dieser Auskunft, dass das Vermögen zum Zeitpunkt der Trennung höher war als am Stich- **284**

---

258 Das *OLG München* (18.7.2013, 26 UF 447/13 – juris), möchte auch Trennungsvermögen, über das keine Trennungsauskunft erteilt worden ist, das aber unstreitig ist, als Vergleichsmaßstab heranziehen. Der *BGH* hat das in der zugehörigen Rechtsbeschwerdeentscheidung (12.11.2014, XII ZB 469/13, FamRZ 2015, 15) offen gelassen.

259 *BGH*, 12.11.2014, XII ZB 469/13, FamRZ 2015, 232, mit (insoweit) ablehnender Anm. *Braeuer*.

260 So zutreffend: *OLG Zweibrücken*, 28.8.2014, 45/14, NZFam 2014, 1052.

261 *Büte*, Rn. 56.

262 *Soergel/Kappler*, § 1375, Rn. 34; *Schulz/Hauß*, Kap. 1, Rn. 109.

tag des Endvermögens, so wird vermutet, dass die Verringerung auf Verfügungen beruht, die gemäß § 1375 II 1 dem Endvermögen hinzuzurechnen sind (illoyale Vermögensverfügungen). Die Auskunft auf den Trennungstag wird verglichen mit dem festgestellten Endvermögen. Ergibt sich daraus die Differenz, so hat der betreffende Ehegatte darzulegen und zu beweisen, dass Ursache der Vermögensverringerung nicht eine der drei illoyalen Verfügungen des Satzes 1 ist. Es handelt sich um eine widerlegliche gesetzliche Vermutung.

Die Auskunft auf den Trennungszeitpunkt entspricht inhaltlich derjenigen über das Endvermögen. Sie kann sofort nach der Trennung verlangt werden. Ein Ehescheidungsverfahren oder ein Verfahren auf vorzeitigen Zugewinnausgleich ist nicht Voraussetzung für den Auskunftsanspruch (§ 1379 II). Der Trennungszeitpunkt soll über diese Auskunftspflicht keine zusätzliche Stichtagswirkung bekommen. Die Auskunft auf den Trennungstag erlangt ihre Bedeutung nur über die Vermutungswirkung des § 1375 II 2[263].

a) Bestimmung des Trennungszeitpunktes

285   Der Trennungszeitpunkt ist nicht immer offensichtlich und kann Gegenstand eines Streits werden. Es liegt auch nahe, den Streit über den Trennungstag willkürlich herbeizuführen, um damit die schwerwiegenden Wirkungen der daran geknüpften Beweislastumkehr zu vermeiden. Der Streit wird nicht im Betragsverfahren, sondern im Verfahren um die Auskunftserteilung geführt werden. Ausgangspunkt für die Vermutungswirkung des § 1375 II 2 ist eine **tatsächlich erteilte Auskunft**, die auf einen bestimmten Stichtag erteilt ist. Im Betragsverfahren kann deshalb der Streit um den Trennungstag keine Rolle mehr spielen.

Zur Beweislastumkehr kann es nur kommen, wenn eine Auskunft über das Vermögen am Trennungstag erteilt ist.

Zur Problematik des Auskunftsanspruches auf den Trennungstag → Rn. 661.

b) Vergleichsgrößen für die Vermutung

286   Voraussetzung für die Vermutungswirkung des § 1375 II 2 ist, dass sich das Vermögen, das auf das Ende des Güterstandes oder auf den Zeitpunkt der Scheidungsrechtshängigkeit festgestellt wird, geringer ist als das Vermögen, über das auf den Trennungszeitpunkt Auskunft erteilt worden ist. Ob es diesen Unterschied gibt, ist auf demselben Wege festzustellen,

---

263   Nach einer umstrittenen Ansicht kann eine verweigerte Auskunft auf den Trennungszeitpunkt den Anspruch auf vorzeitigen Zugewinnausgleich auslösen (→ Rn. 721).

auf dem ein Zugewinn ermittelt wird. Es sind also zwei Bilanzen auf die beiden Zeitpunkte aufzustellen und deren Salden zu vergleichen. Ergibt sich ein Verlust, so begründet dieser die Vermutung.

Demgegenüber wird einschränkend vertreten, die Vermutungswir-   **287** kung trete nur ein, wenn entweder bei gleichbleibender Zusammensetzung ein Vermögensgegenstand nicht mehr vorhanden ist oder dass bei geänderter Zusammensetzung ein fehlender Gegenstand nicht offensichtlich ersetzt worden ist[264]. In derartigen Fällen besteht die Vermutung gewiss. Sie kann aber nicht darauf beschränkt werden. Die Vermutungswirkung tritt, ohne dass es auf einzelne Gegenstände ankäme, immer dann ein, wenn der Saldo am Stichtag des Endvermögens geringer ist als der Saldo am Trennungstage.

Der Gesetzeswortlaut macht nicht das wirkliche Trennungsvermögen,   **288** sondern das **in der Auskunft erklärte zum Vergleichsmaßstab**. Das ist anders als beim Endvermögen, bei dem es nicht auf den Inhalt der Auskunft, sondern den tatsächlichen Vermögensbestand ankommt. Es gibt also verschiedene Vergleichsgrößen. Beim **Trennungsvermögen ist es der subjektive** Bestand maßgeblich, der sich aus der Auskunft ergibt, beim **Endvermögen der objektive Bestand**[265]. Der andere Ehegatte kann sich auf die Vermutungswirkung berufen, wenn sich aus diesem Vergleich eine Verringerung des Vermögens ergibt (→ Rn. 812).

Dass das erklärte Trennungsvermögen und nicht etwa das tatsächlich festgestellte der Maßstab ist, folgt aus dem Gesetzeswortlaut. Die Regelung ist aber auch sinnvoll, denn sie gibt dem Ausgleichsschuldner den Anreiz, die Auskunft möglichst vollständig und richtig abzugeben; denn andernfalls würde er die Vermutungswirkung gegen sich auslösen.

Tatsächlich ist der Ausgleichsberechtigte aber nicht gehindert vorzutragen und zu beweisen, dass das Vermögen des anderen am Trennungstag höher war, als sich das aus dessen Auskunft ergibt.

Beispiel: Die Auskunft auf den Trennungszeitpunkt enthält einen Gegenstand nicht, von dem der andere Ehegatte weiß, dass er damals vorhanden war.

Dem anderen Ehegatten steht die Möglichkeit offen, vorzutragen und zu beweisen, dass die Auskunft auf den Trennungstag falsch und das Vermögen tatsächlich höher war als in der Auskunft angegeben. Wenn er damit nachweist, dass sich das Vermögen bis zum Stichtag des Endvermögens verringert hat, so begründet auch das die Vermutung des § 1375 II 2.

---

264 *Hoppenz/Hoppenz*, § 1376, Rn. 100.
265 Das *OLG München* (18.7.2013, 26 UF 447/13 – juris), möchte auch Trennungsvermögen, über das keine Trennungsauskunft erteilt worden ist, das aber unstreitig ist, als Vergleichsmaßstab heranziehen. Der *BGH* hat das in der zugehörigen Rechtsbeschwerdeentscheidung (12.11.2014, XII ZB 469/13, FamRZ 2015, 15) offen gelassen.

In den Vermögensvergleich zur Begründung der Vermutung kann also statt des subjektiven auch das objektive Trennungsvermögen einbezogen werden. Es obliegt dann dem Ehegatten, der die unrichtige Trennungsauskunft erteilt hat, die Vermutung zu widerlegen. Diese erweiterte Auslegung ergibt sich zwar nicht unmittelbar aus dem Gesetzeswortlaut. Sie ist aber notwendig, weil sonst die Vermutungswirkung zu leicht umgangen werden könnte, indem zum Trennungsvermögen unvollständige Auskunft erteilt wird.

289   Zweifelhaft ist allerdings, ob die Möglichkeit, den Bestand des Trennungsvermögens zu beweisen, so weit geht, dass auch ein **Sachverständigengutachten** über den Wert des Trennungsvermögens verlangt werden kann. Soweit ersichtlich, ist das noch nicht erörtert worden. Dagegen spricht, dass der Wert des Trennungsvermögens nicht die Höhe des Ausgleichsanspruchs bestimmt, sondern nur Grundlage für eine gesetzliche, widerlegliche Vermutung ist. Die Vermutung ist darauf gerichtet, eine illoyale Verfügung des betroffenen Ehegatten anzunehmen. Wenn es nur um eine Wertveränderung einzelner Gegenstände geht, die auch im Endvermögen noch vorhanden sind, kann das aus der Natur der Sache nicht die Vermutung für eine Verfügung begründen. Einer Bewertung durch einen gerichtlich bestellten Sachverständigen ist somit das Trennungsvermögen dann nicht zugänglich.

Fehlt hingegen im Endvermögen ein Gegenstand, der sich in der Auskunft zum Trennungsvermögen befindet, so ist dessen Wert von Bedeutung, um den Umfang der Beweislastumkehr zu ermitteln. Eine gutachterliche Feststellung des Werts wird zuzulassen sein. Andernfalls ergäbe sich eine einfache Möglichkeit des Missbrauchs, indem zur Vermeidung der Vermutungswirkung der Wert von Gegenständen willkürlich gering angegeben wird.

c) Widerlegen der Vermutung

290   Der belastete Ehegatte hat darzulegen und zu beweisen, dass seine Vermögensminderung seit der Trennung nicht auf einer Handlung beruht, die in den Nummern 1 bis 3 des Absatzes 2 bezeichnet ist. Andernfalls wird das am Trennungstage vorhandene Vermögen als Endvermögen behandelt, sofern es im Wert das auf den Endstichtag festgestellte Vermögen übersteigt. Der andere Ehegatte muss nicht eine konkrete illoyale Handlung behaupten, sondern kann sich in seinem Vortrag auf die an die Vermögensminderung geknüpfte Vermutung beschränken[266]. Der notwendige Beweis kann deshalb nur geführt werden, indem **vollständig Rechnung gelegt** wird für den Zeitraum zwischen Trennung und dem Endstich-

---

266 *Johannsen/Henrich/Jaeger*, § 1375, Rn. 31.

tag[267]. Für jede einzelne Verfügung muss bewiesen werden, dass sie nicht einen der Tatbestände des § 1375 II erfüllt.

Beispiel: Das Endvermögen ist um 10.000 € niedriger als das Trennungsvermögen. Im Trennungszeitraum sind aber Einkünfte von 100.000 € zugeflossen.

Wenn sich das Vermögen seit der Trennung verringert hat, genügt es nicht, nur in Höhe der Differenz Vermögensverfügungen nachzuweisen, die nicht zu beanstanden sind. Nur in Ausnahmefällen wird es genügen, den Verbleib eines Gegenstandes zu rechtfertigen, der im Trennungszeitpunkt noch vorhanden war, zum Stichtag aber fehlt. Das ist nur ausreichend, wenn feststeht, dass es sonst keine Vermögensbewegungen gegeben hat, die das Endvermögen hätten verringern können. Im Normalfall finden in dem Trennungszeitraum Vermögensbewegungen in beiden Richtungen statt. Es fließen Einnahmen zu, und Ausgaben werden getätigt. Überwiegend werden das Bewegungen im Rahmen der normalen Wirtschaftsführung sein. Je nach wirtschaftlichen Verhältnissen werden Einnahmen und Ausgaben einigermaßen ausgeglichen. Wenn die Differenz aber negativ ist, wird sie wie im Beispielsfall häufig recht geringfügig im Vergleich zu den Zuflüssen in dem Zeitraum sein. Dann wäre es gewöhnlich sehr einfach, in Höhe der Differenz unbedenkliche Ausgaben nachzuweisen, während die illoyalen in der Masse der übrigen Ausgaben verborgen sind.

Auch wenn es im Trennungszeitraum keine Zuflüsse gegeben haben sollte, müssen, sofern die Vermutungswirkung eingreift, alle Verfügungen aus dem Zeitraum gerechtfertigt werden. Die Vermutungswirkung des § 1375 II 2 richtet sich nicht auf eine konkrete Verfügung, sondern begründet allgemein die Vermutung, dass einzelne Verfügungen illoyal gewesen seien. Der **Verdacht richtet sich gegen jede Verfügung**. Deshalb kann die Vermutung nur durch eine **vollständige Rechnungslegung** über den Zeitraum entkräftet werden. Die Vermutung des § 1375 II 2 kann nur widerlegt werden, indem hinsichtlich jeder einzelnen Verfügung im Trennungszeitraum nachgewiesen wird, dass sie nicht unter § 1375 II 1 fällt.

291

Die Vermutungswirkung kann auch dadurch widerlegt werden, dass der Auskunftsschuldner nachweist, dass sein Vermögen am Trennungstag geringer war, als in der Auskunft angegeben war. Wenn er dadurch beweist, dass sich das Vermögen bis zum Stichtag des Endvermögens nicht verringert hat, so ist die Grundlage für die Vermutung entfallen, und einzelne Verfügungen müssen nicht mehr gerechtfertigt werden.

292

---

267 Bestätigend *Palandt/Brudermüller*, § 1375, Rn. 34.

d) Trennungszeitpunkt als faktischer Stichtag des Endvermögens

293   Durch die Auskunftspflicht auf den Tag der Trennung soll kein neuer Stichtag im System des Zugewinnausgleichs geschaffen werden. Tatsächlich wird die Vermutungswirkung, die an diese Auskunft geknüpft ist, den Trennungstag zum faktischen Stichtag machen, soweit sich das Vermögen danach verringert hat. Die Vermutung, dass die Vermögensverringerung auf illoyalen Verfügungen beruhen würde, kann nur durch vollständige Abrechnung aller Zahlungsvorgänge zwischen Trennung und Endvermögensstichtag widerlegt werden. Dazu wird der in Anspruch Genommene meist entweder nicht in der Lage oder nicht bereit sein. Er wird deshalb das Trennungsvermögen als Berechnungsgrundlage für den Zugewinnausgleich hinnehmen und damit faktisch den Stichtag schaffen.

Damit ist die Vermögensauskunft auf den Zeitpunkt der Trennung im System des Zugewinnausgleichs von sehr großer Bedeutung. Es ist abzusehen, dass sich in der Praxis das Interesse stark darauf richten wird. Damit erlangen auch Strategien besondere Bedeutung, die darauf gerichtet sind, die Auskunft auf den Trennungstag zu vermeiden. Das ist recht einfach, wenn der Tag der Trennung streitig gestellt wird (→ Rn. 664). Wenn sich der in Anspruch Genommene zur Vermeidung der Auskunftspflicht auf einen Trennungszeitraum statt auf einen Trennungstag beruft, wird ihm das in der Regel auch nicht zu widerlegen sein.

D. Anfangsvermögen

I. Wesen des Anfangsvermögens

294   Das Anfangsvermögen (§ 1374 I) ist neben dem Endvermögen die zweite Größe, die mit dem Endvermögen verglichen und aus deren Differenz der Zugewinn errechnet wird. Es ist wie das Endvermögen ein reiner Rechnungsposten, keine besondere Vermögensmasse. Insbesondere genießen die Gegenstände, die bei Beginn des Güterstandes vorhanden waren, also das Anfangsvermögen bilden, innerhalb des Gesamtvermögens des Ehegatten keinerlei besondere Behandlung, und sie werden auch im Endvermögen nicht anders behandelt als jeder andere Vermögensgegenstand des Endvermögens auch.

Das Anfangsvermögen setzt sich aus allen Vermögensgegenständen zusammen, die einem Ehegatten bei Beginn des Güterstandes gehörten, sowie aus seinen Verbindlichkeiten. Unerheblich ist, was aus ihnen während der Dauer des Güterstandes geworden ist, ob sie zum Zeitpunkt des Endvermögens noch vorhanden, ob sie umgestaltet oder verloren sind. Auch der Bestand des Anfangsvermögens wird blitzlichtartig durch Betrachtung nur des Anfangsstichtages ermittelt, ohne Vorgänge vor oder nach dem Stichtag zu betrachten.

Zum Bestand des Anfangsvermögens gehören auch die Gegenstände, **295** die erst nach Beginn des Güterstandes hinzugekommen sind, die aber aufgrund der Hinzurechnungsvorschrift des § 1374 II so behandelt werden, als wären sie bei Beginn des Güterstandes schon vorhanden gewesen. Diese privilegierten Erwerbe werden ebenso wie das originäre Anfangsvermögen in die Anfangsbilanz eingestellt. Ihr weiteres Schicksal ist ebenso wie beim sonstigen Anfangsvermögen unerheblich. Insbesondere spielt es keine Rolle, ob die einzelnen Gegenstände im Endvermögen noch vorhanden sind und ob sich bis dahin etwa ihr Wert verändert hat.

Das Anfangsvermögen ist als Bilanz aufzustellen wie das Endvermögen auch. Für beide gelten deshalb dieselben Grundsätze, die zusammenfassend in Abschnitt B dargestellt worden sind. In diesem Abschnitt werden die Besonderheiten erläutert, die sich speziell für das Anfangsvermögen ergeben.

II. Stichtag für das Anfangsvermögen

Stichtag für die Ermittlung des Anfangsvermögens ist der Beginn des **296** Güterstandes[268]. In den meisten Fällen beginnt der Güterstand mit der **Eheschließung**. Er ist dann einfach anhand der Heiratsurkunde zu ermitteln. Der Güterstand kann nie vor der Eheschließung beginnen[269]. Sein Anfang kann aber danach liegen. Dafür sind insbesondere die folgenden Konstellationen zu beachten.

Den Eheleuten steht die Gestaltung ihres Güterstandes durch **Ehever-** **297** **trag** offen. § 1408 sieht als Möglichkeit ausdrücklich vor, den Güterstand während bestehender Ehe aufzuheben. Das bezieht sich nicht nur auf den gesetzlichen Güterstand, sondern auch auf vertragliche Güterstände. So kann eine ursprünglich vereinbarte Gütertrennung nachträglich aufgehoben werden. Dann beginnt der für den Zugewinnausgleich maßgebliche gesetzliche Güterstand mit dem Ehevertrag, der die Gütertrennung beendet. Der Wechsel des Güterstandes kann, wenn das vereinbart wird, auch vor oder nach dem Tag des Vertragsschlusses wirksam werden.

Der Stichtag muss nicht mit dem Beginn des Güterstandes identisch **298** sein, wenn durch Ehevertrag etwas anderes vereinbart ist. Es ist auch mög-

---

268 *Schwab/Schwab*, VII Rn. 128.
269 *Rakete-Dombek* (FPR 2009, 270, 271) plädiert de lege ferenda dafür, den Stichtag für das Anfangsvermögen auf den Beginn des Zusammenlebens festzulegen, weil das nach heutiger Praxis in der Regel der Beginn der Gemeinschaft sei.

lich, den Stichtag auf einen beliebigen Tag nach der Eheschließung zu vereinbaren, ohne den gesetzlichen Güterstand aufzuheben. Allerdings kommt das in seiner Wirkung einer Gütertrennung bis zum vertraglich vereinbarten Stichtag sehr nahe.

299   Ob auch ein Stichtag vereinbart werden kann, der vor der Eheschließung liegt, ist streitig. Gestützt auf eine Entscheidung des *OLG Hamburg*[270] wird das in Literatur überwiegend als möglich angesehen[271]. Die Gegenansicht von *Coester-Waltjen*[272] verdient jedoch den Vorzug[273]. Damit werde der Funktionssinn der Zugewinngemeinschaft überschritten. Dass dieser Einwand richtig ist, ergibt ein Blick auf die steuerliche Wirkung. Die Zahlung von gesetzlichem Zugewinnausgleich ist nach dem ErbStG nicht steuerbar, weil der Steuertatbestand nicht erfüllt ist. Wenn vorehelicher Erwerb auf den anderen Partner übertragen wird, ist das steuerbare Schenkung (§ 1 I Nr. 2 ErbStG). Wird der Stichtag vor das Eheschließungsdatum verlegt, so entsteht eine Mischung aus gesetzlichem Zugewinnausgleich und Schenkung. Durch Veränderung des gesetzlichen Güterstandes kann also kein Stichtag begründet werden, der vor der Eheschließung liegt.

300   Außerhalb eines Ehevertrages (§ 1408) kann ein Stichtag, der vom Eheschließungsdatum abweicht, nicht vereinbart werden. Sobald der Stichtag für das Anfangsvermögen verändert wird, kann sich die Zugewinnausgleichsforderung erhöhen oder verringern. Für einen der Ehegatten hat das deshalb immer die Wirkung, als würde über die Zugewinnausgleichsforderung verfügt. Dem steht das Verfügungsverbot des § 1378 III 3 entgegen. Der Stichtag kann deshalb nur durch einen Vertrag, der den Güterstand selbst verändert und damit den Charakter eines Ehevertrages hat, verändert werden.

III. Negatives Anfangsvermögen

301   Das Gesetz ordnet in § 1374 III an, dass bei der Ermittlung des Anfangsvermögens Verbindlichkeiten über die Höhe des Vermögens hinaus abzuziehen seien. Damit ist gemeint, dass das Anfangsvermögen auch negativ sein kann. Der Wortlaut der Vorschrift ist ungenau. Der Begriff *Vermögen* in Absatz 3 ergibt nur dann einen Sinn, wenn damit ausschließlich positive Vermögensgegenstände gemeint sind. Gleichzeitig verwendet die Überschrift desselben Paragraphen den Begriff *Vermögen* anders. Denn

---

270 25.2.1964, 1 U 171/636, NJW 1964, 1076.
271 *Staudinger/Thiele*, § 1374, Rn. 49; *Palandt/Brudermüller*, § 1374, Rn. 3.
272 *Gernhuber/Coester-Waltjen*, § 36, Rn. 32.
273 Dagegen ausdrücklich *Johannsen/Henrich/Jaeger*, § 1374, Rn. 4.

Absatz 3 definiert das Anfangsvermögen, das per Saldo sowohl positiv als auch negativ sein kann. Über das Verständnis der Vorschrift gibt es jedoch keinen Streit.

Die Möglichkeit, dass Anfangsvermögen negativ sein kann, ist durch **302** die Güterrechtsreform 2009 eingeführt worden. Damit sollte eine Gerechtigkeitslücke geschlossen werden, was zu Recht allgemein begrüßt worden ist. Auch das Endvermögen kann seither negativ sein. Der Kern der Reform liegt jedoch in der Möglichkeit eines negativen Anfangsvermögens. Sie richtet sich auf folgendes Ziel: Wenn ein Ehegatte bei der Eheschließung überschuldet ist und während der Ehe Schulden abbaut, so wird die Verringerung der Schulden als Vermögenszuwachs behandelt, der über den Zugewinnausgleich mit dem anderen Ehegatten zu teilen ist.

Ein negatives Anfangsvermögen hat immer zur Folge, dass der Abstand zum Endvermögen größer sein kann, als wenn es mindestens Null betrüge. Das potentiell negative Endvermögen ist mithin die notwendige Ergänzung zum potentiell negativen Anfangsvermögen.

Beispiel: Das Anfangsvermögen des Mannes ist minus 100 und das Endvermögen minus 50. Der Zugewinn der Frau ist 100.

Nach geltendem Recht beträgt der Zugewinn des Mannes 50, sein Zugewinnausgleichsanspruch 25. Wenn, wie nach altem Recht, Anfangs- und Endvermögen mindestens Null sind, dann beträgt der Zugewinn des Mannes Null und sein Zugewinnausgleichsanspruch 50.

IV. Wertveränderung des Anfangsvermögens

Infolge des Bilanzierungsprinzips spielt es keine Rolle, ob einzelne Gegenstände während des Güterstandes ihren Wert verändert haben. Die **303** Bewertung wird zu jedem Bilanzstichtag selbständig und unabhängig von der Bewertung zum anderen Stichtag vollzogen. Dennoch wird seit der Einführung der Zugewinngemeinschaft immer wieder erörtert, ob Wertveränderungen eines Gegenstandes, zu denen der andere Ehegatte nichts beigetragen hat, aus der Zugewinnausgleichsberechnung auszuscheiden seien. Dafür werden vor allem Grundstücke erwähnt, die völlig unverändert im Anfangs- wie im Endvermögen vorhanden sind und deren Wert sich nur aufgrund der allgemeinen Marktentwicklung verändert hat.

Es ist das Wesen der Zugewinngemeinschaft mit ihrem Stichtagsprinzip und ihrer bilanziellen Ermittlung des Zugewinns, dass (echte) Wertveränderungen einzelner Gegenstände vom Zugewinn erfasst werden. Die ganz überwiegende Meinung lehnt es deshalb ab, Wertveränderungen von Gegenständen, die sowohl im Anfangs- wie im Endvermögen vorhanden

sind, herauszurechnen[274]. Insoweit unterscheidet sich die Wahl-Zuge-
winnngemeinschaft des § 1519. Dort ist in Art. 9 II geregelt, dass Grundstücke im Anfangs- wie im Endvermögen gleich zu bewerten seien. Wertsteigerungen eines Grundstücks aus dem Anfangsvermögen führen also
nicht zu Zugewinn. Wegen dieser ausdrücklich verschiedenen Regelung
gleicher Sachverhalte in den beiden vergleichbaren Güterständen, kommt
eine ausweitende Auslegung in der gesetzlichen Zugewinngemeinschaft
nicht in Betracht.

304   Es wird erwogen, eine starke Überschuldung im Anfangsvermögen
nicht mit ihrem Nominalwert, sondern geringer anzusetzen, wenn der
Ehegatte sich in der Ehe durch eine schon absehbare Privatinsolvenz von
den Schulden befreit hat[275]. Dem ist die Rechtsprechung zu recht nicht gefolgt[276]. Wird die Schuld im Anfangsvermögen mit ihrem Nominalwert
angesetzt, so führt die Schuldbefreiung in der Ehe zu einem Vermögenszuwachs, der mit dem anderen Ehegatten über den Zugewinnausgleich zu
teilen ist. Davon abzuweichen, würde das Stichtagsprinzip verletzen. Die
Restschuldbefreiung beruht auf einem späteren Vorgang in der Ehe und
hat deshalb den Wert der Verbindlichkeit bei Beginn des Güterstandes
noch nicht beeinflusst. Auch bei wertender Betrachtung scheint es nicht
richtig, die Möglichkeit einer späteren Privatinsolvenz schon im Anfangsvermögen zu berücksichtigen. Die Privatinsolvenz verlangt eine lange
Wohlverhaltensphase mit starker wirtschaftlicher Einschränkung, die von
beiden Eheleuten gemeinsam ertragen werden muss.

305   De lege lata ist versucht worden, Wertveränderungen eines Gegenstandes des Anfangsvermögens ebenfalls gemäß § 1374 II zu privilegieren[277].
Das hat vereinzelt Zustimmung gefunden unter Hinweis darauf, in der
Errungenschaftsgemeinschaft hätte das auch dem Prinzip entsprochen
(§ 1521 a.F.)[278]. Damit wird jedoch verkannt, dass ausweislich der amtlichen Gesetzesbegründung die Regelungen der Errungenschaftsgemeinschaft gerade nicht übernommen werden sollten[279]. Bei der Zugewinngemeinschaft mit ihrem Bilanzprinzip würde das auch auf unüberwindliche
rechnerische Schwierigkeiten stoßen[280].

306   Es gibt auch unverändert Stimmen, die eine Gesetzesänderung für erforderlich halten, um Wertsteigerungen von Gegenständen des Anfangs-

---

274 *Muscheler*, FamRZ 1998, 265, 267; *Gernhuber/Coester-Waltjen*, § 36, Rn. 66; *MK/Koch*,
     § 1373, Rn. 14.
275 *Kogel*, FamRZ 2013, 1352.
276 *OLG Stuttgart*, 25.4.2014, 18 WF 85/14, NJW-Spezial 2014, 294.
277 *OLG Koblenz*, 3.10.1984, 13 WF 596/84, FamRZ 1985, 286.
278 *Soergel/Kappler*, 12. Aufl. § 1374, Fn. 11a.
279 BT-Drucks. 2/224, 42.
280 *Muscheler*, FamRZ 1998, 265, 268.

vermögens aus dem Zugewinn herauszuhalten[281]. Es ist zu begrüßen, dass der Gesetzgeber diesen Anregungen nicht gefolgt ist.

Schon die Grundannahme, auf die die Forderung gestützt wird, ist nicht überzeugend. So heißt es bei *Gernhuber*[282]: „Keine Frage: Realer Wertzuwachs durch Änderung der Marktdaten ist gewiss kein Gewinn, der in irgendeiner (und sei es noch so sublimierten Form) ursächlich auf die Ehe bezogen werden kann." Die Aussage trifft nicht zu. Es ist eine eminent wirtschaftliche Entscheidung, ein Wertpapier nicht zu veräußern, sondern auf seine Wertsteigerung zu spekulieren. Deshalb beruht eine Wertsteigerung, wenn sie denn eingetreten ist, auch auf der Entscheidung, den Gegenstand zu behalten, und ist damit ehebedingt.

In der Diskussion spielt vor allem das ererbte Grundstück eine erheb-   **307** liche Rolle, an dessen Wertsteigerung der andere keinen Anteil habe. Diese Wertsteigerung aus dem Zugewinn herauszuhalten, wäre schon deshalb nicht praktikabel, weil eine nur marktbedingte Veränderung und eine auf Investitionen beruhende Veränderung kaum voneinander getrennt werden können. Zu einer Gesetzesänderung besteht jedenfalls nach Einführung des Güterstandes der **Wahl-Zugewinngemeinschaft** kein Bedürfnis mehr. In deren Art. 9 II heißt es: *Anfangsvermögens mit Ausnahme des Nießbrauchs und des Wohnrechts werden jedoch mit dem Wert angesetzt, den sie am Tag der Beendigung des Güterstandes haben. Wurden diese Gegenstände während der Ehe veräußert oder ersetzt, so ist der Wert am Tag der Veräußerung oder Ersetzung zugrunde zu legen. Änderungen ihres Zustandes, die während der Ehe vorgenommen worden sind, werden bei der Bewertung des Anfangsvermögens nicht berücksichtigt.* Dieser Wahlgüterstand, dem ein rechtsvereinheitlichendes Abkommen mit der Französischen Republik zugrunde liegt, beruht auf dem französischen Verständnis der Zugewinngemeinschaft (participation aux acquêts). Dort gilt für alle Gegenstände des Anfangsvermögens, dass sie nach dem Marktwerten des Endvermögens zu bewerten seien (Art. 1571 französischer code civil). Der gemeinsame Wahlgüterstand hat das für Grundstücke übernommen. Angesichts der Wahlmöglichkeit nun auch im deutschen Recht besteht für eine Gesetzesänderung beim gesetzlichen Güterstand kein Bedarf mehr.

V. Indexierung des Anfangsvermögens

Von den in Abschnitt IV erörterten Wertveränderungen sind solche zu   **308** unterscheiden, die sich ausschließlich daraus ergeben, dass sich der Wertmaßstab, der Geldwert, verändert hat. Der Zugewinn ist durch bilanziel-

---

281 *Battes*, FamRZ 2007, 313; *ders.*, FamRZ 2009, 261.
282 *Gernhuber*, FamRZ 1984, 1053.

len Vermögensvergleich zu ermitteln. Die Differenz der beiden Salden, die auf den Anfangs- und den Endstichtag ermittelt worden sind, bildet den Zugewinn. Das hat zur Folge, dass auch Wertsteigrungen, die rein zufällig sind, zu denen der andere Ehegatte jedenfalls nichts beigetragen hat, Teil des Zugewinns sein können. Das ist das gewollte Ergebnis des gesetzlichen Güterstandes. Die rein schematische Betrachtung erfasst aber nicht nur Wertveränderungen bei den Vermögensgegenständen der Eheleute, sondern auch Wertveränderungen der Währungseinheit, in der die Bilanzen erstellt sind. Diese Geldwertveränderung verfälscht das bilanzielle Ergebnis. Dafür muss eine Lösung gefunden werden.

1. Grundsätzliches

309   Rechtsprechung und Literatur erörtern das Problem unter dem Begriff des Scheingewinnes. Das ist zwar nicht falsch, verleitet aber zu Missverständnissen. Veränderungen der Währung führen nicht zu einem Gewinn, auch nicht einem Scheingewinn. Sie führen nur zu einer verfälschten Darstellung, weil die Währungseinheiten, in denen die Bilanzen geführt werden, verschieden sind[283].

Wenn zwischen den Stichtagen viele Jahre vergangen sind, hat gewöhnlich eine Geldentwertung, eine Inflation, stattgefunden. Die Vermögenswerte im Endvermögen sind nur deshalb mehr wert, als sie es im Anfangsvermögen waren, weil das Geld jetzt weniger wert ist. Das wird als Scheingewinn bezeichnet. Tatsächlich handelt es sich nicht einmal um einen Scheingewinn, sondern um eine ungenaue Gewinnermittlung. Zwischen zwei Brüchen lässt sich die Differenz nur bilden, wenn sie denselben Nenner haben. Die Währung entspricht bei diesem Bild dem Nenner. Der Anfangs- und der Endbilanzsaldo können nur miteinander verglichen werden, wenn die Währungseinheit, in der die Vermögensgegenstände ausgedrückt sind, gleich ist. Die Währungseinheit hat sich aber durch Geldentwertung verändert. Es muss, um den wirklichen Zugewinn zu ermitteln, für den Anfangs- und den Endzeitpunkt jeweils dasselbe Geld als Einheit verwendet werden. Das ist offensichtlich, wenn der Güterstand vor Einführung des Euro begonnen hat. Mark-Beträge müssen dann für die Saldobildung in Euro umgerechnet werden. Nichts anderes geschieht, wenn für beide Zeitpunkte Geld mit verschiedener Kaufkraft verwendet wird.

Ziel des Zugewinnausgleichsverfahrens muss es sein, für alle Zeitpunkte einen einheitlichen Wertmaßstab zu verwenden. Nicht das Vermögen der Eheleute hat Scheingewinne erzielt, sondern der Wertmaßstab hat sich verändert. Das wird nach inzwischen herrschender Auffassung

---

283 Grundlegend *BGH*, 14.11.1973, IV ZR 147/72, BGHZ 61, 385.

dadurch erfasst, dass das zum früheren Zeitpunkt verwendete Geld um den Prozentsatz der seither eingetretenen allgemeinen Geldentwertung vergrößert wird.

Nicht ganz unproblematisch ist der Maßstab, nach dem die Geldentwertung berücksichtigt wird. Es gibt keine einheitliche und gleichmäßige Geldentwertung für alle Wirtschaftsgüter. Die Preisentwicklung von Konsumgütern kann sehr anders sein als die Preisentwicklung von Vermögensgegenständen. Da aber der Zwang besteht, in der Bilanz nur einen einheitlichen Wertmaßstab zu verwenden, muss für die Geldwertentwicklung ein einheitlicher Maßstab gefunden werden. Das Statistische Bundesamt ermittelt aus einer Vielzahl von Einzeldaten einen Index für die Preisentwicklung. Die Preise einzelner Güter haben eine unterschiedliche Relevanz. Dem wird durch einen *Warenkorb*, in dem alle Güter ein angemessenes Gewicht haben, Rechnung getragen. So kommt es, dass der amtlich festgestellte Verbraucherpreisindex heute der anerkannte Maßstab ist[284].

Bei langen Ehen bleibt das Problem, dass der Preisindex auch in sich Unschärfen aufweist. Der Verbraucherpreisindex für alle Haushalte in Deutschland wird erst seit 2005 ermittelt. Vorher gab es verschiedene Indizes für einzelne Verbrauchergruppen, denen andere Warenkörbe zugrunde lagen. Auch der Warenkorb des Verbraucherpreisindexes wird alle fünf Jahre aktualisiert. Damit ergeben sich unterschiedliche Geldwertentwicklungen, je nachdem ob ein aktueller oder ein früherer Warenkorb zugrunde gelegt wird. Das Statistische Bundesamt bietet aber auf der Basis des aktuellen Warenkorbes Rückrechnungen bis zum Inkrafttreten des GleichberG an, so dass der Praxis ein einheitlicher Maßstab zur Verfügung steht.

Obwohl über dieses Ergebnis Konsens besteht, hat es in das BGB bei der Reform von 2009 keinen ausdrücklichen Eingang gefunden. Im Güterstand der Wahl-Zugewinngemeinschaft des § 1519, der aus derselben Zeit wie die Reform stammt, ist die Indexierung nunmehr ausdrücklich vorgeschrieben (Art. 9 III). **310**

2. Praktische Handhabung

In der praktischen Durchführung hat sich ein einheitliches Verfahren durchgesetzt, das allgemein angewendet und nachfolgend beschrieben wird. **311**

---

284 *Staudinger/Thiele*, § 1373, Rn. 15; *MK/Koch*, § 1373, Rn. 8; *Palandt/Brudermüller*, § 1376, Rn. 26; *Johannsen/Henrich/Jaeger*, § 1376, Rn. 26.

Ausgangspunkt jeder Berechnung ist der Geldwert zum Zeitpunkt des Endvermögens (§§ 1375 I, 1384 oder 1387). Das ist die Währung, in der der Zugewinnausgleichsanspruch ermittelt wird.

Die Vermögensgegenstände des Anfangsvermögens werden mit ihrem Marktwert bei Beginn des Güterstandes in der damals gültigen Währung (Euro oder DM) bewertet. Mit diesem Wert werden sie in die Anfangsbilanz eingesetzt. Dieser Wert wird mit Hilfe des Verbraucherpreisindexes in den aktuellen Geldwert umgerechnet. Dabei ist es gleichgültig, ob die Rechnung für jeden einzelnen Vermögensgegenstand oder für den Saldo des Anfangsvermögens durchgeführt wird.

Rechenbeispiel:

Wert im Anfangsvermögen:	10.000 DM
Verbraucherpreisindex Anfangsvermögen 1995	87,1
Verbraucherpreisindex Endvermögen 2010	108,2
Umrechnung in Euro, Faktor	1,95583

$$\frac{10.000 \times 108,2}{1,95583 \times 87,1} = 6.351,52 \text{ EUR}$$

Der jeweils gültige Index lässt sich einfach auf der Internetseite des Statistischen Bundesamtes abrufen.

Entsprechend wird für alle anderen in Betracht kommenden Zeitpunkte verfahren. Gegenstände, die nach § 1374 II dem Anfangsvermögen hinzuzurechnen sind, sind auf diesen Tag zu bewerten und dann mit dem Verbraucherpreisindex dieses Tages nach derselben Formel umzurechnen. Ebenso wird bei Hinzurechnungen zum Endvermögen nach § 1375 verfahren.

312   Für **Verbindlichkeiten** gilt nichts anderes. Sie sind im Anfangsvermögen ebenso wie positive Vermögenswerte zu indexieren[285]. Ist eine Verbindlichkeit im Anfangs- wie im Endvermögen mit demselben Nominalbetrag vorhanden, so führt die Indexierung der Schuld im Anfangsvermögen dazu, dass die Schuld im Endvermögen effektiv geringer ist, also den Zugewinn erhöht. Das ist ein zutreffendes Ergebnis, weil die Schuldenlast durch die Inflation tatsächlich geringer geworden ist.

Ob jeder einzelne Gegenstand des Anfangsvermögens indexiert wird oder ob zunächst mit den Ausgangsbeträgen der Saldo errechnet und sodann dieser indexiert wird, ist gleichgültig. Beides führt zu demselben Ergebnis.

3. Vermögenswerte im Ausland

313   Nimmt man einen Scheingewinn bei den einzelnen Vermögensgegenständen an, so entsteht die Frage, wie solche Scheingewinne bei Gegen-

---

285 *MK/Koch*, § 1373, Rn. 10; insoweit missverständlich *Staudinger/Thiele*, § 1373, Rn. 19.

ständen ermittelt werden sollen, die in einer fremden Wirtschaftsordnung liegen.

Ausländische Grundstücke sind nach mancher Ansicht mit einem spezifischen Index umzuwerten[286]. *Kogel* schlägt vor, bei Immobilien statt des Verbraucherpreisindexes den Baukostenindex heranzuziehen[287]. Diese Vorschläge verkennen den Zweck der Indexierung. Es geht darum, einen Wert am Stichtag in aktuellem Geld zu bewerten. Die Wertentwicklung des konkreten Gegenstandes seit dem Stichtag (darüber würde der spezielle Index etwas aussagen) ist ohne Bedeutung. Entscheidend ist der Wert am Stichtag, **vom Inland aus betrachtet**.

Ausländisches Vermögen im Anfangsvermögen ist deshalb in folgenden Schritten zu bewerten.

– Der Zeitwert am Stichtag in lokaler ausländischer Währung ist zu ermitteln.
– Die ausländische Währung ist mit dem Währungskurs am Stichtag des Anfangsvermögens – und nicht etwa mit dem aktuellen Währungskurs – in deutsche Währung umzurechnen.
– Der Währungskurs ist ggf. noch um die Kaufkraftparität zu korrigieren.
– So entsteht der deutsche Währungsbetrag zu Preisen des Anfangsstichtags.
– Der Wert ist mit dem deutschen Verbraucherpreisindex zu indexieren.

Das stellt den wirklichen Wert aus der Sicht des Ehegatten bei Ende des Güterstandes dar. So ist er deshalb in die Zugewinnausgleichsbilanz einzustellen.

Anders kann zu verfahren sein, wenn die Ehegatten nicht nur ausländisches Vermögen besitzen, sondern auch ihr **Leben im Ausland** führen. Das Vermögen ist aus der Sicht der Ehegatten zu bewerten. Es ist der Wertmaßstab heranzuziehen, der auch für ihre Lebensführung maßgeblich ist. Wenn die Eheleute in einer fremden Währungsordnung leben, kann es richtig sein, die gesamte Zugewinnausgleichsbilanz in dieser Währung aufzustellen und den dortigen Index zu verwenden. Erst der Zugewinn eines jeden Ehegatten wäre dann in Euro umzurechnen.

314

4. Indexierung bei negativem Anfangsvermögen

Es wird vertreten, dass negatives Anfangsvermögen nicht zu indexieren sei[288]. Das Problem stellt sich nur, wenn die Frage nach dem Scheingewinn gestellt wird. Ein negatives Vermögen kann kein Gewinn sein.

315

---

286 *MK/Koch*, § 1373, Rn. 8; *Schulz/Hauß*, Kap. 1, Rn. 70.
287 *Kogel*, Strategien, Rn. 209.
288 *Klein*, FuR 2010, 122.

Versteht man das Problem hingegen nur als eine Frage der Währungseinheit, ist auch bei einem negativen Anfangsvermögen die Indexierung selbstverständlich[289].

VI. Hinzurechnungen zum Anfangsvermögen

1. Das Wesen der privilegierten Erwerbe

316   Das System des Zugewinnausgleichs beruht auf der Annahme, dass alles Vermögen, das während der Dauer des Güterstandes erwirtschaftet wird, von beiden Ehegatten gemeinsam und mit gleichem Anteil geschaffen wird. Die Herkunft von einzelnen Vermögensgegenständen spielt deshalb bei Ermittlung des Zugewinns keine Rolle. Hiervon macht das Gesetz für einige wenige Konstellationen eine Ausnahme. Es benennt in § 1374 II Fälle, in denen ein Vermögenserwerb vom Zugewinn ausgenommen werden soll **(privilegierter Erwerb)**. Technisch wird das dadurch erreicht, dass die so erworbenen Gegenstände so behandelt werden, als wären sie schon bei Beginn des Güterstandes vorhanden gewesen.

Hinzuzurechnen sind Vermögensgegenstände, die

– von Todes wegen,
– mit Rücksicht auf ein künftiges Erbrecht,
– durch Schenkung oder
– als Ausstattung

erworben worden sind.

317   Hierbei handelt es sich jeweils um Vorgänge, bei denen nach ihrer Natur ausgeschlossen ist, dass der andere Ehegatte zu dem Erwerb etwas beigetragen hat. Der fehlende Beitrag des anderen ist angesichts der schematischen Regelung des Zugewinnausgleichs nicht das allein entscheidende Kriterium. Vielmehr ist typisch für die Hinzurechnung, dass der Zufluss von **keinem von beiden** erarbeitet wurde[290]. Den Hinzurechnungstatbeständen ist das Ziel gemeinsam, „solche Vermögensbestandteile einer Ausgleichspflicht zu entziehen, die in keinem Zusammenhang mit der ehelichen Lebens- und Wirtschaftsgemeinschaft stehen, sondern einem Ehegatten von dritter Seite aufgrund persönlicher Beziehungen zu dem Zuwendenden oder aufgrund ähnlicher besonderer Umstände zufließen, an denen der andere Ehegatte keinen Anteil hat"[291]. Somit ist das Kriterium, nach dem die Hinzurechnungstatbestände des § 1374 II gebildet

---

289 So auch *Schwab/Schwab*, VII Rn. 172; *Götsche*, ZFE 2009, 404 (408); *Schröder*, Bewertungen im Zugewinnausgleich, Rn. 132; *Schulz/Hauß*, Kap. 1, Rn. 58; *Büte*, FPR 2012, 73, 75.

290 *Muscheler*, FamRZ 1998, 265.

291 *BGH*, 20.9.1995, XII ZR 16/94, FamRZ 1995, 1562.

sind, neben dem **fehlenden Beitrag** des anderen, dass der Zufluss auf einer **besonderen persönlichen Beziehung** beruht und dass typischerweise der **Wille des Zuwendenden** besteht, nur den Empfänger, nicht aber beide Eheleute zu begünstigen[292].

Ein Erwerb, der den Tatbestand des § 1374 II erfüllt, ist immer privilegiert. Es nicht erforderlich, dass der Zuwendende, letztwillig oder unter Lebenden, die Privilegierung **beabsichtigt** hat. Die Begünstigungsabsicht wird unwiderleglich unterstellt. Die entgegenstehende Ansicht, der Zuwendende könne durch ausdrückliche Erklärung die Privilegierung ausschließen[293], ist vereinzelt geblieben. Sie stützt sich auf eine entsprechende Bestimmung zur früheren Errungenschaftsgemeinschaft und ist in das geltende Recht nicht übernommen worden.   **318**

Gleichzeitig ist die Aufzählung der hinzuzurechnenden Gegenstände in § 1374 II auch **abschließend**. Der *BGH* ist nachdrücklich in immer wieder bekräftigter Rechtsprechung[294] der Ansicht, dass § 1374 II nicht ausgeweitet werden könne. Es kann auch in der Literatur als weitgehend einheitliche Meinung angesehen werden, dass der Absatz 2 nicht beispielhaft zu verstehen ist, sondern die Ausnahmen von der schematischen Zugewinnausgleichsberechnung auf die dort genannten Fälle beschränkt Ungerechtigkeiten im Einzelfall werden vom Gesetz im Interesse einer einfachen Handhabung bewusst hingenommen.   **319**

2. Die Hinzurechnungstatbestände

Die einzelnen Hinzurechnungstatbestände des § 1374 II sind nicht scharf voneinander abgrenzbar. Insoweit sind sie mit den Hinzurechnungstatbeständen des § 1375 vergleichbar. Sie überlappen sich teilweise.   **320**

Erfasst sind Erwerbe, die von Todes wegen oder unentgeltlich geschehen sind.

a) Von Todes wegen

Der Anfall von Todes wegen oder mit Rücksicht auf ein künftiges Erbrecht ist weit zu verstehen. Darunter fallen natürlich **Erbschaft** und **Vermächtnis**. Erfasst sind aber auch Abfindungen für den Verzicht auf ein Erbrecht[295]. Von Todes wegen erworben sein kann auch eine Gegenleistung in einem Erbverzichtsvertrag unter Lebenden (§ 2346) oder der entgeltliche Verzicht auf ein Vermächtnis oder einen Pflichtteil.   **321**

---

292 Ständige Rechtsprechung des *BGH*, zuletzt 16.10.2013, XII ZB 277/12, FamRZ 2014, 24; *Muscheler*, FamRZ 1998, 265, 266.
293 *Muscheler*, FamRZ 1998, 265, 266.
294 Zuletzt *BGH*, 16.10.2013, XII ZB 277/12, FamRZ 2014, 24.
295 *BGH*, 20.9.1995, XII ZR 16/94, 1562 Rn. 16.

322　　　Bis 1998 galt für nichteheliche Kinder beim Tode ihres Vaters ein **Erbersatzanspruch** (§ 1934a BGB), der gem. § 1934d abgefunden werden konnte. Auch diese Abfindung ist dem Anfangsvermögen als Erwerb von Todes wegen hinzuzurechnen.

323　　　Ein Erwerb mit **Rücksicht auf ein künftiges Erbrecht** ist häufig von einer Schenkung nicht abzugrenzen. Die Abgrenzung ist aber auch nicht erforderlich, wenn ein Geschenk vorliegt. Der Erwerb mit Rücksicht auf ein künftiges Erbrecht umfasst aber mehr, denn er muss nicht zwangsläufig unentgeltlich sein. Häufig wird eine Gegenleistung versprochen, die den Übergeber „von noch bestehenden Belastungen freistellt, ihm ein Leibgedinge (Altenteil) einräumt, mit dem er insbesondere den Wohn- und Pflegebedarf und damit einen wichtigen Teil der Lebensbedürfnisse des zumeist bereits betagten Vertragspartners für dessen Lebensabend absichert". Dabei „handelt es sich um ein Gefüge von Abreden, die für vorweggenommene Erbfolgen geradezu typisch sind"[296]. Mit dieser Formulierung begründet der *BGH,* dass ein Erwerb mit Rücksicht auf ein künftiges Erbrecht auch in der Form eines Kaufvertrages vorkommen kann. Entscheidend ist der Sinn eines solchen Geschäfts, nicht seine Form. Privilegiert sind dann der Erwerb und die damit verbundenen Schulden.

324　　　Vielfach wird vertreten, dass die Gegenleistung hinter dem Wert des Erwerbes zurückbleibe, dieser also per Saldo positiv sein müsse[297]. Diese Einschränkung erscheint aber nicht gerechtfertigt und ist der zum Beleg herangezogenen Entscheidung des *BGH*[298] auch nicht zu entnehmen[299]. Wenn ein Hof, eine Immobilie oder ein Unternehmen an die nächste Generation übergeben wird, ist damit typischerweise die Übernahme von Pflichten verbunden. Das kann die Versorgung der weichenden Eltern oder eine Ausgleichszahlungen an Geschwister sein. Rechnerisch können die übernommen Pflichten schwerer wiegen als der Wert des Übernommenen. An der Motivation des Erwerbs, einen Erbgang vorweg zu nehmen, ändert das nichts. Weil § 1374 III auch für Hinzurechnungen ausdrücklich gestattet, Verbindlichkeiten abzuziehen, die den Wert des Zugewandten übersteigen, spricht nichts dagegen, auch solche Übertragungen samt den damit verbundenen Verbindlichkeiten zu privilegieren, bei denen die Gegenleistung den Wert des Zugewandten übersteigt[300].

296　*BGH,* 22.11.2006, XI ZR 8/05, FamRZ 2007, 978, Rn. 17.

297　*Johannsen/Henrich/Jaeger,* § 1374, Rn. 26; *Palandt/Brudermüller,* § 1374, Rn. 11.

298　*BGH,* 27.6.1990, XII ZR 95/89, FamRZ 1990, 1083.

299　So auch *Schwab/Schwab,* VII Rn. 135; *Erman/Budzikiewicz,* § 1374, Rn. 11.

300　In der Entscheidung vom 27.6.1990 (XII ZR 95/89, FamRZ 1990, 1083) wertet der *BGH* das Wertverhältnis von Leistung und Gegenleistung nur als Beweisanzeichen, nicht als wesensbestimmend.

b) Unentgeltlicher Erwerb

Das Gesetz verwendet nicht den Begriff *unentgeltlicher Erwerb*, son- **325** dern erwähnt Schenkung, Erwerb mit Rücksicht auf ein zukünftiges Erbrecht und Ausstattung. Auch die beiden neben der Schenkung genannten Vorgänge erfüllen regelmäßig den Tatbestand des § 516. Denn auf Ausstattung oder einen Erwerb im Hinblick auf ein zukünftiges Erbrecht besteht kein Anspruch. Beides wird ausgeführt im beiderseitigen Bewusstsein der Unentgeltlichkeit.

Schenkung ist in dieser Vorschrift im rechtstechnischen Sinne ge- **326** meint. Durch die Zuwendung muss eine tatbestandliche Schenkung im Sinne des § 516 gemacht worden sein[301]. Die objektive Unentgeltlichkeit muss von der subjektiven Schenkungsabsicht begleitet sein. Das Vermögen des Zuwendungsempfängers muss zulasten des Vermögens des Schenkers vermehrt werden. Deshalb sind Zuwendungen außerhalb der Vermögenssphäre, wie eine tatkräftige Mithilfe, nicht privilegiert[302]. Der *BGH* hat in seiner Entscheidung zur Schwiegerelternschenkung[303] exemplarisch vorgeführt, dass die Subsumtion unter § 516 dazu führt, einen Erwerb zu privilegieren.

Die Zuwendung muss nach der Vorstellung beider Vertragsparteien unentgeltlich sein. Daran fehlt es, wenn eine Vertragspartei – und sei es auch nur irrtümlich – die Zuwendung als Abgeltung einer Gegenleistung ansieht. Die Verknüpfung mit dem Zweck oder der Gegenleistung muss nicht vertraglichen Charakter haben. Die Gegenleistung kann auch immaterieller Natur sein[304]. Deshalb ist auch der Erwerb eines GmbH-Anteils **zu einem Preis weit unter seinem Wert** nicht teilweise als Schenkung dem Anfangsvermögen hinzuzurechnen[305]. Im entschiedenen Fall wurde das damit begründet, dass der günstige Preis nicht als freigiebige Zuwendung gemeint war, sondern im Interesse der Fortführung des Unternehmens angeboten worden war.

Somit sind Zuwendungen, die keine unmittelbare Gegenleistung, aber **327** einen anderen Rechtsgrund als eine Schenkung haben, nicht privilegiert. Nicht dem Anfangsvermögen hinzuzurechnen sind **ehebedingte Zuwendungen**, auch soweit sie von dritter Seite stammen. Eine ehebedingte Zuwendung ist nach ihrer Definition nicht unentgeltlich und erfüllt deshalb den Tatbestand der Hinzurechnung nicht. Da Zuwendungen zwischen

---

301 *Erman/Budzikiewicz*, § 1374, Rn. 13.
302 *BGH*, 1.7.1987, IVb ZR 70/86, FamRZ 1987, 910.
303 *BGH*, 3.2.2010, XII ZR 189/06, FamRZ 2010, 958 = DNotZ 2010, 852 mit Anm. *Koch*.
304 *BGH*, 6.11.2013, XII ZB 434/12; Rn. 18, FamRZ 2014, 98.
305 *BGH*, 6.11.2013, XII ZB 434/12, FamRZ 2014, 98; zustimmend *Koch*, FamRZ 2014, 885, 887.

den Ehegatten ohnehin nicht unter § 1374 II fallen, stellt sich die Frage nur bei Zuwendungen Dritter. Zuwendungen Dritter werden angesichts der Rechtsprechung des *BGH* zu Schwiegerelternschenkungen[306] allerdings kaum noch vorkommen.

328   Wenn Eheleute eine Zuwendung **von nahen Angehören** erhalten, etwa von den Eltern eines der Eheleute, ist besonders zu prüfen, wessen Anfangsvermögen dadurch vermehrt wird. Das Problem stellt sich nicht, wenn die Zuwendung vom Schenker eindeutig adressiert ist. Häufig ist das aber nicht der Fall, etwa wenn die Eltern einen Zuschuss zum Erwerb des Familienheims geben. In derartigen Fällen gibt es keine Vermutung, dass nur derjenige Ehegatte begünstigt ist, dessen Eltern die Zuwendung gemacht haben[307]. Vielmehr spricht der erste Anschein dafür, dass beide begünstigt werden sollten, wenn die Zuwendung für eine gemeinsame Anschaffung bestimmt war[308]. Allerdings wird hier der Einzelfall sorgfältig zu beachten sein. Haben etwa die schenkenden Eltern mehrere Kinder und kommt zwischen diesen Kindern im Erbfall eine Ausgleichung nach § 2050 in Betracht, so kann das dafür sprechen, dass das Schwiegerkind nicht begünstigt werden sollte[309].

329   Eine **gemischte Schenkung** ist mit ihrem unentgeltlichen Teil privilegiert[310]. Die gemischte Schenkung ist ein zusammengesetzter Vertrag, bei dem ein Teil den Tatbestand des § 516 erfüllt, während ein abgrenzbarer anderer Teil eine Gegenleistung oder einen sonstigen Rechtsgrund vorsieht. Um eine gemischte Schenkung annehmen zu können genügt es nicht, dass der Wert des Zugewandten den Wert der Gegenleistung übersteigt; die Beteiligten müssen auch über die Unentgeltlichkeit eines Teiles einig gewesen sein. Hierbei kann sich der Empfänger der Leistung **nicht** auf eine **Beweiserleichterung** berufen. Bei der Berechnung eines Pflichtteilsanspruches wird zugunsten des Pflichtteilsergänzungsberechtigten eine gemischte Schenkung durch den Erblasser vermutet, wenn bei einem Geschäft zwischen Leistung und Gegenleistung ein starkes Missverhältnis besteht. Der Ehegatte, der an dem Geschäft selbst beteiligt war, kann sich auf diese Vermutung nicht stützen[311].

330   Der Erwerb durch **Ausstattung** hat keine praktische Bedeutung erlangt. Kinder mit einer Aussteuer zu versehen, was mit der Vorschrift gemeint ist, ist unüblich geworden. Ausstattung erfüllt im Übrigen immer

---

306 → Rn. 369.
307 *Staudinger/Burkhard*, Neubearbeitung 2007, § 1374, Rn. 27.
308 *OLG Brandenburg*, 27.3.2014, 9 UF 177/13, NJW-Spezial 2014, 453.
309 *AmtsG Stuttgart*, 25.2.1998, 23 F 197/97, FamRZ 1999, 655; *MK/Koch*, § 1374, Rn. 22.
310 *BGH*, 17.6.1992, XII ZR 145/91, FamRZ 1992, 1160.
311 *BGH*, 6.11.2013, XII ZB 434/12, Rn. 16, FamRZ 2014, 98.

auch den Begriff der Schenkung oder des Erwerbs mit Rücksicht auf ein künftiges Erbrecht.

c) Zuwendung als Einkommen

Nicht jede Zuwendung ist privilegierter Erwerb. § 1374 II nimmt sol- **331** che Erwerbe davon aus, die *den Umständen nach zu den Einkünften zu rechnen* sind. Das Gesetz unterscheidet dafür nicht zwischen den verschiedenen Formen des Erwerbs nach § 1374 II. Aus praktischen Gründen kann eine Zuwendung als Einkommen **nur bei Geschenken**, allenfalls noch bei einem Vermächtnis vorkommen[312]. Ein Erwerb von Todes wegen und eine Zuwendung mit Rücksicht auf ein zukünftiges Erbrecht wird in den meisten Fällen nicht zu den Einkünften zu rechnen sein, da eine solche Zuwendung in der Regel unabhängig von einem konkreten Lebensbedarf des Zuwendungsempfängers erfolgt[313].

Das Gesetz verwehrt derartigen Zuwendungen die Privilegierung im Anfangsvermögen, weil sie ihrer Art nach den Empfänger nicht dauerhaft bereichern. Es ist im Zeitpunkt des Erwerbs nicht anzunehmen, dass die Zuwendung im Endvermögen noch vorhanden sein wird. Wenn die Zuwendung bestimmungsgemäß nicht bis zum Stichtag des Endvermögens überdauern wird, besteht nicht die Besorgnis, dass der Erwerb, zu dem der andere nichts beigetragen hat, im Wege des Zugewinnausgleichs geteilt werden muss. Wird der Betrag unter Verzicht auf Konsum gespart, fehlt es an einem rechtfertigenden Grund, den Erwerb zu privilegieren.

In erster Linie **bestimmt der Schenker** den Charakter des Geschen- **332** kes. Das geschieht durch ausdrückliche Erklärung oder stillschweigend.

Eine ausdrückliche Zuordnung des Geschenks durch den Schenker in **333** den Bereich des Einkommens ist nicht notwendige Voraussetzung für die Zuordnung. Fehlt es an einer ausdrücklichen Bestimmung, ist sie „unter Berücksichtigung des Anlasses der Zuwendung, der Willensrichtung des Zuwendenden und der wirtschaftlichen Verhältnisse des Zuwendungsempfängers zu beurteilen"[314], wobei es auf die Sicht zum Zeitpunkt der Zuwendung ankommt.

Im Streitfall hat die tatsächliche Verwendung aber **Indizwirkung** dafür, dass die Verwendung der Zuwendung auch der damit verbundenen Bestimmung entsprochen hat. Anhaltspunkte können sich „vor allem aus der Prognose gewinnen lassen, mit welcher Wahrscheinlichkeit der Zuwendungsgegenstand, wäre die Ehe in einem überschaubaren Zeitraum

---

312 Die grundsätzliche Möglichkeit bestätigt *BGH*, 6.11.2013, XII ZB 434/12, Rn. 27, FamRZ 2014, 101.
313 *BGH*, 6.11.20123, XII ZB 434/12, Rn. 27, FamRZ 2014, 98.
314 *BGH*, 1.7.1987, IVb ZR 70/86, FamRZ 1987, 910.

nach der Zuwendung gescheitert, noch mit einem nennenswerten Vermögenswert im Endvermögen des begünstigten Ehegatten vorhanden gewesen wäre"[315].

Was zum Verbrauch bestimmt ist, wird nicht Bestandteil des Vermögens[316]. Verbrauch ist die Verwendung für die Lebensführung. Dazu gehören auch einmalige, aber für die Lebensführung typische Aufwendungen, wie etwa die **Anschaffung eines Autos**[317]. Ob die Zuwendung **regelmäßig oder einmalig** ist, ist für die Einordnung ebenfalls unerheblich. Regelmäßige Zuwendungen weisen aber auf die Bestimmung als Einkünfte hin. Ebenso sind kleine Zuwendungen eher für den Verbrauch bestimmt als größere.

334   Die Abgrenzung lässt sich anhand der folgenden typischen Fälle erläutern. Die in Betracht kommenden Zuwendungen sind zumeist solche von Eltern an ihre verheirateten Kinder.

Beispiel: Die Eltern geben einen Zuschuss zu einer Weltreise ihres verheirateten Kindes.

Reisekosten sind Konsum. Konsum wird aus Einkünften finanziert. Die Zuwendung ist nicht privilegiert.

Beispiel: Die Eltern geben einen Zuschuss zum Hausbau ihres verheirateten Kindes.

Der Hausbau ist Investition, nicht Konsum. Die zugewendeten Mittel werden das Vermögen dauerhaft mehren. Die Zuwendung ist privilegiert.

Beispiel: Die Eltern eines Ehegatten überlassen bei der Eheschließung eine Wohnung zur unentgeltlichen Nutzung.

Anders als der Hausbau, der Vermögen bildet, erspart die Nutzungsmöglichkeit nur laufende Kosten und ist somit nicht privilegiert[318].

Beispiel: Die Eltern zahlen ihrer Tochter den bisherigen Unterhalt weiter, nachdem sie verheiratet ist.

Unterhalt ist Einkommen und daher nicht privilegiert.

335   Dass das Zugewandte tatsächlich **bestimmungsgemäß**, also wie Einkommen **verwendet** wird, ist nicht erforderlich für die Einordnung als Einkünfte. Auch wenn der gezahlte Unterhalt gespart wird, wird er wie alle anderen gesparten Einkünfte auch zu Vermögen, das dem Zugewinnausgleich unterliegt. Es kommt auf die Sichtweise zum Zeitpunkt der Zuwendung an.

---

315 *BGH*, 6.11.2013, XII ZB 434/12, Rn. 27, FamRZ 2014, 101.
316 *OLG Brandenburg*, 27.3.2014, 9 UF 177/13, NJW-Spezial 2014, 453; *Schulz/Hauß*, 6. Aufl., Kap. 1, Rn. 43.
317 *OLG Karlsruhe*, 8.3.2001, FamRZ 2002, 236.
318 *OLG München*, 6.5.1997, 4 UF 9/97, FamRZ 1998, 225.

Bei größeren Sachzuwendungen werden sich brauchbare Anhaltspunkte für die Beurteilung, ob es sich um Einkünfte handelt, vor allem aus der Prognose gewinnen lassen, mit welcher Wahrscheinlichkeit der Zuwendungsgegenstand, wäre die Ehe in einem überschaubaren Zeitraum nach der Zuwendung gescheitert, noch mit einem nennenswerten Vermögenswert im Endvermögen des begünstigen Ehegatten vorhanden gewesen wäre[319].

3. Ausweitung der Hinzurechnungstatbestände

Durch den Zugewinnausgleich soll der Vermögenserwerb während des **336** Güterstandes gleichmäßig zwischen den Eheleuten aufgeteilt werden. Hiervon werden einzelne Erwerbsvorgänge ausgenommen, die typischerweise nicht auf dem gemeinschaftlichen Wirtschaften beruhen. Das geschieht nicht, indem diese Gegenstände ganz aus den Bilanzen herausgenommen werden. Statt dessen werden Gegenstände, die erst während der Ehe dem Vermögen zugeflossen sind, so behandelt, als wären sie schon bei Beginn des Güterstandes vorhanden gewesen. Neben den Fällen, die dafür in § 1374 II geregelt sind, gibt es andere, die ebensowenig auf gemeinschaftlichem Wirtschaften beruhen. Es wird deshalb vielfach erörtert, ob die Hinzurechnung auf andere Fälle des privilegierten Erwerbs ausdehnen lasse. Im Ergebnis herrscht jedoch weitgehende Übereinstimmung, dass § 1374 II **nicht analogiefähig** ist[320].

Der *BGH* hat eine Ausdehnung des privilegierten Erwerbs in einer **337** Vielzahl von Entscheidungen konsequent abgelehnt. In allen Entscheidungen hat er den schematischen und vereinfachenden Charakter des Zugewinnausgleichsrechts hervorgehoben, der eine ausdehnende Auslegung des § 1374 II ausschließe. Dazu können besonders markante Beispiele hervorgehoben werden:

– Wenn ein Ehegatte einen **Lottogewinn** gemacht hat, so ist dieser nicht dem Anfangsvermögen hinzuzurechnen, der Lottogewinn ist also Teil des Zugewinns[321].

– Wer als Folge einer Verletzung während des Güterstandes **Schmerzensgeld** erhält, kann das nicht dem Anfangsvermögen hinzurechnen[322].

---

319 *BGH*, 6.11.2013, XII ZB 434/12, Rn. 27, FamRZ 2014, 101.
320 *Staudinger/Thiele*, § 1374, Rn. 40; *Büte*, Zugewinnausgleich, Rn. 22; *Muscheler*, FamRZ 1998, 265; zweifelnd *Erman/Budzikiewicz*, § 1374, Rn. 19; Rn. 319.
321 *BGH*, 22.12.1976, IV ZR 11/76, FamRZ 1977, 124; bestätigt *BGH*, 16.10.2013, XII ZB 277/12, FamRZ 2014, 24.
322 *BGH*, 27.5.1981, IVb ZR 577/80, FamRZ 1981, 755.

- Die Rückerlangung eines Grundstücks im Beitrittsgebiet, das aufgrund der Widervereinigung **restituiert** wird, ist kein privilegierter Erwerb[323].

338   Die Auffassung des *BGH* wird an der Entscheidung zum Lottogewinn besonders plastisch. Ein Gewinn, der auf reinem Zufall beruht, kann keine gemeinsame Leistung sein, aber sie ist zumindest der Aktivität des einen zuzurechnen. Ein wie auch immer gearteter Beitrag des anderen ist nicht auszuschließen. Wer von beiden entschieden hat, welche Zahlen getippt werden, und wer den Schein abgegeben hat, mag ebenso Zufall gewesen sein wie der Gewinn selbst. Der Zufluss ist nicht auf eine besondere persönliche Beziehung eines Ehegatten zu dem Leistenden zurückzuführen, sondern war reiner Zufall. Ein konkreter Beitrag eines Ehegatten für einen bestimmten Erfolg ist nach dem Prinzip der Zugewinngemeinschaft nicht Grundlage für die Vermögensteilhabe.

Nach Ansicht des *BGH* waren vor der **deutschen Wiedervereinigung** enteignete Grundstücke wertlos. Sie können deshalb für die Zeit vor 1990 im Anfangsvermögen nicht erfasst werden. Restituierte Grundstücke könnten deshalb nur aus dem Zugewinnausgleich herausgehalten werden, wenn sie entsprechend § 1374 II privilegierter Erwerb sind. Das lehnt der *BGH* ab. Das *OLG Düsseldorf* hatte zumindest vertreten, dass der Restitutionsanspruch eines Erben von Todes wegen erlangt sei, auch wenn der Erbfall vor der Wiedervereinigung stattgefunden hatte[324]. Der *BGH* ist dem nicht gefolgt, weil der Restitutionsanspruch originär und ohne Zusammenhang mit dem Erbfall entstanden sei[325]. Durch diese Rechtsprechung entsteht, worauf zu Recht hingewiesen wird[326], ein Gerechtigkeitsdefizit. Mit der Restitution enteigneten Besitzes wird früheres Unrecht wiedergutgemacht, das in der Regel lange vor Beginn des Güterstandes stattgefunden hat. Das kommt in der Wertung dem Erwerb von Todes wegen sehr nahe.

339   Für besonders unerträglich wird es gehalten, **Schmerzensgeld** dem Zugewinnausgleich zu unterwerfen. Es hat die Funktion, für erlittenes Leid zu entschädigen, das notwendig nur einen der Eheleute getroffen hat. Diesen Fall hat *Koch* zum Anlass genommen, auf das Schmerzensgeld § 1374 II analog anzuwenden[327].

340   Eine analoge Anwendung von § 1374 II auf die genannten Fälle würde eine planwidrige Regelungslücke im Gesetz voraussetzen. *Koch* leitet diese planwidrige Regelungslücke aus der Entstehung der Zugewinnge-

323 *BGH* 28.1.2004, XII ZR 221/01, FamRZ 2004, 781.
324 *OLG Düsseldorf,* 6.1.2005, 6/04, FamRZ 2005, 1835.
325 *BGH,* 26.6.2007, XII ZR 32/05, FamRZ 2007, 1307.
326 *Schwab/Schwab,* VII Rn. 134; *Johannsen/Henrich/Jaeger,* § 1374, Rn. 30.
327 *Koch,* Teilungsmasse, S. 150 ff.

meinschaft im Gleichberechtigungsgesetz 1958 her[328]. Ob die Auffassung zum Zeitpunkt der Veröffentlichung 2004 überzeugen konnte, mag dahinstehen. Sie ist jedenfalls durch die Entwicklung überholt. Eine planwidrige Gesetzeslücke besteht nicht. Der Gesetzgeber hätte bei der Güterrechtsreform 2009 Gelegenheit gehabt, die Lücke zu schließen[329]. Das ist offenbar bewusst nicht geschehen[330]. Im Güterstand der Wahl-Zugewinngemeinschaft des § 1519 ist das Schmerzensgeld als Hinzurechnungstatbestand ausdrücklich vorgesehen (Art. 8 II). Indem etwas Entsprechendes in § 1374 II nicht ergänzt worden ist, belegt das eine eindeutige gesetzgeberische Entscheidung. Die Vorschrift enthält keine Lücke und ist deshalb nicht analogiefähig.

Kogel[331] erwägt, das Schmerzensgeld in Anwendung von § 242 aus **341** dem Zugewinnausgleich herauszuhalten. Das muss jedoch an dem Grundsatz des *BGH* scheitern, dass typische Folgen der Zugewinnausgleichssystematik nicht über Billigkeitserwägungen verhindert werden können. Dass Schmerzensgeld keine Privilegierung erfährt, beruht auf einer bewussten Entscheidung des Gesetzgebers, die nicht generell über eine Billigkeitserwägung korrigiert werden kann.

4. Verbindlichkeiten bei der Hinzurechnung

Von dem Vermögen, das privilegiert erworben worden ist, sind die **342** Verbindlichkeiten abzuziehen (§ 1374 II). Das Gesetz sieht diesen Abzug von Verbindlichkeiten generell vor und differenziert dabei nicht die einzelnen Zurechnungstatbestände. Es erweist sich aber als notwendig, die verschiedenen Fälle zu unterscheiden.

a) Hinzurechenbare Verbindlichkeiten bei Erbschaft

Bei einer Erbschaft liegt es in der Natur der Sache, dass den Erben **343** auch die Nachlassverbindlichkeiten treffen (§§ 1967 ff.). Sie sind bei der Bewertung des Hinzuerwerbs zu berücksichtigen. Verbindlichkeiten treffen den Erwerber persönlich, wenn sie von Todes wegen erworben worden sind. Zu diesen Schulden gehören nicht nur die die vom Erblasser hinterlassenen Schulden, sondern auch die Erbfallschulden (§§ 1967 II, 1968, 1969). In diesem Fall greift der Wortlaut des § 1374 II. Diese Verbindlichkeiten sind jedenfalls abzuziehen, wenn sie den Wert des positiven Nachlasses nicht übersteigen.

---

328 Ausdrücklich gutgeheißen von *Schulz/Hauß*, Kap. 1 Rn. 47; ebenso *Schröder/Bergschneider/Schröder*, Rn. 4.199–4.202.
329 Diese gesetzgeberische Entwicklung übersieht *Schulz/Hauß* (Kap. 1 Rn. 47).
330 jurisPK/*Roth*, § 1374, Rn. 27.
331 *Kogel*, Strategien, Rn. 993.

344   Auch Gegenstände, die aufgrund eines Vermächtnisses erworben werden, können mit Verbindlichkeiten verbunden sein. Allerdings kann die persönliche Verbindlichkeit nicht dem erworbenen Gegenstand selbst anhaften, sondern sie muss vom Erwerber durch Rechtsgeschäft übernommen werden. Sie entsteht also in der Person des Erwerbers neu. Zwangsläufig kann Gläubiger einer solchen Verbindlichkeit nur eine dritte Person sein. Hier ist eine Abgrenzung erforderlich, wann eine Verbindlichkeit so eng mit dem durch Vermächtnis erworbenen Gegenstand zusammenhängt, dass sie das Anfangsvermögen vermindert.

345   **Beispiel 1:** Der Vermächtnisnehmer ist durch eine Auflage gehalten, die Mieten des übernommenen Hauses mit einer anderen Person zu teilen.

Die Erfüllung der Auflage ist Bedingung, dass der Begünstigte das Vermächtnis annehmen kann. Sie ist unlösbar mit dem Vermächtnisgegenstand verbunden und kann deshalb von dessen Wert abgezogen werden.

346   **Beispiel 2:** Der Vermächtnisnehmer übernimmt ein mit einer Grundschuld belastetes Grundstück und tritt in die mit der Grundschuld gesicherte Darlehensverpflichtung ein.

Den Vermächtnisnehmer trifft keine rechtliche Verbindlichkeit, persönlich die Schuld gegenüber der Bank einzugehen. Wenn er die Verbindlichkeit nicht übernimmt, hat er jedoch die dingliche Belastung zu übernehmen (§ 2165 I) und muss die Zwangsvollstreckung des Gläubigers dulden. Effektiv ist der Vermächtnisgegenstand also nur mit den Schulden zu übernehmen, die deshalb abzuziehen sind.

Beispiel 3: Das durch Vermächtnis zugewandte Haus ist stark sanierungsbedürftig. Der Vermächtnisnehmer geht eine Verbindlichkeit ein, um damit die Sanierung zu bezahlen.

Die Sanierung kann zu einer Wertsteigerung des Hauses führen, die den Kosten der Sanierung entspricht. Der veränderte Wert steht im Endvermögen den Verbindlichkeiten gegenüber. Das zugewandte Haus ist in dem Zustand zu bewerten, den es bei Anfall des Vermächtnisses (§ 2176) hatte. Mit diesem Wert ist es dem Anfangsvermögen hinzuzurechnen. Die aus der Sanierung herrührenden Schulden können nicht abgezogen werden.

b) Erwerb mit Rücksicht auf ein künftiges Erbrecht

347   Ein Erwerb mit Rücksicht auf ein künftiges Erbrecht vollzieht sich notwendig immer in Form einer rechtsgeschäftlichen Verfügung. Gewöhnlich ist das eine Übertragung „zur warmen Hand", die Übergabe eines Hofes oder eines Betriebes zu Lebzeiten des zukünftigen Erblassers.

348   Nicht selten ist die Übernahme mit der Verpflichtung des Übernehmers verbunden, den Übergeber für den Rest seines Lebens zu unterhalten. Diese Unterhaltslast wird ebenfalls rechtsgeschäftlich übernommen.

Die so übernommene Verbindlichkeit ist von dem privilegierten Erwerb abzuziehen. Hierbei handelt es sich nach Ansicht des *BGH* um „ein Gefüge von Abreden, die für vorweggenommene Erbfolgen geradezu typisch sind"[332]. Das Gefüge ist insgesamt, einschließlich der darin enthaltenen Verpflichtungen, privilegiert.

349 Kompliziert wird die Berechnung, wenn sich die übernommenen Belastungen während des Güterstandes verringert haben, zum Zeitpunkt des Endvermögens aber noch in vermindertem Maße bestehen. Die Rechtsprechung des *BGH* hierzu ist im Lauf der Jahre differenzierter und komplizierter geworden.

Wird im Zusammenhang mit der Übergabe von dem Übernehmer eine **Unterhaltspflicht** übernommen, ist das eine persönliche Schuld, die den Wert des Gegenstandes nicht beeinflusst. Sie ist als Verbindlichkeit vom Anfangsvermögen abzuziehen. Dafür ist die Verbindlichkeit unter Abzinsung zu kapitalisieren. Nimmt die restliche Unterhaltslast infolge der Zeit ab, ist das – anders als die Belastung mit Nießbrauch oder Wohnrecht – kein privilegierter Erwerb. Die Schulden sind während des Güterstandes aus dem Vermögen oder Einkommen des Übernehmers zu begleichen. Das belastet beide Eheleute und kann deshalb an der Privilegierung nicht teilnehmen[333]. Soweit die Unterhaltslast abgetragen ist, entsteht dadurch Zugewinn.

Wenn der übernommene Gegenstand mit einem **Wohnrecht** oder mit einem **Nießbrauch** belastet ist, so sind das überhaupt keine Verbindlichkeiten des Übernehmers, sondern eine Belastung des übernommenen Gegenstandes, die dessen Wert unmittelbar mindert. Soweit die Belastung mit Zeitablauf abnimmt, bedeutet das einen Wertzuwachs bei dem Gegenstand. Dieser Wertzuwachs (gleitender Vermögenserwerb) ist nach Ansicht des *BGH* und der überwiegenden Meinung in der Literatur auch von Todes wegen erworben und deshalb ebenfalls privilegiert[334]. Die Belastung ist im Anfangsvermögen deshalb nur mit dem Wert abzuziehen, den sie am Stichtag des Endvermögens noch hat[335]. Die frühere Auffassung, dass dadurch die Belastung völlig unberücksichtigt bleiben könne, hat der *BGH* aufgegeben[336]. In der Entscheidung vom 6.5.2015 (→ Fn. 333) ist er allerdings dorthin zurückgekehrt für die Fälle, in denen sich der Wert des belasteten Grundstücks zwischen Anfangs- und Endvermögen nicht verändert hat. Die Belastung im Endvermögen ist real und deshalb

332 *BGH*, 27.6.1990, XII ZR 95/89, FamRZ 1990, 1083.
333 *BGH*, 7.9.2005, XII ZR 209/02, FamRZ 2005, 1974.
334 *BGH*, 14.3.1990, XII ZR 62/89, FamRZ 1990, 603; *BGH*, 6.5.2015, XII ZB 306/14, FamRZ 2015, 1268; zur Kritik an der Konstruktion „gleitender Vermögenswert" → Rn. 384.
335 *BGH*, 30.5.1990, XII ZR 75/89, FamRZ 1990, 1217.
336 *BGH*, 7.9.2005, XII ZR 209/02, FamRZ 2005, 1974.

bei der Bewertung des übernommenen Gegenstandes zu berücksichtigen[337]. Der gleitende Vermögenserwerb ist nach Ansicht des *BGH* ebenfalls dem Anfangsvermögen hinzuzurechnen.

c) Hinzurechenbare Verbindlichkeiten bei Schenkung

350   Wer einen Gegenstand durch Rechtsgeschäft, als Schenkung oder als Ausstattung erwirbt, kann damit nicht gleichzeitig eine persönliche Schuld übernehmen. Persönliche Verbindlichkeiten (außer öffentlichen Lasten) können nicht mit einer Sache verbunden sein, sondern müssen durch eigenes Rechtsgeschäft gesondert übernommen werden. Dieses Rechtsgeschäft erfüllt für sich genommen nicht die Tatbestandsvoraussetzungen des § 1374 II und kann deshalb nicht Teil des Anfangsvermögens werden. Lasten, die auf dem Gegenstand ruhen, insbesondere Grundpfandrechte oder Reallasten, begründen keine persönliche Verpflichtung des Eigentümers[338]. Solche Belastungen sind ggf. bei der Bewertung des belasteten Gegenstandes zu berücksichtigen, sind aber keine eigene Position in der Zugewinnausgleichsbilanz. Die durch das Grundpfandrecht gesicherte Verbindlichkeit muss der Erwerber durch gesondertes Rechtsgeschäft mit dem Darlehensgeber übernehmen.

Mit geschenkten Gegenständen können Verbindlichkeiten inhaltlich zusammenhängen, auch wenn es an einer rechtlichen Verknüpfung fehlt. So ist es namentlich bei der Schenkung eines belasteten Grundstückes unter **Übernahme der Darlehensverpflichtung**, weil das Geschenk nur so gemacht wird. Dasselbe gilt bei einer Schenkung unter Auflage. Das sind Fälle, in denen übernommene Verbindlichkeiten von dem privilegierten Erwerb abzuziehen sind.

351   Wird einem Ehegatten ein Anteil an einer Gesamthand, einer **Personengesellschaft**, zugewandt, tritt dadurch unmittelbar die persönliche Haftung ein. Diese Verbindlichkeiten sind aber nicht nach § 1374 II vom Anfangsvermögen abzuziehen, weil sie nicht gesondert bewertet werden. Die Schulden sind ebenso wie das positive Vermögen der Gesellschaft gesamthänderisch gebunden. Sie sind mit dem Gesellschaftsanteil einheitlich zu bewerten.

d) Überschuldete Hinzurechnung

352   Weitgehend wird angenommen, aus § 1374 III ergebe sich, dass auch bei Hinzurechnungen nach § 1374 II (privilegierter Erwerb) die mit dem Hinzurechnungsgegenstand verbundenen Verbindlichkeiten dessen Wert übersteigen könnten, so dass sich im Ergebnis durch die Hinzurechnung

---

337 Dazu im Einzelnen: → Rn. 376 ff.
338 Es ist nur die Zahlung einer Geldsumme aus dem Grundstück geschuldet, § 1191 I.

der Wert des Anfangsvermögens verringert und der Zugewinn vergrößert. Das wird namentlich für einen überschuldeten Nachlass angenommen[339]. Diese Annahme beruht auf einem Gedankenfehler. Die Hinzurechnung eines überschuldeten Nachlasses oder einer überschuldeten Schenkung **kann es nicht geben.**

Die Bestimmung des § 1374 III, wonach Verbindlichkeiten auch über den Wert des Vermögens hinaus abgezogen werden können, unterscheidet nicht zwischen originärem Anfangsvermögen und hinzugerechneten Gegenständen. Praktisch kann es aber nur bei originärem Anfangsvermögen vorkommen, dass die Verbindlichkeiten das positive Vermögen übersteigen. Bei privilegiertem Erwerb ist das – mit Ausnahme des rechtsgeschäftlichen Erwerbs mit Rücksicht auf ein zukünftiges Erbrecht – von der Natur der Sache her ausgeschlossen.

aa) Überschuldeter Nachlass

Ein Erbe wird einen überschuldeten Nachlass nur in Ausnahmefällen annehmen. Schlägt er aus, so gilt die Erbschaft rückwirkend als nicht angefallen (§ 1953 I). Eine Hinzurechnung kommt dann nicht in Betracht. Wird sie ausnahmsweise angenommen, stellt sich die Frage, ob die Nachlassverbindlichkeiten, die den Wert des positiven Nachlasses übersteigen, dem Anfangsvermögen hinzuzurechnen sind. Dadurch würde der Wert des Anfangsvermögens verringert[340].

Die amtliche Gesetzesbegründung nennt als Beispielsfall einen *aufgrund einer kostenintensiven Immobilie auf einem hypothekenbelasteten Grundstück überschuldeten Nachlass*[341]. Dabei wird verkannt, dass die Hypothek nur zur Zahlung *aus dem Grundstück* verpflichtet (§ 1213 I), also keine in die Zugewinnausgleichsbilanz einzustellende Schuld ergibt. Eine Hypothekenlast kann nicht höher sein als der Wert des Grundstücks, weil nur dieser Wert zur Bedienung der Hypothek zur Verfügung steht. Als weiterer Beispielsfall wird angenommen, dass ein Sohn das Erbe seiner Mutter annimmt und sich *dadurch um 50.000 Euro verschuldet*. Das verkennt, dass sich der Erbe nicht verschuldet, sondern nach Maßgabe der gesetzlichen Bestimmungen (§§ 1967 ff.) für die Nachlassverbindlichkeiten haftet. Übernimmt er rechtsgeschäftlich Schulden, so sind sie nicht von Todes wegen erworben[342].

353

354

---

339 Amtliche Gesetzesbegründung BT-Drucks. 635/08, S. 27; *Götsche*, ZFE 2009,404; *Büte*, FuR 2008, 105.
340 Das nimmt *Hoppenz* an (FamRZ 2008, 1989, 1990).
341 BT Drucks. 635/08, S. 27.
342 *Finger* (JR 2010, 369, 370) nimmt ohne weitere Erörterung an, wer sich bei der Annahme einer Erbschaft verschulde, habe eine negative Hinzurechnung.

355   Ein Nachlass kann bei der Bewertung nach den Regeln des Zugewinn-ausgleichsrechts **nicht überschuldet sein**. Das ergibt sich aus der **begrenzbaren Erbenhaftung**.

Der Alleinerbe kann unbefristet, begrenzt nur durch die Versäumung der Inventarfrist (§ 2005), seine Haftung auf den Nachlass beschränken (§ 1975). Der Miterbe kann bis zur endgültigen Auseinandersetzung des Nachlasses die Einrede der beschränkten Haftung erheben. Die hinzuzu-rechnende Erbschaft ist immer auf den Tag ihres Anfalls zu bewerten, denn die Erbschaft ist mit dem Tag ihres Anfalls dem Anfangsvermögen hinzu-zurechnen Das gilt auch für die damit verbundenen Verbindlichkeiten (§ 1376 III). Am Tag des Erbfalls, besteht in jedem Fall die Möglichkeit der Ausschlagung oder die Möglichkeit der Haftungsbegrenzung[343]. Ein überschuldeter Nachlass kann auch nicht dadurch relevant werden, dass die Möglichkeit der Haftungsbegrenzung des Erben verlorengegangen ist. Der Verlust kann jedenfalls erst nach dem Erbfall eintreten und kann des-halb bei der Bewertung auf den Stichtag nicht mehr berücksichtigt werden.

356   Dieser Auffassung hat *Büte* widersprochen mit dem Hinweis, nicht je-der überschuldete Nachlass werde ausgeschlagen und die beschränkte Er-benhaftung werde nicht immer wahrgenommen[344]. Dabei wird überse-hen, dass es auf das Verhalten des Erben für die Bewertung des Nachlas-ses nicht ankommt. Der Nachlass wird dem Anfangsvermögen mit dem Tag des Erbfalls zugeschlagen. An diesem Tag kann die Haftung noch nicht unbeschränkbar geworden sein. Wie sich der Erbe später verhält, wenn er in Anspruch genommen wird, kann auf den Wert der Hinzurech-nung keine Einfluss mehr haben. Wer nicht ausschlägt, gibt die Möglich-keit nicht auf, die Haftung auf den Nachlass zu beschränken. Der Erbe, der freiwillig auf die Dürftigkeitseinrede verzichtet, ist genauso zu behan-deln wie ein Schuldner, der auf die Einrede der Verjährung verzichtet[345]. Wegen der möglichen Haftungsbegrenzung auf den Wert des Nachlasses können Nachlassverbindlichkeiten im Anfangsvermögen nicht höher be-wertet werden als der positive Nachlass. Eine Verbindlichkeit, die mit ei-ner dauernden Einrede behaftet ist, ist in der Zugewinnausgleichsbilanz nicht zu berücksichtigen oder mit Null zu bewerten[346]. Der Ehegatte, dem die überschuldete Erbschaft zugefallen ist, wird sich in seinem Anfangs-vermögen immer auf diese Einrede berufen und damit ein Sinken seines Anfangsvermögens verhindern wollen, weil ihm das im Zugewinnaus-

---

343 Die mögliche Haftungsbegrenzung wird bei der Kritik von *Weinreich* (FuR 2009, 497) übersehen, der als Haftungsbegrenzung nur die für problematisch gehaltene Ausschla-gung sieht.

344 *Büte*, FPR 2012, 73, 74.

345 Das übersieht *Muscheler* (Rn. 364), wenn er einen Gleichlauf von Nachlassverbindlichkei-ten im End- und Anfangsvermögen verlangt. Im Einzelnen dazu → Rn. 165.

346 So für den verjährten Anspruch *Schwab/Schwab*, VII Rn. 53.

gleich vorteilhaft ist. Wegen dieser Einrede sind die Nachlassverbindlichkeiten auf den Tag des Erbfalls jedenfalls nicht höher zu bewerten als der
Wert der Nachlassgegenstände.

Es kommt allenfalls in Betracht, die Verbindlichkeiten auch über den **357**
positiven Wert des Nachlasses hinaus zu bewerten, wenn die (nachträgliche) Vorausschau ergibt, dass der Erbe sich voraussichtlich nicht auf die
Haftungsbegrenzung berufen wird. Dafür müsste es jedoch objektive Anhaltspunkte geben. Solche sind dann vorstellbar, wenn der Erbe ein besonderes Affektionsinteresse an einzelnen Nachlassgegenständen hat, die es
wahrscheinlich erscheinen lassen, dass er dafür wertübersteigende Schulden in Kauf nimmt. Entsprechendes gilt, wenn der Erbe zeigt, dass er mit
einer Wertsteigerung von einzelnen Gegenständen rechnet, derentwegen
er zunächst eine Überschuldung in Kauf nimmt. In beiden Fällen wird
man aber eher einen entgeltlichen Erwerb anzunehmen haben, der von
vorneherein nicht privilegiert ist.

Es wird erwogen, dass dem anderen Ehegatten ein Nachteil entsteht, **358**
wenn ein überschuldeter Nachlass im Anfangsvermögen nur mit Null bewertet wird, während die **Schulden das Endvermögen** in vollem Umfang
belasten[347]. Zu einer systemwidrigen Ungerechtigkeit kann das jedoch
nicht führen. Im Normalfall wird im Endvermögen ebenso wie im Anfangsvermögen die Möglichkeit bestehen, die Haftung als Erbe zu begren-
zen. Hat der Erbe die Möglichkeit nicht genutzt und auf die Haftungsbegrenzung verzichtet, so ist das normales Wirtschaften und nicht anders zu
würdigen, als wenn der Ehegatte unabhängig von der Erbschaft Verbindlichkeiten eingegangen wäre. Dafür kann er die Handlungsfreiheit des
§ 1364 in Anspruch nehmen. Verzichtet er willkürlich auf die Haftungs-
beschränkung, ist zu prüfen, ob das mit Benachteiligungsabsicht geschehen ist mit der Folge, dass die Verbindlichkeiten dem Endvermögen hinzuzurechnen wären. Zu einer Korrektur des Anfangsvermögens kann das
aber nicht führen.

Ebenso wird erwogen, dass es eine Ungerechtigkeit zulasten des Erben **359**
sei, wenn er einen überschuldeten Nachlass übernehme, dessen Schulden
er im Verlaufe der Ehe tilge. Diese Tilgung müsse er über den Zugewinnausgleich mit dem anderen teilen, solange er die Schulden nicht von seinem (hinzugerechneten) Anfangsvermögen über dessen Wert hinaus abziehen könne[348]. Das trifft nicht zu, weil er die Schuldentilgung gerade
nicht teilen muss, wenn sie vom Anfangsvermögen nicht abgezogen worden waren[349].

---

347 Amtliche Gesetzesbegründung BT-Drucks. 635/08, S. 27; *Götsche*, ZFE 2009, 404.
348 *Krause*, ZFE 2009, 55.
349 *Rakete-Dombek*, FPR 2009, 270, 271.

bb) Überschuldeter Erwerb mit Rücksicht auf ein künftiges Erbrecht

360   Ein Erwerb mit Rücksicht auf ein künftiges Erbrecht vollzieht sich notwendig immer in Form einer rechtsgeschäftlichen Verfügung. Damit kann die Übernahme von Verbindlichkeiten verbunden sein. Diese Verbindlichkeiten können auch höher als der Wert des übernommenen Gegenstandes sein, so dass es zu einem überschuldeten Erwerb mit Rücksicht auf ein künftiges Erbrecht kommt, der als negativer Wert vom Anfangsvermögen abzuziehen ist.

Es kommen aber auch Erwerbe in Betracht, die sich nicht in der klassischen Form der Übergabe vollziehen. Der *BGH* hat einen Vertrag, mit dem der Sohn seinem Vater ein Betriebsgrundstück abkaufte, als Erwerb mit Rücksicht auf ein künftiges Erbrecht angesehen[350]. Der Weg über den Kaufvertrag war gewählt worden, um Pflichtteilsansprüche von Geschwistern zu umgehen. Bei einem solchen Erwerb können die gleichzeitig übernommenen Schulden den Wert des positiv Übernommenen übersteigen. Allerdings wird das ein seltener Ausnahmefall bleiben. In derartigen Fällen wird die Auslegung meist zu dem Ergebnis gelangen, dass das in Form eines Kaufvertrages geschlossene Geschäft tatsächlich nur ein normales Austauschgeschäft ist, das in keiner Beziehung zum Anfangsvermögen steht[351].

Für den Fall, dass ein überschuldeter Betrieb mit Rücksicht auf ein künftiges Erbrecht erworben wird, kommen die Besorgnisse, die in der amtlichen Gesetzesbegründung angesprochen werden, zum Tragen. Wenn die Schulden im Endvermögen noch vorhanden sind, vermindern sie den Zugewinn, wenn sie nicht zugleich im Anfangsvermögen Berücksichtigung finden dürfen.

cc) Überschuldete Schenkung

361   Auch bei einer Schenkung kann kein negativer Wert der Hinzurechnung entstehen. Bei lebzeitigen Zuwendungen, die dem Anfangsvermögen hinzuzurechnen sind, können damit verbundene Schulden den Wert der Zuwendung nicht negativ machen.

Geschenke und sonstige Zuwendungen können mit Verbindlichkeiten verbunden sein, die den Wert der Hinzurechnung mindern. Allerdings gilt das nur, solange der Wert der geschenkten Sache die Verbindlichkeit nicht übersteigt. Übernimmt ein Ehegatte mit einem Grundstück Verbindlichkeiten, die vom Wert des Grundstücks nicht gedeckt sind, so ist die Zuwendung, sofern sie nicht mit Rücksicht auf ein künftiges Erbrecht geschieht, nicht als Geschenk anzusehen. Es fehlt an der für § 516 erforderlichen Unentgeltlichkeit. Deshalb liegt dann ein **entgeltlicher Erwerb**

---

350 *BGH*, 1.2.1978, IV ZR 142/76, *BGHZ* 70, 291 = FamRZ 1978, 334.
351 *BGH*, 27.6.1990, XII ZR FamRZ 1990, 1083, Rn. 23.

vor, der das Anfangsvermögen nicht berührt. Auch wenn die Motivation für die Annahme des Geschenkes ideelle, nicht materielle Gründe waren, liegt in diesem Falle ein **entgeltlicher Erwerb des Gegenstandes aus ideellen Gründen** vor.

Übernimmt ein Ehegatte einen **überschuldeten Gesellschaftsanteil** **362** **oder Unternehmen**, so ist das von vornherein kein Geschenk, das unter § 1374 II fällt, sondern ebenfalls ein entgeltlicher Erwerb.

VII. Einzelprobleme des Anfangsvermögens

Es gibt typische Konstellationen, die bei der Auseinandersetzung des **363** Güterstandes immer wieder auftreten und Probleme im Zusammenhang mit der Bemessung des Anfangsvermögens aufwerfen. Sie werden im Folgenden zusammenfassend behandelt.

1. Zuwendungen der Eheleute untereinander

Geschenke des einen Ehegatten an den anderen fallen nicht unter **364** § 1374 II[352]. Auf die Art des Geschenkes kommt es dafür nicht an. Auch Geschenke rein persönlicher Natur, wobei der andere den Vorzug eindeutig alleine genießen soll, sind in keinem Fall privilegiert.

Beispiel: Der Mann schenkt der Frau ein teures, extra für sie angefertigtes Schmuckstück.

Zwar würde der Wortlaut des Gesetzes erlauben, auch Geschenke zwischen den Eheleuten darunter zu subsumieren. Mit dem Sinn der Vorschrift würde sich das aber nicht vereinbaren lassen. Privilegiert sollen solche Erwerbe werden, zu denen der andere ihrer Art nach nichts beigetragen haben kann. Bei einer Zuwendung von dem anderen Ehegatten ist dessen Beitrag aber gerade wesensbestimmend. Der *BGH* hat seine Rechtsprechung immer wieder bekräftigt. Zuletzt hat er einen eher ungewöhnlichen Fall zum Anlass genommen erneut zu bestätigen, dass Zuwendungen unter Eheleuten in keinem Fall nach § 1374 II privilegiert sind[353].

Beispiel: Der Mann überträgt der Frau eine hälftigen Miteigentumsanteil an dem **365** Haus, das er geerbt hat.

Zuwendungen zwischen Eheleuten werden von der Rechtsprechung zumeist nicht als Geschenke angesehen. Dafür ist statt dessen die Konstruktion der **ehebedingten Zuwendung** entwickelt worden[354]. Damit

---

352 *BGH*, 20.5.1987, IVb ZR 62/86, FamRZ 1987, 791, Rn. 15.
353 *BGH*, 22.9.2010, XII ZR 69/09, FamRZ 2010, 2057 mit Anm. *Braeuer* (Die Schenkung eines Ehemannes, die er seiner wesentlich jüngeren Frau in Vorwegnahme des Erbfalles gemacht hatte).
354 *BGH* 26.11.1981, IX ZR 91/80, FamRZ 1982, 246.

wird in erster Linie erreicht, eine Anpassung von vermeintlich unentgeltlichen Zuwendungen außerhalb des engen Rahmens zu ermöglichen, den
das Schenkungsrecht setzt. Die Kritik an der Konstruktion ist bis heute
nicht verstummt[355]. Es kann damit gerechnet werden, dass sie an Bedeutung zukünftig verlieren wird, nachdem der *BGH* die Grundsätze der veränderten Geschäftsgrundlage (§ 313) auch auf Schenkungen angewandt
hat[356]. Von der Schenkung unterscheidet sich die ehebedingte Zuwendung, indem sie nicht als unentgeltlich angesehen wird. Sie ist deshalb
schon ihrem Wesen nach nicht gem. § 1374 II privilegiert. Als Zuwendung zwischen den Eheleuten scheidet eine Privilegierung aber ohnehin
aus. Der Streit um den Charakter von Zuwendungen zwischen den Eheleuten spielt deshalb innerhalb der Zugewinngemeinschaft keine Rolle.

366   Gegen die Rechtsprechung, die Geschenke zwischen den Eheleuten
und ehebedingte Zuwendungen von der Privilegierung ausnimmt, wird in
erster Linie eingewandt, dass dadurch die Privatautonomie der Eheleute
unangemessen eingeschränkt werde. Indem Geschenke notwendig vom
Zugewinnausgleich erfasst werden, ist es den Eheleuten nicht möglich,
sich **gegenseitig etwas endgültig zu schenken**[357]. Damit das Geschenk
endgültig wird, müsste es vom Zugewinnausgleich ausgenommen werden.
Das ist nur in der Form des Ehevertrages (§ 1410) möglich. Wenn die Eheleute sich anlässlich des Geschenkes darüber einigen, es aus dem Zugewinn herauszuhalten, ist das in der Wirkung eine Verfügung über den zukünftigen Zugewinnausgleichsanspruch und damit gem. § 1378 III 3
nichtig. Der Einwand ist nicht unerheblich und trotzdem nicht genügend,
um auch Geschenke zwischen den Eheleuten nach § 1374 II zu privilegieren. Das Anliegen der Privilegierung ist ein ganz anderes, als Vereinbarungen zwischen den Eheleuten zu erleichtern. Zuwendungen innerhalb der
Ehe werden abschließend von § 1380 geregelt. Sie sind in gewissem Umfange auf den Zugewinnausgleichsanspruch anzurechnen[358]. Das ist die
speziellere Regelung, die es ausschließt, § 1374 II auf Ehegattenschenkungen anzuwenden. Im Ergebnis findet die Rechtsprechung des *BGH* somit
überwiegend Zustimmung[359].

---

355 *Muscheler* bezeichnet sie als „verfehlt" (Rn. 365).
356 S. *BGH*, 3.2.2010, XII ZR 189/06, FamRZ 2010, 958.
357 *MK/Koch*, § 1374, Rn. 23.
358 *Schwab* weist darauf hin, dass die Rechtsprechung des *BGH* nicht nur im Widerspruch
     steht zum Wortlaut des § 1374 II, sondern auch zu § 1380. Dort wird nämlich entgegen
     dem Gesetzeswortlaut das Zugewandte vom Endvermögen des Empfängers abgezogen.
     Würden beide Vorschriften entsprechend ihrem Wortlaut angewandt, ergäben sich sinn-
     volle Ergebnisse (Festschrift für *Meo-Micaela Hahne*, S. 175).
359 *Wellenhofer*, JZ 2011, 106; *Kogel*, FF 2011, 29, beide als Anm. zu *BGH* 22.9.2010, XII ZR
     69/09; *Johannsen/Henrich/Jaeger*, § 1374, Rn. 31; *Palandt/Brudermüller*, § 1374, Rn. 15;
     ablehnend *Staudinger/Thiele*, § 1374, Rn. 35; *Erman/Budzikiewicz*, § 1374, Rn. 14.

Zwischen Ehegatten ist auch ein Erwerb **mit Rücksicht auf ein zukünf-** **367**
tiges Erbrecht kein privilegierter Erwerb[360]. Dafür sprechen dieselben
Gründe, die ein Geschenk zwischen den Eheleuten von dem Privileg ausschließen: Nach § 1374 II sollen solche Erwerbe privilegiert werden, zu denen der andere typischerweise nichts beiträgt. Bei Zuwendungen von dem
anderen ist aber das Gegenteil der Fall. Sie stammen typischerweise von ihm.

Bei der Aufstellung der Zugewinnausgleichsbilanzen sind deshalb Ver- **368**
mögensbewegungen zwischen den Eheleuten während des Güterstandes
gänzlich außer Betracht zu lassen. Das Vermögen ist so einzustellen, wie
es sich als Ergebnis der Verfügungen darstellt. Der Zugewinnausgleich
dient dazu, gerade auch solche Verschiebungen mit auszugleichen. Sie
dürfen deshalb nicht schon bei der Ermittlung des Zugewinns herausgerechnet werden.

2. Schwiegerelternzuwendungen

Nicht selten werden von den Eltern eines Ehegatten Beiträge zum **369**
wirtschaftlichen Aufbau der Ehe geleistet.

Beispiel: Die Eltern der Frau geben einen Zuschuss von 100.000 € zu einem Haus,
das beide Eheleute zu gleichen Bruchteilen gekauft haben.

Ein solcher Beitrag begünstigt zur Hälfte das eigene Kind. Das ist als
Geschenk oder Zuwendung im Hinblick auf ein zukünftiges Erbrecht unproblematisch privilegiert. Durch die zweite Hälfte der Zuwendung ist
der Schwiegersohn begünstigt. Die Rechtsprechung des *BGH* hatte diese
Zuwendung in der Vergangenheit als ehebedingte Zuwendung angesehen,
weil sie um der Ehe der Tochter willen gegeben worden sei. Dieser Teil der
Zuwendung genoss folglich nicht das Privileg des § 1374 II. Nach dem
Grundsatz, dass der Zugewinnausgleich zwischen den Eheleuten abschließend sei, schied eine Rückforderung des Zugewandten durch die Schwiegereltern bei Scheitern der Ehe aus. Der Erwerb erhöhte das Endvermögen
des Schwiegersohns, was sich systembedingt aber maximal bis zur Hälfte
des zugewandten Betrages zugunsten der Tochter auswirken konnte.

Die bis dahin gefestigte Rechtsprechung hat der *BGH* in seiner Ent- **370**
scheidung von 2010[361] aufgegeben. Nach geänderter Auffassung des *BGH*
ist die Zuwendung der Schwiegereltern an das Schwiegerkind nicht mehr
als ehebedingte Zuwendung anzusehen[362], sondern als Geschenk. Der
enttäuschten Erwartung der Schwiegereltern in den Bestand der Ehe ih-

360 *BGH*, 22.9.2010, XII ZR 69/09, FamRZ 2010, 2057, mit Anm. *Braeuer*; *BGH*, 3.12.2014,
   XII ZB 181/13, FamRZ 2015, 293.
361 *BGH*, 3.2.2010, XII ZR 189/06, FamRZ 2010, 958.
362 Der *BGH* betont in der Entscheidung ausdrücklich, dass er die Konstruktion der ehebedingten Zuwendung zwischen den Ehegatten weiterhin für notwendig und anwendbar hält.

res Kindes wird nunmehr dadurch Rechnung getragen, dass in Abkehr von der bisherigen Rechtsprechung auch auf die Schenkung die Grundsätze der veränderten Geschäftsgrundlage (§ 313) angewandt werden. Anders als bei der ehebedingten Zuwendung steht der mögliche Zugewinnausgleich der Rückforderung eines Geschenkes durch die Schwiegereltern nach den Grundsätzen der gestörten Geschäftsgrundlage nicht entgegen. Außerdem kommt – ebenfalls in Abkehr von der bisherigen Rechtsprechung – eine Kondiktion wegen Zweckverfehlung (§ 812 I 2) in Betracht. Die Schwiegereltern können nach dieser Rechtsprechung beim Scheitern der Ehe ihrer Tochter das Zugewandte von ihrem Schwiegersohn (teilweise) zurückfordern[363].

Indem die Zuwendung an das Schwiegerkind als Geschenk angesehen wird, erlangt es bei dem Schwiegersohn auch das Privileg des § 1374 II. Die sich aus dieser Sichtweise ergebenden Probleme beim Zugewinnausgleich hat der *BGH* noch nicht befriedigend gelöst. Der Rückforderungsanspruch der Schwiegereltern entsteht schon beim endgültigen Scheitern der Ehe ihrer Tochter, also vor dem Stichtag für das Endvermögen[364]. Dieser Anspruch ist somit als Verbindlichkeit in die Zugewinnausgleichsbilanz des Schwiegersohnes einzustellen. Da der Rückforderungsanspruch das Endvermögen des Schwiegersohnes mindert, aber gleichzeitig die Zuwendung als privilegierter Erwerb seinem Anfangsvermögen hinzuzurechnen ist, hat der Schwiegersohn einen geringeren Zugewinn, als er ihn ohne die Zuwendung hätte. Die Tochter finanziert über ihren verringerten Zugewinnausgleichsanspruch bzw. ihre erhöhte Ausgleichspflicht die Rückzahlung des Mannes an ihre Eltern mit.

Der *BGH* löst das Problem, indem er die Rückgabeverpflichtung, die eine Folge des Scheiterns der Ehe ist, auch schon im Anfangsvermögen berücksichtigt[365]. Sie sei als Verbindlichkeit, die zu dem privilegierten Erwerb gehört, von diesem abzuziehen. Das sei möglich, weil es zur Ermittlung des Anfangsvermögens nur bei Scheitern der Ehe komme, und dann stehe die Ausgleichspflicht ja fest[366].

371 **Kritik**[367]: Der *BGH* setzt sich mit dieser Konstruktion in Widerspruch zu zwei wichtigen Grundsätzen seiner sonstigen Rechtsprechung.

---

363 In einer jüngeren Entscheidung hat der *BGH* eingeschränkt, dass die Rückforderung des Geschenkes die besondere Feststellung erfordert, dass eine Aufrechterhaltung des Geschenkes für die Schwiegereltern unzumutbar ist (*BGH* 3.12.2014, XII ZB 181/13, FamRZ 2015, 219).

364 *BGH*, 28.2.2007, XII ZR 156/04, FamRZ 2007, 877.

365 *Wellenhofer* (JZ 2011, 107, 108) bezeichnet das als einen *Trick*.

366 Der Weg wird von dem damaligen Vorsitzenden des 12. Zivilsenates außerhalb der Entscheidung noch einmal ausdrücklich bekräftigt (*Hahne*, FF 2010, 271).

367 Ausführliche Kritik bei *Braeuer*, Zuwendungen innerhalb der Familie und gesetzlicher Zugewinnausgleich, FPR 2011, 75; ebenso *Schulz*, FPR 2012, 79, 82.

Das Urteil ist mit dem **Stichtagsprinzip** nicht zu vereinbaren[368]. Rechte und Verbindlichkeiten sind zum jeweiligen Stichtag unter Berücksichtigung nur der Kenntnisse aufzunehmen und zu bewerten, die an diesem Stichtag vorhanden gewesen sind. Deshalb sind ungewisse Verbindlichkeiten nur mit einem Bewertungsabschlag aufzunehmen, der das Maß der Ungewissheit widerspiegelt und der zu einer Bewertung null führen kann, wenn die Ungewissheit sehr groß ist[369]. Mit der Rückzahlungspflicht ist zum Zeitpunkt der Zuwendung nicht zu rechnen, denn die Zuwendung geschieht ja gerade in Erwartung, dass die Ehe Bestand haben werde. Die Abweichung vom erwarteten Verlauf ist überhaupt erst der Grund für die Rückzahlungsverpflichtung. Nach den sonst nicht aufgegebenen Grundsätzen darf die nicht erwartete Verpflichtung den privilegierten Erwerb deshalb nicht mindern, allenfalls wäre die zukünftige Rückgabeverpflichtung nur mit einem erheblichen Bewertungsabschlag aufzunehmen.

Es ist auch gefestigte Rechtsprechung, dass eine ehebedingte Zuwendung nicht vollständig zurückzugewähren ist, wenn der erwartete Erfolg teilweise eingetreten ist. Davon ist auszugehen, wenn die Ehe nach der Zuwendung viele Jahre entsprechend der Erwartung intakt war und erst dann scheitert. Diese Flexibilität ist bei der neueren Konstruktion des *BGH* nicht möglich, weil zum Zeitpunkt der Zuwendung zwangsläufig noch nicht bekannt ist, wie lange die Ehe bis zum Scheitern dauern wird[370].

Das *OLG Düsseldorf* hat in einer veröffentlichten Entscheidung zum   **372** Zugewinnausgleich die von *BGH* aufgestellten Regeln angewandt[371]. An der Entscheidung wird deutlich, dass der Ansatz des *BGH* nicht ohne Bruch mit den sonst feststehenden Grundsätzen des Zugewinnausgleichsrechts zu verwenden ist. So ist nach Auffassung des *OLG Düsseldorf* die Rückgabeverpflichtung – anders als das übrige Anfangsvermögen – nicht wegen der Geldentwertung zu indexieren. Nur so sei es möglich, die Schwiegerelternzuwendung zu „neutralisieren". Des *OLG* sieht zwar den Systembruch in seiner Auffassung, hält sie aber angesichts der „ergebnisorientierten höchstrichterlichen Rechtsprechung" für gerechtfertigt. Das kann nicht überzeugen. Der Zugewinnausgleich ist ein streng mathematisches System, das gewollt zu pauschalen Ergebnissen führt. Wenn an dieser Stelle gestattet wird, das Anfangsvermögen „ergebnisorientiert" umzubewerten, dann kann das bei anderer Gelegenheit nicht verwehrt

---

368 Ebenso *Schulz*, FF 2010, 273; *Kogel*, FamRB 2010, 309; *Wever*, Rn. 571c.

369 *Schwab/Schwab*, VII Rn. 53.

370 *Hoppenz* (FamRZ 2010, 1718) meint das Problem durch „Rückindexierung" lösen zu können, also die spätere Entwicklung auf den Wert des Anfangsvermögens zurückbeziehen zu können. Das verkennt aber, dass die Indexierung des Anfangsvermögens mit der konkreten Entwicklung eines Einzelgegenstandes nichts zu tun hat.

371 *OLG Düsseldorf*, 19.3.2014, 8 UF 271/13, NJW 2014, 2512.

werden. Der Zugewinnausgleich würde dann einer nicht begrenzbaren Billigkeitskorrektur unterworfen.

Der *BGH* hat Schenkungen der Schwiegereltern als ein echtes Geschenk eingestuft und dadurch bei Zugewinnausgleich ein Dilemma erzeugt, für das bisher eine Lösung nicht in Sicht ist. Hier können zwei unterschiedliche Lösungsansätze vorgeschlagen werden:

373   Der *BGH* hält das Ergebnis für unbillig, wenn der Begünstigte das Geschenk seiner Schwiegereltern in vollem Umfang in sein Anfangsvermögen einstellen kann. Es kommt in Betracht, die Zuwendung der Schwiegereltern ebenso wie Zuwendungen zwischen den Eheleuten von vorneherein als Geschenk im Sinne des § 1374 II zu werten. Nach übereinstimmender Auffassung sind Geschenke zwischen Eheleuten nicht dem Anfangsvermögen des Empfängers zuzuordnen, obwohl die Tatbestandsmerkmale des § 1374 II erfüllt sind. Die Erwägungen, nach denen Zuwendungen zwischen den Eheleuten kein privilegierter Erwerb sein können, lassen sich ohne weiteres auf die Schwiegeelternzuwendung übertragen[372]. In § 1374 II wird solcher Erwerb privilegiert, zu dem seiner Art nach der andere nicht beigetragen haben kann. Bei Zuwendungen eines Ehegatten ist dessen Beitrag aber gerade wesensbestimmend. Ebenso ist der Ehegatte unverzichtbares Bindeglied beim Zustandekommen der Schwiegeelternschenkung. Es lässt sich also gut vertreten, dass die Schwiegeelternschenkung nicht nach § 1374 II privilegiert ist. Das Problem, eine Rückforderungsverpflichtung schon in das Anfangsvermögen aufzunehmen, stellt sich also nicht.

374   Es bedarf einer besonderen Lösung nur, wenn man mit dem *BGH* das Ergebnis für unbillig ansieht, das aus der Einordnung der Schwiegeelternschenkung als privilegierter Erwerb folgt. Daran sind aus folgenden Gründen Zweifel angezeigt. Die Zuwendungen von Schwiegereltern an das Schwiegerkind sind ein echtes Geschenk, mit dem das Schwiegerkind, nicht das eigene Kind, begünstigt werden soll. Es kann, muss aber nicht die Fortdauer der Ehe zur Geschäftsgrundlage haben. Wenn bei Scheitern der Ehe das Geschenk zurückverlangt oder ein Ausgleich dafür geltend gemacht wird, verringert das das Endvermögen, ändert aber an der ursprünglichen Begünstigungsabsicht nichts. Der begünstigte Ehegatte hat auf diese Weise zwar das Geschenk zurückzugeben, ihm bleibt aber der Vorteil beim Zugewinnausgleich mit seinem Ehegatten. Dieser hat über den Zugewinnausgleich die Hälfte des Geschenkwertes mitzutragen.

Anders als von der zitierten Rechtsprechung angenommen, erscheint dieses Ergebnis nicht unbillig. Es entspricht dem wirtschaftlichen Ergebnis der früheren Rechtsprechung, die eine ehebedingte Zuwendung an-

---

372   → Rn. 363.

nahm. Die Last, die aus dem Scheitern der Ehe entsteht, wird gleichmäßig auf beide Ehegatten verteilt, was dem Wesen des Zugewinnausgleichs
entspricht. Die Rückabwicklung findet – anders als nach der früheren
Rechtsprechung – zwischen den Beteiligten der Zuwendung und nicht
mehr zwischen den Eheleuten statt. Damit müssen, was sachfremd war,
die Schwiegereltern nicht mehr die Last der veränderten Geschäftsgrundlage mittragen. Die systemgerechte, pauschale Lösung wird auch am ehesten dem Umstand gerecht, dass Schwiegerelternzuwendungen keineswegs
eine einheitliche Geschäftsgrundlage haben. Es kann den Schwiegereltern
ebenso wie den Eheleuten selbst zugemutet werden, sich bei erheblichen
Zuwendungen über ein etwaiges Rückforderungsrecht ausdrücklich zu einigen. Fehlt es daran, ist es vernünftig, die Zuwendung im Güterrecht wie
jedes andere Geschenk auch zu behandeln.

Allerdings bietet diese Rechtsprechung, sollte sie fortgesetzt werden, ei-   **375**
nen Lösungsansatz für ein anderes sonst schwer lösbares Problem. Zuwendungen eines Ehegatten an den anderen werden ganz unterschiedlich in die
Bilanzen eingesetzt, je nachdem ob sie zufällig kurz vor oder kurz nach der
Eheschließung gemacht worden sind (→ Rn. 398). Die voreheliche Zuwendung müsste konsequenterweise dann auch von vornherein mit dem Rückforderungsanspruch belastet und im Anfangsvermögen ohne Wert sein.

3. Übergabe unter Vorbehalt von Wohnrecht, Nießbrauch oder Leibrente

In der Generationenfolge werden häufig Vermögensgegenstände schon   **376**
zu Lebzeiten von der älteren Generation auf die jüngere übertragen. Dabei wird nicht selten vereinbart, dass der Übergeber sich bestimmte Nutzungsrechte oder die Erträgnisse des übergebenen Gegenstandes vorbehält. Für die Übergabe kann auch eine Gegenleistung vereinbart werden,
die geringer ist, als ein angemessener Kaufpreis wäre. Die Übergabe kann
im Erbwege, als Vermächtnis, als lebzeitige Übertragung mit Rücksicht
auf ein künftiges Erbrecht oder als Geschenk stattfinden. In jedem dieser
Fälle ist der Gegenstand gem. § 1374 II dem Anfangsvermögen hinzuzurechnen. Die damit verbundenen Vorbehalte mindern den Wert des Anfangsvermögens und sind abzuziehen. Bei der Bewertung dieser Belastungen im Anfangs- und im Endvermögen ergeben sich spezifische Probleme,
die hier zusammenfassend dargestellt werden.

Die nachfolgenden Grundsätze gelten in gleicher Weise für Gegen-   **377**
stände, die während des Güterstandes privilegiert erworben wurden, wie
für Gegenstände, die schon vor Beginn des Güterstandes geerbt oder von
einem Angehörigen übernommen worden sind, von dem ein Erbe zu erwarten ist[373].

---

373 *Schwab/Schwab*, VII Rn. 142.

a) Behandlung im Anfangsvermögen

378   Wird ein Gegenstand geschenkt oder mit Rücksicht auf eine künftiges Erbrecht übergeben, so ist dieser Gegenstand privilegiert erworben und gem. § 1374 II dem Anfangsvermögen hinzuzurechnen. Er ist mit seinem Wert, den er zur Zeit der Zuwendung hat, einzustellen.

Der Schenker kann sich bei der Übertragung einen **Nießbrauch** vorbehalten. Das kommt vor allem bei Gegenständen in Betracht, die Erträgnisse abwerfen, etwa ein Unternehmen oder ein Zinshaus. Ein Nießbrauch führt nicht zu einer persönlichen Schuld des Übernehmers, sondern ist aus der übernommenen Sache zu leisten. Die Belastung ist auf den Stichtag des Anfangsvermögens oder der Hinzurechnung zu bewerten und unmittelbar vom Wert des übernommenen Gegenstandes abzuziehen. Ein Nießbrauch wird bewertet, indem der Jahresnutzwert und die statistisch erwartbare Lebenszeit des Berechtigten ermittelt werden. Daraus wird mit Hilfe eines angemessenen Rechnungszinses der Barwert ermittelt[374]. Dieser Barwert verringert den Wert des übernommenen Gegenstandes.

Der Schenker kann sich ein **Wohnrecht** vorbehalten, das ihm erlaubt, in einem übergebenen Haus weiterhin wie der Eigentümer zu wohnen. Das Wohnrecht kann, muss aber nicht im Grundbuch als Dienstbarkeit eingetragen werden (§ 1093). Das Wohnrecht ist eine Grundstücksbelastung wie der Nießbrauch und entsprechend als Wertminderung vom Grundstückswert abzuziehen.

Ein Gebäude oder ein Unternehmen kann auch übertragen werden unter dem Vorbehalt, dass der Übernehmer dem Übergeber auf dessen **Lebzeiten eine Rente** zu zahlen hat. Es ist aus den Umständen und der Bestimmung bei der Übertragung zu entnehmen, ob es sich dabei um einen Kauf oder um eine Übertragung mit Rücksicht auf ein künftiges Erbrecht handelt[375]. Die Rente ist auf den Tag der Übertragung zu kapitalisieren. In Höhe des Kapitalwertes ist die Zuwendung nicht unentgeltlich. Nur der Teil des übertragenen Gegenstandes, der den Kapitalwert der Rentenverpflichtung übersteigt, ist privilegierter Erwerb.

Im ländlichen Bereich wird bei der Übergabe eines Hofes auch ein **Leibgedinge** vorbehalten. Dadurch behält der Übergeber das Wohnrecht an einem Teil des übergebenen Gebäudes und das Recht auf lebzeitige Verköstigung und Pflege, ggf. zusätzlich eine Leibrente. Die verschiedenen vorbehaltenen Rechte sind jeweils nach den vorstehenden Regeln zu bewerten und vom Wert des übertragenen Gegenstandes abzuziehen. Das Recht auf Pflege und Verköstigung ist danach wie die Leibrente zu bewerten.

---

374 *BGH*, 22.11.2006, XII ZR 8/05, Rn. 19, FamRZ 2007, 978.
375 *BGH*, 27.6.1990, XII ZR 95/89, FamRZ 1990, 1083.

Die gewonnenen Werte – sowohl des übertragenen Gegenstandes wie der vorbehaltenen Rechte – sind auf den Stichtag des Anfangsvermögens bzw. der Zuwendung zu **indexieren.**

b) Behandlung im Endvermögen

Der übertragene Gegenstand einschließlich seiner Belastung ist im **379** Endvermögen ebenso zu behandeln wie im Anfangsvermögen. Voraussetzung ist, dass der Gegenstand im Endvermögen noch vorhanden ist. Ist der Gegenstand schon vor dem Endstichtag aus dem Vermögen des Ehegatten ausgeschieden, gleichgültig aus welchem Grund, so hat es mit der Berücksichtigung im Anfangsvermögen sein Bewenden.

Der Gegenstand und die verbleibende Belastung sind mit dem Zustand zum Zeitpunkt des Endvermögens zu bewerten. Die Bewertungsgrundsätze unterscheiden sich nicht vom Anfangsvermögen. Ist im Endvermögen noch der Gegenstand vorhanden, nicht aber mehr die Belastung, weil etwa der Berechtigte zwischenzeitlich gestorben ist, so ist der unbelastete Gegenstand zu bewerten.

c) Gleitender Vermögenserwerb

Die Belastung durch das Wohnrecht oder den Nießbrauch ist im End- **380** vermögen zwangsläufig geringer als im Anfangsvermögen, weil die Lebenserwartung des Berechtigten abgenommen hat. Ist der Berechtigte während des Güterstandes verstorben, so ist der erworbene Gegenstand im Endvermögen überhaupt nicht mehr belastet und mit seinem vollen Wert anzusetzen. Dadurch entsteht für den Ehegatten nach bisher herrschender Ansicht ein gleitender Vermögenserwerb. Ob und ggf. wie dieser Erwerb ebenfalls privilegiert und deshalb dem Anfangsvermögen hinzuzurechnen ist, ist umstritten[376].

Der *BGH* hat in einer grundlegenden Entscheidung[377] Grundsätze aufgestellt, wie die durch Zeitablauf geringer werdende Belastung durch Nießbrauch im Anfangsvermögen zu behandeln sei. „Der Begünstigte hat sein Erbe von vornherein mit der sicheren Aussicht erworben, dass die erbvertraglich angeordnete Belastung durch das Nießbrauchsrecht einmal wegfällt. Soweit sich diese Aussicht während der Ehe durch Absinken des Nießbrauchswertes teilweise verwirklicht hat, handelt es sich im Sinne von § 1374 Abs. 2 BGB um Vermögen, das der Begünstigte nach Eintritt des Güterstandes von Todes wegen erworben hat. Würde der andere Ehegatte an der Wertsteigerung des ererbten Vermögens, die dieses während der Ehe durch Absinken des Nießbrauchswertes erfahren hat, im Rahmen des

---

376 Ausführlich kritisch dazu → Rn. 386.
377 *BGH*, 14.3.1990, XII ZR 62/89, FamRZ 1990, 603.

Zugewinnausgleichs beteiligt, nähme er am Erbe des Beklagten teil." Die Wertsteigerung, die darauf beruht, sei deshalb ebenfalls von Todes wegen oder durch Geschenk erworben und ihrerseits nach § 1374 II privilegiert.

381   Dasselbe gilt bei einer Belastung mit einem **Wohnrecht** oder durch angeordnete **Testamentsvollstreckung**[378]. Die Grundsätze sind bei einer übernommenen **Leibrentenverpflichtung nicht** anzuwenden[379].

382   Der belastete Gegenstand ist im Zugewinn deshalb wie folgt zu behandeln:

–   Der geschenkte (geerbte) Gegenstand ist mit seinem Verkehrswert am Tage des Erwerbs dem Anfangsvermögen hinzuzurechnen.

–   Von dem Wert ist bei der Hinzurechnung der Wert der Belastung (Nießbrauch, Wohnrecht) abzuziehen, wie er am Tag der Hinzurechnung besteht.

–   Derselbe Gegenstand ist mit seinem Wert zum Ende des Güterstandes in das Endvermögen einzustellen.

–   Von diesem Wert ist die verbleibende Belastung mit ihrem Wert zum Ende des Güterstandes abzuziehen.

–   Die Verringerung der Belastung, die durch eine kürzer werdende Lebenserwartung des Berechtigten eintritt, ist als *gleitender Vermögenserwerb* zu bewerten und als **weiterer privilegierter Erwerb** dem Anfangsvermögen hinzuzurechnen.

Über diese Vorgehensweise besteht in Rechtsprechung und Literatur weitgehend Einigkeit. Ungeklärt ist allerdings, wie der gleitende Vermögenserwerb zu ermitteln sei.

383   Die Probleme gehen auf die Entscheidung des *BGH* aus 2006[380] zurück. Bis zu dieser Entscheidung wurde üblicherweise der gleitende Vermögenserwerb ermittelt, indem die Differenz zwischen dem (indexierten) Wert der Belastung im Anfangsvermögen und dem (verringerten) Wert derselben Belastung im Endvermögen als der privilegierte Erwerb angesehen wurde. In dieser Entscheidung hat der *BGH* festgestellt, dass auf diese Weise der Erwerb so behandelt würde, als wäre er insgesamt im Zeitpunkt des Endvermögens entstanden. Tatsächlich entstehe er jedoch kontinuierlich und sei deshalb laufend hinzuzurechnen. Weil der früher entstandene Erwerb wegen des Geldwertverfalls zu indexieren ist, ergibt sich insgesamt ein höherer privilegierter Erwerb. Da der gleitende Erwerb nicht gleichmäßig verlaufe, werde er regelmäßig nicht ohne Sachverständigen zu ermitteln sein.

378 *Muscheler*, FamRZ 1989, 265, 271.
379 *BGH*, 7.9.2005, XII ZR 209/02, FamRZ 2005, 1974; *Johannsen/Henrich/Jaeger*, § 1374, Rn. 29.
380 *BGH*, 22.11.2006, XII ZR 8/05, FamRZ 2007, 978.

Wie der Sachverständige den gleitenden Erwerb ermitteln soll, lässt der *BGH* offen. Ggf. sei der Erwerb zu schätzen. Der *BGH* hat dafür ausdrücklich einen Weg gebilligt, den das *OLG Bamberg* in einer früheren Entscheidung aufgezeigt hatte[381]. Ausgehend davon schlägt *Schulz*[382] eine Formel für die Ermittlung des gleitenden Vermögenserwerbs vor, die hier die Bewertung handhabbar machen soll.

Diese Berechnungsformel mag zunächst kompliziert erscheinen, sie ist aber, konsequent angewendet, nicht schwer zu handhaben. Sie hat den Vorteil, dass sie den Einsatz eines Sachverständigen zur Ermittlung des gleitenden Vermögenserwerbs entbehrlich macht. Sie führt allein mit Hilfe der allgemein zugänglichen Tabelle des Lebenshaltungsindexes zu brauchbaren Ergebnissen[383]. Allerdings lässt sich die Formel nur bei privat genutzten Gebäuden anwenden, wenn der Wert des Gebäudes sich nicht erheblich anders als die allgemeine Preisentwicklung verändert hat.

Zwischenzeitlich hat der *BGH* die Ansicht wieder aufgegeben, auf der diese Formel beruht[384]. Er hat unter Bezugnahme auf die mathematischen Überlegungen von *Gutdeutsch*[385] festgestellt, dass kein anderes Ergebnis erzielt wird, wenn nur die Belastung im Anfangs- und Endvermögen mit ihrem jeweiligen Wert ermittelt wird, ohne dass Zwischenwerte festgestellt werden müssten.

Wenn feststeht, dass der Wert des mit dem Nießbrauch oder Wohnrecht belasteten Grundstückes sich während des Güterstandes nicht verändert hat, so hat sich der Wert der Belastung nur durch Zeitablauf verringert. In diesem einfachen Fall kann die Belastung sowohl im Anfangs- wie im Endvermögen ganz außer Betracht bleiben. Wie der *BGH* nachweist, führt das zu zutreffenden Ergebnissen. Der *BGH* ist damit also wieder zu der einfachen Handhabung aus der Entscheidung von 1990 zurückgekehrt.

d) Kritik

Der *BGH* hatte mit seinen Entscheidungen zum gleitenden Vermögenserwerb, der sich auch nach Auffassung des *BGH* nur mit Hilfe von Sachverständigen ermitteln lässt, fast ein unlösbares Problem im Zugewinnausgleich geschaffen. Das „theoretische Gedankengebäude"[386] ist in der Literatur mit ungewöhnlich scharfen Worten kritisiert worden[387]. **384**

---

381 *OLG Bamberg*, 18.8.1994, 2 UF 140/93, FamRZ 1995, 607.

382 FamRZ 2015, 460.

383 Ablehnend *Gutdeutsch*, FamRZ 2015, 1083.

384 *BGH*, 6.5.2015, XII ZB 306/14, FamRZ 2015, 1268.

385 FamRZ 2015, 1083.

386 *Münch*, DNotZ 2007, 795.

387 *Schröder*, FamRZ 2007, 982; *Kogel*, Strategien, Rn. 950; *Büte*, Rn. 221.

Nähme man den BGH wörtlich, so zwänge er die Beteiligten in eine Beweisaufnahme durch Sachverständige, deren Aufwand regelmäßig nicht in einem vernünftigen Verhältnis zum erzielbaren Ertrag stehen wird. Die vom *OLG Bamberg* und, darauf fußend, von *Schulz* entwickelte Formel muss bei Gegenständen versagen, deren Wert oder Ertrag stark von der allgemeinen Preisentwicklung abweicht. In derartigen Fällen wäre also ein Gutachten unausweislich.

385   Die Entscheidung des BGH von 2015 hat zurückgefunden zu handhabbarem Recht. Allerdings erscheint sie immer noch unnötig kompliziert. Der *BGH* hält an der Theorie von dem gleitenden Vermögenserwerb fest. Sie ist jedenfalls keineswegs zwingend. Mit guten Gründen lässt sich die Annahme rechtfertigen, dass der gleitende Vermögenserwerb eine reine Fiktion ist, die im System des Zugewinnausgleichs keinen Platz hat[388]. Wird dem festgestellten Anfangsvermögen ein gleitender Vermögenserwerb als weiterer privilegierter Erwerb hinzugerechnet, so führt das zu falschen Ergebnissen.

386   Seit der Entscheidung des *BGH* von 1990 ist weitgehend unumstritten, dass sich bei dem beschenkten Ehegatten ein gleitender Vermögenserwerb vollzieht, wenn während der Dauer des Güterstandes die Belastung mit einem Wohnrecht oder einem Nießbrauch sich dadurch verringert, dass die Lebenserwartung des Begünstigten mit der Zeit abnimmt. Dieser Vorgang soll beim Beschenkten ein privilegierter Erwerb sein. Daran sind Zweifel angebracht.

Durch das Altern des Übergebers während der Dauer des Güterstandes findet bei dem Beschenkten kein eigentlicher Erwerb statt, wie er in § 1374 II Tatbestandsvoraussetzung ist. Es findet lediglich eine Wertzunahme bei einem Gegenstand statt, der sich bereits in seinem Vermögen befindet. Wertveränderungen, die sich während des Güterstandes vollziehen, werden nach dem Prinzip der Zugewinngemeinschaft nicht berücksichtigt. Der *BGH* will davon eine Ausnahme machen, weil die Belastung schon in der sicheren Erwartung übernommen worden sei, dass die Belastung einmal wegfallen werde. Das alleine kann das Abweichen von dem Prinzip der Zugewinngemeinschaft nicht rechtfertigen. Konsequent wäre es, den sicheren Wegfall der Belastung schon in die Bewertung des Zugewandten im Anfangsvermögen einfließen zu lassen und nicht einen (tatsächlich nicht stattfindenden) gleitenden Erwerb anzunehmen.

Dass der gleitende Vermögenserwerb eine Fiktion ist, ergibt sich jedenfalls aus dem **Vergleich mit der Behandlung einer Leibrente,** die sich der Schenker als Gegenleistung ausbedungen hat. Nach Ansicht des

---

388 Ausführlich dazu *Braeuer*, FamRZ 2015, 1081.

BGH macht es keinen Unterschied, ob sich der Schenker an dem geschenkten Gegenstand eine Reallast vorbehält oder ob nur schuldrechtlich eine Leibrente vereinbart wird. Die verbleibende Rentenlast verringert sich fortlaufend, indem mit der Lebenserwartung des Begünstigten die Zahl der noch offenen Rentenbeträge abnimmt. Trotzdem darf nach Ansicht des *BGH* diese Lastverringerung nicht als ein privilegierter Erwerb im Sinne des § 1374 II angesehen werden. Die Lastverringerung sei nicht unentgeltlich, denn die jeweiligen Rentenbeträge würden aus dem Vermögen des Übernehmers aufgebracht[389]. Das sei also eine Leistung aus dem Vermögen der Zugewinngemeinschaft, und daran müsse der andere Ehegatte teilhaben.

Die unterschiedliche Behandlung von Nießbrauch und Leibrente lässt sich nicht rechtfertigen. Wirtschaftlich ergibt sich für den Übernehmer kein Unterschied, ob sich der Übergeber einen Nießbrauch vorbehalten oder eine Leibrente ausbedungen hat. Im ersten Fall stehen dem Übernehmer die Erträge des übergebenen Gegenstandes nicht zu, weil sie der Übergeber einnimmt. Im zweiten Fall kann der Übernehmer zwar die Früchte ziehen, er muss sie aber in Form der Leibrente an den Übergeber abführen, ein wirtschaftlich identisches Ergebnis. Für die Zugewinnausgleichsbilanz sind die Ergebnisse auch gleich. In beiden Fällen finden sich im Endvermögen des Erwerbers nicht die gezogenen Früchte; der Zugewinn ist entsprechend geringer. Der mit einem Nießbrauch belastete Übernehmer würde durch das Hinzurechnen eines privilegierten gleitenden Vermögenserwerbs doppelt begünstigt. Sein Zugewinn wäre einerseits durch die nicht gezogenen Früchte und zweitens durch den privilegierten Erwerb verringert.

Ein Gegenstand, der nießbrauchsbelastet ist, wird geringer bewertet als ein unbelasteter Gegenstand. Das hat seinen Grund darin, dass dem Übernehmer für eine gewisse Zeit die Früchte nicht zustehen werden, die mit dem unbelasteten Gegenstand verbunden sind. Durch die allmähliche Abnahme der Belastung wächst dem Eigentümer des Gegenstandes nichts zu. Es verwirklicht sich nur, was in der Belastung schon angelegt ist: Er kann sein Vermögen nicht mit den Früchten mehren[390]. Das Endvermögen und damit der Zugewinn des Übernehmers ist um die nicht gezogenen Früchte geringer. Erhält ein Ehegatte einen unbelasteten Gegenstand zum Geschenk, so vermehren dessen Früchte die während des Güterstandes gezogen werden, sein Endvermögen, ohne dass das ein privilegierter Erwerb wäre. Ist der geschenkte Gegenstand belastet, so findet keine Mehrung des Zugewinns durch die Früchte statt. Der andere

---

389 *BGH*, 7.9.2005, XII ZR 209/02, FamRZ 2005, 1974.
390 Ähnlich *Johannsen/Henrich/Jaeger*, § 1374, Rn. 29.

Ehegatte trägt den Fruchtverzicht über einen verringerten Zugewinnausgleich mit. Würde dem Übernehmer nun nach den Grundsätzen des gleitenden Vermögenserwerbs ein weiterer privilegierter Erwerb zugesprochen, wäre er doppelt begünstigt.

387   Nach der hier vertretenen Ansicht ist eine bei der Übergabe vorbehaltene Belastung im Zugewinnausgleich wie folgt zu behandeln:

Ein geschenkter oder mit Rücksicht auf ein künftiges Erbrecht übergebener Gegenstand kann eine Wohnung, ein Mietshaus oder ein Unternehmen sein. Der Übergeber kann sich ein Recht vorbehalten, sei es ein Wohnrecht, ein Nießbrauch, eine Reallast, eine Leibrente oder ein Leibgedinge. In jedem dieser Fälle ist der übertragene Gegenstand mit seinem Wert am Tage der Zuwendung zu bewerten. Davon ist der Wert der Last abzuziehen, die zu den Verhältnissen an diesem Tage zu bewerten ist. Dabei sind die aktuellen Wert- und Ertragsverhältnisse sowie die statistische Lebenserwartung des Begünstigten zu berücksichtigen. Die so gewonnenen Werte sind entsprechend der Geldwertveränderung zu indizieren.

Im Endvermögen sind der Gegenstand und die Belastung, wenn sie noch vorhanden sind, ebenso und ohne Bindung an die Bewertung im Anfangsvermögen zu bewerten. Mit dieser Berücksichtigung im Anfangs- und Endvermögen hat es sein Bewenden. Ein irgendwie gearteter gleitender Vermögenserwerb wird nicht angesetzt.

388   Differenziert ist der Fall zu behandeln, in dem der Übergeber früher stirbt, als das zum Zeitpunkt des Anfangsvermögens zu erwarten gewesen war. Im Zeitpunkt des Todes war dann noch eine Restbelastung vorhanden, die durch den Tod entfallen ist. In diesem Fall erwirbt der Übernehmer durch den Tod des Übergebers etwas, nämlich die sofortige Befreiung von der restlichen Belastung. Das ist als privilegierter Erwerb mit dem Wert, den die Belastung beim Tode noch hatte, anzusetzen. Die Belastung war im Anfangsvermögen unter Berücksichtigung der statistisch erwartbaren Lebensdauer berechnet worden. Stirbt der Begünstigte tatsächlich früher, so ist die Belastung im Ergebnis geringer. Die Differenz erwirbt der Übernehmer von Todes wegen.

4. Vor- und Nacherbschaft

a) Nacherbschaft

Beispiel: Der Mann ist bei Eheschließung Nacherbe seines Großvaters. Vorerbe ist sein Vater. Bis zum Antrag auf Ehescheidung ist der Nacherbfall nicht eingetreten.

389   Wird ein Ehegatte **Nacherbe**, ohne dass während des Güterstands der Nacherbfall eintritt, so stellt das einen Vermögenswert dar, der sowohl im Anfangs- wie im Endvermögen zu berücksichtigen ist. Die Nacherbschaft

stellt ein Anwartschaftsrecht dar, das veräußerbar und vererblich ist[391]. Es kann deshalb in der Zugewinnbilanz nicht unberücksichtigt bleiben[392]. Das Nacherbenrecht ist in der Zugewinnausgleichsbilanz gleichwohl **neutral**. Zwar ist es zu beiden Stichtagen gesondert unter Berücksichtigung jeweils der Ungewissheiten zu bewerten (§ 1376). Soweit sich zwischen den Stichtagen dabei eine Wertsteigerung ergeben sollte, ist diese auch von Todes wegen erworben und deshalb dem Anfangsvermögen ebenfalls hinzuzurechnen, so dass sich keine Differenz ergeben kann[393].

Die Grundsätze sind auch dann anzuwenden, wenn der Wert des Nachlasses während des Güterstandes **sinkt**. Da der Vorteil, den der Nacherbe hat, aus dem Zugewinnausgleich herausgehalten wird, dürfen den anderen Ehegatten auch nicht die Nachteile treffen[394].

Tritt der Nacherbfall während des Güterstandes ein, wird der Ehegatte also Vollerbe, so ist das bis dahin bestehende Nacherbenrecht im Anfangsvermögen überhaupt nicht zu berücksichtigen. Das Anwartschaftsrecht ist zum Vollrecht erstarkt und, wie andere Anwartschaftsrechte auch, in ihm aufgegangen[395]. Nur der Nachlass ist als privilegierter Erwerb dem Anfangsvermögen hinzuzurechnen und auf den Tag des Nacherbfalls zu indexieren.

b) Vorerbschaft

Beispiel 1: Der Mann ist bei Eheschließung nicht befreiter Vorerbe eines Grundstückes. Nacherben sind bei seinem Tod seine Kinder. Die Frau hat Ehescheidung beantragt.

Beispiel 2: Der Mann ist bei Eheschließung nicht befreiter Vorerbe eines Grundstückes. Nacherbe ist sein Sohn. Der Nacherbfall tritt ein, wenn ein Abkömmling des Sohnes geboren wird. Nach Eintritt des Nacherbfalles wird Antrag auf Ehescheidung gestellt.

Der (nicht befreite) Vorerbe ist durch die sehr starken Rechte des **390** Nacherben beschränkt. Die Vorerbschaft kann deshalb nicht mit dem Wert der Nachlassgegenstände bewertet werden. Ein Vorerbenrecht ist zeitlich begrenzt und rechtfertigt nur eine eingeschränkte Nutzung des Nachlasses. Es wird deshalb bei der Bewertung zutreffend **ähnlich wie ein Nießbrauch** behandelt[396]. Bei der Bewertung ist die zu erwartende Dauer des Vorerbenrechts von wesentlicher Bedeutung. Die Restdauer ist

---

391 A.A. *Staudinger/Thiele*, § 1374, Rn. 28, der das Nacherbenrecht für so ungewiss hält, dass noch kein Anwartschaftsrecht entstanden sei.
392 *BGH*, 9.6.1983, IX ZR 41/82, BGZ 87, 367 = FamRZ 1983, 882.
393 H.M.; dagegen mit beachtlichen Erwägungen *Muscheler*, FamRZ 1998, 265, 270.
394 *Johannsen/Henrich/Jaeger*, § 1374, Rn. 23.
395 *Schulz/Hauß*, Kap. 1, Rn. 597.
396 *Schröder*, Bewertungen, Rn. 233; *Büte*, Rn. 213; *Schulz/Hauß*, Kap. 1, Rn. 674.

im Endvermögen zwangsläufig kürzer als im Anfangsvermögen. Der Wert ist deshalb im Endvermögen notwendig geringer als im Anfangsvermögen.

391   Die Vorerbschaft kann im Endvermögen noch vorhanden sein. Die Erbenstellung ist dann zu beiden Stichtagen zu bewerten. Während des Güterstandes tritt zwangsläufig kein Wertzuwachs ein, sondern der Wert verringert sich, weil sich die zu erwartende Dauer der Nutzungsmöglichkeit durch Zeitablauf verringert, der Nacherbfall rückt näher. Die Wertverringerung ist noch erheblicher, wenn während des Güterstandes der Nacherbfall eintritt und die Nacherbschaft ganz aus dem Vermögen des Ehegatten ausscheidet. Das kann der Fall sein, wenn der Nacherbfall nicht an den Tod des Vorerben geknüpft ist, sondern an ein anderes Ereignis (§ 2106 I), etwa ein bestimmtes Alter des Vorerben oder die Geburt eines Enkels des Erblassers.

392   Es kommt in Betracht, die Regeln die der *BGH* für das vorbehaltene Wohnrecht aufgestellt hat[397], mit umgekehrtem Vorzeichen entsprechend anzuwenden. Der Wertabnahme ist ebenso von vornherein in dem Vorerbenrecht angelegt wie die Wertzunahme in dem vorbehaltenen Wohnrecht. Der Weg erscheint jedoch nicht gerechtfertigt. Beim Vorerbenrecht wird nicht der Wert des Nachlasses, sondern der Wert der zu erwartenden Früchte angesetzt. Im Endvermögen ist dieser Wert geringer, weil die restliche Nutzungsdauer kürzer geworden ist. Die Früchte aus der Zwischenzeit sind jedoch dem Berechtigten zugeflossen und haben sein Vermögen gemehrt. Das gleicht die Wertverringerung beim Vorerbenrecht aus. Das Vorerbenrecht ist deshalb ohne Korrektur mit seinem aktuellen Wert in das Endvermögen einzustellen. Nichts anderes gilt, wenn der Nacherbfall während des Güterstandes eintritt. Das ist zum Stichtag des Anfangsvermögens abzusehen und muss von vornherein zu einer entsprechend niedrigeren Bewertung führen[398].

393   Von dieser Frage zu unterscheiden, aber ebenso zu behandeln ist der Fall, dass der Wert des Nachlassgegenstandes, aus dem die Vorerbschaft besteht, zunimmt.

> **Beispiel:** Der Mann ist bei Eheschließung Vorerbe nach seinem Vater. Der Nacherbfall tritt mit seinem Tode ein. Nach 20 Jahren wird die Ehe geschieden. Zum Nachlass gehört ein Grundstück. Dessen Wert hat während der Ehe inflationsbereinigt um 50 % zugenommen.

Der Wert eines Grundstücks wird in erster Linie von seinem Ertrag bestimmt. Der Wert eines Grundstückes steigt, wenn sein Ertrag steigt. Nach diesem Ertrag (und der voraussichtlichen Dauer) bestimmt sich der

---

397 *BGH*, 22.11.2006, XII ZR 8/05, FamRZ 2007, 978.
398 Im Ergebnis ebenso *Büte*, Rn. 69.

Wert des Vorerbenrechts. So kann es zu einem höheren Ansatz desselben Vorerbenrechts im Endvermögen als im Anfangsvermögen kommen. Der Wertzuwachs ist nicht in der Erbschaft angelegt und deshalb ohne weiteres dem Zugewinnausgleich zu unterwerfen[399].

5. Lebensversicherung

Beispiel: Der Mann ist von einer Tante als Begünstigter einer Lebensversicherung eingesetzt, die die Tante auf ihr eigenes Leben abgeschlossen hatte. Die Tante verstirbt, und die Lebensversicherungssumme fließt dem Mann zu.

Wer eine Lebensversicherung abschließt und eine andere Person als **394** Begünstigten im Todesfall einsetzt, bietet dieser Person die Versicherungssumme als Geschenk an, aufschiebend bedingt durch seinen Tod. Das Angebot erhält der Begünstigte aber nicht bei Abschluss des Vertrages, so dass zu Lebzeiten des Versicherten noch keine gesicherte Rechtsposition des Begünstigten entsteht. Das Versicherungsunternehmen fungiert als Bote des – verstorbenen – Versicherungsnehmers und übermittelt im Leistungsfalle das Schenkungsangebot dem Begünstigten. Das Geschenk wird mit der Annahme der Versicherungssumme vollzogen. Das würde es nahelegen, den Bezug einer Lebensversicherungssumme als Geschenk und somit als privilegiert im Sinne des § 1374 II anzusehen.

Aufgrund einer älteren Entscheidung des *BGH*[400] ist aber anzunehmen, dass auf diese Weise nur die vom Versicherungsnehmer eingezahlten Prämien geschenkt werden. Der darüber hinausgehende Betrag ist Versicherungsleistung. Da sie nie zum Vermögen des Verstorbenen gehört hat, kann sie von ihm nicht geschenkt worden sein. Der *BGH* hat die Lebensversicherungssumme gleichwohl in ganzer Höhe privilegiert, indem er ihren Zufluss als **Erwerb von Todes wegen** oder als Erwerb mit Rücksicht auf ein künftiges Erbrecht angesehen hat (eine Abgrenzung zwischen den beiden Tatbeständen sei entbehrlich)[401]. Nach Ansicht des *BGH* kommt ein derartiger Erwerb jedenfalls dann einer Erbeinsetzung gleich, wenn sie von einem nahen Angehörigen stammt.

Der *BGH* hat mit dieser Auslegung des § 1374 II die Grenze zur Ana- **395** logie verwischt[402]. Indem ein Erwerb, der eindeutig nicht ein Erwerb von Todes wegen vom Erblasser und auch keine Zuwendung des Erblassers gewesen ist, diesen gleichgestellt wird, eröffnet der *BGH* den Weg für fast beliebige Gleichstellungen. Die Entscheidung ist auch auf Kritik gestoßen, weil die ganze Lebensversicherungssumme als geschenkt angesehen

---

399 Ebenso *Brambring*, DNotZ 1980, 725.
400 *BGH*, 4.2.1976, IV ZR 156/73, FamRZ 1976, 616.
401 *BGH*, 20.9.1995, XII ZR 16/94, FamRZ 1995, 1562.
402 So auch *Koch*, Teilungsmasse, S. 146.

werden müsse[403]. Dennoch ist das Ergebnis zu billigen. Es erscheint gerecht. Dass der *BGH* dabei formell die Analogie vermieden hat, ist zu begrüßen, weil andernfalls die schematische Regelung, die das Zugewinnausgleichsrecht beherrscht, nicht zu halten wäre.

6. Voreheliche Zuwendungen

396   In das Anfangsvermögen ist alles aufzunehmen, was am Anfangsstichtag vorhanden war, unabhängig von seiner Herkunft. Es gibt Ausnahmefälle, bei denen erwogen wird, davon abzuweichen. Dabei ist zu beachten, dass der Ausgleichanspruch des betreffenden Ehegatten um so höher oder seine Ausgleichspflicht um so niedriger ist, je mehr Vermögensgegenstände sich in seinem Anfangsvermögen finden.

> **Beispiel:** Der Mann hat der Frau in der Verlobungszeit das Haus, in dem beide wohnen, zur Hälfte zugewandt.

Hätte die Zuwendung in der Ehe stattgefunden, wäre das kein privilegierter Erwerb der Frau (§ 1374 II), und die Zuwendung würde im Scheidungsfall durch den Zugewinnausgleich rückgängig gemacht, soweit sie im Endvermögen noch vorhanden ist. Als Zuwendung vor der Ehe fällt sie zwangsläufig in das Anfangsvermögen und wird somit nicht rückgängig gemacht. Es war möglicherweise nur Zufall, dass die Zuwendung vor der Eheschließung stattgefunden hat. Im Rahmen des Anfangsvermögens gilt jedoch – ebenso wie im Endvermögen –, dass einzelne Bilanzpositionen nicht allein aus Billigkeitsgründen verändert werden dürfen. Eine Korrektur aus Billigkeitsgründen darf erst bei der Ausgleichsforderung stattfinden. Der vorehelich zugewandte Miteigentumsanteil ist also in das Anfangsvermögen einzustellen und wird anders behandelt als der kurz nach der Hochzeit zugewandte.

397   Die Rechtsprechung hat versucht, derartigen Fällen gerecht zu werden, indem sie neben dem güterrechtlichen Anspruch einen zusätzlichen Ausgleich der vorehelichen Übertragung wegen **Störung der Geschäftsgrundlage** angenommen hat, wenn die Ehe später scheitert[404]. Dieser Anspruch ist möglicherweise in der Höhe begrenzt auf den Betrag, der sich als Zugewinnausgleich ergäbe, würde der Miteigentumsanteil nicht in das Anfangsvermögen eingestellt[405].

398   Die neuere Rechtsprechung des *BGH* zur **Schwiegerelternschenkung**[406] wird möglicherweise dazu führen auch den vorliegenden Fall güterrechtlich anders zu behandeln. Die Zuwendung von Schwiegereltern ist

---

403 *Staudinger/Thiel*, § 1374, Rn. 27.
404 *BGH*, 2.10.1991, XII ZR 145/90, FamRZ 1992, 160.
405 *OLG Köln*, 18.1.2002, 19 U 56/01, FamRZ 2002, 1404.
406 *BGH*, 3.2.2010, XII ZR 189/06, FamRZ 2010, 958.

nach Ansicht des *BGH* „lediglich in einer um den Rückforderungsanspruch verminderten Höhe in das Anfangsvermögen des Schwiegerkindes" einzustellen[407]. Entsprechendes müsste auch bei vorehelichen Zuwendungen von Verlobten gelten. Allerdings ist zweifelhaft, ob die Rechtsprechung zu den Schwiegerelternzuwendungen Bestand haben wird. Der *BGH* verletzt in diesen Entscheidungen bewusst Grundsätze des Zugewinnausgleichsrechts. Die Ausgleichsverpflichtung ist bei Eheschließung noch völlig ungewiss und dürfte deshalb im Anfangsvermögen überhaupt nicht berücksichtigt werden. Der *BGH* billigt hier aber ausdrücklich die Beurteilung nur aus der Sichtweise bei Eheende, um ein als gerecht gewolltes Ergebnis zu erreichen. Bleibt er bei diesem Lösungsweg, so ist anzunehmen, dass er bei Verlobtenzuwendungen die Rechtsprechung fortsetzen wird.

7. Zuwendungen Dritter

Beispiel: Während der Verlobungszeit schenken die Eltern der Frau und ihrem zukünftigen Mann ein Grundstück. Nach der Hochzeit errichten die Eheleute darauf ein Haus. Später wird die Ehe geschieden.   **399**

Wenn **Schwiegereltern ihrem Schwiegerkind** während der Ehe einen Vermögensgegenstand zuwenden, ist das nach der neueren Rechtsprechung des *BGH* ein Geschenk[408]. Das Geschenk ist privilegierter Erwerb gemäß § 1374 II, also dem Anfangsvermögen hinzuzurechnen. Im Ergebnis möchte der *BGH* dieses Geschenk aber aus dem Anfangsvermögen ausschließen. Er nimmt an, dass es von vornherein mit dem auf § 313 gestützten Rückforderungsanspruch im Falle des Scheiterns der Ehe belastet sei. Diese Belastung sei immer in Höhe des Wertes der Zuwendung anzunehmen. Das führt im Ergebnis zum Ausschluss aus dem Anfangsvermögen.   **400**

Wollte man der Auffassung des *BGH* zur Schwiegerkindschenkung in Verbindung mit der vorehelichen Zuwendung zwischen den Eheleuten[409] folgen, so müsste auch im Beispielfall der Grundstücksanteil des Mannes nur belastet mit der möglichen Rückerstattungsverpflichtung in sein Anfangsvermögen eingestellt werden. Der Mechanismus müsste dann auch bei allen anderen Gegenständen angewendet werden, wenn deren Entwicklung von Umständen abhängt, die im Verlaufe der Ehe eintreten können. Das ist jedoch nicht vereinbar mit der Behandlung von ungewissen Rechten und Verbindlichkeiten in der Zugewinnausgleichsbilanz (→ Rn. 72). Die Ungewissheit ist aus der Sicht des Stichtags zu bewerten. Sie führt dazu, dass eine Verbindlichkeit gar nicht einzustellen ist, sofern   **401**

---

407 *BGH*, 3.2.2010, XII ZR 189/06, FamRZ 2010, 958, Rn. 42.
408 *BGH*, 3.2.2010, XII ZR 189/06, FamRZ 2010, 958.
409 *BGH*, 2.10.1991, XII ZR 145/90, FamRZ 1992, 160.

sie aus der Sicht des Stichtages in ihrem Entstehen ganz ungewiss ist. Zumindest muss immer ein Bewertungsabschlag gemacht werden. Der Auffassung des *BGH* ist also nicht zu folgen[410].

8. Zahlung für einen Anlass, der vor der Ehe liegt

402   **Beispiel:** Der Mann erhält während der Ehe eine Nachzahlung auf seine Rente, die
er aufgrund eines vorehelichen Kriegsschadens bezieht. Dem liegt eine Leistungs-
verbesserung zugrunde, für die das Gesetz während der Ehe in Kraft getreten ist.

403   In der Zugewinngemeinschaft gilt das **In-Prinzip**, nicht das Für-Prin-
zip. Bei einem Zufluss kommt es darauf an, wann er erfolgt ist, nicht wofür. Deshalb hat der *BGH* zu Recht eine Rentennachzahlung, die ein
Kriegsbeschädigter während der Ehe erhalten hatte, nicht dem Anfangsvermögen hinzugerechnet[411]. Die Grundlage für den Rentenanspruch war
zwar schon vor der Ehe in der Kriegsbeschädigung gelegt worden. Der
Anspruch war bei Ehebeginn aber noch nicht zur Anwartschaft erstarkt.
Bei der Zahlung während des Güterstandes kommt es auf den Anlass
nicht an. Aus demselben Grund wurde die Abfindung für eine Witwen-
rente aus früherer Ehe nicht in das Anfangsvermögen einbezogen, die aufgrund der neuen Eheschließung entstanden war[412].

404   Ein Zufluss während der Ehe ist hingegen dem Anfangsvermögen hinzuzurechnen, wenn bei Beginn des Güterstandes insoweit bereits ein
schuldrechtlicher Anspruch bestanden hat. Das ist etwa der Fall, wenn
ein streitiges Vermächtnis vor dem Güterstand angefallen war, aber erst
während der Ehe dinglich erfüllt wird[413]. Der schuldrechtliche Anspruch
muss dazu bei Beginn des Güterstandes wirklich bestanden haben. Das ist
nicht der Fall, wenn aufgrund des **Vermögensgesetzes** ein in der DDR
enteignetes Grundstück zurückerstattet wird. Auch wenn das Grundstück
vor Beginn des Güterstandes enteignet wurde, gab es vor dem Inkrafttreten des Vermögensgesetzes keinen bestehenden Rückübertragungsanspruch.

9. Restschuldbefreiung in der Insolvenz

405   Ein Schuldner kann im Verfahren der **Privatinsolvenz** erreichen, dass
ihm nach einer Wohlverhaltensphase, in der er seine gesamten Einkünfte
seinen Gläubigern zur Verfügung stellt, von allen Verbindlichkeiten befreit wird, die bis zur Eröffnung des Insolvenzverfahrens bestanden haben
(§ 301 InsO). Durch die Befreiung von der Schuld wird ihm etwas unent-

---

410 Ausführlich dazu *Braeuer*, FPR 2011, 75.
411 *BGH*, 14.1.1981, IVb ZR 525/80, FamRZ 1981, 239.
412 *BGH*, 29.10.1981, IX ZR 86/80, FamRZ 1982, 147.
413 *Staudinger/Thiele*, § 1376, Rn. 6.

geltlich zugewandt. Es ist erwogen worden, diese Befreiung als einen Hinzurechnungstatbestand nach § 1374 II zu behandeln[414]. Das stünde allerdings im Widerspruch zu den Vorstellungen des Gesetzgebers, der die Restschuldbefreiung ebenso als Zugewinn sehen möchte wie eine Schuldentilgung während des Güterstandes[415]. Sie erfüllt also nicht die Voraussetzungen eines Geschenks[416].

In einer Entscheidung des *OLG Naumburg*[417] ist deshalb die Verbindlichkeit des überschuldeten Ehegatten mit ihrem Nennwert negativ in das Anfangsvermögen eingestellt und die Restschuldbefreiung nicht privilegiert worden. Im Endvermögen war der ehemals überschuldete Ehegatte schuldenfrei und hatte also in Höhe der Restschuldbefreiung einen Zugewinn erwirtschaftet. Gegen diese Lösung wird eingewandt, die Schuld hätte im Anfangsvermögen nicht mit ihrem Nennbetrag bewertet werden dürfen, sondern mit Null, weil schon bei der Eheschließung erkennbar war, dass Sie offensichtlich nie würde erfüllt werden können[418]. Diese Auffassung verstößt aber gegen den Grundsatz, dass Verbindlichkeiten immer mit ihrem Nennwert angesetzt werden müssen, weil die zukünftige Erfüllung ausschließlich von dem Ehegatten und nicht von objektiven äußeren Gründen abhängt. Die Restschuldbefreiung als Zugewinn zu werten, ist auch gerecht. Sie beruht auf einem selbständigen Ereignis während des Güterstandes, zu dem der andere Ehegatte beigetragen hat, indem er gemeinsam mit dem Insolvenzschuldner die Entbehrungen in der Wohlverhaltensphase (§ 295 InsO) ertragen hat.

VIII. Beweislast

1. Positives Anfangsvermögen

Wer ein positives Anfangsvermögen geltend macht, muss dessen Bestand beweisen. Auf die Beteiligtenrolle kommt es dabei nicht an. Die Beweislast für den Bestand des Anfangsvermögens ist unabhängig davon, ob das Anfangsvermögen für die Begründung eines Zugewinnausgleichsanspruchs oder zur Verteidigung dagegen von Bedeutung ist. **406**

Die Beweislastverteilung ergibt sich aus § 1377 III. Sie ist Folge der gesetzlichen Vermutung, dass das Endvermögen gleichzeitig der Zugewinn sei. Endvermögen und Zugewinn können nur gleich sein, wenn das Anfangsvermögen null ist, also weder positiv noch negativ. Diese Vermutung

---

414 *Kogel*, FamRZ 2013, 1352.
415 BR-Drucks. 635/08, 32 f.
416 *OLG Stuttgart*, 25.4.2014, 18 WF 85/14, NJW 2014, 2885.
417 *OLG Naumburg*, 17.12.2014, 4 UF 153/14, FamRZ 2015, 748.
418 *Kogel*, FamRZ 2015, 715.

zu entkräften, obliegt dem Inhaber des Anfangsvermögens. Er muss deshalb dessen positiven Bestand beweisen.

407   Die Beweislast ist umfassend. Bewiesen werden müssen alle Vermögensgegenstände. Ebenso muss bewiesen werden, dass Verbindlichkeiten nicht bestanden haben[419]. Mit diesem negativen Beweis sind zwangsläufig Probleme verbunden. Beweisbedürftig sind nur Umstände, die konkret streitig sind. Der Gegner muss eine konkrete Verbindlichkeit, die das Anfangsvermögen belastet habe, behauptet haben. Dann obliegt es dem Inhaber des Anfangsvermögens zu beweisen, dass diese Schuld nicht oder nur in bestimmter anderer Höhe bestanden habe. Abstrakt, ohne Hinweis auf ein konkretes Schuldverhältnis ist die Abwesenheit von Verbindlichkeiten nicht beweisbedürftig.

408   Beweisbedürftig sind alle Umstände, die für den Betrag von Bedeutung sind, der als Anfangsvermögen in die Zugewinnausgleichsbilanz eingestellt wird. Neben dem Vorhandensein der einzelnen Gegenstände ist das auch deren **Wert am Stichtag**.

2. Hinzurechnungen

409   Für privilegierten Erwerb, der dem Anfangsvermögen hinzuzurechnen ist, gelten dieselben Beweislastgrundsätze wie für das übrige Anfangsvermögen. Wer sich auf die Hinzurechnungstatbestände beruft, muss alle deren Umstände beweisen. Bewiesen werden muss nicht nur der Erwerb während des Güterstandes; es müssen auch die Umstände bewiesen werden, die seine Privilegierung rechtfertigen, also die Tatbestandsmerkmale des § 1374 II.

Eine typische Streitfrage tritt auf, wenn die **Zuwendung von den Eltern** eines der Eheleute stammt und streitig ist, an wen sie gerichtet war. Wer sich auf die gesamte Zuwendung als Hinzurechnung berufen möchte, muss beweisen, dass er allein deren Empfänger war und nicht beide je zur Hälfte. Eine Vermutung dahin, dass Eltern mit ihrer Zuwendung jeweils nur das eigene Kind beschenken wollten, gibt es auch bei größeren Beträgen nicht[420].

An den Beweis einer Zuwendung von Eltern an Kinder werden hohe Anforderungen gestellt. Das *OLG Celle*[421] hat verlangt, dass zu einem substantiierten Vortrag, der allein Anlass zu einer Beweiserhebung geben könnte, gehöre, dass weitere Details zu den jeweiligen Schenkungen (z.B.

419 *Schwab/Schwab*, VII Rn. 330.
420 *BGH*, 20.7.2005, XII ZR 301/02, FamRZ 2005, 1660.
421 *OLG Celle*, 20.4.2011, 15 UF 251/10, FamRZ 2011, 1671, mit Anm. *Büte*, FamRZ 2012, 371.

in welchem Rahmen das Geld übergeben wurde, wann dieses an den vorgetragenen Tagen konkret überreicht worden war, wie das Bargeld verpackt war und wie die Beteiligten hierauf reagiert hatten) vorgetragen werden müssten. Diese Anforderungen sind zu Recht als überzogen abgelehnt worden[422].

Es kann streitig werden, ob ein Geschenk, das ein Ehegatte während **410** des Güterstandes erhalten hat, **den Umständen nach zu den Einkünften zu rechnen ist.** Solche Geschenke sind nicht privilegiert. Die Beweislast für die Umstände, die eine Zuwendung den Einkünften zurechnen lassen, ist anders verteilt als die übrige Beweislast zum Anfangsvermögen[423]. Diese Umstände muss nicht der Ehegatte beweisen, der die Zuwendung geltend macht, sondern dessen Gegner. Die Beweislast ist insoweit anders verteilt als sonst beim Anfangsvermögen. Diese Beweislast ergibt sich wiederum aus dem Gesetzeswortlaut. Im Zweifel ist eine Zuwendung als privilegiert anzusehen. Die Formulierung in § 1374 II *(soweit sie nicht den Umständen nach zu den Einkünften zu rechnen ist)* macht die Charakterisierung als Einkommen zur **Ausnahme.** Daraus folgt, dass bei Zweifeln die Ausnahme nicht anzunehmen ist.

Die entgegenstehende Ansicht[424] meint, dass die Qualifikation als Einkommen ebenso zu beweisen sei wie der Hinzurechnungstatbestand selbst. Dem ist nicht zu folgen. Die Ansicht ist auf Belegstellen gestützt, die das nicht hergeben[425]. Die Auffassung stützt sich nur auf die Feststellung, dass derjenige, der eine Hinzurechnung geltend machen möchte, diese zu beweisen hat. Das ist zwar generell zutreffend, berücksichtigt aber nicht, dass die Zurechnung zu den Einkünften nach der Gesetzesfassung als Ausnahme von der Ausnahme geregelt ist.

3. Negatives Anfangsvermögen

Für die Beweislast bei negativem Anfangsvermögen gilt mit umge- **411** kehrtem Vorzeichen dasselbe wie bei positivem Anfangsvermögen. Wer sich darauf beruft, hat den **vollen Bestand zu beweisen.** Die Beweislast obliegt dem anderen Ehegatten, weil ihm der dadurch vergrößerte Zugewinn zugute kommt. Die Vermutung aus § 1377 III besagt, dass das Anfangsvermögen null sei. Wer eine Abweichung davon behauptet – nach

---

422 *Koch*, FamRZ 2012, 1521, 1522; *Schmid*, FamRZ 2012, 17.
423 A.A. (ohne Begründung): *OLG Köln*, 26.8.2008, 4 UF 38/08, NJW 2009, 1005 und *OLG Frankfurt*, 16.9.2008, 3 UF 393/05, FamRZ 2008, 1065; *Schulz/Hauß*, Kap. 1, Rn. 75.
424 *Schulz/Hauß*, Kap. 1, Rn. 74; *Staudinger/Thiele*, § 1374, Rn. 51; *Kogel*, FF 2014, 475; *Palandt/Brudermüller*, § 1374, Rn. 18.
425 *BGH*, 20.7.2005, XII ZR 301/02, FamRZ 2005, 1660; *Palandt/Brudermüller*, § 1374, Rn. 20.

oben oder nach unten –, muss die Umstände beweisen, die das rechtfertigen[426].

Das Anfangsvermögen eines Ehegatten kann nur entweder positiv oder negativ sein. Jeder Beteiligte stützt sich deshalb entweder auf einen positiven oder einen negativen Saldo des Anfangsvermögens. Er kann sich nicht auf beides stützen. Wer ein negatives Anfangsvermögen des anderen Ehegatten behauptet, kann das nur tun, indem er alle Positionen von dessen Anfangsbilanz benennt, die zusammen den negativen Saldo ergeben. Ihm obliegt der Beweis für alle Positionen, die diesen Saldo ergeben. Dafür hat er alle Verbindlichkeiten zu beweisen und alle Aktivpositionen zu widerlegen.

412   Dass die Beweislast für das negative Anfangsvermögen dem Gegner obliegt, ist weitgehend einhellige Meinung[427]. Uneinigkeit besteht nur darüber, wie der Beweis konkret zu erbringen sei. Die Beweislast bezieht sich nicht auf den Saldo, also den Betrag des Anfangsvermögens, sondern auf die einzelnen Vermögenspositionen, die den Saldo bilden. Bewiesen werden muss das Vorhandensein von aktiven und die Abwesenheit von passiven Positionen. Daraus zieht *Münch*[428] den Schluss, dass der Ausgleichsschuldner die aktiven und der Ausgleichsgläubiger die passiven Positionen beweisen müsse[429]. Das hat vielfach Zustimmung gefunden[430], kann aber nicht die richtige Lösung sein, weil nicht feststeht, von welcher Position es abhängt, ob der Saldo positiv oder negativ ist. Ein Saldo kann ebenso durch das Hinzutreten von Verbindlichkeiten wie durch den Wegfall von aktiven Vermögenspositionen negativ werden. Die allgemeine Beweislastregel im Zugewinnausgleichsrecht besagt, dass derjenige, der einen Saldo zu beweisen hat[431], die Abwesenheit von Verbindlichkeiten ebenso wie die positiven Vermögenswerte zu beweisen hat. Das kann – mit umgekehrtem Vorzeichen – beim negativen Anfangsvermögen nicht anders sein[432].

Schulz/Hauß sehen eine Beweiserleichterung, sofern ein Grundpfandrecht eingetragen ist. Das begründe die Vermutung einer Schuld, und dann müsse der Eigentümer beweisen, dass das Grundpfandrecht nicht valutiere[433]. Dem ist nicht zu folgen, weil es verkennt. dass die Grundschuld abstrakt ist. Eine eingetragene Grundschuld gibt keinerlei Hinweis

---

426 Ebenso *Hoppenz/Hoppenz*, § 1376, Rn. 96; *Kogel*, FF 2014, 475 (476).
427 *Schulz/Hauß*, Kap. 1, Rn. 72; *Hoppenz*, FamRZ 2008, 1989, 1891; *Büte*, NJW 2009, 2776.
428 *Münch*, MittBayNot, 2009, 261.
429 Ebenso *Schulz/Hauß*, Kap. 1, Rn. 73.
430 *Hoppenz*, FamRZ 2008, 1989, 1891; *Schulz/Hauß*, Kap. 1, Rn. 74; *Palandt/Brudermüller*, § 1374, Rn. 20.
431 Das verkennt die Kommentierung von *Palandt/Brudermüller* (§ 1374, Rn. 20).
432 Ebenso: *Kogel*, FF 2014, 475 (476).
433 *Schulz/Hauß*, Kap. 1, Rn. 73.

darauf, ob und in welchem Umfange eine Schuld damit verbunden ist. Sie begründet deshalb auch keine Vermutung.

E. Zugewinn

I. Berechnung aus Anfangs- und Endvermögen

Die Berechnung des Zugewinns ist ein notwendiger, aber einfacher **413** Schritt auf dem Weg zur Feststellung des Zugewinnausgleichsanspruchs. Es handelt sich um eine rein mathematische Operation. Für Korrekturen oder Billigkeitserwägungen ist bei diesem Schritt kein Raum. Dieser Rechenschritt hat für jeden Ehegatten gesondert und unabhängig voneinander stattzufinden.

Der Zugewinn ist durch § 1376 definiert als der Betrag, um den das Endvermögen das Anfangsvermögen übersteigt. Er ist also die Differenz zwischen End- und Anfangsvermögen. Beide Vermögensbilanzen enden mit einem Saldo. Zwischen diesen Salden ist die Differenz zu bilden.

Nach überwiegender Auffassung kann der Zugewinn nicht negativ **414** werden. Ein Zugewinn ergibt sich also nur, wenn das Anfangsvermögen geringer als das Endvermögen ist. Ist das Anfangsvermögen – einschließlich des hinzugerechneten privilegierten Erwerbs – höher als das Endvermögen – dieses ebenfalls unter Berücksichtigung der hinzugerechneten illoyalen Verfügungen –, so ergibt sich kein Zugewinn.

Die Berechnung des Zugewinns hat sich nicht dadurch geändert, dass **415** Anfangs- und Endvermögen auch negativ sein können. Steht dem positiven Endvermögen ein negatives Anfangsvermögen gegenüber, so ist dieses wie positives Anfangsvermögen zu subtrahieren. Eine negative Zahl wird subtrahiert, indem sie als positive Zahl addiert wird.

Rechenbeispiel: Das Endvermögen ist 100
Das Anfangsvermögen ist minus 50
Zugewinn ist 100 plus 50 = 150.

Ein Zugewinn kann sich auch ergeben, wenn sowohl End- wie Anfangsvermögen negativ sind. Voraussetzung ist nur, dass das Endvermögen höher ist als das Anfangsvermögen, also weniger negativ. Der Rechenweg ist derselbe.

Rechenbeispiel: Das Endvermögen ist minus 50
Das Anfangsvermögen ist minus 100
Zugewinn ist minus 50 plus 100 = 50.

In dem zuletzt vorgestellten Beispiel ergibt sich zwar ein Zugewinn. Der **416** betreffende Ehegatte kann aber trotzdem nicht zugewinnausgleichspflich-

tig werden, auch nicht wenn der andere Ehegatte keinen Zugewinn erwirtschaftet hat. Das wird durch die Kappungsgrenze des § 1378 II verhindert.
Danach kann nur positives Vermögen, das am Stichtag für das Endvermögen vorhanden ist, für den Zugewinnausgleich herangezogen werden.

Auch wenn sich bei negativem Endvermögen gegen dessen Inhaber
kein Ausgleichsanspruch ergeben kann, ist der Zugewinn von Bedeutung.
Er verringert den Zugewinnausgleichsanspruch des Ehegatten mit dem
negativen Endvermögen, den dieser ggf. gegen den anderen hat. Er wird
geringer, als er wäre, wenn sich – wie nach früherem Recht – bei negativem Endvermögen kein Zugewinn ergeben hätte.

II. Negativer Zugewinn

1. Kein negativer Zugewinn nach herrschender Meinung

417   Vor der Güterrechtsreform 2009 war völlig unumstritten, dass der Zugewinn nicht negativ werden durfte. Hergeleitet wurde das im Wesentlichen aus dem Wortlaut des § 1373, der voraussetzt, dass das Endvermögen das Anfangsvermögen übersteigt. Bei einem negativen Zugewinn
würde umgekehrt das Anfangs- das Endvermögen übersteigen. Ein negativer Zugewinn hätte auch schlecht zu der Systematik gepasst, die beim
Anfangs- und Endvermögen negative Beträge ausdrücklich ausschloss.

Zur Gesetzeslage nach dem 1.9.2009 finden sich inzwischen viele Stellungnahmen zu der Frage nach dem negativen Zugewinn. Sie kommen
fast einhellig zu dem Ergebnis, dass der Zugewinn auch unter Geltung der
aktuellen Gesetzesfassung weiterhin nicht negativ werden könne[434]. Dem
hat sich auch der *BGH*[435] angeschlossen. Eine vertiefende Auseinandersetzung findet sich in den veröffentlichten Stellungnahmen überwiegend
nicht. Im Wesentlichen wird darauf abgehoben, dass der Wortlaut des
§ 1373 unverändert sei. Der Zugewinn sei dadurch definiert, dass das
Endvermögen das Anfangsvermögen *übersteigen* müsse. Außerdem ergebe
sich aus der amtlichen Begründung zum Regierungsentwurf, dass insoweit eine Änderung nicht beabsichtigt gewesen sei. Gerne wird die schlag-
wortartige Begründung verwendet, die Zugewinngemeinschaft sei keine
Verlustgemeinschaft[436]. Der *BGH* formuliert, dass auch das neue Recht
„einen Verlustausgleich nicht" erreichen wolle[437]. Es wird auch darauf
hingewiesen, dass bei einem möglichen negativen Zugewinn nur die

---

434 *Schulz/Hauß*, Kap. 1, Rn. 80; *Büte*, FuR 2010, 196, 197; *Münch*, MittBayNot 2009, 261.
435 *BGH*, 6.10.2010, XII ZR 10/09, FamRZ 2011, 25, Rn. 34.
436 *Schulz/Hauß*, Kap. 1, Rn. 18.
437 *BGH*, 6.10.2010, XII ZR 10/09, FamRZ 2011, 25, Rn. 34.

Gläubiger des betreffenden Ehegatten begünstigt würden, was zu vermeiden sei[438].

2. Kritik: Zugewinn kann negativ sein

Die noch überwiegende ablehnende Meinung hält einer genaueren Betrachtung nicht stand. Die Gründe, die gegen einen möglichen negativen Zugewinn vorgebracht werde, sind insgesamt nicht schlüssig[439]. Das Gesetz nach der Güterstandsreform 2009 enthält die Einschränkung, dass Zugewinn mindestens null sein müsse, nicht mehr.   **418**

a) Gesetzeswortlaut

Der Gesetzeswortlaut ist im Hinblick auf die Definition des Zugewinns durch die Reform 2009 widersprüchlich geworden.   **419**

Einerseits ist die Definition in § 1373 unverändert. *Zugewinn ist der Betrag, um den das Endvermögen eines Ehegatten das Anfangsvermögen übersteigt.* Das spricht dafür, dass ein Zugewinn nur entsteht, wenn das Endvermögen höher ist als das Anfangsvermögen. Der Zugewinn wäre dann notwendig positiv.

Andererseits findet sich eine weitere Definition des Zugewinns in § 1377 II. Danach *wird vermutet, dass das Endvermögen eines Ehegatten seinen Zugewinn darstellt.* Beim Endvermögen können die Schulden höher sein als das Vermögen (§ 1375 I 2), so dass es negativ werden kann. Durch Verknüpfung des Zugewinns mit dem Endvermögen in § 1377 II kann auch dieser negativ sein[440].

Aus den beiden Definitionen in §§ 1373 und 1377 III ergibt sich ein Widerspruch, der aufgelöst werden muss. Das kann sinnvoll nur dahin geschehen, dass ein rechnerisch negativer Zugewinn für die Ausgleichsberechnung auch so verwendet wird.   **420**

Es spricht viel dafür, der **Wortauslegung** von § 1373 nicht mehr dieselbe entscheidende Bedeutung zuzumessen wie früher[441]. Jedenfalls kann aus der Wortbedeutung nicht mehr mit derselben Sicherheit wie bisher auf den Inhalt der Regelung geschlossen werden. Dabei ist entscheidend, dass die Güterrechtsreform auch an anderer Stelle die Begrifflichkeit nicht an das erneuerte Recht angepasst hat, das, im Gegensatz zu früher, negative

---

438 BT-Drucks. 16/10798, S. 14; dem folgend *BGH*, 6.10.2010, XII ZR 10/09, FamRZ 2011, 25.
439 Dazu ausführlich *Braeuer*, FamRZ 2010, 1614.
440 Insoweit zustimmend *Kogel*, FamRZ 2010, 2036, der aber eine teleologische Reduktion für angezeigt hält.
441 So auch *Kogel*, Strategien, Rn. 289.

Ergebnisse zulässt. Der Begriff des *Vermögens* umfasst nach seiner ursprünglichen Bedeutung nur das positive Vermögen ohne Verbindlichkeiten (→ Rn. 63). So wird der Begriff offenbar auch in § 1375 I 2 verstanden, weil die Vorschrift anders keinen Sinn ergäbe. Hingegen ist der gewohnte Begriff Endvermögen beibehalten worden und hat nun in dieser Wortkombination einen anderen Sinn: Er umfasst nun Vermögen und Verbindlichkeiten und kann in dieser Kombination auch negativ sein. Das Gesetz hat seine Begrifflichkeit demnach nicht an die Neuerung, die sich aus §§ 1375 I 2 und 1374 III ergibt, angepasst. Die eigentliche Bedeutung des Wortes Vermögen kann nicht mehr zur Auslegung des Gesetzes herangezogen werden. Damit verliert auch die Wortbedeutung in § 1373 an Überzeugungskraft[442].

Hingegen ist § 1377 III keiner Auslegung zugänglich. Hier wird der Begriff des Zugewinns nicht über eine Wortauslegung, sondern über eine Bezugnahme auf eine (eindeutige) Gesetzesreglung definiert. Allenfalls über teleologische Reduktion des § 1377 III könnte der eindeutige Gesetzesinhalt überwunden werden. Dazu besteht aber, wie nachfolgend zu zeigen ist, kein Anlass.

Somit ist die maßgebliche Definition des Zugewinns aus § 1377 III zu gewinnen, der damit auch negativ sein kann.

b) Negativer Zugewinn als sinnvoller Bestandteil des Ausgleichssystems

421   In Literatur und Rechtsprechung wird ein negativer Zugewinn abgelehnt, weil er den Falschen begünstige und nicht in das System des Zugewinnausgleichs passe. Das hält einer Überprüfung nicht stand. Hingegen ist ein Zugewinn, der auch negativ werden kann, eine logische Konsequenz aus negativem Anfangs- und Endvermögen. Dadurch werden sinnvolle Ergebnisse erreicht[443].

aa) Keine Verlustgemeinschaft

422   Der *BGH* hat betont, das Zugewinnausgleichsrecht wolle auch in der Fassung der Reform 2009 keinen Verlustausgleich schaffen[444]. Die Auffassung wird damit begründet, dass der Halbteilungsgrundsatz verletzt würde, wenn ein Ehegatte mehr als die Hälfte seines Endvermögens abgeben müsste. Diese Auffassung mag bei der früheren Gesetzesfassung ihre Berechtigung gehabt haben; mit der aktuellen Fassung ist sie nicht vereinbar. Das erweist ein Blick auf die Kappungsgrenze des § 1378 II 1. Danach ist der Zugewinnausgleichsanspruch keineswegs auf die Hälfte des vorhan-

---

442 Ablehnend *Johannsen/Henrich/Jaeger*, § 1373, Rn. 3.
443 In der Reformdiskussion hat das auch schon *Hoppenz* angeregt (FamRZ 2008, 1889).
444 *BGH*, 6.10.2010, XII ZR 10/09, FamRZ 2011, 25, Rn. 34.

denen Vermögens beschränkt. Der Gesetzentwurf der Bundesregierung hatte das noch vorgesehen. So ist es indes nicht Gesetz geworden. Die Zugewinnausgleichsverpflichtung kann das gesamte positive Vermögen des Ausgleichspflichtigen verzehren. Dazu kommt es – als Folge der Gesetzesreform –, wenn das Anfangsvermögen des Ausgleichspflichtigen negativ war. Dann ist die Zugewinnausgleichspflicht immer höher als die Hälfte des Endvermögens.

Auch die allgemeine Annahme, dass die Zugewinngemeinschaft keine **423** Verlustgemeinschaft sei, trifft nicht zu. Der Zugewinn wird nicht nur aus den aktiven Vermögensgegenständen gebildet, sondern aus dem Saldo von Aktiva und Passiva. Schulden, die nur ein Ehegatte gemacht hat, verringern seinen Zugewinn. Somit wird der andere immer auch an den Verbindlichkeiten beteiligt, solange der Zugewinn im Saldo positiv ist. Sein Ausgleichsanspruch sinkt bzw. seine Verpflichtung steigt aufgrund der Verbindlichkeiten. Er trägt also die Schulden des anderen mit. Damit ist die Zugewinngemeinschaft gleichzeitig auch eine Verlustgemeinschaft. Auf der Basis der noch herrschenden Ansicht beeinflussen die Verbindlichkeiten eines Ehegatten den Zugewinnausgleichsanspruch nur dann und insoweit nicht, wie sie dazu führen, dass der Zugewinn negativ würde.

Kasenbacher[445] hat an einem Rechenbeispiel eindrucksvoll demonstriert, dass die Teilnahme des einen Ehegatten an den Schulden des anderen **dadurch rein zufällig wird**. Er knüpft dafür an den Gesamtschuldfall des *BGH*[446] an und nimmt bei jedem Ehegatten an, dass er außer dem gemeinsamen Hypothekenkredit in gewissem Umfange weitere Schulden hat, mit denen der andere nichts zu tun hat. Diese Schulden beeinflussen den Ausgleichsanspruch und sind somit gemeinsam zu tragen. Nimmt man allerdings den Wert des mit der Hypothek belasteten gemeinsamen Hauses geringer an, während alle anderen Positionen unverändert bleiben, so kann allein dadurch der Zugewinn des Ausgleichsberechtigten negativ werden. Dessen persönlichen Schulden haben nun keinen Einfluss mehr auf seinen Ausgleichsanspruch, weil sie, soweit sie den Zugewinn negativ werden lassen, unberücksichtigt bleiben. Der Ausgleichsberechtigte trägt in dieser Konstellation seine Schulden allein, muss sich aber über eine verringerte Ausgleichsforderung weiterhin an den Schulden des Ausgleichspflichtigen beteiligen. Das kann kein gerechtes Ergebnis sein, wenn es nur von der Bewertung der gemeinsamen Immobilie abhängt, nicht aber von dem Stand der Verbindlichkeiten.

---

445 NJW-Spezial 2011, 132.
446 *BGH*, 6.10.2010, XII ZR 10/09, FamRZ 2011, 25; aus Anlass dieses Falles hat der *BGH* erstmals zum möglichen negativen Zugewinn in der Gesetzesfassung nach der Reform Stellung genommen.

Soweit die Zugewinngemeinschaft keine Verlustgemeinschaft sein soll, wird das hinreichend und abschließend durch die Kappungsgrenze in § 1378 II 1 gesichert. Darüber hinaus ist ein Verbot eines negativen Zugewinns dafür weder erforderlich noch geeignet.

bb) Begünstigung der Gläubiger des Ausgleichsberechtigten

424   Der *BGH* nimmt die amtliche Begründung auf, wonach ein negativer Zugewinn zur Folge habe, dass der ausgleichspflichtige Ehegatte für die Schulden des anderen mithafte. Es würden nur dessen Gläubiger begünstigt, was zu vermeiden sei. Auch das beruht auf einem Missverständnis.

Zu einer echten Haftung des Ausgleichspflichtigen kommt es natürlich nicht. Er hat aber über seine Ausgleichszahlung die Mittel für die Schuldentilgung zur Verfügung zu stellen. Das ist indes nicht Folge eines negativen Zugewinns. Der Effekt tritt immer ein, wenn in die Zugewinnausgleichsbilanz eines Ehegatten offene Verbindlichkeiten einzustellen sind. Qualität und Herkunft der Schulden des Ausgleichsberechtigten sind unabhängig davon, ob sein Zugewinn im Ergebnis positiv oder negativ ist.

425   Das Argument der Gesetzesbegründung verkennt außerdem, dass ein negativer Zugewinn gar nicht mit Schulden verbunden sein muss. Er kann sich alleine daraus ergeben, dass sich das Endvermögen gegenüber dem Bestand zu Beginn der Ehe verringert hat, ohne dass irgendwelche Verbindlichkeiten vorhanden wären.

426   Schließlich werden durch die Ausgleichszahlung auch nicht die Gläubiger des Ausgleichsberechtigten begünstigt. Deren Forderungen bestehen zu Recht. Andernfalls wären sie nicht in die Zugewinnausgleichsbilanz einzustellen gewesen. Deshalb wird durch die Ausgleichsforderung in erster Linie der berechtigte Ehegatte begünstigt, der in die Lage versetzt wird, seine Schulden bezahlen zu können[447]. Es kann nicht Ziel des Gesetzes sein, das zu verhindern.

cc) Sinnvolle Ergebnisse bei negativem Zugewinn

427   Einem negativen Zugewinn stehen, wie gezeigt wurde, die vorgetragenen Bedenken nicht entgegen. Wenn die Beschränkung, die die herrschende Meinung für notwendig hält, aufgegeben wird, führt das zu verbesserten Ergebnissen.

Beispiel: Der Mann hat ein Haus geerbt und überträgt davon während des Güterstandes die Hälfte an die Frau. Sonstiges Vermögen haben beide nicht.

---

447 Diese Konsequenz übersieht *Kogel* (Strategien, Rn. 291).

Weil das geerbte Haus zum Anfangsvermögen hinzugerechnet wird, übersteigt das Anfangs- das Endvermögen. Ohne Zugewinn hat der Mann einen Zugewinnausgleichsanspruch im Wert von einem Viertel des Hauses. Lässt man seinen Zugewinn negativ werden, so ist der negative Zugewinn des Mannes so hoch wie der positive der Frau. Der Zugewinnausgleichsanspruch entspricht dem halben Hauswert.

Die Grundstücksübertragung im Beispielsfall ist eine **ehebeding-** **428** **te Zuwendung**. Sie wäre bei Scheitern der Ehe, die in Gütertrennung geführt wurde, zurückzugewähren. Allerdings ist nach ständiger Rechtsprechung der güterrechtliche Ausgleich in der Zugewinngemeinschaft gegenüber den Regeln der gestörten Geschäftsgrundlage die speziellere Regelung. Sie schließen die Rückabwicklung aus. Der güterrechtlichen Regelung den Vorzug zu geben, ist nur gerechtfertigt, wenn sie im Regelfall auch zu vergleichbaren Ergebnissen führt.

Ist der Zugewinn positiv, so hat der Zugewinnausgleich im Wesentlichen dasselbe Ergebnis wie die Rückabwicklung. Bei einem negativen Zugewinn, der sich nicht auswirken darf, halbiert er sich. Ob der Zugewinn negativ oder positiv ist, ist nicht von der ehebedingten Zuwendung abhängig, sondern vom Umfang des übrigen Vermögens. Dennoch hängt der Zugewinnausgleichsanspruch, der die Zuwendung ersetzen soll, davon ab. Nach den Grundsätzen des § 313 ist eine Zuwendung, soweit sie noch vorhanden ist, völlig unabhängig von der sonstigen Vermögenslage zurückzugeben.

Im Falle der Gütertrennung wäre die ehebedingte Zuwendung bei Scheitern der Ehe rückgängig zu machen. Es erscheint nicht sachgerecht, dass der gesetzliche Zugewinnausgleich zu einem geringeren Ergebnis führt[448].

F. Der Ausgleichsanspruch

I. Berechnung des Ausgleichsanspruchs

1. Der Rechenweg

Den Zugewinnausgleichsanspruch zu ermitteln, ist der letzte Schritt **429** der bilanziellen Berechnung. Das Gesetz definiert in § 1378 die Ausgleichsforderung als die Hälfte des Betrages, um den der Zugewinn des einen Ehegatten den des anderen übersteigt. In die Berechnung sind die beiden Zugewinnste einzustellen, die aufgrund der vorstehend beschrie-

---

448 A.A. *Schröder*, Bewertungen, Rn. 62.

ben Rechenschritte ermittelt worden sind. Vom höheren Zugewinn ist der geringere abzuziehen und das Ergebnis durch zwei zu dividieren.

2. Kappungsgrenze

a) Bedeutung der Kappungsgrenze

430   Bei der Berechnung des Zugewinnausgleichsanspruchs ist ein Höchstbetrag zu beachten, der nicht überschritten werden darf, die **Kappungsgrenze** (§ 1378 II). Die Zugewinnausgleichspflicht darf nicht höher sein als das Vermögen, das der Ausgleichspflichtige am Berechnungsstichtag besitzt. Der Zugewinnausgleich soll nicht dazu führen, dass der Pflichtige zur Erfüllung Schulden machen muss. Im Rahmen der Berechnung wird die Kappungsgrenze berücksichtigt, indem der errechnete Ausgleichsbetrag mit dem Endvermögen des Ausgleichspflichtigen verglichen wird. Das Endvermögen bildet die Obergrenze der Ausgleichspflicht.

431   „Vermögen" im Sinne der Kappungsgrenze ist als positives Vermögen zu verstehen[449]. Ist es, was nach § 1375 III möglich ist, negativ, so scheidet eine Zugewinnausgleichspflicht von vorneherein aus. Rechnerisch kann sich auch bei negativem Endvermögen des Pflichtigen ein Zugewinnausgleichsanspruch ergeben, wenn sein Anfangsvermögen noch weiter negativ gewesen war. In diesem Fall korrigiert die Kappungsgrenze das rechnerisch gewonnene Ergebnis.

Rechenbeispiel 1:	Zugewinn des Mannes	200
	Zugewinn der Frau	100
	Zugewinnausgleichsanspruch der Frau	50
	Endvermögen des Mannes	20
	Zugewinnausgleichsanspruch	20
Rechenbeispiel 2:	Zugewinn des Mannes	200
	Zugewinn der Frau	100
	Endvermögen des Mannes	− 50
	kein Zugewinnausgleich	

432   Soweit dem Endvermögen Vermögensgegenstände gem. § 1375 II hinzugerechnet worden sind, weil sie durch **illoyale Verfügungen** abhanden gekommen sind, so sind sie auch bei der Bemessung der Kappungsgrenze hinzuzurechnen (§ 1378 II 2). Ausgangspunkt für die Hinzurechnung ist allerdings nicht die Kappungsgrenze, sondern das reale Vermögen des Ehegatten. Praktisch bedeutet das: Ist das reale Vermögen negativ, so wäre die Kappungsgrenze Null. Illoyale Verfügungen sind jedoch nicht zu Null zu addieren, sondern dem negativen Vermögen hinzuzurechnen[450].

---

449 *Schwab/Schwab*, VII Rn. 197.
450 *Johannsen/Henrich/Jaeger*, § 1378, Rn. 6.

b) Vermögensverfall zwischen Stichtag und Ende des Güterstandes

Der Anspruch auf Zugewinnausgleich entsteht zumeist erhebliche Zeit **433**
nach dem Stichtag, der für die Berechnung maßgeblich ist. Stichtag ist der
Tag, an dem das Scheidungsverfahren rechtshängig geworden ist (§ 1384).
Der Ausgleichsanspruch entsteht aber erst, wenn der Güterstand beendet
ist (§ 1378 III 1), also zumeist bei Rechtskraft des Scheidungsausspruchs.
Das Vermögen der Eheleute entwickelt sich in diesem Zeitraum weiter. Es
kann vorkommen, dass der Ausgleichspflichtige derartige Verluste erlei-
det, dass er nicht mehr imstande ist, aus dem verbleibenden Vermögen
den Ausgleichsanspruch zu erfüllen. Dieses Risiko trägt der Ausgleichsschuldner nach der gesetzgeberischen Entscheidung der Reform von 2009
allein. Sein Vermögensverfall berechtigt ihn nicht, die Ausgleichzahlung
zu verweigern.

Diese Wirkung wird erzeugt durch die Formulierung des § 1384. Die
frühere Formulierung der Vorschrift ist ergänzt worden um die Wörter
wegen der Höhe. Der Tag der Zustellung des Scheidungsantrages ist nicht
nur maßgeblich als Berechnungsstichtag. Der auf den Stichtag berechne-
te Ausgleichsbetrag ist endgültig. Er kann sich seiner Höhe bis zum Ende
des Güterstandes nicht mehr verändern.

Der *BGH* hatte schon Gelegenheit, sich mit der Wirkung des neu for- **434**
mulierten § 1384 zu befassen[451]. Nach seiner Auffassung ist der gesetzliche Wortlaut eindeutig und einer einschränkenden Auslegung nicht zugänglich. Veränderungen im Vermögen des Ausgleichspflichtigen, die
nach dem Berechnungsstichtag bis zum Ende des Güterstandes eintreten,
bleiben außer Betracht. Das gilt auch, wenn sich etwa durch einen Verfall
der Börsenkurse das Vermögen des ausgleichspflichtigen Ehegatten ganz
unverschuldet verringert hat. Eine einschränkende Auslegung des Gesetzes ist schon deshalb nicht zulässig, weil sie unausgewogen nur den Ausgleichspflichtigen begünstigen und eine entsprechende Entwicklung beim
Berechtigten unberücksichtigt ließe. Im Normalfall ist das die selbstver-
ständliche Folge des Stichtagsprinzips. Ab dem Stichtag entwickeln sich
die Vermögensverhältnisse der noch verheirateten Ehegatten getrennt
voneinander. Die Gemeinsamkeit des Wirtschaftens, die Grundlage des
Zugewinnausgleichs ist, besteht nicht mehr. Gleichwohl ist nicht zu verkennen, dass der Ausgleichsanspruch erst entsteht, wenn der Güterstand
endet (§ 1378 III). Ist zu diesem Zeitpunkt kein Vermögen mehr vorhanden, so ist gleichwohl der errechnete Zugewinnausgleich zu zahlen. Das
Risiko des Vermögensverfalls trägt der Ausgleichspflichtige.

---

451 *BGH*, 4.7.2012, XII ZR 80/10, FamRZ 2012, 851.

Die Gesetzesauslegung entspricht der eindeutigen Vorstellung des Gesetzgebers[452]. Sie wird auch von der Literatur weitgehend einhellig unterstützt[453].

435   **Härten**, die für den Ausgleichspflichtigen im Einzelfall dadurch entstehen, können nach Ansicht des *BGH* **über § 1381** ausgeglichen werden[454]. Dieser Ausweg des *BGH* ist bedenklich, denn er würde den § 1381 deutlich über den bisher allgemein anerkennten Anwendungsbereich hinaus ausdehnen. Danach kann die Billigkeitsregel nicht verwendet werden, um typische Härten abzumildern, die sich aus dem System des Zugewinnausgleichs mit seiner pauschalen Berechnung ergeben. Um eine solche aus dem System herrührende Härte handelt es sich aber bei der Auswirkung der Kappungsgrenze. *Schwab*[455] meint, der *BGH* habe die Frage noch offen gelassen.[456]

Koch schlägt statt dessen eine **teleologische** Reduktion vor[457]. Die Problematik entsteht dadurch, dass das Entstehen der Forderung und der Zeitpunkt für deren Berechnung in Scheidungsfällen auseinanderfallen (§ 1384). Dieser auf die Rechtshängigkeit des Scheidungsantrages vorverlegte Stichtag habe vor allem das Ziel, Manipulationen vorzubeugen. In Fällen, in denen der Vermögensverlust jedoch nicht Folge von Manipulationen, sondern schicksalhaft ist, wird eine teleologische Reduktion vorgeschlagen mit der Folge, dass bei einem Vermögensverfall zwischen dem Stichtag und dem Ende des Güterstandes der Stichtag für die Berechnung verschoben wird auf den Tag, an dem die Ausgleichsforderung entsteht. Auch dagegen bestehen jedoch Bedenken. Die teleologische Reduktion müsste konsequent auch dann stattfinden, wenn zwar ein schicksalhafter Vermögensverlust eingetreten, dadurch aber nicht die Kappungsgrenze des § 1378 II 1 erreicht ist. Das hätte zur Folge, dass in jeden Fall die Vermögensentwicklung nach dem Stichtag des § 1384 untersucht werden müsste. Das ließe sich nicht vereinbaren mit der Zielrichtung des Gesetzes, das durch die Vorverlegung des Stichtages eindeutig eine pauschale Lösung vorschreibt.

---

452 BT-Drucks. 16/10798, S. 18.
453 *Palandt/Brudermüller*, § 1378, Rn. 8; *Schwab/Schwab*, VII Rn. 194; *Johannsen/Henrich/ Jaeger*, § 1378, Rn. 5; *Weinreich*, FuR 2009, 497, 503; *Büte*, FF 2009, 350, 352; *Herr*, FF 2010, 13, 15; *Schulz/Hauß*, Kap. 1, Rn. 701.
454 *BGH*, 4.7.2012, XII ZR 80/10, FamRZ 2012, 851, Rn. 30.
455 *Schwab/Schwab*, VII Rn. 253.
456 Der *BGH* hat jedoch in seiner Prozesskostenhilfeentscheidung zu der Entscheidung vom 16.7.2014 (XII ZR 108/12, FamRZ 2014, 1610) die abgelehnte Prozesskostenhilfe allein damit begründet, dass der Vermögensverfall zwischen dem Stichtag des § 1384 und dem Güterstandsende über § 1381 auszugleichen sei (insoweit nicht veröffentlicht).
457 *MK/Koch*, § 1384, Rn. 5.

c) Kritik

aa) Unklare Gesetzesformulierung

Es lässt sich nicht verkennen, dass die Gesetzesreform **sprachlich** **436** **missglückt** ist und nach ihrem Wortlaut das Ergebnis eigentlich nicht stützt. Auch schon nach der bis 2009 geltenden Gesetzeslage wurde der Ausgleichspflichtige von seiner Verpflichtung frei, soweit das beim Ende des Güterstandes noch vorhandene Vermögen zu dessen Erfüllung nicht mehr ausreichte (§ 1378 II). Die Vorschrift ist durch die Reform 2009 nicht geändert worden, sondern gilt unverändert weiter. Allein die Wörter *und wegen der Höhe* in § 1384 sollen dazu führen, dass nur noch das Vermögen zum Stichtag des § 1384 maßgeblich ist. Das ergibt einen Widerspruch, weil die in § 1378 II genannte Beendigung des Güterstandes eben nicht identisch ist mit dem Stichtag des § 1384[458]. Der Tag der Rechtshängigkeit war auch schon vor der Formulierungsergänzung für die Höhe des Ausgleichsanspruches maßgeblich (die sich aus der Berechnung auf diesen Stichtag ergab). Nunmehr soll der Tag der Rechtshängigkeit nicht nur für die Höhe, sondern auch die Begrenzung unterhalb der errechneten Höhe zuständig sein – das ist so in der Gesetzesformulierung aber nicht zum Ausdruck gekommen[459]. Das allgemein für richtig gehaltene Ergebnis lässt sich deshalb nur erreichen, indem man § 1378 II ergänzend liest: *Die Höhe der Ausgleichsforderung wird durch den Wert des Vermögens bei Beendigung des Güterstandes **oder am Stichtag des § 1384** begrenzt*[460]. Dass es sich um eine gesetzgeberische Ungenauigkeit handelt, ergibt sich aus dem zeitgleich entwickelten Güterstand der Wahl-Zugewinngemeinschaft (§ 1519). Dort hat der Gesetzgeber die ungeschickte Formulierung vermieden und die Kappungsgrenze ausdrücklich auf den Zeitpunkt der Rechtshängigkeit bezogen (Art. 14 deutsch-französisches Abkommen, → Rn. 807).

Die Begrenzungsvorschrift des § 1378 II hatte in der bis zum 31.8.2009 **437** geltenden Gesetzesfassung eine **ganz andere Bedeutung.** Es war schon immer gesetzgeberisches Ziel, Zugewinnausgleich nur aus vorhandenem Vermögen zu leisten, nicht aus dafür aufgenommenen Schulden. Dafür bedurfte es in der früheren Gesetzesfassung des § 1378 II aber nicht. Das ergab sich schon allein dadurch, dass Anfangs- und Endvermögen immer mindestens Null sein mussten. Es konnte also rechnerisch kein Zugewinnausgleichsanspruch entstehen, der nicht durch positives Vermögen gedeckt war. Eine Kappungsgrenze war unnötig. Die Vorschrift diente

---

458 Darauf weist auch *Schröder*, FamRZ 2010, 421, hin; *ders.*, Bewertungen, Rn. 20.
459 *Finger* (JR 2010, 369, 371) hält den Wortlaut im Sinne der Gesetzesmotive sogar für eindeutig, ohne den hier dargestellten Widerspruch zu erwähnen.
460 *Johannsen/Henrich/Jaeger*, § 1378, Rn. 5.

nur dazu, einen Vermögensverfall zwischen dem Stichtag und dem Ende des Gütersandes zu berücksichtigen. Dieser Effekt sollte nach dem Willen des Reformgesetzgebers entfallen. Trotzdem konnte § 1378 II nicht einfach entfallen. Die Vorschrift hat einen Bedeutungswandel erfahren. Indem nach der aktuellen Gesetzesfassung ein Zugewinn auch bei negativem Endvermögen entstehen kann, bedarf es nun der **Kappungsgrenze**, die sich aus § 1378 II auch ergibt.

438   Es wäre also zu begrüßen, wenn sich der Gesetzgeber bei Gelegenheit zu einer redaktionellen Korrektur entschließen könnte. Dafür wäre es sinnvoll, in §§ 1384 und 1387 auf das Wort *Höhe* zu verzichten und statt dessen in § 1378 II die Stichtage der §§ 1384 und 1387 in Bezug zu nehmen.

bb) Verfehlter Schutzzweck der Norm

439   Die Neufassung des § 1384 soll einem **Missbrauch vorbeugen**, der mehr vermutet als tatsächlich festgestellt worden ist. Dadurch werden gleichzeitig Härten erzeugt, denen innerhalb des Zugewinnausgleichssystems nicht mehr begegnet werden kann. Unverändert fallen der Stichtag für die Berechnung und der Tag des Entstehens der Forderung auseinander. Ein Verlust der Leistungsfähigkeit, der zwischen Berechnungsstichtag und Zahltag eintritt, ist nicht immer verschuldet. Das Gesetz muss einen Weg eröffnen, darauf zu reagieren[461].

Mit der Gesetzesänderung soll ein verstärkter Schutz vor Manipulationen erreicht werden. Dieser Schutz ist generell das Hauptanliegen der Güterrechtsreform von 2009[462]. Das beruht auf der Annahme, dass gerade in der Trennungsphase eine besondere Neigung bestehe, Vermögen zulasten des anderen zu manipulieren. Dafür wäre es aber nicht erforderlich gewesen, das Risiko eines Vermögensverfalls vor dem Entstehen der Ausgleichsforderung alleine dem Ausgleichspflichtigen aufzubürden. Der Gesetzgeber ist hier über das Ziel hinausgeschossen[463].

440   Aus der Praxis ist bekannt, dass in der Trennungsphase nicht selten schädigende Geschäfte stattfinden, die dem anderen verborgen bleiben sollen. Ob es auch vorkommt, dass das Vermögen mutwillig so weit verringert wird, dass die Kappungsgrenze relevant wird, steht dadurch nicht fest. Rechtstatsächliche Untersuchungen dazu sind nicht bekannt. Der

---

461 Der *BGH*, 4.7.2012, XII ZR 80/10, FamRZ 2012, 851, verweist auf die Unbilligkeitseinrede des § 1381, um Härten auszugleichen. Das erscheint bedenklich, weil § 1381 nur untypischen Härten, die ausnahmsweise auftreten begegnen und nicht typische Folgen einer gesetzlichen Regelung verändern soll.

462 Auch die erweiterte Auskunftspflicht mit Belegpflicht und Auskunft über das Vermögen zum Trennungszeitpunkt dienen diesem Schutz.

463 Kritisch auch *Weinreich*, FuR 2009, 497, 506.

Praktiker erlebte äußerst selten, dass der Einwand des Vermögensverfalls nach dem Stichtag erhoben wurde. Tatsächlich war nach altem Recht die Hürde für den erfolgreichen Einwand, das Vermögen reiche für den errechneten Zugewinnausgleich nicht mehr aus, sehr hoch. Das am Stichtag vorhandene positive Vermögen müsste sich seit dem Stichtag des § 1384 um mehr als die Hälfte verringert haben, damit die Kappungsgrenze relevant werden kann. Außerdem trifft den Ausgleichspflichtigen die volle Beweislast für die Vermögensverringerung und dafür, dass diese nicht manipulativ herbeigeführt worden ist. Dadurch war der Ausgleichsberechtigte schon hinreichend geschützt. Ein zusätzlicher Regelungsbedarf ist deshalb schwer zu erkennen.

Tatsächlich nimmt die aktuelle Gesetzesfassung in Kauf, dass auch der unverschuldet leistungsunfähige Ehegatte von seiner Ausgleichspflicht nicht frei wird. *Schwab* hat in einem Aufsatz[464] eindrücklich die Geschichte von Romeo und Julia erzählt, in der der ausgleichspflichtige Romeo Opfer der Finanzkrise wird und unverhofft sein Vermögen einbüßt[465]. Sein Plädoyer gegen die neue gesetzliche Regelung hat ein vielfältiges Echo gefunden[466]. Daraus wird deutlich, dass der einseitige Schutz des Ausgleichsberechtigten das erkannte Problem nicht löst, sondern nur auf die andere Seite verlagert. Bedenkt man, wie schwer in diesem Punkte eine Manipulation wäre, ist der bis 2009 geltenden Regelung der Vorzug zu geben.

Zur Rechtfertigung der aktuellen gesetzlichen Regelung wird darauf **441** hingewiesen, dass der Ausgleichsgläubiger auch an einer Vermögensverbesserung des anderen nach dem Stichtag nicht teilhabe[467]. Das verkennt, dass ebenso Verringerungen des Vermögens im Normalfall ohne Einfluss bleiben, weil die Einwendung erst entsteht, wenn dem Ausgleichspflichtigen nach der Erfüllung der Ausgleichsschuld gar nichts mehr bleiben würde. Außerdem endet die **Schicksalsgemeinschaft der Eheleute** nicht schon mit dem Stichtag des § 1384, sondern dauert noch bis zur rechtskräftigen Scheidung fort. Erst dann entsteht gem. § 1378 III der Ausgleichanspruch. Die Teilhabe des Ausgleichsberechtigten an einem unerwarteten und übergroßen Vermögensverlust ist Ausdruck dieser Schicksalsgemeinschaft.

---

464 FamRZ 2009, 1445.
465 Mit vergleichbarer Kritik schon *Kogel*, MDR 2008, 297, 300.
466 *Schröder*, FamRZ 2010, 421; *Kogel*, FF 2009, 390.
467 *Schulz/Hauß*, Kap. 1, Rn. 702.

II. Entstehen des Ausgleichsanspruches

1. Bedeutung von § 1378 III 1

a) Kein Ausgleichsanspruch vor Ende des Güterstandes

442   Der Zugewinnausgleichanspruch entsteht mit dem Ende des Güterstandes. Bis dahin ist er überhaupt **nicht existent**, nicht nur nicht fällig. Es besteht auch noch kein Anwartschaftsrecht[468]. Es bleibt bis zum Ende des Güterstandes ungewiss, ob überhaupt ein Ausgleichsanspruch entstehen wird und welcher der Ehegatten ggf. ausgleichsberechtigt sein wird. Darin kommt besonders plastisch der Charakter des gesetzlichen Güterstandes zum Ausdruck. Es tritt keinerlei Vermögensvermischung ein. Jeder der Eheleute bleibt allein berechtigt und allein verantwortlich für sein Vermögen. Die Gemeinschaft kommt nur darin zum Ausdruck, dass das Ergebnis des gemeinschaftlichen Wirtschaftens am Ende ausgeglichen wird. Bis dahin entsteht auch nicht etwa über einen latenten Ausgleichsanspruch eine faktische Vermögensgemeinschaft.

Indem der Ausgleichsanspruch vor dem Ende des Güterstandes überhaupt nicht existiert, kann er zwangsläufig **nicht Gegenstand von Rechtsgeschäften** sein. Das dient auch dem Schutz der Eheleute. Der zukünftige Ausgleichsanspruch kann nicht vor seinem Entstehen aufgezehrt werden. Er kann nicht als Sicherheit verwendet, etwa verpfändet werden. Auch Gläubiger des Ehegatten haben keinen Zugriff darauf. Andernfalls entstünde über die Zwangsvollstreckung in den zukünftigen Anspruch faktisch eine Haftung des potentiell Ausgleichspflichtigen für die Schulden des anderen.

b) Der Ausgleichsanspruch zwischen Stichtag und Rechtskraft

443   Der Ausgleichsanspruch entsteht noch nicht mit dem Erreichen des Berechnungsstichtages (§§ 1384, 1387), sondern erst, wenn der Güterstand vollständig beendet ist, somit bei Rechtskraft des Scheidungsbeschlusses. Er kann über einen langen Zeitraum dem Grunde und der Höhe nach feststehen, ohne aber rechtlich schon existent zu sein.

Es ist sinnvoll und notwendig, dass der Ausgleichsanspruch während der Dauer des Güterstandes noch nicht besteht. Dass er auch im Scheidungsfall nicht mit dem Stichtag entsteht, sondern erst mit Rechtskraft der Scheidung, ist indes nicht zwingend. Seit der Güterrechtsreform 2009 ist es auch nicht mehr sinnvoll. Das **Auseinanderfallen von Berechnungs- und Entstehenszeitpunkt** verursacht mehr Probleme, als es Vorteile schafft.

---

468 *MK/Koch*, § 1378, Rn. 16.

Aufgrund der Neufassung des § 1384 haben Vermögensveränderungen nach dem Stichtag überhaupt keinen Einfluss mehr auf die Höhe des Ausgleichsanspruchs. Die wirtschaftliche Schicksalsgemeinschaft, die die Zugewinngemeinschaft bedeutet, ist ab dem Stichtag aufgehoben. Über den schon feststehenden Ausgleichsbetrag nicht verfügen zu können, bedeutet eine Einschränkung der wirtschaftlichen Bewegungsfreiheit, für die es keinen notwendigen Grund gibt. Es bleibt zwar ungewiss, ob der rechnerisch ermittelte Ausgleichsanspruch tatsächlich entstehen wird. Stirbt etwa der Ausgleichsberechtigte vor Rechtskraft der Scheidung, endet der Güterstand ohne Zugewinnausgleich. Es ist aber kein Grund ersichtlich, weshalb den Erben des potentiell Ausgleichsberechtigten der Anspruch versagt bleiben soll, der ihnen ganz selbstverständlich zusteht, wenn der Berechtigte die Scheidung überlebt hat.

Dass der schon berechenbare Ausgleichsanspruch vor der Scheidung noch nicht entstanden ist, führt zu schwer beherrschbaren prozessualen Problemen. So ist dies der Grund dafür, dass der Zugewinnausgleich nur im komplizierten Verbundverfahren verfolgt werden kann (→ Rn. 788). Auch die prozessualen Probleme bei der Sicherung des Anspruchs im einstweiligen Verfahren haben nur hier ihre Ursache (→ Rn. 772). Von *Schwab* stammt der schon früh geäußerte Vorschlag[469], den Ausgleichsanspruch schon mit dem Stichtag des § 1384 entstehen zu lassen, lediglich aufschiebend bedingt durch die Rechtskraft der Scheidung. Dieser seither mehrfach wiederholte Vorschlag ist bei der aktuellen Gesetzesfassung noch sinnvoller, als er ohnehin schon war, und sollte aus Anlass einer nächsten Gesetzesänderung erneut erwogen werden. **444**

Streitig ist, ob der Ausgleichsschuldner schon vor dem Entstehen der Ausgleichsschuld mit einer Gegenforderung **aufrechnen** kann, die ihm gegenüber dem Ausgleichsgläubiger zusteht. Soweit die Aufrechnung in dieser Lage befürwortet wird, wird das mit dem Schutzzweck des § 1378 III begründet. Damit solle die Forderung vor dem Zugriff Dritter geschützt werden. Im Verhältnis der Ehegatten untereinander sei die Forderung jedoch disponibel (§ 1378 III 2)[470]. Zu Recht weist die Gegenmeinung jedoch darauf hin, dass die Verfügung in § 1378 III 2 an bestimmte Formen gebunden ist und nicht generalisiert werden kann[471]. Die Meinung von *Koch*[472] setzt eine teleologische Reduktion voraus, für die es keine Grundlage gibt. **445**

Trotzdem ist im Ergebnis eine **Aufrechnungserklärung des Ausgleichsverpflichteten** im Verbundverfahren zu berücksichtigen. Der Aus-

---

469 *Schwab/Schwab*, 4. Aufl., VII Rn. 182.
470 *MK/Koch*, § 1378, Rn. 20.
471 *Staudinger/Thiele* (1977), § 1378, Rn. 21; *Bamberger/Roth/Mayer*, § 1378, Rn. 8.
472 *MK/Koch*, § 1378, Rn. 20.

gleichsverpflichtete kann ohne weiteres mit einer Gegenforderung aufrechnen, die eine Position der Zugewinnausgleichsbilanz ist. Sie entfaltet
ihre Wirkung jedenfalls gleichzeitig mit der Rechtskraft des Scheidungsbeschlusses, wenn die Ausgleichsschuld entsteht. Gleichzeitig mit ihrem
Entstehen erlischt die Ausgleichsverpflichtung aufgrund der im Verfahren
erklärten Aufrechnung. Da im Verbundverfahren über eine zukünftige
Schuld entschieden wird, muss auch die zukünftig wirksam werdende
Aufrechnung mitentschieden werden (→ Rn. 448).

c) Der Ausgleichsanspruch nach dem Ende des Güterstandes

446   Für das Zustandekommen des Ausgleichsanspruches ist ausnahmslos
das Ende des Güterstandes maßgebend. Der Güterstand endet, wenn die
Ehe rechtskräftig geschieden oder wenn rechtskräftig vorzeitiger Zugewinnausgleich beschlossen worden ist, wenn ein Ehegatte gestorben ist
oder wenn der Güterstand durch Ehevertrag beendet worden ist. Die abweichenden Stichtage der §§ 1384 und 1387 dienen nur der Berechnung
des Anspruchs, lassen ihn aber (noch) nicht entstehen. Berechnung des
Anspruches und sein Entstehen können also zeitlich auseinanderfallen, in
der Praxis ist das sogar meistens so, im Scheidungsfall.

447   Der Anspruch entsteht ohne weiteres kraft Gesetzes mit dem Ende des
Güterstandes. Der Gläubiger muss ihn nicht gesondert geltend machen[473].
Ab dem Ende des Güterstandes handelt es sich um einen schuldrechtlichen Anspruch, für den ohne weiteres die Bestimmungen des allgemeinen
Schuldrechts gelten. Das wird durch die ausdrückliche Bestimmung in
§ 1378 III 1, dass der Ausgleichsanspruch vom Ende des Güterstandes an
vererblich und übertragbar sei, besonders zum Ausdruck gebracht.

Dieser ausdrückliche **Hinweis auf die Veräußerbarkeit** hat eine zusätzliche Bedeutung im Zusammenhang mit § 852 II ZPO: Nach dieser
Vorschrift ist der Zugewinnausgleichsanspruch nicht der Pfändung unterworfen, solange er nicht vertraglich anerkannt oder rechtshängig ist. Das
würde gem. § 400 dazu führen, dass die Ausgleichsforderung so lange
auch nicht abtretbar wäre. § 1378 III 1 geht nach allgemeiner Ansicht aber
§ 400 als die speziellere Bestimmung vor[474]. Deshalb kann der Ausgleichsanspruch, **obwohl nicht pfändbar, abgetreten werden**.

448   § 852 II ZPO hat zur Folge, dass die wirksam entstandene Ausgleichspflicht eine **verhaltene Schuld** ist. Streitig ist, ob es deswegen eine Einschränkung bei der **Aufrechnung** gibt. Die eingeschränkte Pfändbarkeit
wirkt sich nach einer Ansicht über § 394 S. 1 auch auf die Aufrechenbar-

---

473 *BGH*, 18.10.1989, IVb ZR 82/88, FamRZ 1990, 25, Rn. 13; *MK/Koch*, § 1378, Rn. 13.
474 *Staudinger/Thiele*, § 1378, Rn. 21.

keit aus[475]. Der Ausgleichsschuldner ist gehindert, seine Schuld durch Aufrechnung mit einer anderen Forderung zum Erlöschen zu bringen[476]. Hingegen ist der Ausgleichsgläubiger frei, sich durch Aufrechnung mit dem Ausgleichsanspruch von einer anderen Verbindlichkeit gegen den Ausgleichsschuldner zu befreien.

Wie auch beim Pflichtteilsanspruch soll der Gläubiger einer so sehr persönlichen Forderung alleine entscheiden können, ob und wie er sie geltend macht. Dritte sollen dem nicht vorgreifen dürfen. Diesem Schutz dient § 852 ZPO. Deshalb ist die Pfändbarkeit nicht mehr eingeschränkt, wenn der Gläubiger diese Entscheidung getroffen hat, indem er seinerseits über die Forderung verfügt hat. Gegenüber einem Rechtsnachfolger des Ausgleichsgläubigers, auch gegenüber dessen Erben, ist somit auch die Aufrechnung zulässig. Damit begründet die Gegenansicht, dass das Pfändungsverbot einer Aufrechnung nicht entgegenstehe. Der Schutz des § 852 ZPO richte sich nicht gegen den Schuldner selbst, so dass eine einschränkende Auslegung geboten sei[477].

Ohne weiteres ist die Aufrechnung der Ausgleichspflicht gegen eine andere Gegenforderung zulässig, wenn der Güterstand beendet und der Zugewinnausgleichsanspruch rechtshängig ist. Die Aufrechnung kann auch dann nur im Einklang mit Treu und Glauben (§ 242) erklärt werden. Der Schuldner muss jedoch nicht die rechtskräftige Erledigung des Zugewinnausgleichsverfahrens abwarten, um die Aufrechnung erklären zu dürfen. Das kann im laufenden Verfahren geschehen[478].

2. Verfügungsverbot

a) Gesetzliches Verbot (§ 134)

Der Ausgleichsanspruch entsteht erst mit dem Ende des Güterstandes. **449** Das hat schon ohne weiteres zur Folge, dass er vor dem Entstehen nicht Gegenstand von Verfügungen sein kann. Das Gesetz ordnet jedoch zusätzlich ein ausdrückliches Verfügungsverbot an. Der Anspruch ist ab seinem Entstehen veräußerbar und vererbbar. Vorher sind Verfügungen darüber unzulässig. Es ist einhellige Meinung, dass das ein echtes gesetzliches Verfügungsverbot im Sinne des § 134 ist.

Damit sind nicht nur Verfügungen entgegen dem Verbot unwirksam. **450** Es ist auch nicht möglich, ein wirksames Verpflichtungsgeschäft über den zukünftigen Anspruch, etwa für den Fall seines Entstehens, einzugehen. Ein schuldrechtlicher Vertrag über den zukünftigen Anspruch ist unheil-

475 Anwaltkommentar/*Heiss/Löhnig*, § 1378, Rn. 21.
476 *Staudinger/Thiele*, § 1378, Rn. 21.
477 *MK/Koch*, § 1378, Rn. 19.
478 *BGH*, 17.11.1999, XII ZR 281/97, FamRZ 2000, 355, Rn. 29.

bar nichtig. Er kann deshalb auch nicht durch spätere Rechtskraft der Scheidung oder durch Genehmigung geheilt werden. Das Verfügungsverbot dient dem Schutz beider Eheleute. Nicht nur der Verfügende soll geschützt werden, sondern auch der andere vor Rechtshandlungen seines Ehegatten, durch die ein Drittinteresse an der Beendigung des Güterstandes und damit an der Eheauflösung begründet werden könnte[479].

§ 1378 III hat den Schutz der Ehe vor wirtschaftlichen Drittinteressen zum Zweck. Dagegen würde eine **Verfügung unter der aufschiebenden Bedingung** der Scheidung verstoßen, weil dadurch ein Interesse des Zessionars an der alsbaldigen Scheidung entstünde[480]. Außerdem könnte der Zedent nicht mehr von der Scheidung Abstand nehmen. Nähme er seinen Scheidungsantrag zurück, würde er das Entstehen der Ausgleichforderung vereiteln. Diese könnte dann im Widerspruch zu § 1378 II gemäß § 162 I entstehen.

b) Indirekte verbotswidrige Verfügung

451   Das strikte Verfügungsverbot kann zu Problemen vor allem dann führen, wenn unbewusst dagegen verstoßen wird, was leicht vorkommen kann. Folgende Beispiele mögen das zeigen.

452   **Beispiel:** Die Eheleute einigen sich formlos über die Verteilung der Haushaltsgegenstände. Dabei kommen sie überein, dass nach der Aufteilung keine weiteren Ansprüche mehr bestehen würden.

Mit einer solchen Vereinbarung soll erreicht werden, dass jeder Streit beendet ist und Zahlungsansprüche nicht mehr bestehen. Das schließt auch aus, bei Ende des Güterstandes noch Zugewinnausgleich zu begehren. Im Zweifel ergibt sich rechnerisch zugunsten eines Ehegatten irgendein, wenn auch noch so kleiner Zugewinnausgleichsanspruch. Auf diesen Anspruch verzichtet der Ehegatte, ohne ihn zu kennen. Der Verzicht wäre eine Verfügung über den Ausgleichsanspruch, die wegen eines Verstoßes gegen das Verfügungsverbot unwirksam wäre. Die Unwirksamkeit erfasst das ganze damit verbundene Geschäft, so dass auch die Hausratsteilung unwirksam ist.

Beispiel: Die Eheleute schließen nach der endgültigen Trennung einen beurkundeten Vertrag, mit dem sie ihre Zugewinnausgleichansprüche abschließend regeln.

453   Ein notarieller Vertrag, der nur den Zugewinnausgleich regelt, berührt den Güterstand nicht. Dieser besteht unverändert fort. Die Regelung ist auch nicht aufschiebend bedingt auf den Fall der Scheidung erfolgt. Dann verstößt der Vertrag gegen das gesetzliche Verfügungsverbot und ist in seiner Gesamtheit nichtig.

---

479 *BGH*, 21.4.2004, XII ZR 170/01, FamRZ 2004, 1353, Rn. 14.
480 *Koch*, FamRZ 2009, 1191, 1192.

Beispiel: Die Eheleute einigen sich für die Bewertung einzelner Vermögensgegenstände auf einen Schiedsgutachter (§ 317).

Die Vereinbarung eines **Schiedsgutachtens** hat zur Folge, dass beide **454** Eheleute an die Feststellungen des Gutachters gebunden sind. Der Einwand, das Gutachten komme zu einem falschen Ergebnis, ist in der Regel ausgeschlossen. Ist das Gutachten objektiv falsch, so ist auch der Berechnung des Ausgleichsanspruches objektiv falsch. Das wäre Folge der Schiedsabrede, die damit indirekt eine Verfügung über den Ausgleichsanspruch ist[481]. Die Schiedsabrede ist nichtig[482].

Erst recht ist deshalb eine Vereinbarung nichtig, mit der die Eheleute sich vor Rechtskraft der Scheidung auf eine **bestimmte Bewertung** eines Gegenstandes einigen[483].

Eine antizipierte Vereinbarung, mit der ein Ehegatte auf die **Einrede der groben Unbilligkeit** (§ 1381) verzichtet, kann die Wirkung einer Vorabverfügung über den Zugewinnausgleichsanspruch haben. Allgemein wird angenommen, dass ein solcher Verzicht deshalb nur in beurkundeter Form wirksam sei[484]. Dieser Gedanke sollte nur mit Vorsicht verfolgt werden. Es bleibt zu unklar, was ein antizipierter Verzicht auf die Unbilligkeitseinrede in der Praxis sein soll. Das Verhalten eines Ehegatten kann den Unbilligkeitseinwand nicht stützen, wenn der andere ihm zugestimmt hat. Diese Zustimmung ist jedenfalls nicht beurkundungsbedürftig.

c) Ausnahme für Scheidungsfolgeverträge

§ 1378 III 2 erlaubt, abweichend vom allgemeinen Verfügungsverbot, **455** im Rahmen eines Scheidungsverfahrens Vereinbarungen über den Ausgleichsanspruch zu treffen. Die Vereinbarung muss **aufschiebend bedingt** auf die Rechtskraft der Scheidung getroffen werden. Sie bedarf außerdem der **notariellen Beurkundung**.

Die Ausnahmevorschrift führt nicht dazu, dass im Verlauf eines Schei- **456** dungsverfahrens bereits der Zugewinn tatsächlich ausgeglichen werden könnte. Sie dient dazu, die Scheidung vorzubereiten (**Scheidungsfolgenvertrag**). Die Möglichkeit, im Rahmen eines Scheidungsverfahrens den

---

481 *Palandt/Brudermüller*, § 1376, Rn. 32; *Bergschneider*, Rn. 595; s. auch *BVerfG*, 14.8.2013, 1 BvR 2157/11, FamRZ 2013, 1953; zweifelnd *Schwab/Schwab*, VII Rn. 384; a.A. wohl, aber ohne nähere Begründung *Koch*, FamRZ 2014, 885.

482 S. dazu *BVerfG*, 14.8.2013, 1 BvR 3157/11, FamRZ 2013, 1953. Der *BGH* hält in seiner Entscheidung vom 9.6.1983 (IX ZR 87, 367, BGHZ 87, 367 = FamRZ 1983, 882, Rn. 15) einen Schiedsvertrag für bindend, erörtert aber die Formproblematik des § 1378 III 2 überhaupt nicht.

483 Das ist im Umkehrschluss der Entscheidung des *BGH* zu entnehmen: *BGH*, 7.9.2005, XII ZR 209/02, Rn. 26, FamRZ 2005, 1974.

484 *Bamberger/Roth/Mayer*, § 1381, Rn. 16; *Johannsen/Henrich/Jaeger*, § 1381, Rn. 18.

Zugewinnausgleich vertraglich zu regeln, ist die notwendige Ergänzung zum gerichtlichen Verbundverfahren über den Zugewinnausgleich. Ohne dies wäre es nicht möglich, ein Verbundverfahren über den Zugewinnausgleich durch Vergleich zu beenden. Ein Vergleich ist kraft seiner Doppelnatur[485] immer auch ein Vertrag, für den das Verfügungsverbot des § 1378 III gilt.

457 Aus denselben Gründen wird es auch für zulässig gehalten, im Verbundverfahren schon vor Ende des Güterstandes gegen die Ausgleichsverpflichtung **aufzurechnen**. Das ist ein Verfügungsgeschäft zwischen den Ehegatten, das unter den Bedingungen des § 1378 III 2 wirksam ist[486]. Damit rechtfertigt sich die weitverbreitete Praxis, zur Verteidigung im Zugewinnverbundverfahren hilfsweise gegen eine Forderung aufzurechnen, die gegenüber dem anderen Ehegatten behauptet wird.

458 Der *BGH* legt § 1378 III 2 über seinen Wortlaut hinaus dahin aus, dass ein bereits anhängiges Scheidungsverfahren nicht zwingende Voraussetzung für eine wirksame Scheidungsfolgenvereinbarung ist[487]. Es genügt, dass in einem notariell beurkundeten Vertrag die güterrechtlichen Folgen einer **erst beabsichtigten Scheidung** geregelt werden. Wenn das Scheidungsverfahren erst danach anhängig gemacht wird, dann ist ein Vertrag, der Verfügungen über den Ausgleichsanspruch für den Fall dieser Scheidung enthält, wirksam.

Derartige Verträge kommen in der Praxis oft vor. Es ist erstrebenswert, alle möglichen Konfliktstoffe einvernehmlich vor dem Scheidungsverfahren zu klären. Das erhöht die Chance auf ein möglichst streitarmes Verfahren. Durch eine vollständige Regelung aller Scheidungsfolgen im Vorfeld kann das Scheidungsverfahren auch kostengünstig werden. Die Scheidungsfolgen werden nicht im gerichtlichen Vergleich, sondern im Vorfeld in einem notariellen Vertrag geregelt. Im dann einvernehmlichen Scheidungsverfahren müssen nicht beide Eheleute anwaltlich vertreten sein.

459 Die Unterscheidung zwischen Ehevertrag und Scheidungsfolgenvertrag ist entgegen weitverbreiteter Ansicht wichtig wegen der damit verbundenen **Kostenvorteile**. Häufig kommt es vor, dass **statt eines Scheidungsfolgenvertrages ein Ehevertrag** geschlossen wird, der den gesetzlichen Güterstand beendet und den Zugewinnausgleich regelt. Der Wert dieses Vertrages, der die Höhe der notariellen Gebühr bestimmt, ist der volle Wert der zusammengerechneten Vermögens beider Eheleute (§ 100 I GNotKG). Hingegen bemisst sich der Kostenwert des Scheidungsfolgenvertrages nur nach dem tatsächlich vereinbarten Ausgleichsbetrag

485 *BGH*, 30.9.2005, V ZR 275/04, NJW 2005, 3576.
486 *MK/Koch*, § 1378, Rn. 19; a.A. *Hartmann*, FamRZ 2007, 869.
487 *BGH*, 16.12.1982, IX ZR 90/81, FamRZ 1983, 157.

(§ 100 II GNotKG). Bei einem gegenseitigen Verzicht ist das nur der Regelwert von 5.000 € (§ 36 III GNotKG), während der unnötig geschlossene Ehevertrag das volle Vermögen zum Gegenstand hätte.

III. Fälligkeit und Stundung

1. Leistungszeit für den Ausgleichsanspruch

Der Zugewinnausgleichsanspruch ist von dem Zeitpunkt seines Entstehens an ein schuldrechtlicher Anspruch wie jeder andere auch. Im Gesetz kommt das dadurch zum Ausdruck, dass der Anspruch ab seinem Entstehen veräußerlich und vererblich ist (§ 1378 III 1). Für den Anspruch gelten die Bestimmungen des allgemeinen Schuldrechts. Der Anspruch ist somit ab dem Zeitpunkt seines Entstehens fällig (§ 271 I)[488]. **460**

Im Streitfall ist der Zugewinnausgleichsanspruch also mit der Rechtskraft des Scheidungsbeschlusses zu erfüllen. Eine Schonfrist nach der Scheidung gibt es nicht. Unerheblich ist, ob und wann eine Entscheidung über den Zugewinn selbst rechtskräftig geworden ist.

2. Verzinsung des Ausgleichsanspruchs

Der fällige Zugewinnausgleichsanspruch ist nicht automatisch ab Fälligkeit zu verzinsen. Auch die Zinszahlungspflicht richtet sich nach dem allgemeinen Schuldrecht und setzt **Verzug** (§ 288) oder Rechtshängigkeit in einem Prozess (§ 291) voraus[489]. **461**

Der Ausgleichsschuldner kann nur **durch Mahnung in Verzug** geraten. Einer der Fälle, in denen nach § 286 II Verzug auch ohne Mahnung eintritt, liegt beim Zugewinnausgleich nicht vor. Der Ausgleichsberechtigte, der seinen Ausgleichsanspruch nicht im Verbund geltend gemacht hat (etwa bei einer Auslandsscheidung) ist demnach gehalten, unverzüglich nach Rechtskraft der Scheidung eine Mahnung auszusprechen. Die Mahnung kann nicht prophylaktisch vor Ende des Scheidungsverfahrens ausgesprochen werden, weil die verzugsauslösende Mahnung Fälligkeit des Anspruchs voraussetzt (§ 286 I 1). Auch die Mahnung führt nicht zum Verzug, wenn der Schuldner zum Zeitpunkt der Mahnung noch gar nicht weiß, wieviel er zu zahlen hat, weil der Zugewinn noch ungeklärt ist. Der Schuldner hat seine Nichtleistung dann nicht zu vertreten (§ 286 IV)[490].

---

488 *BGH*, 21.11.2001, XII ZR 162/99, FamRZ 2002, 318, Rn. 17; *Schröder/Bergschneider*, Rn. 4.362.

489 Wenn das Recht zur Stundung durchgesetzt wird, macht das den gestundeten Betrag verzinslich (§ 1382 II).

490 *OLG Celle*, FamRZ 1981, 1066.

462 Wird der Zugewinnausgleichsanspruch im **Scheidungsverbund** verfolgt, ergibt sich die Verzinsungspflicht aus § 291. Auch hier ist aber zu beachten, dass der Prozesszins nicht vor Fälligkeit der Forderung beginnen kann. Im Verbundbeschluss ist deshalb als Zinsbeginn nicht der Tag zu benennen, an dem der Zugewinnantrag rechtshängig wurde, sondern es ist auszusprechen, dass die **Zinsen mit Rechtskraft der Scheidung** zu laufen beginnen[491]. Das für eine etwaige Zwangsvollstreckung erforderliche Datum ergibt sich dann aus dem Rechtskraftvermerk, der auf dem Scheidungsbeschluss anzubringen ist (§ 46 FamFG).

3. Stundung der Ausgleichsforderung

a) Der Stundungsanspruch

463 In vielen Fällen, in denen ein Zugewinnausgleichsanspruch zutreffend ermittelt worden ist, ist der Ausgleichsschuldner nicht in der Lage oder es ist ihm nicht zumutbar, die Verpflichtung sofort zu erfüllen. Das ist die natürliche Folge des Systems Zugewinnausgleich. Das allgemeine Gebot der Rechtsausübung unter Wahrung von Treu und Glauben findet in der Stundungsvorschrift ihren Ausdruck[492].

Vielfach wird vertreten, Stundung könne nur in Ausnahmefällen verlangt werden[493], wenn dem Ausgleichsschuldner die Leistung *über jedes Maß belasten* würde. Diese Einschränkung erscheint jedenfalls auf der Grundlage der aktuellen Gesetzesformulierung nicht mehr gerechtfertigt. Vielmehr müssen bei der Stundungsentscheidung die Interessen aller, des Gläubigers, des Schuldners und der gemeinsamen Kinder (Abs. I S. 2) gegeneinander abgewogen werden. Dass dabei die Interessen des Schuldners geringer zu werten wären, ergibt sich aus dem Gesetz und dem Sinn der Vorschrift nicht.

Das Gesetz hatte in seiner ursprünglichen Fassung Stundung erlaubt, wenn die sofortige Zahlung den Schuldner „besonders hart" treffen würde. Die Formulierung ist durch das UÄndG von 1986[494] geändert und durch die derzeit geltende Formulierung „zur Unzeit" ersetzt worden. Allein durch die Formulierung ist die Eingriffsschwelle deutlich herabgesetzt worden, so dass eine Belastung über jedes Maß nicht mehr Voraussetzung für einen Stundungsanspruch sein kann.

464 Liquiditätsprobleme des Ausgleichsschuldners ergeben sich typischerweise daraus, dass Zahlung in Geld geschuldet ist, während das Vermö-

---

491 *BGH*, 23.10.1985, IVb ZR 62/84, FamRZ 1986, 37.
492 FAKomm-FamR/*Weinreich*, § 1382, Rn. 4.
493 *OLG Hamm*, 14.10.2014, 2 UF 91/14, FamRZ 2015, 580; *Kogel*, FF 2009, 390, 394; *Staudinger/Thiele*, § 1382, Rn. 13.
494 BGBl I 1986, S. 301.

gen, aus dem die Ausgleichsschuld errechnet worden ist, gewöhnlich nicht in Form von Barmitteln besteht. Das System des Zugewinnausgleichs beruht auf einer Gütertrennung. Auch beim Ausgleich des Zugewinns wird das Vermögen der Eheleute nicht vergemeinschaftet. Statt dessen wird bei Aufrechterhaltung der Gütertrennung eine Ausgleichszahlung angeordnet, deren Höhe vom Wert der Vermögensgegenstände beider Eheleute abhängt. Die Ausgleichspflicht ist auf der Grundlage des Vermögens berechnet, das der Ausgleichspflichtige hat. Sie ist in Geld zu leisten, auch wenn das Vermögen des Pflichtigen gar kein Geldvermögen ist. Oft müssen daher zur Erfüllung der Pflicht Vermögensgegenstände erst in Geld umgesetzt werden. Das kann Probleme verursachen, die eine sofortige Zahlung unmöglich oder unzumutbar machen. Die Schwierigkeiten sind eine ganz typische Folge des Systems. Dem trägt der Anspruch auf Stundung Rechnung, wenn die sofortige Leistung *zur Unzeit* erfolgen würde[495].

Allein der Umstand, dass der Ausgleichsschuldner Vermögen veräußern muss, um die Schuld zu erfüllen, begründet das Stundungsverlangen nicht. Die Veräußerung ist vielmehr normale und typische Folge der Ausgleichspflicht[496]. Eine spätere Zahlung würde in der Regel auch nicht helfen, weil das Vermögen nicht allein durch Zeitablauf verfügbar wird. Ein Anspruch, die Ausgleichsschuld nur aus dem laufenden Einkommen zu begleichen, ergibt sich aus § 1382 nicht. Die sofortige Zahlung kann aber beim Schuldner zusätzliche Schäden an seinem Vermögen verursachen, die er nicht hinnehmen muss. Die gleichmäßige Teilhabe am Zugewinn, die erreicht werden soll, würde dadurch vereitelt.

Beispiel: Der Ausgleichspflichtige besitzt ein Grundstück, das er zur Erfüllung seiner Zahlungspflicht veräußern muss. Ein Verkauf unter Zeitdruck führt jedoch zu einem geringeren Erlös, als er in die Zugewinnausgleichsbilanz eingestellt worden ist[497].

465

Beispiel: Die Ausgleichspflicht könnte nur durch die Veräußerung eines Grundstücks erfüllt werden, wodurch Steuer wegen eines Veräußerungsgewinns ausgelöst würde, die einige Zeit später entfiele[498].

Beispiel: Der Zugewinn beruht auf Kunstwerken, für die zum Zeitpunkt, an dem die Ausgleichspflicht entsteht, kein Markt vorhanden ist.

Beispiel: Die Ausgleichspflicht beruht auf Aktien, die mit ihrem Kurswert bewertet worden sind. Der Ausgleichspflichtige müsste zur Erfüllung seiner Zahlungs-

---

495 *BGH*, 6.2.2008, XII ZR 45/06, FamRZ 2008, 761, Rn. 31.
496 *MK/Koch*, § 1382, Rn. 7.
497 Bei der Bewertung eines Vermögensgegenstandes in der Zugewinnausgleichsbilanz ist u.U. schon zu berücksichtigen, ob der Ehegatte ihn zur Erfüllung der Zugewinnausgleichspflicht voraussichtlich wird verkaufen müssen, so dass der erwartete Veräußerungserlös einzusetzen ist, oder ob ein Fortführungswert einzusetzen ist. Das ist beim Stundungsbegehren zu berücksichtigen (*BGH* 1.4.1992, XII ZR 146/91, Rn. 10, FamRZ 1992, 918).
498 Beispiel nach *Palandt/Brudermüller*, § 1382, Rn. 2.

pflicht so viele Aktien verkaufen, dass deren Kurs sinkt, wenn die Aktien auf einmal verkauft werden.

Beispiel: Der Ausgleichspflichtige besitzt ein Unternehmen, das seine Lebens-grundlage ist. Er müsste es verkaufen, wenn die Ausgleichszahlung sofort in einer Summe zu leisten wäre.

Beispiel: Grundlage der Zugewinnausgleichspflicht ist eine Direktversicherung des Schuldners, die vor dem Eintritt des Ruhestandes nicht aufgelöst werden kann[499].

466   Allen diesen Fällen ist gemeinsam, dass der Pflichtige ohne Schädi-gung seines ihm verbleibenden Vermögens, also aus **wirtschaftlichen Gründen** nicht in der Lage ist, die Ausgleichsforderung sofort zu erfüllen. Sie können – nach Abwägung mit den Interessen des Gläubigers – den Einwand *zur Unzeit* rechtfertigen.

Die sofortige Zahlung kann dem Schuldner auch **aus sonstigen Gründen** unzumutbar sein, die auf dem Einzelfall beruhen. Auch dann gebietet der Grundsatz von Treu und Glauben, die Interessen der Beteilig-ten gegeneinander abzuwägen und die Leistungspflicht zu stunden, wenn das dem Gläubiger zumutbar ist. Eine solche Situation kann insbesonde-re eintreten, wenn sich die Vermögensverhältnisse des Ausgleichsschuld-ners nach dem Stichtag des § 1384 wesentlich verändert haben oder wenn der Art seines Vermögens eine sofortige Verwertung besonders erschwe-ren[500]. Eine solche Veränderung ist aufgrund der Bestimmung des § 1384 bei der Berechnung der Zugewinnausgleichspflicht nicht mehr zu berück-sichtigen, sie kann aber einen Stundungsanspruch zur Folge haben.

467   Die Gründe, mit denen das Stundungsbegehren gerechtfertigt wird, können regelmäßig auch einen Billigkeitseinwand (§ 1381) gegen die Aus-gleichsforderung stützen. Die Stundung der Ausgleichspflicht zum Schutz des Schuldners **geht jedoch dem Unbilligkeitseinwand** in jedem Falle vor. Bevor die Ausgleichsforderung, gestützt auf § 1381, vernichtet wird, ist zu prüfen, ob dem Interesse des Schuldners hinreichend mit einer Stun-dung seiner Pflicht gedient ist[501]. Das ist der Fall, wenn ein späterer Zeit-punkt absehbar ist, zu dem die Zahlung voraussichtlich zumutbar ist, oder wenn dem Schuldner durch Ratenzahlung geholfen ist. Ist die Zahlung voraussichtlich dauerhaft mit einer unzumutbaren Belastung verbunden, kann nur der Unbilligkeitseinwand des § 1381 helfen.

---

499 *BGH*, 15.1.1992, XII ZR 274/90, FamRZ 1992, 411, Rn. 15 (Indem eine betriebliche Di-rektversicherung gem. § 2 VersAusglG aus dem güterrechtlichen Ausgleich ausgeschlos-sen ist, wird der Fall kaum mehr vorkommen).

500 *KG*, 16.5.2012, 26 U 42/09, ErbR 2013, 30 (zum insoweit vergleichbaren Pflichtteils-recht).

501 Anwaltkommentar/*Fischinger*, § 1382, Rn. 11.

Auf Seiten des **Gläubigers** sind entsprechende Billigkeitserwägungen **468** anzustellen. Die Stundung muss dem Gläubiger zumutbar sein. Das hängt von seinen persönlichen Verhältnissen ab.

Beispiel: Die Frau nimmt nach der Scheidung eine Berufstätigkeit auf und benötigt die Ausgleichszahlung als Geschäftskapital.

Beispiel: Die Ausgleichszahlung ist die Grundlage für die Altersversorgung der Frau.

Im ersten Beispielsfall wird eine Stundung nur unter ganz erschwerten Voraussetzungen in Betracht kommen. Ich zweiten Beispielsfall ist eine Stundung, wenn sie aus der Sicht des Schuldners erforderlich ist, zumutbar.

b) Die gerichtliche Stundungsentscheidung

Wenn *die Leistung zur Unzeit erfolgen würde*, stundet das **Gericht auf** **469** **Antrag** die Ausgleichsforderung. Die Stundung tritt somit nicht kraft Gesetzes bei Vorliegen der Voraussetzungen ein, sondern muss in einem gesonderten Verfahren durchgesetzt werden[502]. Wenn die sofortige Zahlung unzumutbar ist, hemmt das ihre Fälligkeit nicht, sondern begründet nur das Recht, Stundung zu verlangen Das Recht ist nicht als materiellrechtlicher Anspruch ausgestaltet, sondern macht ein Tätigwerden des Gerichts nötig **(richterliche Rechtsgestaltung)**[503]. Das kann die Beteiligten aber nicht daran hindern, sich auf eine Stundung zu einigen, wenn die Voraussetzungen für eine gerichtliche Stundungsentscheidung vorliegen. Sofern die Stundung **vor Rechtskraft des Ehescheidungsbeschlusses** vereinbart wird, ist aber zu beachten, dass das die Wirkung einer Verfügung über den Ausgleichsanspruch haben kann. Damit wäre die Vereinbarung beurkundungsbedürftig (§ 1378 III 2).

c) Zeitliche Grenzen der Antragstellung

Für die Antragstellung sind drei Situationen zu unterscheiden: **470**

– bei unstreitiger Ausgleichsforderung
– im Rahmen eines Streites über den Zugewinnausgleich
– nach rechtskräftigem Abschluss eines Streitverfahrens über den Zugewinnausgleich.

aa) Unstreitige Zugewinnausgleichsforderung

Absatz 1 des § 1382 sieht die gerichtliche Stundung vor, wenn die Aus- **471** gleichsforderung unstreitig ist.

---

502 *MK/Koch*, § 1382, Rn. 33; FAKomm-FamR/*Weinreich*, § 1382, Rn. 3.
503 *Staudinger/Thiele*, § 1382, Rn. 3.

Das Verfahren über die Stundung einer unstreitigen Forderung ist keine Familienstreitsache (§ 112 FamFG)[504]. Es gelten die Verfahrensvorschriften des allgemeinen Teils des FamFG, die nicht durch diejenigen der ZPO ersetzt werden. So ist weder ein konkreter Antrag erforderlich[505], noch gelten die Regeln über den Strengbeweis (§ 29 FamFG). Das Verfahren kann deshalb auch nicht **Folgesache** eines Ehescheidungsverfahrens sein[506]. Zuständig ist der Rechtspfleger (§ 25 Nr. 3b RPflG).

bb) Streitiger Zugewinnausgleichsanspruch

472 Für den Fall, dass über den Zugewinnausgleich selbst gestritten wird, ist in Absatz 5 geregelt, dass die Stundung nur zusammen mit der Familienstreitsache entschieden werden darf. Trotz der Verbindung des Stundungsbegehrens mit der Hauptsache wird es in einem gesonderten Verfahren behandelt. Während für das Zugewinnausgleichsverfahren die Regeln der Zivilprozessordnung gelten (§ 113 FamFG), ist die Stundung ein Verfahren der freiwilligen Gerichtsbarkeit (§ 264 FamFG). Über beide Verfahren ist durch einheitlichen Beschluss zu entscheiden (§ 265 FamFG). Die Einheitlichkeit des Verfahrens führt dazu, dass in einem derartigen Verfahren insgesamt der Richter, nicht der Rechtspfleger zuständig ist (§ 6 RPflG).

cc) Stundung nach Rechtskraft

473 Gesetzlich nicht geregelt ist der Fall, dass über den Zugewinnausgleich eine rechtskräftige Entscheidung vorliegt, in der aber die Stundung nicht entschieden ist. Eine ausdrückliche Regelung enthält das Gesetz nur für die unstreitige Forderung und für die Dauer eines Streites über die Ausgleichsforderung selbst.

Es sind nur zwei Entscheidungen zu der Frage ersichtlich[507]. Beide halten einen Stundungsantrag nur unter den Voraussetzungen des § 1382 VI für zulässig. Danach kann nach Abschluss der Streitsache über den Zugewinnausgleich nur dann Stundung beantragt werden, wenn sich die Verhältnisse nach Abschluss der Streitsache verändert haben. Absatz 6 sei analog anzuwenden. Dem folgt weitgehend die Literatur[508].

---

504 *Schwab/Schwab*, VII Rn. 281.
505 *MK/Koch*, § 1382, Rn. 32.
506 A.A. *MK/Koch*, § 1382, Rn. 28; *Erman/Budzikiewicz*, § 1382, Rn. 8 und *Staudinger/Thiele*, § 1382, Rn. 5, die eine Folgesache für möglich halten.
507 *OLG Naumburg*, 29.4.2002, 14 WF 57/02, FamRZ 2003, 375; *OLG Stuttgart*, 6.5.2013, 17 WF 84/13, juris.
508 *Palandt/Brudermüller*, § 1382, Rn. 5; *Schwab/Schwab*, VII Rn. 282; *Schröder/Bergschneider*, Rn. 4.401; § 1382, Rn. 12; *Erman/Budzikiewicz*, § 1382, Rn. 8, *Johannsen/Henrich/Jaeger*, § 1382, Rn. 12; *Soergel/Kappler*, § 1382, Rn. 49; *Koch*, FamRZ 2014, 885, 887.

Die herrschende Auffassung ist **kritisch** zu würdigen. Bei einem erst- **474** maligen Antrag, der nach Abschluss der Streitsache gestellt wird, gelangt sie nur über einen Analogieschluss zur Anwendung des Absatzes 6. Die Voraussetzung für eine Analogie, eine unbeabsichtigte Gesetzeslücke, wird nicht erörtert. Tatsächlich liegt es näher, durch eine Auslegung des Gesetzes zu einer anderen Lösung zu gelangen. Absatz 5 enthält eine Sonderregelung für den Fall eines Streites über die Forderung selbst und will erreichen, dass beides nicht unabhängig voreinander und durch den Richter entschieden wird. Hingegen unterscheidet sich eine unstreitige Forderung sachlich nicht von einer rechtskräftig entschiedenen. Deshalb ist es sachgerecht, Absatz 1 als die allgemeine Vorschrift für nicht (mehr) streitige Forderungen anzusehen. Gegen die herrschende Ansicht spricht, dass Absatz 6 für die Fälle nicht passt, in denen der Stundungsantrag erstmals nach dem Ende des Zugewinnausgleichsstreits gestellt wird. Zugewinnausgleichsstreit und Stundungsverfahren sind immer zwei verschiedene Verfahren. Ohne einen Antrag wird die Stundung überhaupt nicht entschieden. Es werden in dem Beschluss keine Feststellungen zu den (fehlenden) Stundungsgründen getroffen. Somit gibt es auch nicht den für Absatz 6 erforderlich Maßstab, an dem die Veränderung der Umstände gemessen werden könnte.

Der Sinn von Absatz 6 ist, die Rechtskraft einer vorangegangenen Stundungsentscheidung zu durchbrechen. Das setzt eine rechtskräftige Entscheidung mit diesem Gegenstand voraus. Das Gesetz trennt den Zugewinnausgleichsanspruch selbst streng von den Stundungsgründen, indem es sie in unterschiedlichen Verfahren behandeln lässt. Die Entscheidung über den Zugewinnausgleichsanspruch betrifft nicht den Stundungsanspruch und schafft deshalb für diesen keine Rechtskraft. Absatz 6 schafft nur die Möglichkeit, die Wirkung einer rechtskräftigen Entscheidung einzuschränken. Dieselbe Vorschrift kann deshalb nicht im Analogiewege dafür verwendet werden, die Rechtskraftwirkung auszudehnen[509].

Ein erstmaliger Antrag auf Stundung nach rechtskräftiger Entschei- **475** dung über den Zugewinnausgleichsanspruch ist deshalb zulässig und zu bescheiden, ohne dass die Voraussetzungen des Abs. 6 erfüllt sein müssen.

---

509 Mit dieser Begründung auch *Staudinger/Thiele*, § 1382, Rn. 45.

d) Inhalt der Stundungsentscheidung

476   Das Gericht hat im Stundungsverfahren vier Entscheidungen zu treffen:

- über den Stundungsgrund
- über die Stundungsdauer
- über die Verzinsung
- über die Sicherheitsleistung.

aa) Entscheidung über den Anspruch auf Stundung

477   Das Gericht ist in der Entscheidung über die Stundung nicht frei, sondern muss sie anordnen, wenn die gesetzlichen Voraussetzungen vorliegen, die Forderung also zur Unzeit zu erfüllen wäre. Somit enthält § 1382 auch eine materiellrechtliche Regelung. Die Vorschrift ist eine spezialgesetzliche Regelung, die die Anwendung von § 242 ausschließt.

478   Die Gründe müssen abgewogen werden, die für eine Zahlung zur Unzeit geltend gemacht werden (→ Rn. 464), und diese mit dem Interesse des Gläubigers an einer sofortigen Zahlung. Jedenfalls muss absehbar sein, dass ein späterer Zahlungszeitpunkt weniger unzeitig wäre. Es müssen Gründe festgestellt werden, aus denen sich ergibt, dass die Zahlung den Schuldner später voraussichtlich weniger belasten wird[510]. Wenn die Zahlungsschwierigkeiten des Schuldners vom Zeitablauf unabhängig sind, darf die Stundung nicht ausgesprochen werden. Die nur vage Hoffnung, zukünftig würde die Leistung leichter fallen, ist kein Stundungsgrund. Hinderungsgründe, deren Wegfall nicht abzusehen ist, sind bei einer Billigkeitsentscheidung über den Anspruch selbst (§ 1381) zu berücksichtigen. Sie können nach einer rechtskräftigen Hauptsacheentscheidung den Schuldner nicht mehr entlasten und keinen Anspruch auf Stundung begründen.

479   Die Stundung muss sich nicht auf die gesamte Forderung beziehen, sondern kann sich auf **einen Teil** beschränken. Insbesondere dann, wenn die Leistungsfähigkeit davon abhängt, dass ein bestimmter Gegenstand veräußert worden ist, kann eine Forderung, die über den erwarteten Veräußerungserlös hinausgeht, durchaus zumutbar sein.

bb) Stundungsfrist

480   Das Gesetz schreibt nicht vor, wie die Stundung auszugestalten sei, Insbesondere ist zu einer Stundungsfrist nichts gesagt. Gleichwohl kann das Gericht die Forderung nicht ohne Frist bis auf weiteres stunden. Vielmehr muss es in seiner Entscheidung eine **bestimmte Frist** nennen, nach

---

510   *OLG Köln*, 22.12.2009, 4 UF 79/09, Rn. 40, juris.

deren Ablauf die Forderung fällig wird. Bei der Bemessung der Frist hat das Gericht billiges Ermessen anzuwenden. Von besonderer Bedeutung ist dabei die voraussichtliche Dauer des Hinderungsgrundes.

Ohne eine bestimmte Stundungsfrist wäre es Sache des Gläubigers, in einem neuen Verfahren (§ 1382 VI) das Ende der Stundung herbeizuführen und die Voraussetzungen dafür darzutun. Mit dem Charakter der Stundung als Ausnahme wäre es nicht vereinbar, die Darlegungslast dem Gläubiger aufzubürden. Wenn nur schwer absehbar ist, wie lange die Zahlungsprobleme andauern werden, ist die Stundung trotzdem zu befristen. Die Frist darf auch nicht zu lang sein, weil die Stundung für den Gläubiger dann eine zu starke Belastung würde. Der Schuldner kann, sollte die Frist nicht ausreichen, unter den Voraussetzungen des § 1382 VI nachträglich eine Verlängerung beantragen.

Die Stundungsfrist muss nicht für die ganze Forderung einheitlich **481** lang sein. Statt dessen können für Teilbeträge abgestufte Fristen vorgesehen werden, dem Schuldner also gleichsam **Ratenzahlung** gewährt werden. Das kommt insbesondere in Betracht, wenn der Schuldner die Möglichkeit erhalten soll, die Forderung aus den Erträgnissen eines Gegenstandes zu erfüllen, anstatt ihn zu verkaufen.

cc) Verzinsung

Eine gestundete Forderung ist zu verzinsen. Die Zinspflicht als solche **482** ist mit der Stundung notwendig verbunden. Eine Forderung, die unverzinst gestundet ist, kann es nicht geben. Eine zinslose Stundung würde die Forderung in ihrem Wert endgültig verringern. Das ist der Billigkeitsentscheidung des § 1381 vorbehalten.

Das Gericht hat über die Höhe der Zinsen und über deren Fälligkeit[511] **483** nach Billigkeit zu entscheiden. Es legt also den Zinssatz fest und entscheidet, ob die Zinsen laufend oder erst mit der Hauptsumme zu entrichten sind.

Der Zinssatz ist in erster Linie am Marktzins zu orientieren. Der Zins soll verhindern, dass der Anspruch des Gläubigers über einen zu geringen Zins an Wert verliert. Risikozuschläge, wie sie auch bei Banken üblich sind, bieten sich hier an, abhängig von der Schuldnersicherheit. Der Zins soll den Schuldner nicht disziplinieren, weshalb der Verzugszins (§ 286) grundsätzlich nicht in Betracht kommt. Ausgangspunkt der Bemessung wird regelmäßig der **gesetzliche Zins** von 4 % (§ 246) sein[512], der nach den Umständen des Falles zu erhöhen oder zu verringern ist. Er kann hö-

---

511 *Johannsen/Henrich/Jaeger*, § 1382, Rn. 9.
512 *Johannsen/Henrich/Jaeger*, § 1382, Rn. 8.

her oder niedriger sein, wenn der Anlageerfolg des Gläubigers angesichts des konkreten Marktzinses höher oder niedriger wäre[513].

484 Der Zins ist in der Regel für die gesamte Dauer der Stundungszeit festzulegen. Beide Beteiligte können in Anwendung des Absatzes 6 während der Stundungszeit eine **Änderung des Zinssatzes** zu ihren Gunsten beantragen.

dd) Sicherheitsleistung

485 Auf Antrag kann das Gericht anordnen, dass für die gestundete Forderung **Sicherheit** zu leisten ist. Die Sicherheitsleistung ist, anders die Verzinsung, nicht notwendig mit der Stundung verbunden. Das Gericht entscheidet nach billigem Ermessen, ob es Sicherheitsleistung anordnet.

486 Die Art der Sicherheitsleistung in § 1382 III ist nicht so eng zu verstehen wie in § 232[514]. Als Sicherheit kommen deshalb nicht nur die Hinterlegung oder Bankbürgschaft in Frage. Sicherheit im Sinne der güterrechtlichen Vorschrift kann alles sein, was die zukünftige Erfüllung zu sichern imstande ist. Die Sicherungsmittel bieten ein unterschiedliches Maß an Sicherheit. Das Gericht hat deshalb konkret anzuordnen, wie die Sicherheit zu leisten ist. Es hat dabei zu beachten, welche Sicherungsmittel zur Verfügung stehen. Daraus sind das Interesse des Gläubigers an möglichst großer Sicherheit und die des Schuldners an möglichst geringer Belastung abzuwägen.

487 Nach Möglichkeit ist eine gestundete Forderung zu sichern. Entscheidend ist, ob dem Schuldner die **Sicherheitsleistung zugemutet** werden kann. Sicherheitsleistung kann den Schuldner in seiner wirtschaftlichen Handlungsfähigkeit einschränken oder mit erheblichen Kosten belasten. Die gesetzlichen Sicherungsmittel Hinterlegung und Bankbürgschaft werden deshalb meist nicht in Betracht kommen. Hinterlegung verlangt ebenso wie eine Bankbürgschaft, dass liquide Mittel festgelegt werden. Das würde dem Sinn der Stundung widersprechen. Bankbürgschaften sind zudem teuer. Die Kosten müssten bei der Entscheidung über die Zinshöhe mit berücksichtigt werden.

488 Als Sicherungsmittel kommen in erster Linie **Grundpfandrechte** am Grundbesitz des Schuldners in Betracht. Sie verursachen nur die Kosten der Bestellung und schränken die Bewegungsfreiheit nicht unzumutbar ein, sofern die Grundpfandrechte nicht als Sicherheit für Betriebsmittelkredite benötigt werden. Das Gericht soll im Einzelnen anordnen, welches Grundstück mit welchem Recht belastet werden soll. Besonders wichtig

---

513 *BayObLG*, 22.12.1980, BReg 1 Z 116/80, Rn. 28, FamRZ 1981, 392.
514 *Erman/Budzikiewicz*, § 1382, Rn. 14.

ist es, die **Rangstelle** vorzuschreiben. Wie bei einer Banksicherung muss geregelt sein, was mit vorgehenden Grundpfandrechten zu geschehen hat, wenn sie frei werden. Es ist nicht zwingend, dass die Sicherung die erste Rangstelle erhält; auch nachrangige Grundpfandrechte können als Sicherungsmittel sinnvoll sein. Das Familiengericht wird sich in derartigen Fällen mit den Grundzügen der Grundbuchsicherheiten vertraut zu machen haben.

Als weitere Sicherungsmittel kommen Pfandrechte am beweglichen **489** Vermögen in Betracht. Insbesondere kann dem Schuldner aufgegeben werden, an gesellschaftsrechtlichen Beteiligungen, die einstweilen nicht veräußert werden können, ein Pfandrecht zu bestellen. Grundsätzlich kann an allen beweglichen Gegenständen ein Pfandrecht bestellt werden. Bei beweglichen Sachen ist allerdings das Pfandrecht notwendig mit dem Besitz durch den Pfandgläubiger verbunden (Faustpfand, § 1205). Die Stundung hat häufig ihren Grund darin, dass der Schuldner einen Gegenstand nicht entbehren kann. Dann scheidet das Faustpfandrecht aus. Zu erwägen ist dann die **Sicherungsübereignung**.

Die Stundung kann nicht davon abhängig gemacht werden, dass die **490** Sicherheit auch tatsächlich geleistet worden ist. Eine solche inhaltliche Einschränkung der Stundungsentscheidung sieht das Gesetz nicht vor[515]. Dem Gläubiger bleibt vorbehalten, gemäß § 1382 VI eine Aufhebung der Stundungsentscheidung zu verlangen, wenn der Schuldner schuldhaft die Sicherheit nicht beigebracht hat.

IV. Anrechnung von Vorausempfängen

1. Anwendungsbereich

Das System des Zugewinnausgleichs beruht auf einer punktuellen Be- **491** trachtung der Vermögensverhältnisse zu zwei Zeitpunkten, Beginn und Ende des Güterstandes. Vermögensbewegungen, die zwischen den Zeitpunkten stattgefunden haben, finden grundsätzlich keine Beachtung. Das gilt auch für Vermögensverschiebungen zwischen den Eheleuten. Eine Zuwendung von einem Gatten an den anderen ist in keinem Fall privilegierter Erwerb[516], sondern hat bei beiden nur Auswirkungen auf deren Endvermögen. Auf diesem Weg wird die Zuwendung indirekt bei der Ermittlung des Ausgleichsbetrages berücksichtigt. In den meisten Fällen führt das zu angemessenen Ergebnissen. Zuwendungen während des Gü-

---

515 *OLG Zweibrücken*, 11.12.1980, 6 UF 12/80, FRES 8, 5.
516 Grundlegend *BGH*, 10.7.1991, XII ZR 114/89, FamRZ 1991, 1169; zuletzt bestätigt von *BGH*, 22.9.2010, XII ZR 69/09, FamRZ 2010, 2057 mit Anm. *Braeuer*.

terstandes bedürfen dann keiner gesonderten Betrachtung, sondern sind bei der Ermittlung des Zugewinnausgleichsanspruches vollständig und abschließend ausgeglichen.

492   Die **Zuwendung eines Ehegatten** an den anderen wird aber dann nicht angemessen berücksichtigt, wenn das Zugewandte nicht mehr, auch nicht mehr wertmäßig vollständig im Endvermögen des Empfängers vorhanden ist. Dann könnte der rechnerische Zugewinnausgleich dazu führen, dass der Empfänger doppelt aus dem Vermögen des anderen erhält. Dem vorzubeugen ist § 1380 bestimmt.

Wenn ein Ehegatte dem anderen während des Güterstandes eine Zuwendung gemacht hat, die nicht nur ein Gelegenheitsgeschenk ist, ist diese Zuwendung auf einen späteren Zugewinnausgleichsanspruch anzurechnen. Zuwendungen sind aufgrund einer gesetzlichen Vermutung in aller Regel zur Anrechnung auf den Zugewinnausgleichsanspruch bestimmt.

493   Die Anrechnungsvorschrift hat nur eine **eingeschränkte praktische Bedeutung**. Die Vorschrift ist zwar in allen Fällen anwendbar, in denen der Ausgleichsberechtigte schon während des Güterstandes eine Zuwendung zumindest mit der stillschweigenden Bestimmung der Anrechnung erhalten hat. Sie führt aber immer dann, wenn der Zugewinn mindestens so groß ist wie die Zuwendung, nicht zu einem anderen Ergebnis als die Berechnung des Zugewinnausgleichs ohne Berücksichtigung der Anrechnung[517]. Die Anrechnung wirkt sich nur aus, wenn der Zugewinn des Empfängers am Stichtag den Wert des Zugewandten nicht erreicht. Der Fall kann eintreten, wenn der Wert des Zugewandten (teilweise) verloren gegangen ist. Allerdings kommt es auf eine Sachidentität nicht an. Entscheidend ist der Wert des nach allgemeinen Regeln ermittelten Zugewinns. Es kann also mit einem Blick erfasst werden, ob § 1380 zu prüfen ist, indem das Zugewandte mit dem Zugewinn des Zuwendungsempfängers verglichen wird.

494   Hält man, wie in dieser Arbeit vertreten (→ Rn. 418), das Entstehen eines **negativen Zugewinns** für möglich, so bleibt für § 1380 überhaupt kein Anwendungsbereich mehr[518]. Die normale Berechnung des Zugewinnausgleichs führt dann von vornherein zu demselben Ergebnis wie die Anrechnung des Zugewandten auf den Ausgleichsanspruch. Die Zulassung eines negativen Zugewinns ist also nicht nur systemkonform, sondern vereinfacht auch deutlich die Berechnung.

495   Auch wenn die Anrechnung keinen Einfluss auf die Höhe des noch zu zahlenden Zugewinnausgleichs hat, so hat sie erhebliche Bedeutung im

---

517   S. auch Rechenbeispiel bei *Büte*, FuR 2006, 289 und bei *Kogel*, FamRB 2005, 368.
518   So auch *Büte*, FamFR 2010, 196, Abs. VIII.

Bereich des **Schenkungsteuerrechts.** Eine unentgeltliche Zuwendung des einen Ehegatten an den anderen ist im Sinne des ErbStG eine Schenkung und, soweit der Freibetrag überschritten ist, steuerpflichtig. Indem die Zuwendung beim Ende des Güterstandes als Vorausleistung auf den Zugewinnausgleich gilt, verliert sie mit dem Ende des Güterstandes den Charakter als Schenkung und lässt – auch rückwirkend – die Schenkungsteuerpflicht entfallen (wegen der Einzelheiten → Rn. 879).

2. Der Rechenweg

Die Berechnung des Anrechnungsbetrages setzt eine vollständige Zugewinnausgleichsberechnung (→ Rn. 60) voraus. Angerechnet werden kann eine Zuwendung nur auf einen Ausgleichsanspruch, der sich ohne die Anrechnungsbestimmung ergibt. Ergibt sich daraus kein Zugewinnausgleichsanspruch, so ist auch nichts anzurechnen. **496**

Es kann vorkommen, dass die Zuwendung höher war als der Ausgleichsanspruch, der sich ohne die Zuwendung ergeben hätte. Dann ist zwangsläufig auch kein Raum für eine Anrechnung. Statt dessen kann sich dann ein Zugewinnausgleichsanspruch in Gegenrichtung, zugunsten des Zuwendenden, ergeben. Dieser ist dann auf der Grundlage der Vermögensverhältnisse, wie sie infolge der Zuwendung entstanden sind[519], zu berechnen.

Das Gesetz ordnet an, dass für die Anrechnung zunächst das Zugewandte dem Zugewinn des Zuwendenden hinzugerechnet werden muss, als wäre es dort noch vorhanden. Die Zurechnung geschieht mit dem Wert, den der Gegenstand **zum Zeitpunkt der Zuwendung** hatte. Entsprechend muss derselbe Betrag vom Zugewinn des Zuwendungsempfängers abgezogen werden. Das ist zwar im Gesetz nicht ausdrücklich angeordnet worden, ergibt sich aber aus der Natur der Sache. Würde man sich auf die Hinzurechnung nur beim Zuwendenden beschränken, so würde derselbe Gegenstand doppelt, nämlich in den Endvermögen beider Eheleute berücksichtigt[520]. Der *BGH* formuliert deshalb die Anordnung des Gesetzes so, dass der zugewandte Gegenstand im Endvermögen des Zuwendenden **statt im Endvermögen** des Empfängers zu berücksichtigen, dort also abzuziehen sei[521]. **497**

---

519 Die Zuwendung ist beim Empfänger nicht privilegierter Erwerb, erhöht also seinen Zugewinn.

520 *Schwab* (Festschrift für *Meo-Micaela Hahne,* S. 175) weist anhand von Rechenbeispielen nach, dass der Abzug vom Endvermögen des Empfängers ohne gesetzliche Grundlage nur dadurch notwendig wird, dass die herrschende Rechtsprechung schon bei § 1374 II entgegen dem Gesetzeswortlaut Geschenke zwischen den Eheleuten nicht als privilegierten Erwerb ansieht.

521 *BGH,* 26.11.1981, IX ZR, 91/80, FamRZ 1982, 246.

Die Frage, ob die Zuwendung beim Endvermögen oder beim Zugewinn der beiden Eheleute zu berücksichtigen sei[522], ist ohne praktische Auswirkung und muss deshalb nicht verfolgt werden. Wenn der Zugewinn des Empfängers null ist, ändert sich daran durch Abzug des Zugewandten nichts, gleichgültig, ob kein Endvermögen vorhanden war oder das Anfangsvermögen das (positive) Endvermögen überstiegen hat.

498   Es ergeben sich folgende **Rechenschritte**:

– Der Zugewinnausgleichsgleichanspruch ist nach den allgemeinen, in Abschnitt A.II (Rn. 54 ff.) dargestellten Regeln zu ermitteln.

– Zuwendungen an den Ausgleichsberechtigten sind zu ermitteln.

– Es ist festzustellen, ob spätestens im Zeitpunkt der Zuwendung eine Anrechnungsbestimmung getroffen worden ist oder ob die gesetzliche Vermutung für eine Bestimmung eingreift.

– Der Wert des Zugewandten zum Zeitpunkt der Zuwendung ist zu ermitteln.

– Der Wert ist mit dem Lebenshaltungskostenindex auf den Stichtag des Endvermögens zu indexieren.

– Der Wert ist mit dem Zugewinn, der als Ausgangswert ermittelt worden ist, zu vergleichen.

– Ist der Zugewinn höher, endet die Rechnung hier; die Anrechnung würde zu keinem anderen Ergebnis führen.

– Das Zugewandte ist mit dem indexierten Wert dem Zugewinn des Zuwendenden hinzuzurechnen.

– Das Zugewandte ist mit demselben Wert von dem Zugewinn des Zuwendungsempfängers abzuziehen.

– Der Zugewinnausgleichsanspruch ist aufgrund der so veränderten Zugewinnste beider Eheleute neu zu berechnen.

– Von dem neu berechneten Zugewinnausgleichsanspruch ist der indexierte Wert des Zugewandten abzuziehen.

– Es ergibt sich der endgültige Zugewinnausgleichsanspruch.

499   Wenn das Zugewandte noch im Endvermögen enthalten ist, hat der Empfänger in der Regel einen Zugewinn mindestens in dieser Höhe[523]. In diesem Normalfall unterscheiden sich die Zugewinnausgleichsberechnungen mit und ohne Anrechnung nicht. Das zeigt folgende Rechnung:

---

522 Erörtert von *Jeep*, S. 113, und von *Palandt/Brudermüller*, § 1380, Rn. 12.

523 Nur wenn der Zugewinn vor der Zuwendung negativ gewesen wäre, führt die Zuwendung nicht zu einem Zugewinn mindestens in der Höhe des Zugewandten.

Beispiel:	Endvermögen Mann	100.000
	Anfangsvermögen Mann	10.000
	Zugewinn Mann	90.000

	Endvermögen Frau	50.000
	Anfangsvermögen Frau	10.000
	Zugewinn Frau	40.000

	Zugewinnausgleichsanspruch Frau	**25.000**

	Zuwendung Mann an Frau	20.000

	Anrechnung	
	Zugewinn Mann	90.000
	zuzüglich Zuwendung	20.000
	korrigierter Zugewinn Mann	110.000

	Zugewinn Frau	40.000
	abzüglich Zuwendung	– 20.000
	korrigierter Zugewinn Frau	20.000

	korrigierter Zugewinnausgleichanspruch	45.000
	abzüglich Zuwendung	– 20.000

	Zugewinnausgleich nach Anrechnung	**25.000**

3. Anrechnungsbestimmung

a) Ausdrückliche Bestimmung

Zuwendungen der Eheleute zueinander sind auf den Zugewinnaus- **500**
gleichsanspruch anzurechnen, wenn das bei der Zuwendung bestimmt
worden ist (§ 1380 I 1). Die Bestimmung ist eine Willenserklärung des
Zuwendenden, die zu ihrer Wirksamkeit zugehen muss[524]. An eine Form
ist sie nicht gebunden. Sie kann also in jeder Weise abgegeben werden, insbesondere auch **stillschweigend**[525].

Die Erklärung ist einseitig. Sie muss zugehen, bedarf aber nicht der
Zustimmung des anderen. Der Zuwendungsempfänger kann somit die
Anrechenbarkeit nur verhindern, indem er die Zuwendung selbst ablehnt.
Die Anrechnungsbestimmung kann isoliert nicht abgelehnt werden.

Die Bestimmung muss **spätestens gleichzeitig** mit der Zuwendung
getroffen werden. Sie kann auch schon vorher erklärt, nach der Zuwendung aber nicht mehr nachgeholt werden. Insoweit ist die Zuwendung
vergleichbar mit einer Zuwendung, die gemäß § 2315 auf einen Pflichtteil

---

524 *Soergel/Kappler*, 12. Aufl., § 1380, Rn. 11.
525 *BGH*, 20.12.2000, XII ZR 237/98, FamRZ 2001, 413.

angerechnet werden soll[526]. Bei § 2315 hatte ein Reformentwurf der Bundesregierung[527] vorgesehen, auch noch eine nachträgliche Bestimmung zuzulassen. Aufgrund einer Empfehlung des Rechtsausschusses[528] ist der Entwurf insoweit nicht Gesetz geworden. Eine nachträgliche Bestimmung kann deshalb auch im Rahmen von § 1380 nicht durch erweiternde Auslegung gebilligt werden.

501   Eine ausdrückliche Bestimmung bei der Zuwendung kommt typischerweise vor, wenn die Zuwendung in der Krise gemacht wird und damit bewusst ein **Teil der endgültigen Regelung** des Zugewinnausgleichs sein soll.

502   Statt der einseitigen Erklärung kann die Bestimmung natürlich auch in einer Vereinbarung der Eheleute enthalten sein, die ihrerseits nicht formbedürftig ist. Typischerweise ist sie in dem schuldrechtlichen Geschäft enthalten, das der Zuwendung zugrunde liegt. Die Vereinbarung kann aber auch keine weitergehende Wirkung als die einseitige Bestimmung haben, weil sie sonst der Form des Ehevertrages oder der Scheidungsfolgenvereinbarung (§ 1378 III 2) unterliegen würde. Deshalb ist eine **formlose nachträgliche Vereinbarung**, die zur Anrechnung führen oder sie ausschließen, nicht möglich[529]. Außerhalb des Anwendungsbereichs des § 1380 können Abweichungen nur durch Ehevertrag erreicht werden.

b) Stillschweigende Bestimmung

503   Die ausdrückliche Bestimmung ist der Ausnahmefall. Die Bestimmung wird meist stillschweigend, konkludent, getroffen. Hierfür begründet Absatz 2 eine **gesetzliche Auslegungsregel**[530]. Zuwendungen sind im Zweifel mit der Bestimmung gegeben worden, dass sie angerechnet werden sollen. Damit gilt die Vermutung, dass Schweigen eine stillschweigende Bestimmung enthalte. Diese Vermutung ist widerlegbar, nicht nur durch eine ausdrückliche andere Bestimmung, sondern auch wenn die Umstände der Zuwendung eindeutig ergeben, dass eine Anrechnung nicht gewollt ist. Die Vermutung gilt auch bei einer **ehebedingten Zuwendung**[531].

---

526 S. auch *Erman/Budzikiewicz*, § 1380, Rn. 4.
527 BT-Drucksache 16/8954, Nr. 23.
528 BT-Drucksache 16/13543, S. 12.
529 A.A. *Staudinger/Thiele*, § 1380, Rn. 16.
530 Manche Autoren nehmen statt einer gesetzlichen Auslegungsregel einen **ergänzenden Rechtssatz** an (z.B. *MK/Koch*, § 1380, Rn. 8; *Johannsen/Henrich/Jaeger*, § 1380, Rn. 1). Praktische Auswirkungen auf das Ergebnis hat das nicht (*Staudinge/Thiele*, § 1380, Rn. 18).
531 *BGH*, 20.12.2000, XII ZR 237/98, FamRZ 2001, 413.

Voraussetzung ist, dass die Zuwendung das Maß von **Gelegenheits-geschenken** übersteigt. Das Maß der Gelegenheitsgeschenke ist individu-ell, nach den konkreten Lebensverhältnissen der Beteiligten zu bestim-men. Bei der Bemessung dieser Lebensverhältnisse sind nicht nur objek-tiv die wirtschaftlichen Verhältnisse zu beachten, sondern auch die tatsächliche Übung der Eheleute zu berücksichtigen. Was an Gelegen-heitsgeschenken üblich ist, kann nach dem Lebensstil der Eheleute sehr verschieden sein und muss deshalb im Streitfall ermittelt werden. Die Ein-schränkung gilt nur für die Vermutungswirkung. Eine ausdrückliche An-rechnungsbestimmung ist auch bei kleinen Geschenken möglich.

Die **Beweislast** liegt bei dem Ehegatten, der sich auf die Voraussetzun-gen der gesetzlichen Auslegungsregel beruft. Demnach muss der Zuwen-dende beweisen, dass die Zuwendung das für Gelegenheitsgeschenke Üb-liche überstiegen hat[532]. **504**

c) Abschließende Durchführung des Zugewinnausgleichs vor dem Stichtag

Es kommt auch vor, dass die **als endgültig gewollte Verteilung** des Vermögens schon vor dem Stichtag der Zugewinnausgleichsberechnung begonnen wird. Die Eheleute einigen sich vor Beginn des Scheidungsver-fahrens über den Zugewinnausgleich und setzen die Einigung auch in die Tat um. Damit ist die Vorstellung der Eheleute verbunden, diese Ausglei-chung solle endgültig sein, die betroffenen Vermögensgegenstände einem weiteren Zugewinnausgleich entzogen sein. Das Ziel lässt sich auf diesem Wege nicht erreichen. **505**

Wenn sich die Vermögensverhältnisse zwischen der Verteilung und dem Stichtag nicht verändert haben, führt die Anrechnung gem. § 1380 zu dem Ergebnis, dass es bei dem vorläufigen Ausgleich bleibt – vorausge-setzt, er war zutreffend ermittelt. Allerdings können die Eheleute durch die vorzeitige Einigung nicht verhindern, dass jeder von ihnen die Neube-rechnung auf den Stichtag und ggf. die Korrektur verlangt. Eine endgül-tige, unüberprüfbare Einigung ist so also nicht möglich. Auch wenn da-bei bestimmt wird, dass eine Anrechnung nach § 1380 unterbleiben sol-le, wird das Ziel, die Zugewinnausgleichsberechnung in mehrere Teile aufzuspalten, nicht erreicht. Das ist nur in der Form des Ehevertrages (§ 1410) oder der Scheidungsfolgenvereinbarung (§ 1378 III 2) möglich[533]. Ohne eine solche Vereinbarung ist der Vermögensstand, wie er sich nach

---

532 *Büte*, FuR 2006, 289.
533 Diese Bedeutung des Verfügungsverbots aus § 1378 III 3 hat das *OLG Koblenz* (1.7.2008, 11 UF 563/07, FamRZ 2010, 296) verkannt, indem es angenommen hat, Vermögen kön-ne während des Güterstandes verteilt und damit der endgültigen Auseinandersetzung ent-zogen werden.

der Verschiebung am Stichtag darstellt, in die Zugewinnausgleichsbilanz einzustellen.

d) Abgrenzung

506 Durch ausdrückliche Erklärung des Zuwendenden kann die **Anrechnung ausgeschlossen** werden. Wird eine solche Erklärung festgestellt, bleibt für die gesetzliche Auslegungsregel kein Raum. Das ausdrücklich Erklärte gilt.

Die Erklärung, dass eine Anrechnung unterbleiben solle, beschränkt sich in ihrer Wirkung darauf, dass das Zugewandte nicht auf einen Zugewinnausgleichsanspruch anzurechnen ist. Sie führt nicht etwa dazu, dass das Zugewandte ganz aus dem Zugewinnausgleich herausgenommen würde.

507 Die Erklärung, dass eine Anrechnung auf den Zugewinnausgleichsanspruch nicht stattfinden soll, kommt bei **Geschenken** in Betracht, die nach der Vorstellung der Eheleute endgültig sein sollen. Dann wird es dem Wunsch der Eheleute entsprechen, das Geschenk ganz aus dem Zugewinnausgleich heraus zu halten. Eine so weitgehende Wirkung kann die Bestimmungserklärung aber nicht haben.

Ein Geschenk, das ein Ehegatte dem anderen macht, wird nicht als privilegierte Zuwendung dessen Anfangsvermögen zugerechnet[534]. Es wird somit als Teil des Endvermögens in die Zugewinnausgleichsberechnung einbezogen[535]. Die Folge davon ist, dass die Eheleute nicht durch einfache Vereinbarung Geschenke außerhalb des Systems des Zugewinnausgleichs stellen können[536]. Eine solche Vereinbarung würde den Zugewinnausgleichsanspruch in seiner Höhe verändern und wäre damit eine Verfügung über ihn. Diese Verfügung wäre nach § 1378 III 3 nichtig.

4. Welche Vorausempfänge können angerechnet werden?

a) Zeitpunkt der Zuwendung

508 § 1380 ist nur auf solche Zuwendungen anwendbar, die **während des Güterstandes** gemacht werden. Darunter ist im Regelfall der Zeitraum zwischen Eheschließung und dem Stichtag des § 1384 oder des § 1387 zu verstehen.

---

534 Ständige Rechtsprechung des *BGH*, zuletzt 22.9.2010, XII ZR 69/09, FamRZ 2010, 2057, mit Anm. *Braeuer.*

535 Es wird erwogen, das Geschenk vom Endvermögen des Empfängers abzuziehen, um das Geschenk endgültig zu machen (*Soergel/Kappler*, 12. Aufl., § 1380, Rn. 14 m.w.N.). Das ist aber mit der eindeutigen Gesetzesregelung nicht vereinbar.

536 Mit dieser Überlegung kritisch gegen die Rechtsprechung des *BGH*: *MK/Koch*, § 1374, Rn. 22.

Zuwendungen aus der Zeit vor Beginn des Güterstandes, also vor allem aus der **Verlobungszeit**, können nicht gemäß § 1380 angerechnet werden. Für eine Bestimmung, ob angerechnet werden soll, ist deshalb kein Raum. Die Vermutung des § 1380 I 2 greift nicht ein.

Zuwendungen, die vor der Ehe gemacht werden, sind nach der Eheschließung zwangsläufig Teil des Anfangsvermögens des Empfängers, soweit sie bei Eheschließung noch vorhanden sind. Das würde für sich genommen eine Anrechnung auf einen späteren Zugewinnausgleichsanspruch nicht unmöglich machen. Die einhellige Literaturmeinung hält jedoch eine Anrechnungsbestimmung bei Zuwendungen vor Beginn des Güterstandes nicht für möglich[537]. Das wird damit begründet, dass der Berechnungsmodus des § 1380 für Zuwendungen außerhalb des Güterstandes nicht passe[538]. Rechtsprechung hierzu ist nicht ersichtlich. Durch **Ehevertrag** kann jedoch der gesetzliche Güterstand so verändert werden, dass voreheliche Zuwendungen nach dem System des § 1380 anzurechnen sind.

Zuwendungen, die nach dem Stichtag des § 1384 oder gar nach Ende des Güterstandes gemacht werden, haben auf die Berechnung des Zugewinnausgleichsanspruches keinen Einfluss mehr. Da alle Veränderungen des Endvermögens nach den Stichtagen ohne Einfluss auf die Berechnung sind, wäre eine Anrechnung nach dem System des § 1380 gar nicht mehr möglich.
509

Ist der Güterstand beendet, so ist eine Zugewinnausgleichsforderung entstanden (§ 1378 III 1), auch wenn sie noch nicht ermittelt ist. Leistungen des ausgleichspflichtigen früheren Ehegatten sind deshalb nach den allgemeinen schuldrechtlichen Bestimmungen über die Erfüllung (§§ 362 ff.) zu berücksichtigen.

Für Leistungen nach dem Stichtag, aber vor Ende des Güterstandes gilt im Ergebnis nichts anderes[539]. Zwar kann eine Forderung, die noch gar nicht entstanden ist, nicht durch Leistung erlöschen. Auch auf eine zukünftige Forderung kann jedoch eine Leistung gemacht werden mit der Bestimmung, dass sie bei Entstehen der Forderung Erfüllungswirkung haben soll.
510

Beispiel: Im Ehescheidungsverfahren besteht Streit, ob der potentiell zugewinnausgleichspflichtige Ehegatte einen Verfahrenskostenvorschuss zu leisten hat. Er bezahlt den verlangten Betrag mit der ausdrücklichen Bestimmung, dass das eine Vorauszahlung auf den zukünftigen Zugewinnausgleichsanspruch sein solle.

---

537 Johannsen/Henrich/Jaeger, § 1380, Rn. 6.
538 *Schwab/Schwab*, VII Rn. 208.
539 *Johannsen/Henrich/Jaeger*, § 1380, Rn. 6; *Bamberger/Roth/Mayer*, § 1380, Rn. 3; *Staudinger/Thiele*, § 1380, Rn. 11.

Nimmt der Empfänger die Leistung an, so tritt mit Ende des Güterstandes insoweit die Erfüllungswirkung hinsichtlich dieses Teils der Ausgleichsforderung ein[540]. Ist im Verbund der Zugewinnausgleich anhängig, so muss die Erfüllungswirkung schon in diesem Verfahren eingewandt werden, da der Leistende nach rechtskräftiger Entscheidung über den Zugewinnausgleich mit dem Erfüllungseinwand präkludiert wäre.

b) Art der Zuwendung

511   Der Begriff Zuwendung ist weit zu verstehen. Die Art des Geschäfts, das der Zuwendung zugrunde liegt, ist nicht begrenzt. Unverzichtbar ist indes, dass die Zuwendung **freiwillig** geschehen ist. Sie darf nicht aus sonstigen Gründen ohnehin geschuldet gewesen sein.

Die häufig verwendete Formulierung, die Zuwendung dürfe nicht in **Erfüllung einer Verbindlichkeit** gemacht worden sein, ist zu weitgehend. Die Zuwendung wird in der Regel ein schuldrechtliches Grundgeschäft haben, das durch die Übertragung eines Vermögensgegenstandes erfüllt. Diese Verpflichtung muss aber freiwillig und ohne anderweitige gesetzliche Verpflichtung eingegangen worden sein.

512   Die Zuwendung muss **endgültig** dem Empfänger zugute gekommen sein[541]. Nicht erforderlich ist indes, dass die Zuwendung bei Güterstandsende auch noch vorhanden ist. Sie muss aus dem Vermögen des Zuwendenden stammen[542].

513   Als weiteres Kriterium wird verlangt, dass die Zuwendung ohne Gegenleistung gemacht worden sein müsse. Das ist grundsätzlich zutreffend, aber auch zu eng. Es kann eine Gegenleistung vereinbart worden sein, deren Wert erheblich unter dem der Zuwendung liegt. Trotz Gegenleistung wird der wertüberschießende Teil der Zuwendung als Teil einer **gemischten Schenkung** anrechenbar sein.

Somit sind typischerweise anrechenbar Zuwendungen, die im Sinne der *BGH*-Rechtsprechung als **ehebedingte Zuwendungen** anzusehen sind. Sie sind zwar nach ihrer Definition nicht unentgeltlich, aber freiwillig und ohne Gegenleistung gegeben.

514   Streitig ist, ob **echte Schenkungen** (im Gegensatz zu ehebedingten Zuwendungen) zwischen den Ehegatten über § 1380 angerechnet werden

---

540 *Soergel/Kappler*, 12. Aufl., § 1380, Rn. 8. – *Motzke* (NJW 1971, 182) möchte § 1380 I 2 auch nach dem Stichtag für das Endvermögen entsprechend anwenden, um eine Beweiserleichterung für die Erfüllungswirkung zu schaffen. Dafür besteht aber keine Notwendigkeit, weil sich dien Erfüllung einer Zugewinnausgleichsverpflichtung nicht wesentlich von der Erfüllung anderer Verbindlichkeiten unterscheidet.

541 *Staudinger/Thiele*, § 1380, Rn. 10.

542 *Palandt/Brudermüller*, § 1380, Rn. 3.

können. Gegen eine Anrechnung spricht, dass die Eheleute dann niemals die Möglichkeit haben, während der Ehe dem anderen ein Geschenk endgültig zu machen[543]. Die Frage hängt eng damit zusammen, ob echte Ehegattenschenkungen privilegierter Erwerb nach § 1374 II sind oder ob das ausgeschlossen ist[544]. Beide Fragen können nicht unabhängig voneinander beantwortet werden[545]. Geht man mit der gefestigten Rechtsprechung des *BGH* davon aus, dass jedwede Zuwendung unter Ehegatten nicht das Privileg des § 1374 II genießt, so sind freiwillige Zuwendungen zwischen Ehegatten, mögen sie ehebedingt sein oder nicht, nach den Regeln des § 1380 anzurechnen. Das entspricht auch der herrschenden Ansicht[546].

c) Fallgruppen von anzurechnenden Zuwendungen

aa) Lebensversicherung

Besonders häufig verschafft ein Ehegatte dem anderen Rechte aus einer Lebensversicherung. Soweit der Empfänger dadurch einen Vermögensgegenstand erlangt, kommt die Anrechnung nach § 1380 in Betracht. Für eine private Rentenversicherung gilt Entsprechendes, soweit sie nicht dem Versorgungsausgleich unterfällt und deshalb im Zugewinnausgleich unberücksichtigt zu bleiben hat (§ 2 IV VersAusglG). Allerdings ist nach der Art der Lebensversicherung und nach der Form der Zuwendung zu unterscheiden.

515

Rechte aus einer Lebensversicherung können auf sehr unterschiedliche Weise verschafft werden. Der ganze Vertrag kann auf den anderen Ehegatten übertragen werden, so dass er selbst Versicherungsnehmer wird. Der andere Ehegatte kann als nur Bezugsberechtigter im Leistungsfall eingesetzt werden. Die Bezugsberechtigung kann widerruflich oder unwiderruflich sein. Die Bezugsberechtigung kann sich auf eine Kapital- oder eine Risikolebensversicherung beziehen. Besonderheiten sind schließlich zu beachten, wenn der Leistungsfall eingetreten ist.

Eine Kapitallebensversicherung ist ein mit einer Versicherung verbundener Sparvertrag. Wenn ein bestehender Lebensversicherungsvertrag auf den anderen in der Weise übertragen wird, dass er selbst **Versicherungsnehmer** wird, ist das eine anrechenbare Zuwendung. Entsprechend ist es zu werten, wenn zwar nicht das Versicherungsstammrecht übertragen wird, der Empfänger aber als unwiderruflich bezugsberechtigt im Leis-

516

---

543 *Jeep*, S. 261.
544 Dazu auch *Schwab*, Festschrift für *Meo-Micaela Hahne*, S. 175.
545 *Jeep*, S. 179.
546 *BGH*, 22.9.2010, FamRZ 2010, 2057, mit vielen Nachweisen; *Bamberger/Roth/Mayer*, § 1374, Rn. 21; *Johannsen/Henrich/Jaeger*, § 1374, Rn. 25; juris-PK-BGB/*Roth*, § 1374, Rn. 19; NK-BGB/*Löhnig*, § 1380, Rn. 8; *Büte*, FuR 2007, 289.

tungsfall eingesetzt wird. Zugewandt ist dann die Lebensversicherung mit dem angesparten Wert (Rückkaufwert und anteilige Schlussgewinnanteile), der zum Zeitpunkt der Zuwendung bestanden hat.

517   Ist der Begünstigte als **Bezugsberechtigter** der Lebensversicherung eingesetzt, ohne dass das unwiderruflich wäre, so ist das (noch) keine anrechenbare Zuwendung. Es fehlt an dem Kriterium, dass die Zuwendung dem Empfänger endgültig zugute gekommen sein muss. Es kann aus der Bezugsberechtigung aber nachträglich eine anrechenbare Zuwendung werden, wenn der zuwendende Ehegatte verstorben und damit der **Leistungsfall** eingetreten ist. Das ist für die Zugewinnausgleichsberechnung von Bedeutung, wenn der Zugewinn nicht erbrechtlich nach § 1371 I durchgeführt wird.

bb) Überzahlter Unterhalt

518   Wenn der Ausgleichspflichtige mehr Familienunterhalt gezahlt hat, als er schuldete, so ist im Zweifel anzunehmen, dass er nicht beabsichtigt, von dem anderen Ersatz zu verlangen (§ 1360b). Trotzdem hat der *BGH* in einer Entscheidung von 1983[547] eine nicht geschuldete Unterhaltsleistung als anrechenbar nach § 1380 angesehen. Die Entscheidung wird durchweg zustimmend zitiert[548]. Die Auffassung des *BGH* überzeugt nicht. § 1360b enthält ebenso eine gesetzliche Vermutung (gesetzliche Auslegungsregel) wie § 1380 I 2 – allerdings mit entgegengesetzter Zielrichtung. Die Unterhaltsvorschrift schließt die Rückforderung im Zweifel aus, und die güterrechtliche Vorschrift führt im Zweifel zur Anrechnung der Zuwendung und damit zur faktischen Rückforderung. Die Anwendung von § 1380 auf überzahlten Unterhalt macht § 1360b insoweit unwirksam. Dem Gesetz ist aber nicht zu entnehmen, dass die eine gesetzliche Vermutung stärker wäre als die andere. Beim Familienunterhalt muss es deshalb bei der Bestimmung aus § 1360b bleiben. Der verfehlte Rückgriff auf § 1380 ist auch entbehrlich, denn die Entgegennahme überhöhten Unterhaltes wird auch als schuldhafte Verletzung der aus der Ehe herrührenden wirtschaftlichen Verpflichtung im Sinne des § 1381 II verstanden und kann ein Leistungsverweigerungsrecht des anderen auslösen (→ Rn. 572).

Die Lösung des *BGH* widerspricht auch dem rechtspolitischen Anliegen von § 1360b, dem Ehefrieden zu dienen. Das Urteil ist offenbar wenig bekannt. Andernfalls müsste es dazu führen, dass im Zugewinnaus-

---

547 24.2.1983, IX ZR 42/82, FamRZ 1983, 351.
548 *Büte*, FamFR 2010, 196; *Johannsen/Henrich/Jaeger*, § 1380, Rn. 5; *Erman/Budzikiewicz*, § 1380, Rn. 2; *Palandt/Brudermüller*, § 1380, Rn. 3; *Schröder/Bergschneider*, Rn. 4.287; *MK/Koch*, § 1380, Rn. 9.

gleichsverfahren routinemäßig die Lebensverhältnisse der Vergangenheit danach durchforscht werden, ob der Unterhalt überzahlt worden ist. Das Aufarbeiten des vergangenen Gemeinschaftslebens soll durch das formalisierte Zugewinnausgleichsverfahren aber gerade vermieden werden.

5. Einzelfragen zu § 1380

a) Indexierung

Die Zuwendung ist mit dem Wert anzurechnen, den sie im Zeitpunkt **519** der Zuwendung hatte. Mit diesem Wert ist sie auch dem Zugewinn des Ausgleichspflichtigen hinzuzurechnen und vom Zugewinn des anderen abzuziehen. Ob der Wert des zugewandten Gegenstandes zum Stichtag der Zugewinnausgleichsberechnung gesunken oder gestiegen ist, ist für die Anrechnung ebenso unerheblich wie die Frage, ob der Gegenstand überhaupt noch vorhanden ist. Da aber zwischen dem Zuwendungszeitpunkt und der Zugewinnberechnung erhebliche Zeit verstrichen sein kann, ist die Geldwertveränderung zu beachten.

Der Wert der Zuwendung ist vom Tag der Ausführung bis zum Stichtag der Berechnung des Ausgleichsanspruches zu indexieren. Es gelten dieselben Grundsätze wie bei der Indexierung des Anfangsvermögens (→ Rn. 308). In der Literatur ist noch streitig, ob Vorausempfänge zu indexieren sind[549]. Die Meinungen, die eine Indexierung ablehnen, verkennen allerdings deren Bedeutung. Es geht dabei nicht darum, einen Teil der Wertveränderungen auszuschließen, sondern nur um einen einheitlichen Wertmaßstab (→ Rn. 309) zu finden. Die Indexierung hat nur das Ziel, für jeden Zeitpunkt eine einheitliche Währungseinheit bereit zu stellen. Wie die Deutsche Mark notwendig zum Zwecke der Differenzbildung in Euro umgerechnet werden muss, so muss der Euro eines früheren Jahres in Euro zu heutiger Kaufkraft umgerechnet werden, um dann die gleichen Werte voneinander abziehen zu können.

Auch die Indexierung des Zugewandten wirkt sich im Normalfall **520** nicht aus. Nicht nur das Zugewandte, sondern auch das Anzurechnende ist zu indexieren, so dass beides sich neutralisiert. Eine Auswirkung hat die Indexierung nur, wenn der Zugewinn durch Abzug des Zugewandten negativ würde.

b) Gegenseitige Zuwendungen

Zuwendungen während des Güterstandes müssen nicht notwendig **521** von einem Ehegatten gemacht worden sein. Es kann wechselseitige Zuwendungen gegeben haben, oder eine Zuwendung ist während des Güter-

---

549 Nachweise bei *Büte*, FuR 2010, 196; *Kogel*, FamRB 2005, 368, 370.

standes teilweise zurückerstattet worden. Haben sich die Eheleute gegenseitig Zuwendungen gemacht, so ist nach der Systematik des Gesetzes nur die Zuwendung desjenigen von Bedeutung, der im Ergebnis ausgleichspflichtig ist. Zuwendungen des Ausgleichsberechtigten können nicht zu einer Anrechnung führen. Es ist jedoch unumstritten, dass die Zuwendungen zunächst zu saldieren sind (ggf. nach Indexierung), und der Saldo ist als Zuwendung desjenigen anzusehen, der die höhere Zuwendung gemacht hat[550].

c) Überhöhte Zuwendung

522   Eine Zuwendung kann in Erwartung einer zukünftigen Zugewinnausgleichsverpflichtung mit Anrechnungsbestimmung gemacht worden sein. Wie zu rechnen ist, wenn der Zugewinn kleiner ist als erwartet, sich die Zuwendung also als überhöht erweist, ist nicht eindeutig geklärt.

Wenn die Zuwendung überhöht war, ergibt sich bei der ersten Zugewinnausgleichsberechnung (ohne Veränderung der Zugewinnste um das Zugewandte) überhaupt kein Zugewinnausgleichsanspruch des Zuwendungsempfängers. Statt dessen ergäbe sich rechnerisch ein Anspruch auf (Rück-)Ausgleich des Zuwendenden. Erst bei der korrigierten Berechnung nach § 1380 II ergibt sich ein Ausgleichsanspruch des Zuwendungsempfängers, der aber kleiner ist als der Wert des Zugewandten. Hierzu wird vertreten, dass sich dann unmittelbar aus § 1380 ein Anspruch des Zuwendenden auf Rückgabe des überschießenden Betrages ergebe[551]. Dieser Anspruch ist jedoch dem Gesetz nicht zu entnehmen. Die Anrechnung kann immer nur bis zur Höhe des Ausgleichsanspruchs reichen. Der überschießende Betrag bleibt unberücksichtigt.

Die überwiegende Meinung nimmt an, dass in diesem Fall der Zugewinnausgleich aufgrund der ursprünglichen Berechnung (vor Anwendung von § 1380 II) durchzuführen sei. Dem ist zuzustimmen. Der Zuwendende kann auf diese Weise einen Teil der Zuwendung als Zugewinnausgleich zurückerhalten.

Für die praktische Anwendung folgt daraus, dass in einigen Fällen von vorneherein eine Anrechnung nicht zu prüfen ist. Das ist der Fall, wenn der Zugewinnausgleichsanspruch höher ist als der Wert des Zugewandten (→ Rn. 493). Ebenso muss eine Zuwendung nicht geprüft werden, wenn sie von demjenigen stammt, der bei der ersten Berechnung ausgleichsberechtigt ist.

---

550 *Schwab/Schwab*, VII Rn. 226; *Palandt/Brudermüller*, § 1380, Rn. 14; *Büte*, FuR 2006, 289.
551 *Jeep*, S. 141.

d) Konkurrenzverhältnis von Geschäftsgrundlage und Bereicherungsrecht

Die Anrechnungsbestimmung in § 1380 ist abschließend. Sie berück- **523** sichtigt innerhalb des Systems der Zugewinngemeinschaft Vermögensverschiebungen zwischen den Eheleuten und schließt damit jeden anderen Ausgleich aus. Insbesondere können Zuwendungen nicht unter Berufung auf § 313 rückgängig gemacht werden. Ansprüche nach Bereicherungsrecht wegen Zweckverfehlung scheiden zwischen Eheleuten im gesetzlichen Güterstand ebenfalls aus.[552]

Nicht ausgeschlossen sind solche Ansprüche, die sich unmittelbar aus einer vertraglichen Vereinbarung oder aus dem Gesetz ergeben. Ein vertraglicher Rücktrittsvorbehalt kann bei einer Zuwendung vereinbart werden und ist wirksam. Sollte die Zuwendung zwischen den Eheleuten ausnahmsweise eine echte Schenkung sein, so bleiben die gesetzlichen Rückforderungsansprüche bestehen, insbesondere grober Undank (§ 530).

V. Anspruch auf Übertragung von Einzelgegenständen

1. Anwendungsbereich

a) Grobe Unbilligkeit

Wenn der Zugewinnausgleichsanspruch dem Grunde und der Höhe **524** nach feststeht, kann der Gläubiger verlangen, dass der Schuldner ihm unter Anrechnung auf den Ausgleichsanspruch einen Vermögensgegenstand überlässt. Dieser Anspruch kann nur unter der Voraussetzung geltend gemacht werden, dass es für den Ausgleichsgläubiger eine **grobe Unbilligkeit** wäre, auf den Gegenstand verzichten zu müssen. Der Schuldner muss der Verzicht auf den Gegenstand **zumutbar** sein. Notwendig ist ein Antrag an das Familiengericht (§ 1383).

Ein **entsprechendes Recht des Schuldners**, die Ausgleichsverpflich- **525** tung durch Überlassung konkreter Gegenstände erfüllen zu dürfen, ist im Gesetz nicht vorgesehen.

Die Vorschrift hat sehr wenig praktische Bedeutung erlangt. Entschei- **526** dungen dazu sind deshalb kaum veröffentlicht. Die Kommentarliteratur zitiert überwiegend eine einzige OLG-Entscheidung aus dem Jahre 1978[553]. An die Annahme einer groben Unbilligkeit sollen danach **stren-**

---

552 Der *BGH*, 3.2.2010, XII ZR 189/06, FamRZ 2010, 958, hat in Abkehr von seiner bisherigen Rechtsprechung Bereicherungsansprüche nur von Außenstehenden (Schwiegereltern), nicht aber zwischen den Eheleuten zugelassen.

553 *OLG Hamm*, 23.5.1978, 15 W 30/77, FamRZ 1978, 687.

ge Maßstäbe anzulegen sein. Allerdings ist der zitierten Entscheidung keine weitere Rechtsprechung gefolgt, so dass es eine belastbare Grundlage für diese einschränkende Auslegung nicht gibt. In der Rechtsprechung haben sich Fallgruppen noch nicht herausgebildet. Tatsächlich wäre es nicht systemgerecht und auch nicht angemessen, besonders strenge Maßstäbe anzulegen.

Das System der Zugewinngemeinschaft hat zur Folge, dass der Ausgleich die Eigentumsverhältnisse unangetastet bleibt. Die Eigentumszuordnung ist während des Güterstandes häufig rein zufällig, jedenfalls nicht zielgerichtet. Das starre System der Zugewinngemeinschaft braucht deshalb einen Mechanismus, der dadurch entstehende Härten ausgleicht. Dazu dient § 1383. Eine besonders enge Auslegung dieser Vorschrift würde unberücksichtigt lassen, dass sie ein **systemnotwendiges Ventil** ist.

527 Außerhalb des gesetzlichen Güterstandes ist das Pendant zu § 1383 die Rückabwicklung der **ehebedingten Zuwendung**. Zu der in der Praxis eher großzügigen Anwendung der ehebedingten Zuwendung passt eine entsprechende Handhabung von § 1383. Solche Zuwendungen haben nach gefestigter Ansicht des *BGH* den Fortbestand der Ehe als Geschäftsgrundlage. Bei Scheitern der Ehe bedeutet das einen Wegfall der Geschäftsgrundlage, und der ehebedingt zugewandte Gegenstand ist zurück zu gewähren (§ 313). Das gilt aber nur außerhalb der Zugewinngemeinschaft[554]. Der güterrechtliche Ausgleich ist die speziellere Regelung und verdrängt die Rückabwicklung nach den Grundsätzen der Geschäftsgrundlage. Das ist nur dann vertretbar, wenn der gesetzliche güterrechtliche Ausgleich auch die Möglichkeit eröffnet, den zugewandten Gegenstand selbst zurückzuerlangen. Dem dient § 1383, dessen Anwendung deshalb nicht in besonderem Maße eingeschränkt werden darf.

528 Neben der groben Unbilligkeit für den Ausgleichsberechtigten muss es für den Verpflichteten **zumutbar** sein, auf den Gegenstand zu verzichten. Dieses Kriterium ist nicht als Einwand ausgestaltet, den der Verpflichtete geltend machen müsste. Statt dessen ist die Zumutbarkeit eine Tatbestandsvoraussetzung, die positiv festgestellt werden muss. Eine Vermutung streitet nicht dafür, dass die Überlassung zumutbar wäre.

---

554 *OLG Stuttgart*, 30.12.1993, 2 U 29/93, FamRZ 1994, 1326; *MK/Koch*, § 1375, Rn. 11. Das *OLG Stuttgart*, lässt in dem von ihm entschiedenen Fall deshalb ausnahmsweise wegen grober Unbilligkeit die Rückabwicklung einer ehebedingten Zuwendung zu, obwohl der gesetzliche Güterstand bestanden hatte, der aber keinen Anspruch ergab.

b) Fallgruppen

Die folgenden Beispielsfälle sollen typische Interessenlagen beschreiben, die durch § 1383 gelöst werden können.　**529**

Beispiel 1: Die Ehewohnung war eine Eigentumswohnung, die beiden Eheleuten zu gleichen Bruchteilen gehört. Der Mann ist ausgleichspflichtig, und die Frau begehrt, dass ihr der Miteigentumsanteil des Mannes übertragen wird.

Beispiel 2: Die ausgleichsberechtigte Frau nutzt allein seit dessen Anschaffung ein Kraftfahrzeug, das dem Mann gehört. Der Mann hat ein weiteres Fahrzeug und die Frau begehrt, dass ihr das Fahrzeug überlassen wird, das sie bisher genutzt hat.

Beispiel 3: Der Mann hat der Frau als ehebedingte Zuwendung ein Miteigentum an einem Grundstück zugewandt, das er geerbt hatte, und dem Mann steht aufgrund der Zuwendung ein Zugewinnausgleichsanspruch zu.

Beispiel 4: Der Mann hat der Frau die Anteile an seinem Unternehmen übertragen, um diese vor dem (nicht erfolgten) Zugriff der Gläubiger zu schützen.

aa) Zu Beispiel 1

Für die Frau kann es eine grobe Unbilligkeit sein, wenn sie nach der　**530**
Scheidung aus ihrer Wohnung ausziehen muss, ohne dass dem Mann daraus ein Vorteil erwächst. Die Alternative wäre, dass die Wohnung veräußert und der Erlös geteilt wird. Kein Miteigentümer hat aus dem Gemeinschaftsverhältnis das Recht, die Wohnung allein zu nutzen; er kann nur jederzeit die Auseinandersetzung der Gemeinschaft zu verlangen (§ 749). Auch die Bestimmungen über die Ehewohnung in § 1568a tasten die Eigentumsverhältnisse nicht an. Das führt zwangsläufig zum Verkauf der Wohnung und Teilung des Erlöses. Dem Mann ist also zuzumuten, seinen Anteil zum halben Verkehrswert der ganzen Wohnung abzugeben. Dem Antrag wird in der Regel stattzugeben sein.

Ähnlich wird zu entscheiden sein, wenn die Ehewohnung zwar im Alleineigentum des ausgleichspflichtigen Ehegatten steht, aber zu erwarten ist, dass er sie zur Erfüllung der Ausgleichsforderung verkaufen muss.　**531**

bb) Zu Beispiel 2

Für die Frau wird es zumeist keinen erheblichen Unterschied ausmachen, ob sie das bisher genutzte Fahrzeug von dem Mann unter Verwendung ihres Ausgleichsanspruches erwirbt oder ob sie ein entsprechendes Fahrzeug auf dem Markt unter Verwendung der Ausgleichszahlung kauft. Eine grobe Unbilligkeit liegt dann nicht vor.　**532**

Anders ist es aber, wenn ein vergleichbares Fahrzeug auf dem Markt nicht angeboten wird. In diesem Falle wäre es eine grobe Unbilligkeit, das Fahrzeug an den Mann herauszugeben, der es dann nicht selbst nutzen, sondern verkaufen würde.

cc) Zu Beispiel 3

533　Im vertraglichen Güterstand der Gütertrennung wäre der Miteigentumsanteil an dem Grundstück wegen Änderung der Geschäftsgrundlage meist zurückzugeben. Diese Verpflichtung beruht auf der Annahme, dass es dem Zuwendenden nicht zumutbar sei, auf den zugewandten Gegenstand trotz entfallener Geschäftsgrundlage zu verzichten[555]. Wenn die Aufrechterhaltung der Eigentumsverhältnisse unzumutbar ist, ist in der Regel auch das Kriterium der groben Unbilligkeit gegeben. Wenn im Güterstand der Gütertrennung die Rückgabe eines ehebedingt zugewandten Gegenstandes verlangt werden könnte, kann deshalb in der Regel auch die Übertragung des Gegenstandes in Anrechnung auf den Ausgleichsanspruch, dieser in mindestens der Höhe vorausgesetzt, verlangt werden.

dd) Zu Beispiel 4

534　Gewerblich tätige Eheleute verlagern nicht selten Vermögensgegenstände auf einen von ihnen, um die Gefahr des Vermögensverlustes durch eine unerwartete Unternehmenskrise zu verringern. Dabei ist den Eheleuten in der Regel zu empfehlen, den gesetzlichen Güterstand der Zugewinngemeinschaft beizubehalten oder herzustellen. Nur so kann das Haftungsrisiko eingeschränkt werden, ohne einen Ehegatten ungerechtfertigt zu bevorteilen.

Die Beteiligung zu übertragen, führt nur dann sinnvoll zu einer Haftungsbegrenzung, wenn der Ehegatte, der die Beteiligung erhält, in dem Unternehmen nicht beruflich tätig ist, also kein eigenes Haftungsrisiko trägt. Als Inhaber des Unternehmens hat er jedoch wesentliche Einflussmöglichkeit. Nach dem Scheitern der Ehe wird es für den dort Tätigen nicht mehr zumutbar sein, von den Entscheidungen des anderen abhängig zu sein. Würde die Beteiligung aufrecht erhalten, so würde der dort tätige Ehegatte abhängig von nunmehr fremden Weisungen oder er müsste seine Berufstätigkeit in diesem Rahmen aufgeben. Das erfüllt die Voraussetzungen einer groben Unbilligkeit.

c) Gegenstand der Übertragung

535　Auf welche Gegenstände sich das Übertragungsverlangen richten kann, ist gesetzlich nicht geregelt. Es kommen alle Gegenstände, über die der Schuldner verfügen kann, in Betracht. Der Gegenstand muss nicht notwendig schon Teil der Zugewinnausgleichsbilanz gewesen sein. Es kommen auch Gegenstände in Betracht, die erst nach dem Stichtag des

---

555　*BGH*, 13.7.1994, XII ZR 1/93, FamRZ 1994, 1164; *Schwab/Borth*, IX, Rn. 64.

§ 1384 angeschafft worden sind[556]. Ebenso kann sich der Antrag auf Haushaltsgegenstände beziehen[557], auch wenn man der Ansicht folgt, dass diese im Zugewinnausgleich keine Berücksichtigung finden könnten. Der Übertragungsanspruch ist nicht auf Sachen (§ 90) beschränkt. Es kommen auch Rechte in Betracht, namentlich **gesellschaftsrechtliche Beteiligungen**[558]. Das liegt vor allem dann nahe, wenn der Ausgleichsschuldner zusammen mit dem Gläubiger Mitgesellschafter ist und der Gläubiger das Ausscheiden des Schuldners aus der Gesellschaft erreichen will. Die Übertragung von Gesellschaftsanteilen kommt nur in Betracht, wenn das nach dem Gesellschaftsvertrag zulässig ist. Gesellschaftsrechtliche und sonstige Verfügungsbeschränkungen können durch § 1383 nicht überwunden werden. Denkbar ist auch, dass der Gläubiger nur eine Beteiligung an dem Unternehmen des Schuldners erreichen will. In diesem Fall wird dem Schuldner aber die Übertragung in der Regel unzumutbar sein[559].

2. Verfahren

a) Der Antrag

Der Anspruch auf Überlassung eines Gegenstandes ergibt sich nicht ohne weiteres aus dem Gesetz, sondern setzt eine **rechtsgestaltende Entscheidung** des Familiengerichts voraus. Der Überlassungsanspruch kann deshalb nicht als Einrede gegenüber einem auf Eigentum gestützten Herausgabeanspruch des anderen eingewandt werden[560].   **536**

Das Verfahren kommt nur auf Antrag zustande. Während das eigentliche Zugewinnausgleichsverfahren eine Familienstreitsache ist (§ 112 Nr. 2 FamFG), für die die Regeln der ZPO Anwendung finden (§ 113 FamFG), entscheidet das Familiengericht über den Überlassungsantrag in einem gesonderten Verfahren nach den Grundsätzen der **freiwilligen Gerichtsbarkeit**. Die Entscheidung kann also nicht Teil der Zugewinnausgleichsentscheidung sein, sondern muss ein eigener Ausspruch sein. Es gelten dieselben Verfahrensgrundsätze wie bei der Stundungsentscheidung.   **537**

Obwohl die Verfahrensregeln der freiwilligen Gerichtsbarkeit anzuwenden sind, genügt ein reiner Verfahrensantrag (§ 23 FamFG) nicht. Die

---

556 Allerdings wird bei solchen Gegenständen nur selten eine grobe Unbilligkeit anzunehmen sein.
557 Anwaltkommentar/*Fischinger*, § 1383, Rn. 5.
558 A.A. *Erman/Budzikiewicz*, § 1383, Rn. 5 (für Anteile an Personengesellschaften).
559 Im Ergebnis ebenso *Gernhuber/Coester-Waltjen*, § 37, Rn. 112, allerdings mit der Begründung, die Beteiligung an einem Einzelunternehmen sei kein geeigneter Übertragungsgegenstand.
560 *BGH*, 11.4.1990, XII ZR 44/89, FamRZ 1990, 1219, Rn. 16.

begehrten Gegenstände müssen in dem Antrag bezeichnet werden[561]. Hingegen ist die Angabe des Anrechnungsbetrages kein notwendiger Bestandteil des Antrages. Er ist aber empfehlenswert. Der Antrag kann mehrfach wegen verschiedener Gegenstände, auch nacheinander gestellt werden.

Die Verfahrensvorschriften zur Stundung gelten entsprechend (§ 1383 III). Im isolierten Verfahren entscheidet der Rechtspfleger (→ Rn. 471 ff.).

538   Soweit der Zugewinnausgleichsanspruch Gegenstand eines Rechtsstreits ist, kann der Übertragungsantrag nur in diesem Verfahren gestellt werden (Verweis auf § 1382 V). Es ergeht dann eine einheitliche Entscheidung.

Der Übertragungsanspruch kann auch isoliert verfolgt werden, wenn keine Familienstreitsache über den Zugewinnausgleich anhängig ist. Der Antrag kann unter Verzicht auf die Familienstreitsache an deren Stelle geltend gemacht werden. Er kann aber nur Erfolg haben, wenn der Ausgleichsanspruch mindestens in Höhe des Wertes des begehrten Gegenstandes unstreitig ist. Feststellung zur Höhe des Ausgleichsanspruchs können im Übertragungsverfahren nicht getroffen werden.

Der Übertragungsantrag kann auch nach rechtskräftigem Abschluss des Streitverfahrens gestellt werden. Hierzu wird vertreten, dass das Übertragungsverfahren nach rechtskräftigem Abschluss des Streitverfahrens nicht mehr zulässig sei[562] oder nur dann, wenn die Gründe dafür nach der letzten mündlichen Verhandlung im Zugewinnausgleichsverfahren entstanden sind. Diese Einschränkung findet sich im Gesetz jedoch nicht und wäre auch nicht sinnvoll. Da der Übertragungsanspruch einen feststehenden oder unstreitigen Ausgleichsanspruch voraussetzt, ist eine rechtskräftige Entscheidung darüber eine ebenso sinnvolle Grundlage wie eine vertragliche Einigung. Der Beschluss, der die Übertragung anordnet, dient der Erfüllung des Zugewinnausgleichstitels, greift also auch nicht in dessen Rechtskraft ein. Dem Gesetz etwas anderes zu entnehmen wäre auch nicht sinnvoll, da die Übertragungsentscheidung einen feststehenden Ausgleichsanspruch notwendig voraussetzt.

539   Es kommen sogar mehrere Übertragungsverfahren nacheinander in Betracht, wenn sie sich auf verschiedene Gegenstände beziehen und die Höhe des Zugewinnausgleichsanspruchs ausreichend ist.

---

561 *BGH*, 11.4.1990, XII ZR 44/89, FamRZ 1990, 1219; *Schröder/Bergschneider*, Rn. 4.426.
562 *Schwab/Schwab*, VII Rn. 276; *Johannsen/Henrich/Jaeger*, § 1376, Rn. 8; *Staudinger/Thiele*, § 1383, Rn. 16.

b) Die Entscheidung

Mit dem Begriff „überlassen" ist in § 1383 die **Eigentumsübertra-** 540
gung gemeint. Bei einer reinen Besitzüberlassung wäre eine Anrechnung
auf die Ausgleichsforderung nicht möglich. Das Gericht kann indes nicht
das Eigentum durch hoheitlichen Akt herbeiführen[563]. Die Eigentumsübertragung findet vielmehr nach den allgemeinen sachenrechtlichen Regeln der §§ 929 ff. und 873 ff. statt.

Mit einer stattgebenden Entscheidung muss das Gericht die Verpflichtung aussprechen, einen bestimmten Gegenstand zu überlassen, und außerdem zum Zwecke der Zwangsvollstreckung einen **Herausgabetitel**
schaffen.

Die gerichtliche Entscheidung kann neben dem Herausgabetitel auch 541
Regelungen enthalten, die der Eigentumsverschaffung dienen. Sie kann
demnach die Verpflichtung enthalten, ein **Angebot auf Übereignung**
oder zur **Auflassung** des Gegenstandes zu machen. Mit Rechtskraft der
Entscheidung gilt das Angebot als abgegeben (§ 894 ZPO) und kann nun
von dem Begünstigten angenommen werden[564].

Das Gericht hat in seiner Entscheidung gleichzeitig zu bestimmen, mit 542
welchem Betrag die Vermögensübertragung auf die Zugewinnausgleichspflicht anzurechnen ist. Aus dem Begriff „anrechnen" ergibt sich, dass die
Zugewinnausgleichsforderung mindestens in derselben Höhe bestehen
muss. Eine Ausgleichszahlung des Berechtigten wegen eines überschießenden Wertes ist nicht vorgesehen.

Streitig ist, ob die Ausgleichsverpflichtung den Zugewinnausgleichs- 543
anspruch verändert. Das ist von Bedeutung, wenn die Übereignung des
Gegenstandes unmöglich geworden ist oder er sich verschlechtert hat.
Eine wohl überwiegende Meinung nimmt an, dass mit Rechtskraft der
Übertragungsanordnung die Zugewinnausgleichsschuld verändert werde
und der **Zahlungsanspruch erlösche**[565]. Diese Annahme ist indes weder
mit dem Wortlaut noch mit der Zielrichtung des Gesetzes vereinbar. So
würde allein der Ausgleichsgläubiger mit dem Risiko von Leistungsstö-
rungen belastet werden. Ihm stehen im Falle eines Untergangs nur Scha-

---

563 *Schwab/Schwab*, VII Rn. 275.
564 Obwohl § 925 bei der Auflassung getrenntes Angebot und Annahme ausschließt, ist der
Weg praktikabel. Wenn der Berechtigte bei der Auflassungserklärung eine Ausfertigung
der rechtskräftigen Entscheidung vorlegt, so gilt die darin verkörperte Erklärung als im
Zeitpunkt der Vorlage abgegeben, so dass der andere gleichzeitig im Sinne des § 925 ebenfalls die Auflassung erklären kann.
565 *Soergel/Kappler*, § 1383, Rn. 21, der von einer „facultas alternativa" spricht; *Fischinger*,
§ 1383, Rn. 17: Novation; *MK/Koch*, § 1383, Rn. 30; *Staudinger/Thiele*, § 1383, Rn. 29
(gegen die Vorauflage); *Schröder/Bergschneider*, Rn. 4.429; *AnwK/Groß*, § 1383, Rn. 6;
Göppinger/Börger, S. 394; *Gernhuber/Coester-Waltjen*, § 37, Rn. 111, 113.

densersatzansprüche zu[566]. Der Ausgleichsschuldner würde auch ohne Grund entlastet. Wenn er nämlich den Gegenstand verkaufen müsste, um die Zahlungsforderung zu erfüllen, trüge er auch bis zur Erfüllung alle Risiken des Gegenstandes[567]. Gegen die überwiegende Auffassung spricht auch der Wortlaut des § 1383, wonach die Anrechnung durch den Vollzug der Übertragung stattfindet und nicht durch deren Anordnung. Statt dessen erlischt die Ausgleichsforderung, sobald der Eigentumswechsel an dem Gegenstand vollzogen ist[568].

544   Maßstab für die Anrechnung ist immer der **Verkehrswert**. Wenn der Verkehrswert aus dem Betragsverfahren bekannt ist, ist dieser zu nehmen. Das Gericht muss den Wert jedes einzelnen Gegenstandes zur Ermittlung des Zugewinns feststellen. Die Feststellung kann auf übereinstimmendem Vortrag der Beteiligten beruhen oder sachverständig festgestellt worden sein. Sie gilt dann auch für § 1383.

545   Von Bedeutung für die Anrechnung nach § 1383 ist der **Wert zum Zeitpunkt der Entscheidung**[569] **über den Überlassungsantrag**. Dieser Wert muss nicht identisch sein mit dem, der der Zugewinnausgleichsberechnung zugrunde gelegen hat. Im Zugewinnausgleichsverfahren wird der Wert am Stichtag des § 1384 festgestellt. Der Wert kann sich durch Zeitablauf verändert haben und ist dann erneut festzustellen. Dieselbe Notwendigkeit ergibt sich, wenn der Wert im dem Betragsverfahren keine Rolle gespielt hat, weil etwa der Gegenstand beiden Eheleuten zu gleichen Teilen gehört. Es kann auch sein, dass der Zugewinnausgleichsanspruch gar nicht streitig gewesen und über die Vermögensüberlassung in einem isolierten Verfahren gestritten wird. Der Wert ist in diesen Fällen nur für das Übertragungsverfahren durch (weiteres) **Sachverständigengutachten** zu ermitteln[570].

---

566 *Schröder* (FamRZ 2002, 1010) weist darauf hin, dass infolge der gestaltenden gerichtlichen Entscheidung kein Verfügungsgeschäft im Sinne des § 23 EStG stattfinde, also steuerlich kein Veräußerungsgewinn entstehen könne (gegen BFH 31.5.1972, II R 92/67, NFHE 106, 374). Diese steuerliche Folge, die systemwidrig wäre, spricht auch gegen die von der herrschenden Meinung für richtig gehaltene Einordnung des § 1383.

567 So auch *Dölle* I, 832.

568 Nach h.M. wird für Sachmängel nach den Grundsätzen des Kaufrechts gehaftet (*Staudinger/Thiele*, § 1383, Rn. 30 m.w.N.).

569 *MK/Koch*, § 1383, Rn. 27.

570 *Schwab/Schwab*, VII Rn. 277, nimmt an, dass ein Gutachten im Übertragungsverfahren nicht eingeholt werden könne und dass deshalb ein Antrag, bei dem der Wert streitig ist, unzulässig sei. Er stützt die Ansicht auf eine entsprechende Anwendung von § 1382 I, wonach nur eine unbestrittene Forderung gestundet werden kann. Das überzeugt aber nicht, weil § 1383 I nicht auf unbestrittene Forderungen beschränkt ist und keine Anhaltspunkte für ein gesetzgeberisches Versehen ersichtlich sind.

c) Beweislast

Da das Verfahren den Regeln der freiwilligen Gerichtsbarkeit folgt, **546** gilt der Amtsermittlungsgrundsatz (§ 26 FamFG). Die objektive Beweislast **(Feststellungslast)** ist gleichwohl dem Gläubiger zuzuordnen[571].

Dem Ausgleichsberechtigten obliegt der Beweis für die Umstände, die die grobe Unbilligkeit ausmachen.

Der Ausgleichsberechtigte muss ebenso die Umstände beweisen, die **547** dem Ausgleichsschuldner die Überlassung zumutbar machen. Nicht etwa muss der Ausgleichsschuldner die Unzumutbarkeit beweisen. Diese Beweislast folgt aus der Formulierung der Vorschrift. Das Überlassungsbegehren ist nicht durch eine ausnahmsweise Unzumutbarkeit eingeschränkt (es heißt nicht: „… es sei denn"). Statt dessen ist die Zumutbarkeit Tatbestandsvoraussetzung und damit von dem Antragsteller zu beweisen.

Die objektive Beweislast für den **Wert** des zu übertragenden Gegen- **548** standes hat der Ausgleichsberechtigte. Die Anrechnung des zu übertragenden Gegenstandes auf die Ausgleichsforderung ist Voraussetzung für den Überlassungsanspruch. Der Wert der Anrechnung kann deshalb von dem Anspruch auf Überlassung nicht getrennt werden. Somit obliegt nicht dem Ausgleichspflichtigen zu beweisen, wieviel auf seine Ausgleichspflicht anzurechnen ist. Vielmehr obliegt dem Gläubiger der Beweis, dass die Anrechnung nicht höher ist, als von ihm angenommen.

d) Kosten

Der Antrag auf Überlassung ist ein eigenes Verfahren. Die Kosten **549** richten sich nach dem Wert des Verfahrens, hier also nach dem Wert der Anrechnung (§ 3 I FamGKG)[572]. Wenn der Überlassungsanspruch zusammen mit dem Zugewinnausgleich (Familienstreitsache) geltend gemacht wird, gelten beide kostenrechtlich als ein Verfahren. Die Werte beider Sachen sind jedoch zu addieren (§ 52 FamGKG)[573], so dass das Überlassungsverfahren im Ergebnis kostenerhöhend wirkt. Wird die Überlassung innerhalb des Scheidungsverbundes verfolgt, so ist sein Wert dem Gesamtwert des Verbundes hinzuzurechnen (§ 44 II 2 FamGKG).

Die Beweislastverteilung hat besonders Folgen für die **Vorschuss-** **550** **pflicht.** Die Kosten eines Sachverständigen sind Auslagen des Familien-

---

571 *Schröder/Bergschneider,* Rn. 4.433.
572 *OLG Frankfurt,* 11.7.1989, 4 UF 13/89, MDR 1990, 58; AnwK/*Groß,* § 1383, Rn. 9. Die Ansicht des *Schleswig-Holsteinischen OLG* (17.1.1979, 8 WF 13/79, SchlHA 1979, 58), wonach der Wert anhand des Interesses an der Sachabfindung zu schätzen sei, dürfte durch das FamGKG überholt sein.
573 *jurisPK/Schmidt,* § 1383, Rn. 9.

gerichts. Für diese Auslagen hat derjenige Beteiligte, der die Handlung beantragt hat, einen entsprechenden Vorschuss zu zahlen (§ 16 I FamGKG).

551   Über die endgültige Kostenverteilung muss der Beschluss eine Entscheidung enthalten (§ 81 I 3 FamFG). Ist der Antrag Teil eines Scheidungsverbundverfahrens, so sind die Kosten auch des Überlassungsverfahrens in der Regel gegeneinander aufzuheben (§ 150 I FamFG). Wird die Überlassung außerhalb des Verbundes verfolgt, so gelten die allgemeinen Kostenvorschriften (§ 81 FamFG), so dass über die Kosten nach billigem Ermessen zu entscheiden ist. In der Regel werden die Kosten auch im isolierten Verfahren gegeneinander aufzuheben sein.

3. Sicherung des Überlassungsanspruchs

552   Der Ausgleichsschuldner hat im Verlaufe des Verfahrens die einfache Möglichkeit, den Anspruch zu vereiteln, indem er über den streitigen Gegenstand verfügt.

> **Beispiel:** Der Ausgleichsberechtigte verlangt die Überlassung der im gemeinsamen Eigentum stehenden Ehewohnung. Der Verpflichtete stellt Antrag auf Zwangsversteigerung zum Zwecke der Teilung. Die Beschlagnahme im Vollstreckungsverfahren wird in das Grundbuch eingetragen.

> **Beispiel:** Der Ausgleichspflichtige wird auf Überlassung eines in seinem Eigentum stehenden Pkw in Anspruch genommen. Er verkauft den Pkw und übereignet ihn, indem er seinen Herausgabeanspruch an den Käufer abtritt.

553   Das Risiko, dass der Übertragungsanspruch durch Veräußerung des Gegenstandes vereitelt wird, ist höchst real. Der Ausgleichsschuldner ist in der Verfügung über sein Vermögen nicht beschränkt[574]. Die Veräußerung des Gegenstandes wäre nicht einmal ein Pflichtenverstoß, solange über den Übertragungsanspruch nicht rechtskräftig entschieden ist. Ein Sicherungsbedürfnis des Gläubigers liegt deshalb sehr nahe.

Eine einstweilige Anordnung (eA) nach § 49 FamFG kann zur Sicherung des Gläubigers angeordnet werden[575]. Die eA, die im allgemeinen Teil des FamFG geregelt ist, steht in allen Verfahren zur Verfügung, somit auch im Verfahren nach § 1383. Namentlich kommt in Betracht, dem Schuldner nach § 49 II 2 FamFG ein **Veräußerungsverbot** aufzuerlegen[576]. Dem Gläubiger kann auch einstweilen der **Besitz** der Sache eingeräumt werden.

Der Antrag auf Erlass einer eA setzt – anders als der Hauptsacheantrag nach § 1383 – nicht voraus, dass die Höhe des Zugewinnausgleichsanspruchs schon feststeht. Das Sicherungsbedürfnis hinsichtlich des begehr-

---

574 Die Eintragung eines Rechtshängigkeitsvermerks im Grundbuch kommt deshalb nicht in Betracht (*Schleswig-Holsteinisches OLG*, 14.6.1995, 12 UF 2/95, FamRZ 1996, 175).
575 *Büte*, Rn. 306.
576 *Erman/Gamillscheg*, 12. Aufl., § 1383, Rn. 5.

ten Gegenstandes entsteht auch schon während des Streites um den Zugewinnausgleich selbst. Im Verfahren der eA ist auch der (zukünftige) Zugewinnausgleichsanspruch glaubhaft zu machen.

Im **Zwangsversteigerungsverfahren** zur Teilung der Gemeinschaft   **554**
(§ 180 ZVG) hat das Gericht zum Schutz des Gläubigers auf Antrag das
Verfahren einstweilen einzustellen, wenn eine sittenwidrige besondere
Härte zu erwarten ist (§ 765a ZPO). In diesem Verfahren kann die Härte nicht auf einen (zukünftigen) Anspruch aus § 1383 gestützt werden[577].
Um die Zwangsversteigerung einstweilen einzustellen, ist deshalb eine
einstweilige Anordnung nach § 49 FamFG erforderlich.

Nicht in Betracht kommt ein Arrest. Er dient nur der Sicherung von
Geldforderungen (§ 916 ZPO). Um eine Geldforderung geht es beim
Übertragungsanspruch in keinem Falle.

4. Abgrenzung zu Ansprüchen auf Haushaltsgegenstände

§ 1568b sieht das Recht eines Ehegatten vor, von dem anderen bei der   **555**
Scheidung die Überlassung und Übereignung von Haushaltsgegenständen zu verlangen, die bis dahin im gemeinsamen Eigentum gestanden haben. Die Voraussetzungen für dieses Verlangen sind wesentlich geringer
als für das Überlassungsverlangen nach § 1383. Grobe Unbilligkeit wird
nicht gefordert. Es genügt, dass das Interesse an dem Gegenstand dasjenige des anderen übersteigt. Das Verlangen kann auf beide Rechtsgründe
gestützt werden. Sie schließen einander nicht aus.

Die Übereignung von Haushaltsgegenständen, die im Alleineigentum
des anderen stehen, kann nur über § 1383 erreicht werden. Das Familiengericht hat eine Regelungsbefugnis nach § 1568b nur, wenn gemeinsames
Eigentum (das zu vermuten ist, § 1568 II) festgestellt worden ist. Bei
Haushaltsgegenständen im gemeinsamen Eigentum konkurrieren die beiden Vorschriften. Dazu wird vertreten, § 1568b sei die speziellere Norm
und verdränge § 1383[578]. Das wird damit begründet, dass Haushaltsgegenstände nicht im Zugewinnausgleich zu berücksichtigen seien[579]. Auf
die Berücksichtigung in der Zugewinnausgleichsbilanz kommt es jedoch
für die Anwendung von § 1383 nicht an. Deshalb ist der für die frühere
HausratsVO vertretenen Auffassung zu folgen, wonach der Ausgleichsgläubiger die Wahl hat, welches Verfahren er wählt[580]. Ist der Übereignungsanspruch im Hausratsteilungsverfahren anhängig, so begründet das
im Verfahren nach § 1383 den **Rechtshängigkeitseinwand**.

---

577 *LG Frankfurt/Oder*, 28.9.2007, 19 T 270/07, FamRZ 2008, 293.
578 *Johannsen/Henrich/Jaeger*, § 1383, Rn. 2.
579 Diese Auffassung wird hier nicht vertreten, → Rn. 110.
580 *Staudinger/Thiele*, § 1383, Rn. 33.

VI. Leistungsverweigerung wegen grober Unbilligkeit

1. Der Unbilligkeitseinwand

556   Jeder Anspruch steht unter dem Vorbehalt von Treu und Glauben. § 242 steht ganz am Beginn des zweiten Buches des BGB und unterstreicht damit die zentrale Bedeutung des Grundsatzes. Die dem allgemeinen Schuldrecht zugehörige Regel ist allerdings nur dort anzuwenden, wo das Gesetz nicht eine spezielle Regelung vorsieht. § 1381 ist für den Zugewinnausgleichsanspruch eine solche spezielle Regelung. Sie schließt den Rückgriff auf § 242 und die dazu entwickelten Fallgruppen aus[581]. Im Bereich des gesetzlichen Zugewinnausgleichs kann der Grundsatz von **Treu und Glauben** bei der Ausübung des gesetzlichen Anspruchs nur in dem Rahmen berücksichtigt werden, der von § 1381 gesetzt wird. Allerdings kommt eine auf § 242 gestützte Einrede wieder in Betracht, wenn der Zugewinnausgleichsanspruch einredefrei entstanden war und nachträglich Gründe entstanden sind, die die Einrede rechtfertigen[582].

§ 1381 begründet ein Leistungsverweigerungsrecht, soweit der Ausgleich des Zugewinns nach den Umständen des Falles **grob unbillig** wäre. Hierzu sind folgende Grundsätze zu beachten.

a) Billigkeitsmaßstab

557   Der Begriff der groben Unbilligkeit wird von der Rechtsprechung eng ausgelegt. Es ist nicht Aufgabe dieser Vorschrift, das gefundene Rechenergebnis einer allgemeinen Billigkeitskontrolle zu unterwerfen. Das System des Zugewinnausgleichs ist bewusst und gewollt ein mathematisches Verfahren, das im Interesse der Klarheit und Einfachheit Unschärfen in Kauf nimmt. Die typischen Unschärfen und Härten, die Folge des Systems sind, sollen nicht über die Billigkeitsregel § 1381 im Sinne einer Einzelfallgerechtigkeit ausgeglichen werden[583]. § 1381 dient nach gefestigter ständiger Rechtsprechung des *BGH* nicht dazu, Mängel zu beheben, die sich aus dem System des Zugewinnausgleichs ergeben. Für den Zugewinnausgleichsanspruch kommt es nicht darauf an, ob und in welcher Weise der Ausgleichsberechtigte zur Entstehung des Zugewinns beigetragen hat. Deshalb kann der Unbilligkeitseinwand nicht auf den fehlenden

---

581 *BGH*, 27.9.1989, IVb ZR 75/88, FamRZ 1989, 1276, Rn. 18; *Johannsen/Henrich/Jaeger*, § 1383, Rn. 2; *MK/Koch*, § 1381, Rn. 4; *PWW/Weinreich*, § 1381, Rn. 1.

582 *Schwab/Schwab*, VII Rn. 236.

583 *BGH*, 22.4.1966, IV ZR 58/65, BGHZ 46, 343, Rn. 39; *BGH*, 16.10.2013, XII ZB 277/12, FamRZ 2014, 24, Rn. 16; *OLG Düsseldorf*, 5.11.2014, 5 UF 71/14, juris; a.A. *Schwab/Schwab*, VII Rn. 238, der auch eine Korrektur systemimmanenter Ungerechtigkeiten für eine Aufgabe von § 1381 hält.

Beitrag des anderen gestützt werden[584]. Ebensowenig kann der Unbilligkeitseinwand allein darauf gestützt werden, dass der Zugewinn erst erwirtschaftet worden sei, als die Eheleute schon lange getrennt gelebt hatten. Das ist eine typische Folge der strikten Stichtagsregel des § 1384, die deshalb für sich genommen nicht zur groben Unbilligkeit führen kann[585].

Deshalb kann der Einwand des § 1381 nur erhoben werden in Fällen, bei denen zu dem systemtypischen Ergebnis weitere besondere Umstände hinzutreten, die das Ergebnis als besonders schwerwiegend ungerecht erscheinen lassen. Der *BGH* formuliert, dass der Billigkeitseinwand gelten müsse, „wenn das Ergebnis dem Gerechtigkeitsempfinden in unerträglicher Weise widersprechen würde"[586].

b) Keine Anspruchsbegründung aus Billigkeitsgründen

§ 1381 kann einen Zugewinnausgleichsanspruch nicht begründen **558** oder verstärken. Die Vorschrift kann nicht als Anspruchsgrundlage dienen[587]. Unter Berufung auf die Billigkeitsklausel kann ein rechnerisch gewonnener Anspruch nur vernichtet werden[588]. Anders als § 242, der in manchen Fallkonstellationen auch als Anspruchsgrundlage dient, enthält § 1381 nur eine Einrede. An dieser Stelle wird besonders deutlich, dass § 1381 als die spezielle Vorschrift § 242 verdrängt.

Voraussetzung für die Anwendung von § 1381 ist immer, dass sich aus der Berechnung nach § 1372 ein Zugewinnausgleichsanspruch ergeben hat. Dieser kann verringert oder ausgeschlossen, nie aber aus Billigkeitsgründen erweitert werden. Das kann zu Härten führen, für die das Gesetz nach Ansicht der herrschenden Rechtsprechung aber keinen Ausweg bietet. Beispiel dafür ist die **ehebedingte Zuwendung**. Im gesetzlichen Güterstand sind ehebedingte Zuwendungen beim Scheitern der Ehe nicht nach § 313 rückabzuwickeln, sondern können nur innerhalb der Regeln des Zugewinnausgleichs berücksichtigt werden. Ergibt sich dabei zugunsten desjenigen, der die Zuwendung gemacht hat, kein Zugewinnausgleichsanspruch, so kann dieser nicht aus Billigkeitsgründen geschaffen werden. Es bleibt bei der Zuwendung[589].

---

584 *BGH*, 16.10.2013, XII ZB 277/12, FamRZ 2014, 24, mit abl. Anm. *Dauner-Lieb* und weiter abl. Anm. *Wellenhofer*, JZ 2014, 311.

585 *BGH*, 9.10.2013, XII ZR 125/12, FamRZ 2013, 1954.

586 18.3.1992, XII ZR 262/90, FamRZ 1992, 787, bestätigt im Beschluss v. 16.10.2013, XII ZB 277/12, FamRZ 2014, 24.

587 *Hoppenz*, FamRZ 2010, 16.

588 *PWW/Weinreich*, § 1381, Rn. 2.

589 Wenn ein Zugewinnausgleichsanspruch mindestens in der Höhe des Zugewandten besteht, kann in der Regel die Rückgabe gemäß § 1383 verlangt werden (→ Rn. 534).

c) Nur Ergebniskontrolle

559   § 1381 ist keine allgemeine Billigkeitskontrolle im Verlauf der Zugewinnausgleichsberechnung, sondern stellt nur eine Einwendung gegen das
Endergebnis dar. Es wird immer wieder vorgeschlagen, **einzelne Positionen** in der Zugewinnausgleichsbilanz unter Berufung auf die Billigkeits-
vorschrift zu verändern. Das widerspricht der Funktion des § 1381 als
Einwendung gegen eine Forderung. Eine Forderung ergibt sich nur am
Ende der Zugewinnausgleichsberechnung. Bis dahin sind alle Vermögenspositionen nur Rechnungsgrößen im System der Zugewinnausgleichsbilanz. Sie sind nicht Anspruch, auch nicht Teil eines Anspruchs, gegen den
sich die Einwendung richten könnte.

Wollte man Billigkeitserwägungen beim Ansatz der einzelnen Vermögensposition anwenden, könnte sich das im Ergebnis anspruchserhöhend
oder -verringernd auswirken. Auch das spricht dagegen, Billigkeitskorrek-
turen im Verlaufe der Berechnung anzustellen. Denn die Einwendung aus
§ 1381 kann nicht anspruchserhöhend wirken.

d) Vorrang von §§ 1382, 1383

560   In der Prüfungsreihenfolge ist zunächst zu untersuchen, ob Anlass besteht, Härten durch eine Stundung zu mildern (§ 1382) oder durch die
Anordnung, einen bestimmten Gegenstand in Anrechnung auf die Zugewinnausgleichsforderung zu übertragen (§ 1383). Die Einrede aus § 1381
kommt nur in Betracht, wenn das Hindernis **dauerhaft** besteht, also
nicht durch eine Maßnahme nach §§ 1382 oder 1383 aufgefangen werden kann. Kommt eine der Möglichkeiten in Betracht, wird die Ausgleichspflicht in der Regel nicht mehr zu einer groben Unbilligkeit führen[590].

Allerdings kann die Stundung nur auf Antrag des Schuldners angeordnet werden. Im Rahmen der Prüfung, ob die Ausgleichspflicht zu einer
groben Unbilligkeit führen würde, ist indes auf § 1382 auch dann ein Au-
genmerk zu richten, wenn es an einem entsprechenden Antrag fehlt. Sofern Anlass zu der Annahme besteht, dass ein Stundungsantrag Erfolg haben würde, wird der Schuldner sich in der Regel nicht auf den Einwand
der groben Unbilligkeit berufen können.

Umgekehrt kann es den Einwand der groben Unbilligkeit stützen,
wenn der Gläubiger einen erfolgversprechenden Antrag auf Überlassung
eines bestimmten Gegenstandes in Anrechnung auf die Zugewinnausgleichsforderung nicht stellt. Das Gesetz verschafft in § 1383 nur dem
Gläubiger die Möglichkeit, einen bestimmten Gegenstand zu begehren;

---

590 *BGH*, 3.6.1970, IV ZR 64/69, NJW 1970, 1028, Rn. 13.

der Schuldner kann dem Gläubiger nichts aufdrängen. Wenn der Gläubiger treuwidriger von der Möglichkeit keinen Gebrauch macht, kann diese Treuwidrigkeit den Einwand aus § 1381 stärken.

e) Dauernde Einrede

Der Einwand aus § 1381 wirkt anspruchsvernichtend, steht dem Ausgleichsanspruch also auf Dauer entgegen (peremptorische Einrede). Anders als § 242, der eine Einwendung begründen kann, ergibt sich aus § 1381 eine Einrede, die nur zu beachten ist, wenn sie erhoben wird[591]. Die Einrede ist an eine besondere Form nicht gebunden. Sie kann innerhalb und außerhalb des gerichtlichen Verfahrens erhoben werden. Sie ist auch nicht an die Person des Verpflichteten gebunden, sondern kann auch von seinem **Rechtsnachfolger** erhoben werden[592]. **561**

Folgerichtig kann auf die Einrede auch **verzichtet** werden. Der Verzicht soll der Form des § 1378 III 2 (notarielle Beurkundung) bedürfen, wenn sie wie eine Verfügung über den Ausgleichsanspruch wirkt[593]. Der Formzwang soll jedenfalls bestehen, wenn der Verzicht *antizipiert* sei. Damit wird ein Formerfordernis aufgestellt, für das eine praktische Anwendung kaum vorstellbar ist. Der Ausgleichsberechtigte kann das nach § 1381 II erforderliche Verschulden des anderen dadurch beseitigen, dass er der Handlung zustimmt. Das ist notwendig formlos möglich. Der Verzicht auf eine Einrede ist letztlich nichts anderes, so dass es gekünstelt wirkt, ihn einem Formzwang zu unterwerfen. **562**

Voraussetzung für die Einrede ist, dass die zugrunde liegenden Umstände unstreitig oder festgestellt sind. Die **Beweislast** für die Gründe, die die grobe Unbilligkeit ausmachen, liegt bei dem, der sich darauf berufen will, dem Ausgleichsschuldner[594]. **563**

f) Reichweite der Einrede

Die Einrede der groben Unbilligkeit kann den gesamten Zugewinnausgleichsanspruch vernichten. Es ist aber auch eine fallbezogene Anwendung möglich, die nur einen Teil des Anspruchs betrifft. Dabei kann berücksichtigt werden, in welchem Umfang die Umstände, die den Einwand rechtfertigen, auf den Zugewinnausgleichsanspruch Einfluss haben. Eine strenge Bindung zwischen Unbilligkeitsgründen und dem Maß der Verwirkung gibt es jedoch nicht. **564**

---

591 *BGH*, 4.7.2012, XII ZR 80/10, FamRZ 2012, 851; *BGH*, 27.9.1989, IVb ZR 75/88, FamRZ 1989, 1276; *MK/Koch*, § 1381, Rn. 6; *Johannsen/Henrich/Jaeger*, § 1381, Rn. 19.
592 *MK/Koch*, § 1381, Rn. 9.
593 *MK/Koch*, § 1381, Rn. 8; *Staudinger/Thiele*, § 1381, Rn. 38; *Bamberger/Roth/Mayer*, § 1381, Rn. 15.
594 *BGH*, 27.1.1988, IVb ZR 13/87, FamRZ 1988, 593, Rn. 25.

Wenn die Unbilligkeitsgründe mit einem **Verschulden** des Ausgleichsberechtigten zusammenhängen, hat die Einrede auch **Sanktionscharakter**. In derartigen Fällen wird regelmäßig der Ausgleichsanspruch im Ganzen betroffen sein. Aber auch in Verschuldensfällen ist es möglich, den
Ausgleichsanspruch nur um einen Bruchteil zu kürzen. Im Fall von
§ 1381 II wenn der Ausgleichsberechtigte seine Unterhaltspflicht verletzt
hat, ist das Maß der Kürzung aber nicht davon abhängig, wieviel an Unterhalt oder sonstigen wirtschaftlichen Verpflichtungen schuldig geblieben ist.

Sind es hingegen **objektive Gründe**, die der Berechtigte nicht zu vertreten hat, die gleichwohl den Unbilligkeitseinwand tragen, so muss das
Maß der Verwirkung in einem konkreten Verhältnis zu der Auswirkung
der objektiven Gründe auf den Zugewinnausgleichsanspruch stehen.

2. Fallgruppen

565   Die veröffentlichten Entscheidungen zu § 1381 sind vielfältig und
kaum übersehbar. Da die Entscheidungen zur Billigkeit typischerweise
sehr einzelfallbezogen sind, folgen sie auch nicht immer einer nachvoll-
ziehbaren Systematik. Es lassen sich aber daraus Regeln herleiten, die der
Anwendung von § 1381 zugrunde gelegt werden können und damit zu einer besseren Vorhersehbarkeit von Entscheidungen führen.

a) Verschuldensbezogene Unbilligkeitsklausel des § 1381 II

566   Das Gesetz konkretisiert in § 1381 II die Umstände, unter denen der
Billigkeitseinwand greifen kann. Danach kann die Ausgleichspflicht insbesondere dann grob unbillig sein, wenn der Ausgleichsberechtigte *längere Zeit hindurch die wirtschaftlichen Verpflichtungen, die sich aus dem ehelichen Verhältnis ergeben, schuldhaft nicht erfüllt hat*. In diesem Abs. 2 wird
ein Beispielsfall gebildet, der den Anwendungsbereich der Vorschrift insgesamt verdeutlicht, ihn aber nicht darauf beschränkt. Auch im Falle des
Abs. 2 wird eine Einzelfallabwägung, ob das Verhalten aus Billigkeitsgründen der Ausgleichspflicht entgegensteht, nicht entbehrlich. Darüber
hinaus ist die allgemeine Billigkeitsklausel des Abs. 1 zu beachten.

Zu dem Billigkeitsgrund der Nichterfüllung wirtschaftlicher Pflichten
haben sich Fallgruppen entwickelt, die bei der Anwendung helfen können, aber nicht abschließend sind.

aa) Unterhaltspflichtverletzung

567   Der Anwendungsbereich der Vorschrift liegt vor allem im Bereich der
Unterhaltspflichtverletzung. Aus der Ehe ergibt sich als wirtschaftliche

Verpflichtung in erster Linie die gegenseitige Unterhaltspflicht nach §§ 1360 und 1361. Wer seine gegenüber dem anderen bestehende Pflicht zur Unterhaltsleistung nachhaltig verletzt, kann seinen Zugewinnausgleichsanspruch verwirken.

Die Pflichtverletzung kann sich sowohl auf den Familienunterhalt des § 1360 wie auf den in bar zu erbringenden Trennungsunterhalt des § 1361 beziehen. Der Alleinverdiener, der vorwerfbar und nachhaltig mit dem Haushaltsgeld knausert und das Einkommen lieber für sich verwendet, muss sich den Vorwurf ebenso gefallen lassen wie derjenige, der den Trennungsunterhalt zurückhält. Nicht erforderlich ist, dass die Unterhaltspflicht bereits tituliert ist.

Der Unbilligkeitseinwand ist nicht auf den Betrag beschränkt, der aus   **568**
der Unterhaltspflicht zurückgehalten worden ist. Der Einwand kann gegen die Ausgleichsverpflichtung insgesamt oder wegen eines Betrages eingewandt werden, der die Unterhaltspflichtverletzung erheblich übersteigt[595]. Die Unbilligkeitseinrede wegen Verletzung wirtschaftlicher Verpflichtung führt zur Verwirkung und hat damit auch **Sanktionscharakter.**

Unterhaltscharakter hat auch die Pflicht zur **Haushaltsführung,**   **569**
wenn der Ausgleichsberechtigte sie in Absprache mit dem anderen übernommen hatte (§§ 1356 I 2, 1360 S. 2). Diese Pflicht kann ebenso wie die Pflicht zur Barleistung verletzt werden und den Unbilligkeitseinwand auslösen.

Nicht einschlägig ist, wenn der Ausgleichsberechtigte die Unterhalts-   **570**
pflicht gegenüber gemeinsamen **Kindern** verletzt. Diese Unterhaltspflicht ergibt sich nicht aus dem ehelichen Verhältnis, sondern aus der Verwandtschaft (§ 1601). Es wird vertreten, dass die Unterhaltspflicht gegenüber Kindern gleichzeitig die Pflicht gegenüber dem Ehegatten enthalte, ihn von der Unterhaltspflicht der Kinder (teilweise) freizustellen[596]. Das verkennt jedoch, dass das Verhältnis mehrerer Unterhaltspflichtiger in § 1606 geregelt ist und somit nicht aus dem ehelichen Verhältnis folgt.

bb) Sonstige unterhaltsbezogene Pflichtverletzungen

Auf die Generalklausel des § 1353 werden weitere wirtschaftliche So-   **571**
lidaritätspflichten gestützt, die im Sinne des § 1381 II verletzt werden können[597]. Von besonderer praktischer Bedeutung ist die Pflicht, an der steuerlichen **Zusammenveranlagung** mitzuwirken oder das **steuerliche Realsplitting** (§ 10 I Nr. 1 EStG) zu ermöglichen. Wer nachhaltig und

---

595 *Bamberger/Roth/Mayer*, § 1381, Rn. 5.
596 *OLG Düsseldorf*, 21.1.1987, 5 UF 101/86, FamRZ 1987, 821.
597 *Bamberger/Roth/Mayer*, § 1381, Rn. 5.

pflichtwidrig seine Mitwirkung verweigert, gefährdet dadurch seinen Zugewinnausgleichsanspruch.

572   Zu den unterhaltsbezogenen Pflichten gehört auch, nicht pflichtwidrig mehr Unterhalt in Anspruch zu nehmen, als von dem anderen gesetzlich geschuldet ist. Unter § 1381 II kann es deshalb fallen, wenn der Ausgleichsberechtigte zu hohen Unterhalt bekommen hat, indem er ihm unterhaltsrelevante Umstände verschwiegen hat[598]. Der Einwand kann aber nur dort erheblich sein, wo die **Unterhaltsüberzahlung** nicht anderweitig gesetzlich geregelt ist. Wenn der Unterhalt wegen § 1360b nicht zurückgefordert werden kann, darf das nicht über § 1381 korrigiert werden. Wenn auf ein vorläufig vollstreckbares Urteil oder einen sofort wirksamen Beschluss (§ 116 III 3 FamFG) gezahlt worden ist, sind die verfahrensrechtlichen Regelungen für den Fall, dass der Titel aufgehoben wird, abschließend. Eine Korrektur über § 1381 kommt nicht in Betracht[599].

cc) Vermögensverwaltung

573   Wirtschaftliche Verpflichtungen, die sich außerhalb der Unterhaltspflicht auf das Vermögen allgemein beziehen, kennt das gesetzliche Güterrecht kaum. Verdeutlicht wird das durch § 1364, wonach jeder Ehegatte sein Vermögen selbständig verwaltet. Aus der Vermögensverwaltung kann sich deshalb in der Regel der Vorwurf einer Verletzung wirtschaftlicher Verpflichtungen nicht ergeben. Die Rechtsprechung hat daraus den Schluss gezogen, dass auch **Misswirtschaft** nicht zu einer Unbilligkeit führen könne[600]. Die Auffassung wird zutreffend damit begründet, dass Misswirtschaft schon im Rahmen von § 1375 II sanktioniert wird. Das muss der allgemeineren Klausel in § 1381 II vorgehen und diese insoweit ausschließen.

Eine Vermögensverwendung, die als illoyale Verfügung i.S.d. § 1375 II einzuordnen wäre, kann nicht (erneut) zur Begründung eines Unbilligkeitseinwandes herangezogen werden[601].

574   Hingegen ist § 1381 II geeignete Sanktion, wenn der Ausgleichsberechtigte Verfügungsgeschäfte tätigt und dabei die Beschränkungen der §§ 1365 und 1367 missachtet, also ohne Zustimmung über sein Vermögen als Ganzes oder über Haushaltsgegenstände verfügt.

---

598 *Brandenburgisches OLG*, 10.2.2003, 9 WF 191/02, FamRZ 2004, 106, Rn. 25; OLG *Köln*, 26.8.1997, FamRZ 1998, 1370.

599 Mit diesem Ergebnis auch *MK/Koch*, § 1381, Rn. 17.

600 *OLG Düsseldorf*, 5.11.2014, 5 UF 71/14, NJW 2015, 1535; *Schwab/Schwab*, VII Rn. 242; *Johannsen/Henrich/Jaeger*, § 1381, Rn. 9 m.w.N.; a.A. *Soergel/Kappler*, 12. Aufl., § 1381, Rn. 10, nicht aufrecht erhalten in der 13. Aufl, § 1381, Rn. 15.

601 *OLG Düsseldorf*, 5.11.2014, 5 UF 71/14, NJW 2015, 1535.

dd) Verschuldensmaßstab

Die Pflichtverletzung muss schuldhaft begangen worden sein. Es gilt **575** der Verschuldensmaßstab des § 276. Das besondere Haftungsprivileg des § 1359 (**diligentia quam in suis**) ist zu beachten. Gründe, die ein Verschulden ausschließen, schließen auch den Unbilligkeitseinwand aus. Insbesondere kann eine auch noch so grobe Pflichtverletzung den Zugewinnausgleichsanspruch nicht tangieren, wenn sie im Einvernehmen mit dem anderen begangen worden ist.

Die Pflichtverletzung muss über **längere Dauer** begangen worden **576** sein. Dieses Kriterium macht deutlich, dass vor allem Unterhaltspflichten, die ständig wiederkehren, gemeint sind. Verwertbare Kriterien dafür, was als *längere Zeit* anzusehen sei, lassen sich nicht feststellen. Zu berücksichtigen sind die Dauer der Ehe insgesamt und die Dauer der Trennungszeit. Richtigerweise muss auch das Maß der Pflichtverletzung berücksichtigt werden[602]. Die Pflichtverletzung muss, damit sie den Billigkeitseinwand tragen kann, zu einer erheblichen wirtschaftlichen Beeinträchtigung geführt haben. Das kann sich nur aus dem Zusammenspiel von Dauer und Höhe ergeben.

b) Allgemeine Unbilligkeitsklausel des § 1381 I

§ 1381 II beschreibt unterhaltsbezogene Umstände, die zur Verwir- **577** kung des Zugewinnausgleichsanspruchs führen können. Das ist aber nicht abschließend. Außer den beispielhaft genannten Verfehlungen können auch andere Umstände den Einwand der groben Unbilligkeit rechtfertigen. Anders als bei den unterhaltsbezogenen ist ein Verschulden des Ausgleichsgläubigers nicht in allen Fällen erforderlich[603], sofern es sich nicht um Verfehlungen wirtschaftlicher Art handelt[604].

aa) Persönliche Verfehlungen

Persönliche Verfehlungen außerhalb des wirtschaftlichen Bereichs **578** können nicht oder allenfalls in extremen Ausnahmefällen ein Leistungsverweigerungsrecht nach § 1381 begründen.

In der Vergangenheit sind persönliche Verfehlungen häufig im Zusammenhang mit § 1381 erörtert worden. Die Entscheidungen, auf die dabei Bezug genommen wird, stammen jedoch ganz überwiegend aus der Zeit vor dem Inkrafttreten des 1. EheRG, als noch das Schuldscheidungsrecht galt. Insbesondere wird dabei ein Ehebruch des Ausgleichsberechtigten

---

602 *Johannsen/Henrich/Jaeger*, § 1381, Rn. 8 a.A. *MK/Koch*, § 1381, Rn. 16.
603 *BGH*, 6.2.2002, XII ZR 213/00, FamRZ 2002, 606, Rn. 32.
604 *BGH*, 18.3.1992, XII ZR 262/90, FamRZ 1992, 787.

mit der Unbilligkeit seines Anspruchs in Zusammenhang gebracht[605]. Hingegen wird in der jüngeren Literatur und Rechtsprechung überwiegend vertreten, dass mit der Abschaffung des Schuldscheidungsrechts der Einwand persönlicher Eheverfehlungen auch auf den Zugewinnausgleichsanspruch keinen Einfluss mehr haben könne[606].

579   Die Abschaffung des auf Verschulden gestützten Scheidungsanspruchs hat mit § 1381 nicht unmittelbar zu tun. Das Verschulden betraf die sich aus § 1353 ergebende Treuepflicht. Diese Treuepflicht besteht bis heute fort, auch wenn sie nicht mehr der Scheidungsanspruch begründet. Indes haben sich seit dem Inkrafttreten des 1. EheRG die allgemeinen Anschauungen über die Bedeutung der ehelichen Treue geändert. Die Treuerwartung ist dadurch nicht bedeutungslos geworden, hat aber einen anderen Stellenwert bekommen. Dass die Verletzung der ehelichen Treuepflicht wirtschaftliche Folgen hat, ist der gesetzlichen Regelung fremd geworden. Indem der Scheidungsanspruch vom Verschulden gelöst worden ist, ist auch der Unterhaltsanspruch vom Verschulden unabhängig. Dieselbe Wertung hat auch im Güterrecht Bedeutung. Zugewinnausgleichsansprüche sind während der gesamten Dauer des Güterstandes erworben worden. Sie können nicht durch ein Fehlverhalten am Ende, das mit dem Vermögenserwerb nichts zu tun hat, vernichtet werden[607].

580   In besonders schweren Fällen der nichtwirtschaftlichen persönlichen Verfehlung wird von der Rechtsprechung eine Verwirkung über § 1381 weiterhin für möglich gehalten[608]. Verfehlungen können erhebliche Bedeutung haben unabhängig von der Frage, ob sie Grund für das Scheitern der Ehe waren. Fälle, die zu einer **Erbunwürdigkeit** führen (§ 2329) oder zur Entziehung des Pflichtteils berechtigen (§ 2333), lassen sich auch unter § 1381 subsumieren[609]. In einer Entscheidung aus 2012 hatte der Ausgleichsberechtigte den Anspruch verwirkt, indem er die ausgleichspflichtige Frau vorsätzlich getötet hatte[610]. Dabei war unerheblich, dass nur der Ausgleichsberechtigte in der Ehe Vermögen erwirtschaftet hatte. Ebenso kann eine langdauernde Misshandlung des Ausgleichspflichtigen auch zur

---

605 In jüngster Zeit noch ebenso *OLG Düsseldorf,* 28.1.2009, II-8 UF 55/05, FamRZ 2009, 1068, Rn. 42.

606 *Brandenburgisches OLG,* 19.12.2006, 10 UF 236/05, juris; *Staudinger/Thiele,* § 1381 Rn. 20; zurückhaltend *MK/Koch,* § 1381, Rn. 31.

607 Im Ergebnis ebenso; *MK/Koch,* § 1381, Rn. 31.

608 *OLG Düsseldorf,* 28.1.2009, II-8 UF 55/05, FamRZ 2009, 1068, Rn. 42. Das *OLG* hat im konkreten Fall § 1381 nicht durchgreifen lassen, weil das gebildete Vermögen zur Altersversorgung beider bestimmt gewesen sei.

609 Amtliche Begründung, BT-Drucks. 2/224; *Bamberger/Roth/Mayer,* § 1381, Rn. 8; *Staudinger/Thiele,* § 1381, Rn. 26.

610 *LG Nürnberg-Fürth,* 29.12.2012, 7 O 8624/11, FamRZ 2012, 1940.

Verwirkung des Ausgleichsanspruchs führen[611]. Der Rechtsprechung kann nur mit großer Vorsicht gefolgt werden. Der Ausgleichsanspruch soll den verfassungsrechtlich geschützten Anspruch auf Teilhabe an dem während der Ehe gemeinsam geschaffenen Vermögen gewährleisten. Der Anspruch mit diesem Rang kann nur verwirkt werden, wenn das Fehlverhalten besonders krass war oder unter die Ehepartner besonders belastenden Umständen geschieht[612].

bb) Lange Trennungszeit

Wenn die Eheleute sehr lange getrennt gelebt haben, bevor das Schei- **581** dungsverfahren eingeleitet wurde, ist das allein kein Grund, den Zugewinnausgleich über § 1381 zu versagen. Dabei ist nicht maßgeblich, ob der Zugewinn vor oder nach der Trennung entstanden ist. Zu der Trennungsdauer müssen wesentliche Gründe hinzutreten, um den Ausgleich grob unbillig erscheinen zu lassen[613].

Der *BGH* hatte in einer früheren Entscheidung in einer sehr langen Trennungszeit ein erhebliches Unbilligkeitsmoment gesehen, wenn sich ergibt, dass das wesentliche Vermögen erst in der Trennungszeit ohne Zutun des Ausgleichsberechtigten erworben worden ist, „so dass jegliche innere Beziehung dieses Vermögens zur ehelichen Lebensgemeinschaft fehlt"[614]. Das wird auch von einem Teil des Schrifttums vertreten[615]. Mit dem Hinweis auf die fehlende innere Beziehung lässt sich jedoch die grobe Unbilligkeit nicht begründen. Für diese Fälle hält das Gesetz eine andere Regelung bereit. Jedem Ehegatten steht es frei, nach dreijähriger Trennung vorzeitigen Zugewinnausgleich zu verlangen (§ 1385 Nr. 1). Wer das nicht getan hat, ist an seiner Entscheidung festzuhalten[616]. Möglicherweise hat er die Zugewinngemeinschaft lange aufrecht erhalten in der Hoffnung, das Vermögen des anderen werde noch zunehmen. Wenn er sich in dieser Erwartung geirrt hat, darf das nicht über § 1381 dem anderen aufgeladen werden. Der *BGH* hat sich dieser Ansicht inzwischen angenähert[617].

---

611 *OLG Bamberg*, 5.12.1996, 2 UF 181/96, NJW-RR 1997, 1435.
612 So hat der *BGH* zu § 27 VersAusglG entschieden mit Erwägungen, die ohne weiteres auf den Zugewinnausgleich zu übertragen sind (*BGH*, 16.10.2013, XII ZB 176/12, FamRZ 2014, 105).
613 *OLG München*, 17.10.2012, 12 UF 777/12, FamRZ 2013, 879.
614 *BGH*, 6.2.2002, XII ZR 213/00, FamRZ 2002, 606, Rn. 31; ebenso schon *BGH*, 9.7.1980, IVb ZR 531/80, FamRZ 1980, 877.
615 *Staudinger/Thiele*, § 1381 BGB, Bearbeitung 2007, Rn. 24; *Jaeger*, FPR 2005, 352, 355.
616 *OLG Karlsruhe*, 16.4.1987, 2 UF 267/85, FamRZ 1987, 823; *PWW/Weinreich*, § 1381, Rn. 13.
617 *BGH*, 9.10.2013, XII ZR 125/12, Rn. 32, FamRZ 2013, 1954.

cc) Mangelnder Beitrag des Berechtigten zum Vermögenserwerb

582　　Der Einwand, der ausgleichsberechtigte Ehegatte habe zum Erwerb des Vermögens, das die Ausgleichspflicht begründet, nichts beigetragen, kann im Rahmen von § 1381 grundsätzlich nicht berücksichtigt werden. Der schematische Zugewinnausgleich beruht auf der bewussten Annahme, dass der Beitrag beider Eheleute zum Vermögenserwerb gleichwertig sei und schließt einen Gegenbeweis aus. Ungerechtigkeiten, die dadurch im Einzelfall entstehen mögen, sind Folge des Systems und können nicht über Billigkeitserwägungen korrigiert werden[618]. Etwas anderes gilt nur, wenn selbständige sonstige Billigkeitsgründe hinzutreten. Zwei Extrembeispiele aus der Rechtsprechung mögen das erläutern.

Beruht die Zugewinnausgleichspflicht auf einem Lottogewinn, den der Verpflichtete während des Güterstandes gemacht hat, wird das durch den schematischen Charakter der Zugewinnausgleichsberechtigung gerechtfertigt und begründet für den Pflichtigen keinen Billigkeitseinwand aus § 1381. Auf die Frage, ob der andere einen Beitrag zu dem Gewinn geleistet hat, kommt es nicht an.

Einen Unbilligkeitseinwand kann es aber begründen, wenn die Ausgleichspflicht auf einem Schmerzensgeld oder einer kapitalisierten Unfallrente beruht, die dem Verpflichteten zugeflossen sind[619]. Der ganz persönliche Schmerz, der mit dem Kapital abgegolten werden sollte, kann der Fiktion, der Vermögenszuwachs beruhe auf einer gemeinsamen Leistung, in unerträglicher Weise widersprechen[620].

dd) Grobes Ungleichgewicht

583　　In Literatur und Rechtsprechung wird weiterhin diskutiert, ob ein Ungleichgewicht über § 1381 ausgeglichen werden könne, das durch eine Überschuldung eines Ehegatten zu Beginn der Ehe verursacht worden ist[621]. Die Frage hat sich durch die Güterrechtsreform 2009 erledigt. Eine Überschuldung wird durch die Möglichkeit negativen Anfangsvermögens (§ 1374 III) berücksichtigt. Weiterhin kann es zu einem groben Ungleichgewicht kommen, wenn das Entstehen negativen Zugewinns ausgeschlossen wird (→ Rn. 417). Das beruht dann aber auf einer bewussten gesetzgeberischen Entscheidung und kann nicht nach Billigkeitsgrundsätzen korrigiert werden.

618　*BGH*, 18.3.1992, XII ZR 262/90, FamRZ 1992, 787.

619　*AG Hersbruck*, 23.1.2002, 2 F 1082/01, FamRZ 2002, 1476; *OLG Stuttgart*, 29.3.2001, 11 UF 331/00, FamRZ 2002, 99.

620　Das dürfte aber schon dann nicht gelten, wenn der andere während des Güterstandes als Folge des Unfalls mit Aufwand oder Pflegeleistung besonders belastet war.

621　*Johannsen/Henrich/Jaeger*, § 1386, Rn. 5.

Allein der Umstand, dass der Ausgleichsberechtigte schon ohne den Zugewinnausgleich ein **wesentlich höheres Vermögen** besitzt als der Ausgleichspflichtige, rechtfertigt es nicht, den Zugewinnausgleich wegen Unbilligkeit auszuschließen[622].

ee) Konflikt mit Unterhalt

Im Recht des Zugewinnausgleichs gilt das Verbot, denselben Gegen- **584** stand doppelt, für Zugewinnausgleich und Unterhalt, zu verwenden (→ Rn. 99). Innerhalb des Systems lässt sich das aber nicht immer vermeiden. So kann eine Abfindung für den Verlust des Arbeitsplatzes in das Endvermögen gehören, weil sie eine Entschädigung für sozialen Besitzstand ist (→ Rn. 190). Unterhaltsrechtlich kann der Empfänger gehalten sein, die Zahlung wie laufendes Einkommen zu behandeln und dieselbe Zahlung zu Unterhaltszwecken zu verwenden. In einem derartigen Fall hat das *OLG Frankfurt*[623] die Durchführung des Zugewinnausgleichs teilweise für grob unbillig gehalten.

Wird der Ausgleichspflichtige voraussichtlich dauerhaft auf Unterhalt angewiesen sein, so rechtfertigt das nicht, ihm unter Berufung auf § 1381 die Ausgleichspflicht zu erlassen, um seinen Unterhalt zu sichern. Die Unterhaltslast des Ausgleichsberechtigten ist in §§ 1569 ff. abschließend geregelt und kann nicht zusätzlich durch Verzicht auf den Zugewinnausgleich aufgebürdet werden[624].

ff) Vorteil aus der Teilungsversteigerung

Das Familienheim steht oft im gemeinschaftlichen Eigentum der Ehe- **585** leute. In die Zugewinnausgleichsbilanz ist bei jedem von ihnen sein Bruchteil mit dem Verkehrswert einzusetzen. Auch bei bestehender Ehe kann jeder der Eheleute die Teilung der Gemeinschaft verlangen (§ 749). Im Konfliktfall geschieht das durch Zwangsversteigerung (§ 180 ZVG). Wenn einer der Eheleute das Familienheim in der Versteigerung weit unter Wert erwirbt, neigen die Gerichte dazu, das Versteigerungsergebnis im Verhältnis der Eheleute über § 1381 zu korrigieren[625]. Dem kann nicht gefolgt werden.

Ist es zur Zwangsversteigerung gekommen, weil der Ausgleichsverpflichtete den Verkauf des Hauses verweigert hat, so hat er seine aus § 749

---

622 *OLG Düsseldorf,* 5.11.2014, 5 UF 71/14, Rn. 34, juris.
623 *OLG Frankfurt,* 24.6.1999, 6 UF 134/98, FamRZ 2000, 611.
624 A.A. *Schleswig-Holsteinisches OLG,* 30.5.1997, 10 UF 56/96, NJW-RR 1998, 1225; *Schwab/Schwab,* VII Rn. 254; *Staudinger/Thiele,* § 1381, Rn. 29.
625 *Schleswig-Holsteinisches OLG,* 10.5.1998, 8 UF 117/96, SchlHA 1998, 313; *OLG Düsseldorf,* 25.1.1995, 5 UF 171/93, FamRZ 1995, 1145.

herrührende Pflicht verletzt. Wegen dieses Verschuldens kann seine Ausgleichspflicht nicht unbillig sein. Hat hingegen der Ausgleichsberechtigte pflichtwidrig den freihändigen Verkauf verhindert, um das Haus besonders günstig ersteigern zu können, so kommt in Betracht, dass der dadurch ausgelöste Zugewinnausgleichsanspruch grob unbillig ist. Das kann aber nicht als Regel gelten. Einen günstigen Zuschlag im Zwangsversteigerungsverfahren zu erhalten, ist grundsätzlich legitim. Das Versteigerungsverfahren ist öffentlich, und dort haben alle Bieter grundsätzlich dieselben Chancen. Das Meistgebot hat deshalb die Vermutung für sich, angemessen zu sein. Es muss sich also aus den Umständen für den Ausgleichspflichtigen eine besondere Unterlegenheit im Zwangsversteigerungsverfahren ergeben haben, um aus dem Gebot des anderen eine besondere Unbilligkeit herleiten zu können.

586   Das *OLG Köln*[626] ist noch weiter gegangen und hat § 1381 auch dann noch angewandt, als der Ausgleichsberechtigte nach Ende des Güterstandes das ehemals gemeinsame Haus unangemessen billig ersteigert hatte. Dem kann nicht gefolgt werden. Außerhalb der Ehe gibt es keine Rechtspflicht, im Zwangsversteigerungsverfahren nur mit Rücksichtnahme auf den anderen Miteigentümer Gebote abzugeben. Ebensowenig ist dem *LG Köln*[627] zu folgen, wonach in Anwendung des Gedankens des § 1381 der frühere Ehegatte, der ein gemeinsames Grundstück unter Wert ersteigert, dem anderen zum Wertausgleich verpflichtet sei.

gg) Umstände nach Beendigung des Güterstandes

587   Nach dem Ende des Güterstandes, wenn der Ausgleichsanspruch entstanden ist, ist für § 1381 kein Raum mehr[628]. Umstände, die nach dem Ende des Güterstandes eingetreten sind, können nun im Rahmen der allgemeinen Einwendungen aus § 242 berücksichtigt werden[629]. Das führt dazu, dass Einwendungen, die mit dem ehelichen Verhältnis zusammenhängen, in der Regel nicht mehr geltend gemacht werden können[630].

588   Zweifelhaft ist hingegen, ob Veränderungen im Vermögen, die zwischen dem Stichtag des § 1384 und dem Ende des Güterstandes eintreten, nach § 1381 berücksichtigt werden können[631]. Dieses Problem hat eine

---

626 *OLG Köln*, 16.12.2008, 4 UF 75/08, FamRZ 2009, 1070; a.A. *OLG Düsseldorf*, 5.11.2014, 5 UF 71/14, Rn. 40, juris.

627 *LG Köln*, 11.7.2003, 4 O 255/02, FamRZ 2003, 1666.

628 *OLG Bremen*, 30.1.1997, 5 WF 137/96, FamRZ 1998, 245; so auch *Koch*, Anm. in FamRZ 2010, 1205, 1208; *Bamberger/Roth/Mayer*, § 1381, Rn. 6.

629 *Schwab*, FamRZ 2009, 1445, 1449; *Bamberger/Roth/Mayer*, § 1381, Rn. 4; *PWW/Weinreich*, § 1381, Rn. 9.

630 Anders *OLG Köln*, 16.12.2008, 4 UF 75/08, FamRZ 2009, 1070.

631 Dagegen *PWW/Weinreich*, § 1381, Rn. 9.

besondere Relevanz durch die Güterrechtsreform 2009 bekommen. Seither können Vermögensveränderungen nach dem Stichtag nicht mehr berücksichtigt werden, auch wenn sich der Pflichtige wegen seines Vermögensverfalls verschulden muss, um den Ausgleichsbetrag aufbringen zu können. *Schwab* hat mit seinem viel erörterten Beispiel von Romeo, Julia und der Finanzkrise[632] erwogen, durch die Reform entstandene Härten über Billigkeitsregeln zu mildern. Der *BGH* ist ihm darin grundsätzlich gefolgt und hält § 1381 ebenfalls für das Mittel der Wahl, um Härten aus der Entwicklung nach dem Berechnungsstichtag auszugleichen[633]. Dagegen spricht, wie er selbst einräumt[634], dass bei unerwarteten Vermögensänderungen aus § 1381 nur eine Einrede gegen den Anspruch hergeleitet werden kann, nicht aber ein Anspruch, obwohl die Interessenlage in beiden Fällen gleich ist. Jedenfalls dürfte allein der Vermögensverlust noch nicht eine unbillige Härte begründen[635]. Es muss zumindest konkret festgestellt werden, welche konkrete dauerhafte Belastung es für den Ausgleichspflichtigen bedeuten würde, etwa durch Tilgung eines Kredites, die Ausgleichszahlung aufzubringen.

VII. Verjährung

Der entstandene Zugewinnausgleichsanspruch unterliegt der Verjährung wie jeder andere schuldrechtliche Anspruch. Sonderregelungen für die Verjährung güterrechtlicher Ansprüche, die in der Gesetzesfassung bis 2010 gegolten hatten, sieht das Gesetz nicht mehr vor. Für den Beginn der Verjährung, die Dauer der Verjährungsfrist und ihre Hemmung gelten deshalb die allgemeinen Bestimmungen. **589**

1. Beginn der Verjährung

Die Verjährung eines Zugewinnausgleichsanspruches beginnt gemäß § 199, wenn der Anspruch entstanden ist und der Ausgleichsgläubiger von den den Anspruch begründenden Umständen und der Person des Schuldners Kenntnis erlangt oder ohne grobe Fahrlässigkeit erlangen müsste. **590**

Der Beginn der Verjährung setzt also voraus, dass der **Güterstand beendet** ist (§ 1378 III 1). Normalerweise kann der Lauf der Verjährung also nicht vor Rechtskraft des Scheidungsbeschlusses beginnen. Wird der Zugewinnausgleich als Folgesache zur Scheidungssache verfolgt, so kann

---

632 FamRZ 2009, 1445.
633 *BGH*, 4.7.2012, XII ZR 80/10, FamRZ 2012, 1479, Rn. 34.
634 *Schwab/Schwab*, VII Rn. 253.
635 *Hoppenz*, FamRZ 2012, 1482.

deshalb während des laufenden Verfahrens die Verjährung noch nicht beginnen. Etwas anderes gilt nur, wenn die Folgesache Zugewinnausgleich von der Scheidungssache abgetrennt und der Scheidungsausspruch vorab rechtskräftig wird.

Hinzukommen muss die **Kenntnis des Ausgleichsgläubigers** von den Umständen, auf denen der Ausgleichsanspruch beruht. Welche Kenntnisse er dafür im Einzelnen haben muss, ist in der Rechtsprechung bisher nicht behandelt worden. Die Literaturstimmen verlangen überwiegend, dass der Gläubiger nur die Umstände kennen müsse, auf denen das Ende des Güterstandes beruht[636]. Den Zugewinnausgleichsanspruch selbst müsse er nicht kennen.

Die Kommentarmeinungen sollten mit Zurückhaltung übernommen werden. Ein Vergleich mit den Vorauflagen zeigt, dass die Kommentierungen insoweit nach dem Wegfall des früheren § 1378 IV nicht angepasst wurden. Tatsächlich sind die gesetzlichen Voraussetzungen für den Verjährungsbeginn durch den Wegfall der Sondervorschrift stark verändert worden. Nach § 1378 IV a.F. war alleinige Voraussetzung für den Verjährungsbeginn positive Kenntnis vom Ende des Güterstandes. Auf eine Kenntnis von dem Anspruch selbst kam es nicht an. Die Vorschrift war ein Relikt des früheren Verjährungsrechtes, das den Verjährungsbeginn allein an objektive Umstände knüpfte. Seit der Schuldrechtsreform ist der Verjährungsbeginn in grundsätzlicher Abkehr vom bisherigen subjektiviert worden[637]. Damit kann der Verjährungsbeginn nicht mehr von einer Kenntnis des Gläubigers losgelöst werden. Das gilt nunmehr auch, indem § 1378 IV aufgehoben wurde, für güterrechtliche Ansprüche. Die Umstände, die den Zugewinnausgleichsanspruch begründen, sind somit nicht nur das Ende des Güterstandes, sondern auch die Tatschen, aus denen sich der Ausgleichsanspruch ergibt.

Es genügt nicht, dass der Ausgleichsgläubiger von dem Ende des Güterstandes weiß und dass ihm bekannt ist, dass sein eigener Zugewinn geringer ist als der des anderen. Der Ausgleichsgläubiger muss die Tatsachen kennen, aufgrund derer er Klage erheben kann und für die er die Vortrags- und Beweislast trägt[638]. Das hat für den Zugewinnausgleichsanspruch zur Folge, dass der Ausgleichsberechtigte den Saldo aller Vermögenspositionen im Anfangs- und Endvermögen beider Eheleute kennen muss. Für einen schlüssigen Zugewinnausgleichsantrag ist der Vortrag und ggf. Beweis jeder einzelnen Saldoposition erforderlich. Nur wenn

---

636 *Erman/Budzikiewicz*, § 1378, Rn. 19; Anwaltkommentar/*Heiss/Löhnig*, § 1378, Rn. 24; *Palandt/Brudermüller*, § 1378, Rn. 11; *MK/Koch*, § 1378, Rn. 29.
637 *MK/Grothe*, Vorbemerkung zu Verjährung, Rn. 30.
638 *MK/Grothe*, § 199, Rn. 25; BeckOK/*Piepenbrock*, § 199, Rn. 47.

dem Ausgleichsberechtigten alle Gegenstände und deren Wert, aus denen die Salden gebildet werden, bei beiden Eheleuten bekannt ist, kennt er die Umstände, auf denen der Anspruch beruht. Vor der abschließenden Klärung aller Saldopositionen kann also der Lauf der Verjährung nach § 199 nicht beginnen.

2. Verjährungsfrist

Es gilt die allgemeine Verjährungsfrist von drei Jahren. Sie beginnt mit Ablauf des Jahres, in dem die Voraussetzungen des § 199 eingetreten sind, der Anspruch also entstanden ist und der Gläubiger die Kenntnis von den Umständen erlangt hat.   **591**

Die absolute Verjährungsfrist, die die Kenntnis der anspruchsbegründenden Umstände nicht mehr voraussetzt, beträgt zehn Jahre (§ 199 IV).

3. Hemmung der Verjährung

Der Lauf der Verjährungsfrist kann nach den allgemeinen Bestimmungen gehemmt oder unterbrochen werden (§§ 203 bis 213). Für den Zugewinnausgleichsanspruch von besonderer Bedeutung sind die Hemmung der Verjährung durch Aufnahme von Verhandlungen und die gerichtliche Geltendmachung.   **592**

Verhandlungen, die die geschiedenen Eheleute über den Zugewinnausgleichsanspruch führen, hemmen den Lauf der Verjährung. Die Hemmung endet mit dem (erfolglosen) Ende der Verhandlungen. Allerdings kann die Verjährung nicht früher als drei Monate nach dem Ende der Verhandlungen ablaufen (§ 203 S. 2).

Die Verjährung wird auch durch **gerichtliche Geltendmachung** gehemmt. Von Bedeutung ist das nur, wenn der Zugewinnausgleich außerhalb des Verbundes verfolgt wird, weil im Verbundverfahren die Verjährungsfrist nicht einmal zu laufen begonnen hat. Auch wenn der Güterstand vor Eheende durch Ehevertrag beendet wurde, ist die Verjährung allein durch das Weiterbestehen der Ehe gehemmt (§ 207), so dass es einer zusätzlichen Hemmung durch gerichtliches Geltendmachen nicht bedarf.

Ist die Ehe geschieden, so ist ein gerichtliches Verfahren geeignet, den Lauf der Verjährung wegen des Zugewinnausgleichsanspruchs zu hemmen[639]. Dafür genügt auch ein **Stufenantrag**, bei dem der Zugewinnausgleichsanspruch zunächst unbeziffert bleibt. Im Stufenverfahren tritt Rechtshängigkeit für den gesamten Verfahrensstoff ein, auch soweit die   **593**

---

639 Zur Hemmung bei einem Teilantrag → Rn. 806.

späteren Stufen zunächst nicht betrieben werden. Dass der Zahlungsantrag schlüssig begründet ist, ist nicht erforderlich[640]. Der *BGH* hat die Anforderungen an ein Verfahren, das die Verjährung hemmt, niedrig angesetzt. Die Stufenklage hemmt die Verjährung des Ausgleichsanspruchs auch dann, wenn im Auskunftsantrag ein falscher Stichtag für das Endvermögen genannt ist[641].

---

640 *Büte*, Rn. 266.
641 *BGH*, 24.5.2012, IX ZR 168/11, FamRZ 2012, 1296.

4. Kapitel:
Information und Auskunft

A. Überblick

I. Funktionsschema des Auskunftsanspruchs

Die Eheleute haben zur Ermittlung des Zugewinns gegenseitig einen **594**
Anspruch auf Auskunftserteilung. Dieser Auskunftsanspruch hat in der
Praxis eine überaus große Bedeutung. Das Auskunftsverlangen leitet in aller Regel die streitige Auseinandersetzung um den Zugewinnausgleich
ein. Über seinen Umfang und Inhalt wird viel Streit geführt. Auch die
Zwangsvollstreckung von Auskunftsbeschlüssen ist oft Gegenstand streitiger Auseinandersetzung.

Seine wichtige Stellung im Streit um den Zugewinnausgleich erlangt
der Auskunftsanspruch aus der prozessualen Gestalt dieses Streits. Der Zugewinnausgleichsanspruch ist Familienstreitsache (§ 112 Nr. 2 FamFG)[1],
in der die Vorschriften der ZPO für den Landgerichtsprozess gelten
(§ 113 I FamFG). Somit gilt der strenge Beibringungsgrundsatz und das
Gericht darf keine selbständige Sachverhaltsermittlung betreiben. Zum
schlüssigen Antrag auf Zugewinnausgleich gehört deshalb der Vertrag
über das Vermögen des Antragsgegners, also über Positionen, von denen
der Antragsteller gewöhnlich keine eigene Kenntnis hat. Kenntnis von
dem für einen schlüssigen Antrag erforderlichen Sachverhalt kann der Antragsteller nur erlangen, indem der (zukünftige) Gegner sie ihm verschafft.
Das wird nicht durch eine prozessuale Mitwirkungspflicht des Gegners,
eine Einschränkung der Vortragslast oder eine Beweislastumkehr erreicht.
Statt dessen sieht das Gesetz einen materiellrechtlichen Auskunftsanspruch vor[2], der vor dem eigentlichen Betragsverfahren als eigener Anspruch, ggf. in einem eigenen Verfahren, durchzusetzen ist.

Der Auskunftsanspruch dient also dazu, das Zugewinnausgleichsver- **595**
fahren unter Beibehaltung der allgemeinen prozessualen Regeln zu führen. Das legt es für den in Anspruch Genommenen nahe, sich in dem Be-

---

1 *Schwab/Schwab*, VII Rn. 325.
2 So auch *Schwab/Schwab*, VII Rn. 334.

tragsverfahren eine günstigere Position zu verschaffen, indem er dem Antragsteller die für seinen Prozess erforderlichen Auskünfte vorenthält oder unbrauchbar macht. Das zu verhindern, dient ein abgestuftes System von Zwang und Sanktion, das sich in der Praxis bewährt hat. Es lassen sich folgende Schritte darstellen:

– Der Schuldner ist verpflichtet, Auskunft über sein Vermögen zu erteilen.

– Kommt er der Pflicht nicht nach, so ist er in einer Familienstreitsache durch Beschluss dazu zu verpflichten.

– Erfüllt er den Beschluss nicht, so findet auf Antrag des Gläubigers die Zwangsvollstreckung durch Festsetzung eines Zwangsgeldes oder von Zwangshaft statt.

– Gibt die danach erteilte Auskunft Anlass zu Zweifeln an ihrer Richtigkeit oder Vollständigkeit, so hat der Schuldner an Eides statt zu versichern, dass er die ihm mögliche Sorgfalt vollständig angewandt habe.

– Gibt der Schuldner die eidesstattliche Versicherung zu der Auskunft ab, die der Anlass für die Zweifel war, so eröffnet diese eidesstattliche Versicherung die Möglichkeit, ihre Richtigkeit in einem strafrechtlichen Ermittlungsverfahren prüfen zu lassen.

– Erstmals an dieser Stelle des Ablaufs findet durch eine objektive staatliche Stelle (die Staatsanwaltschaft) eine Ermittlung von Amts wegen zu dem Vermögen des Auskunftsschuldners statt.

– Der Auskunftsgläubiger hat Anspruch, das Ergebnis des Ermittlungsverfahrens und damit auch die amtswegig ermittelten Detailinformationen über das Vermögen des anderen zu erfahren, die er so in seinen Zugewinnausgleichsantrag einführen kann.

– Im Falle einer Verurteilung des Pflichtigen wegen Abgabe einer falschen eidesstattlichen Versicherung kommt auch die Wiederaufnahme eines schon rechtskräftig abgeschlossenen Zugewinnausgleichsverfahrens in Betracht.

Der Weg zur Erlangung vollständiger Informationen, die erst Voraussetzung für ein Zugewinnausgleichsverfahren sind, erscheint umständlich und äußerst langwierig. Trotzdem hat er sich in der Praxis bewährt. Er muss selten einmal zu Ende gegangen werden. Schon sehr selten kommt es zur Abgabe der eidesstattlichen Versicherung, weil allein die Kenntnis der jeweils folgenden Schritte in aller Regel zu einer vollständigen und richtigen Auskunfterteilung führt.

II. Zusammenstellung der Auskunfts- und Informationsansprüche

Der einleitend beschriebene Auskunftsanspruch, welcher der erste 596
Schritt im Streitverfahren um den Zugewinnausgleichsanspruch ist, ist
nur ein Teil der umfassenden Informations- und Unterrichtungsansprü-
che im System des Zugewinnausgleichs. Die Auskunft auf die Stichtage
des Anfangs- und Endvermögens ist als Gegenstück zur Beweislastverteilung im Betragsverfahren der wichtigste Auskunftsanspruch. Daneben
gibt es weitere Ansprüche, teils aus dem Gesetz, teils von der Rechtsprechung entwickelt, die der Vertrauensbildung oder Beweiserleichterung
dienen.

– Auf Verlangen ist Auskunft zu erteilen über den Bestand des Vermögens an den Stichtagen des Anfangs- und Endvermögens.

– Es müssen die Merkmale der einzelnen Vermögensgegenstände mitge-
  teilt werden, die deren Bewertung ermöglichen, und die Bewertung
  muss geduldet werden.

– Der Bestand des Anfangsvermögens kann in einem gemeinsamen Verzeichnis erfasst werden, das die Vermutung der Richtigkeit und Vollständigkeit begründet.

– Solange die eheliche Gemeinschaft besteht, ist in groben Zügen über
  das Einkommen und das Vermögen zu informieren.

– Bei Scheitern der ehelichen Gemeinschaft ist der Vermögensstand am
  Tage der endgültigen Trennung mitzuteilen, um Vermögensmanipu-
  lationen nach der Trennung zu erschweren.

– Über die stichtagsbezogenen Auskünfte hinaus ist in besonderen Fällen nach Treu und Glauben weitere Einzelauskunft zu erteilen.

B. Die einzelnen Auskunfts- und Informationsrechte

I. Auskunft zum Anfangs- und Endvermögen nach § 1379

§ 1379 I Nr. 2 ordnet eine Auskunftspflicht auf die beiden Stichtage 597
der Zugewinnberechnung an, auf den Tag des Beginns und des Endes des
Güterstandes. An die Stelle des Endes des Güterstandes tritt nach §§ 1384
und 1386 der Tag der Rechtshängigkeit des jeweiligen Verfahrens.

1. Anspruchsvoraussetzung

Der Auskunftsanspruch besteht ohne weiteres, wenn Antrag auf Schei- 598
dung oder Aufhebung der Ehe gestellt worden ist. Dasselbe gilt, wenn der

Güterstand auf andere Weise beendet worden ist, insbesondere wenn durch Ehevertrag Gütertrennung eingetreten ist. Ist der Güterstand durch den Tod eines Ehegatten beendet, ist die Auskunft von dem Erben zu erteilen. Die Trennung ohne Scheidungsantrag berechtigt zunächst nur, Auskunft auf den Trennungszeitpunkt zu verlangen, indes noch nicht über das Anfangsvermögen, obwohl dieses ja schon feststeht. Dieser Anspruch ergibt sich nur im Zusammenhang mit der Beendigung des Güterstandes.

Auf beide Stichtage, den des End- und dem des Anfangsvermögens, besteht in gleicher Weise ein Auskunftsanspruch. Solange das Anfangsvermögen von Gesetzes wegen nicht negativ werden konnte, bis zur Reform 2009, lag die Beweislast für den Bestand des Anfangsvermögens uneingeschränkt bei dem, der sich darauf berufen wollte. Deshalb sah das Gesetz einen Auskunftsanspruch über das Anfangsvermögen nicht vor, obwohl auch nach der alten Rechtslage ein Bedürfnis bestanden hätte. Anfangsvermögen kann auch negativ sein. Ein Anfangsvermögen unter Null muss der Gegner beweisen, wofür er auf einen Auskunftsanspruch angewiesen ist. Deshalb ist nunmehr der Auskunftsanspruch auf beide Stichtage gleich. Der Anspruch besteht immer, auch wenn das Anfangsvermögen nicht negativ ist.

Der Auskunftsanspruch bedarf, wie grundsätzlich jeder Leistungsanspruch, keines besonderen **Rechtsschutzbedürfnisses**. Es ist insbesondere nicht erforderlich, dass der die Auskunft Begehrende voraussichtlich einen Zugewinnausgleichsanspruch wird geltend machen können[3]. Die Auskunft soll auch dazu dienen, eine Anspruchsverteidigung zu vermeiden, die sich letztlich nicht halten lässt. Deshalb ist der Auffassung[4] nicht zu folgen, dass der Anspruch nicht bestehe, wenn ein Zugewinnausgleichsanspruch offensichtlich nicht besteht. Zu einem schlüssigen Auskunftsantrag gehört deshalb nicht der Vortrag, dass mit einem Ausgleichsanspruch gerechnet werde. Die Prüfung des Zugewinnausgleichsanspruchs darf nicht in das Auskunftsverfahren vorverlagert werden. Deshalb kann der Unbilligkeitseinwand des § 1381 auch nicht schon im Auskunftsverfahren erhoben werden[5]. Die Auskunft kann sogar verlangt werden, wenn feststeht, dass der Auskunftsschuldner im Ergebnis einen Ausgleichsanspruch haben wird. Die Auskunft dient auch der Verteidigung gegen einen Anspruch und ist auch gerechtfertigt, wenn damit nur die Umkehr der Beweislast erreicht werden soll[6].

---

3 *Brudermüller*, NJW 2013, 1282.
4 *Schröder/Bergschneider*, Rn. 4.233, der sich zu Unrecht auf *Staudinger/Thiele* beruft.
5 *BGH*, 10.10.1979, IV ZR 79/78, FamRZ 1980, 37, Rn. 27; anders und zu weitgehend: *OLG Hamburg*, 29.4.2011, 12 UF 32/10, FamRZ 2012, 550.
6 *BGH*, 17.10.2012, XII ZR 101/10, FamRZ 2013, 103.

Mit der Begründung, keiner der Eheleute habe Zugewinn erwirtschaftet, kann ebensowenig der Auskunftsanspruch ausgeschlossen werden[7]. Diese Tatsache soll gerade durch die Auskunftserteilung geklärt werden und darf deshalb nicht Anspruchsvoraussetzung sein. Die Auskunft ist eine persönliche Erklärung des Ehegatten, deren Richtigkeit ggfs. eidesstattlich zu versichern ist (§ 260) und kann durch Beteiligtenvortrag im Streit um die Auskunft nicht ersetzt werden.

Ein **Geheimhaltungsinteresse** des Auskunftsschuldners kann ihn grundsätzlich von der Auskunftspflicht befreien. Objektive Gründe, die ein Geheimhaltungsinteresse rechtfertigen, kann es nur in seltenen Ausnahmefällen geben[8]. Subjektive Gründe, die im Verhalten des Ausgleichsgläubigers liegen, rechtfertigen den Ausschluss nicht.

Hingegen ist ein Auskunftsanspruch zu versagen, wenn unabhängig von dem Inhalt der Auskunft schon feststeht, dass ein Zugewinnausgleich nicht stattzufinden hat[9]. Das ist namentlich der Fall, wenn für die Ehe **Gütertrennung** vereinbart oder der Zugewinnausgleich ausgeschlossen ist[10]. Das kann sich aus einem Ehevertrag ergeben, der das Stichtagsvermögen anders festlegt, oder wenn ein Zugewinnausgleichsanspruch infolge **Verjährung** für beide Teile nicht in Betracht kommt[11]. Allerdings ist in jeden Fall gesondert zu prüfen, ob eine Veränderung des Güterstandes auch den Auskunftsanspruch berührt. In einem Fall des *Amtsgerichts Detmold*[12] hatten die Eheleute durch Ehevertrag ausgeschlossen, dass Anfangsvermögen einschließlich Hinzurechnungen im Zugewinnausgleich berücksichtigt wird. Trotzdem hat das Amtsgericht einem auf das Anfangsvermögen gerichteten Auskunftsantrag stattgegeben mit der zutreffenden Begründung, dass daraus ggf. Anhaltspunkte für illoyale Verfügungen zu gewinnen seien, die dem Endvermögen hinzuzurechnen wären.

Auch wenn ein **Verzeichnis nach § 1377** erstellt ist, kann das Rechtsschutzbedürfnis für eine erneute Auskunftserteilung über das Anfangsvermögen fehlen (→ Rn. 672).

Beide Eheleute haben wechselseitig Auskunftsansprüche. Die Ansprüche stehen aber nicht im **Gegenseitigkeitsverhältnis**. Der nicht erfüllte

599

---

7 So aber OLG Brandenburg FamRZ 1998, 174; OLG Hamm FamRZ 1998, 1300; OLG Koblenz FamRZ 2005, 902; 1985, 286; *MK/Koch*, § 1379, Rn. 4.
8 *MK/Koch*, § 1379, Rn. 6.
9 BGH, 22.12.1971, IV ZR 42/70, NJW 1972, 433, 434.
10 Der Streit, ob ein Gütertrennungsvertrag der Inhaltskontrolle standhält, ist schon im Rahmen des Auskunftsverfahrens zu klären (*OLG Naumburg*, 11.4.2013, 4 UF 330/12, FamRZ 2014, 944).
11 *Staudinger/Thiele*, § 1379, Rn. 10.
12 *AG Detmold*, 22.5.2014, 31 F 38/14, juris.

Auskunftsanspruch begründet also **kein Zurückbehaltungsrecht**[13]. Im Auskunftsverfahren kann nicht eingewendet werden, dass der andere Ehegatte mit der von ihm geschuldeten Auskunft in Verzug geraten sei. Hingegen kann über einen bezifferten Zahlungsantrag noch nicht entschieden werden, solange der Widerantrag auf Auskunft des anderen Ehegatten noch nicht erledigt ist. Dieses Hindernis besteht aber nicht aufgrund eines Zurückbehaltungsrechts, sondern ist die Folge davon, dass der Widerantrag der Stufe eines Stufenantrags zuzuordnen ist, der dem Betragsverfahren vorangeht (zum Stufenverfahren → Rn. 807). Diese prozessuale Verknüpfung kann auch zu Missbrauch verleiten. Angesichts der komplizierten und umfangreichen Auskunftsansprüche kann mit einem exzessiven Auskunftsanspruch der Leistungsantrag der Gegenseite **fast beliebig verzögert** werden[14]. Die Versuchung besteht umso mehr, als das Auskunftsverfahren fast keine Kosten verursacht.

2. Auskunftserteilung

600　　　Wie die Auskunft zu erteilen ist, wird in § 1379 nur sehr knapp geregelt. Es wird auf § 260 Bezug genommen, eine Vorschrift als dem allgemeinen Schuldrecht, die auch für alle sonstigen Auskunftspflichten gilt. Das wird in § 1379 nur wenig ergänzt. Dadurch beruht die Praxis der Auskunftserteilung ganz erheblich auf Regeln, die durch die Rechtsprechung aufgestellt worden sind. Die Güterrechtsreform 2009 hat die Belegpflicht hinzugefügt und die Auskunftspflicht über die jeweiligen Stichtage hinaus ausgedehnt.

Die Regeln für die Auskunft über das Anfangs- und das Endvermögen sowie über das Vermögen am Trennungstage sind weitgehend identisch, so dass sie nachfolgend einheitlich behandelt werden. Besonderheiten für die verschiedenen Stichtage werden an der jeweiligen Stelle hervorgehoben.

3. Verzeichnis

a) Inhalt des Verzeichnisses

601　　　Der Auskunftsschuldner hat ein systematisches Verzeichnis aufzustellen, das alle Vermögenspositionen einzeln auflistet, die sein Vermögen am jeweiligen **Stichtag** ausmachen. Dazu gehören alle beweglichen und unbeweglichen Sachen, die ihm (mit-)gehören, Forderungen und sonstige Rechte sowie alle Verbindlichkeiten. Das Verzeichnis muss sinnvoll ge-

---

13 *Krause*, ZFE 2009, 284.
14 S. auch *Kogel*, MDR 2008, 297, 299.

gliedert sein, um aus sich heraus verständlich zu sein. Nach Ansicht des *BGH* müssen Aktiva und Passiva getrennt aufgelistet werden[15].

Nicht in das Verzeichnis müssen solche Gegenstände aufgenommen werden, die zweifelsfrei nicht dem Zugewinnausgleich unterliegen. Das galt nach früherem Recht für Hausratsgegenstände[16] und gilt nach gegenwärtiger Rechtslage, wenn einzelne Vermögensgegenstände, etwa Betriebsvermögen, durch Ehevertrag aus dem Zugewinnausgleich ausgenommen sind[17]. **602**

Das nach § 260 zu erstellende Verzeichnis soll ein lückenloses Gesamtverzeichnis aller Gegenstände sein. Es genügen aber auch eine Mehrheit von Teilauskünften, vorausgesetzt, dass sie nicht zusammenhanglos nebeneinander stehen, sondern nach dem erklärten Willen des Auskunftsschuldners in ihrer Summierung die Auskunft im geschuldeten Gesamtumfang darstellen[18].

aa) Gegenstände in dem Verzeichnis

In das Verzeichnis müssen alle Gegenstände aufgenommen werden, die dem Auskunftsschuldner am Stichtag gehören. Auch **Gegenstände des persönlichen Bedarfs** unterliegen dem Zugewinnausgleich und müssen aufgenommen werden[19]. Nach früherer Rechtsprechung waren nur **Haushaltsgegenstände** von der Auskunftspflicht ausgenommen, weil sie nicht dem Zugewinnausgleich unterlagen[20]. Diese Rechtsprechung dürfte durch die Güterrechtsreform 2009 überholt sein, weil nach Aufhebung der HausratsVO nun auch Haushaltsgegenstände im Zugewinn zu berücksichtigen sind (str., → Rn. 105). **603**

Sachgesamtheiten müssen nicht in allen Fällen mit allen ihren Einzelteilen aufgeführt werden. Gerade bei Haushaltsgegenständen liegt es auf der Hand, dass es unzumutbar und auch nicht sinnvoll ist, jedes einzelne Geschirrteil oder Wäschestück aufzulisten. Hier kann in das Verzeichnis auch eine Sachgesamtheit aufgenommen werden. Wie detailliert die Angabe zu sein hat, hängt von ihrer Eigenart und auch von der Üblichkeit ab. Gebrauchte Einrichtungs- oder Haushaltsgegenstände haben meist einen geringen Wert. Sie können zu geeigneten Gesamtheiten zusammengefasst werden[21]. Das gilt besonders, wenn bei Gegenständen die **604**

---

15 *BGH*, 6.5.1982, IX ZR 36/81, FamRZ 1982, 682.
16 *BGH*, 1.12.1983, IX ZR 41/83, FamRZ 1984, 144.
17 *BGH*, 26.3.1997, XII ZR 250/95, FamRZ 1997, 800.
18 *BGH*, 22.10.2014, XII ZB 385/13, NZFam 2015, 68, Rn. 17; *OLG Koblenz*, 9.7.2014, 13 UF 214/14, juris.
19 *BGH*, 2.12.1983, IX ZR 41/83, FamRZ 1984, 144.
20 *BGH*, 2.12.1983, IX ZR 41/83, FamRZ 1984, 144.
21 *BGH*, 2.12.1983, IX ZR 41/83, FamRZ 1984, 144.

Vermutung gleichen Miteigentums besteht (§ 1568b II), so dass sie die Höhe des Zugewinnausgleichsanspruchs voraussichtlich nicht beeinflussen werden.

605   Ob bei einer **Sammlung** diese als ein Gegenstand anzugeben ist oder jedes einzelne Sammlungsstück bezeichnet werden muss, hängt von dem Charakter der Sammlung ab. Wie detailreich die Angabe in der Auskunft zu sein hat, wird davon bestimmt, welche Kenntnis zur Bewertung erforderlich ist. Eine Briefmarkensammlung oder Büchersammlung kann aus Tausenden von Einzelstücken bestehen, die einzeln aufzulisten kaum zumutbar ist. Bei der Beurteilung, wie detailliert die Angabe über Sachgesamtheiten oder Sammlungen zu sein hat, ist die Zumutbarkeit ebenso zu berücksichtigen wie eine tatsächlich aus der Zeit des Zusammenlebens noch bestehende Kenntnis des anderen von diesen Gegenständen. Hier kann die Angabe der Stückzahl und des Durchschnittswertes der Einzelteile genügen. Andererseits können in einer großen Sammlung Stücke von sehr verschiedenem Wert enthalten sein. Einzelteile können überaus wertvoll sein. In solchen Fällen müssen diese Stücke einzeln aufgelistet werden, um eine Bewertung der Sammlung zu ermöglichen[22]. Es können in geeigneten Fällen auch wertvolle Einzelstücke neben dem weniger bedeutenden Rest der Sammlung als Sachgesamtheit angegeben werden. Die Auskunftspflicht ist erst erfüllt, wenn sich die Bewertung als möglich erweist. Stellt sich heraus, dass weitere Detailinformationen zur Bewertung erforderlich sind, ist die Auskunft zu ergänzen.

606   Eine ähnliche Problematik, wie detailliert das Verzeichnis zu sein hat, werfen **Unternehmen** im Vermögen des Auskunftspflichtigen auf. Es ist zu entscheiden, ob das Unternehmen als ein Gegenstand oder unter Auflistung aller seiner Wirtschaftsgüter in das Verzeichnis aufzunehmen ist. Die Antwort hängt im Wesentlichen davon ab, welche **Bewertungsmethode** für die Bewertung des Unternehmens voraussichtlich angewendet werden wird. Kommt die Ertragswertmethode in Betracht, so sind die einzelnen Wirtschaftsgüter für die Bewertung nicht von Bedeutung und müssen deshalb in das Verzeichnis auch nicht aufgenommen werden. Kommt hingegen die Sachwertmethode in Betracht, müssen die einzelnen Wirtschaftsgüter aufgeführt werden, u.U. zu sinnvollen Sachgesamtheiten zusammengefasst. Dasselbe gilt in der Regel für eine **freiberufliche Praxis**, weil sich deren Wert aus dem Anlage- und Umlaufvermögen sowie einem Goodwill zusammensetzt. Anteile an **Kapitalgesellschaften** können als solche angegeben werden, ohne das Vermögen der Gesellschaft im Einzelnen aufzuführen, denn dieses Vermögen gehört nicht dem Auskunftsschuldner.

607   **Bankkonten** sind mit ihrem Saldo am Stichtag anzugeben.

---

22 *BGH*, 2.12.1983, IX ZR 41/83, FamRZ 1984, 144.

Bei einem **Wertpapierdepot** genügt der Saldo oder eine zusammen- **608**
fassende Angabe des Wertes der Papiere nicht. Beim Wertpapierdepot sind
alle Einzelwerte aufzuführen. Anzugeben ist für jede einzelne Position die
Wertpapierkennnummer, der Börsenkurs am Stichtag, der Anschaffungs-
tag und der Anschaffungskurs. Die differenzierte Darstellung mag auf-
wendig sein, ist für eine zuverlässige Bewertung aber unverzichtbar. Das
hat seinen Grund darin, dass bei der Bewertung eines jeden Wertpapiers
eine latente Steuer auf den fiktiven Veräußerungserlös zu berücksichtigen
ist (→ Rn. 212). Die Höhe der latenten Steuer ergibt sich aus der Differenz von Kurswert und Anschaffungspreis, weshalb dieser für jedes einzelne Wertpapier bekannt sein muss.

bb) Beschreibung der Gegenstände im Verzeichnis

Wie die Vermögenspositionen in dem Verzeichnis zu beschreiben sind, **609**
wie detailreich die Angaben sein müssen, ist nach dem Zweck zu entscheiden, den das Verzeichnis erfüllen soll. Mit dem Verzeichnis soll dem Gläubiger die Möglichkeit geschaffen werden, den Zugewinnausgleichsanspruch – seinen eigenen oder den des Auskunftsschuldners – ungefähr
selbst zu berechnen[23]. Die Gegenstände müssen dafür nach Anzahl und
Art beschrieben werden. Es müssen die wertbildenden Faktoren angegeben werden[24]. Aufgrund des Verzeichnisses soll der Gläubiger die Möglichkeit haben, sich ein vollständiges Bild vom Vermögen des anderen am
Stichtage sowie von dessen Wert zu machen. Was dafür im Einzelnen erforderlich ist, hängt vom einzelnen Gegenstand ab und ist nicht generell
zu definieren.

Die Ermittlung des Wertes ist in erster Linie Sache des Auskunftsgläubigers. Die Auskunft soll ihn dazu in die Lage versetzen[25]. Die Auskunft
muss deshalb die **wertbildenden Faktoren** der einzelnen Gegenstände
enthalten. Die Angabe der wertbildenden Faktoren ist von dem Werter-
mittlungsanspruch zu unterscheiden. Die Eigenschaften eines Gegenstandes müssen schon in der eigentlichen Auskunft so angegeben werden, dass
eine Individualisierung und Bewertung des Gegenstandes möglich ist.
Das müssen die Merkmale sein, die für die Bewertung eines Gegenstandes typischerweise von Bedeutung sind.

– Bei einem **Pkw** sind der genaue Typ, Datum der Erstzulassung, Ge- **610**
  samtlaufleistung und nach Möglichkeit der Neu- oder Anschaffungspreis anzugeben.

---

23 *BGH*, 24.7.2002, XII ZB 31/02, FamRZ 2003, 597.
24 *OLG Stuttgart*, 4.3.2010, 18 WF 46/10, FamRZ 2010, 1734.
25 *BGH*, 24.7.2002, XII ZR 31/02, FamRZ 2003, 597.

- Bei einem **Gebäude** sind anzugeben die Adresse, Grundbuchbezeichnung, Grundstücksgröße, Gebäudeart und Nutzfläche, Gebäudealter, bei einem Mietshaus auch die wirtschaftliche Jahresrechnung.

- Bei einem **Unternehmen** sind unabhängig von dessen Rechtsform mindestens drei Jahresabschlüsse (Bilanz mit Gewinn- und Verlustrechnung (§ 242 HGB) und Anhang (§ 284 HGB) vorzulegen, ggf. das nicht betriebsnotwendige Vermögen zu bezeichnen und, wo nach der Bewertungsmethode erforderlich, auch ein Anlagenverzeichnis zu übermitteln. Zusätzlich sind die Geschäftsunterlagen geschuldet, die zur Bewertung erforderlich sind.

- Bei einer **Lebensversicherung** müssen der Versicherer, die Nummer, Vertragsbeginn und -ablauf, Prämienhöhe und der vom Versicherer zu erfragende wirkliche Wert des Vertrages angegeben werden.

- Bei Forderungen ist die Person des Schuldners und des Schuldgrundes anzugeben.

- Bei Krediten sind der Gläubiger, die Konditionen des Kreditvertrages (Raten, Zinssatz, Zinsbindung) anzugeben sowie der Anlass der Kreditaufnahme[26].

611   Somit gehören zu einer vollständigen Auskunft neben dem Verzeichnis in manchen Fällen auch Unterlagen, die für die Bewertung unerlässlich sind. Gehört zum Vermögen ein Unternehmen oder eine Unternehmensbeteiligung, so kommt es zu dessen Bewertung in der Regel auf die Ertragslage des Unternehmens an. In diesem Fall kann als Teil der Auskunft die Vorlage der zur Beurteilung der Ertragslage benötigten **Bilanzen** nebst Gewinnrechnungen und Verlustrechnungen verlangt werden[27]. Diese Unterlagen waren schon nach der Gesetzeslage vor der Güterrechtsreform 2009 zum Zwecke der Bewertung geschuldet und sind von den **Belegen**, die nach § 1379 I 2 geschuldet sind, zu unterscheiden. Die Belegpflicht besteht zusätzlich.

b) Auskunft über Hinzurechnungen

aa) Reichweite des gesetzlichen Auskunftsanspruchs

612   Das Gesetz bestimmt in § 1379 nicht, dass über das Vermögen zu dem jeweiligen Stichtag Auskunft zu erteilen sei, sondern über *das Vermögen, soweit es für die Berechnung des Anfangs- und Endvermögens maßgeblich ist.* Damit muss der Auskunftsschuldner einerseits den **Bestand seines Vermögens an einem Stichtag** mitteilen. Außerdem muss er aber auch solche Vorgänge darlegen, die vor dem Stichtag stattgefunden haben und

---

26 *OLG Düsseldorf,* 27.9.1985, 7 UF 12/85, FamRZ 1986, 168.
27 *BGH,* 10.10.1979, IV ZR 79/78, FamRZ 1980, 37.

dem Endvermögen hinzugerechnet werden können (§ 1375 II), ebenso Zuflüsse, die dem Anfangsvermögen hinzugerechnet werden können (§ 1374 II). Die stichtagsbezogene Auskunft folgt aus dem bilanziellen Charakter der Zugewinnberechnung, die auf einem Vergleich des Anfangs- und des Endvermögens beruht. Vermögensveränderungen zwischen den Stichtagen bleiben grundsätzlich außer Betracht. Allerdings sind einzelne Beträge dem Anfangs- und Endvermögen hinzurechnen, als wären sie am Stichtag vorhanden gewesen (§§ 1374 II und 1375 II). Die bisherige Rechtsprechung hatte die nach § 1379 geschuldete Auskunft nicht auf die Hinzurechnungen ausgedehnt[28]. Dem hat der Gesetzgeber Rechnung getragen, indem er die gesetzliche Auskunftspflicht ausgedehnt hat. Damit hat das Gesetz die Auskunftspflicht von der reinen Stichtagsbetrachtung gelöst[29]. Maßgeblich sind jedenfalls auch die Hinzurechnungsbeträge der §§ 1374 II und 1375 II. Daraus folgt, dass **auch über die Hinzurechnungsgegenstände Auskunft zu erteilen** ist[30]. Die Auskunftspflicht umfasst Hinzurechnungen zum Anfangs- wie zum Endvermögen, namentlich über **unentgeltliche Zuwendungen** und über **verschwendete Beträge**[31].

Dieser Auslegung des Gesetzes wird in der bisher veröffentlichten Literatur teilweise widersprochen. Es wird auch vertreten, dass der Wortlaut des § 1379 I 1 Nr. 2 weiterhin nur eine Stichtagsauskunft und nicht ergänzend eine Auskunft über Hinzurechnungstatbestände anordne[32]. Auch der Wortlaut selbst wird in Zweifel gezogen. Schließlich handele es sich bei den Hinzurechnungstatbeständen nicht um Vermögen im Wortsinne, sondern um Verfügungsvorgänge[33]. Diese Bedenken legen jedoch den Vermögensbegriff zu eng aus. Zwar ist verschwendetes Vermögen tatsächlich nicht mehr vorhanden; es wird für die Vermögensauskunft aber über die Hinzurechnungsvorschrift als vorhanden fingiert. Gerichtliche Entscheidungen sind noch selten[34].   613

Der *BGH* hatte in der Entscheidung vom 15.8.2012[35] Gelegenheit, sich mit der Tragweite des Auskunftsanspruches über Hinzurechnungen zu befassen. Er hat festgestellt, dass der Tatbestand auch Auskünfte zu ver-   614

28 *BGH*, 29.10.1981, IX ZR 92/80, *BGHZ* 82, 132 = FamRZ 1982, 27, in der Literatur umstritten.

29 BGH, 15.8.2012, XII ZR 80/11, FamRZ 2012, 1785, mit Anm. *Braeuer*; a.A. *Hoppenz/Hoppenz*, § 1379, Rn. 9.

30 FAKomm-FamR/*Weinreich*, § 1379, Rn. 20.

31 *Büte*, FF 2009, 350, 354; *Schulz/Hauß*, Kap. 1, Rn. 759, 763; *NK-BGB/Löhnig*, § 1379, Rn. 4; *MK/Koch*, § 1379, Rn. 13a; *Gernhuber/Coester-Waltjen*, § 36, Rn. 48.

32 *Schröder*, Bewertungen, Rn. 60; *Jaeger*, FPR 2012, 88, 93.

33 *Jaeger*, FPR 2012, 88, 93.

34 Wie hier: *Brandenburgisches OLG*, 7.9.2010, 10 UF 47/09, FamRZ 2011, 568.

35 BGH, 15.8.2012, XII ZR 80/11, FamRZ 2012, 1785, mit Anm. *Braeuer*.

mögensbezogenen Vorgängen umfasse, wie sie von § 1375 Abs. 2 Satz 1 BGB umfasst werden. Gleichzeitig vertritt er aber auch die Ansicht, dass der Auskunftsberechtigte – wie bisher nach § 242 BGB – konkrete Tatsachen vorzutragen habe, die ein unter § 1375 II Satz 1 BGB fallendes Handeln nahelegen.

Mit der Auffassung des *BGH*, die er als eine Mittelmeinung in der wissenschaftlichen Auseinandersetzung bezeichnet, ist allerdings noch nicht geklärt, wie die Auskunft über Hinzurechnungstatbestände konkret auszusehen hat. Es ergibt sich eine deutliche Differenz zwischen dem Umfang der Auskunft, die materiellrechtlich geschuldet ist, und derjenigen, die gerichtlich durchsetzbar ist. Einerseits enthält die materielle Vorschrift des § 1379 keine Einschränkung, die von einem Vortrag des Auskunftsgläubigers abhängig wäre. Danach umfasst die Auskunftspflicht alle illoyalen Verfügungen im Sinne des § 1375 II. Andererseits kann der Anspruch auf Auskunft über Hinzurechnungstatbestände gerichtlich nur unter bestimmten Voraussetzungen geltend gemacht werden.

Der scheinbare Widerspruch zwischen dem materiellrechtlichen Auskunftsanspruch und seiner prozessualen Durchsetzbarkeit löst sich auf, wenn klargestellt wird, dass es sich um zwei verschiedene Vorgänge handelt.

–   Bei der erstmaligen Auskunft müssen ungefragt alle Verfügungen, die zu einer Hinzurechnung nach § 1375 II führen können, angegeben werden.

–   Ist eine erste Auskunft erteilt, so können ergänzende Angaben zu illoyalen Verfügungen nur verlangt werden, wenn konkrete Anhaltspunkte dafür vorgetragen werden[36].

So ist die Entscheidung des *BGH* zu verstehen. Im dortigen Fall war vorgerichtlich schon eine Auskunft erteilt worden, die der Auskunftsgläubiger hinsichtlich der illoyalen Verfügungen für unvollständig oder unzutreffend hielt. Hinsichtlich dieser Ergänzung hat der *BGH* zutreffend die zitierten prozessualen Anforderungen gestellt.

615   Materiellrechtlich ist die **Auskunftspflicht nicht eingeschränkt**. Bis zur Grenze des Rechtsmissbrauchs kann Auskunft verlangt werden über alles, was für die Berechnung des Anfangs- und Endvermögens maßgeblich ist[37]. Wer auf Auskunft über sein Endvermögen in Anspruch genommen wird, muss also **von sich aus alle in Betracht kommenden Verfü-**

---

36 Beispielhaft dafür: *OLG Brandenburg*, 6.12.2011, 10 UF 179/11, FamRZ 2012, 714.

37 *MK/Koch*, § 1379, Rn. 14; nach Ansicht von *Koch* ist das auch der Entscheidung des *BGH* (15.8.2012, XII ZR 80/11, FamRZ 2012, 1785) zu entnehmen (FamRZ 2013, 831); ebenso *Koch*, FamRZ 2012, 1521, 1523.

gungen, die vor dem Stichtag für das Endvermögen liegen, mitteilen[38]. Der Auskunftsgläubiger muss nicht bestimmte Verdachtsmomente benennen. Die Auskunft hat auch ohne konkretes Verlangen alle Umstände der illoyalen Verfügung zu enthalten.

Dass die umfassende Auskunft nicht von der Formulierung der Auf-   **616** forderung abhängig sein kann, ergibt sich aus der Betrachtung der Folgen, die eine falsche Auskunft hat. Wenn der Auskunftsgläubiger plausible Zweifel an der erteilten Auskunft geltend machen kann, steht ihm das Recht zu, die Abgabe einer **eidesstattlichen Versicherung** zu verlangen (§ 260 II). Darin hat der Auskunftsschuldner zu versichern, dass die Auskunft so vollständig abgegeben habe, als er dazu imstande sei. Ein Verzeichnis ist unvollständig, wenn es Verfügungen nicht enthält, die anzugeben der Auskunftsschuldner imstande gewesen wäre[39]. Gibt ein Auskunftsschuldner bewusst einzelne illoyale Verfügungen nicht an, weil der Gläubiger kein konkretes Verlangen danach gestellt hat, so kann darin eine Täuschung liegen, die zu einem strafbaren Betrug (§ 263 StGB) führen kann.

Indes dürfen praktische Schwierigkeiten nicht übersehen werden, die   **617** sich ergeben, wenn die materiellrechtliche Auskunftspflicht grundsätzlich unbeschränkt ist. Die Auskunftspflicht kann im Einzelfall unzumutbar sein. Der *BGH* hatte in seiner grundlegenden Entscheidung[40] zum alten Recht, mit der er eine Auskunftspflicht über Hinzurechnungsgegenstände verneint hatte, auch darauf abgestellt, dass dem Auskunftsschuldner eine so weitgehende Auskunftspflicht nicht zugemutet werden könne. Sie sei schwer abgrenzbar, und der Schuldner „müsste eigenes früheres, ihn zum Teil belastendes Tun offenbaren, und zwar ohne Beschränkung auf ,größere Zuwendungen' oder eindeutige Fälle von Verschwendung; denn es kann selbst bei Pflicht- und Anstandsschenkungen nicht der Beurteilung des Auskunftspflichtigen überlassen bleiben, ob eine solche Schenkung vorliegt". Die Erwägungen sind ungeachtet der veränderten Gesetzesformulierung weiterhin von Gewicht, jedenfalls soweit es sich um die Hinzurechnungstatbestände aus § 1375 II 1 Nrn. 2 und 3 handelt, **Verschwendungen** und Handlungen in **Benachteiligungsabsicht.** Es ist sehr viel vom Auskunftsschuldner verlangt, wenn erwartet wird, dass er sein gesamtes früheres Verhalten daraufhin untersucht, ob einer der Tatbestände erfüllt ist. Da jeder Vorgang, der die Voraussetzungen erfüllte, auch mit einem Unwerturteil verbunden wäre, kann nicht erwartet werden, dass die darüber erteilte Auskunft einigermaßen brauchbar wäre.

---

38 A.A. *Johannsen/Henrich/Jaeger*, § 1379, Rn. 6.
39 Dazu auch *Braeuer*, Anm. zu BGH, 15.8.2012, XII ZR 80/11, FamRZ 2012, 1785.
40 *BGH*, 29.10.1981, IX ZR 92/80, *BGHZ* 82, 132 = FamRZ 1982, 27.

Aus dem, was dem Auskunftsschuldner zumutbar ist, ergibt sich das Maß der Sorgfalt, die von ihm bei der Auskunft verlangt werden kann. Er hat eidesstattlich zu versichern, dass die Auskunft seinem *besten Wissen* entspreche. Der Maßstab für das beste Wissen ist an dem auszurichten, was als zumutbar bei der Auskunft angesehen wird.

bb) Speziell: unentgeltliche Verfügungen

618 Unter den Tatbeständen des § 1375 II spielen die problematischen Nummern 2 und 3 nur eine untergeordnete Rolle. Praktisch relevant sind vor allem unentgeltliche Verfügungen, die der Auskunftsschuldner gemacht hat. Die Auskunft muss alle **unentgeltlichen Verfügungen enthalten**, die der Auskunftspflichtige noch nachvollziehen kann und die er innerhalb der Zehnjahresfrist des Abs. 3 gemacht hat.

Unentgeltliche Verfügungen, die der Nr. 1 genügen, sind in der Regel klar abgrenz- und bestimmbar. Sie sind auch nicht mit einem Werturteil verbunden. Ein Beschluss, der aufgibt, Auskunft über alle unentgeltlichen Verfügungen während der letzten 10 Jahre des Güterstandes zu geben, ist auch hinreichend klar, um vollstreckt werden zu können. Auch wenn die Probleme des Auskunftsschuldners, die der *BGH* in dem zitierten Urteil beschrieben hat, fortbestehen, hat der Gesetzgeber in Kenntnis dieser Schwierigkeiten anders entschieden und die weite Auskunftspflicht angeordnet. Die **Auskunftspflicht umfasst alle Geschenke**, auch kleine. Hierzu hat der *BGH* in der zitierten Entscheidung vertreten, dass **auch Pflicht- und Anstandsschenkungen** aufzuführen seien, weil es dem Auskunftsschuldner nicht zukomme, die Einordnung selbst und abschließend zu treffen. Die Grenze der Auskunftspflicht ist dort zu ziehen, wo die weitere Auskunft **gemessen an dem erwarteten Erkenntnisgewinn unzumutbar** wird. Deshalb sind in der Regel kleine Gastgeschenke, Gaststätteneinladungen oder Klingelbeutelspenden nicht auskunftspflichtig. Soweit aber die Einordnung als Pflicht- und Anstandsschenkung nicht eindeutig ist, wie etwa bei Zuwendungen an den Ehebruchspartner, besteht ein Anspruch auf vollständige Auskunft. Die Auskunftspflicht bezieht sich nur auf das, was der Auskunftsschuldner noch weiß. Der Schuldner hat in seiner Auskunft deshalb auch anzugeben, ob sein Verzeichnis der unentgeltlichen Zuwendungen vollständig ist oder ob er sich an manche **Vorgänge nicht erinnert.**

619 Die vollständige Auskunft über illoyale Verfügungen der letzten 10 Jahre stellt überaus hohe Anforderungen an den Auskunftsschuldner. Deshalb werden die meisten Auskünfte Anlass geben zu der Besorgnis, dass der Schuldner hinsichtlich der Hinzurechnungsbeträge seiner Sorgfaltspflicht nicht hinreichend genügt habe. § 1579 I 1 Nr. 2 dürfte deshalb den **Anwendungsbereich der eidesstattlichen Versicherung** nach § 260 II

stark erweitert haben. Wenn eine Auskunft erkennen lässt, dass unentgeltliche Zuwendungen gar nicht enthalten sind oder der Schuldner nicht die zu erwartenden Anstrengungen unternommen hat, Vollständigkeit zu erreichen, so wird in der Regel die Abgabe der eidesstattlichen Versicherung verlangt werden können.

cc) Gerichtliche Durchsetzung

Der Antrag auf gerichtliche Entscheidung über den Auskunftsan- **620** spruch muss nicht die erwarteten Angaben über illoyale Verfügungen ausführen. Dementsprechend ist der gerichtliche Beschluss zu fassen. Der Beschluss kann sich darauf beschränken, den Gesetzestext zu wiederholen, also dem Verpflichteten aufzugeben, Auskunft über sein Vermögen zu geben, soweit es für die Berechnung des Anfangs- und Endvermögens maßgeblich ist. Es ist dann Sache des Auskunftsschuldners zu entscheiden, was maßgeblich sei.

Dazu ist eingewandt worden, ein Beschluss, der die Vorgänge, über die Auskunft zu erteilen ist, nur mit dem Wortlaut der Nr. 2 beschreibe, wäre mangels Bestimmtheit nicht vollstreckbar. Gerichtlich durchsetzbar sei deshalb nur ein Auskunftsanspruch über Verschwendungen oder Handlungen mit Benachteiligungsabsicht, bei dem die fraglichen Vorgänge schon im **Antrag hinreichend konkretisiert** sind[41]. Der Einwand scheint nicht berechtigt. Zu vollstrecken ist nur, dass der Schuldner überhaupt eine Auskunft erteilt, die nach seiner Angabe vollständig ist. Liegt eine solche Auskunft vor, so ist der Anspruch erfüllt und eine weitergehende Vollstreckung kommt ohnehin nicht in Betracht. Der Auskunftsschuldner und nicht der gerichtliche Beschluss bestimmt Inhalt und Umfang seiner Auskunft[42].

Hält der Auskunftsgläubiger die Auskunft in Bezug auf illoyale Verfügungen für unvollständig, so kann er nicht weitere Vollstreckung aus dem Auskunftsbeschluss betreiben, denn dieser ist erfüllt. Statt dessen kann er unter den Voraussetzungen des § 260 II die Abgabe einer eidesstattlichen Versicherung verlangen.

Statt einer eidesstattlichen Versicherung kann der Gläubiger unter en- **621** gen Voraussetzungen auch eine Ergänzung der erteilten Auskunft verlangen. Das ist nicht ein weiterer Anspruch, der auf § 1579 gestützt werden könnte, sondern ein auf § 242 gestützter Ergänzungsanspruch, den die Rechtsprechung schon unter der Geltung des alten Rechts entwickelt hat-

---

41 *OLG Saarbrücken*, 17.2.2014, 6 WF 1/14, NJW-Spezial 2014, 229; *Brandenburgisches OLG*, 7.9.2010, 10 UF 47/09, FamRZ 2011, 568.

42 Der *Verf.* hatte die hier besprochenen rechtlichen Bedenken ebenfalls vertreten (FamRZ 2010, 773). Das wird ausdrücklich nicht aufrecht erhalten.

te. Dieser ergänzende Anspruch bildet den Gegenstand der grundlegenden Entscheidung des *BGH*[43]. Er setzt jedenfalls voraus, dass der Gläubiger Umstände darlegen und beweisen kann, die eine nicht offengelegte illoyale Verfügung befürchten lassen.

622   Beispielhaft können dazu zwei Entscheidungen zitiert werden:

Allein mit der Begründung, der auf Auskunft in Anspruch genommene Ehegatte habe über ein so hohes monatliches Erwerbseinkommen verfügt, dass mehr als das von ihm eingeräumte Endvermögen vorhanden sein müsse, kann keine Auskunft über die Verwendung des gesamten Erwerbseinkommens in den zurückliegenden Kalenderjahren verlangt werden. Erforderlich ist vielmehr hinreichend konkreter Tatsachenvortrag, der eine illoyale Vermögensverfügung nahe legen könnte[44].

Die Auskunftspflicht erstreckt sich auch auf illoyale Vermögensminderungen. Im Prozess genügt dafür, dass Umstände vorgetragen werden, die eine illoyale Vermögensminderung bedeuten können. Das ist der Fall, wenn der Verbleib eines Kontostandes oder eines Zuflusses (Geschenk oder Darlehen der Eltern) nicht erklärt worden ist. Dann kann verlangt werden, Auskunft über die „Entwicklung" eines Kontos über einen längeren Zeitraum unter Vorlage der Kontoauszüge zu erteilen. Ebenso kann er verpflichtete werden, Auskunft zu erteilen über die Verwendung eines Zuflusses[45].

dd) Vermögen am Trennungstag

623   Bei der Auskunft über das **Vermögen am Trennungstage** stellt sich die Frage, ob sie auch Hinzurechnungsbeträge umfasse, nicht. Die Trennungsauskunft ist vom Gesetz als eine reine Stichtagsauskunft ausgestaltet. Sowohl § 1379 I S. 1 Nr. 1 wie auch § 1379 II enthalten im Text nicht die Ausweitung, die für das Anfangs- und das Endvermögen angeordnet wird.

c) Form des Verzeichnisses

624   Das Verzeichnis nach § 260 I ist schriftlich zu übermitteln. Es sollte möglichst eine einheitliche, zusammenhängende Aufstellung sein. Besteht sie aus mehreren Teilen, muss sie für den Empfänger leicht verständlich sein. Keinesfalls darf dem Auskunftsgläubiger zugemutet werden, sich die Auskunft aus einer Vielzahl von einzelnen Belegen zusammenzusuchen. Die Auskunftspflicht kann nicht durch das Übersenden von Belegen er-

---

43 BGH, 15.8.2012, XII ZR 80/11, FamRZ 2012, 1785.
44 *OLG Zweibrücken*, 29.8.2014, 2 UF 45/14, NZFam 2014, 1052.
45 *OLG Brandenburg*, 6.12.2011, 10 UF 179/11, FamRZ 2012, 714.

setzt werden. Das Verzeichnis muss jedenfalls eine von dem Schuldner stammende Wissenserklärung sein, die den Inhalt der Belege selbständig zusammenfasst. Eine Auskunft innerhalb von anwaltlichen Schriftsätzen, gar noch verteilt auf mehrere Schriftsätze, ist nicht genügend[46].

Es empfiehlt sich, das Verzeichnis rechnergestützt aufzustellen. Eine entsprechende Pflicht gibt es aber nicht. Es können ebensogut Tabellenkalkulationsprogramme, wie speziell für Zwecke des Zugewinnausgleichs eingerichtete Programme, verwendet werden. Der Vorteil der elektronischen Verarbeitung liegt in der einfachen Berechnung des Saldos, auch wenn Einzelpositionen verändert werden. Außerdem lassen sich auf einfache Weise die Auskünfte beider Seiten gegenüberstellen und vergleichen.

Ob das Verzeichnis eine **höchstpersönliche Leistung** des Auskunfts-   **625**
schuldners ist und ob sie von ihm unterzeichnet sein muss, war lange Zeit umstritten[47]. Der Streit dürfte durch die grundlegende Entscheidung des *BGH* von 2007[48] erledigt sein[49]. Danach ist die Auskunft eine höchstpersönliche, nicht vertretbare **Wissenserklärung** des Schuldners. Sie muss zwar schriftlich ausgefertigt werden. Weil es sich nicht um eine Willenserklärung handelt, muss sie aber nicht der Schriftform des § 126 genügen. Eine **Unterschrift** ist deshalb **nicht** erforderlich. Die Auskunft muss zwar von dem Schuldner stammen, von ihm aber nicht höchstpersönlich übermittelt werden. Für die Übermittlung und auch für die Herstellung des übermittelten Exemplars kann sich der Schuldner eines **Boten** bedienen, etwa seinen Rechtsanwalt damit beauftragen.

4. Wertermittlung

Die Vermögensgegenstände, die den Gegenstand des Verzeichnisses   **626**
bilden, müssen bewertet werden, um den Zugewinn berechnen zu können. Nur mit einem in Geld ausgedrückten Wert können sie in die Zugewinnausgleichsbilanz eingestellt werden. Die Ermittlung des Wertes obliegt aber nur teilweise dem Auskunftsschuldner.

§ 1379 I 3 gibt jedem Ehegatten das Recht zu *verlangen, dass der Wert*   **627**
der Vermögensgegenstände und der Verbindlichkeiten ermittelt wird. Die Pflicht des Auskunftsschuldners, den Wert zu ermitteln, ist nicht Teil der in § 1379 I 1 geregelten Pflicht, ein Verzeichnis zu erstellen. Die Wertan-

---

46 *Brandenburgisches OLG*, 6.7.2006, 10 WF 12/06, FamRZ 2007, 285.

47 *Haußleiter* (1. Aufl., Rn. 371) nahm eine **Willens**erklärung an, die der Unterzeichnung bedurfte. Das *OLG München* (15.2.1995, 12 WF 524/95, FamRZ 1995, 737) **Wissens**erklärung, für die es aber auch eine Unterschrift verlangte.

48 *BGH*, 28.11.2007, XII ZB 225/05, FamRZ 2008, 600, zustimmend *Koch*, FamRZ 2009, 1191, 1196.

49 Zum reformierten Güterrecht *KG*, 20.7.2010, 13 UF 207/09, FamRZ 2011, 565.

gabe ist deshalb nicht Teil des Verzeichnisses[50], sondern ist gesondert neben der eigentlichen Auskunft zu verlangen und zu erfüllen[51]. Aus § 1379 I 3 ist der Auskunftsschuldner zusätzlich zu der eigentlichen Auskunft verpflichtet, den Wert der einzelnen Gegenstände in seinem Verzeichnis zu ermitteln und dem anderen mitzuteilen[52]. Da es sich um zwei Gegenstände handelt, muss sowohl die gerichtliche Antragsschrift als auch der Beschluss beide Ansprüche gesondert aufführen.

628   Für die Wertermittlung, die dem Auskunftsschuldner obliegt, muss er **nicht einen Sachverständigen** heranziehen[53]. Er muss nur die ihm zu Gebote stehenden Erkenntnisquellen für die Bewertung nutzen und dem anderen das Ergebnis mitteilen[54]. Er muss Erkenntnisse einholen, wenn diese unschwer und ohne erhebliche Kosten zu erreichen sind. Die Bewertung durch den Auskunftsschuldner ist zwangsläufig nicht besonders zuverlässig und deshalb natürlich für den Gläubiger auch nicht bindend. Sie hat in erster Linie den Zweck, dem Gläubiger bei einer von ihm selbst anzustellenden Bewertung zu helfen. Der Schuldner selbst ist im weiteren Verfahren an die Wertangaben, die er gemacht hat, nicht gebunden. Die **Kosten der Wertermittlung** trägt der Auskunftsschuldner[55].

629   Weil die Mitteilung des Wertes nicht Teil des nach § 260 zu erstellenden Verzeichnisses ist, bezieht sich die nach § 260 II abzugebende **eidesstattliche Versicherung** auch nicht darauf. Die Wertangabe unterliegt damit nicht demselben Sorgfaltserfordernis, das sich aus der Drohung mit der Eidespflicht für die eigentliche Auskunft ergibt.

630   Der Auskunftsschuldner ist zwar nicht verpflichtet, einen Sachverständigen zu beauftragen, er muss die Tätigkeit eines Sachverständigen, den der andere beauftragt, aber **dulden.** Die Duldungspflicht ergibt sich aus dem in § 1379 I 3 verankerten Recht des Gläubigers zu verlangen, dass der Wert ermittelt wird. Soweit der beauftragte Sachverständige zum Zwecke seiner Bewertung zusätzliche Informationen oder Unterlagen benötigt, kann der Gläubiger als Teil seines Auskunftsanspruches verlangen, dass sie dem Sachverständigen zur Verfügung gestellt werden. Die **Kosten** des Sachverständigen fallen dem Gläubiger zur Last. Aus der Duldungspflicht des Auskunftsschuldners folgt keine Kostenlast[56].

---

50 *BGH*, 24.7.2002, XII ZR 31/02, FamRZ 2003, 597.
51 *BGH*, 6.5.1982, IX ZR 36/81, *BGHZ* 84, 31 = FamRZ 1982, 682.
52 *Weinreich* vertritt die Ansicht, die Pflicht, den Wert mitzuteilen, sei durch die Neufassung des Gesetzes entfallen (FuR 2009, 497, 505), ohne das aus dem Gesetzeswortlaut herzuleiten.
53 *BGH*, 14.2.2007, XII ZB 150/05, FamRZ 2007, 711.
54 *BGH*, 28.1.2009, XII ZB 121/08, FamRZ 2009, 595.
55 *BGH*, 6.5.1982, IX ZR 36/81, FamRZ 1982, 682.
56 *BGH*, 6.5.1982, IX ZR 36/81, FamRZ 1982, 682; *OLG Karlsruhe*, 22.9.2009, 20 UF 105/09, FamRZ 2009, 1909.

Ein Sachverständigengutachten, das der Auskunftsgläubiger vorgerichtlich einholt, ist in vielen Fällen notwendig, um die Zugewinnausgleichsforderung einigermaßen zuverlässig beurteilen zu können. Es ist aber **Parteigutachten** und somit für den anderen Ehegatten nicht verbindlich. Im Streitfalle kann das Gutachten allenfalls im Wege des Urkundsbeweises verwertet werden. In der Regel wird das Gericht nicht genügend Sachkunde besitzen, um mit Hilfe des Parteigutachtens selbst den Wert des Gegenstandes ermitteln zu können. Das Gericht wird deshalb meist einen weiteren – gerichtlichen – Sachverständigen beauftragen. Diese zusätzlichen Kosten müssen bedacht werden, wenn ein vorgerichtliches Gutachten in Auftrag gegeben wird. Ein weiteres gerichtliches Gutachten kann oft vermieden werden, wenn der auskunftsberechtigte Ehegatte vor dem gerichtlichen Streit den Wert eines Gegenstandes in einem **selbständigen Beweisverfahren** feststellen lässt.

5. Belegpflicht

a) Belege zusätzlich zur Auskunft

§ 1379 I 2 ordnet an, dass auf Anforderung Belege vorzulegen seien.   **631**
Diese Belegpflicht besteht **zusätzlich zur Auskunftspflicht** und muss gesondert geltend gemacht werden. Sie ist zu unterscheiden von der Pflicht, solche Unterlagen zur Verfügung zu stellen, die zur Bewertung eines Gegenstandes notwendig sind. Die Belegpflicht des § 1379 I 2 **ersetzt nicht die Auskunft, sondern sie setzt sie voraus.** Die Auskunft muss mindestens gleichzeitig erteilt werden. Die Belege müssen sich auf eine konkrete Auskunft beziehen.

Die Belegpflicht ist durch die Güterrechtsreform 2009 eingeführt worden und soll einem Missstand abhelfen, der nach der alten Gesetzeslage bestanden hat. Nach alter Rechtslage bestand keine Pflicht, Belege und Unterlagen vorzulegen, schon gar nicht zu Kontrollzwecken[57]. Die Praxis hat die fehlende Belegpflicht lange beklagt[58]. Dem wollte die Güterrechtsreform durch Einführung des § 1379 I 2 Rechnung tragen. Die Gesetzesänderung ist in der seither veröffentlichten Literatur durchweg begrüßt worden[59].

Die Pflicht, die Auskunft durch Belege zu untermauern, dient dem Hauptanliegen der Güterrechtsreform 2009, vor Manipulationen zu

---

57 *Staudinger/Thiele,* § 1379, Rn. 19; *Schröder/Bergschneider,* Rn. 4.232.

58 Beschluss des *14. Deutschen Familiengerichtstages,* Brühler Schriften zum Familienrecht, 2001, Band 12, 102.

59 *Kogel,* FamRB 2009, 280 (285); *ders.,* Strategien, Rn. 129; *Büte,* FF 2009, 350 (354); *Reetz,* DNotZ 2009, 826 (837); *Hauer,* FuR 2009, 331; *Weinreich,* FuR 2009, 497 (505); *Büte,* NJW 2009, 2277; *Rakete-Dombek,* FPR 2009, 270.

schützen. Dem Gläubiger soll die Möglichkeit gegeben werden, den Inhalt der Auskunft auf Richtigkeit und Vollständigkeit zu prüfen.

b) Was ist ein Beleg?

632   Worauf sich die Belegpflicht richtet, ist im Gesetz nicht näher definiert und auch nicht klar[60]. Aus der amtlichen Begründung zum Gesetzesentwurf ergibt sich, dass die Belegpflicht familienrechtlich gestaltet werden sollte, wie das schon beim Unterhaltsrecht der Fall sei[61], während die fehlende Belegpflicht erbrechtlicher Natur sei und nicht zum familienrechtlichen Zugewinnausgleichsanspruch passe[62]. In der veröffentlichten Diskussion werden unter den vorzulegenden Belegen vor allem Kontoauszüge verstanden, mit denen ein bestimmter Saldo „belegt" wird. Das ist aber nur ein – unproblematischer – Teil der in Betracht kommenden Belege. Die amtliche Gesetzesbegründung will die Belegpflicht an diejenige des Unterhaltsrechts (§ 1605 I 2) angleichen. Dort sind neben den Einkommensbescheinigungen des Arbeitgebers auch Bilanzen, Steuererklärung und Gesellschaftsverträge vorzulegen[63]. Was das entsprechend für die Vermögensauskunft bedeutet, ist noch nicht erörtert worden.

Das Verständnisproblem ist dadurch erzeugt worden, dass der Gesetzgeber fälschlich von der Annahme ausgegangen ist, die Belegpflicht sei eine typisch familienrechtliche Pflicht in Gegensatz zu der Situation im Erbrecht. Tatsächlich hatte die bisher unterschiedliche Regelung bei der Einkommens- und der Vermögensauskunft mit der Unterscheidung zwischen Familien- und Erbrecht nichts zu tun. Sie hatte ihren Ursprung im unterschiedlichen Charakter der Auskunftsgegenstände. Das Einkommen ist ein dynamischer Vorgang, während das Vermögen an einem bestimmten Zeitpunkt statisch ist. Das allgemeine Schuldrecht regelt die Auskunftsansprüche seit jeher in §§ 259 und 260 nach ihrem Wesen verschieden. § 259 sieht die Herausgabe von Belegen vor, § 260 nicht. Nach § 259 sind Belege vorzulegen, *soweit Belege erteilt zu werden pflegen*. Das ist bei Einnahmen und Ausgaben, welche die Auskunft nach § 259 betrifft, der Fall. Bei einem *Inbegriff von Gegenständen* ist das eben nicht der Fall und in § 260 deshalb auch nicht vorgesehen. § 1605 I 2 nimmt für das Unterhaltrecht die der Sache nach passende Regelung des § 259 auf.

633   Der Begriff des Beleges ist in der Rechtsordnung auch bereits anders definiert. Es ist ein **handelsrechtlicher Begriff** und bezeichnet ein *Zeugnis über einen einzelnen Geschäftsvorfall* (§ 257 I Nr. 4 HGB). Dasselbe

---

60 Zu der Problematik ausführlich *Braeuer*, FamRZ 2010, 773.
61 *Kogel* (MDR 2008, 297) bezeichnet den Unterschied zum Unterhaltsrecht als „nicht nachvollziehbar".
62 BT-Drucks. 16/10798, S. 18.
63 *Johannsen/Henrich/Graba*, § 1605, Rn. 7.

Verständnis hat das Steuerrecht (§ 145 AO). Darauf nimmt § 1379 I 2 ersichtlich nicht Bezug.

Allerdings spricht die amtliche Begründung des Gesetzentwurfes davon, dass **Kaufbelege** nicht geschuldet seien, soweit sie nicht mehr vorhanden seien[64]. Solche Kaufbelege würde in der Tat den Belegbegriff des § 257 I Nr. 4 HGB erfüllen. Alte Kaufbelege sind indes auch nicht das, was die Praxis vermisst hat. Sie würden bei der Aufklärung über den Bestand des Vermögens an einem bestimmten Stichtag meist nicht helfen. Die Vorlage eines Kaufbeleges würde weder belegen, ob der Gegenstand am Stichtag noch vorhanden war, noch belegen, wie viele weitere Gegenstände am Stichtag vorhanden waren. Über den Wert am Stichtag sagt der Kaufbeleg auch nichts. Mit dem Kaufbeleg kann eine Vermögensveränderung erklärt und damit etwa eine Vermögensverfügung gerechtfertigt werden. Über den Bestand am Stichtag gibt er jedoch keine Auskunft. Der Kaufbeleg kann aber hilfreich sein, wenn es darum geht, den Vermögensgegenstand zu beschreiben und bei seiner Bewertung zu helfen. So kann sich bei einem Kraftfahrzeug aus dem Kaufvertrag etwa die Ausstattung und damit wertbildende Umstände ergeben.

Die Praxis hat **aktuelle Bescheinigungen** erwartet[65]. Dazu gehört **634** ein Kontoauszug, der speziell auf den Stichtag ausgestellt worden ist, oder die Bescheinigung eines Lebensversicherers über den aktuellen Wert einer Kapitalversicherung. Erwartet wird die Mitteilung einer Bank, mit der die Vollständigkeit eines Depotauszuges bescheinigt wird.

Anstatt des nicht passenden Begriffes „Beleg" ist die Pflicht aus § 1379 I 2 dahin auszulegen, dass eine **Bescheinigung über einen Bestand** geschuldet ist.

c) Welche Belege sind vorzulegen?

Die Menge und der Umfang der Belege, die vorgelegt werden können, **635** ist nicht begrenzt. Das Gesetz gibt keine Vorgabe. Welche Belege geschuldet sind, **entscheidet der Gläubiger**. Der Auskunftsgläubiger muss sich anhand der ihm bekannten Auskunft entscheiden, welche Belege er sehen will[66]. Die konkret verlangten Belege sind dann geschuldet. Ohne ein Verlangen, das auf konkret bezeichnete Belege gerichtet ist, entsteht die Vorlagepflicht nicht.

Der Belegbegriff in § 1379 I 2 geht über den hinaus, der in § 259 be- **636** schrieben ist. Es sind nicht nur solche Belege vorzulegen, die erteilt zu werden pflegen. Der Auskunftsschuldner hat Bescheinigungen und Zeugnis-

---

64 BT-Drucks. 16/10798, S. 18.
65 *Kogel*, Strategien, Rn. 129.
66 *MK/Koch*, § 1379, Rn. 20; *Jaeger*, FPR 2012, 91, 95.

se vorzulegen, über die er verfügt, und auch solche, die für den Zweck der Auskunft erstellt werden. Gemeinsam ist den Bescheinigungen, dass sie **Beweischarakter** für den Inhalt der erteilten Auskunft haben müssen. Sie dienen außerdem der **Kontrolle** der erteilten Auskunft.

Ob nur vorhandene Belege vorzulegen sind[67] oder ob auch verlangt werden kann, Belege zu beschaffen, ist streitig. Die Gesetzesmaterialen sprechen dafür, dass der Auskunftsschuldner nur Vorhandenes vorlegen muss. Das kann indes nicht richtig sein, wie etwa eine Saldobestätigung einer Bank oder die Bestätigung des Lebensversicherers über den Zeitwert der Versicherung zeigt. Beides kann nach allgemeiner Ansicht verlangt und muss extra für das Zugewinnausgleichsverfahren hergestellt werden.

637   Was darunter im Einzelnen fällt, wird erst die Praxis der nächsten Zeit erweisen. Der Phantasie der Rechtsanwender sind hier kaum Grenzen gesetzt. Folgende **Beispielsfälle** sind anzuführen.

– Kontoauszüge mit aufeinanderfolgenden Nummern für den letzten Tag vor und den ersten Tag nach dem Stichtag

– Bescheinigungen einer Bank, die alle Kontoverbindungen des Auskunftsschuldners mit Saldo am Stichtag aufführen

– Zeugnis einer Bank über den Inhalt eines Schließfaches, das in Gegenwart eines Mitarbeiters geöffnet wird, einschließlich der Bescheinigung, wann das Schließfach zuletzt geöffnet wurde

– Bescheinigung eines Lebensversicherers über den Wert einer Kapitalversicherung am Stichtag

– Grundbuchauszug, der den Bestand am Stichtag erkennen lässt

– Vorlage einer Bescheinigung der zuständigen Behörde über den Bodenrichtwert (§ 196 BauGB)

– Vorlage eines Darlehensvertrages mit Auszahlungsquittung

– Gesellschaftsverträge

– Protokolle von Gesellschafterversammlungen, in denen über die Änderung des Gesellschaftsvertrages oder über die Gewinnverwendung beschlossen wurde

– Belege über den Verkauf eines Gegenstandes, um damit die Vollständigkeit der Auskunft zu belegen.

638   Es ist nicht nur die Frage zu beantworten, welche Belege verlangt werden können, sondern auch, welche Vorgänge belegt werden müssen. Unzweifelhaft geschuldet sind Belege, die den Vermögensbestand an dem jeweiligen Stichtag wiedergeben. In Betracht kommen aber auch Belege, die

---

67 So *OLG Brandenburg*, 12.12.2013, 9 UF 112/13, NJW-RR 2014, 519.

Vorgänge vor dem Stichtag betreffen. Sie dienen der Kontrolle und Plausibilitätsprüfung des eigentlichen Stichtagsvermögens. Das *AmtsG Ludwigslust* hält einen derartig weitergehenden Umfang der Belegpflicht für gegeben[68]. Dem kann nicht zugestimmt werden. Für Kontrollbelege über Vorgänge vor dem Stichtag können nur dieselben Voraussetzungen verlangt werden wie eine ergänzende Auskunft über vermutete illoyale Verfügungen. Es sind vom *BGH* für die auf § 242 gestützte ergänzende Auskunft aufgestellten Regeln zu beachten. Es müssen demnach konkrete Anhaltspunkte dafür vorgetragen werden, dass die Stichtagsauskunft unrichtig oder illoyale Verfügungen verschwiegen worden sind (→ Rn. 614).

Die Belegpflicht bedarf einer besonderen Betrachtung, wenn in der **639** Zugewinnbilanz ein **Unternehmen** enthalten ist. Ist über ein Unternehmen Auskunft zu erteilen, so sind schon zusammen mit der eigentlichen Auskunft Unterlagen zur Verfügung zu stellen, die die Bewertung des Unternehmens erlauben. Die Verpflichtung des Auskunftsschuldners, die Bewertung der Vermögensgegenstände zu ermöglichen (§ 1379 I 3), führt dazu, dass er Abschlüsse und Inventare seines Unternehmens ohnehin zur Verfügung stellen muss. Das ist Teil der primären Auskunftspflicht[69]. Die Pflicht zur Vorlage von Belegen folgt der allgemeinen Auskunftspflicht nach und dient dazu, die Richtigkeit und Vollständigkeit der Angaben nachzuweisen. Belege, die nach § 1579 I 2 vorzulegen sind, müssten also über die nach handelsrechtlichen und steuerlichen Vorschriften erstellten Jahresabschlüsse hinausgehen.

Unternehmensabschlüsse sind keine *Belege*, weder im handelsrecht- **640** lichen Sinne noch im allgemeinen Sprachgebrauch oder als Bescheinigungen eines Bestands. Belege wären die Buchhaltungsbelege, auf denen der Abschluss beruht. Das wären dann wirkliche Transaktionsbelege im Sinne des § 257 HGB. Sie sind geeignet, die Richtigkeit des Jahresabschlusses zu prüfen. Die Belegpflicht darauf zu erstrecken, wäre jedoch weder praktikabel noch zumutbar. Der Auskunftsgläubiger wird in der Regel überfordert sein, selbst die Jahresabschlüsse anhand der Buchhaltungsbelege nachzuvollziehen. Dem Auskunftsschuldner kann auch nicht zugemutet werden, dass der andere wie ein Wirtschaftsprüfer zu Kontrollzwecken Einblick in alle Details seines Unternehmens erhält. Abschlüsse sind somit als Teil der allgemeinen Auskunftspflicht zum Zwecke der Bewertung geschuldet, nicht jedoch die den Abschlüssen zugrunde liegenden Belege.

---

68 *AmtsG Ludwigslust*, 27.7.2011, 5 F 164/09, FamRZ 2012, 31.
69 A.A. *OLG Brandenburg* (12.12.2013, 9 UF 112/13, NJW-RR 2014, 519), das diese Funktion den nach § 1376 I 2 vorzulegenden Belegen zuweist.

Bei einem Unternehmen kommt als Beleg im Sinne des § 1379 I 2 ergänzend zu den steuerlichen und handelsrechtlichen Unterlagen ein **Wirtschaftsprüfertestat** zu einem vorgelegten Jahresabschluss in Betracht. Wenn ein Unternehmen prüfungspflichtig ist (§§ 316, 267 HGB), ist das Wirtschaftsprüfertestat aufgrund der allgemeinen Vorschriften herbeizuführen. Der Wirtschaftsprüfungsbericht mit dem Testat ist jedenfalls als Beleg im Sinne des § 1379 I 2 vorzulegen. Auch wenn das Unternehmen gesellschaftsrechtlich nicht prüfungspflichtig ist, kommt in Betracht, von dem Ehegatten unter Berufung auf die Belegpflicht des § 1379 I 2 die Anfertigung und Vorlage eines Wirtschaftsprüfertestats zu verlangen. Die unternehmerische Beteiligung ist in der Regel von besonderem Gewicht im Vermögen des Auskunftsschuldners. In diesem Bereich sind die Möglichkeiten der Manipulation oder Verschleierung auch besonders groß. Da die Vorlage der Originalbelege zum Zwecke der Kontrolle weder zumutbar noch praktikabel ist, kann dem Belegbedürfnis nur mit einem Wirtschaftsprüfertestat entsprochen werden. Dessen **Kosten** fallen, wie auch sonst die Kosten der Auskunftserteilung, dem Auskunftsschuldner zur Last.

6. Hinzuziehung des Gläubigers oder eines Notars

641   Das Gesetz begründet für den Auskunftsgläubiger das Recht, bei der Aufnahme des Verzeichnisses hinzugezogen zu werden. Dieses Recht ist dem Auskunftsrecht des Pflichtteilsberechtigten nachgebildet (§ 2314). Es begründet den Anspruch, dem Auskunftsschuldner bei der Zusammenstellung seines Verzeichnisses gleichsam über die Schulter schauen zu dürfen[70]. Ein Recht, am Entstehen des Verzeichnisses mitwirken zu dürfen, erwächst daraus nicht. Es dient vor allem der Kontrolle. Im Pflichtteilrecht wird dadurch der fehlende Anspruch auf Vorlage von Belegen ausgeglichen. Der Gläubiger kann die Belege, wenn er hinzugezogen wird, selbst zu Kontrollzwecken einsehen. Im Zugewinnausgleichsrecht hat die Vorschrift nie praktische Bedeutung erlangen können. Nachdem hier nun die Belegpflicht eingeführt worden ist, hat das Recht, hinzugezogen zu werden, seine Rechtfertigung vollends verloren[71]. Wo es gleichwohl ausgeübt wird, liegt der Gedanke an Schikane nahe.

642   Einen ähnlichen Zweck hat das Recht des Gläubigers, das Verzeichnis von der zuständigen Behörde oder von einem **Notar** aufnehmen zu lassen. Damit soll erreicht werden, dass die vorhandenen (und vom Schuldner beizubringenden) Unterlagen wahrheitsgetreu in das Verzeichnis übertra-

---

70 Wenn der Auskunftsbeschluss die Hinzuziehung des Gläubigers vorsieht, ist die gesamte Auskunftsverpflichtung nicht erfüllt, wenn die Auskunft ohne Hinzuziehung erstellt worden ist (*OLG Hamm*, 21.3.2011, 8 WF 14/11, FamRZ 2011, 1732).

71 So auch *Kogel*, FamRB 2011, 316.

gen werden. Eigene Auskunftsansprüche oder Zwangsmittel stehen dem Notar nicht zu Gebote. Aufgabe des Notars ist es, anstelle des Auskunftsschuldners das Verzeichnis herzustellen. Obwohl ihm dazu nur die Unterlagen des Schuldners und dessen Angaben zur Verfügung stehen, wird eine größere Objektivität bei deren Auswertung erwartet. Da der Gläubiger aus § 1379 I 2 jetzt einen eigenen Anspruch darauf hat, dass ihm dieselben Unterlagen vorgelegt werden, ist der Sinn, einen Notar zu beschäftigen, weitgehend entfallen.

Die Zuständigkeit des Notars für die Aufnahme des Verzeichnisses er- **643** gibt sich aus § 20 I BNotO. Die **Kosten** der behördlichen oder notariellen Tätigkeit hat der Gläubiger zu tragen. Bei größeren Vermögen können sie erheblich sein und werden den verständigen Gläubiger davon abhalten, das Recht auszuüben. Die Notargebühren ergeben sich aus Nr. 23500 des Kostenverzeichnisses zu § 3 II GNotKG und betragen zwei volle Gebühren nach dem zusammengerechneten Wert aller Gegenstände, die in das Verzeichnis aufgenommen werden. Gegenüber der früher geltenden KostO haben sich die Notargebühren vervierfacht. Für einen Auskunftsgläubiger wird sich dieses Verfahren dadurch kaum noch empfehlen.

7. Anspruch auf Abgabe der eidesstattlichen Versicherung

a) Anspruchsvoraussetzung

§ 1379 nimmt wegen der Ausgestaltung der Auskunft Bezug auf § 260 **644** im allgemeinen Schuldrecht. Dort ist in Abs. 2 ein eigenständiger Folgeanspruch auf Abgabe der eidesstattlichen Versicherung vorgesehen. Voraussetzung hierfür ist, dass der Auskunftsanspruch vollständig erfüllt ist. Die eidesstattliche Versicherung ist (noch) nicht geschuldet, wenn noch eine weitere oder ergänzte Auskunft verlangt werden kann[72]. Erst wenn der Auskunftsanspruch durch Erfüllung erloschen ist, kommt der zusätzliche Anspruch auf Abgabe der eidesstattlichen Versicherung in Betracht.

Die Abgrenzung zwischen einem Anspruch auf **Ergänzung der Aus-** **645** **kunft** und dem auf eidesstattliche Versicherung ist nicht immer ganz einfach. Folgender Leitsatz des *OLG Köln* wird aber der Interessenlage gerecht: „Legt der auskunftspflichtige Ehegatte ein Verzeichnis seines Endvermögens vor, das nicht von vornherein unbrauchbar ist, kann regelmäßig nicht dessen Ergänzung oder Erneuerung wegen behaupteter Mängel verlangt werden, es sei denn der Verpflichtete selbst ist zur Mängelbeseitigung bereit. Sonst sind solche Mängel im Verfahren über die Abgabe der eidesstattlichen Versicherung oder im Rechtsstreit über die Ausgleichsforderung selbst zu klären"[73]. Das vorgeschaltete Auskunftsverlangen macht

---

72 *OLG Köln*, 4.10.2000, 26 UF 71/00, FamRZ 2001, 423.
73 *OLG Köln*, 6.1.1997, 26 WF 157/96, FamRZ 1997, 1336.

das Verfahren über den Zugewinnausgleich ohnehin umständlich. Es ist sinnvoll, die Beteiligten nicht unnötig lange in das Auskunftsverfahren zu zwingen, zumal Sinn der eidesstattlichen Versicherung ist, dass der Schuldner sein Verzeichnis noch einmal prüft und ggf. korrigiert, bevor er es beschwört. Der Gläubiger kann seine Einwände gegen die erteilte Auskunft an dieser Stelle geltend machen.

646 Voraussetzung für den Anspruch ist, dass *Grund zu der Annahme besteht, dass das Verzeichnis nicht mit der erforderlichen Sorgfalt aufgestellt worden ist.* Die **Beweislast** für die Umstände, die diese Annahme rechtfertigen, trägt der Auskunftsgläubiger. Er muss nicht beweisen, dass die Auskunft falsch ist, sondern er muss Umstände beweisen, die es möglich erscheinen lassen, dass sie falsch sei.

Die Praxis geht mit den Anspruchsvoraussetzungen des § 260 II recht großzügig um. Der Auskunftsgläubiger bekommt nur das fertige Verzeichnis. Er ist (in der Regel) bei dessen Aufstellung nicht dabei. Unmittelbare Kenntnis von dem Vorgang, wie das Verzeichnis aufgestellt worden ist, hat er nicht. In der Praxis genügen deshalb Indizien, die den Rückschluss auf mangelnde Sorgfalt erlauben.

647 Der Nachweis eines Fehlers in dem Verzeichnis ist in erster Linie geeignet, den Anspruch aus § 260 II zu rechtfertigen. Daraus ergibt sich ein Verdachtsgrund, dass das Verzeichnis nicht mit hinreichender Sorgfalt aufgestellt worden sei. Allerdings ist der Nachweis eines objektiven Fehlers nicht in allen Fällen hinreichend. Der Verdacht wird entkräftet, wenn den Umständen nach anzunehmen ist, dass der Fehler auf unverschuldeter Unkenntnis oder entschuldbarem Irrtum beruht[74]. Den Auskunftsschuldner trifft hierzu die **sekundäre Vortragslast.** Kommt er ihr nach, so obliegt wiederum dem Gläubiger die Beweislast, dass mangelnde Sorgfalt der Grund für den objektiven Fehler war.

648 Praktisch häufig ist der Fall, dass der Gläubiger eine ihm erteilte Auskunft in einzelnen Positionen beanstandet. Der Schuldner bessert die Auskunft dann nach, ohne dass die Beteiligten die Frage erörtern, ob ein Anspruch auf **Nachbesserung** bestanden hätte. Wenn die Auskunft aufgrund der Nachbesserung geändert oder erweitert ist, belegt das meist, dass das letzte Ergebnis auch von Anfang an hätte erreicht werden können. Damit wäre dann der Nachweis der mangelnden Sorgfalt erbracht. Wird mehrfach nachgebessert, wird dem Schuldner auch der Einwand verschlossen bleiben, er habe sich entschuldbar geirrt.

Die Pflicht, auch über **Vorgänge in den letzten zehn Jahren** Auskunft zu erteilen, die als illoyale Verfügungen gem. § 1375 II dem End-

---

74 *BGH*, 1.12.1983, IX ZR 41/83, FamRZ 1984, 144.

vermögen hinzuzurechnen sind, wird häufiger als früher Anlass zu der Besorgnis geben, die erforderliche Sorgfalt habe gefehlt. Der Auskunftsschuldner muss Umstände mitteilen, die ihn selbst belasten können, wenn es um Benachteiligungsabsicht oder Verschwendung geht. Häufig wird es sich um Vorgänge handeln, die in die Zeit vor der Trennung fallen, dem anderen also bekannt sind. Kann er aus dieser Kenntnis auf Lücken hinweisen, so wird sich damit der Anspruch auf eidesstattliche Versicherung rechtfertigen lassen.

Für die Feststellung, es habe bei der Aufstellung des Verzeichnisses an Sorgfalt gemangelt, ist immer eine Gesamtschau aller Umstände erforderlich. Hierbei kann auch von Bedeutung sein, wenn der Schuldner mit seiner Auskunft erheblich in **Verzug** geraten ist oder während der intakten Ehe seine auf § 1353 beruhende Unterrichtungspflicht (→ Rn. 691) verletzt hat[75]. Auch eine Mehrzahl widersprüchlicher Angaben in der Vorkorrespondenz und im Verlauf des Rechtsstreits kann die Annahme rechtfertigen, dass auch das zuletzt vorgelegte Verzeichnis nicht mit der erforderlichen Sorgfalt aufgestellt ist[76].

b) Abgabe der Versicherung

Auf die Abgabe der eidesstattlichen Versicherung besteht ein materiellrechtlicher Anspruch. Er ist höchstpersönlich zu erfüllen[77]. Die Versicherung ist aber nicht als Willenserklärung nach §§ 116 ff. abzugeben. Sie ist jedenfalls vor einem Gericht abzugeben. Bei Zuständigkeit und Verfahren des Gerichts ist zu unterscheiden, ob der Schuldner seine Pflicht freiwillig erfüllt oder ob dazu verurteilt worden ist.
649

aa) Freiwillige eidesstattliche Versicherung

Die freiwillig abgegebene eidesstattliche Versicherung ist vor dem Gericht abzugeben. Das ist kraft ausdrücklicher Regelung ein Gegenstand der freiwilligen Gerichtsbarkeit (§ 410 Nr. 1 FamFG). Die Zuständigkeit des Gerichts folgt dem zivilrechtlichen Erfüllungsort (§ 269) und ist somit der Wohnsitz des Schuldners zum Zeitpunkt der Anspruchsentstehung (§ 411 I FamFG). Zuständig ist der Rechtspfleger.
650

Der Rechtspfleger hat auf Antrag einen Termin zu bestimmen. Antragsberechtigt sind sowohl der Gläubiger wie der Schuldner (§ 413 S. 1 FamFG). Die eidesstattliche Versicherung ist dann nach den für die Eidesleistung geltenden Bestimmungen (§§ 478 ff. ZPO) abzugeben.

---

75 *BGH*, 26.6.1976, IV ZR 125/75, FamRZ 1978, 677.
76 *OLG Düsseldorf*, 15.6.1979, 5 WF 127/79, FamRZ 1979, 808.
77 *Palandt/Grüneberg*, § 259, Rn. 12.

In der eidesstattlichen Versicherung muss das Verzeichnis, auf das sie sich beziehen soll, genau angegeben werden. Wie die Versicherung ihrerseits zu lauten hat, bestimmt das Gericht (§ 261).

Mit einer anderen Form der eidesstattlichen Versicherung, etwa privatschriftlich oder zur Niederschrift eines Notars, wird die Pflicht aus § 260 II nicht erfüllt.

bb) Eidesstattliche Versicherung aufgrund vollstreckbaren Titels

651   Ergibt sich die Pflicht zur Abgabe der eidesstattlichen Versicherung aus einem **vollstreckbaren Titel**, so ist § 410 FamFG nicht einschlägig. Zuständig für die geschuldete eidesstattliche Versicherung ist dann nur das Vollstreckungsgericht (§ 889 ZPO). Voraussetzung für dessen Zuständigkeit ist nicht, dass der Schuldner zu Abgabe gezwungen werden muss. Auch für die freiwillige Erfüllung des gerichtlichen Titels ist das Vollstreckungsgericht zuständig, ohne dass das bereits eine Vollstreckungshandlung wäre[78]. Erscheint der Schuldner im anberaumten Termin nicht, so hat dasselbe Gericht den Titel im Wege der Zwangsvollstreckung durchzusetzen. Es gelten die Vorschriften über die Vollstreckung einer nicht vertretbaren Handlung (§ 888 ZPO). Der Schuldner ist durch Zwangsgeld und Zwangshaft zur Abgabe anzuhalten. Allerdings ist der Haftbefehl nicht wie in § 901 ZPO die automatische Folge des Nichterscheinens. Haft kann regelmäßig erst dann als Zwangsmittel eingesetzt werden, wenn Zwangsgeld versagt hat[79].

Inhaltlich entspricht die abzugebende eidesstattliche Versicherung der nach FamFG abgegebenen.

cc) Inhalt der eidesstattlichen Versicherung

652   Der Wortlaut der eidesstattlichen Versicherung ist von § 260 II vorgegeben. Der Schuldner hat zu versichern, *dass er nach bestem Wissen den Bestand so vollständig angegeben habe, als er dazu imstande sei.* Sie bezieht sich auf dasjenige Verzeichnis, das der Schuldner zur Erfüllung seiner Auskunftspflicht übergeben hat.

Der Schuldner kann jedoch nicht gezwungen sein, die eidesstattliche Versicherung nur auf das vorliegende, unveränderte Verzeichnis zu beziehen. Dieses Verzeichnis muss ja mangelhaft gewesen sein, um den Anspruch auf eidesstattliche Versicherung überhaupt auszulösen. Außerdem soll der Strafdruck bei einer falschen eidesstattlichen Versicherung für den Schuldner Anlass sein, Fehler oder Lücken in seinem Verzeichnis zu be-

---

78 *MK-ZPO/Gruber*, § 889, Rn. 7.
79 *MK-ZPO/Gruber*, § 888, Rn. 27.

richtigen. Das Verzeichnis, auf das sich die eidesstattliche Versicherung bezieht, soll deshalb vom Schuldner vor der Abgabe erneut geprüft und ggf. noch **geändert oder ergänzt** werden.

Der Vollstreckungstitel, aus dem sich die Pflicht zur eidesstattlichen **653** Versicherung ergibt, muss ein konkretes Verzeichnis benennen, dessen Vollständigkeit versichert werden muss. Das könnte einer Ergänzung oder Änderung vor Abgabe der Versicherung im Wege stehen. Die zu einem geänderten Verzeichnis abgegebene Versicherung würde den Vollstreckungstitel nicht erfüllen. Der Schuldner kann dem Dilemma entgehen, indem er beim Vollstreckungsgericht beantragt, gemäß § 261 einen **geänderten Inhalt der eidesstattlichen Versicherung** zu beschließen. Diese Vorschrift des materiellen Rechts eröffnet eine besondere Möglichkeit, den wirksamen Vollstreckungstitel an geänderte Umstände, insbesondere ein korrigiertes Verzeichnis, anzupassen. Der Schuldner sollte bei Abgabe der eidesstattlichen Versicherung darauf achten, dass ein Beschluss nach § 261 auch förmlich gefasst wird, um der Gefahr erneuter Zwangsvollstreckung zu entgehen.

c) Folge einer falschen eidesstattlichen Versicherung

Die eidesstattliche Versicherung abgeben zu müssen, bedeutet für den **654** Schuldner einen erheblichen Druck. Denn die Gefahr einer strafrechtlichen Verurteilung nach Abgabe der Versicherung ist hoch. Eine falsche eidesstattliche Versicherung wird mit Freiheitsstrafe bis zu drei Jahren oder mit Geldstrafe bestraft (§ 154 StGB). Das Risiko ist dadurch besonders hoch, dass auch die nur fahrlässig falsche eidesstattliche Versicherung mit Freiheits- oder Geldstrafe bedroht ist (§ 161 I StGB).

Das besondere Risiko ergibt sich daraus, dass die Anforderungen an **655** eine richtige Versicherung hoch sind. Zwar ist nach dem Wortlaut des § 260 II nur zu versichern, dass das Verzeichnis nach bestem Wissen vollständig abgegeben wurde. Nach ständiger strafgerichtlicher Rechtsprechung bezieht sich die eidesstattliche Versicherung nicht nur darauf, dass subjektiv die mögliche Sorgfalt angewendet wurde. Vielmehr ist der **objektive Inhalt des Verzeichnisses Gegenstand der Versicherung**. Diese Auffassung beruht auf einer Grundsatzentscheidung des *BGH* von 1954[80]. Sie ist ergangen zum vollstreckungsrechtlichen Offenbarungseid. Die Formel dieses Eides entsprach der eidesstattlichen Versicherung nach § 260 II. Die Rechtsprechung gilt bis heute als herrschend[81].

---

80 *BGH*, 16.12.1954, 3 StR 493/54, NJW 1955, 430.
81 *Tröndle/Fischer*, § 153 StGB, Rn. 4; *Schönke/Schröder/Lenckner/Bosch*, Vorbem. zu §§ 153 ff., IV Rn. 3.

656	Der objektive Tatbestand der falschen eidesstattlichen Versicherung ist also allein dadurch erfüllt, dass der Inhalt des zur Auskunft erstellten Verzeichnisses nicht mit der Wirklichkeit übereinstimmt. Wenn der Fehler auf einem Irrtum beruhen sollte, kann das den Vorsatz ausschließen. Das Risiko eines Fahrlässigkeitsvorwurfes ist auch in diesem Fall aber hoch.

Wenn es in einem Streit bis zur Abgabe der eidesstattlichen Versicherung gekommen ist, spricht das für tief zerrüttete Verhältnisse. Der Auskunftsschuldner muss damit rechnen, dass der andere versuchen wird, ihn ins Messer laufen zu lassen. Bei allem, was er bisher verschwiegen hat, muss er damit rechnen, dass der andere davon weiß, die Kenntnis aber zurückgehalten hat, um sie erst im staatsanwaltlichen Ermittlungsverfahren zu offenbaren. Somit ist der Anspruch auf Abgabe der eidesstattlichen Versicherung eine starke Waffe in der Hand des Auskunftsgläubigers.

II. Auskunft über das Trennungsvermögen

1. Der Anspruch auf Auskunft zum Trennungsvermögen

657	Aus § 1379 I ergibt sich an erster Stelle, noch vor dem Auskunftsanspruch auf die eigentlichen Stichtage, der Auskunftsanspruch über das Vermögen zum Zeitpunkt der Trennung. Dieser Anspruch ist durch die Güterrechtsreform 2009 neu eingeführt worden und beruht auf einem Ergänzungsvorschlag, den erst der Rechtsausschuss des Deutschen Bundestages im Rahmen des Gesetzgebungsverfahrens hinzugefügt hat[82]. Der Anspruch ist systematisch in § 1379 nicht besonders glücklich eingeordnet, denn er dient einem ganz anderen Zweck als die Auskünfte über Anfangs- und Endvermögen. Der Zeitpunkt der Trennung ist auch nach der Güterrechtsreform 2009 kein für die Zugewinnausgleichsberechnung relevanter Stichtag. Die Kenntnis des an diesem Tag vorhandenen Vermögens ist somit für die Durchsetzung des Zugewinnausgleichsanspruchs ohne Bedeutung. Das Gesetz knüpft an den Trennungstag eine Vermutung (§ 1375 II 2), dass nämlich jegliche Vermögensminderung nach diesem Tag illoyal im Sinne des § 1375 II 1 gewesen sei. Die Auskunft auf den Trennungstag dient dazu, die Basis zu schaffen, an die die Vermutung anknüpft.

658	Der Auskunftsanspruch auf den Trennungszeitpunkt ist an keine weiteren Voraussetzungen geknüpft. Ein **Rechtsschutzinteresse** muss deshalb nicht dargetan werden[83]. Noch weniger als beim Endvermögen

---

82	Ausdrücklich begrüßt von *Schulz/Hauß*, Kap. 1, Rn. 756, als „gänzlich missglückt" bezeichnet von *Kogel*, Strategien, Rn. 420.
83	*BGH*, 17.10.2012, XII ZR 101/10, FamRZ 2013, 103.

(→ Rn. 598) kann beim Trennungsvermögen für den Auskunftsanspruch verlangt werden, dass voraussichtlich ein Ausgleichsanspruch bestehen werde; der zukünftige Ausgleichsanspruch ist seiner Natur nach noch gar nicht vorhersehbar, wenn nicht einmal ein Scheidungsverfahren anhängig ist. Es ist dem Auskunftsschuldner vorbehalten, Gründe darzulegen, dass ausnahmsweise ein Rechtsschutzinteresse nicht bestehe.

Der Anspruch ist nicht erst gegeben, wenn ein Scheidungsverfahren **659** anhängig ist, sondern schon unmittelbar nach der Trennung bei noch bestehendem Güterstand. Das gesetzgeberische Anliegen ist zu begrüßen, nicht nur den Stichtag für die Auskunft, sondern auch die Auskunft selbst möglichst weit vorzuverlegen. Schon das Auskunftsverlangen dürfte den in Anspruch Genommenen von (weiteren) illoyalen Vermögensverfügungen abhalten. Außerdem hat eine zeitnah erteilte Auskunft immer die größere Wahrscheinlichkeit für sich, richtig zu sein.

Der Gesetzgeber hat zwei selbständige Ansprüche auf Auskunft über **660** das Trennungsvermögen geschaffen. Der Anspruch entsteht nach Abs. 1, wenn eines der dort genannten Verfahren anhängig geworden ist. Nach Abs. 2 entsteht der Anspruch gesondert schon im Falle der Trennung. Warum der Gesetzgeber sich nicht darauf beschränkt hat, den Auskunftsanspruch im Trennungsfalle wie in Abs. 2 zu regeln, sondern darüber hinaus § 1379 I 1 Nr. 1 eingeführt hat, wird nicht einsichtig[84]. Der Auskunftsanspruch unter den Voraussetzungen des Abs. 1 ergibt keinen Sinn, wenn dem Antrag auf vorzeitigen Zugewinnausgleich oder dem Eheaufhebungsantrag keine Trennung vorausgegangen ist. Alle anderen Fälle deckt Abs. 2 ab. In Betracht kommt, dass der von einem die Ehe beendenden Verfahren losgelöste Anspruch in Abs. 2 besonders dazu dient, eine **Grundlage für den Anspruch auf vorzeitigen Zugewinn** (§ 1385 Nr. 4) zu schaffen, der bei Verletzung dieses Auskunftsanspruches entsteht (→ Rn. 723).

Trotzdem ist nicht anzunehmen, dass der Anspruch auch doppelt verfolgt werden kann. Der Auskunftsantrag nach Absätzen 1 und 2 ist derselbe. Wenn der eine erfüllt ist, kann also Erfüllung eingewandt werden, sofern der Anspruch, gestützt auf den jeweils anderen Absatz, ein weiteres Mal geltend gemacht wird. Zumindest fehlt es für den zweiten Antrag an einem Rechtsschutzinteresse[85].

2. Durchsetzung des Anspruchs

Der Auskunftsanspruch über das Vermögen am Trennungstag kann **661** nur zugesprochen werden, wenn der Trennungstag eindeutig festgestellt

---

84 *Schwab/Schwab*, VII Rn. 322.
85 *Schwab/Schwab*, VII Rn. 322.

worden ist. Die **Beweislast** für den Trennungstag trägt der Ausgleichsgläubiger[86]. Da der Trennungstag Anspruchsvoraussetzung ist, ist der Auskunftsantrag abzuweisen, wenn ein eindeutiger Trennungstag nicht festgestellt werden kann. Die Grundlage für die Vermutung des § 1375 II kann dann nicht geschaffen werden.

a) Bestimmung des Trennungszeitpunktes

662   Welches der Trennungstag ist, auf den die Auskunft zu erteilen ist, definiert das Gesetz nicht ausdrücklich. Darüber kann Streit entstehen. Anders als der Stichtag des § 1384 ist der Zeitpunkt, an dem die Eheleute sich endgültig getrennt haben, nicht leicht feststellbar. Der Zeitpunkt des § 1384, Rechtshängigkeit des Scheidungsantrags, ergibt sich aus der Gerichtsakte (§ 169 I ZPO). Etwas ähnlich Offensichtliches gibt es beim Trennungsdatum nicht.

Der Tag der endgültigen Trennung hat im Scheidungsverfahren schon immer eine erhebliche Bedeutung (§ 1565 II). Nachdem das Trennungsdatum auch im Güterrecht Bedeutung erlangt hat, hätte es nahegelegen, für die Bestimmung des Trennungstages ein Verfahren vorzusehen. 1567 I ist dafür zu ungenau. So hätte etwa den Ehegatten die Möglichkeit eingeräumt werden können, durch eine förmlich zuzustellende Erklärung die Trennung herbeizuführen und den Tag endgültig zu bestimmen. Eine solche Trennungserklärung wäre dem deutschen Recht nicht fremd. § 15 IV LPartG in der bis 2005 geltenden Fassung sah eine solche beurkundungsbedürftige Trennungserklärung als Voraussetzung für einen Aufhebungsantrag vor. Es hätte nahegelegen, etwas derartiges im Zusammenhang mit der Einführung von § 1375 I 2 zumindest als Möglichkeit vorzusehen[87].

Durch die ungenaue Bestimmung des Trennungstages ergeben sich bei der Anwendung des § 1375 II 2 mehrere Probleme.

aa) Schleichende Trennung

663   Die Trennung von Eheleuten vollzieht sich nicht notwendig geordnet oder in einem spektakulären Akt. Häufig tritt eine sich allmählich verstärkende Entfremdung ein, die zur Folge hat, dass die Berührungspunkte im Leben der beiden sich immer weiter verringern. Irgendwann wird die Loslösung so weit vorangeschritten sein, dass eine Trennung im Sinne des § 1567 eingetreten ist, ohne dass der Zeitpunkt eindeutig wäre[88]. Einen Trennungstag gibt es diesem Falle nicht.

---

86 *Bergschneider*, FamRZ 2009, 1713, 1715; *Schulz/Hauß*, Kap. 1, Rn. 756.
87 So auch *Rakete-Dombek*, FPR 2009, 270.
88 S. auch *Kogel*, FamRB 2009, 280, 286.

Hat die Trennung nicht an einem Tag, sondern in einem Zeitraum stattgefunden, so kann **Auskunft über das Vermögen während der Trennung nicht verlangt** werden. Die Vermutungswirkung des § 1374 II beruht auf einem rechnerischen Vergleich zweier Vermögensmassen. Die Vermögensmasse zum Zeitpunkt der Trennung ist nach denselben bilanziellen Grundsätzen zu ermitteln wie das End- und Anfangsvermögen. Das Vermögen ist blitzlichthaft abzubilden. Auf einen Trennungszeitraum lässt es sich also nicht darstellen. Gibt es nur einen Zeitraum, in dem die Trennung stattgefunden hat, so kann auf die Trennung keine Auskunft über das Vermögen erteilt werden, und für die Vermutungswirkung des § 1375 II 2 ist kein Raum.

bb) Mehrere Trennungstage

Eheleute trennen sich im Falle einer Krise nicht notwendig nur einmal. Vielmehr gibt es häufig Phasen des Streits und Phasen der Versöhnung. Es gibt dann mehrere Auszugstermine, die nicht notwendig immer von demselben Ehegatten veranlasst worden sind. Es ist dann zu klären, welcher der Trennungstage für die Vermutungswirkung des § 1375 II 2 maßgeblich ist. **664**

Es ergibt sich kein Vorrang eines der Trennungstage, auf den von der Natur der Sache abzustellen wäre. Die Vermögensentwicklung ist dynamisch. Deshalb kann das Vermögen zum Zeitpunkt der ersten Trennung sowohl höher als auch niedriger als bei einer späteren Trennung sein. Eine erste Trennung kann rückschauend der Beginn des endgültigen Scheiterns der Ehe und deshalb der Zeitpunkt für die Auskunft nach § 1379 II sein. Das würde aber unberücksichtigt lassen, dass der Wiedereinzug in die eheliche Wohnung durchaus auch Ausdruck einer echten Versöhnung sein kann. Die Lösung des Problems dürfte in einem Gleichlauf mit den Vorschriften des Scheidungsrechts zu finden sein.

Die erste im Sinne von § 1567 I vollständige Trennung schafft die Voraussetzung für einen Scheidungsbeschluss (§ 1565 I). Das ist deshalb der maßgebliche Trennungstag. Wird die Trennung nach einer kurzfristigen Versöhnung erneut herbeigeführt, so werden die für die Scheidung erforderlichen Fristen nicht unterbrochen (§ 1567 II). Eine erneute Trennung nach kurzem Zusammenleben ist deshalb auch für § 1375 II 2 ohne Bedeutung. War das Zusammenleben allerdings nicht nur kurzzeitig, so verliert die erstmalige Trennung auch für § 1375 II 2 ihre Bedeutung. Maßgeblich ist also die **Trennung, die den Scheidungsanspruch in dem Verfahren begründet hat,** das konkret den Stichtag des § 1384 herbeigeführt hat[89].

---

89 Entsprechendes gilt, wenn der Stichtag des § 1387 nach dreijähriger Trennung herbeigeführt wird.

cc) Streit über den Trennungstag

665   Ein bestimmter Trennungstag ist nicht nur objektiv schwer feststellbar. Zwischen den Beteiligten kann auch Streit darüber entstehen. Der Streit kann auch willkürlich herbeigeführt werden, um dadurch einen erhofften prozessualen Vorteil zu erlangen. Der Streit ist nach **Beweislastgrundsätzen** zu lösen.

Durch die Vermutungswirkung des § 1375 II 2 kann sich eine Ausgleichsforderung erhöhen oder eine Ausgleichspflicht verringern. Wer sich darauf berufen will, muss die Voraussetzungen beweisen. Dazu gehört auch der konkrete Trennungstag[90]. Er muss den zutreffenden Tag beweisen. Der Beweis obliegt ihm unabhängig davon, was hinsichtlich des Trennungstages konkret streitig ist. Er muss widerlegen, dass die Trennung nicht ein schleichender Prozess gewesen ist, sondern sich an einem bestimmten, von ihm behaupteten Tag stattgefunden hat[91]. Allerdings kann sich der Gegner nicht darauf beschränken, den behaupteten Trennungstag schlicht zu bestreiten. Im Rahmen der **sekundären Vortragslast** obliegt es ihm, einen konkreten anderen Trennungstag zu behaupten[92] oder einen anderen konkreten Trennungsvorgang darzulegen. Der Anspruchsinhaber muss den richtigen Tag beweisen, wenn der Gegner einen anderen Tag behauptet. Es gibt keine Beweiserleichterung dahin, dass im Zweifelsfall der späteste oder der früheste der im Verfahren behaupteten Trennungstage der richtige wäre[93]. Da offen ist, ob das Vermögen am früheren oder am späteren Tage höher war, ist ein anderer Tag nicht als Minus in dem behaupteten enthalten. Deshalb ist auch der Ansicht von *Jaeger*[94] nicht zu folgen, wonach bei Beweisproblemen der früheste Tag zu wählen sei, an dem die Eheleute nach übereinstimmendem Vortrag getrennt gelebt haben. Es ist nicht bekannt, ob der Vermögensstand am echten Trennungstag höher oder niedriger war als dem so fingierten Trennungstag, mit großer Gewissheit aber anders. Deshalb steht fest, dass die Vergleichsgröße für die gesetzliche Vermutung falsch ist. *Jaeger* meint, das Stichtagsprinzip werde „zu Tode geritten". Dabei verkennt er, dass der Trennungstag kein Stichtag ist, auf dem die Höhe des Anspruchs beruht, sondern nur eine Beweiserleichterung darstellt. Die Grundlage für die Beweiserleichterung fehlt, wenn das Vermögen an dem konkreten Tag nicht bekannt ist. Die Ausgleichsforderung als solche ist nicht berührt.

---

90 *Herr*, FF 2010, 13, 15; *Schulz/Hauß*, Kap. 1, Rn. 757.
91 *Kogel*, FamRZ 2015, 369, 371.
92 *Schulz/Hauß*, Kap. 1, Rn. 757.
93 FAKomm-FamR/*Weinreich*, § 1379, Rn. 17.
94 *Jaeger*, FPR 2012, 91, 94; *Johannsen/Henrich/Jaeger*, § 1379, Rn. 5.

Gelingt der Beweis des behaupteten Trennungstages nicht, so kann die Auskunft nicht verlangt werden, und damit entfällt die Möglichkeit, sich auf die Vermutung des § 1375 II 2 zu stützen, völlig.

Über den Trennungszeitpunkt ist im Auskunftsverfahren **inzident zu**   **666** **entscheiden.** Der Auskunftsbeschluss beruht dann zwar auf einer Feststellung des Trennungszeitpunktes; diese Entscheidung nimmt aber nicht an der Rechtskraftwirkung des Auskunftsbeschlusses teil. Eine widersprüchliche Entscheidung ist gleichwohl nicht zu erwarten, weil im Betragsverfahren für die Anknüpfung der Vermutungswirkung nicht mehr der Trennungstag, sondern der tatsächliche Inhalt der aufgrund des Beschlusses erteilten Auskunft ist.

Es wird gleichwohl für zulässig oder sogar notwendig gehalten, mit   **667** dem Auskunftsantrag einen **Zwischenfeststellungsantrag** hinsichtlich des Trennungszeitpunktes zu verbinden[95]. Beim Trennungszeitpunkt handele es sich um ein Rechtsverhältnis, das ein Bedürfnis für gerichtliche Feststellung begründe. Das *OLG Celle*[96], hält sogar einen Auskunftsantrag im Stufenverfahren über das Trennungsvermögen für unzulässig, wenn nicht gleichzeitig Antrag auf Zwischenfeststellung des Trennungstages beantragt wird, weil nur so die Gefahr widersprüchlicher Entscheidungen in dem Gesamtverfahren vermieden werden könne. Es ist jedoch schon zweifelhaft, ob eine Zwischenfeststellung überhaupt zulässig wäre. Mit guten Gründen nimmt *Koch* an, dass es sich beim Trennungszeitpunkt gar nicht um ein Rechtsverhältnis handele, das Gegenstand eines Feststellungsverfahrens werden könnte[97]. Jedenfalls kann aber ein Zwischenfeststellungsantrag nicht Voraussetzung für einen zulässigen Antrag auf Auskunft über das Trennungsvermögen sein. Die Gefahr widerstreitender Entscheidungen besteht im Zugewinnausgleichsverfahren nicht, weil für die Berechnung des Zugewinns der Trennungstag nicht maßgeblich ist, sondern nur der Inhalt der Auskunft über das Trennungsvermögen (→ Rn. 288).

Die Eheleute können sich indes auf einen bestimmten Trennungstag   **668** als Voraussetzung für die Auskunft **einigen.** Die Einigung ist verbindlich und schließt die Behauptung eines anderen Trennungstages im Auskunftsverfahren aus. Die Formvorschrift des § 1378 III 2 gilt nicht, denn mit der Einigung über die beweiserleichternde Auskunft wird nicht über den Ausgleichsanspruch verfügt[98].

---

95 *OLG Brandenburg,* 12.12.2013, 9 UF 112/13, NJW-RR 2014, 519.
96 *OLG Celle,* 23.7.2013, 10 UF 74/12, FamRZ 2014, 326, mit ablehnender Anm. *Braeuer* (FamRZ 2014, 1459).
97 FamRZ 2015, 1073.
98 *MK/Koch,* § 1379, Rn. 9a.

III. Verzeichnis des Anfangsvermögens

1. Bedeutung des Verzeichnisses

669   In den Funktionsbereich von Information und Auskunft gehört auch ein gemeinsam erstelltes Verzeichnis über das Anfangsvermögen. Dem jeweils anderen Ehegatten wird dadurch eine Grundlage für die Berechnung des Zugewinns geschaffen. § 1377 sieht die Möglichkeit für die Eheleute vor, ein Verzeichnis des Anfangsvermögens erstellen. Ist das geschehen, so begründet es die Vermutung, dass es richtig sei.

Das Anfangsvermögen muss bei der Ermittlung des Zugewinns so genau ermittelt werden wie das Endvermögen. Oft liegt der Stichtag dafür weit zurück. Es entstehen dann praktische Schwierigkeiten, den Bestand des Anfangsvermögens noch zu ermitteln. Das Problem entsteht hauptsächlich für den Ehegatten, der sich auf Anfangsvermögen berufen möchte. Ihm obliegt der Beweis für den Bestand und den Wert des Anfangsvermögens. Die Beweisprobleme hat der Gesetzgeber erkannt und über das in § 1377 geregelte Verzeichnis eine Beweiserleichterung geschaffen.

670   Wenn die Eheleute über den Bestand und den Wert des Anfangsvermögens ein Verzeichnis erstellt und beide unterschrieben haben, so begründet das Verzeichnis die Vermutung, dass es richtig sei. Diese Vermutung bezieht sich nach zutreffender Auffassung nicht nur auf den Bestand der Gegenstände in dem Verzeichnis, sondern auch auf den Wert, wenn in dem aufgenommenen Verzeichnis darüber Angaben gemacht worden sind[99]. Die Notwendigkeit, den Bestand des Anfangsvermögens, sei es positiv oder negativ, zu beweisen, besteht dann nicht. Das gilt wie für das eigentliche Anfangsvermögen ebenso wie für den privilegierten Erwerb nach § 1374 II.

671   Das Verzeichnis hat wenig praktische Bedeutung erlangt. Nur in ganz seltenen Fällen wird ein solches aufgestellt. In den fast 60 Jahren, die es den gesetzlichen Güterstand gibt, ist die Möglichkeit, mit beweiserleichternder Wirkung ein Verzeichnis zu erstellen, kaum bekannt geworden[100], so dass schon die fehlende Kenntnis von der Möglichkeit dazu führt, dass es nicht in Erwägung gezogen wird. Eheleute mit einem beträchtlichen Anfangsvermögen, für die ein Verzeichnis in Betracht käme, werden nach Beratung eher einen Ehevertrag schließen, der eine deutlich höhere Sicherheit bietet.

---

99 *Schröder/Bergschneider*, Rn. 4.230.
100 *MK/Koch*, § 1377, Rn. 2.

Ein nach § 1377 aufgenommenes Verzeichnis hat zur Folge, dass für **672** einen weiteren Anspruch auf Auskunft über das Anfangsvermögen kein **Rechtsschutzbedürfnis** besteht.

2. Einzelfragen des Verzeichnisses

a) Gegenstand des Verzeichnisses

Das Verzeichnis kann ein gemeinsames sein, das die Anfangsvermö- **673** gen beider Eheleute wiedergibt. Es kann aber auch für jeden einzeln oder auch nur für einen von ihnen erstellt werden[101].

b) Form

§ 1377 nimmt auf die Formvorschriften des Nießbrauchsrechts Bezug **674** (§ 1035). Jedenfalls ist die Schriftform (§ 126) einzuhalten. Das Verzeichnis muss außerdem den Tag der Erstellung angeben und muss von beiden unterschrieben sein. Notarielle Beurkundung ist nicht vorgeschrieben, weil ein einfacheres Verfahren unterhalb der Schwelle des Ehevertrages zur Verfügung stehen soll.

Das so aufgenommene Verzeichnis wird von manchen als Willenserklärung behandelt[102], auf die die Vorschriften der §§ 116 ff. anzuwenden seien. Der Auffassung ist zu widersprechen. Das Verzeichnis wäre dann gleichzeitig ein Vertrag, da es von beiden zu unterzeichnen ist. Ein Vertrag, der den Bestand des Zugewinnausgleichsanspruches berührt, ist in § 1378 III 2 ausdrücklich geregelt und ist nur unter eingeschränkten Voraussetzungen wirksam. Dazu würde sich ein rechtsgeschäftlicher Charakter des Anfangsverzeichnisses in Widerspruch setzen. Das Verzeichnis ist mehr eine Wissens- als eine Willenserklärung[103]. Sie verträgt sich deswegen schwer mit der bei einer Willenserklärung möglichen Stellvertretung. Die Bestimmungen über die Willenserklärung anzuwenden, wird vor allem damit begründet, die Möglichkeit der Irrtumsanfechtung zu eröffnen. Hierfür besteht indes kein Bedürfnis, weil im Falle eines Irrtums bewiesen werden kann, dass das Verzeichnis falsch ist.

c) Inhalt

Das Verzeichnis hat die einzelnen Vermögensgegenstände und deren **675** jeweiligen Wert anzugeben. Es gelten dieselben Grundsätze, die bei der Auskunftserteilung über das Endvermögen nach § 260 anzuwenden

---

101 Anwaltkommentar/*Groß*, 1. Aufl., § 1377, Rn. 4.
102 *MK/Koch*, § 1377, Rn. 9; *Erman/Budzikiewicz*, § 1377, Rn. 4.
103 *Soergel/Kappler* (§ 1377, Rn. 17) wendet die Vorschriften über die Willenserklärung nur entsprechend an.

sind[104]. Allerdings dürfen an den Inhalt keine zu strengen Anforderungen gestellt werden, da es nur im Verhältnis der Eheleute untereinander Anwendung findet, die von der gemeinsamen Erstellung her wissen, worum es sich bei dem Anfangsvermögen handelt.

Ist das Verzeichnis unvollständig, so wird es dadurch nicht unwirksam. Die Beweiswirkung beschränkt sich dann auf die darin bezeichneten Gegenstände, und es wird vermutet, dass keine weiteren Gegenstände vorhanden gewesen seien.

676   Unschädlich ist auch, wenn zwar die Gegenstände bezeichnet sind, ihr Wert aber nicht angegeben ist. Die Beweiswirkung beschränkt sich dann auf das Vorhandensein der Gegenstände. Ihr Wert ist nach allgemeinen Beweislastgrundsätzen festzustellen[105]. Es wird erwogen, dass für den Wert eines Gegenstandes die Vermutung nicht mehr greife, wenn dessen Existenz im Anfangsvermögen generell unstreitig sei[106]. Entgegen dieser Ansicht kann die gesetzliche Vermutung aber nicht durch allgemeine Kenntnis von einem Anfangsvermögen außer Kraft gesetzt werden; allenfalls kann die Substantiierungslast steigen, wenn die Existenz eines Gegenstandes feststeht und nur dessen Wert streitig ist.

677   Ein gemeinsam aufgenommenes Verzeichnis, das **bewusst von der Wirklichkeit abweicht**, begründet keine Vermutungswirkung. Die Eheleute können etwa bewusst, um einen Streit beizulegen, Gegenstände aus dem Anfangsvermögen heraushalten wollen und diese deshalb nicht in das Verzeichnis aufgenommen haben. Oder sie haben willkürlich Gegenstände hinzugefügt, die auf diese Weise aus dem Zugewinnausgleich herausgehalten werden sollen. Eine solche Manipulation hat den Zweck, den zukünftigen Zugewinnausgleichsanspruch abweichend von den gesetzlichen Bestimmungen zu gestalten. Das ist im Ergebnis eine Verfügung über den zukünftigen Zugewinnausgleichsanspruch, die gegen das Verfügungsverbot des § 1378 III 3 (→ Rn. 451) verstößt und nichtig ist. Die beabsichtigten Eingriffe in die Zugewinnermittlung sind nur in der Form eines Ehevertrages, nicht über das einfache Verzeichnis möglich.

d) Zeitpunkt der Erstellung

678   Das Gesetz schreibt nicht vor, wann das Verzeichnis zu errichten ist. Das ist keineswegs auf den Zeitpunkt des Beginnes des Güterstandes beschränkt. Das Verlangen kann jederzeit bis zum Ende des Güterstandes

---

104 *Soergel/Kappler*, 12. Aufl., § 1377, Rn. 5.
105 *MK/Koch*, § 1377, Rn. 6.
106 *OLG Naumburg*, 23.12.1996, 3 WF 126/96, OLGR 1997, 215; FAKomm-FamR/*Weinreich*, § 1377, Rn. 12.

geltend gemacht werden[107]. Das Verzeichnis kann auch nachträglich ergänzt werden, wenn inzwischen ein privilegierter Erwerb stattgefunden hat.

Somit ist das gemeinsame Verzeichnis im Kontext der Auskunftsansprüche mit zu berücksichtigen. Es kommt auch im sich abzeichnenden Konflikt um den Zugewinnausgleich in Betracht. Das Verlangen kann im Vergleich zum Auskunftsanspruch über das Anfangsvermögen durchaus Vorteile bieten. Ein Ehegatte kann sich über das Anfangsvermögen des anderen schon Gewissheit verschaffen, bevor ein Scheidungsverfahren anhängig ist, bevor also der Auskunftsanspruch des § 1379 entstanden ist. Außerdem hat er ein Recht auf Mitwirkung bei der Entstehung des Verzeichnisses, während er die nach § 1379 erteilte Auskunft so hinzunehmen hat, wie sie erteilt worden ist[108].

Aus praktischen Gründen liegt es zwar nahe, das Verzeichnis gleich nach der Eheschließung oder dem privilegierten Hinzuerwerb aufzustellen. Wirksamkeitsvoraussetzung ist das nicht[109]. Das Verzeichnis, das sonst kaum praktische Bedeutung erlangt hat, kann im Rahmen der streitigen Zugewinnermittlung noch sinnvoll eingesetzt werden. Der Streit um den Zugewinnausgleich kann eingegrenzt werden, indem das Anfangsvermögen durch ein gemeinsam erstelltes Verzeichnis abgeschichtet und der Streit auf das Endvermögen begrenzt wird.

e) Vermutungswirkung

Zwischen den Eheleuten wird vermutet, dass das Verzeichnis richtig **679** und vollständig sei. Die Vermutung erstreckt sich auch auf **Wertangaben in dem Verzeichnis**[110]. Die Vermutung ist widerleglich. Dem belasteten Ehegatten bleibt im Prozess die Möglichkeit, eine geringeres Anfangsvermögen oder höhere Schulden zu beweisen. Alle Beweismittel stehen dafür offen.

Die Vermutung setzt voraus, dass die einzelnen Gegenstände in dem Verzeichnis aufgeführt sind. Wird nur ein zusammengefasster Wert des Anfangsvermögens in ein gemeinsam unterzeichnetes Papier aufgenommen, so kann das die gesetzliche Vermutung nicht auslösen[111]. Eine solche Vermutung ließe sich nicht widerlegen, weil nicht klar wird, worauf sich der Gegenbeweis richten müsste. Ein zusammenfassender Wert des An-

---

107 *Erman/Budzikiewicz*, § 1377, Rn. 5.
108 Das Recht, bei der Aufnahme des Verzeichnisses hinzugezogen zu werden (§ 1379 II 2) begründet nicht das Recht, auf den Inhalt Einfluss zu nehmen.
109 *MK/Koch*, § 1377, Rn. 15.
110 *Schröder*, Bewertungen, Rn. 67.
111 *Schröder*, Bewertungen, Rn. 68.

fangsvermögens kann verbindlich nur durch einen Ehevertrag in der Form des § 1410 vereinbart werden.

680 Gelingt der Beweis, so ist nur die Feststellung zu dem Gegenstand widerlegt, auf den sich der Beweis bezogen hat. Das Verzeichnis wird dadurch nicht insgesamt ungültig, sondern gilt mit der Vermutungswirkung im Übrigen fort[112].

681 Nach überwiegender, aber nicht zutreffender Ansicht steht nur der Beweis einer **erheblichen Abweichung** offen. Haben die Parteien Bewertungsdifferenzen durch Aufnahme eines Betrages beigelegt, auf den sie sich geeinigt haben, so soll das ein bindender Vergleich sein. Die Form des Ehevertrages (§ 1410) müsse nicht eingehalten werden[113]. Diese Ansicht kann sich aus der Rechtsprechung nur auf eine einzige amtsgerichtliche Entscheidung stützen[114]. Sie übersieht, dass ein Vergleich an der mangelnden Form scheitern würde. Soweit der Vergleich den Gegenbeweis ausschließt, enthält er im Ergebnis eine Verfügung über den Zugewinnausgleichanspruch. Das verstieße außerhalb des Scheidungsverfahrens gegen das Verfügungsverbot des § 1378 III 3 oder wäre als Ehevertrag beurkundungsbedürftig (§ 1410). Mit derselben Erwägung wird die Vereinbarung eines Schiedsgutachtens für unwirksam gehalten[115].

682 Oftmals wird das Bedürfnis entstehen, über das Anfangsvermögen eine abschließende Regelung zu treffen. Solange noch der Gegenbeweis offensteht, ist das Anfangsvermögen noch nicht abschließend geklärt.

> **Beispiel:** Die Eheleute nennen in dem nach § 1377 aufgestellten Verzeichnis ein gebrauchtes Kraftfahrzeug und geben dessen Wert mit 10.000 € an. Im Scheidungsfall wird Beweis angetreten, dass das Fahrzeug nur 5.000 € wert gewesen sei.

Den Wert eines gebrauchten Fahrzeuges auf einen lange zurückliegenden Zeitpunkt festzustellen, ist mit großer Unsicherheit für beide Seiten verbunden. Es liegt nahe, das durch eine verbindliche Wertvereinbarung auszuschließen. Das Verzeichnis nach § 1377 ist hierfür nicht geeignet, weil es keine verbindliche Wertfeststellung kennt. Das Ziel lässt sich nur durch einen **Ehevertrag** erreichen. Bei Beibehaltung des gesetzlichen Güterstandes lässt sich wirksam ein bestimmtes Anfangsvermögen vereinbaren, das unabhängig von den tatsächlichen Verhältnissen verbindlich ist (→ Rn. 917). Allgemein ist eine solche ehevertragliche Vereinbarung dem schriftlichen Verzeichnis vorzuziehen.

---

112 *MK/Koch*, § 1377, Rn. 22.

113 *MK/Koch*, § 1377, Rn. 22; *Gernhuber/Coester-Waltjen*, § 36, Rn. 44; *Palandt/Brudermüller*, § 1377, Rn. 4; *Staudinger/Thiele*, § 1377, Rn. 17.

114 *AmtsG Säckingen*, 22.10.1995, 2 F 112/91, FamRZ 1997, 611.

115 → Rn. 454.

f) Verlangen zur Mitwirkung

Jeder Ehegatte kann verlangen, dass der andere *bei der Aufnahme des* **683**
Verzeichnisses mitwirkt. Bisher war allgemeine Ansicht, dass sich diese
Verpflichtung nur auf **das eigene Verzeichnis des Ehegatten** bezieht, der
das Verlangen stellt. Kein Ehegatte habe einen Anspruch darauf, dass der
andere ein Verzeichnis über sein eigenes Vermögen erstellt[116]. Ebensowenig könne er verlangen, dass der andere an einem Verzeichnis mitwirkt,
das auch dessen Anfangsvermögen wiedergibt. Das hatte seinen Grund in
der Vermutungswirkung des § 1377 III. Danach wird ohne ein Verzeichnis vermutet, dass das Anfangsvermögen des Ehegatten null sei. Somit ver-
schaffte das Verzeichnis nur dem Ehegatten, der das Verzeichnis erstellt,
einen Vorteil, und der andere hatte kein schützenswertes Interesse an einem Verzeichnis seines Ehegatten[117]. Durch die Güterrechtsreform 2009
ist die Begründung nicht mehr schlüssig. Nunmehr bedeutet die Mitwirkungspflicht, dass jeder Ehegatte auch **verpflichtet ist, an dem Verzeichnis des anderen mitzuwirken.** § 1377 III bewirkt in der aktuellen Gesetzesfassung auch die Vermutung, dass kein negatives Anfangsvermögen
vorhanden sei. Diese Vermutungswirkung zu entkräften, hat der andere
ein Interesse, weil ein negatives Anfangsvermögen den Zugewinn desjenigen erhöht, den es betrifft. Deshalb bezieht sich die Mitwirkungspflicht
nunmehr auf das Verzeichnis beider Eheleute.

Die Mitwirkungspflicht des § 1377 II bezieht sich in erster Linie auf **684**
die gemeinsame Erstellung des Verzeichnisses. Dafür muss der andere ein
erstelltes Verzeichnis unterschreiben. Will er das nicht, hat er sich **substantiiert dazu zu erklären.** Zu einer bestimmten Erklärung in dem gemeinsamen Verzeichnis kann ein Ehegatte nicht gezwungen werden[118].
Der andere Ehegatte ist nur verpflichtet, sich Gegenständen, die in das
Verzeichnis aufgenommen sind, überhaupt zu äußern. Er darf nicht
schweigen. Soweit sich beide nicht über die Zugehörigkeit eines Gegenstandes zum Anfangsvermögen oder über dessen Wert einigen, ist das aufzunehmen.

Darüber hinaus kann jeder verlangen, dass die Unterschriften beglau-
bigt werden. Ebenso kann verlangt werden, dass ein Notar für die Erstellung des Verzeichnisses hinzugezogen wird. Wer das tut, sollte aber wissen, dass die Kosten des Notars für die Aufnahme des Verzeichnisses
ebenso hoch sind, wie die Kosten für einen Ehevertrag wären (§ 100
GNotKG): In vielen Fällen wird deshalb eher ein Ehevertrag als ein nota-

---

116 *Firsching/Schmid*, Rn. 215; FAKomm-FamR/*Weinreich*, § 1377, Rn. 6; *Soergel/Kappler*,
§ 1377, Rn. 10; Anwaltkommentar/*Heiss/Löhnig*, § 1377, Rn. 7.
117 Anwaltkommentar/*Heiss/Löhnig*, § 1377, Rn. 7.
118 *Schröder*, Bewertungen, Rn. 64.

riell aufgenommenes Verzeichnis gewählt werden. Dadurch wird Rechtssicherheit und nicht nur ein Vermutungswirkung erzeugt[119].

685   Das Recht auf Mitwirkung ist im Gesetz als echter Anspruch ausgestaltet, der **gerichtlich durchgesetzt** und als nicht vertretbare Handlung vollstreckt werden kann (§ 888 ZPO)[120]. Das ist perfektionistisch geregelt[121], aber ohne praktische Bedeutung. Fälle, in denen das Verlangen durchgesetzt wurde, sind nicht bekannt. Wenn ein Ehegatte sich weigert, an der Aufnahme des Verzeichnisses mitzuwirken, wird es auch keine Einigkeit über dessen Inhalt geben. In dem Verfahren um die Mitwirkung kann nicht etwa mit bindender Wirkung für beide Beteiligte Beweis über die Existenz oder den Wert eines Gegenstandes des Anfangsvermögens erhoben werden. Die Mitwirkungspflicht ist mit einem substantiierten Bestreiten erfüllt[122]. Da das Verzeichnis, um das gestritten wird, nur eine Vermutungs-, nicht eine Feststellungswirkung entfaltet, kann der Rechtsstreit den Inhalt des Verzeichnisses nicht betreffen.

686   Es kann auch verlangt werden, dass der Wert eines Gegenstandes durch einen **Sachverständigen** festgestellt wird. Das kommt praktisch nicht vor und ist auch nicht sinnvoll. Das Verzeichnis einschließlich des dazu erstellten Sachverständigengutachtens begründet nur die Vermutung der Richtigkeit. Der Gegenbeweis ist zulässig. Die sachverständige Begutachtung ist deshalb im eigentlichen Zugewinnausgleichsverfahren auf Verlangen erneut durchzuführen. Wer schon vor Ende des Güterstandes eine für beide Seiten verbindliche Wertfeststellung erreichen möchte, ist deshalb auf das **selbständige Beweisverfahren** angewiesen.

3. Rechtsfolgen eines fehlenden Verzeichnisses

687   § 1377 III knüpft an das Fehlen eines Anfangsverzeichnisses ebenfalls eine Vermutungswirkung. Sie hat – im Gegensatz zu dem Verzeichnis selbst – eine ganz entscheidende praktische Bedeutung.

Ist ein Verzeichnis nicht aufgenommen worden, so wird vermutet, dass das Endvermögen gleich dem Zugewinn sei. Es wird also widerleglich vermutet, dass der betreffende Ehegatte kein Anfangsvermögen hatte, weder ein positives noch ein negatives.

688   Diese gesetzliche Vermutung ist die Grundlage für die Beweislastregel im Zugewinnausgleichsprozess. Dort muss der Antragsteller alle Positionen beweisen, auf denen sein Anspruch beruht. Ihm obliegt also der Be-

---

119 Dazu im Einzelnen → Rn. 918.
120 Anwaltkommentar/*Heiss/Löhnig*, § 1377, Rn. 7; *Staudinger/Thiele*, § 1377, Rn. 4.
121 *Gernhuber/Coester-Waltjen*, § 36, Rn. 45.
122 *Staudinger/Thiele*, § 1377, Rn. 5.

weis für jeden einzelnen Vermögensgegenstand, aus dem sich der Saldo der Zugewinnausgleichsbilanzen ergibt. Ausgenommen davon sind nur die Gegenstände des Anfangsvermögens. Es gilt die Vermutung, dass der Zugewinn nicht vom Endvermögen abweiche. Zu einem Unterschied zwischen Endvermögen und Zugewinn kann es nur kommen, wenn das Anfangsvermögen nicht Null ist. Wegen Vermutung muss derjenige, der eine Abweichung von Null behauptet, diese beweisen.

Beispiel: Die Frau wird auf Zugewinnausgleich in Anspruch genommen. Sie wendet ein, sie hätte im Anfangsvermögen ein Wertpapierdepot besessen. Der Mann hält entgegen, das Depot sei vollständig kreditfinanziert gewesen.

Soweit sich ein Ehegatte auf vorhandenes Anfangsvermögen beruft, muss er diese Abweichung von seinem Endvermögen beweisen. Dazu gehört nicht nur der Nachweis aktiver Vermögensgegenstände. Er muss auch die Abwesenheit von Schulden beweisen[123].

An dieser Beweislastregel hat sich nichts dadurch geändert, dass auf-   **689**
grund der Güterstandsreform 2009 das Anfangsvermögen auch negativ sein kann. Soweit das Anfangsvermögen negativ war, wirkt das nicht zugunsten des betreffenden Ehegatten, sondern zugunsten des anderen, dessen Ausgleichspflicht dadurch geringer oder dessen Anspruch höher wird. Die Vermutung des § 1377 III geht auch dahin, dass das Anfangsvermögen **ebenso nicht negativ gewesen sei, wie es nicht positiv** gewesen sei. Das entgegen der Vermutung negative Anfangsvermögen muss derjenige beweisen, dem das günstig wäre, also die Gegenpartei. Im Zusammenhang mit dieser Beweislastfolge ist die durch die Reform ebenfalls neu eingeführte Pflicht zu sehen, auch über das Anfangsvermögen Auskunft zu erteilen (§ 1379 I 1 Nr. 2). Für diese Auskunftspflicht bestand zuvor, als der betreffende Ehegatte immer hinsichtlich seines Anfangsvermögens beweisbelastet war, kein Bedürfnis.

Die Wirkung des § 1377 III ist die Vermutung, dass das Anfangsver-   **690**
mögen Null sei. Das Gesetz drückt das aber anders, umständlicher aus, indem es die Vermutung konkret auf den Zugewinn richtet und damit nur indirekt ein bestimmtes Anfangsvermögen vermutet. Durch diese Gesetzestechnik wird der Zugewinn an das Endvermögen gekoppelt und kann mit diesem auch negativ sein. Ob diese Konsequenz für die Definition des Zugewinns Anerkennung finden wird, ist noch nicht geklärt[124].

---

123 *Staudinger/Thiele,* § 1374, Rn. 51.
124 Siehe dazu unter Rn. 418.

IV. Unterrichtungsanspruch

691   Neben den gesetzlich normierten Auskunftsansprüchen hat die Rechtsprechung einen allgemeinen Unterrichtungsanspruch entwickelt. Danach sind die Eheleute unabhängig vom Güterstand verpflichtet, einander
in groben Zügen über ihr Vermögen und dessen Verwendung zu unterrichten[125]. Dieser Unterrichtungsanspruch wird begründet als eine Neben-
pflicht aus § 1353. Die allgemeine Norm des § 242 kann als Grundlage
nicht herangezogen werden, denn sie würde ein Schuldverhältnis voraussetzen. Die Ehe begründet aber kein Schuldverhältnis[126]. Eine Verletzung
dieser Verpflichtung ist in § 1385 Nr. 4 sanktioniert. Sie kann zum vorzeitigen Ausgleich des Zugewinns führen.

692   Die Unterrichtungspflicht setzt allerdings eine bestehende eheliche
Gemeinschaft voraus. Ist diese aufgehoben, weil die Eheleute dauernd
voneinander getrennt leben oder die Ehe gar im Sinne von § 1365 I 2 gescheitert ist, so besteht auch der Unterrichtungsanspruch nicht mehr[127].
Die Unterrichtungspflicht ist ein Ausfluss der Verpflichtung zur wechsel-
seitigen Unterstützung und Rücksichtnahme und dient der Erhaltung der
ehelichen Gemeinschaft. Sie endet gemäß § 1353 II mit dem Scheitern der
Ehe, wenn eine Verpflichtung zur Gemeinschaft nicht mehr besteht.

693   Der Anspruch auf Unterrichtung und der Anspruch auf Auskunft
über das Vermögen am Trennungstage (§ 1379 II) können nebeneinander
bestehen. Die beiden Ansprüche haben auch nicht deckungsgleiche Inhal-
te. Der Anspruch auf Unterrichtung geht nur auf eine Darstellung in groben Zügen, während der Anspruch aus § 1379 II eine detaillierte Darstellung des Vermögens erfordert. Indes ist der Auskunftsanspruch streng
stichtagsbezogen, während die Unterrichtung auch Vermögensbewegungen, die Einkommensverwendung, zu enthalten hat.

Die Trennung der Eheleute, die den Auskunftsanspruch auf den Trennungszeitpunkt auslöst, bedeutet noch nicht das endgültige Scheitern der
Ehe. Das wird aus §§ 1565 II und 1566 deutlich. Das Gesetz geht davon
aus, dass während des ersten Trennungsjahres die Eheleute wieder zusammenfinden können und deshalb noch nicht geschieden werden können.
Auch in den beiden Folgejahren folgt aus der Trennung die Vermutung,
dass die Ehe gescheitert sei, nur aus einem entsprechenden Antrag beider
Eheleute. Während dieses Zeitraumes können also Auskunfts- und Unterrichtungsanspruch nebeneinander bestehen[128].

---

125 *BGH*, 2.6.2010, XII ZR 124/08, FamRZ 2011, 21, Rn. 19.
126 *Erbarth*, NJW 2013, 3478.
127 *OLG Köln*, 1.7.2008, 4 UF 8/08, FamRZ 2009, 605, Rn. 11, 12; *OLG Bamberg*, 20.8.2009,
     2 UF 133/09, FamRZ 2009, 1906.
128 *Kogel*, FamRZ 2015, 370.

Der Unterrichtungsanspruch hat für sich genommen keine große Be-   **694**
deutung erlangt. Allerdings kann seine Verletzung indirekt erhebliche
Folgen haben. Hat der Schuldner vor dem Auseinanderbrechen der ehelichen Gemeinschaft diese Pflicht nachhaltig verletzt, so kann das den Anspruch auf Abgabe der **eidesstattlichen Versicherung** zu der Auskunft
begründen, die nach der Trennung erteilt worden ist (→ Rn. 648). Wird
die Unterrichtungspflicht verletzt, kann sich daraus auch das Recht ergeben, den **vorzeitigen Ausgleich des Zugewinns** zu verlangen (→ Rn. 809).

V. Auskunftsanspruch nach Treu und Glauben (§ 242)

Auskunftsansprüche sind nicht in allen Fällen, in denen sie gegeben   **695**
sein müssen, gesetzlich geregelt. Ein Auskunftsanspruch kann sich dann
aus § 242 ergeben. Allerdings wird der allgemeine Grundsatz von Treu
und Glauben immer von spezialgesetzlichen Vorschriften verdrängt, soweit deren Regelungsbereich reicht. Vor der Güterrechtsreform 2009 waren Auskunftsansprüche über den Bestand des Anfangsvermögens im Gesetz ebenso wenig vorgesehen wie Ansprüche auf Auskunft über solche
Verfügungen, die nach § 1375 II dem Endvermögen hinzuzurechnen
sind. Nach damaliger Rechtsprechung war die Auskunft über das Anfangsvermögen bewusst nicht in § 1379 aufgenommen worden, so dass
daneben ein Rückgriff auf § 242 nicht in Betracht kam[129]. Hingegen
konnte unter bestimmten Voraussetzungen Auskunft über illoyale Vermögensverfügungen verlangt werden. Dieser Auskunftsanspruch stützte sich
auf § 242[130].

Ein Anspruch auf Auskunft über Hinzurechnungstatbestände muss
seit der Neufassung des § 1379 nicht mehr auf § 242 gestützt werden.
Trotzdem bleibt auch für einen auf § 242 gestützten (Ergänzungs-)an-
spruch noch Raum. Wenn die Auskunft nach § 1379 unter Einschluss der
Hinzurechnungstatbestände erteilt ist, können sich konkrete Zweifel ergeben, ob diese Auskunft richtig und vollständig war. Die Rechtsprechung des *BGH*[131] sieht in derartigen Fällen, in denen konkrete Hinwei-
se vorgetragen werden, die für eine Unvollständigkeit der Auskunft sprechen, einen ergänzenden Auskunftsanspruch vor[132]. Dafür wendet er
weiterhin die Regeln über den auf § 242 gestützten Auskunftsanspruch
an, die er vor der Güterrechtsreform entwickelt hatte.

---

129 *Staudinger*/Thiele, § 1379, Rn. 15 m.w.N.
130 Grundlegend *BGH*, 29.10.1981, IX ZR 92/80, *BGHZ* 82, 132 = FamRZ 1982, 27; *BGH*
     9.2.2005, XII ZR 93/02, FamRZ 2005, 689.
131 *BGH*, 24.7.2002, XII ZB 31/02, FamRZ 2003, 597.
132 Eingehend dazu → Rn. 614.

VI. Kein Auskunftsanspruch gegen Dritte

696   Im Unterhaltsrecht spielt die Gewinnung von Auskünften eine vergleichbar große Rolle wie im Zugewinnausgleichsrecht. Dort trägt das Gesetz dem Rechnung, indem das Gericht den strengen Beibringungsgrundsatz verlassen und selbst Ermittlungen anstellen kann (§ 246 FamFG). Im Unterhaltsrecht ist das zwar nicht als materiellrechtlicher Anspruch ausgestaltet, kann aber über das Antragsrecht nach § 235 II FamFG von einzelnen Beteiligten geltend gemacht werden. Eine vergleichbare Ausdehnung der Auskunftsansprüche fehlt im Güterrecht und ist bei der Schaffung des FamFG auch bewusst nicht vorgesehen worden[133]. Die unterhaltsrechtlichen Vorschriften sind im Zugewinnausgleichsverfahren mangels einer Regelungslücke nicht entsprechend anwendbar. Eine gerichtliche Amtsermittlung, wie sie für das Unterhaltsverfahren in § 236 FamFG vorgesehen ist, gibt es im Zugewinnausgleichsverfahren nicht.

---

133 *Krause*, ZFE 2009, 284.

5. Kapitel:

Sicherungsrechte

A. Der vorzeitige Zugewinnausgleich

I. Normzweck

Seit der Einführung des gesetzlichen Güterstandes der Zugewinnge- **697** meinschaft bestand unter bestimmten Voraussetzungen die Möglichkeit, auf Zugewinnausgleich zu klagen, ohne dass die Ehe geschieden wurde. Das war ursprünglich durch das bis 1977 geltende Schuldscheidungsrecht begründet. Nach diesem Recht bestand auch bei einer endgültig gescheiterten Ehe nur dann ein Scheidungsanspruch, wenn der andere Ehegatte einen Scheidungsgrund gesetzt hatte. Die Scheidung einer gescheiterten Ehe konnte von dem, der daran festhalten wollte, dauerhaft verhindert werden. In dieser Situation sollte aber ein Recht geschaffen werden, die vermögensmäßige Bindung der Eheleute nach mindestens dreijähriger Trennung zu beenden. Dazu diente in erster Linie die Klage auf vorzeitigen Zugewinnausgleich. Ob davon ernsthaft Gebrauch gemacht wurde, ist heute schwer zu ermitteln. Jedenfalls hatte der vorzeitige Zugewinnausgleich seit dem Inkrafttreten des 1. EheRG die Vorschrift kaum noch praktische Bedeutung. Fast immer wurde bei einer gescheiterten Ehe Scheidungsantrag gestellt, der dann einen vorzeitigen Zugewinnausgleich überflüssig machte.

In der Fassung durch die Güterrechtsreform 2009 ist der Anwen- **698** dungsbereich des vorzeitigen Zugewinnausgleichs **erheblich erweitert** worden. Gleichzeitig ist seine Zielrichtung verändert worden. Wie auch andere Regelungen der Güterrechtsreform soll der Schutz eines Ehegatten vor illoyalen Vermögensverschiebungen erweitert werden. Dafür sind die Gefährdungstatbestände, die zu einem vorzeitigen Zugewinnausgleich führen können, ausgedehnt worden. Das Antragsverfahren ist erleichtert worden, indem dem Leistungsantrag nicht mehr ein Gestaltungsverfahren vorausgehen muss. Außerdem sollen aus der Sicht des Gesetzesentwurfs der bisher problematische einstweilige Rechtsschutz auf sichere Füße gestellt werden[1]. Es soll nun ohne weiteres ein Arrest zur Sicherung der zukünftigen Zugewinnausgleichsforderung möglich sein.

---

1 BT-Drucks. 16/10798, S. 19.

699 Erfahrungen mit dem reformierten Recht bestehen noch kaum. Ob der vorzeitige Zugewinnausgleich als Schutz vor illoyalen Verfügungen Bedeutung erlangen wird, bleibt abzuwarten. Denkbar ist aber, dass die neu geschaffene Verpflichtung, über das Vermögen am Trennungstage Auskunft zu erteilen (§ 1379 II), dem vorzeitigen Zugewinnausgleich größere Bedeutung verschafft. Das ergibt sich aus dem scharfen **Vermutungstatbestand in § 1375 II 2**. Ergibt sich danach am Trennungstag ein höheres Vermögen als das Endvermögen am Stichtag des § 1384, so muss der Ehegatte über seine Vermögensverfügungen in der Trennungszeit vollständig abrechnen, weil sonst jede Vermögensverringerung als illoyal gilt (→ Rn. 293). Weil zwischen der Trennung und der Ehescheidung mindestens ein Jahr liegen muss (§ 1565 II), muss mindestens dieses Jahr abgerechnet werden. Manchem Ehegatten mag es empfehlenswert erscheinen, dieses Jahr abzukürzen, indem Antrag auf vorzeitige Beendigung der Zugewinngemeinschaft gestellt wird. Außerdem verschafft nach der hier vertretenen Ansicht alleine die beharrliche Verweigerung der Auskunft auf den Trennungstag das Recht, vorzeitigen Zugewinnausgleich zu verlangen.

II. Die Tatbestandsvoraussetzungen des § 1385

700 Der vorzeitige Ausgleich des Zugewinns (§ 1385) oder nur die vorzeitige Beendigung der Zugewinngemeinschaft (§ 1386) können unter denselben Voraussetzungen beantragt werden. Die in den Nummern 1 bis 4 genannten Gründe sind **abschließend**. Analogien hierzu sind ausgeschlossen. Ein auf § 242 gestützter vorzeitiger Zugewinnausgleich ist ebenfalls ausgeschlossen[2].

1. Dreijährige Trennung

701 Auf vorzeitigen Zugewinnausgleich kann Antrag gestellt werden, wenn die Ehe nach der Wertentscheidung des Gesetzes als unwiderleglich gescheitert anzusehen ist. Das ist nach dreijähriger Trennung der Fall (§ 1566 II). Das Gesetz nimmt für den vorzeitigen Zugewinnausgleich erkennbar Bezug auf die Scheidungsgründe. Für die Tatbestandserfüllung gelten deshalb dieselben Grundsätze wie für die Scheidung auch. Die Trennung ist wie in § 1567 I zu beurteilen[3]. Kurzzeitiges Zusammenleben unterbricht, wie in § 1567 II, die Trennungsphase nicht. Eine Zustimmung des anderen Ehegatten zu der Trennung ist nicht erforderlich. Es kommt allein auf den **objektiven Tatbestand** der Trennung an. Die

---

2 *Schröder/Bergschneider*, Rn. 4.458; *MK/Koch*, § 1386, Rn. 8.
3 *Staudinger/Thiele*, § 1385, Rn. 7; *Soergel/Kappler*, § 1385, Rn. 11.

Gründe für die Trennung sind unerheblich. Ein besonderes Rechtsschutzbedürfnis ist nicht erforderlich[4].

Die Trennung muss spätestens im letzten Termin zur mündlichen Ver-   **702**
handlung drei Jahre gedauert haben[5]. Das ergibt sich aus allgemeinen
prozessualen Grundsätzen, wonach eine bei Klageerhebung unbegründe-
te Klage im Verlauf des Verfahrens begründet werden kann. Allerdings ist
der Antrag, wenn die Dreijahresfrist noch nicht abgelaufen ist, sofort abzuweisen, und es dürfen nicht zunächst Feststellungen zur Höhe des Zugewinnausgleichs angestellt werden. Wenn im Verlaufe des Verfahrens die
Dreijahresfrist abläuft, kann sich der Antragsgegner der Kostenlast des
Verfahrens entziehen, indem er ein **sofortiges Anerkenntnis** abgibt.

Die Möglichkeit, nach langjähriger Trennung vorzeitigen Zugewinnausgleich zu verlangen, muss immer in Betracht gezogen werden. Erfährt
ein Ehegatte während einer langen Trennungszeit einen erheblichen Vermögenszuwachs, so ist dieser in den Zugewinnausgleich einzubeziehen.
Alleine die lange Trennungszeit führt nicht dazu, den Zugewinnausgleich
gemäß § 1381 auszuschließen. Die Ausgleichspflicht ist nicht grob unbillig, weil ja die Möglichkeit bestanden hätte, die Zugewinngemeinschaft
vorzeitig zu beenden, und darauf (bewusst) verzichtet worden ist[6].

2. Vermögensgefährdung

Pflichtwidrige Handlungen des anderen Ehegatten, die die Erfüllung   **703**
der Ausgleichsforderung gefährden, geben das Recht, den vorzeitigen Zugewinnausgleich zu verlangen. Der Tatbestand ist durch die Güterrechtsreform 2009 erheblich ausgeweitet worden. Der vorzeitige Zugewinnausgleich setzt nicht voraus, dass der andere schädigende Handlungen begangen hat. Es genügt, dass solche Handlungen zu besorgen sind.

a) Verfügungen über das Vermögen im Ganzen

Wenn ein Ehegatte ohne Zustimmung des anderen über sein Vermö-   **704**
gen im Ganzen verfügt, ist das unwirksam, sofern der Geschäftspartner
die Umstände kannte (§ 1365). Kannte er sie nicht, so ist das Geschäft
wirksam[7], aber im Verhältnis zu dem anderen Ehegatten pflichtwidrig.
Ist ein solcher Vorgang zu besorgen, so kann vorzeitiger Ausgleich des Zugewinns verlangt werden.

---

4   *OLG München*, 15.2.2012, 12 UF 1523/11, FamRZ 2013, 132.
5   *Staudinger/Thiele*, § 1385, Rn. 9, unter Bezugnahme auf nicht passende Gerichtsentschei-
    dungen; *Schulz/Hauß*, Rn. 916; *Erman/Budzikiewicz*, § 1385, Rn. 2.
6   *BGH*, 9.10.2013, XII ZR 125/12, FamRZ 2013, 1954 mit Anm. *Braeuer* (FamRB 2013,
    537).
7   *Schröder/Bergschneider*, Rn. 4.19.

Gerade bei diesem Tatbestand ist es von besonderer Bedeutung, dass die Eingriffsschwelle vorverlagert ist von dem vollendeten auf das nur bevorstehende Geschehen. § 1365 greift nach der Natur der Sache nur ein, wenn das ganze (oder nahezu ganze[8]) Vermögen weggeben wird. Ist das einmal geschehen, so kommt der vorzeitige Zugewinnausgleich zu spät.

705 Der verfügende Ehegatte kann verlangen, dass der andere das Geschäft genehmigt, wenn es ordnungsgemäßer Wirtschaftsführung entspricht (§ 1365 II). In der Literatur zur früheren Gesetzesfassung ist erörtert worden, ob der Anspruch auf vorzeitigen Zugewinnausgleich voraussetzt, dass die Genehmigung endgültig verweigert worden ist. Die Frage hat sich dadurch erledigt, dass der Eingriffszeitpunkt vorverlagert ist. Solange eine pflichtwidrige Verfügung nur droht, kommt eine Zustimmung des anderen ohnehin nicht in Betracht und kann deshalb bei § 1385 auch nicht Tatbestandsvoraussetzung sein.

706 Der Anspruch auf vorzeitigen Zugewinnausgleich besteht nur, wenn eine **erhebliche Gefährdung** der Ausgleichsforderung zu besorgen ist. Das wird regelmäßig der Fall sein, wenn der Ehegatte sein ganzes Vermögen hergibt. Trotzdem muss die erhebliche Gefährdung konkret festgestellt werden, weil sie nicht die zwangsläufige Folge eines Geschäfts über das ganze Vermögen ist. Solange der verfügende Ehegatte noch **über den Erlös verfügen** kann, ist der Ausgleichsanspruch nicht gefährdet.

> **Beispiel:** Nach der Trennung lebt nur die Frau in der früheren Ehewohnung, die beiden gemeinsam gehört. Der Mann beantragt die Zwangsversteigerung der Wohnung zum Zwecke der Teilung der Gemeinschaft. Weiteres Vermögen hat er nicht.

Der *BGH* hat entschieden, dass die **Teilungsversteigerung** unter § 1365 fallen kann[9]. Mit dem Antrag ist die Verfügung noch nicht vollendet. Sie ist also im Sinne von § 1385 zu besorgen. Wird im Zwangsversteigerungsverfahren der Zuschlag erteilt, verlieren die bisherigen Miteigentümer ihr Eigentum. An dessen Stelle tritt aber das beim Gericht hinterlegte Bargebot. Dieses darf nur auf gemeinsame Weisung der früheren Miteigentümer ausgezahlt werden, so dass der andere Ehegatte gesichert bleibt. Die Versteigerung alleine führt also nicht zu einer Gefährdung.

b) Illoyale Verfügungen

707 Illoyale Verfügungen im Sinne von § 1375 II, die dem Endvermögen hinzuzurechnen sind, sind auch geeignet, den Tatbestand des § 1385 zu erfüllen. Es kann verwiesen werden auf die Ausführungen in Rn. 238 ff. Entscheidende Neuerung aufgrund der Güterrechtsreform 2009 ist, dass

---

8 *Palandt/Brudermüller*, § 1365, Rn. 6.
9 *BGH*, 14.6.2007, V ZB 102/06, FamRZ 2007, 1634.

derartige Handlungen nicht vollendet, sondern nur **zu besorgen** sein müssen.

Schwab[10] weist zu Recht darauf hin, dass der Gesetzeswortlaut misslungen sei. Nicht nur die zu besorgenden illoyale Verfügung, sondern außerdem und erst recht die schon **vollzogene Handlung** müsse den vorzeitigen Zugewinnausgleich auslösen. Nicht jede illoyale Handlung begründe gleichzeitig eine Wiederholungsgefahr. Eine schon vollzogene gefährdet den Ausgleichsanspruch aber mindestens so wie eine drohende. Ihm ist deshalb darin zu folgen, dass der Tatbestand des § 1385 auch erfüllt ist, wenn sich die darin genannte Befürchtung erfüllt hat.

c) Gefährdung der Ausgleichsforderung

Eine erhebliche Gefährdung des zukünftigen Zugewinnausgleichsanspruchs muss zusätzlich zu der drohenden pflichtwidrigen Verfügung dargetan werden.   **708**

Die Gesetzesänderung ist sprachlich nicht völlig geglückt und bedarf **709** deshalb der ergänzenden Auslegung. Nach § 1386 II in der bis 2009 geltenden Gesetzesfassung war erforderlich, dass die *künftige* Ausgleichsforderung erheblich gefährdet war. Das Wort *künftig* ist in der aktuellen Gesetzesfassung weggefallen. Nähme man die Textänderung wörtlich, würde die Regelung leer laufen, denn zum Zeitpunkt des Verstoßes, also während des Güterstandes, gibt es eine bestehende Ausgleichsforderung jedenfalls nicht (§ 1378 III 1). Es ist nicht anzunehmen, der amtlichen Entwurfsbegründung auch nicht zu entnehmen, dass an dieser Stelle eine inhaltliche Änderung gewollt ist, so dass das Wort *künftige* hinzu zu lesen ist.

Die **Gefährdung muss erheblich** sein. Es genügt nicht, dass der an- **710** dere Ehegatte Vermögen unter Verstoß gegen § 1375 II verschleudert. Es muss außerdem zu erwarten sein, dass das Vermögen dadurch soweit gemindert wird, dass die Zugewinnausgleichspflicht voraussichtlich nicht mehr wird erfüllt werden können[11]. Da normalerweise der Pflichtige zum Zwecke des Zugewinnausgleichs nicht mehr als die Hälfte seines Vermögens (allerdings ohne Abzug der illoyalen Verringerungen) hergeben muss, muss eine Verringerung des Vermögens über die verbleibende Hälfte hinaus zu besorgen sein.

Ist ein Ehegatte im Begriff, ein **Grundstück zu veräußern**, ergibt sich daraus alleine keine Gefährdung des zukünftigen Ausgleichsanspruchs. Bei einem Verkauf tritt an die Stelle des veräußerten Grundstücks der Er-

---

10 *Schwab/Schwab*, VII Rn. 353, 354.
11 *OLG München*, 4.12.2013, 16 UF 1322/13, FamRZ 2014, 1295.

lös, aus dem der Ausgleichanspruch erfüllt werden könnte. Eine Gefährdung kann deshalb nur dann angenommen werden, wenn auch Anhaltspunkte dafür bestehen, dass über den Erlös pflichtwidrig verfügt werden wird[12].

711 Als Gefährdung des zukünftigen Ausgleichsanspruches ist es auch anzusehen, wenn der **Zugriff** des potentiell Ausgleichsberechtigten **objektiv erschwert** wird. Davon ist etwa auszugehen, wenn Vermögensbestandteile bei einer Vertrauensperson des Ausgleichspflichtigen untergebracht werden. Das dient der Verschleierung und erschwert objektiv den Zugriff. Außerdem könnte eine Zwangsvollstreckung nicht mehr in den versteckten Gegenstand geführt werden, sondern nur noch in den Herausgabeanspruch des Ausgleichspflichtigen, der dann seinerseits durchgesetzt werden müsste. Auch das bedeutet eine objektive Erschwerung des Zugriffs.

712 Dass möglicherweise ein Ersatzanspruch gegenüber dem Drittem gemäß § 1390 besteht, schließt die erhebliche Gefährdung nicht aus. Wenn sich der Ausgleichsberechtigte mit dem Empfänger auseinandersetzen muss und die Ansprüche gegen diesen nur unter den einschränkenden Voraussetzungen des Bereicherungsrechts geltend gemacht werden können, ist sein Anspruch erheblich gefährdet.

713 Tatbestandsvoraussetzung ist nicht nur, dass ein zukünftiger Ausgleichsanspruch gefährdet ist. Ebenso ist der Tatbestand erfüllt, wenn der andere Ehegatte voraussichtlich gar keinen Ausgleichsanspruch haben wird, sich aber seine Ausgleichspflicht durch die pflichtwidrige Verfügung erhöhen wird. Die Vorschrift muss deshalb in einem weiteren Punkt **erweiternd ausgelegt** werden[13]. Voraussetzung für die vorzeitige Beendigung kann auch die Besorgnis sein, dass sich die **Zugewinnausgleichsverpflichtung erhöht.** § 1385 Nr. 2 ist auch einer der Tatbestände, der den Gestaltungsanspruch nach § 1386 begründet. Dieser Anspruch ist für den Ehegatten bestimmt, der voraussichtlich ausgleichspflichtig sein wird. Für diesen gilt der Tatbestand mit der Maßgabe, dass eine erhebliche Gefahr besteht, dass sich seine Ausgleichspflicht durch die illoyalen Verfügungen des anderen erhöht[14].

3. Nichterfüllung wirtschaftlicher Pflichten

714 Der vorzeitige Zugewinnausgleich kann auch verlangt werden, wenn *der andere Ehegatte längere Zeit hindurch die wirtschaftlichen Verpflichtungen, die sich aus dem ehelichen Verhältnis ergeben, schuldhaft nicht erfüllt hat*

---

12 So auch zum Arrest: KG, 17.1.2013, 13 UF 244/12, FamRZ 2013, 1673; unzutreffend deshalb *AmtsG Nordenham*, 12.4.2012, 4 F 106/12, FamRZ 2013, 35.
13 *Gernhuber/Coester-Waltjen*, § 36, Rn. 13.
14 *MK/Koch*, § 1386, Rn. 18; *Staudinger/Thiele*, § 1386, Rn. 15.

und zu erwarten ist, dass er sie auch in Zukunft nicht erfüllen wird (§ 1385 Nr. 3). Unter diesen Verpflichtungen ist in erster Linie die **Unterhaltspflicht** aus §§ 1360, 1361 zu verstehen[15]. Auch die Pflicht zur Haushaltsführung, wenn einer der Eheleute sie übernommen hat (§ 1356 I 2) ist eine wirtschaftliche Verpflichtung in diesem Sinne (§ 1360 I 2). Die Verletzung muss **vorwerfbar** sein. Es gilt der Verschuldensmaßstab des § 1359.

Die **Unterhaltspflichtverletzung muss schuldhaft und erheblich**   **715** gewesen sein. Dazu wird vertreten, dass es nicht schuldhaft sei, wenn der Unterhaltsverpflichtete sich verklagen lasse und solange nicht zahle[16]. Die Ansicht wird auf eine Entscheidung des *OLG Hamm*[17] gestützt, die sich aber als Extremfall nicht verallgemeinern lässt. Entscheidend ist, ob der Verpflichtete vernünftige Gründe hatte, sich gerichtlich zu verteidigen. Es kann willkürlich und schikanös sein, es auf einen Prozess ankommen zu lassen. Das soll durch § 1385 Nr. 3 sanktioniert werden. Andererseits darf dem Unterhaltsschuldner die Verteidigung in einem Unterhaltsverfahren nicht abgeschnitten werden, indem mit ihm unterschiedslos mit der Sanktion des vorzeitigen Zugewinnausgleichs gedroht wird.

Tatbestandsmäßig soll es auch sein, wenn nur die Unterhaltspflicht ge-   **716** genüber einem gemeinsamen Kind verletzt wird. Das ergebe sich daraus, dass § 1360 auch den Unterhalt für das Kind umfasse[18]. Die Auffassung überzeugt nicht. § 1385 Nr. 3 spricht nicht von den Verpflichtungen innerhalb der Familie, sondern von solchen, die sich aus dem ehelichen Verhältnis ergeben. Dazu gehört **Kindesunterhalt** nicht.

Der Vorwurf, der Ehegatte habe es **pflichtwidrig unterlassen, Ver-**   **717** **mögensrücklagen** zu bilden, rechtfertigt nicht den vorzeitigen Zugewinnausgleich[19]. Ebenso kann ein Verstoß gegen sonstige eheliche Pflichten, etwa die **Pflicht zur ehelichen Treue** oder zur ehelichen Gemeinschaft (§ 1353), die Rechtsfolgen des § 1385 nicht auslösen[20].

Anders als bei Nr. 2 ist es nicht erforderlich dass die Pflichtverletzung   **718** die künftige Ausgleichsforderung auch noch gefährdet. Dahinter steht der Gedanke, dass der Grund für die Teilhabe am Zugewinn entfällt, wenn durch nachhaltige Verletzung der wirtschaftlichen Pflichten die eheliche Solidarität aufgekündigt worden ist. Dann ist nicht die Gefährdung, sondern der Pflichtenverstoß Grund für den vorzeitigen Zugewinnausgleich.

---

15 *Staudinger/Thiele*, § 1386, Rn. 4.
16 *MK/Koch*, § 1386, Rn. 22.
17 *OLG Hamm*, 10.3.1999, 6 UF 190/98, FamRZ 2000, 228.
18 *Brandenburgisches OLG*, 16.10.2007, 10 UF 96/07, FamRZ 2008, 1441.
19 *Brandenburgisches OLG*, 16.10.2007, 10 UF 96/07, FamRZ 2008, 1441.
20 *MK/Koch*, § 1386, Rn. 22.

719   Hingegen genügen jeweils alleine weder eine Pflichtverletzung in der **Vergangenheit**, noch die Besorgnis **zukünftiger** Pflichtverletzungen. **Beides** muss zusammenkommen. Neben der erheblichen, schuldhaften Verletzung der wirtschaftlichen Verpflichtungen in der Vergangenheit muss auch konkret festgestellt werden, dass mit der Fortsetzung des Verhaltens gerechnet werden muss. Allein der Umstand, dass der Mann seine Pflicht zur Zahlung von Trennungsunterhalt beharrlich verletzt hat, begründet den Verdacht, dass das fortgesetzt werde, nicht[21]. Das Gericht muss konkrete Feststellungen treffen, auf die die Besorgnis für zukünftige Pflichtenverstöße gestützt werden kann.

4. Beharrliche Weigerung zur Unterrichtung

720   § 1385 Nr. 4, den es als § 1386 III a.F. seit jeher gibt, ist durch die Güterrechtsreform umformuliert worden. Die Vorschrift berechtigt wie bisher, vorzeitigen Ausgleich des Zugewinns zu verlangen, wenn der andere sich beharrlich weigert, über den Bestand seines Vermögens zu unterrichten. Ergänzt worden ist der Textteil *oder sich ohne ausreichenden Grund bis zur Erhebung der Klage auf Auskunft beharrlich geweigert hat*. Daraus ergibt sich die Streitfrage, welche Verpflichtung, die beharrlich verweigert wird, nach der neuen Gesetzesfassung gemeint ist.

a) Verstoß gegen die Pflicht zur Unterrichtung

721   Eine Pflicht, den anderen Ehegatten über den Bestand des Vermögens zu unterrichten, ist mit dieser Formulierung im Gesetz nicht zu finden. Es bedarf deshalb der Auslegung, welche Verpflichtung als Tatbestandsvoraussetzung in § 1385 Nr. 4 gemeint ist.

Die Rechtsprechung hat neben den gesetzlichen Auskunftsansprüchen eine allgemeine Pflicht der Eheleute entwickelt, sich gegenseitig über ihr Vermögen und dessen Verwendung **in groben Zügen zu unterrichten**[22] (→ Rn. 691 ff.). An diese Pflicht knüpft der Tatbestand des § 1385 Nr. 4 an, indem er das Recht auf vorzeitigen Zugewinnausgleich gewährt, wenn die Unterrichtungspflicht verletzt ist.

Gleichzeitig mit dem reformierten Wortlaut des § 1385 Nr. 4 ist auch der gesetzliche Auskunftsanspruch in § 1379 erweitert worden. Nach dessen Absatz 2 führt alleine die Trennung der Eheleute zu der Verpflichtung, über den **Bestand des Vermögens am Trennungstage Auskunft** zu erteilen. Die Pflicht ist an weitere Voraussetzungen nicht geknüpft, insbe-

---

21 *Brandenburgisches OLG*, 16.10.2007, 10 UF 96/07, FamRZ 2008, 1441.
22 *BGH*, 2.6.2010, XII ZR 124/08, FamRZ 2011, 21; *BGH*, 25.6.1976, IV ZR 125/75, FamRZ 1978, 677; *Staudinger/Thiele*, § 1386, Rn. 23.

sondere von einem etwaigen Scheidungsverfahren unabhängig. Nach der hier vertretenen Ansicht begründet auch eine beharrliche Verletzung dieser Auskunftspflicht das Recht, vorzeitigen Zugewinnausgleich zu verlangen.

Ob mit dieser Pflichtverletzung nur die auf § 1353 gestützte Unterrichtung oder auch der auf § 1379 II gestützte Auskunftsanspruch auf den Trennungszeitpunkt gemeint ist, ist umstritten. Nach Ansicht des *BGH* ist der Unterrichtungsanspruch nicht als Teil des umfassenderen Auskunftsanspruches darin enthalten. Die Verletzung der Auskunftspflicht aus § 1379 II könne danach den vorzeitigen Zugewinnausgleich nicht auslösen[23].

Der *BGH* vertritt die Ansicht, die Auskunftspflicht zum Endvermögen sei etwas grundsätzlich anderes als die Unterrichtungspflicht[24]. Die Zielsetzung, der Umfang und die Voraussetzungen der beiden Verpflichtungen seien ganz unterschiedlich. Der Unterrichtungsanspruch bestehe unabhängig vom vereinbarten Güterstand, bei bestehender Ehe, während der Auskunftsanspruch die Scheidung und den Zugewinnausgleichsanspruch vorbereite. Der Auskunftsanspruch auf den Trennungszeitpunkt solle den Ausgleichsberechtigten vor nachteiligen Vermögensdispositionen des anderen schützen. **722**

Auch das *OLG Karlsruhe* hat zum früheren Recht die Ansicht vertreten, Unterrichtung und Auskunft seien grundverschieden, weil das eine der Aufrechterhaltung der Ehe diente, das andere deren Abrechnung[25]. Das gilt nach Ansicht des *BGH*[26] und von *Koch*[27] auch für die Auskunftspflicht auf den Trennungszeitpunkt[28]. Auskunft sei etwas im Grundsatz anderes als eine Unterrichtung und könne den Tatbestand des § 1386 nicht erfüllen. Der Gesetzgeber habe mit der neuen Auskunftspflicht auf den Trennungszeitpunkt auch nicht den Anwendungsbereich des vorzeitigen Zugewinnausgleichs erweitern wollen, weil sich in den Gesetzesmaterialien dazu nichts finde[29].

Der Auffassung des *BGH* **kann nicht zugestimmt werden**. Sie verkennt, dass die neu eingeführte Pflicht, auf den Trennungszeitpunkt Aus- **723**

---

23 *BGH*, XII ZB 604/13, FamRZ 2015, 32 mit ausführlicher Darstellung des Streitstandes. Zustimmende Anm. *Koch* (FamRZ 2015, 35) und *Cremer* (FF 2015, 121).
24 Ebenso zum alten Recht schon *OLG Bamberg*, 28.8.2009, 2 UF 33/09, FamRZ 2009, 1906.
25 *OLG Karlsruhe*, 27.3.2002, 20 UF 154/00, FuR 2003, 86.
26 *BGH*, XII ZB 604/13, FamRZ 2015, 32.
27 FamRZ 2010, 1205, 1207.
28 Ebenso *Götz*, FamRZ 2009, 1907, 1909.
29 Ebenso *Kogel*, Anm. zu *OLG Frankfurt*, FF 2010, 161, 165, und FamRZ 2015, 369, 370.

kunft zu erteilen, eben jene Ausweitung ist, die der Gesetzgeber offensichtlich gewollt hat[30].

Die Ansicht des *BGH* würdigt nicht hinreichend, welche Bedeutung in der Gesetzessystematik die Verpflichtung hat, auf den Trennungszeitpunkt Auskunft zu erteilen. Diese Auskunftspflicht ist nicht nur in § 1379 I S. 1 Nr. 1 normiert. Dort dient sie unzweifelhaft der Vorbereitung des Zugewinnausgleichsanspruches. Sie ist ein weiteres Mal in § 1379 II enthalten. Dieser Auskunftsanspruch ist unabhängig von einem Zugewinnausgleichsverfahren oder auch nur dem bevorstehenden Ende des Güterstandes. Die Annahme des *BGH*, dass der Auskunftsanspruch auf den Trennungszeitpunkt dazu diene, die Scheidung vorzubereiten, gilt deshalb allenfalls für den Anspruch aus Absatz 1. Die Auskunftspflicht aus Absatz 2 muss einem anderen Ziel dienen. Da sie nicht im Zusammenhang mit einer Scheidung steht, dient sie der Vorbereitung eines Zugewinnausgleichsanspruches bei fortbestehender Ehe, eben dem vorzeitigen Zugewinnausgleich nach § 1386 Nr. 4. Die doppelte Anspruchsgrundlage für denselben Auskunftsanspruch ist anders nicht erklärlich (→ Rn. 660)[31]. Der gesonderte Auskunftsanspruch nach § 1379 II, der ohne ein auf das Ende der Ehe gerichtetes Verfahren gegeben ist, ist im Zusammenhang mit § 1385 Nr. 4 zu lesen und erhält so seine Rechtfertigung.

Der *BGH* und ihm folgend *Koch* weisen darauf hin, dass die Auskunft über das Trennungsvermögen nicht den Ausgleichsanspruch vorbereiten, sondern vor Manipulationen schützen soll. Dieses an sich zutreffende Argument ist indes nicht geeignet, eine verweigerte Auskunft nach § 1379 II nicht zur Voraussetzung für den vorzeitigen Zugewinnausgleich zu machen. Gerade weil die Auskunft auf den Trennungszeitpunkt vor Manipulationen schützen soll, ist sie mit dem Unterrichtungsanspruch vergleichbar[32]. Demselben Schutz dienen auch die auf § 1353 I 2 gestützte Unterrichtungspflicht und der vorzeitige Zugewinnausgleich nach § 1385. Nach dem Trennungszeitpunkt sind Manipulationen, die auf den Ausgleichsanspruch Einfluss haben, durchaus noch möglich, nach dem Stichtag für das Endvermögen (§§ 1384, 1387) nicht mehr. Aus diesem Unterschied wird der unterschiedliche Ansatz der beiden Auskunftsverpflichtungen deutlich. Weil die Auskunft auf den Trennungszeitpunkt im Wesentlichen denselben Zweck verfolgt wie die Unterrichtungspflicht, sind beide auch im Rahmen von § 1385 Nr. 4 gleich zu behandeln.

---

30 Ebenso: *Jaeger*, FPR 2012, 91, 96; jetzt auch *Löhnig*, NZFam 2015, 49.
31 Zustimmend *Löhnig*, NZFam 2015, 49.
32 So wohl auch: *Johannsen/Henrich/Jaeger*, § 1385, Rn. 5.

In einer Entscheidung zum Kindesunterhalt hatte der *BGH*[33] ent- **724**
schieden, dass der auf § 1353 beruhende Unterrichtungsanspruch so weit
gehe, wie der Anlass es erfordert, und zu Unterhaltszwecken so weit gehe
wie der Auskunftsanspruch nach § 1605. Das hat der *BGH* in seiner Entscheidung vom 17.9.2014[34] leider nicht weiterverfolgt. Das stützt die hier
vertretene Auffassung[35], dass die Unterrichtungspflicht und die Auskunftspflicht auf den Trennungstag nicht wesensverschieden sind.

Dementsprechend ist es zulässig, vorzeitigen Zugewinnausgleich zu **725**
verlangen, wenn die Auskunft auf den Trennungszeitpunkt beharrlich
verweigert wird[36].

b) Bis zur Erhebung der Auskunftsklage

Welche Bedeutung die Bezugnahme auf die Auskunftsklage in § 1385 **726**
Nr. 4 hat, wird ebenfalls nicht einheitlich beantwortet. Eindeutig ist nur,
dass die Bezeichnung auf einem Redaktionsversehen beruhen muss[37].
Eine Auskunftsklage ist im Verfahren des FamFG nicht mehr vorgesehen.
Gelesen werden muss deshalb: „bis zur Einleitung des Auskunftsverfah-
rens.“

Ein Verfahren, mit dem der Anspruch auf Unterrichtung durchgesetzt **727**
werden soll, kann nicht gemeint sein. Ein darauf gerichteter Antrag kann
nicht sinnvoll gestellt werden. Ein Antrag, der die Unterrichtung in groben Zügen zum Gegenstand hätte, war nach altem Recht eine Klage auf
Eheherstellung[38] (§ 888 III ZPO a.F.), die im FamFG gar nicht mehr vorgesehen ist. Ein entsprechender Beschluss wäre jedenfalls nicht vollstreckbar (§ 120 II FamFG)[39]. Unter Geltung des FamFG ist deshalb davon auszugehen, dass **ein Antrag auf Unterrichtung in groben Zügen gar nicht
möglich ist.**

Die Unterrichtungspflicht besteht im Übrigen nur, solange die Ehe **728**
nicht endgültig gescheitert ist[40]. Daraus hat das *OLG Köln* in der zitierten Entscheidung den Schluss gezogen, dass nach dem Scheitern der Ehe
die Pflicht nicht mehr verletzt und damit auch nicht mehr die Voraussetzungen für den vorzeitigen Zugewinnausgleich geschaffen werden könn-

---

33 *BGH*, 2.6.2010, XII ZR 124/08, FamRZ 2011, 21, Rn. 22.
34 *BGH*, XII ZB 604/13, FamRZ 2015, 32.
35 So auch *Graba*, Anm. zu der Entscheidung *BGH*, 2.6.2010, XII ZR 124/08, FamRZ 2011,
   21.
36 Ebenso *Schulz/Hauß*, Kap. 1, Rn. 918; *Bergschneider*, FamRZ 2009, 1714, 1716.
37 *Kogel*, FamRZ 2015, 369, 370.
38 *BGH*, 25.6.1976, IV ZR 125/75, FamRZ 1978, 677.
39 *Schwab*, Lehrbuch, Rn. 299.
40 *OLG Köln*, 1.7.2008, 4 UF 8/08, FamRZ 2009, 605.

ten[41]. Allerdings muss die Trennung der Eheleute nicht automatisch schon das endgültige Scheitern der Ehe bedeuten. Zumindest während des ersten Jahres der Trennung muss damit gerechnet werden, dass die Eheleute wieder zusammenfinden. Um das endgültige Scheitern festzustellen, ist deshalb mehr erforderlich. In diesem Zeitraum können die Ansprüche auf Auskunft und auf Unterrichtung nebeneinander bestehen und alternativ geltend gemacht werden (→ Rn. 693).

Damit bezieht sich die Auskunftsklage in § 1385 Nr. 4 auf den Anspruch aus § 1379 II. Die aktuelle Gesetzesformulierung ergibt nur bei dieser Auslegung einen Sinn. Der vorzeitige Zugewinnausgleich kann danach verlangt werden, wenn sich der andere bis zu Erhebung der Auskunftsklage (Redaktionsversehen: gemeint ist der Auskunftsantrag) beharrlich geweigert hat zu unterrichten.

729   Allerdings ist die **Auskunftsklage nicht Voraussetzung** für den vorzeitigen Zugewinnausgleich. Der Antrag nach § 1385 kann auch gestellt werden, wenn die Auskunft beharrlich verweigert wurde, ohne dass Antrag auf Auskunft gestellt wurde. Die Bezugnahme auf die Auskunftsklage in § 1385 Nr. 4 bedeutet nur, dass das Recht auf vorzeitigen Zugewinnausgleich nicht mehr dadurch verlorengeht, wenn nach Stellung des Auskunftsantrages die Auskunft oder die Unterrichtung noch erteilt wird.

730   Ein Auskunftsantrag wird häufig auch gar nicht möglich sein, wenn Streit über den genauen Trennungstag besteht[42]. Trotzdem kann ein vorzeitiger Zugewinnausgleichsanspruch in einem derartigen Fall in Betracht kommen. Der Auskunftsschuldner kann leicht eine Beweisnot des anderen in Bezug auf den Trennungstag ausnutzen, um sich der Auskunftspflicht zu entziehen. Gerade darin kann die beharrliche Weigerung gesehen werden, die den vorzeitigen Zugewinnausgleich auslöst. Die Notwendigkeit, im Auskunftsverfahren den Trennungstag zu beweisen, ist ein immanentes Problem, das diesen Auskunftsanspruch faktisch stark entwertet. Wenn der Auskunftsgläubiger die Möglichkeit hat, anstelle des Auskunftsantrages einen Antrag auf vorzeitigen Zugewinnausgleich zu stellen, wird der Schutz vor Manipulationen erreicht, der durch die Neuschaffung des Auskunftsanspruches auf den Trennungszeitpunkt gerade erreicht werden sollte.

---

41 Ebenso *OLG Bamberg*, 20.8.2009, 2 UF 133/09, FamRZ 2009, 1906.
42 Die Feststellung des genauen Trennungstages ist Voraussetzung für einen erfolgreichen Antrag auf Auskunft über das Trennungsvermögen. Lässt sich der Trennungstag nicht feststellen, ist der Antrag insgesamt abzuweisen (→ Rn. 665).

c) Ohne ausreichenden Grund beharrlich weigert

Als **beharrlich** ist es anzusehen, wenn die Auskunft nach dreimaliger **731** Aufforderung nicht erteilt worden ist[43]. Auch eine einmalige Aufforderung kann genügen, wenn die Auskunft nachdrücklich und endgültig verweigert wird[44]. Eine beharrliche Verweigerung der Auskunftspflicht ist nicht anzunehmen, solange nicht Verzug im Sinne des § 286 eingetreten ist[45].

Die Tatbestandsvoraussetzung *beharrlich* verlangt neben einer Mindestanzahl von Aufforderungen auch ein gewisses Zeitmoment. Die Weigerung muss eine gewissen Zeit aufrechterhalten worden sein. Nach Ansicht des *BGH* ist eine Zeitdauer von zwei Wochen jedenfalls zu kurz. Auch sechs Wochen hält er wohl noch nicht für ausreichend[46].

Eine beharrliche Weigerung ist auch anzunehmen, wenn der Auskunftsschuldner beharrlich die Auskunftspflicht unter Hinweis darauf verweigert, der Trennungstag sei nicht nachgewiesen. Zwar steht ihm der Einwand grundsätzlich zu. Es obliegt ihm aber, den aus seiner Sicht richtigen Trennungstag anzugeben und ggf. auf diesen Tag die erforderte Auskunft zu erteilen. Tut er das nicht, kann es an einem ausreichenden Grund für die beharrliche Weigerung fehlen.

d) Einzelfragen

Hat ein Ehegatte Antrag auf Auskunft auf den Trennungszeitpunkt **732** gestellt und wird der Anspruch dann nicht erfüllt, so kann das gerichtliche Verfahren erweitert werden. Noch bevor die Auskunftspflicht durch Beschluss geregelt ist, kann der Antragsteller zum **Stufenantrag** auf vorzeitigen Zugewinnausgleich übergehen. Mit Zustellung des Antrages entsteht der Stichtag des § 1387. Damit kann der Antragsteller in der ersten Stufe neben der Auskunft über das Trennungsvermögen auch Auskunft über das Endvermögen geltend machen.

Die vorzeitige Aufhebung der Zugewinngemeinschaft kann aus **taktischen Gründen** auch aus der Sicht desjenigen sinnvoll sein, der den **höheren Zugewinn** erwirtschaftet hat. Zwischen Trennung und Scheidung muss mindestens ein Jahr liegen (§ 1565 II). Jede Vermögensverringerung während dieses Jahres muss wegen der Vermutungswirkung des § 1375 II gerechtfertigt werden. Das führt praktisch dazu, dass über die gesamte Wirtschaftsführung dieses Zeitraumes Rechnung gelegt werden muss (→ Rn. 291). Für den potentiell Ausgleichspflichtigen kann daraus ein In-

---

43 *OLG Frankfurt*, 1.7.2009, 2 UF 16/09, FamRZ 2010, 563, Rn. 24.
44 *Cremer*, Anm. zu *BGH*, 17.9.2014, XII ZB 604/13, FF 2015, 121.
45 Zum taktischen Verhalten des Auskunftsgläubiger ausführlich *Kogel*, FamRZ 2015, 369.
46 *BGH*, XII ZB 604/13, FamRZ 2015, 32.

teresse bestehen, die Jahresfrist zu verkürzen, also die Zeit zwischen Trennung und Stichtag für das Endvermögen.

Der Auskunftsanspruch auf den Trennungszeitpunkt ist an keine weitere Voraussetzung geknüpft. Er kann auch von dem geltend gemacht werden, der keinen Zugewinnausgleichsanspruch und keine Manipulationen des anderen erwartet. Auch in diesem Fall kann also Auskunft verlangt werden. Bleibt sie aus, so kann der voraussichtlich Pflichtige das vorzeitige Ende der Zugewinngemeinschaft herbeiführen, ohne die Jahresfrist des § 1365 II abzuwarten.

III. Verfahrensfragen

1. Der vorzeitige Ausgleich des Zugewinns

a) Verfahrensart

733   Es besteht Einigkeit besteht darüber, dass es sich bei § 1386 wie bisher um einen **Gestaltungsantrag** handelt[47]. Unklar ist aber, ob auch der Antrag nach § 1385 einen Gestaltungsantrag enthält[48] oder ob nur inzidenter über die Aufhebung der Zugewinngemeinschaft entschieden wird[49]. Nimmt man einen Gestaltungs- und einen Leistungsantrag an, stellt sich die Frage, ob beide auch voneinander gelöst werden können.

> **Beispiel:** Die Frau beantragt nach § 1385 Nr. 2, den Mann zur Zahlung von vorzeitigem Zugewinnausgleich zu verpflichten, weil er seiner Freundin teure Geschenke mache. Im Verlaufe des Verfahrens stellt sich der Vorwurf als berechtigt heraus, es ergibt sich aber rechnerisch kein Zugewinnausgleichsanspruch der Frau, sondern einer des Mannes.

734   Es stellt sich die Frage, ob der Antrag insgesamt abgewiesen werden muss oder ob – ggf. auf besonderen Antrag des Antragstellers – auf vorzeitiges Ende der Zugewinngemeinschaft ohne Ausgleich des Zugewinns beschlossen werden kann.

Nach Ansicht von *Schwab*[50] und *Koch*[51] ist in diesem Fall der Antrag insgesamt abzuweisen[52]. Die beiden Verfahrens„elemente" seien nach der Konzeption des Gesetzes nicht trennbar. Zu einem schlüssigen Antrag nach § 1385 gehöre nicht nur der Vortrag eines der Tatbestände aus § 1385, sondern auch die Darlegung eines zukünftigen Ausgleichsan-

---

47 *Schwab/Schwab*, VII Rn. 359; *Johannsen/Henrich/Jaeger*, § 1386, Rn. 1; *MK/Koch*, § 1386, Rn. 4.
48 So *Schwab*, Lehrbuch, Rn. 300; *Gernhuber/Coester-Waltjen*, § 36, Rn. 11.
49 *MK/Koch*, § 1386, Rn. 3.
50 *Schwab/Schwab*, VII Rn. 351.
51 *MK/Koch*, § 1386, Rn. 3.
52 Ebenso *Schwab/Streicher*, I Rn. 732.

spruchs. Hingegen vertritt *Jaeger*[53] die Auffassung, es handele sich um zwei Verfahren und der Gestaltungsantrag müsse neben dem Leistungsantrag ausdrücklich gestellt werden.

Koch[54] vertritt die Auffassung, nach § 1385 werde nur ein einziger **735** Antrag mit zwei Streitgegenständen gestellt. Im Rahmen des Beschlusses werde dann über beide entschieden. Gegen diese Auffassung spricht, dass beide Gegenstände, Gestaltung und Leistung, in ihrer Art verschieden sind. Der rechtskräftige Gestaltungsbeschluss wirkt **inter omnes**, der Leistungsbeschluss nur **inter partes**. Die unterschiedliche Rechtskraftfolge kann sich nur aus zwei verschiedenen Verfahrensarten ergeben.

Wenn man von zwei Verfahrensteilen ausgeht, einem Gestaltungs- **736** und einem Leistungsantrag, erscheint es sachgerechter, eine **Trennung der beiden Verfahrensteile** zuzulassen und auf Antrag auch nur über den Gestaltungsantrag zu entscheiden. In den meisten Fällen wird nach § 1385 nicht auf eine bestimmte Ausgleichsforderung beantragt werden, sondern der Antragsteller wird im Stufenverfahren zunächst Auskunft verlangen[55]. Ergibt die Auskunft, dass ein Zugewinnausgleichsanspruch rechnerisch nicht besteht, wäre es nicht sachgerecht, den Antragsteller mit dem Verlust des ganzen Verfahrens zu belasten, sofern der Gestaltungsteil begründet gewesen wäre. Das berechtigte Interesse an einem Ende der Zugewinngemeinschaft kann gleichwohl bestehen, auch wenn der Antragsteller zugewinnausgleichspflichtig ist. Wenn beide Verfahrensteile als eine untrennbare Einheit betrachtet werden, müsste dem Antragsteller empfohlen werden, von vorneherein immer hilfsweise außerdem einen Antrag nach § 1386 zu stellen – ein unnötiger Umweg.

Indes ergeben sich auch Probleme, wenn zwei trennbare Verfahrenstei- **737** le angenommen werden, wie folgendes Beispiel zeigt:

Beispiel: Die Frau stellt nach dreijähriger Trennung Antrag auf vorzeitigen Ausgleich des Zugewinns. Nur der Mann hat Zugewinn erwirtschaftet. Es wird antragsgemäß entschieden. Vor Rechtskraft des Beschlusses stirbt die Frau.

Der Beschluss ist beim Tod der Frau nicht rechtskräftig. Der Gestaltungsbeschluss erledigt sich durch den Tod der Frau. Er hätte erst mit seiner Rechtskraft den Güterstand beendet (§ 1388). Dem ist das Güterstandsende durch den Tod zuvorgekommen. Der Leistungsteil wird mit Ablauf der Rechtsmittelfrist[56] rechtskräftig und wirksam. Es könnte vom Erben vollstreckt werden. Das Ergebnis wäre nicht richtig. Der Zu-

---

53 *Johannsen/Henrich/Jaeger*, § 1385, Rn. 6.
54 *MK/Koch*, § 1386, Rn. 3.
55 Zur Zulässigkeit des Stufenverfahrens im Rahmen von § 1385: *MK/Koch*, § 1386, Rn. 35.
56 Das Verfahren wird durch den Tod nicht unterbrochen (§ 246 ZPO), denn in dem Verfahren besteht Anwaltszwang (§ 114 FamFG), und die Vollmacht erlischt durch den Tod nicht (§ 86 ZPO).

gewinnausgleichsanspruch ist nur vererblich, wenn er vor dem Tode entstanden ist (§ 1378 III 1). Stirbt der Ehegatte mit dem geringeren Zugewinn, darf der güterrechtliche Zugewinnausgleich überhaupt nicht stattfinden (→ Rn. 45).

b) Anwendung der Folgesachenvorschriften

738 Aus der beschriebenen Problematik folgt, dass es zwar möglich sein muss, die beiden Verfahrensteile voneinander zu trennen. Eine Abhängigkeit voneinander besteht gleichwohl. Dem wird am ehestem gerecht, auf den Zugewinnantrag nach § 1385 die verfahrensrechtlichen Bestimmungen des Zugewinnausgleichsantrages als **Folgesache** anzuwenden.

aa) Antrag auf noch nicht entstandenen, zukünftigen Anspruch

739 *Hoppenz*[57] vertritt die Ansicht, der Gesetzgeber habe gerade nicht eine Folgensachenregelung schaffen wollen. Eine nähere Betrachtung ergibt jedoch, dass die Verfahrenssituation des Zugewinnausgleichs als Folgesache mit dem Verfahren nach § 1385 praktisch identisch ist und dass das Verfahrensrecht der Folgesachen Regelungen enthält, die die hier beschriebenen Probleme lösen.

Aus der Betrachtung von § 1388 ergibt sich, dass der Antrag aus § 1385 ebenso eine zukünftige Forderung betrifft wie die Folgesache.

Mit Rechtskraft der Entscheidung, die die Zugewinngemeinschaft vorzeitig aufhebt, tritt Gütertrennung ein (§ 1388). Die Vorschrift wird damit gerechtfertigt, dass mit der Entscheidung güterrechtlich klare Verhältnisse geschaffen werden sollten[58]. Das mag gesetzgeberischer Gedanke gewesen sein. Die Vorschrift bedeutet aber auch, dass die Zugewinngemeinschaft **erst** mit der Rechtskraft der Gestaltungsentscheidung endet, nicht schon beim Stellen des Leistungsantrags auf vorzeitigen Zugewinnausgleich. Bis dahin ist der Zugewinnausgleichsanspruch nicht entstanden, und Verfügungen darüber sind unzulässig (§ 1378 III). Der Leistungsantrag richtet sich also auf eine zukünftige, noch nicht entstandene Forderung[59].

740 Ebenso verhält es sich mit dem Zugewinnausgleichsanspruch als Folgesache. Auch er betrifft einen Anspruch, der erst mit Rechtskraft der Scheidung entstehen wird. Eine Klage auf eine zukünftige Leistung ist nur ausnahmsweise zulässig, wenn sie vom Gesetz ausdrücklich erlaubt

---

57 FamRZ 2008, 1889 (1893).

58 *Johannsen/Henrich/Jaeger*, § 1388, Rn. 1; *MK/Koch*, § 1388, Rn. 1.

59 *BGH*, 8.3.1995, XII ZR 14/94, FamRZ 1995, 597. Die Entscheidung sagt, dass der vorgezogene Stichtag aus § 1384 das Entstehen des Anspruch nach § 1378 III 1 unberührt lässt Das ist auf § 1387 unmittelbar übertragbar.

wird (§ 259 ZPO)[60]. § 137 II 1 Nr. 4 FamFG ist eine solche Ausnahmeerlaubnis[61], ebenso wie § 1385. Ein noch nicht entstandener Zugewinnausgleichsanspruch kann ausnahmsweise verfolgt werden, wenn der Antrag *für den Fall der Scheidung* beantragt wird. Ebenso verhält es sich bei § 1385: Der Leistungsantrag ist zulässig, wenn er *für den Fall der vorzeitigen Aufhebung der Zugewinngemeinschaft* gestellt wird.

bb) Entsprechende Anwendung von §§ 140 bis 142 FamFG

Der Folgesachenantrag ist ein **Eventualantrag**[62], der für den Fall des Endes des Güterstandes gestellt wird. Somit ist neben dem eventualiter erhobenen Leistungsantrag ein unbedingt verfolgter Gestaltungsantrag erforderlich. Wird der Gestaltungsantrag zurückgenommen oder erledigt er sich, so wird der Leistungsantrag gegenstandslos (§ 142 III FamFG). Er gilt nur in dem Fall als erhoben, dass der Güterstand auch tatsächlich durch gerichtlichen Beschluss beendet wird.

741

In dem Antrag nach § 1385 sind somit **zwei Anträge gebündelt**, ein Gestaltungsantrag und ein Leistungsantrag[63]. Der Gestaltungsantrag ist mit dem Antrag nach § 1386 gegenstandsgleich. Der Gestaltungsantrag kann (auf Antrag) auch entschieden werden und führt zur Gütertrennung, wenn der Leistungsantrag zurückgenommen oder abgewiesen wird. Der Leistungsantrag ist nur für den Fall gestellt, dass der Güterstand beendet wird. Er wird, sollte der Gestaltungsantrag abgewiesen, zurückgenommen werden oder sich erledigen (etwa durch Tod), gegenstandslos.

742

Der Leistungsantrag ist somit in erster Linie für den Fall gestellt, dass der Gestaltungsantrag Erfolg hat. Er muss aber nicht abgewiesen werden, wenn vor dem Ende des Verfahrens der Güterstand durch Scheidung oder Ehevertrag beendet wird. Er kann dann als isolierter Antrag in **entsprechender Anwendung von § 142 II 2 FamFG** fortgesetzt werden[64].

743

Ob über den Gestaltungsantrag **einheitlich** erst zusammen mit der Zahlungsstufe entschieden werden darf oder ob die Zugewinngemeinschaft schon bei der Entscheidung über eine frühere Stufe aufgehoben werden kann, ist im Gesetz nicht geregelt. Eine Vorschrift wie § 142 I 1 FamFG fehlt für dieses Verfahren. Auch Vorschriften über die **Abtrennung** wie in § 140 FamFG fehlen. Im Interesse der Flexibilität sollten beide Vorschriften jedoch entsprechend angewendet werden.

744

---

60 *Baumbach/Lauterbach/Hartmann*, vor §§ 257–259, Rn. 1.
61 *Johannsen/Henrich/Sedemund-Treiber*, 4. Aufl., § 623 ZPO, Rn. 13.
62 *Johannsen/Henrich/Sedemund-Treiber*, 4. Aufl., § 1389, Rn. 1; *Haußleiter*, § 137 FamFG, Rn. 11.
63 *MK/Koch*, § 1385/1386, Rn. 3; *Hoppenz*, FamRZ 2008, 1889.
64 Im Ergebnis ebenso: *MK/Koch*, § 1386, Rn. 36.

2. Das Verhältnis von §§ 1385 und 1386

745   Der vorzeitige Zugewinnausgleich kann auf zweierlei Weise erreicht werden. Es kann nach § 1385 Antrag auf *vorzeitigen Ausgleich des Zugewinns bei vorzeitiger Aufhebung der Zugewinngemeinschaft verlangt werden.* Nach § 1386 kann unter denselben Voraussetzungen wie in § 1385 Antrag nur auf *die vorzeitige Aufhebung der Zugewinngemeinschaft* gestellt werden. In welchem Verhältnis beide Vorschriften stehen, ob sie einander ausschließen oder ob eine in der anderen enthalten ist, ist noch nicht geklärt[65].

Die beiden Vorschriften sind teilweise deckungsgleich. Jeder der Eheleute kann den Antrag auf vorzeitige Aufhebung der Zugewinngemeinschaft stellen, wenn bei dem anderen die Voraussetzungen des § 1385 erfüllt sind. Damit wird vorzeitig der Berechnungsstichtag des § 1387 herbeigeführt. Der Antragsteller kann damit erreichen, dass zukünftige Veränderungen seinen Zugewinnausgleichsanspruch oder seine Ausgleichsverpflichtung nicht mehr beeinträchtigen können.

Der Ehegatte, der annimmt, einen Zugewinnausgleichanspruch zu haben, kann gemäß § 1385 gleichzeitig mit dem Antrag auf vorzeitige Aufhebung der Zugewinngemeinschaft schon seinen zukünftigen Ausgleichsanspruch verfolgen. Der Gestaltungsantrag in § 1385 ist mit dem in § 1386 identisch, so dass beide Anträge gleichzeitig weder erforderlich sind noch zulässig wären.

3. Rechtsschutzinteresse

746   Beide Verfahrensarten, § 1385 und § 1386, setzen nicht ein besonderes Rechtsschutzinteresse voraus[66]. Im Einzelfall kann es aber daran fehlen.

Es soll herrschende Meinung sein, dass ein Rechtsschutzinteresse fehle, wenn der Gegner bereit sei, den Zugewinnausgleichsanspruch zu dem verlangten Stichtag zu berechnen und zu erfüllen[67]. Daran hat *Brudermüller*[68] zu Recht Zweifel geäußert. Außergerichtlich kann die Voraussetzung für den Zugewinnausgleich nur durch Ehevertrag geschaffen werden. Dessen Zustandekommen kann aus vielerlei Gründen bis zuletzt scheitern. Dieser ungewisse Weg kann das Recht zum gerichtlichen Antrag nicht ausschließen. Dem Antragsgegner steht aber das sofortige Anerkenntnis mit der Kostenfolge von § 93 ZPO zu Gebote[69], wenn der An-

---

65 *Johannsen/Henrich/Jaeger*, § 1385, Rn. 6.

66 *OLG Köln*, 31.1.2013, 12 WF 10/14, juris.

67 *MK/Koch*, § 1386, Rn. 33 m.w.N.

68 *Palandt/Brudermüller*, § 1386, Rn. 9.

69 *MK/Koch*, § 1386, Rn. 33, hält einen Anerkenntnisbeschluss für unzulässig, wofür es aber keinen Grund gibt, weil der Streitgegenstand uneingeschränkt zur Disposition der Beteiligten steht.

tragsteller sich der einvernehmlichen Beendigung der Zugewinngemeinschaft durch Ehevertrag verweigert hat.

Wenn der Antragsteller neben dem Antrag auf vorzeitigen Zugewinn- **747**
ausgleich auch noch einen Antrag nach § 1386 anhängig macht, ist dieser
bereits unzulässig, ohne dass es auf die Frage des Rechtsschutzinteresses
ankäme, weil die Streitgegenstände identisch sind und somit der **Einwand
anderweitiger Rechtshängigkeit** entgegensteht.

Ist bereits ein **Scheidungsverfahren** anhängig, so fehlt einem **später** **748**
**anhängig gemachten Verfahren auf vorzeitigen Zugewinnausgleich
nach § 1385** das Rechtsschutzinteresse. Für das spätere Verfahren gilt
nicht der Stichtag nach § 1387, sondern der frühere Stichtag nach § 1384
(→ Rn. 232). Der Zugewinnausgleich kann dann einfacher und mit demselben Ergebnis als Folgesache geltend gemacht werden. Ausnahmsweise
besteht ein Rechtsschutzinteresse aber dann, wenn die Scheidungssache in
einer **höheren Instanz** ist. Eine Folgesache kann dann nicht mehr anhängig gemacht werden (§ 137 II 1 FamFG). War die Folgesache Güterrecht
nicht in der ersten Instanz anhängig gemacht worden, so besteht bis zum
rechtskräftigen Abschluss der Scheidungssache keine Möglichkeit mehr,
den Zugewinnausgleich zu verfolgen. Vor seinem Entstehen kann der Zugewinnausgleich nur als Folgesache, nicht in einem selbständigen Verfahren verfolgt werden[70]. **Während des Rechtsmittelverfahrens** ist der Antrag nach § 1385 deshalb das gebotene Mittel.

Anders verhält es sich mit einem Verfahren nach § 1386, das nur das **749**
vorzeitige Ende der Zugewinngemeinschaft erstrebt. Zwar gilt auch in
diesem Verfahren, dass der Stichtag für das Endvermögen durch die Zustellung des Scheidungsantrags endgültig bestimmt ist und durch das weitere Verfahren nicht mehr verändert werden kann. Es ist aber möglich,
dass das Verfahren nach § 1386 viel schneller rechtskräftig abgeschlossen
ist als die Folgesache Zugewinnausgleich, in der u.U. ausführlich Beweis
erhoben werden muss. Der Antragsteller kann ein berechtigtes Interesse
daran haben, die Zugewinngemeinschaft möglichst schnell zu beenden,
weil dann schon über den Ausgleichsanspruch verfügt werden kann
(§ 1378 III) und er zu verzinsen ist.

4. Zeitpunkt der Tatbestandserfüllung

Die Frage, zu welchem Zeitpunkt die Tatbestandsvoraussetzungen des **750**
§ 1385 erfüllt sein müssen, wird unterschiedlich beantwortet.

Unstreitig ist, dass der Antrag Erfolg haben muss, wenn er zum Schluss
der letzten mündlichen Verhandlung begründet ist. Sollte er bei Einreichen unbegründet gewesen sein, so schadet das nun nicht mehr.

---

70 *Johannsen/Henrich/Marquardt*, § 137 FamFG, Rn. 16.

War ein Antrag bei Rechtshängigwerden begründet, sind die Gründe bis zur letzten mündlichen Verhandlung aber entfallen, so ist differenziert zu entscheiden.

In den Fällen der Nummern 1 bis 3 müssen die Gründe bis zur letzten mündlichen Verhandlung vorliegen. Andernfalls kann die Besorgnis, die nach § 1385 Nrn. 2 und 3 Tatbestandsvoraussetzung ist, nicht bestehen. Da die dreijährige Trennung der Nummer 1 nicht mit einem Werturteil verbunden ist, entfällt der Anspruch, wenn die Eheleute die eheliche Gemeinschaft wieder hergestellt haben.

751   Der Anspruch auf vorzeitigen Zugewinnausgleich nach Nummer 4 entsteht, wenn bis zum Beginn des darauf gerichteten Verfahrens die Auskunft nicht erteilt ist. Das bedeutet im Umkehrschluss, dass der Anspruch nicht mehr nachträglich entfallen kann, wenn die **Auskunft** bis zur mündlichen Verhandlung **nachgeholt** wird. Er kann weiterverfolgt werden[71].

5. Stufenantrag

752   Mit dem Antrag auf vorzeitigen Zugewinnausgleich oder auch mit dem Antrag auf vorzeitige Aufhebung der Zugewinngemeinschaft entsteht der Auskunftsanspruch, der auf den durch diesen Antrag begründeten Stichtag (§ 1387) zu erteilen ist. Dieser Auskunftsanspruch kann wie bei der Folgesache mit dem Zahlungsanspruch in ein Stufenverhältnis gestellt werden. Es sind auch mehrere Stufen möglich, so dass nacheinander über die Auskunftserteilung, die Belegvorlage, die Wertermittlung und zuletzt über den Zahlungsantrag zu entscheiden ist.

6. Widerantrag und Stichtag

753   Wideranträge sind in dem Verfahren auf vorzeitigen Zugewinnausgleich grundsätzlich unter den Voraussetzungen des § 33 ZPO zulässig. Insbesondere kann widerantragend vorzeitiger Zugewinnausgleich beantragt werden, wenn der andere Ehegatte zunächst nur die Aufhebung der Zugewinngemeinschaft verlangt hat. Der Widerantrag kann aber nur Erfolg haben, wenn der Widerantragende sich für seine Person auf einen der Gründe des § 1385 stützen kann. Andernfalls muss er mit seinem Zahlungsantrag warten, bis der Güterstand durch Rechtskraft des Gestaltungsbeschlusses beendet ist[72].

754   Auch umgekehrt ist es möglich, zu einem Antrag auf vorzeitigen Zugewinnausgleich widerantragend die vorzeitige Aufhebung zu begehren.

---

71 *Staudinger/Thiele*, § 1386, Rn. 24.
72 *Krause*, ZFE 2008, 406, 407.

Der **Streitgegenstand** ist jedenfalls bei den auf die Nummern 2 bis 4 gestützten Anträgen verschieden, weil die Gründe in der Person des jeweils
anderen Ehegatten erfüllt sein müssen.

Für den Widerantrag besteht auch ein **Rechtsschutzinteresse**, selbst **755**
wenn der Streitgegenstand bei § 1385 Nr. 1 mit dem des Erstantrages
identisch ist. Der Widerantragsteller kann ein berechtigtes Interesse daran
haben, dass der durch den Erstantrag begründete **Stichtag** erhalten bleibt.
Andenfalls könnte der Antragsteller den Stichtag durch Rücknahme seines Antrages beseitigen. Die Rücknahme ist bis zu Beginn der ersten
mündlichen Verhandlung ohne Zustimmung des Gegners möglich
(§ 113 I FamFG, § 269 I ZPO).

7. Vorzeitige Aufhebung der Zugewinngemeinschaft und Scheidung

Ein Antrag auf vorzeitigen Ausgleich des Zugewinns oder auch ein **756**
Antrag nach § 1386 auf vorzeitige Aufhebung der Zugewinngemeinschaft
können auf vielfältige Weise mit einem Scheidungsverfahren zusammentreffen. Beide Verfahrensarten haben das Ende des gesetzlichen Güterstandes zur Folge. Im Übrigen ist das Verhältnis der Verfahren zueinander gesetzlich nicht geregelt. Folgendes kommt in Betracht:

– Ein Ehegatte stellt Antrag auf vorzeitigen Zugewinnausgleich und beantragt vor dem Ende des Verfahrens auch die Scheidung.

– Der andere Ehegatte beantwortet den Antrag auf vorzeitigen Zugewinnausgleich mit einem Scheidungsantrag.

– Ein Ehegatte beantragt die Scheidung und beantragt ergänzend vor
 Ende des Scheidungsverfahrens den vorzeitigen Zugewinnausgleich.

– Ein Ehegatte beantragt Scheidung und Zugewinnausgleich als Folgesache, der andere beantwortet die Anträge mit einem eigenen Antrag
 auf vorzeitigen Zugewinnausgleich.

– Die Scheidung und die Folgesachen (ohne Güterrecht) sind in der
 Rechtsmittelinstanz, und nunmehr beantragt einer der Eheleute gemäß § 1385 vorzeitigen Zugewinnausgleich.

Ein Scheidungsantrag ist auch während des Verfahrens auf vorzeitigen
Zugewinnausgleich jederzeit möglich. Beide Beteiligte können den Scheidungsantrag stellen. Das Verfahren auf vorzeitigen Zugewinnausgleich erledigt sich dadurch nicht. Es wird auch nicht zur Folgesache, sondern läuft
unabhängig davon[73]. Wenn die Scheidung zwischenzeitlich rechtskräftig
wird, erledigt sich das Verfahren nach § 1386. Im Verfahren nach § 1385
erledigt sich der Teil, der rechtsgestaltend das Ende der Zugewinngemein-

---

73 *OLG Celle*, 7.8.2012, 10 UF 59/12, FamRZ 2012, 1941; *KG*, 21.3.2000, FamRZ 2001, 166.

schaft zur Folge haben sollte. Der Leistungsantrag ist auf Antrag nunmehr isoliert unverändert, aber weiterhin auf der Basis des Stichtages des § 1387 fortzusetzen (→ Rn. 743).

Während der Rechtsmittelinstanz kann der Antrag nach § 1385 der gebotene Weg sein (→ Rn. 748).

8. Anerkenntnis

757   Das Verfahren zur vorzeitigen Aufhebung der Zugewinngemeinschaft ist eine Familienstreitsache, in der allein nach den Anträgen der Beteiligten zu beschließen ist. Deshalb hat auf Anerkenntnis des Gegners ohne Prüfung der sachlichen Voraussetzungen ein Anerkenntnisbeschluss zu ergehen.

Ob bei einem sofortigen Anerkenntnis gem. § 93 ZPO die Kosten dem Antragsteller aufzuerlegen sind, ist zweifelhaft. Das *OLG Karlsruhe*[74] hat § 93 ZPO angewandt, weil der Antragsteller vorgerichtlich nicht aufgefordert worden sei, der Aufhebung zuzustimmen, etwa durch Mitwirkung an einer notariellen Urkunde. Das berücksichtigt indes zu wenig, dass §§ 1385 und 1385 ein Gestaltungsrecht begründen, das, anders als einen schuldrechtlichen Anspruch, der andere Ehegatte aus Rechtsgründen nicht erfüllen kann. Außerdem kann der Antragsteller ein berechtigtes Interesse an einem Überraschungsmoment haben, damit der andere sich nicht auf den bevorstehenden Stichtag für das Endvermögen einstellen und etwa entsprechende Verfügungen treffen kann. Deshalb erscheint es richtiger, im Verfahren auf vorzeitige Aufhebung, auch im Falle des Anerkenntnisses, über die Kosten nach § 81 FamFG zu entscheiden und die Kosten dem Antragsteller nur aufzuerlegen, wenn eine der Voraussetzungen des § 81 II FamFG gegeben ist.

9. Vollstreckung

758   Der Beschluss, der die Zugewinngemeinschaft aufhebt, hat keinen vollstreckbaren Inhalt. Die Gestaltungswirkung tritt mit Rechtskraft ein und wirkt gegen jedermann.

Der Zahlungsbeschluss ist vollstreckbar, sobald er wirksam ist (§ 120 II 1 FamFG). In Familienstreitsachen kann das Gericht anordnen, dass der Beschluss vor seiner Rechtskraft wirksam wird. Allerdings ist das nur in Unterhaltssachen die Regel. In Güterrechtssachen kann das Gericht nach seinem Ermessen die vorzeitige Wirksamkeit anordnen. Bei einem Beschluss über den vorzeitigen Ausgleich des Zugewinns kommt das allerdings nicht Betracht, solange die Zugewinngemeinschaft noch nicht

---

74 *OLG Karlsruhe*, 26.3.2012, 18 WF 97/11, FamRZ 2012, 1967.

rechtskräftig aufgehoben ist, weil der Leistungsantrag durch die Rechtskraft des Gestaltungsbeschlusses aufschiebend bedingt ist.

Eine vorläufige Vollstreckbarkeit oder Vollstreckbarkeit gegen Sicherheitsleistung wie in §§ 708 bis 711 ZPO ist im FamFG nicht vorgesehen. Wird ein vorzeitig für wirksam erklärter Beschluss wieder aufgehoben, so sind Schadensersatzansprüche, wie sie bei vorläufiger Vollstreckbarkeit nach § 717 II geschuldet sind, im FamFG nicht vorgesehen. **759**

In einem Beschluss nach § 1385 sollte nur sehr zurückhaltend davon Gebrauch gemacht werden, seine vorläufige Wirksamkeit anzuordnen (§ 116 III 2 FamFG). Die Möglichkeiten, die Vollstreckung nach einem Erfolg in der Rechtsmittelinstanz wieder rückgängig zu machen, sind im FamFG zu stark eingeschränkt. Die Sicherung des Gläubigers sollte deshalb vorrangig dem **Arrestverfahren** vorbehalten bleiben.

10. Abdingbarkeit

Allgemein wird die Ansicht vertreten, der vorzeitige Zugewinnausgleich könne nicht durch Ehevertrag im voraus abbedungen werden[75]. Die Gründe dafür sind verschieden. Am wichtigsten ist, dass der potentielle Schuldner sich nicht durch Vertrag von Pflichten befreien kann, die dem Schutz des anderen vor illoyalem Verhalten dienen. **760**

In der Regel wird jedoch verkannt, dass der **modifizierte Zugewinnausgleich**, der den Ausgleich nur im Fall des Todes vorsieht, für den Fall der Scheidung aber ausschließt, keinen Sinn ergeben würde, wenn das Recht auf vorzeitigen Zugewinnausgleich bestehen bliebe. Zusammen mit dem Zugewinnausgleich im Scheidungsfalle kann deshalb auch der vorzeitige Zugewinnausgleich ausgeschlossen werden[76].

Im Wege des Vergleichs sind Regelungen, die den vorzeitigen Zugewinnausgleich betreffen, jederzeit möglich, wenn der Fall bereits eingetreten ist. Dadurch können sich die Beteiligten darauf einigen, in einer bestimmten Situation auf ihn zu verzichten. Zu beachten ist allerdings, dass der Vergleich bei bestehendem Güterstand nur in der Form des § 1410 geschlossen werden kann. Damit scheidet ein Vergleich durch gerichtliche Feststellung nach § 278 VI ZPO aus, weil er nicht die Form des § 127a wahrt.

---

75 *Palandt/Brudermüller*, § 1386, Rn. 3; *Erman/Budzikiewicz*, § 1385, Rn. 22; *MK/Koch*, § 1386, Rn. 40.
76 Im Ergebnis wohl ebenso: *Johannsen/Henrich/Jaeger*, § 1372, Rn. 4.

B. Einstweiliger Rechtsschutz

I. Sicherung des Zugewinnausgleichanspruchs

1. Sicherungsbedürfnis

761   Im Konflikt ist mancher versucht, seiner Zugewinnausgleichspflicht auszuweichen, indem Vermögen verschleiert oder beiseite gebracht wird. Soweit es um die Berechnung des Zugewinns geht, sollen die Hinzurechnungsvorschriften des § 1375 II dem entgegenwirken. Dem Ausgleichsberechtigten ist damit aber nicht geholfen, wenn er seinen Anspruch letztlich nicht realisieren kann, weil der Schuldner sein Vermögen dem Zugriff der Gläubiger entzogen hat. Wenn die Besorgnis besteht, dass der Zugewinnausgleichsanspruch, sobald er entstanden und tituliert ist, nicht mehr zu realisieren sein wird, besteht das Bedürfnis, ihn vorläufig zu sichern.

Das Sicherungsbedürfnis kann jederzeit während der Dauer des Güterstandes entstehen, wenn der zukünftige Ausgleichsschuldner Anstalten trifft, die den zukünftigen Anspruch gefährdet erscheinen lassen. Das kann nach Einleiten des Scheidungsverfahrens sein, wenn der Stichtag des § 1384 schon feststeht. Das Bedürfnis kann aber auch ohne ein laufendes Scheidungsverfahren entstehen. Besonders naheliegend ist das Bedürfnis nach vorläufiger Sicherung, wenn der vorzeitige Zugewinnausgleich verlangt werden kann (§ 1385). Das Sicherungsbedürfnis kann schließlich auch noch entstehen, wenn der Güterstand beendet, der Zugewinnausgleichsanspruch also schon entstanden ist, aber mangels eines Titels noch nicht vollstreckt werden kann.

Vor dem Inkrafttreten der Güterrechtsreform war hoch streitig, ob und in welchem Verfahren die Sicherung überhaupt möglich war. Es war ein Ziel der Reform, diesen Streit zu beenden[77]. Der Streit wird derzeit auch nicht fortgesetzt. Bei genauer Betrachtung hat die Reform die Ursachen der bisherigen Problematik aber nicht beseitigt.

2. Sicherungsmittel

a) Arrest

762   Für das Familienstreitverfahren ist in § 119 II ausdrücklich vorgesehen, dass zur Sicherung von Ansprüchen der Arrest angeordnet werden kann. Die Vorschriften der ZPO (§§ 916 bis 934 und 943 bis 945) sind entsprechend anzuwenden. Damit sind alle Regelungen der ZPO zum Arrest ohne Ausnahme anzuwenden. Die ausdrückliche Erwähnung des Ar-

---

77 *von Eichel*, ZFE 2008, 206.

restes im FamFG ist bewusst auf das Zugewinnausgleichsverfahren ausgerichtet worden, weil bis zum Inkrafttreten des FamFG große Unsicherheit bestand, ob und wie ein zukünftiger Zugewinnausgleichsanspruch
gesichert werden könne. Deshalb ist der Arrest grundsätzlich geeignet und
zulässig, um eine gefährdete Zugewinnausgleichsforderung zu sichern[78].

Voraussetzung für den Arrest ist, dass ein **Arrestanspruch** und ein **Ar-**   **763**
restgrund bestehen.

aa) Arrestanspruch

Als Arrestanspruch genügt ein zukünftiger Zugewinnausgleichsan-   **764**
spruch, wenn die Ehesache anhängig ist. Eines Verfahrens auf vorzeitigen
Zugewinnausgleich bedarf es nicht[79].

Der Arrest ist jedenfalls ein geeignetes Mittel, wenn der Güterstand
beendet und damit der Ausgleichsanspruch entstanden ist (§ 1378 III 1).
Dann besteht der Arrestanspruch. Er kommt in Betracht, wenn die Ehe
geschieden wurde und der Zugewinnausgleichsanspruch nicht als Folgesache verfolgt worden war oder die Folgesache noch nicht entschieden
ist[80]. Er kommt ebenso in Betracht, wenn der Güterstand anders als durch
Scheidung beendet worden ist.

Der Arrest kann auch schon beantragt werden, solange der Güterstand
noch besteht. Voraussetzung ist, dass der **Zugewinnausgleichsanspruch**
klagbar ist. Das ist er jedenfalls nach Anhängigwerden des Scheidungsverfahrens, weil der Anspruch dann als Folgesache anhängig gemacht werden kann. Auch wenn ein Scheidungsverfahren noch nicht anhängig ist,
kann ein Arrest beantragt werden, sofern einer der Eheleute das Verfahren auf vorzeitigen Zugewinnausgleich (§ 1385) oder vorzeitige Aufhebung der Zugewinngemeinschaft (§ 1386) gestellt hat[81].

Nicht eindeutig ist, ob der Arrestanspruch auch schon besteht, wenn   **765**
weder ein Scheidungsverfahren noch ein Verfahren auf vorzeitigen Zugewinnausgleich anhängig ist. *Kogel* ist der Ansicht, eine vorläufige Sicherung sei dann noch nicht möglich, weil noch nicht einmal eine zukünftige oder ungewisse Forderung bestehe[82]. Der Ansicht kann angesichts des
neu geschaffenen § 1385 nicht zugestimmt werden. Danach ist der vorzei-

---

78 *Schwab/Streicher*, I Rn. 733; BeckOK/*Nickel*, FamFG § 119, Rn. 8.
79 *OLG Celle*, 3.4.2014, 15 UF 186/13, NJW-RR 2014, 1283.
80 Obwohl das Verfahren über den Zugewinnausgleich als isoliertes Verfahren teurer ist, als
    wenn es als Folgesache geltend gemacht wird, empfiehlt es sich häufig, die Scheidung schnell
    rechtskräftig werden zu lassen, weil der Ausgleichsanspruch nur dann schon während der
    Dauer des Verfahrens zu verzinsen ist.
81 *Kogel*, Strategien, Rn. 1321.
82 *Kogel*, FPR 2009, 279, 280.

tige Zugewinnausgleich ohne weiteres verfolgbar, wenn die Voraussetzungen der Vorschrift erfüllt sind. Damit ist der Anspruch auch ohne ein vorgeschaltetes Verfahren klagbar. Nicht verkannt werden darf indes, dass der zu sichernde Anspruch noch gar nicht bestimmbar ist, solange keiner der Stichtage aus § 1384 oder § 1387 gegeben ist. Der Einwand kann jedoch nicht entscheidend sein, weil der zu sichernde Anspruch geschätzt werden kann und durch den Arrest auch nicht ausgeschöpft werden muss.

Voraussetzung für den Arrestantrag, wenn kein Verfahren anhängig ist, ist aber jedenfalls, dass die Tatbestandsvoraussetzungen des § 1385 vorgetragen und glaubhaft gemacht worden sind.

766   Als Arrestanspruch muss ein schlüssiger Zugewinnausgleichsanspruch vorgetragen werden, der Anfangs- und Endvermögen beider Eheleute aufführt[83]. An den Vortrag der Zugewinnbilanzen können keine so strengen Anforderungen gestellt werden wie im Hauptsacheverfahren. Die Rechtsprechung begnügt sich mit einem Sachvortrag, wonach „infolge der summarischen Prüfung jedenfalls das Bestehen eines Zugewinnanspruches nicht ausgeschlossen ist"[84]. Ohne eine rechnerische Darstellung von Anfangs- und Endvermögen beider Eheleute kann ein Arrest aber nicht beantragt werden.

Es wird auch vertreten, dass der Antragsteller im Arrestverfahren zum Anfangsvermögen des in Anspruch Genommenen nichts vortragen müsse, weil er sich auf die Vermutung des § 1377 III stützen könne[85]. Diese Erleichterung erscheint zu weitgehend. Da der Arrest gewöhnlich ohne vorherige Anhörung des Arrestschuldners erlassen wird, hat dieser keine Möglichkeit, die Vermutung zu entkräften. Zu einem schlüssigen Arrestantrag gehört deshalb auch, ob der Schuldner vorgerichtlich ein Anfangsvermögen behauptet hat und was der Gläubiger dagegen einwendet.

bb) Arrestgrund

767   Ein Arrestgrund besteht, wenn zu besorgen ist, dass ohne Verhängung des Arrests die Vollstreckung eines zukünftigen Zugewinnausgleichsbeschlusses vereitelt oder wesentlich erschwert würde.

Dafür reicht es jedenfalls nicht aus, wenn der andere Ehegatte ein **Grundstück zu veräußern** unternimmt, selbst wenn es sich dabei um seinen wesentlichen Vermögensgegenstand handelt. Bei der Veräußerung tritt an die Stelle des Grundstückes der Erlös. Solange es keine Anhalts-

---

83 *OLG Hamm*, 19.8.2013, 8 UF 145/13, FamFR 2013, 511.
84 *OLG Brandenburg*, 26.1.2015, 9 UF 17/15, NZFam 2015, 472; *OLG Hamm*, 19.8.2013, 8 UF 145/13, FamFR 2013, 511.
85 *OLG Brandenburg*, 26.1.2015, 9 UF 17/15, NZFam 2015, 472.

punkte gibt, dass dieser Beiseite gebracht werden soll, ist ein Arrestgrund nicht anzunehmen[86].

Hingegen kommt ein Arrestgrund in Betracht, wenn der Ehegatte auf seinem Grundstück eine **Eigentümerbriefgrundschuld** eintragen lässt. Die Briefgrundschuld kann außerhalb des Grundbuchs ohne Überprüfbarkeit durch den anderen Ehegatten abgetreten werden (§ 1117). Ihr Zweck ist in der Regel auch, eben jene Abtretbarkeit zu erzeugen. Deshalb löst die Bestellung die Besorgnis aus, dass eine zukünftige Vollstreckung erschwert werden soll[87]. Die Befürchtung, dass eine illoyale Handlung bevorstehe, genügt als Arrestgrund nicht. Es muss außerdem zu besorgen sein, dass das Vermögen des Ausgleichspflichtigen so weit geschmälert wird, dass die Durchsetzung des Ausgleichanspruches gefährdet wäre[88].

b) Einstweilige Anordnung

Neben dem Arrest kommt zur Sicherung einer Zugewinnausgleichs-   **768**
forderung auch eine einstweilige Anordnung (eA) in Betracht[89]. Das FamFG regelt in seinem allgemeinen Teil die eA als generelles einstweiliges Verfahren für alle Verfahrensarten (§§ 49 bis 57 FamFG). In § 119 I FamFG wird ergänzend und ausdrücklich bestimmt, dass die eA auch in Familienstreitsachen anzuwenden ist. Aus § 119 I 2 FamFG ergibt sich, dass speziell auch das Güterrecht für die Regelung durch eA offen ist. Dort wird nämlich das Recht der einstweiligen Anordnung speziell für das Güterrecht ergänzt, indem die Schadensersatzvorschrift des § 945 ZPO für entsprechend anwendbar erklärt wird.

Besondere Voraussetzungen, unter denen der Zugewinnausgleichanspruch durch eA gesichert werden kann, nennt das Gesetz nicht. Allerdings gilt auch im FamFG wie schon in der ZPO als ungeschriebene Voraussetzung, dass eine eA nur ergehen kann, wenn eine Anspruchsgrundlage besteht. Die eA setzt also einen Anspruch voraus und schafft ihn nicht selber (**Anordnungsanspruch**)[90].

Damit ist die eA in denselben Fällen anwendbar, in denen auch der Arrest in Betracht kommt. Sie kann beantragt werden, wenn der Zugewinnausgleichsanspruch nach Ende des Güterstandes entstanden, aber noch

---

86 *KG*, 17.1.2013, 13 UF 244/12, FamRZ 2013, 1673; *OLG* Jena, 7.5.2014, 1 UF 235/14, juris; unzutreffend deshalb *AmtsG Nordenham*, 12.4.2012, 4 F 106/12, FamRZ 2013, 35.
87 *KG*, 28.3.2013, 18 UF 72/13, FF 2013, 419.
88 *OLG München*, 14.12.2013, 16UF 1332/13, BeckRS 2014, 15450.
89 Auch die Veräußerungsbeschränkung, die sich aus § 1365 ergibt, kann durch einstweilige Anordnung gesichert werden, indem ein Veräußerungsverbot in das Grundbuch eingetragen wird (*AmtsG Nordenham*, 26.4.2012, 4 F 3/12, FamRZ 2013, 36).
90 *Zöller/Feskorn*, § 49 FamFG, Rn. 7.

nicht tituliert ist. Ebenso ist sie eröffnet, wenn der Zugewinnausgleich als Folgesache oder nach § 1385 beantragt werden könnte. In Einzelfällen kann sie sogar neben einem bestehenden Titel in Betracht kommen, wenn dem Schuldner besondere Pflichten auferlegt werden müssen, um die zukünftige Zwangsvollstreckung zu sichern. Das kann etwa der Fall sein, wenn die Forderung gestundet ist (§ 1382). Das Hauptanwendungsgebiet dürfte sich wie beim Arrest ergeben, wenn die Zugewinnausgleichsforderung noch nicht entstanden, aber klagbar ist.

c) Einstweilige Verfügung

769   Das Recht der einstweiligen Verfügung (§§ 935 bis 942 ZPO) ist für das FamFG nicht übernommen worden. Das ergibt sich daraus, dass diese Paragraphen in § 119 II 2 FamFG aus der entsprechenden Anwendbarkeit ausdrücklich ausgenommen sind. Zugewinnausgleich kann deshalb nicht durch einstweilige Verfügung gesichert werden[91].

d) Kritik

770   Vor der Einführung des FamFG war streitig, ob der zukünftige Zugewinnausgleichsanspruch überhaupt vorläufig gesichert werden konnte und wie das ggf. zu geschehen hatte. Die Güterrechtsreform 2009 hat sich bewusst angeschickt, das Problem zu lösen. Angesichts des manifesten Interesses an einer vorläufigen Sicherung war die Lösung auch dringend geboten. Obwohl von der veröffentlichten Meinung das Problem überwiegend als gelöst angesehen wird[92], trifft das bei genauer Betrachtung nicht zu. Die früheren Probleme bestehen zu einem erheblichen Teil weiter. Ob sie die Praxis auch behindern werden, ist noch nicht abzusehen.

771   Nach altem Recht wurde der Arrest als Sicherung für den zukünftigen Zugewinnausgleichsanspruch überwiegend für unzulässig gehalten[93]. Dafür gab es im Wesentlichen zwei Begründungen:

§ 1389 a.F. sah einen materiellrechtlichen Anspruch auf Sicherheitsleistung vor, wenn Antrag auf Scheidung oder auf vorzeitigen Zugewinnausgleich gestellt war. Diese Vorschrift wurde von manchen als lex specialis angesehen und schloss danach den Arrest aus[94]. Der materiellrechtliche Sicherungsanspruch des § 1389 seinerseits sei nicht durch Arrest

---

91 *OLG Karlsruhe*, 5.8.2010, 18 UF 100/10, FamRZ 2011, 234; *Schwab/Streicher*, I Rn. 932; *MK/Fischer*, ZPO, § 119 FamFG, Rn. 6.

92 *Koch*, FamRZ 2010, 1205,1210; *Münch*, MittBayNot 2009, 261; *Weinreich*, FuR 497, 507; *Büte*; FF 2009, 350, 355.

93 *OLG Naumburg*, FamRZ 2008, 2202; *OLG Brandenburg*, FamRZ 2009, 446; *Koch*, FamRZ 2009, 1191.

94 *Palandt/Brudermüller*, 58. Aufl., § 1378, Rn. 9; *Hoppenz*, FamRZ 2008, 1889, 1893.

sicherbar, weil dem Schuldner nicht das Recht genommen werden dürfe, zwischen den Sicherungsmitteln des § 232 zu wählen. Dafür komme allenfalls die einstweilige Verfügung in Betracht[95].

Die zweite Begründung stellte darauf ab, dass der Zugewinnausgleichsanspruch vor dem Ende des Güterstandes nicht entstanden und damit auch nicht klagbar sei. § 916 II eröffne den Arrest zwar für betagte und bedingte, nicht aber für zukünftige Ansprüche[96].

Die Güterrechtsreform will die beschriebenen Probleme beheben, in- **772** dem sie einerseits den § 1389 ersatzlos aufgehoben und andererseits in § 1385 die Möglichkeit geschaffen hat, zusammen mit dem Antrag auf vorzeitige Beendigung der Zugewinngemeinschaft sofort auf Ausgleich Antrag zu stellen. Damit sollte die unzweifelhafte Möglichkeit geschaffen werden, den Zugewinnausgleich durch Arrest zu sichern[97].

Tatsächlich hat die Güterrechtsreform die in der früheren Diskussion zu Recht angesprochenen Probleme nicht beseitigt. Allerdings kann jetzt dahinstehen, ob § 1389 a.F. tatsächlich als Spezialvorschrift dem Arrestverfahren entgegengestanden hat, nachdem diese Vorschrift aufgehoben worden ist. Der weitere Einwand, dass nämlich ein zukünftiger, noch nicht entstandener Anspruch durch Arrest nicht gesichert werden könne, besteht weiterhin. Dass der Zugewinnausgleichsanspruch bis zum rechtskräftigen Ende des Güterstandes nicht existent ist, ergibt sich aus § 1378 II 1[98]. Daran ist durch die Güterrechtsreform nichts geändert worden. Insbesondere bestimmt § 1388 auch für den vorzeitigen Zugewinnausgleich, dass der Güterstand erst mit Rechtskraft der Entscheidung endet. Somit gilt § 1378 II 1 auch für dieses Verfahren.

Im Streit um die Zulässigkeit des Arrests zur Sicherung des Zugewinn- **773** ausgleichsanspruchs wurde vertreten, dass der Arrest jedenfalls dann möglich werde, wenn der Hauptsacheanspruch klagbar sei[99]. Klagbar sei der Anspruch jedenfalls, soweit die Möglichkeit besteht, den Zugewinnausgleich als Folgesache anhängig zu machen[100]. Das war jedoch Mindermeinung[101]. Die Kritik daran wurde vor allem darauf gestützt, dass das Verbundverfahren keine selbständige Klagbarkeit eröffne, weil dort nur ein von dem Erfolg des Scheidungsantrages abhängiger Eventualantrag ge-

---

95 *Kohler*, FamRZ 1989, 797.
96 *Staudinger/Thiele*, § 1389, Rn. 1.
97 BT-Drucks. 16/10798, S. 21.
98 *BGH*, 8.3.1995, XII ZR 14/94, FamRZ 1995, 597; ergänzend → Rn. 442.
99 *MK/Heinze*, ZPO, 3. Aufl., § 916, Rn. 10; *OLG Düsseldorf*, 16.6.1993, 3 UF 192/92, FamRZ 1994, 114.
100 *OLG Karlsruhe*, 17.10.1996, 2 UF 140/96, FamRZ 1997, 623.
101 *Staudinger/Thiele*, § 1389, Rn. 1.

stellt werden könne[102]. Diese Einwände haben auch nach der Güterrechtsreform ihre Berechtigung nicht verloren. Der Antrag auf vorzeitigen Zugewinnausgleich nach § 1385 ist ebenso wie der Folgesachenantrag ein
Eventualantrag und von dem Erfolg des damit verbundenen Gestaltungs-
antrages abhängig[103]. Der *BGH* hat aus Anlass seiner Entscheidung zur
Vererblichkeit des Zugewinnausgleichsanspruchs[104] entschieden, dass der
Anspruch nicht vor dem Ende des Güterstandes entstehe, obwohl er im
Verbund klagbar sei. Die Argumentation ist auf das Antragsrecht nach
§ 1385 unmittelbar übertragbar.

774   Der entscheidende Einwand gegen die Anwendung des Arrestes, dass
nämlich der Zugewinnausgleichsanspruch vor dem Ende der darauf gerichteten Verfahren gar nicht existent sei, hat unverändert seine Grundlage[105]. Man muss den Einwand – damals wie heute – nicht für durchschla-
gend halten. Die der Güterrechtsreform zugrundeliegende Annahme, dass
ein Bedürfnis nach unkomplizierter vorläufiger Sicherung bestehe, ist
auch zutreffend. Es ist in der Reform aber die Gelegenheit versäumt worden, dem unnötigen Streit zweifelsfrei den Boden zu entziehen.

Die Frage nach der Zulässigkeit des Arrestes wirft ebenso schwierige
prozessuale Fragen auf wie das Verfahren auf vorzeitigen Zugewinnausgleich[106]. Ursache der Problematik ist, dass der Stichtag für die Berechnung des Zugewinnausgleichsanspruches und seine Entstehung auseinanderfallen. Dafür gibt es jedenfalls nach der Güterrechtsreform keinen
Grund mehr. Es wäre deshalb zu begrüßen gewesen, wenn der Gesetzgeber den Vorschlag aufgegriffen hätte, den *Schwab* schon vor geraumer Zeit
gemacht und seitdem wiederholt hat: Der Zugewinnausgleichsanspruch
entsteht schon mit Rechtshängigkeit des Scheidungsantrages oder des Antrages auf vorzeitigen Zugewinnausgleich, jeweils aufschiebend bedingt
durch die Rechtskraft des Verfahrens[107].

3. Abgrenzung von Arrest und einstweiliger Anordnung

775   Zur Sicherung des Zugewinnausgleichs kommen sowohl der Arrest
wie auch die eA in Betracht. Die Anwendungsgebiete überlappen sich erheblich. Es ist deshalb erforderlich, beide Institute voneinander abzugrenzen. Die Beschreibung der jeweiligen Besonderheiten und die Abgren-

---

102 *Johannsen/Henrich/Jaeger*, 4. Aufl., § 1389, Rn. 1; *OLG Stuttgart*, 15.3.1995, 17 WF
  103/95, FamRZ 1995, 1427.
103 Dazu ausführlicher → Rn. 742.
104 *BGH*, 8.3.1995, XII ZR 54/94, FamRZ 1995, 597, Rn. 28.
105 Dieselben Bedenken äußert auch *Kogel* (FPR 2009, 279, 282).
106 → Rn. 733 ff.
107 *Schwab/Schwab*, VII Rn. 258.

zung betreffen eine Vielzahl von Aspekten, die einzeln betrachtet werden müssen.

a) Anordnungs- und Arrestgrund

Sowohl Arrest wie auch eA haben einen Arrest- oder Anordnungs-   **776** grund zur Voraussetzung[108]. Das Gericht darf in beiden Fällen nur tätig werden, wenn ein Sicherungsbedürfnis besteht. Die Voraussetzungen sind im Gesetzestext für beide Verfahren verschieden formuliert. § 49 FamFG verlangt, dass die *ein dringendes Bedürfnis für ein sofortiges Tätigwerden besteht*. Nach § 916 ZPO ist Voraussetzung für den Arrest, dass *zu besorgen ist, dass ohne dessen Verhängung die Vollstreckung des Urteils vereitelt oder wesentlich erschwert werden würde*. Inhaltlich bedeutet das aber keinen Unterschied. Es muss jeweils ein Grund vorliegen, aus dem es nicht zugemutet werden kann, das Entstehen eines Vollstreckungstitels abzuwarten[109].

Es wird die Ansicht vertreten, an den Arrestgrund dürften keine stren-   **777** gen Anforderungen gestellt werden[110]. Das kann indes nicht mit dieser Allgemeinheit gelten. Wenn der Zugewinnausgleichsanspruch als Folgesache geltend gemacht wird, gibt es keine allgemeine Vermutung für deren Gefährdung[111]. Da der Arrest immer eine erhebliche Beeinträchtigung des Betroffenen bedeutet, können von Anforderungen, die allgemein an den Arrestgrund gestellt werden, keine Abstriche gemacht werden. Anders ist es, wenn die Voraussetzungen des § 1385 Nrn. 2 bis 4 erfüllt und glaubhaft gemacht sind. Dann liegt eine illoyale Handlung vor, die auch eine weitere Gefährdung indiziert. In Fällen des vorzeitigen Zugewinnausgleichs sollten deshalb an den Arrest- und Anordnungsgrund keine strengen Anforderungen gestellt werden.

b) Regelungsinhalt

Arrest und einstweilige Anordnung unterscheiden sich in ihrem Rege-   **778** lungsinhalt.

Der Arrest ist ein Mittel zur **Sicherung der zukünftigen Zwangsvollstreckung** wegen eines bestimmten Geldbetrages, der sich nicht auf einen bestimmten Gegenstand bezieht. Er bietet einen Titel, aus dem im Wege der Zwangsvollstreckung die Pfändung von Rechten betrieben wer-

---

108 *MK/Soyka*, ZPO, § 49 FamFG, Rn. 4; *Baumbach/Lauterbach*, § 49 FamFG, Rn. 3.
109 *MK/Soyka*, ZPO, § 49 FamFG, Rn. 3.
110 *MK/Soyka*, ZPO, § 49 FamFG, Rn. 5.
111 Der zukünftige Ausgleichsanspruch soll aber als gefährdet gelten, wenn der Verpflichtete im Rahmen des § 1579 eine falsche Auskunft erteilt hat (*OLG Frankfurt*, 12.9.1995, 3 UF 172/95, FamRZ 1996, 474).

den kann, aber nicht deren Einziehung oder Verwertung. Er wird nach den allgemeinen Bestimmungen des Zwangsvollstreckungsrechtes vollzogen. Danach können bewegliche Gegenstände, Forderungen oder Grundstücke gepfändet werden. Gegenüber der Beitreibung eines Zahlungstitels besteht nur der Unterschied, dass die Vollstreckung auf die Pfändung beschränkt ist und Forderungen nicht eingezogen und Sachen nicht verwertet werden dürfen.

779 Der Regelungsinhalt einer eA ist im Gesetz weniger bestimmt. Das Gericht hat einen großen Spielraum bei der Entscheidung, was anzuordnen sei. Die eA kann sowohl der Befriedigung der Forderung wie auch nur deren Sicherung dienen[112]. So kann das Gericht Sicherheitsleistung im Sinne des § 232 anordnen und dabei zugleich konkret bestimmen, wie und mit welchem Gegenstand die Sicherung zu erbringen ist. Es kann festlegen, welche Forderung zu verpfänden sei oder welche Wertpapiere zu hinterlegen seien. Ebenso kann bestimmt werden, an welchem Grundstück und an welcher Rangstelle eine Sicherungshypothek bestellt werden muss. Die eA kann aber auch ein **Leistungstitel** sein, mit der der Gläubiger Leistung der Hauptsache an sich durchsetzen kann.

780 Zusätzlich zu den Formen der Sicherheitsleistung nach § 232 ist das Gericht kraft ausdrücklicher Bestimmung in § 49 II 2 FamFG auch befugt, Veräußerungsverbote auszusprechen und das für deren Durchsetzung Erforderliche anzuordnen. Ein Veräußerungsverbot kann in Bezug auf ein Grundstück ausgesprochen und gleichzeitig angeordnet werden, dass das in das Grundbuch einzutragen sei[113]. Das Verbot ist auf Ersuchen des Familiengerichts in Abteilung II des Grundbuches einzutragen. Die praktische Sperrwirkung unterscheidet sich in diesem Fall nicht erheblich von der einer Arresthypothek. Eine sinnvolle Sicherung ist das Veräußerungsverbot jedoch, wenn der Schuldner die **Zwangsversteigerung zur Teilung** eines gemeinschaftlichen Grundstücks betreibt. Einer solchen Zwangsversteigerung ist der Gegner in der Regel ohne Aussicht auf Gegenwehr ausgeliefert. Zur Sicherung des Zugewinnausgleichsanspruchs kommt in Betracht, das Verfahren zu stoppen.

781 Von größerer Bedeutung ist die Veräußerung bei beweglichen Gegenständen. An ihnen kommt aus Rechtsgründen ein besitzloses Pfandrecht nicht in Betracht (§ 1205). Soweit sie sich nicht zu Hinterlegung eignen (§ 372), kommt nur ein Veräußerungsverbot in Betracht. Das Gericht kann damit geeignete Anordnungen verbinden, die sicherstellen, dass das Veräußerungsverbot auch eingehalten wird. So kann bei einem Kraftfahrzeug etwa die Verwahrung des Kfz-Briefes angeordnet werden.

---

112 *MK/Soyka*, ZPO, § 49 FamFG, Rn. 7.
113 *AmstG Nordenham*, 26.4.2012, 4 F 3/12, FamRZ 2013, 36.

Der Arrest dient nur der Sicherung einer Geldforderung. Mit der eA **782** kann das Gericht statt einer Sicherung den Hauptsachegegenstand auch **vorläufig regeln** (§ 49 II 1 FamFG). Auch wenn die Sache selbst geregelt wird, darf doch die Hauptsache nicht vorweg genommen werden[114]. Die Regelung darf nicht endgültig sein. Bei einem Zugewinnausgleichsanspruch könnte die Regelung nur darin bestehen, dass Zahlung an den Gläubiger angeordnet wird. Es sind aber kaum Gestaltungen vorstellbar, bei denen das nicht gleichzeitig zu einer endgültigen Regelung führen würde. Deshalb wird eine Regelungsanordnung im Bereich des Zugewinnausgleichs nicht vorkommen.

c) Arrest und einstweilige Anordnung nebeneinander möglich

Arrest und eA sind verschiedene Sicherungsmittel und schließen ei- **783** nander deshalb gegenseitig nicht aus[115]. Der Gläubiger hat die Wahl, auf welchem Weg er vorgehen möchte. Beide Sicherungsmittel können nur auf Antrag angeordnet werden (§ 51 I 1 FamFG), so dass das Gericht an die Wahl des Antragstellers gebunden ist.

Keines der Sicherungsmittel ist aber auch grundsätzlich ausgeschlossen, wenn das andere schon beantragt oder angeordnet wurde. Beide können nebeneinander angeordnet werden. Arrest und eA haben verschiedene Streitgegenstände, so dass die Rechtshängigkeit des einen Antrages dem anderen nicht entgegensteht. Streitgegenstand des Arrestes ist nicht der Zugewinnausgleichsanspruch selbst, sondern ein davon zu unterscheidender Sicherungsanspruch. Hingegen ist der Streitgegenstand der eA die Hauptsache selbst.

Trotzdem werden Arrest und eA nur in Ausnahmefällen nebeneinander angeordnet werden können. In der Regel wird es an einem Rechtsschutzinteresse oder an der Dringlichkeit fehlen, wenn schon ein Sicherungsbeschluss ergangen ist.

d) Rechtsbehelfe und Rechtsmittel

Beide Sicherungsanordnungen können ohne mündliche Verhandlung **784** ergehen. Das wird im Bereich des Zugewinnausgleichs die Regel sein. Wenn es darum geht, eine Vollstreckungsbehinderung aufzuhalten, ist gewöhnlich Eile geboten. Ist dem Antrag ohne mündliche Verhandlung entsprochen worden, so ist kein Rechtsmittel gegeben, sondern als Rechtsbehelf der Antrag auf mündliche Verhandlung (§ 54 II FamFG). Im Verfahren des Arrestes wird der Antrag als *Widerspruch* bezeichnet, führt aber ebenfalls dazu, dass aufgrund mündlicher Verhandlung erneut zu ent-

---

114 *MK/Soyka*, ZPO, § 49 FamFG, Rn. 6; *Zöller/Feskorn*, § 49 FamFG, Rn. 5.
115 *Haußleiter*, § 119 FamFG, Rn. 6.

scheiden ist (§ 925 ZPO). Ist der Antrag abgewiesen worden, so kann im Verfahren der eA ebenfalls nur mündliche Verhandlung beantragt werden, im Arrestverfahren ist die sofortige Beschwerde gegeben (§ 58 FamFG)[116].

785   Nach mündlicher Verhandlung unterscheiden sich eA und Arrest hinsichtlich der Anfechtbarkeit erheblich.

Gegen die eA ist in Güterrechtssachen die Beschwerde ausnahmslos nicht statthaft (§ 57 FamFG). Dem entspricht, dass das Ausgangsgericht seine eigene Entscheidung auf Antrag ändern kann. Eine Selbstbindung des Gerichts an die eigene Entscheidung gibt es also nicht. Die Änderungsbefugnis ist nicht an besondere Voraussetzungen gebunden (§ 54 I FamFG).

§ 57 FamFG beschneidet das Rechtsmittel nur im Verfahren der eA. Der Arrest, der durch § 119 II ausdrücklich in das Familienverfahren eingeführt ist, unterliegt einer entsprechenden Beschränkung nicht. Die Entscheidung, die stattgebende und die ablehnende, kann durch die Beschwerde angefochten werden (§ 58 I FamFG)[117]. Es gelten die allgemeinen Bestimmungen über das Beschwerdeverfahren in Familiensachen (§ 117 FamFG). Parallel zur Rechtsmittelfähigkeit des Arrests tritt eine Innenbindung des erlassenden Gerichts ein. Dieses darf den Arrest nur unter den Voraussetzungen des § 927 ZPO, bei veränderten Umständen, aufheben oder ändern.

e) Vollziehung und Vollstreckung

786   Bei der Vollstreckung wird deutlich, dass der Arrest aus dem 19. Jahrhundert stammt, die eA des Familienverfahrens aus dem 21. Jahrhundert. Im Arrestverfahren findet sich noch der Parteibetrieb (Beteiligtenbetrieb), der früher das Prozessrecht gekennzeichnet hat. Der Beschluss, mit dem der Arrest erlassen worden ist, wird nicht vom Gericht zugestellt, sondern ist im **Beteiligtenbetrieb** selbst zuzustellen. Dadurch kann es vorkommen, dass der Gegner von einem ohne mündliche Verhandlung erlassenen Beschluss gar nichts erfährt, wenn der Antragsteller die Zustellung unterlässt oder verzögert. Um zu verhindern, dass Arrestbeschlüsse so auf Vorrat beschafft werden, muss der Arrestbeschluss zum Zwecke der **Vollziehung** innerhalb eines Monats dem Gegner zugestellt und vollstreckt werden. Andernfalls verliert er seine Wirkung (§ 929 II ZPO).

Die Vollstreckung des Arrests findet im Übrigen unmittelbar nach den Vorschriften der ZPO über die Zwangsvollstreckung statt. Auf diese wird

---

116 *OLG Karlsruhe*, 5.8.2010, 18 UF 100/10, FamRZ 2011, 234.
117 *Musielak/Borth/Grandel*, § 119 FamFG, Rn. 11; BeckOK/*Nickel*, FamFG § 119, Rn. 9.

in § 930 ZPO verwiesen. Da auch dieser § 930 ZPO von § 119 II 2 FamFG in Bezug genommen wird, sind die Vollstreckungsvorschriften des FamFG (insb. §§ 87 und 95 FamFG) nicht anzuwenden.

Für die Vollstreckung der eA gelten keine Besonderheiten. Sie richtet **787** sich nach den allgemeinen Vollstreckungsvorschriften des FamFG. Eine gesonderte Vollziehung oder Zustellung im Beteiligtenbetrieb ist nicht erforderlich. Abweichend von den allgemeinen Bestimmungen kann nur auf die Vollstreckungsklausel verzichtet werden (§ 53 I FamFG).

6. Kapitel:
Zugewinnausgleich im Prozess

Die Überschrift dieses Kapitels ist nicht korrekt, denn der Zugewinn-   **788**
ausgleich kann nicht in einem Prozess, sondern nur in einem *Verfahren*
ausgestritten werden (§ 113 V Nr. 1 FamFG); diese Bezeichnung wäre in
der Überschrift aber nicht verständlich gewesen. Somit ist auch der Begriff *Zugewinnklage* in Abschnitt I. nicht korrekt. Es müsste heißen: *Zugewinnantrag.* Beides belegt beispielhaft, dass es der Verständlichkeit nicht
dient, wenn für den Bereich des Familienrechts eine Nomenklatur verwendet wird, die von den eingeführten Begriffen des Zivilprozesses abweicht (§ 113 V FamFG)[1].

Es ist nicht das Ziel dieses Buches, den prozessualen Hergang eines
Verfahrens auf Zugewinnausgleich in seinem ganzen Umfange darzustellen. Das ist Gegenstand der speziellen verfahrensrechtlichen Literatur. Behandelt werden nur Einzelaspekte, bei denen sich die Eigenheiten des Zugewinnausgleichsanspruchs auf den Verlauf des gerichtlichen Verfahrens
auswirken[2].

A. Die Zugewinnklage

I. Der Zugewinnausgleich im Verbund

Der Antrag auf Zugewinnausgleich ist als Leistungsantrag eine Fami-   **789**
lienstreitsache (§ 112 Nr. 2 FamFG), für die die allgemeinen Vorschriften
der ZPO gelten. Für die Zulässigkeit eines solchen Antrags ergeben sich
Besonderheiten daraus, dass der Zugewinnausgleichsanspruch erst mit
dem Ende des Güterstandes entsteht (§ 1378 III 1). Bis dahin ist er nicht
existent und kann deshalb grundsätzlich auch nicht Gegenstand eines gerichtlichen Verfahrens sein. Aus § 257 ZPO ergibt sich, dass eine Klage
auf eine zukünftige Leistung nur erhoben werden darf, wenn das gesetzlich ausdrücklich geregelt ist. Sonst ist sie unzulässig.

---

1   Auf die durch die Eile verursachten Formulierungsungenauigkeiten weist auch *Schwab* hin
    (FamRZ 2009, 1961, 1964).
2   Zur Berechnung des Verfahrenswerts ausführlich *Schneider*, NZFam 2015, 497.

Die Bestimmungen des § 137 II 1 Nr. 4 FamFG über den **Verfahrens-verbund** sind eine solche ausdrückliche Regelung. Danach ist es gestattet, im Verbund mit der Scheidungssache und für den Fall von deren Erfolg den Zugewinnausgleichsanspruch zu verfolgen. Das ist gleichzeitig aber auch die einzig zulässige Verfahrensart, solange der Güterstand noch nicht beendet ist.

Der Verfahrensverbund ist notwendig, wenn das Entstehen des Zuge-winnausgleichsanspruchs von der Rechtskraft der Scheidung abhängt. Vor Rechtskraft der Scheidung ist dann ein isolierter Antrag auf Zuge-winnausgleich **unzulässig**. Zum Verbundverfahren kann es indes nicht kommen, wenn der Güterstand auf andere Weise als durch Scheidung be-endet wird. Wird der gesetzliche Güterstand durch einen Ehevertrag vor Ende der Ehe aufgehoben oder ist die Zugewinngemeinschaft durch ge-richtlichen Beschluss vorzeitig beendet worden, so kommt ein Verbund mit der Scheidungssache nicht in Betracht. Der Ausgleichsanspruch ist in einem normalen Leistungsantrag geltend zu machen. Der Verbund ist in diesen Fällen unzulässig[3].

790   Der Zugewinnausgleichsantrag ist im Verbund nur zulässig, wenn er *spätestens zwei Wochen vor der mündlichen Verhandlung im ersten Rechtszug in der Scheidungssache von einem Ehegatten anhängig gemacht wird*. Die Notwendigkeit, einen Folgesachenantrag zwei Wochen vor der mündli-chen Verhandlung anhängig zu machen, ist mit dem FamFG neu geschaf-fen worden. Die vielfältigen verfahrensrechtlichen Probleme sind nicht auf das Zugewinnausgleichsverfahren beschränkt und sollen an dieser Stelle nicht behandelt werden. Von Bedeutung speziell für den Zugewinnaus-gleich ist aber die Frage, was mit einem Antrag geschieht, bei dem die **Frist nicht eingehalten** wurde.

Ein Zugewinnausgleichsantrag, der als Folgesache verspätet anhängig gemacht worden ist, kann **nicht als selbständige Familiensache** fortge-führt werden. Ein Zugewinnausgleichsantrag ist außerhalb des Verbundes unzulässig, solange der Güterstand nicht rechtskräftig beendet ist. Der Antrag wäre auf eine ungewisse zukünftige Leistung gerichtet; deshalb fehlen ihm die allgemeinen Prozessvoraussetzungen. Auf eine zukünftige, noch nicht entstandene Leistung kann nur geklagt werden, wenn das, wie etwa in § 258 ZPO, ausdrücklich zugelassen ist. Für den Zugewinnaus-gleich gilt eine solche Zulassung aufgrund von § 137 II Nr. 4 FamFG für das Verbundverfahren, aber auch nur dafür[4]. Der **verspätete Antrag ist deshalb unzulässig**[5]. Demgegenüber wird vertreten, dass auch die Gü-

---

3 *OLG Celle*, 31.7.2012, 10 UF 59/12, FamRZ 2012, 1941.
4 *Johannsen/Henrich/Markwardt*, § 137 FamFG, Rn. 16.
5 *Keidel*, § 137, Rn. 20; *Musielak/Borth*, § 137 FamFG, Rn. 33.

terrechtssache bei Fristversäumnis als selbständige Familiensache fortgesetzt werden könne. Die Sache müsse aber gemäß § 148 ZPO bis zur Rechtskraft der Scheidung ausgesetzt werden[6]. Dem ist nicht zu folgen. Ein unzulässiger Antrag kann nicht durch Aussetzung zulässig werden.

II. Teilantrag und Teilbeschluss

1. Verfahrenslage und -interesse

Der Antragsteller kann ein Interesse daran haben, dass vorab nur über einen Teil seiner behaupteten Zugewinnausgleichsforderung entschieden wird. Dieses Interesse kann vor der Antragstellung bestehen oder im Verlaufe des Verfahrens erkennbar werden.   **791**

Die Ermittlung des Zugewinnausgleichsanspruches und die vorgerichtliche Korrespondenz können ergeben, dass viele Bilanzpositionen streitig oder schwer zu bewerten sind. Aus der Sicht des Antragstellers ist das bevorstehende Verfahren risikoreich. Wenn die Gefahr besteht, dass er mit einem Teil des Antrages unterliegt, hat er auch einen entsprechenden Teil der **Kosten** einschließlich der Kosten eines Sachverständigen zu tragen. Im isolierten Zugewinnausgleichsverfahren gelten die Bestimmungen des § 92 ZPO uneingeschränkt. Im Verbundverfahren entspricht es regelmäßig der Billigkeit, die Kosten entsprechend zu verteilen (§ 150 IV 1 FamFG). Insgesamt sind die streitwertabhängigen Kosten geringer, wenn nur ein Teil der errechneten Forderung anhängig gemacht wird. Deshalb wird in einem Antrag ein vollständiger Zugewinnausgleichsanspruch errechnet, davon aber nur ein Teil verfolgt[7] (**Teilantrag**).

Im Verlauf eines Verfahrens kann sich ergeben, dass nur wenige Bilanzpositionen streitig sind und einer Beweisaufnahme bedürfen. Die unstreitigen oder schon geklärten ergeben schon einen Zugewinnausgleichsanspruch in Richtung des Antragstellers. Dieser kann dann eine Interesse daran haben, dass über den schon geklärten Teil des Anspruches vorab durch **Teilbeschluss** entschieden wird, um schon einen Vollstreckungstitel zu erlangen. Die erforderliche Beweisaufnahme kann bei einer Folgesache auch einen Abtrennungsanspruch nach § 140 II 1 Nr. 5 FamFG begründen, sofern wenigstens über einen Teil der Güterrechtssache entschieden werden kann.   **792**

Ob Teilantrag oder Teilbeschluss bei einem Zugewinnausgleichsanspruch zulässig sind, ist in Rechtsprechung und Literatur nicht vollstän-   **793**

---

6 *Zöller/Lorenz*, § 137 FamFG, Rn. 30.
7 *Elzer*, JuS 2001, 224.

dig geklärt. Dabei wird häufig auch nicht hinreichend zwischen beiden unterschieden[8]. Teilantrag und Teilbeschluss sind hinsichtlich ihrer Zulässigkeit verschieden zu beurteilen.

2. Teilbeschluss

794   Ein Teilbeschluss, der einen Teil des anhängigen Zugewinnausgleichsanspruches erledigt und den Rest einer Schlussentscheidung vorbehält, ist **generell unzulässig**[9].

795   Schon von der Natur der Sache ist ein Teilbeschluss unmöglich, wenn beide Eheleute widerstreitend Anträge gestellt haben, das Gericht aber nur über den Anspruch des einen Ehegatten entscheidet und den des anderen offen lässt. Da der Zugewinnausgleichsanspruch auf einem Saldo beruht, kann denknotwendig immer nur einer der Eheleute einen Ausgleichsanspruch haben, der ebenso notwendig einen Anspruch des anderen ausschließt. Wird einem Ehegatten auf Antrag ein Ausgleichsanspruch zugesprochen, so wird damit unvermeidbar auch ausgesprochen, dass der andere keinen hat. Auf die Zulässigkeit eines gar nicht möglichen Beschlusses kommt es deshalb nicht an.

796   Es ist aber ein Beschluss möglich, der nur über einen Teil eines geltend gemachten Anspruches entscheidet und den restlichen Anspruch desselben Ehegatten offen lässt. Die Voraussetzungen für einen Teilbeschluss sind in §§ 113 I FamFG, 301 ZPO geregelt. Danach besteht Anspruch auf eine Teilentscheidung, wenn die gesetzlichen Voraussetzungen dafür vorliegen. Ist ein Teil des Streitgegenstandes entscheidungsreif, so muss darüber entschieden werden. Allerdings muss der Anspruch teilbar sein, und es muss sichergestellt sein, dass die Endentscheidung nicht in **Widerspruch zu der vorangegangenen Teilentscheidung** geraten kann. Auf diesem Gedanken beruht § 301 I 2 ZPO, wonach auch über den Grund des Anspruches eine Entscheidung zu ergehen hat, wenn derselbe Grund auch für den noch offenen Teil des Anspruches maßgeblich ist.

Wird im Zugewinnausgleichsverfahren über einen Teil des anhängigen Ausgleichsanspruches entschieden, so kann **niemals ausgeschlossen** werden, dass das weitere Verfahren zu einem Ergebnis führt, das nicht einmal mehr den im Teilbeschluss zugesprochenen Anspruch rechtfertigt.

Der Teilbeschluss würde materiell rechtskräftig. Damit stünde zwischen den Beteiligten aber nur rechtskräftig fest, dass der Zugewinnaus-

---

8   Beispielsweise *OLG Celle*, 7.8.2012, 10 UF 59/12, FamRZ 2012, 417, das fälschlich eine (für unzulässig gehaltene) Teilentscheidung angenommen hat, obwohl nur ein Teilantrag gestellt worden war, über den vollständig entschieden werden konnte.

9   *OLG Naumburg*, 22.9.2009, 3 UF 97/09, FamRZ 2010, 393; *OLG Hamm*, 10.1.2003, 11 UF 295/02, FamRZ 2003, 1393; *OLG Celle*, 31.7.2012, 10 UF 59/12, FamRZ 2012, 1491.

gleichsanspruch besteht. Die Berechnungsgrundlage nimmt an der Rechtskraft nicht teil. Der Zugewinnausgleichsanspruch beruht auf der Saldierung aller Positionen in den Ausgleichsbilanzen. Die einzelnen Positionen sind nicht Streitgegenstand und werden somit von der Rechtskraftwirkung nicht erfasst. Somit ist der Saldo für die Schlussentscheidung über den noch anhängigen Teil des Anspruches erneut festzustellen. Dabei können sich weitere Bilanzpositionen ergeben, die beim Teilbeschluss noch nicht bekannt waren. Die Beteiligten haben im Verfahren ohne Bindung an Fristen die Möglichkeit, weiter vorzutragen, was vor dem Teilbeschluss noch nicht vorgetragen war (§ 115 FamFG)[10]. Es ist nicht auszuschließen, dass dadurch nicht einmal mehr das Ergebnis der Teilentscheidung gerechtfertigt ist, das wegen der Rechtskraftwirkung aber nicht mehr geändert werden kann.

3. Teilantrag

Ein Antrag, der nur einen Teil des errechneten Anspruchs enthält, und den Rest einem weiteren Verfahren vorbehält, ist **grundsätzlich zulässig.** Die Zulässigkeitsfrage unterscheidet sich wesentlich von der bei einem Teilbeschluss, weil widersprüchliche Entscheidungen über die verschiedenen Teile desselben Verfahrens zwar möglich, aber auch nicht unzulässig sind.   **797**

a) Zulässigkeitsfrage

Der *BGH* hat in einer grundlegenden Entscheidung zu diesem Problem festgestellt, dass der Zugewinnausgleichsanspruch auf eine Geldsumme gerichtet und deshalb teilbar ist[11]. Dem Interesse des Anspruchsstellers an einer raschen Entscheidung stünden schutzwürdige Interessen des anderen nicht entgegen. Dem ist zuzustimmen.   **798**

Auch bei einem Teilantrag kann es, wie beim Teilbeschluss, vorkommen, dass die Zugewinnsalden in dem vorbehaltenen zweiten Verfahren anders als im ersten festgestellt werden. Wie zur Problematik des Teilbeschlusses dargestellt, nimmt die Berechnungsgrundlage an der Rechtskraft des Zugewinnausgleichsbeschlusses nicht teil (→ Rn. 795). Die Berechnungsgrundlage ist deshalb in dem Verfahren über den vorbehaltenen Teil erneut und ohne Bindung an das Erstverfahren festzustellen. Beide Beteiligte tragen daher das Risiko, dass in dem weiteren Verfahren zu ihren Ungunsten anders entschieden wird. In einem einheitlichen Verfahren dürfen sich verschiedene Teilentscheidungen nicht widersprechen. Die   **799**

---

10 Das ist die entscheidende Begründung in der Entscheidung des *OLG Naumburg*, 22.9.2009, 3 UF 97/09, FamRZ 2010, 393, Rn. 16.
11 *BGH*, 15.6.1994, XII ZR 128/93, FamRZ 1994, 1095.

Summe der Teilentscheidungen muss identisch sein mit der Entscheidung, die ohne Teilbeschluss einheitlich ergangen wäre. Denselben Zwang gibt es bei einem Teilantrag nicht, weil die Beteiligten den Streitgegenstand bewusst auf den jeweiligen Teil beschränkt haben[12].

b) Einschränkung der Zulässigkeit

800   Gestützt auf die grundlegende Entscheidung des *BGH*[13] wird in Literatur und Rechtsprechung weitgehend vertreten, dass ein Teilantrag nur zulässig sei, *wenn aufgrund von feststehenden Vermögensgrößen kein Zweifel darüber besteht, in welcher Richtung sich der Zugewinnausgleich zu vollziehen hat*[14].

Der *BGH*, von dem die Formulierung stammt, hat das eher beiläufig erwähnt und nicht näher ausgeführt, was damit gemeint sei, weil es in seiner Entscheidung nicht darauf ankam. Im Folgenden haben Rechtsprechung und Literatur den Satz in aller Regel zitiert[15]. Es blieb jedoch unklar, was damit gemeint sei. Die Forderung, es dürfe kein Zweifel an der Richtung des Zugewinnausgleichs bestehen, ergibt wenig Sinn. Es liegt in der Natur der Zugewinnausgleichsberechnung, dass der Anspruch immer nur in eine Richtung gehen kann. Das ist das notwendige Ergebnis der Saldoberechnung. Die Saldopositionen können natürlich streitig sein oder werden. Es fragt sich deshalb, was mit *feststehen* gemeint ist.

801   Die Zulässigkeit eines Verfahrens richtet sich immer nach dem Vorbringen des Antragstellers. Zum Zeitpunkt der Antragstellung kann die Einlassung des Antragsgegners noch nicht bekannt sein. Tatsachen können zu diesem Zeitpunkt also noch nicht in der Weise feststehen, wie das etwa als Grundlage für einen Sachbeschluss erforderlich ist. Aus der Sicht der Antragstellung stehen die Vermögensgrößen somit fest, wenn sie schlüssig einen Zugewinnausgleichsanspruch zugunsten des Antragstellers rechtfertigen. Da der Zugewinnausgleichsanspruch auf der Saldenbildung beruht, müssen dafür alle Zugewinnbilanzen vorgetragen werden, ohne die der Saldo nicht ermittelt werden kann. Ergibt sich daraus ein höherer als der geltend gemachte Anspruch, so ist das ein zulässiger Teilantrag, der erkennen lässt, in welche Richtung der Zugewinnausgleich zu gehen hat.

---

12 Der Antragsgegner kann, wenn er eine Teilentscheidung verhindern möchte, den gesamten Zugewinnausgleichsanspruch durch einen Feststellungswiderantrag zum Streitgegenstand machen.

13 *BGH*, 15.6.1994, XII ZR 128/93, FamRZ 1994, 1095.

14 Bekräftigt in *BGH*, 8.5.1996, XII ZR 8/95, FamRZ 1996, 853.

15 *Schulz/Hauß*, Rn. 369; *Kogel*, Strategien, Rn. 1254; *Johannsen/Henrich/Jaeger*, § 1378, Rn. 3, *Palandt/Brudermüller*, § 1378, Rn. 15; *OLG Düsseldorf*, 28.11.1997, 7 U 48/97, FamRZ 1998, 916.

Ergibt der Verlauf des Verfahrens aufgrund der Einlassung des Antragsgegners, dass nicht einmal der als Teil bezeichnete Anspruch gerechtfertigt ist, sondern sogar ein Ausgleichsanspruch des Gegners besteht, so macht das den Antrag nicht nachträglich unzulässig, sondern führt zu dessen (teilweiser) Unbegründetheit. Beschränkt sich der Gegner auf diese Verteidigung, ohne einen Widerantrag zu stellen, so ist der Teilantrag als unbegründet abzuweisen.

Kein Zweifel im Sinne der zitierten Rechtsprechung besteht also, wenn **802** in der Antragsschrift Vermögensgrößen vorgetragen werden, die nach dem Vortrag die Salden vollständig wiedergeben und mindestens die Antragsforderung rechtfertigen. Ein Teilantrag ist damit immer zulässig, wenn er schlüssig eine Zugewinnausgleichsforderung ergibt, die über den Sachantrag hinausgehen kann.

4. Verfahrensfragen

Ein Teilantrag kann als solcher bezeichnet werden (**offener Teilan-** **803** **trag**) oder er kann sich auf einen Teil des Anspruchs beschränken, ohne das ausdrücklich klarzustellen (**verdeckten Teilantrag**). In beiden Fällen kommt nach rechtskräftigem Abschluss des Verfahrens ein weiterer Antrag in Betracht, der einen weiteren Teil der Forderung verfolgt.

Nach einem offenen Teilantrag ist ein **Nachforderungsantrag** wegen des vorbehaltenen Teils immer zulässig. Auch wenn der Vorbehalt nicht erklärt worden ist, kann nach rechtskräftigem Abschluss des ersten Verfahrens noch ein Nachforderungsantrag gestellt werden[16]. Voraussetzung dafür ist, dass es sich bei dem ersten Verfahren wirklich um einen Teilantrag gehandelt hat. Hatte der Antragsteller im ersten Verfahren seinen gesamten Zugewinnausgleichsanspruch verfolgt und ist seinem Antrag entsprochen worden, so steht damit rechtskräftig auch fest, dass er einen weitergehenden Zugewinnausgleichsanspruch nicht hat. Nur ein Teilantrag lässt eine Nachforderung zu. Ob mit dem ersten Antrag nur ein Teil verfolgt worden ist, muss nicht ausdrücklich erklärt worden sein, sondern kann sich aus dem Beteiligtenvortrag oder dem Verfahrensverhalten ergeben[17]. Die Anforderungen daran sind nicht streng. Die Rechtskraft ergreift nur den mit dem Antrag verfolgten Anspruch. Es gibt keine Vermutung dafür, dass der verfolgte Anspruch der gesamte Anspruch gewesen wäre[18].

Der Nachforderungsantrag ist sogar dann zulässig, wenn der (verdeck- **804** te) Teilantrag, der zunächst verfolgt worden war, **ganz oder teilweise ab-**

16 *BGH*, 12.1.2008, XII ZR 134/04, FamRZ 2009, 193.
17 *Schulz/Hauß*, Rn. 370.
18 *BGH*, 15.6.1994, XII ZR 128/93, FamRZ 1994, 1095.

gewiesen worden ist. Weil der Streitgegenstand vom Antrag bestimmt wird und nur über diesen rechtskräftig entschieden wird, steht die Rechtskraft einem zusätzlich geltend gemachten Anspruchsteil nicht entgegen. Das ist außerhalb des Familienrechts herrschende Meinung[19]. Wird beispielsweise ein erstrangiger Teil eines Schadensersatzanspruches abgewiesen, weil kein Anspruch bestehe, so ist eine Nachtragsklage dennoch zulässig, mit der ein anderer Teil des Anspruchs verfolgt wird. Für den Zugewinnausgleichsanspruch gilt nichts anderes.

805   In einem offenen Teilantrag muss angegeben werden, **welcher Teil** des gesamten Anspruchs verfolgt wird. In der Regel wird das als der **erstrangige Teilbetrag** bezeichnet. Ohne diese Angabe wäre der Streitgegenstand nicht hinreichend bezeichnet und der Antrag wegen eines Verstoßes gegen § 253 II Nr. 2 unzulässig.

806   Der Teilantrag hemmt die Verjährung nur für den damit geltend gemachten Teilbetrag. Einem Nachforderungsantrag steht deshalb die **Verjährung** entgegen, wenn sie nicht speziell für den Gegenstand des Nachforderungsantrages gehemmt oder unterbrochen worden ist[20].

807   Der Antragsgegner kann verhindern, dass der Antragsteller nur einen Teilantrag stellt und sich damit einen Nachforderungsantrag offenhält. Dafür muss er **Widerantrag auf Feststellung** stellen, dass kein Zugewinnausgleichsanspruch besteht oder keiner, der einen bestimmten Betrag übersteigt. Damit wird dann der gesamte Zugewinnausgleichsanspruch zum Streitgegenstand.

B. Der Auskunftsantrag

I. Stufenantrag

808   Der Antrag nach § 1379 auf Auskunftserteilung ist ein Leistungsantrag wie der Zugewinnausgleichsantrag auch. Er ist somit Familienstreitsache. Anders als der Zugewinnausgleichsanspruch entsteht der Auskunftsanspruch schon vor dem Ende des Güterstandes, nämlich mit Rechtshängigwerden des Scheidungsantrages. Der Auskunftsanspruch auf den Trennungszeitpunkt entsteht sogar schon mit diesem. Es bestehen deshalb keine Hindernisse, diesen Anspruch nach seinem Entstehen als **selbständige Familiensache** zu verfolgen.

---

19 *MK/Gottwald*, ZPO, § 322, Rn. 127 ff.; *Elzer*, JuS 2001, 224 (227), beide mit umfangreichen Nachweisen; zweifelnd *Stein/Jonas/Leipold*, § 322, Rn. 142; a.A. *Musielak*, § 322, Rn. 72.
20 *BGH*, 9.1.2008, XII ZR 23/06, FamRZ 2008, 675.

Hingegen kann der Auskunftsanspruch für sich genommen im Ehescheidungsverbund nach § 137 FamFG nicht geltend gemacht werden. Der Verbund ist nur für Scheidungsfolgen eröffnet, nicht für solche Verfahren, die das nur vorbereiten[21]. Der Auskunftsgläubiger benötigt die Auskunft sofort, nicht erst nach der Scheidung. Sinnvoll und üblich ist es deshalb, den Auskunftsantrag zum Teil eines **güterrechtlichen Stufenantrages** zu machen. Mit dem Zahlungsantrag als letzter Stufe ist der Auskunftsstufenantrag dann Teil des Verbundes.

Ausnahmsweise kann ein Auskunftsantrag ohne angekündigte Zahlungsstufe in den Verbund eingestellt werden, wenn es sich um einen **Widerantrag auf Auskunft** handelt. Der isolierte Widerantrag im Verbund wird für zulässig gehalten[22]. Im strenge Sinne dürfte es sich dann aber nicht um ein Verbundverfahren handeln, sondern um einen Widerantrag, der zwar mit dem Zugewinnausgleichsverfahren des anderen verbunden, nicht aber im Verbund mit der Scheidungssache gemäß § 137 FamFG steht.   **809**

Die Auskunft wird sinnvollerweise in **mehreren Stufen** verfolgt. Zu Beginn eines Streits um die Auskunft kann der Antragsteller noch nicht wissen, was er als Auskunft benötigt. Das gilt insbesondere für den **Beleganspruch** nach § 1379 I 2. Der Anspruch auf Vorlage von Belegen setzt eine zuvor erteilte Auskunft gem. § 260 voraus (→ Rn. 631). Welche Belege zu verlangen sind, entscheidet sich nach dem Inhalt der Auskunft. Deshalb empfiehlt es sich, nach der Auskunftsstufe eine weitere Stufe anzukündigen, in der Belege verlangt werden, die nach Erledigung der ersten Stufe konkretisiert werden.   **810**

Es könnte allerdings bezweifelt werden, ob eine solche weitere Stufe auf Belegerteilung zwischen der Auskunfts- und der Zahlungsstufe gem. § 254 ZPO zulässig ist. Nach feststehender Rechtsprechung des *BGH* außerhalb des Familienrechts ist die Stufenklage dort unzulässig, wo als Voraussetzung für den bezifferten Leistungsantrag nicht Rechnungslegung verlangt wird, „sondern sonstige mit der Bestimmbarkeit als solcher nicht in Zusammenhang stehende Informationen über seine Rechtsverfolgung verschaffen soll"[23]. Um etwas Derartiges handelt es sich bei den Belegen. Diese sind zur Bezifferung des Zugewinnausgleichsantrags nicht erforderlich, sondern dienen der Vergewisserung. Indes stehen die ersten beiden Stufen – Auskunft und Belegvorlage – in einem bei § 254 vorgesehenen Abhängigkeitsverhältnis. Die Bezeichnung der Belege setzt die Auskunfts-   **811**

---

21 *BGH*, 19.3.1997, XII ZR 277/95, FamRZ 1997, 811.
22 *OLG Zweibrücken*, 16.1.1996, 5 UF 16/96, FamRZ 1996, 749; *OLG Hamm*, 5.5.2010, 8 UF 209/09, FamRZ 2011, 745; *Krause*, ZFE 2009, 285.
23 *BGH*, 18.4.2002, VII ZR 260/01, NJW 2002, 2952.

erteilung nach § 260 voraus. Aus der zitierten Rechtsprechung könnte deshalb der Schluss gezogen werden, dass der Beleganspruch und der Zahlungsanspruch, die beide von der Rechnungslegung abhängen, zusammengefasst werden müssen und nicht mehr untereinander im Stufenverhältnis stehen dürfen. Dagegen steht jedoch die familiengerichtliche Rechtsprechung, die es erlaubt, die Rechnungslegung nach § 260 I, den Anspruch auf eidesstattliche Versicherung nach § 260 II und den Zahlungsanspruch dreistufig zu verfolgen[24]. Wenn diese Dreistufigkeit zulässig ist, ist kein Grund ersichtlich, weshalb unter Einbeziehung des Beleganspruchs nicht eine **Vierstufigkeit** zulässig sein sollte.

II. Auskunftsantrag und Feststellung des Trennungstages

812   Mit dem Auskunftsantrag – sei es im Stufenverhältnis oder isoliert – kann ein Antrag auf **Feststellung** verbunden werden, welcher Tag als **Trennungstag** anzusehen sei[25]. Wird Auskunft auf den Trennungszeitpunkt verlangt (§ 1379 I 1 Nr. 2 oder § 1379 II), so geht der Streit häufig gerade um den Trennungszeitpunkt. Dieser muss im Auskunftsbeschluss inzidenter festgestellt werden. Allerdings erwächst die Entscheidung über den Trennungszeitpunkt nicht in Rechtskraft; davon wird nur der Beschlussausspruch erfasst. Deshalb könnte der Auskunftsschuldner in einer anderen Stufe oder einem anderen Verfahren den Trennungszeitpunkt erneut streitig stellen und ggf. eine abweichende Entscheidung darüber herbeiführen. Deshalb ist zu empfehlen, den Auskunftsantrag mit einem Feststellungsantrag zu verbinden, der dann rechtskräftig werden kann.

813   Zu weitgehend ist jedenfalls die Auffassung des *OLG Celle*[26], wonach eine Teilentscheidung nur über die Auskunft ohne gleichzeitigen Feststellungsbeschluss unzulässig sei, weil sie widersprüchliche Entscheidungen zum Trennungstag nicht ausschließe. Tatsächlich ist außerhalb des Auskunftsstreits eine Entscheidung über den Trennungstag nicht zu erwarten. Die Vermögensauskunft auf den Trennungstag hat nur Bedeutung im Rahmen von § 1375 II 2. Ist das Endvermögen geringer als das Vermögen in einer auf den Trennungstag erteilten Auskunft, so ist zu vermuten, dass sich die Differenz aus einer illoyalen Verfügung ergibt. Bei Anwendung

---

24 *BGH*, 3.7.2003, III ZR 109/02, FamRZ 2003, 1548; *Brandenburgisches OLG*, 3.7.2006, 9 UF 38/06, FamRZ 2007, 410.

25 *OLG Celle*, 23.7.2013, 10 UF 74/12, FamRZ 2014, 326, mit Anm. *Braeuer*; *OLG Brandenburg*, 12.12.2013, 9 UF 112/13, NJW-RR 2014, 519; dagegen *Koch* (FamRZ 2015, 1093) mit der Begründung, der Trennungszeitpunkt sei kein feststellungsfähiges Rechtsverhältnis.

26 *OLG Celle*, 23.7.2013, 10 UF 74/12, FamRZ 2014, 326, mit Anm. *Braeuer*.

dieser Vorschrift ist der Trennungszeit indes nicht erneut festzustellen. Vergleichsmaßstab ist das tatsächlich auf den Trennungszeitpunkt angegebene Vermögen, nicht ein gesondert festzustellendes Vermögen an diesem Tag. Hat der Auskunftsschuldner eine auf den Trennungstag bezogene Vermögensauskunft erteilt, so ist diese Auskunft der alleinige Vergleichsmaßstab, unabhängig von der Frage, ob der Trennungstag richtig war oder nicht.

III. Bestimmter Sachantrag

Der materielle Auskunftsanspruch ist nach dem Gesetz mehrgestaltig: **814**

– Anspruch auf Rechnungslegung nach § 260
– Anspruch auf Wertermittlung
– Anspruch auf Vorlage von Belegen.

Für einen zulässigen Antrag muss der Antragsteller angeben, welchen Anspruch er verfolgt. Das kann, wie dargestellt, auch mehrstufig erfolgen. Ein Antrag, der sich darauf beschränkt, eine Verurteilung zur Auskunft zu verlangen, wäre angesichts der mehrfachen Möglichkeiten zu unbestimmt und damit unzulässig.

Wenn der Antragsteller Rechnungslegung verlangt, so ist der Antrags-   **815**
gegner zur Vorlage eines Verzeichnisses nach § 260 auf den Stichtag zu verpflichten. Die materielle Auskunftspflicht geht jedoch darüber hinaus. Der Auskunftsschuldner hat über sein Vermögen Auskunft zu erteilen, *soweit es für die Berechnung des Anfangs- und Endvermögens maßgeblich ist* (§ 1379 I 1 Nr. 2). Damit gehört zur Auskunftspflicht auch die Angabe von **Vermögensveränderungen**, die gem. §§ 1374 II und 1375 II dem jeweiligen Stichtagsvermögen hinzuzurechnen sind (→ Rn. 658). Wie dieser erweiterte Anspruch, der durch die Güterrechtsreform 2009 eingeführt worden ist, im Verfahren verfolgt werden kann, ist in Rechtsprechung und Literatur bisher nicht hinreichend geklärt.

IV. Probleme eines Rechtsmittels gegen Auskunftsbeschlüsse

Zulässigkeitsvoraussetzung für die Beschwerde ist, dass der **Beschwer-**   **816**
dewert von 600 € erreicht ist (§ 61 I FamFG). Das ist im Auskunftsverfahren häufig ein Problem. Der Beschwerdewert ist nicht mit dem Streitwert der erstinstanzlichen Entscheidung identisch. Er ist für den Antragsteller, der Auskunft begehrt, anders zu bemessen als für den, der auf Auskunft in Anspruch genommen wird. Die Beschwer entspricht dem Interesse, das mit dem Rechtsmittel verfolgt wird.

Ist ein Auskunftsantrag angewiesen worden, so entspricht das Interesse des Beschwerdeführers seinem Interesse in erster Instanz. Da der Streitwert erster Instanz nach diesem Interesse festzusetzen ist, entspricht die Beschwer des erfolglosen Antragstellers dem Streitwert.

817   Anders ist indes die Beschwer dessen zu bemessen, der in erster Instanz zur Auskunft verpflichtet wurde. Der *BGH* bewertet in ständiger Rechtsprechung[27] das Interesse des Auskunftspflichtigen, die Auskunft nicht zu erteilen, mit den **Kosten, die die Auskunft verursachen würde**. Ein Geheimhaltungsinteresse wird daneben nicht gesondert bewertet. Die Auskunft verursacht bei dem Pflichtigen in der Regel kaum Kosten, so dass meist der Beschwerdewert nicht erreicht ist. Der Zeitaufwand des Auskunftspflichtigen ist nicht mit seinem üblichen Verdienst, sondern in Anlehnung an den Stundensatz zu bewerten, den der Auskunftspflichtige als Zeuge im Zivilprozess nach dem Justizvergütungs- und Entschädigungsgesetz erhalten würde[28]. Anders ist es nur, wenn für die Auskunft sinnvoller Weise professionelle Hilfe, etwa durch einen Steuerberater, in Anspruch genommen wird. Davon geht der *BGH* aus, wenn eine Bilanz zwischen den üblichen Bilanzstichtagen erstellt werden muss[29]. Etwas Entsprechendes gilt, wenn die Vermögensverhältnisse sehr komplex sind. Allerdings benötigt der Auskunftsschuldner für die Erarbeitung der Auskunft in der Regel nicht anwaltliche Hilfe, wenn er schon im Erkenntnisverfahren anwaltlich vertreten war[30].

818   Zur Auskunft gehört auch die Pflicht, den Wert der Vermögensgegenstände und der Verbindlichkeiten zu ermitteln (§ 1579 I 3). Lautet der angefochtene Beschluss auch auf Wertermittlung, kann das auf die Höhe der Beschwer Einfluss haben. Dabei ist allerdings zu beachten, dass der Auskunftspflichtige keine Wertgutachten einholen muss, sondern den Wert nur angeben muss, soweit er selbst dazu imstande ist. Das wird in der Regel kaum Kosten verursachen. Bei komplexen Verhältnissen kann der Pflichtige aber Anlass haben, Hilfskräfte hinzuziehen. Deren Kosten sind dann bei der Beschwer zu berücksichtigen[31].

Die in § 1379 I 1 geregelte gesonderte **Belegpflicht** des Auskunftsschuldners kann auch eine Beschwer darstellen und ist dafür gesondert zu bewerten. Hier kommt es auch nur auf den Aufwand an, die Belege vorzulegen, nicht etwa auf deren Wert. Soweit die Belege beim Auskunftsschuldner schon vorhanden sind und nicht extra beschafft werden müssen,

---

27 *BGH*, 25.4.2007, XII ZB 10/07, FamRZ 2007, 1009; *BGH*, 22.4.2009, XII ZB 49/07, FamRZ 2009, 1211, Rn. 9 m.w.N.; *BGH*, 2.4.2014, XII ZB 486/12, FamRZ 2014, 1012.
28 *BGH*, 28.11.2012, XII ZB 620/11, FamRZ 2013, 105.
29 *BGH*, 14.1.2009, XII ZB 146/08, FamRZ 2009, 594.
30 *BGH*, 28.11.2012, XII ZB 620/11, FamRZ 2013, 105.
31 *BGH*, 28.1.2009, XII ZB 121/08, FamRZ 2009, 595.

ist der Aufwand als gering anzusehen[32]. Die Belegvorlage wird deshalb nur in seltenen Fällen zum Erreichen der Beschwerdesumme beitragen.

Die Beschwer kann auch von den Anwaltskosten bestimmt werden, **819** die der Verpflichtete aufwenden musste, um die Zwangsvollstreckung aus dem erstinstanzlichen Urteil abzuwenden[33]. Das wird jedoch nur im Ausnahmefall in Betracht kommen, wenn ein besonderer Ablass bestanden hat, sich gegen die Vollstreckung zu wehren, etwa weil die Auskunftspflicht, wie im entschiedenen Fall, auf eine aus der Sicht des Verpflichteten unmögliche Leistung gerichtet ist.

Dass bei einem Auskunftsbeschluss der Beschwerdewert nicht erreicht wird, ist die Regel. Das sollte von allen Beteiligten schon in erster Instanz beachtet werden. Das Gericht sollte in solchen Fällen routinemäßig prüfen, ob Anlass besteht, die Beschwerde zuzulassen (§ 61 III FamFG). Es sollte auch zur Verteidigung gehören, einen Antrag auf **Zulassung der Beschwerde** zu stellen.

---

32 *BGH*, 2.4.2014, XII ZB 486/12, FamRZ 2014, 1012.
33 *BGH*, 10.12.2008, XII ZR 108/05, FamRZ 2009, 495.

7. Kapitel:

Übergangsrecht

A. Deutsche Einheit

Am 3. Oktober 1990 ist der Einigungsvertrag in Kraft getreten. Mit **820** Wirkung desselben Tages sind die ostdeutschen Länder der Bundesrepublik Deutschland beigetreten. Auf dem Gebiet der früheren DDR gilt seither das Recht der Bundesrepublik Deutschland. In das EGBGB sind dafür eine Vielzahl von Übergangsvorschriften aufgenommen worden. Für das Güterrecht gilt Art. 234 § 4.

Für Eheleute, die vor dem 3.10.1990 nach dem Recht der DDR verheiratet waren, gilt danach ein gespaltenes Güterrecht. Eheverträge sah das FGB der DDR nicht vor, so dass alle Eheleute in der DDR im dortigen gesetzlichen Güterstand lebten, der ehelichen Eigentums- und Vermögensgemeinschaft. Dieser Güterstand ist nicht rückwirkend verändert worden, sondern gilt für die Zeit von der Eheschließung bis zum 2.10.1990. Der gesetzliche Güterstand des BGB, die Zugewinngemeinschaft, gilt für diese Eheleute seit dem 3.10.1990. Wenn eine solche Ehe geschieden wird, müssen beide Güterstände beendet werden.

Jeder der Eheleute hatte nach Art. 234 § 4 II EGBGB die Möglichkeit durch einseitige Erklärung gegenüber dem Familiengericht die Fortgeltung des Güterstandes des FGB/DDR herbeizuführen. Die Möglichkeit war bis zum 2.10.1992 begrenzt. Wurde die Erklärung abgegeben, so fiel der Güterstand der Zugewinngemeinschaft rückwirkend wieder weg, und es galt durchgehend der Güterstand des FGB/DDR. Davon ist nur sehr selten Gebrauch gemacht worden.

Der gesetzliche Güterstand des FGB/DDR war im Ergebnis eine Er- **821** rungenschaftsgemeinschaft. An den in der Ehe erworbenen Gegenständen bestand gesamthänderisches Eigentum. § 39 FGB sah vor, dass das Gericht die Gegenstände zu gleichen Teilen zu teilen habe. Diese Aufgabe muss das Familiengericht bei einer Scheidung nach Inkrafttreten der deutschen Einheit nicht mehr erfüllen. Aufgrund Art. 234 § 4a EGBGB sind die bisher gesamthänderisch beteiligten Eheleute Eigentümer bzw. Berechtigte zu gleichen Bruchteilen geworden. Die Auseinandersetzung dieser Gemeinschaft findet nach den allgemeinen Vorschriften außerhalb des familiengerichtlichen Verfahrens statt.

822   Das FGB/DDR sah in § 40 einen Vermögensausgleich vor, wenn ein Ehegatte zur Vergrößerung oder zur Erhaltung des Vermögens des anderen wesentlich beigetragen hatte. Das kommt vor allem in Betracht, wenn in der Ehe Aufwendungen auf ein Grundstück gemacht wurden, das einer geerbt hatte. Dieser **Ausgleichsanspruch** ist bei der Scheidung, die nach dem 3.10.1990 ausgesprochen wird, auf Antrag zu regeln.

823   Aus dem gespaltenen Güterstand ergibt sich für die Berechnung des Zugewinns ein besonderer Stichtag für das Anfangsvermögen. Da der Güterstand der Zugewinngemeinschaft erst mit dem Inkrafttreten des Einigungsvertrages eingetreten ist, ist der **Stichtag des Anfangsvermögens** für alle in der DDR geschlossenen Ehen einheitlich der 3.10.1990.

Zum Anfangsvermögen eines Ehegatten am 3.10.1990 gehört jedenfalls ein Ausgleichsanspruch nach § 40 FGB/DDR[1].

B. Eingetragene Lebenspartnerschaft

824   Der gesetzliche Güterstand (damals Vermögensstand genannt) der eingetragenen Lebenspartnerschaft war die Gütertrennung. Das ist durch die am 1.1.2005 in Kraft getretene Reform geändert worden. Die allgemeinen und die güterrechtlichen Wirkungen der eingetragenen Lebenspartnerschaft sind der Ehe angeglichen worden. Seitdem gilt der gesetzliche Güterstand der Zugewinngemeinschaft auch für Lebenspartnerschaften. Das gilt auch für solche Partnerschaften, die vor dem 1.1.2005 begründet worden sind. In einer **Übergangsfrist** bis zum 31.12.2005 konnte jeder Lebenspartner durch Erklärung gegenüber dem Amtsgericht Gütertrennung herbeiführen (§ 21 II LPartG). Soweit davon nicht Gebrauch gemacht wurde, ist rückwirkend auf den Tag der Verpartnerung Zugewinngemeinschaft eingetreten.

C. Güterrechtsreform 2009

825   Die Güterrechtsreform ist am 1.9.2009 in Kraft getreten[2]. Damit ergibt sich die Frage, auf welche Fälle das Reformgesetz anzuwenden ist und welche nach altem Recht behandelt werden müssen.

---

1   *OLG Brandenburg*, 10.5.2013, 10 UF 295/11, juris.
2   S. BT-Drucksache 16/10798, 16/3027.

Das Gesetz bietet nur eine Überleitungsvorschrift, Art. 229 § 20 II EGBGB. Der Artikel enthält indes keine umfassende Überleitungsregel. Bestimmt ist nur, dass § 1374 in seiner neuen Fassung, die das negative Anfangsvermögen eingeführt hat, nicht auf solche Fälle anzuwenden ist, die vor dem 1.9.2009 anhängig geworden sind. Da die Vorschrift eine weitergehende Regelung nicht enthält, gelten im Übrigen die allgemeinen Grundsätze der Rechtsanwendung: Anzuwenden ist das geltende Recht, das zum Zeitpunkt der abschließenden Erledigung eines Falles gilt. In einem Rechtsstreit ist das Recht anzuwenden, das bei der letzten mündlichen Verhandlung gilt.

Daraus folgt:

– Ist der Zugewinnausgleichsanspruch am 1.9.2009 noch nicht erledigt gewesen, so ist insgesamt das neue Recht anzuwenden;

– Ist über einen Zugewinnausgleichanspruch vor dem 1.9.2009 eine abschließende Einigung erfolgt oder war die letzte mündliche Verhandlung in einer Tatsacheninstanz vor diesem Datum, so ist auch weiterhin das alte Recht maßgeblich;

– Wird über den Zugewinnausgleich nach dem 1.9.2009 entschieden, war der Rechtsstreit aber vor dem Datum anhängig, so ist nach der oben genannten Regel das Reformgesetz anzuwenden, allerdings ohne § 1374.

Entgegen einer verbreiteten Ansicht bestimmt Art. 229 § 20 II nicht, welches Recht anzuwenden ist. Die Bestimmung des anwendbaren Rechts setzt diese Vorschrift voraus. Sie regelt nur den Sonderfall, dass innerhalb des neuen Rechts ausnahmsweise § 1374 nicht anzuwenden ist, wenn der Rechtsstreit über den Zugewinnausgleich vor dem Reformdatum anhängig geworden ist.

Ein Sonderfall ergibt sich, wenn bei Inkrafttreten der Reform zwar **826** der **Güterstand schon rechtskräftig beendet war**, das Scheidungsurteil also rechtskräftig, der Zugewinnausgleich am 1.9.2009 aber noch nicht geregelt war. In diesem Fall ist auf den Zugewinnausgleich immer das alte Recht anzuwenden, unabhängig davon, wann der Rechtsstreit darüber anhängig geworden ist. Ein Zugewinnausgleichsanspruch ist mit dem Ende des Güterstandes endgültig entstanden (oder endgültig nicht entstanden). Maßgeblich auch für zukünftige Streite darüber bleibt das Recht, das bei Beendigung des Güterstandes gegolten hat. Mit dem Ende des Güterstandes ist der Zugewinnausgleichsanspruch ein abgeschlossener Lebenssachverhalt geworden. Wenn der abschließend entstandene Anspruch nachträglich durch eine Gesetzesänderung verändert würde, wäre das eine verfassungsrechtlich nicht zulässige Rückwirkung[3]. Die Gegenmeinung[4] ist durch die *OLG*-Entscheidungen und die Bestätigung durch den *BGH*[5] in die Minderheit geraten.

827 Auch wenn das Scheidungsverfahren oder das Verfahren über den Zugewinnausgleich vor dem 1.9.2009 rechtshängig geworden ist, ist auf die **Auskunftspflicht** nunmehr das ab dem 1.9.2009 geltende Recht anzuwenden[6]. Das gilt auch dann, wenn der Güterstand schon vor der Reform rechtskräftig beendet war. Die Auskunftspflicht hat schon vor dem Ende des Güterstandes bestanden und das Ende des Güterstandes überdauert, wenn sie nicht vorher schon abschließend geregelt oder erfüllt war. Gerät sie nach Inkrafttreten der Reform in Streit, so ist nach den allgemeinen Grundsätzen das aktuell geltende Recht anzuwenden.

---

3 *KG*, 20.4.2012, 17 UF 87/11, FamRZ 2012, 1642, bestätigt von *BGH*, 16.7.2014, XII ZR 108/12, FamRZ 2014, 1610, mit ausdrücklicher Zustimmung *Koch* (FamRZ 2013, 833); dem hat sich angeschlossen *Brudermüller*, NJW 2013, 3218; ebenso: OLG Karlsruhe 19.7.2013, 5 UF 288/11, FamRZ 2014, 940.

4 *OLG Bamberg*, 16.10.2012, FamRZ 2013, 1059; *Büte*, FPR 2012, 73, 75; *Schwab/Schwab*, VII Rn. 6a.

5 *BGH*, 16.7.2014, XII ZR 108/12, FamRZ 2014, 1610 mit Anm. *Koch* und Anm. *Kogel* (FF 2014, 418); *BGH*, 22.10.2014, XII ZR 194/13, FamRZ 2015, 121.

6 *BGH*, 15.8.2012, XII ZR 80/11, FamRZ 2012, 1785; *BGH*, 22.10.2014, XII ZR 194/13, FamRZ 2015, 121.

8. Kapitel:

Zugewinnausgleich und Vertrag

Die Zugewinngemeinschaft ist der gesetzliche Güterstand. Der Güter-   **828**
stand tritt mit der Eheschließung ein, ohne dass es einer vertraglichen Vereinbarung bedürfte. Auch der gesetzliche Güterstand ist aber flexibles Recht. Er kann Gegenstand vertraglicher Vereinbarungen sein. Für derartige Verträge besteht weitgehende Vertragsfreiheit. Sie können deshalb unendlich vielgestaltig sein. Innerhalb der Vielfalt müssen aber zwei Arten von Verträgen unterschieden werden, die zwei ganz unterschiedliche Gegenstände haben:

– vorsorgender Ehevertrag
– nachsorgender Scheidungsfolgenvertrag.

Der vorsorgende Ehevertrag schafft oder verändert die Bedingungen, nach denen ein Zugewinnausgleichsanspruch entstehen kann. Der Ehevertrag begründet, beendet oder verändert den Güterstand. Der nachsorgende Vertrag hingegen regelt die Folgen des beendeten Güterstandes. Bei Scheidung oder sonstiger Beendigung des Güterstandes wird durch Vertrag der Zugewinnausgleichsanspruch geregelt, seine Höhe und die Modalitäten seiner Erfüllung oder sein Ausschluss.

A. Ehevertrag

I. Vertraglicher Güterstand der Wahl-Zugewinngemeinschaft

Die Zugewinngemeinschaft kann nicht nur als gesetzlicher Güter-   **829**
stand, sondern auch als vertraglicher Güterstand eintreten, der von dem gesetzlichen Güterstand wesensverschieden ist. Das deutsche Recht stellt in § 1519 die Wahl-Zugewinngemeinschaft als einen vertraglichen Güterstand zur Verfügung, der neben der Zugewinngemeinschaft als gesetzlichem Güterstand eigenständig ist.

1. Ursprung der Wahl-Zugewinngemeinschaft

Mit der Einführung der Wahl-Zugewinngemeinschaft (Inkrafttreten: **830**
1.5.2013) ist erstmals seit dem Gleichberechtigungsgesetz aus dem Jahre

1958 ein neuer Güterstand in das deutsche Bürgerliche Recht eingefügt worden. Er ist Bestandteil des europäischen Einigungsprozesses. Grundlage ist ein **Abkommen zwischen Frankreich und Deutschland**, mit dem ein Güterstand vereinbart worden ist, der in beiden Ländern in gleicher Form zur Verfügung stehen soll. Der Güterstand ist ebenso wie in § 1519 in den französischen code civil eingefügt worden. Die beiden Vertragsstaaten wollten mit dem Abkommen eine Art Vorreiterrolle bei der europäischen Vereinheitlichung des Familienrechts einnehmen. Die Europäische Union selbst hat keine Gesetzgebungskompetenz für das materielle Familienrecht. Deshalb wird der Weg der Vereinheitlichung über die Anpassung der nationalen Gesetze gesucht. Deutschland und Frankreich haben das eheliche Güterrecht zum Gegenstand eines ersten vereinheitlichten Gesetzes gemacht. Das Abkommen eröffnet ausdrücklich allen anderen europäischen Unionsstaaten die Möglichkeit eines Beitritts[1].

831　　Die Wahl-Zugewinngemeinschaft lehnt sich sehr stark an den deutschen gesetzlichen Güterstand an. Auch das französische Recht kennt schon bisher den Güterstand der Zugewinngemeinschaft (régime de participation aux acquêts). Dieser **Güterstand ist in Frankreich** ein Wahlgüterstand, der durch Ehevertrag begründet werden kann. Der gesetzliche Güterstand ist eine Errungenschaftsgemeinschaft (communauté réduite aux aquêts). Von dem Wahlgüterstand ist in Frankreich bisher kaum Gebrauch gemacht worden. Das hängt wohl damit zusammen, dass auch die Zugewinngemeinschaft in Frankreich noch sehr stark von dem Gedanken der Gütergemeinschaft geprägt ist. Ihr fehlt die den deutschen Güterstand prägende Einfachheit und Klarheit bei der Auseinandersetzung. Es ging deshalb gerade auf einen Wunsch der französischen Seite zurück, das deutsche Erfolgsmodell der Zugewinngemeinschaft zur Grundlage des einheitlichen Güterstandes zu machen und der Zugewinngemeinschaft auf diese Weise auch in Frankreich zusätzliche Popularität zu verschaffen.

832　　Erfahrungen mit dem neuen Güterstand liegen noch nicht vor. Der Güterstand konnte erst nach Inkrafttreten des Gesetzes begründet werden (Art. 19[2]), so dass es bisher nur wenige entsprechenden Verträge geben kann. Schon gar nicht gibt es Erfahrungen mit der Durchführung des Zugewinnausgleichs bei diesem Güterstand. Es steht zu erwarten, dass sich in Deutschland nur wenige Paare der Mühe unterziehen werden, einen Ehevertrag zur Begründung eines Güterstandes zu schließen, der sich von dem gesetzlichen Güterstand nur wenig unterscheidet. Eher besteht die

---

1　Ausführlich zum Zustandekommen der Wahl-Zugewinngemeinschaft *Klippstein*, FPR 2010, 510; *Becker*, ERA-Forum 2011, 103; *Meyer*, FamRZ 2010, 612; *Braeuer*, FF 2010, 113.

2　Artikel ohne nähere Bezeichnung sind solche des Abkommens zwischen der Bundesrepublik Deutschland und der Französischen Republik über den Güterstand der Wahl-Zugewinngemeinschaft.

Erwartung, dass der Güterstand in Frankreich häufiger auch von Paaren ohne deutsch-französischen Bezug gewählt wird, um die Mängel der herkömmlichen Zugewinngemeinschaft des französischen Rechts zu vermeiden. Da die gesetzliche Grundlage in beiden Ländern identisch ist, werden die französischen Erfahrungen mit der Vertragsgestaltung und der Zugewinnausgleichsberechnung auch für die deutsche Rechtsanwendung erhebliche Bedeutung haben und sollten von Rechtsprechung und Wissenschaft verfolgt werden.

2. Rechtsgrundlage der Wahl-Zugewinngemeinschaft

a) Gesetzeslage

Der Wahlgüterstand ist in einem Abkommen zwischen Deutschland **833** und Frankreich enthalten. Es ist über § 1519 Bestandteil des BGB geworden und somit ein Güterstand, der im Rahmen des numerus clausus der Güterstände (§ 1409) gewählt werden kann.

Die eigentliche Regelung des Güterstandes ist aus dem BGB ausgelagert, wird aber durch die Verweisung in § 1519 dessen Bestandteil. Im BGB hätte es zwischen §§ 1518 und 1558 genügend freie Paragraphenziffern gegeben, um den gesamten Text zu integrieren. Grund für die Auslagerung ist der fremde Sprachduktus des Abkommens[3], der das BGB überlastet hätte. Der Gesetzestext ist zweisprachig französisch und deutsch, wobei keine der Sprachen bei Auslegungsdifferenzen den Vorzug genießt. Der Text ist, obwohl er weitgehend den §§ 1372 bis 1386 BGB folgt, in einer Sprache gehalten, die sowohl die deutsche wie die französische Gesetzessprache berücksichtigt und deshalb jedenfalls ungewohnt ist. Außerdem musste eine Textfassung gewählt werden, die in beiden Sprachen möglichst denselben Inhalt hat.

Die zukünftige **Auslegung** des Gesetzestextes ist in beiden Staaten **834** schwer vorherzusehen und verspricht sehr spannend zu werden[4]. Die Rechtsanwender, beginnend mit den Notaren bis zu den streitentscheidenden Gerichten, werden sich mit der besonderen Situation auseinanderzusetzen haben, dass eine familienrechtliche Materie in einem vereinheitlichten Gesetz in zwei Sprachen geregelt ist. Die vertraute Wortauslegung ist nur eingeschränkt möglich, weil das Abkommen bewusst eine andere Rechtssprache verwendet als das übrige BGB. Eine Auslegung aus dem Gesetzeszusammenhang muss immer beachten, dass gleichzeitig ein Zusammenhang mit einer ausländischen Gesetzesreglung besteht. Die Auslegung wird deshalb noch stärker als gewohnt am reinen Text des Abkommens orientiert sein müssen. Die amtlichen Erläuterungen zum Abkom-

---

3 *Klippstein*, FPR 2010, 510, 514.
4 Eine ausführliche Kommentierung findet sich in *MK/Koch*, WahlZugAbk-F.

men, die ebenfalls zweisprachig von den Verhandlungspartnern geschaffen worden sind, müssen für die Auslegung erhebliche Bedeutung haben.

b) Begründung der Wahl-Zugewinngemeinschaft

835   Der Personenkreis, dem die Wahl-Zugewinngemeinschaft zur Verfügung steht, ist nicht beschränkt. Trotz der Herkunft des Güterstandes als Angebot an Ehepartner verschiedener Nationalität steht er allen Paaren offen. Es ist ein nationaler Wahl-Güterstand, der von allen Paaren gewählt werden kann, deren güterrechtliche Verhältnisse nach Art. 14 EGBGB dem **deutschen Sachrecht** oder nach französischen IPR dem französischen Sachrecht unterliegen (Art. 1).

836   Der Güterstand steht auch den Partnern einer **eingetragenen Lebenspartnerschaft** zur Verfügung. Die Ausdehnung auf gleichgeschlechtliche Partnerschaften ist in dem Abkommen nicht geregelt und gilt in Frankreich auch nicht für die französische Sonderform der Partnerschaft (pacte de solidarité civile, PACS), die unterhalb der Ehe rangiert und nicht auf gleichgeschlechtliche Paare beschränkt ist. Für Deutschland ergibt sich aber aus § 7 S. 2 LPartG, dass § 1519 entsprechend anzuwenden ist. Somit können auch eingetragene Lebenspartner den Güterstand wählen[5].

837   Die Wahl-Zugewinngemeinschaft wird durch Ehevertrag nach §§ 1408 ff. begründet. Besonderheiten gegenüber anderen Güterständen bestehen insoweit nicht. Insbesondere kann der Güterstand auch während bestehender Ehe begründet werden und damit einen anderen, bis dahin bestehenden ablösen. Das kann sowohl rückwirkend auf den Tag der Eheschließung wie auch zu einem anderen Datum vereinbart werden.

3. Gesetzlicher Inhalt der Wahl-Zugewinngemeinschaft

838   Die Wahl-Zugewinngemeinschaft folgt weitgehend dem deutschen gesetzlichen Güterstand. Die Beschreibung des Wahlgüterstandes kann sich deshalb auf die wesentlichen Abweichungen beschränken.

a) Verfügungsbeschränkungen und Schlüsselgewalt

839   Mit der Wahl-Zugewinngemeinschaft sind andere und weitergehende Verfügungsbeschränkungen verbunden, als sie sich aus §§ 1365 und 1369 ergeben. Auch die Möglichkeit, den anderen Ehegatten durch Rechtsgeschäft mit zu verpflichten, ist weiter.

---

5 *Klippstein*, FPR 2010, 510, 514.

Von besonderer Bedeutung ist der **Schutz der Ehewohnung** (Art. 5 I).　**840**
Keiner der Ehegatten kann ohne Mitwirkung des anderen rechtsgeschäft-
liche Erklärungen im Hinblick auf die Ehewohnung abgeben. Das schließt
eine alleinige **Kündigung** der Ehewohnung aus, auch wenn der Kündi-
gende alleiniger Mieter ist. Ebensowenig ist eine **Teilungsversteigerung**
oder ein Verkauf der Ehewohnung möglich.

Die Verfügung über Haushaltsgegenstände ist wie in § 1369 be-　**841**
schränkt. Hingegen ist die – ohnehin wenig lebensnahe – Verfügung über
das Vermögen als Ganzes anders als in § 1365 nicht geregelt.

Die Berechtigung eines Ehegatten, Geschäfte zur Deckung des Le-　**842**
bensbedarfs mit Wirkung auch für den anderen abzuschließen **(Schlüs-
selgewalt)** wird in der Wahl-Zugewinngemeinschaft Teil des Güterstandes (Art. 6) und ausgeweitet. Während § 1357 BGB in seiner heutigen
Fassung in erster Linie dem Gläubigerschutz dient[6], hat die entsprechende Regelung in der Wahl-Zugewinngemeinschaft den Schutz der Ehepartner zum Ziel. Das ist als gesetzliche Vertretungsmacht ausgestaltet.
Kraft Gesetzes wird in derartigen Fällen der andere Ehegatte Mitschuld-
ner und Mitberechtigter aus dem Rechtsgeschäft (Art. 6 I 2). Die Vertretungsmacht betrifft auch den **Bedarf der Kinder.** Die Ausweitung der gesetzlichen Vertretungsmacht auf die Angelegenheiten gemeinsamer Kinder beruht auf der entsprechenden Bestimmung im französischen Recht
(art. 220 cc), die dort zwingendes Recht ist. Im deutschen Recht kann das
zu Kollisionen mit der gesetzlichen Verteilung der Unterhaltslast für min-
derjährige Kinder (§ 1606 III 2) führen. Der nicht betreuende Elternteil
kann neben der monatlichen Unterhaltsrente durch die Vertretungsmacht
des anderen zu weiteren finanziellen Leistungen verpflichtet werden. Bei
der Schaffung eines Kindesunterhaltstitels ist das zu berücksichtigen.

Die Aufnahme dieser Regelungen in den Güterstand und ihr Umfang
haben ihren Ursprung im französischen régime primaire (art. 201 bis 226
cc)[7]. Diese Regelungen habe ihre Entsprechung in den allgemeinen Ehe-
wirkungen der §§ 1353 bis 1363. Sie sind aber, anders als im deutschen
Recht, unabdingbar (art. 226 cc). Ein in Deutschland begründeter Güterstand, der mit dem französischen Recht kompatibel sein soll, muss also die
Regelungen des régime primaire nachzeichnen. In einem Ehevertrag können die Art. 5 und 6 deshalb nicht geändert werden (Art. 3 III).

b) Anfangsvermögen

Das Anfangsvermögen entspricht in seiner Bedeutung und seiner Er-　**843**
mittlung dem § 1374. Zwei wesentliche Abweichungen sind zu beachten.

6　*MK/Roth*, § 1357, Rn. 3.
7　*Meyer*, FamRZ 2010, 612, 614.

aa) Immobilienbesitz

844   Wertveränderungen von Grundbesitz im Anfangsvermögen einschließlich der Hinzurechnungen werden vom Zugewinn ausgenommen. Das wird erreicht, indem Grundbesitz mit dem Wert in das Anfangsvermögen einzustellen ist, den der einzelne Gegenstand am Stichtag des Endvermögens hat. Dabei sind Veränderungen an dem Grundbesitz, namentlich an Gebäuden, herauszurechnen, die durch Investitionen während des Güterstandes eingetreten sind (Art. 9 II). Damit bleiben Wertsteigerungen, die allein auf der Marktentwicklung beruhen, vom Zugewinnausgleich ausgeschlossen (scheinbarer Zugewinn aufgrund von Geldwertveränderungen ist, wie im deutschen gesetzlichen Güterstand, ohnehin ausgeschlossen, Art. 9 III).

Die Regelung ist der französischen Zugewinngemeinschaft entnommen. Sie gilt dort für alle Gegenstände des Anfangsvermögens, auch die beweglichen (art. 1571 cc). Nach der französischen Regelung sind alle Gegenstände des Anfangsvermögens in ihrem Zustand, den sie bei Beginn des Güterstandes hatten, und mit ihrem Wert bei Ende des Güterstandes zu bewerten. Die Regelung ist erkennbar von dem Verständnis einer ehelichen Gemeinschaft geprägt und macht es erforderlich, die einzelnen Gegenstände über die Dauer des Güterstandes zu verfolgen. Diese Kompliziertheit dürfte auch einer der Gründe sein, weshalb sich die Zugewinngemeinschaft in Frankreich bisher nicht durchsetzen konnte. Aus Gründen der Praktikabilität ist die Regelung in der Wahl-Zugewinngemeinschaft auf Grundstücke beschränkt. Wie sich das in der deutschen Rechtsanwendung bewähren wird, ist mit besonderer Spannung abzuwarten.

845   Grundstücke im Anfangsvermögen, die im Verlaufe des Güterstandes aus dem Vermögen eines Ehegatten **ausscheiden**, sind mit ihrem Wert am Tage des Ausscheidens zu bewerten. Ein Grundstück, das etwa als Ersatz dafür angeschafft wird, tritt nicht an die Stelle des ausgeschiedenen. Eine **Surrogation**, wie sie im Güterstand der Gütergemeinschaft für ersetzte Gegenstände des Vorbehaltsgutes (§ 1418 II Nr. 3) oder in der französischen Zugewinngemeinschaft (art. 1571 I 3 cc) vorgesehen ist, kennt die Wahl-Zugewinngemeinschaft nicht. Somit nimmt die Wertsteigerung eines Grundstückes, das während des Güterstandes ein anderes Grundstück ersetzt hat, am Zugewinnausgleich teil.

bb) Schmerzensgeld

846   Schmerzensgeldbeträge sind privilegierter Erwerb. Ohne dass es darauf ankäme, ob das Schmerzensgeld im Endvermögen noch vorhanden ist, ist es dem Anfangsvermögen hinzuzurechnen (Art. 8 II).

c) Endvermögen

Das Endvermögen entspricht im Wesentlichen dem des § 1375. Auch **847** die Hinzurechnungen des § 1375 II einschließlich der Zehnjahresfrist sind übernommen.

Eine Abweichung ist erheblich bei Geschenken, die ein Ehegatte während es Güterstandes gemacht hat. **Geschenke aus dem Anfangsvermögen**, die **in gerader Linie innerhalb der Familie** gemacht werden, scheiden aus dem Vermögen endgültig aus und sind dem Endvermögen nicht hinzuzurechnen. Die Bestimmung hat besonderes Gewicht. Dass Vermögen in der Ehe arglos an Kinder weitergegeben wird, ist nicht selten. Im Rahmen der deutschen Zugewinngemeinschaft ist regelmäßig schwer zu vermitteln, dass solche Zuwendungen dem Endvermögen des Zuwendenden hinzugerechnet und mit dem anderen geteilt werden müssen, obwohl sie gar nicht mehr vorhanden sind.

Allerdings ist nicht zu verkennen, dass die Regelung in einem gewissen Widerspruch zum System der Zugewinngemeinschaft steht[8]. Es ist zu unterscheiden, ob das Geschenk an die Kinder aus Gegenständen des Anfangsvermögens oder aus Vermögen gemacht worden ist, das erst während der Ehe erworben wurde. Die (Wahl-)Zugewinngemeinschaft kennt keine getrennten Vermögensmassen. Das Anfangsvermögen ist ein reiner Rechnungsposten. Die Feststellung, woraus das Geschenk gemacht worden ist, wird deshalb nicht immer eindeutig zu klären sein.

Gegenstände, die verschenkt wurden, ohne dass das zu einer Hinzu- **848** rechnung führt, sind auch aus dem **Anfangsvermögen** auszunehmen (Art. 8 III Nr. 2). Das ist eine notwendige Ergänzung, weil sonst das Rechenergebnis falsch würde.

d) Ausgleichsforderung

Die Ausgleichsforderung entspricht der der Zugewinngemeinschaft. **849**

Die **Kappungsgrenze** ist auf die Hälfte des positiven Vermögens festgesetzt, das der Ausgleichspflichtige am Berechnungsstichtag (nicht etwa am Ende des Güterstandes) hatte (Art. 14). Damit sollte nach Vorstellung der vertragschließenden Staaten ein Gleichlauf mit der deutschen Zugewinngemeinschaft erreicht werden. So sah zum Zeitpunkt der Endverhandlung des Vertrages auch der deutsche Gesetzesentwurf für die Reform des Güterrechts aus. Die Kappungsgrenze ist im Zuge des Gesetzgebungsverfahrens in § 1378 II herabgesetzt worden. Dem konnte die Wahl-Zugewinngemeinschaft nicht mehr folgen[9].

---

8 *Meyer*, FamRZ 2010, 612, 615.
9 S. *Klippstein*, FPR 2010, 510, 514; *Meyer*, FamRZ 2010, 612, 614.

4. Vertraglicher Inhalt der Wahl-Zugewinngemeinschaft

850   Die Wahl-Zugewinngemeinschaft ist ein gesetzlich geregelter Güterstand. Sie wird durch Ehevertrag begründet. Im Rahmen der Vertragsfreiheit muss der Güterstand nicht unverändert mit allen seinen gesetzlichen Regelungen vereinbart werden. Diese gelten nur, soweit nicht durch Ehevertrag etwas anderes vereinbart worden ist.

Art. 3 III bestimmt, dass vom Kapitel V des Gesetzes durch Vertrag abgewichen werden kann. Das sind die Bestimmungen über den eigentlichen Güterstand. Abweichungen von der gesetzlichen Vorgabe sind deshalb in ähnlicher Weise wie im gesetzlichen Güterstand möglich. Einer ausdrücklichen gesetzlichen Regelung bedurfte es, weil nach französischem Recht ehevertragliche Vereinbarungen nach der Eheschließung nur eingeschränkt möglich sind. Wann und unter welchen Voraussetzungen eine ehevertragliche Vereinbarung nach der Eheschließung wirksam wird, bleibt der nationalen Gesetzgebung vorbehalten und ist deshalb in Deutschland und Frankreich verschieden[10]. Für das deutsche Recht gilt, dass ein Ehevertrag mit seinem Abschluss wirksam wird und dazu keiner gesonderten Publizität bedarf.

851   Von vertraglichen Änderungen der Wahl-Zugewinngemeinschaft ist aber in der Regel **abzuraten**. Die Unterschiede dieses Güterstandes zum gesetzlichen Güterstand sind nicht erheblich. Wer gerade diese Abweichungen möchte und das nicht durch Veränderung des gesetzlichen Güterstandes erreichen will, sollte die sichere Basis des Gesetzestextes nicht verlassen. Der Vorteil der Wahl-Zugewinngemeinschaft liegt in der Gesetzesvereinheitlichung mit Frankreich (und ggf. zukünftig weiteren beitretenden Staaten). Der Text des Abkommens ist so formuliert, dass in der Anwendung möglichst ein Gleichlauf in beiden Staaten erreicht wird. Dieses Ziel wird bei jedem Eingriff in den Gesetzestext gefährdet.

II. Ehevertragliche Vereinbarungen zur Zugewinngemeinschaft

1. Zugewinngemeinschaft durch Ehevertrag

852   Die Zugewinngemeinschaft als gesetzlicher Güterstand tritt durch Eheschließung ein, ohne dass es eines Vertragsschlusses bedarf (§ 1363 I). Sie endet mit Rechtskraft des die Ehe scheidenden Beschlusses, wiederum ohne dass es eines Vertrages bedarf. Beginn und Ende der Zugewinngemeinschaft können aber auch durch Ehevertrag herbeigeführt werden. Daran kann in manchen Fällen ein Interesse bestehen.

---

10 *Klippstein*, FPR 2010, 510, 512.

a) Begründung der Zugewinngemeinschaft durch Vertrag

Im Gesetz ist nicht ausdrücklich vorgesehen, dass der Güterstand der **853** Zugewinngemeinschaft auch durch Vertrag begründet werden kann. Die Möglichkeit besteht jedoch und ist Folge der Ehevertragsfreiheit des § 1408. Das Entstehen der Zugewinngemeinschaft ist die gesetzliche Folge, wenn innerhalb der Ehe ein bis dahin bestehender vertraglicher Güterstand aufgehoben und nicht ein anderer Vertragsgüterstand vereinbart wird. Das ergibt sich aus § 1365 I, wonach die Zugewinngemeinschaft immer eintritt, wenn nicht ehevertraglich etwas anderes vereinbart ist. Allerdings wird auch die Gütertrennung als ein (außerordentlicher) gesetzlicher Güterstand angesehen[11]. Folgt man dem, so würde auch bei Ausschluss der vereinbarten Gütertrennung gem. § 1414 Gütertrennung eintreten. Allerdings ist § 1414 nur eine **Auslegungsregel**[12], und es kann vertraglich etwas anderes vereinbart werden. Es empfiehlt sich deshalb eine ausdrückliche Vereinbarung.

Formulierungsbeispiel:

Die Eheleute schließen durch Ehevertrag den Güterstand der Gütertrennung aus und vereinbaren für ihre Ehe den gesetzlichen Güterstand der Zugewinngemeinschaft.

Wenn bei bestehender Ehe nachträglich die Zugewinngemeinschaft **854** vereinbart wird, so hat das ohne ausdrückliche anderweitige Vereinbarung **keine Rückwirkung**. Die Zugewinngemeinschaft gilt dann vom Tage des Ehevertragsschlusses an. Stichtag für das Anfangsvermögen ist in diesem Fall der Vertragsschluss. Auch das ist aber nicht zwingend. Es kann auch ein anderer Tag vereinbart werden. Es ist sowohl eine rückwirkende Begründung der Zugewinngemeinschaft möglich[13] wie auch ein **hinausgeschobener Beginn**. Der Beginn muss aber jedenfalls **innerhalb der Ehe** liegen, kann insbesondere nicht auf einen Tag vor der Eheschließung vereinbart werden[14]. Es empfiehlt sich, zur Vermeidung von Unsicherheiten jedenfalls den Beginn ausdrücklich zu bestimmen.

Formulierungsbeispiel:

Die Eheleute schließen durch Ehevertrag den Güterstand der Gütertrennung aus und vereinbaren für ihre Ehe rückwirkend auf den Tag der Eheschließung den gesetzlichen Güterstand der Zugewinngemeinschaft.

---

11 *Staudinger/Thiele*, Vorbem. zu §§ 1363–1390, Rn. 2.
12 *Staudinger/Thiele*, § 1414, Rn. 1.
13 *BGH*, 1.4.1998, XII ZR 278/96, FamRZ 1998, 902; a.A. *Brambring*, Rn. 347, allerdings ohne Begründung.
14 Wird der Güterstandsbeginn als vor der Eheschließung liegend vereinbart, so hat das nur schuldrechtliche Wirkungen (*Bergschneider*, Rn. 638).

855　　Die Rückwirkung gilt nur für den Stichtag des Anfangsvermögens, nicht für die Verfügungsbeschränkungen der §§ 1365 bis 1369. **Verfügungen**, die vor dem Vertragsschluss ohne Zustimmung oder Genehmigung des anderen Ehegatten getroffen wurden, bleiben wirksam.

b) Beendigung der Zugewinngemeinschaft durch Ehevertrag

856　　Der gesetzliche Güterstand kann jederzeit durch Ehevertrag ausgeschlossen werden. Dann tritt kraft gesetzlicher Bestimmung **Gütertrennung** ein (§ 1414), sofern nicht gleichzeitig ein anderer Güterstand vereinbart wird. Als anderer Güterstand kommen wegen des gesetzlichen numerus clausus der Güterstände (§ 1409) nur die Gütergemeinschaft (§ 1415) oder der Güterstand der Wahl-Zugewinngemeinschaft (§ 1519) in Betracht.

857　　Wird die Zugewinngemeinschaft durch Vertrag beendet, entsteht kraft Gesetzes der **Zugewinnausgleichanspruch** (§ 1378 III). Das Ende der Zugewinngemeinschaft hat nicht, wie oft fälschlich angenommen wird, den Ausschluss des Ausgleichsanspruchs zur Folge. Vielmehr kann als Folge des Vertragsschluss der Zugewinnausgleichsanspruch geltend gemacht werden, auch durch gerichtlichen Antrag (außerhalb eines Verbundes). Soll gleichzeitig mit dem Ende der Zugewinngemeinschaft auch der Zugewinnausgleichsanspruch geregelt werden, so bedarf das einer zusätzlichen Vereinbarung. Aus Gründen der Vertragsklarheit empfiehlt es sich, in dem Ehevertrag auch eine Aussage zu dem Ausgleichsanspruch zu machen.

858　　Auch der Ausschluss der Zugewinngemeinschaft durch Vertrag hat ohne ausdrückliche anderweitige Regelung keine **Rückwirkung**. Das Ende des gesetzlichen Güterstandes kann durch den Vertrag frei bestimmt werden. Dabei ist es auch möglich, die Zugewinngemeinschaft rückwirkend auf den Tag der Eheschließung auszuschließen; in diesem Fall hat der Ausschluss notwendig zur Folge, dass ein Ausgleichsanspruch nicht entstanden sein kann.

Formulierungsbeispiel 1:

Die Eheleute schließen mit sofortiger Wirkung den Güterstand der Zugewinngemeinschaft aus und vereinbaren für ihre Ehe zukünftig den Güterstand der Gütertrennung. Ein etwa dadurch entstehender Zugewinnausgleichsanspruch bleibt vorbehalten.

Formulierungsbeispiel 2:

Die Eheleute schließen rückwirkend auf den Tag der Eheschließung den gesetzlichen Güterstand der Zugewinngemeinschaft aus und vereinbaren

für ihre Ehe insgesamt den Güterstand der Gütertrennung. Ein Zuge-
winnausgleich findet nicht statt. Etwaige Verfügungen in der Vergangen-
heit, die gegen §§ 1365 bis 1369 verstoßen haben mögen, werden geneh-
migt.

Wenn durch Ehevertrag der gesetzliche Güterstand ausgeschlossen **859**
und statt dessen die **Wahl-Zugewinngemeinschaft** vereinbart wird, treten dieselben Folgen wie beim Übergang in die Gütertrennung ein. Es
entstehen innerhalb der Ehe zwei aufeinanderfolgende Güterstände. Obwohl beide Zugewinngemeinschaften viele Ähnlichkeiten aufweisen, handelt es sich um verschiedene Güterstände mit der Folge, dass für jeden von
ihnen die innerhalb ihrer Geltungszeit entstandenen Zugewinne getrennt
ermittelt und ausgeglichen werden müssen. Abweichende Vereinbarungen
sind möglich (Art. 3 III des Abkommens zwischen der Bundesrepublik
Deutschland und der Französischen Republik über den Güterstand der
Wahl-Zugewinngemeinschaft).

c) Anwendungsfälle

Den Güterstand der Zugewinngemeinschaft durch Vertrag zu begrün- **860**
den oder zu beenden setzt eine bestimmte Interessenlage voraus. Ein derartiger Vertrag wird von den Eheleuten nur in Betracht gezogen, wenn der
Verlauf der Ehe dazu einen Anlass gibt.

aa) Nachträglich vereinbarte Zugewinngemeinschaft

Der Übergang von der Gütertrennung zur Zugewinngemeinschaft **861**
wird normalerweise nicht in der Krise der Ehe vereinbart, sondern wenn
die Eheleute ein **Gerechtigkeitsdefizit** als Folge der Gütertrennung emp-
finden. Oft kommt es vor, dass junge Eheleute bei der Eheschließung ein
starkes Bedürfnis der Eigenständigkeit und Eigenverantwortlichkeit haben. Mit zunehmender Dauer der Ehe und wirtschaftlicher Verflechtung
der Eheleute kann das Bewusstsein entstehen, dass die Vermögensvertei-
lung nicht mehr dem gleichberechtigten Beitrag entspricht, den beide zur
Vermögensbildung leisten. Aus dem gewandelten Verständnis der ehelichen Gemeinschaft kann der Übergang zur Zugewinngemeinschaft sinnvoll sein. Es kommt auch immer noch vor, dass bei Beginn der Ehe Gütertrennung vereinbart wird, um die **vermeintliche Haftung für die**
Schulden des anderen zu vermeiden. Diese Fehleinschätzung sollte, wenn
sie erkannt wird, durch nachträglichen Übergang in die Zugewinngemeinschaft korrigiert werden.

bb) Ausschluss der Zugewinngemeinschaft in der Krise der Ehe

862 Die **Beendigung der Zugewinngemeinschaft** ist typischerweise eine Maßnahme in der **Krise der Ehe.** Wenn Eheleute dauerhaft getrennt leben, ohne die Scheidung zu beabsichtigen, sind zumeist die Rechtfertigungsgründe für die Fortdauer der Zugewinngemeinschaft nicht mehr gegeben. Der weitere Vermögenserwerb ist bei dauerhafter Trennung nicht mehr Ergebnis einer gemeinsamen Lebensleistung. Um die Ehe dennoch aufrecht erhalten zu können, ist dann das vertragliche Ende der Zugewinngemeinschaft sinnvoll. In einem derartigen Fall ist es besonders wichtig, die Gütertrennung **nicht rückwirkend** eintreten zu lassen. Der Ausgleich des Zugewinns, der bis zum Beginn der Krise oder bis zum Vertragsschluss entstanden ist, sollte vorbehalten bleiben. Nicht erforderlich ist es, den Ausgleich auch sofort durchzuführen. Das kann aufgeschoben werden, bis es tatsächlich zu einem Scheidungsverfahren kommt. Verjährung des Ausgleichsanspruches droht nicht (§ 207 I 1).

863 Liegen die Voraussetzungen für einen Antrag auf **vorzeitige Beendigung der Zugewinngemeinschaft** (§ 1386) vor, so sollte der Berechtigte dem anderen anbieten, zur Vermeidung eines gerichtlichen Verfahrens die Zugewinngemeinschaft durch Ehevertrag zu beenden. Wird das unterlassen, muss der Antragsteller mit einem sofortigen Anerkenntnis und für ihn ungünstiger Kostenfolge rechnen.

864 Der Ausgleichsanspruch entsteht mit dem Vertragsschluss und ist im **Falle des Todes** eines Ehegatten Bestandteil seines Nachlasses, sei es als Anspruch, sei es als Verbindlichkeit. Der erbrechtliche Zugewinnausgleich des § 1371 kann nicht mehr stattfinden. Wäre der potentiell ausgleichsberechtigte Ehegatte ohne Ehevertrag verstorben, so würde ein Zugewinnausgleichsanspruch überhaupt nicht entstehen, somit auch nicht seinen Erben zugute kommen. Diese Folge des Ehevertrages sollte den Eheleuten bewusst sein. Sie bedarf ggf. einer gesonderten vertraglichen Regelung.

cc) Ende der Zugewinngemeinschaft als Scheidungsvorbereitung

865 Das Ende des gesetzlichen Güterstandes kann auch im Zusammenhang mit einer **beabsichtigten Scheidung** vereinbart werden. Der Zugewinnausgleich wird dann gleichsam abgeschichtet, aus dem Scheidungsverbund herausgenommen und vorgezogen. Eine eheverträgliche Beendigung des Güterstandes ist sinnvoll, wenn für die Auseinandersetzung über den Zugewinnausgleich ein **verbindlicher Stichtag** geschaffen werden soll. Wenn über den Zugewinnausgleich verhandelt wird, ohne dass schon ein Scheidungsverfahren anhängig ist, fehlt es mangels Stichtags an einer verbindlichen Berechnungsgrundlage. Auch der wechselseitige Auskunfts-

anspruch über das Endvermögen ist noch nicht entstanden. Diese verbindliche Grundlage kann außerhalb des Scheidungsverfahrens nur durch Ehevertrag geschaffen werden. Wenn sich die Eheleute oder ihre anwaltlichen Vertreter im Verlaufe von Vergleichsgesprächen auf einen Stichtag einigen, so ist das mangels Form unwirksam. Ein verbindlicher Stichtag bedeutet immer eine Veränderung des erst zukünftig entstehenden Ausgleichsanspruchs und ist deshalb als Folge eines Verstoßes gegen § 1378 III 3 nichtig.

Im Zusammenhang mit einer bevorstehenden Scheidung die Zuge-   **866**
winngemeinschaft durch Ehevertrag zu beenden, sollte aus **Kostengründen** die Ausnahme sein. Der Ehevertrag verursacht hohe Kosten. Sein Gegenstandswert ist immer der Wert des zusammengerechneten Vermögens beider Eheleute, nicht nur der des Zugewinnausgleichsanspruchs (§ 100 I GNotKG). Allein die Änderung des Güterstands bei dem Notar löst zwei volle Gebühren bei diesem Wert aus. Die anwaltlichen und gerichtlichen Gebühren für die Regelung des Zugewinnausgleichsanspruchs kommen hinzu. Es ist deshalb wesentlich kostengünstiger, wenn zunächst das Scheidungsverfahren eingeleitet und damit der Stichtag geschaffen wird (§ 1384). Dann kann statt des Ehevertrages eine Vereinbarung über den Zugewinnausgleichsanspruch für den Fall der Scheidung getroffen werden (§ 1378 III 2). Diese Vereinbarung bedarf auch der notariellen Beurkundung. Deren Gegenstandswert umfasst aber nicht das ganze Vermögen der Eheleute, sondern nur die konkrete Ausgleichsforderung. Allerdings setzt der Ehevertrag, der den Güterstand beendet, den **Zinslauf** in Gang, während bei einer Scheidungsfolgenvereinbarung die Ausgleichsforderung erst ab Rechtskraft des Scheidungsverbundes zu verzinsen ist. Das sollte bei der Kostenabwägung berücksichtigt werden[15].

Wenn die Eheleute auch ohne vorherige verbindliche Bestimmung ei-   **867**
nes Stichtages über die Höhe des Ausgleichsanspruches einig sind, ist eine beurkundete Vereinbarung für den Fall der Scheidung möglich, bevor das Scheidungsverfahren rechtshängig ist. Der Wortlaut des § 1378 III 2 erlaubt eine solche Vereinbarung zwar nur *während eines Verfahrens, das auf die Auflösung der Ehe gerichtet ist*. Nach Ansicht des *BGH*[16] ist die Vorschrift jedoch erweiternd dahin auszulegen, dass auch schon vor der Anhängigkeit eines Scheidungsverfahrens Vereinbarungen über den Zugewinnausgleich für eine beabsichtigte Scheidung in der Form des § 1378 III 2 geschlossen werden können. Dem folgt die Praxis seither[17].

---

15 Auf den Zusammenhang weist *Bergschneider* (Rn. 612) hin.
16 *BGH*, 16.12.1982, IX ZR 90/81, FamRZ 1983, 157.
17 *Schwab/Schwab*, VII Rn. 383; *Palandt/Brudermüller*, § 1378, Rn. 13; a.A. *Staudinger/Thiele*, § 1378, Rn. 20; *Johannsen/Henrich/Jaeger*, § 1378, Rn. 13.

In Vorbereitung eines Scheidungsfalles ist es deshalb in aller Regel aus Kostengründen zu vermeiden, den Güterstand durch Ehevertrag zu beenden. Statt dessen ist eine Vereinbarung nach § 1378 III 2 vorzuziehen.

d) Sonderfall Güterstandsschaukel

868   Eheleute können den gesetzlichen Güterstand der Zugewinngemeinschaft durch Ehevertrag beenden, ohne dass das mit einer Krise der Ehe oder einer beabsichtigten Scheidung zu tun hat. Es geht dann nur darum, den Zugewinnausgleich durchzuführen und dadurch Vermögen von einem Ehegatten auf den anderen zu übertragen. Auf diese Weise kann verhindert werden, dass durch die Übertragung **Schenkungsteuer** entsteht. Derselbe Vorgang kann auch zum **Schutz vor Gläubigern** dienen. Für den Vorgang hat sich der Begriff „Güterstandsschaukel" eingebürgert.

aa) Ausgangslage

869   Unentgeltliche Vermögensübertragungen zwischen Eheleuten unterliegen der Schenkungsteuer, die mit der Erbschaftsteuer identisch ist. Sofern innerhalb von 10 Jahren der Freibetrag von 500.000 Euro (§ 16 I 1 ErbStG) überschritten ist, ist für die Übertragung Schenkungsteuer zu zahlen. Die feinsinnige Unterscheidung der Familiengerichte zwischen Schenkung und ehebedingter Zuwendung wird von der Finanzgerichtsbarkeit nicht geteilt. Ehebedingte Zuwendungen sind wie Schenkungen zu versteuern[18].

> **Beispielsfall:** M und F sind seit vielen Jahren ohne Ehevertrag verheiratet. M hat als erfolgreicher Unternehmer während der Ehe erhebliches Vermögen angesammelt. M möchte F ein Miethaus im Wert von 1 Mio. Euro schenken, um sie für ihr Alter abzusichern.
>
> **Variante 1:** Wie die Beispielsfall, aber M und F haben für ihre Ehe Gütertrennung vereinbart.
>
> **Variante 2:** Wie Beispielsfall, aber M, der geschäftsführender Gesellschafter eines Unternehmens ist, muss für Kredite des Unternehmens die persönliche Haftung übernehmen. Er möchte verhindern, dass sein gesamtes Vermögen in den Zugriff der Bank gerät.
>
> **Variante 3:** Wie im Beispielsfall. F hat eine kleine Erbschaft gemacht. M hat ein erheblich größeres Vermögen, mit dessen Anlage M in der Vergangenheit sehr erfolgreich war. Beide beschließen, ihr Aktienvermögen zusammen zu tun, und richten dafür ein gemeinsames Depot ein.

---

18 *BFH*, 2.3.1994, II R 59/92, FamRZ 1994, 847.

bb) Steuergünstige Lösung des Beispielsfalls

Um das Miethaus steuerfrei auf die Ehefrau zu übertragen, schließen **870**
die Eheleute durch Ehevertrag die Zugewinngemeinschaft für die Zukunft aus und vereinbaren Gütertrennung. Dadurch entsteht der Zugewinnausgleichsanspruch. Dieser muss rechnerisch ermittelt werden.
Wenn der Zugewinnausgleichsanspruch von F mindestens 1 Mio. Euro
beträgt, wird vereinbart, dass das Miethaus zur Erfüllung der Ausgleichspflicht zu übereignen ist. Gleichzeitig kann in Erfüllung der Pflicht die
Auflassung beurkundet werden.

Diese Übertragung löst **keine Schenkungsteuer** aus. Der Anspruch
auf Zugewinnausgleich ist gesetzliche Folge der Beendigung des gesetzlichen Güterstandes. Somit handelt es sich nicht um eine unentgeltliche
Zuwendung i.S.d. § 7 ErbStG. Der Steuertatbestand ist nicht erfüllt[19].

Der Weg ist steuerlich anerkannt. Der Zugewinnausgleichsanspruch
in Höhe des Wertes des übertragenen Gegenstandes muss aber nachvollziehbar berechnet und nachgewiesen werden. Andernfalls ist damit zu
rechnen, dass bei der Besteuerung doch eine Schenkung angenommen
wird. Ist der Zugewinnausgleichsanspruch geringer, so liegt in Höhe der
Differenz eine Schenkung vor.

Der Zugewinnausgleichanspruch muss insgesamt geregelt werden. **871**
Sollte er rechnerisch höher sein als der Wert des übertragenen Gegenstandes, muss auch dieser Ausgleich gezahlt oder vertraglich gestundet werden. Wird er übergangen, könnte das als Verzicht von M auf den überschießenden Ausgleichsbetrag gewertet werden, der dann seinerseits ein
steuerpflichtiges Geschenk von F an M gewertet würde[20].

Von den Eheleuten sollte bedacht werden, ob sie in der Zukunft nun **872**
weiter in der vereinbarten Gütertrennung leben wollen. Die F würde dann
an einem weiteren Vermögenszuwachs nicht mehr teilnehmen. Außerdem
sind die **erbrechtlichen Folgen** zu bedenken. Der Pflichtteil von Abkömmlingen steigt durch die Gütertrennung. Wenn das nicht gewünscht
ist, ist auch die **Rückkehr zur Zugewinngemeinschaft** möglich. Aus
dieser Rückkehr hat die Konstruktion ihren Namen als Schaukel.

Der *BFH*[21] hat einen Fall entschieden, in dem die Eheleute zum Zwe- **873**
cke der steuerfreien Vermögensübertragung Gütertrennung vereinbart
hatten. Ab dem Folgetag hatten sie erneut Zugewinngemeinschaft vereinbart. Der *BFH* hat den Vorrang des Zivilrechts anerkannt und auch diesem Falle die Steuerfreiheit bestätigt. Eine Schamfrist müsse zwischen der

---

19 *Schlünder/Geißler*, NJW 2007, 482.
20 Zu diesem Risiko *Friedrich-Büttner/Herbst*, ErbStB 2011, 45.
21 *BFH*, 12.7.2005, II R 29/02, NJW 2005, 41.3.

vereinbarten Gütertrennung und dem erneuten Übergang zur Zugewinngemeinschaft nicht liegen.

Formulierungsbeispiel für die Güterstandsschaukel:

Die Beteiligten heben mit sofortiger Wirkung den gesetzlichen Güterstand der Zugewinngemeinschaft auf und vereinbaren Gütertrennung.

Die Beteiligten haben den Zugewinnausgleichsanspruch von F mit 1,5 Mio. EUR ermittelt und sind darüber einig.

Zur Erfüllung des Zugewinnausgleichsanspruchs vereinbaren die Beteiligten, dass M der F das lastenfreie Eigentum an Grundstück xy zu verschaffen hat. Dessen Wert nehmen sie übereinstimmend mit 1 Mio. EUR an. In Erfüllung der Zugewinnausgleichspflicht erklären die Beteiligten die Auflassung wie folgt: [...]. Die restliche Zugewinnausgleichsforderung von 500 TEUR wird dem M gestundet und ist während der Stundung mit 4 % jährlich zu verzinsen. Die Zinsen sind mit der Hauptforderung fällig.

Die Beteiligten vereinbaren nunmehr, beginnend mit dem Folgetage, wieder im gesetzlichen Güterstande der Zugewinngemeinschaft leben zu wollen, und heben dafür die Gütertrennung, beginnend mit dem Folgetage, auf.

874   Mit diesem Formulierungsvorschlag ist dem steuerlichen Interesse gedient. Es ist die kostengünstigste Lösung, weil nur Kosten für eine notarielle Beurkundung entstehen. Der Vertrag kann aber auch Folgen für das **Pflichtteilsrecht** von Abkömmlingen haben. Die Abkömmlinge von M können sich nach dessen Tod auf den Standpunkt stellen, der Vertrag sei in seinem Kern eine freigiebige Zuwendung an F und löse Pflichtteilergänzungsansprüche (§ 2325) aus. Der *BGH* hat entschieden, dass Zuwendungen als Folge einer güterrechtlichen Vereinbarung grundsätzlich nicht als freigiebige Zuwendungen anzusehen seien und deshalb keinen Pflichtteilsergänzungsanspruch auslösen[22]. Allerdings kann eine andere Beurteilung geboten sein, wenn die Eheleute gar keine Güterstandsänderung wollten, sondern nur die Vermögensübertragung beabsichtigt war. Dazu kann man gelangen, wenn die Rückkehr zur Zugewinngemeinschaft schon in der einzigen Urkunde enthalten ist und die Eheleute zwangsläufig keine selbständige, neue Entscheidung über den Güterstandswechsel getroffen haben. Wenn Pflichtteilsansprüche zu besorgen sind, wird deshalb empfohlen, die Rückkehr in den gesetzlichen Güterstand einer zweiten Urkunde mit einigem zeitlichen Abstand vorzuhalten[23].

---

22 *BGH*, 27.11.1991, IV ZR 266/90, FamRZ 1992, 558.
23 *Langenfeld*, Rn. 460.

cc) Steuergünstige Lösung der Variante 1

Wenn die Eheleute während der ganzen Dauer ihrer Ehe bisher in Gü-   **875**
tertrennung gelebt haben, kann zwangsläufig kein Zugewinnausgleichsanspruch entstehen. Die Güterstandsschaukel ist dennoch auch im Falle
der Abwandlung möglich.

Den Eheleuten steht es frei, durch Ehevertrag die Gütertrennung aufzuheben und **rückwirkend auf den Tag der Eheschließung** Zugewinngemeinschaft zu vereinbaren[24]. Wenn dann in einem zweiten Schritt die
soeben erst begründete Zugewinngemeinschaft wieder beendet wird –
diesmal ohne Rückwirkung –, so entsteht kraft Gesetzes ein Zugewinnausgleichsanspruch. Das Primat des Zivilrechts wird von der Finanzrecht-
sprechung auch für diesen Fall akzeptiert[25]. Es besteht also die Möglichkeit, rückwirkend Zugewinngemeinschaft zu vereinbaren, wenn der
Vermögenszuwachs des einen Ehegatten so hoch ist, dass er die Übertragung des Gegenstandes als Zugewinnausgleich rechtfertigt.

Dem Ergebnis steht auch nicht § 5 I 4 ErbStG entgegen. Diese Vor-   **876**
schrift ist vom Gesetzgeber als Reaktion auf die Rechtsprechung der Fi-
nanzgerichte eingeführt worden, die die rückwirkend vereinbarte Zugewinngemeinschaft anerkannt hatten. Die Wirkung der Vorschrift beschränkt sich aber auf den erbrechtlichen Zugewinnausgleich (§ 1371).
Der Zugewinnausgleich unter Lebenden fällt schon tatbestandlich nicht
unter das Erbschaftsteuerrecht, so dass die Beschränkung in Satz 4 keine
Auswirkung haben kann[26].

Allerdings versucht die Finanzverwaltung, die Möglichkeiten einzu-   **877**
schränken, rückwirkend Zugewinn zu schaffen, der dann ausgeglichen
wird. Es wird unterschieden, ob der so geschaffene Ausgleichsanspruch
güterrechtlichen oder eher erbrechtlichen Charakter hat. Überwiegt der
erbrechtliche Charakter, so soll eine Schenkung auf den Todesfall
(§ 3 I 2 1 ErbStG) vorliegen. Die Abgrenzung ergibt sich aus R 12 ErbSt.
Von Bedeutung für die Abgrenzung ist deshalb das Alter der Beteiligten.
Ist der Erbfall abzusehen, so ist von einer (steuerpflichtigen) Schenkung
auf den Todesfall auszugehen, bei jüngeren Eheleuten nicht[27].

Formulierungsbeispiel für die Variante 1:

Die Beteiligten heben rückwirkend auf den Tag der Eheschließung den
vertraglichen Güterstand der Gütertrennung auf und vereinbaren für die

---

24 *Reich*, ZEV 2011, 59.
25 *FG Düsseldorf*, 14.6.2006, 4 K 7107/02, EFG 2006, 1447.
26 *Friedrich-Büttner/Herbst*, ErbStB 2011, 45, 47.
27 *Kogel*, Strategien, Rn. 16.

bisherige Dauer ihrer Ehe den gesetzlichen Güterstand der Zugewinnge-
meinschaft.

Die Beteiligten heben den soeben vereinbarten gesetzlichen Güterstand der
Zugewinngemeinschaft mit Wirkung für die Zukunft auf und wollen fort-
an wieder in Gütertrennung leben.

Die Beteiligten haben den Zugewinnausgleichsanspruch von F mit 1,5
Mio. EUR ermittelt und sind darüber einig.

Zur Erfüllung des Zugewinnausgleichsanspruchs vereinbaren die Beteilig-
ten, dass M der F das lastenfreie Eigentum an Grundstück xy zu verschaf-
fen hat. Dessen Wert nehmen sie übereinstimmend mit 1 Mio. EUR an.
In Erfüllung dieser Pflicht erklären die Beteiligten die Auflassung wie
folgt: [...]. Die restliche Zugewinnausgleichsforderung von 500 TEUR
wird dem M gestundet und ist während der Stundung mit 4 % jährlich
zu verzinsen. Die Zinsen sind mit der Hauptforderung fällig.

dd) Schuldnerschutz (Variante 2)

878   In der 2. Abwandlung droht dem M die Zwangsvollstreckung durch
seine Gläubiger. Die Güterstandsschaukel kann auch dazu geeignet sein,
Teile seines Vermögens wirksam dem **Zugriff der Gläubiger** zu entziehen.

879   Wenn der M Vermögen seiner Frau unentgeltlich überträgt, unterliegt
diese Übertragung für die Dauer von vier Jahren der Anfechtung durch
die Gläubiger (§ 4 AnfG) oder den Insolvenzverwalter (§ 134 InsO). Eine
Übertragung aufgrund des gesetzlich entstandenen Zugewinnausgleichsanspruchs gilt nicht als unentgeltlich und berechtigt somit nicht zur Anfechtung[28]. Die Übertragung ist auch nicht als schädigendes Geschäft anzusehen, das zur Anfechtung wegen vorsätzlicher Benachteiligung führen
würde (§§ 3 AnfG, 133 InsO). Wenn der Vertrag nicht aus ehefremden
Gründen geschlossen ist, ist die Erfüllung des Zugewinnausgleichsanspruchs jedenfalls insolvenzfest[29]. M hat also die Möglichkeit, den Teil seines Vermögens, der dem Zugewinnausgleichsanspruch von F entspricht,
auf diese zu übertragen und so dem Zugriff zu entziehen.

Der Schutz vor Gläubigerzugriffen funktioniert allerdings nur noch
eingeschränkt, wenn die persönliche Inanspruchnahme des Schuldners
schon konkret geworden ist oder sogar schon unmittelbar bevorsteht.
Rechtsgeschäfte, die den Zweck haben, die Gläubiger zu benachteiligen,
sind in erheblich größerem Umfange anfechtbar (§ 4 AnfG, § 133 InsO).
Der Ehevertrag, mit dem Güterstand verändert wird, ist im Sinne dieser

---

28 *BGH*, 20.10.1971, VIII ZR 212/69, NJW 1972, 4.
29 *Langenfeld*, Rn. 268.

Vorschrift ein Rechtsgeschäft. Wegen der Einzelheiten der Anfechtung von Rechtsgeschäften muss auf die insolvenzrechtliche Literatur verwiesen werden.

ee) Steuerliche Legitimation von Schenkungen (Variante 3)

M und F haben ihr Aktienvermögen in einem gemeinsamen Depot zusammen gebracht. Sie sind damit Gesamtberechtigte der auf dem Depot verwahrten Wertpapiere. Im Innenverhältnis sind sie gleichen Teilen berechtigt. M, der sehr viel mehr eingebracht hat, hat dadurch der F – möglicherweise ohne es zu merken – ein Geschenk gemacht. Das Geschenk hat, soweit der Freibetrag überschritten wurde, Schenkungsteuer ausgelöst. Im Zweifel ist darüber eine Schenkungsteuererklärung nicht abgegeben worden. Die steuerliche Verjährung der nicht erklärten Schenkung hat somit noch nicht einmal zu laufen begonnen (§ 170 V Nr. 2 AO), solange die Steuererklärung nicht abgegeben worden ist. Eine einmal entstandene Schenkungsteuer kann auch nicht durch Rückabwicklung der Schenkung zum Erlöschen gebracht werden. In diesem Fall kann durch die **Güterstandsschaukel** die Schenkungsteuer nachträglich entfallen. **880**

Eine **Schenkungsteuer entfällt rückwirkend**, wenn ein Geschenk gemäß § **1380** auf den Zugewinnausgleichsanspruch anzurechnen ist (§ 29 I Nr. 3 ErbStG). Ein Schenkungsteuerbescheid ist ggf. rückwirkend zugunsten des Steuerpflichtigen zu ändern. Diese Bestimmung des Erbschaftsteuerrechts kann für die Variante 3 fruchtbar gemacht werden: Die Eheleute gehen nach Begründung des gemeinsamen Depots zum Güterstand der Gütertrennung über. Dadurch entsteht der Zugewinnausgleichsanspruch. Dieser ist nach § 1380 zu ermitteln. Der Zugewinnausgleichsanspruch ist zunächst ohne die Einrichtung des Depots zu berechnen. Soweit sich dann ein Ausgleichsanspruch ergibt, ist darauf die Depotübertragung anzurechnen. Die ursprünglich steuerbare Depotschenkung wird nachträglich von der Schenkungsteuer frei. Die Zuwendung von M ist im Zweifel eine **Vorauszahlung** auf den zukünftigen Zugewinnausgleichsanspruch gewesen (§ 1380). Sobald der Zugewinnausgleichsanspruch mit dem Ende des Güterstandes entstanden ist, findet die gesetzliche Anrechnung nach § 1380 statt, und die Übertragung wird nachträglich zum Zugewinnausgleich und damit schenkungsteuerfrei[30]. **881**

Formulierungsbeispiel:

Die Beteiligten heben den Güterstand der Zugewinngemeinschaft mit sofortiger Wirkung auf. Sie sind darüber einig, dass M der F einen Zugewinnausgleichsbetrag von x EUR schuldet, der bis auf weiteres gestundet

---

30 *Reich*, ZEV 2011, 59.

wird. Bei der Ermittlung dieses Zugewinnausgleichsbetrages ist gemäß § 1380 BGB die Übertragung von Wertpapieren im Wert von y EUR an F am [Datum] als Vorausempfang auf den Zugewinnausgleichsanspruch angerechnet worden.

e) Zwischenzeitlicher Zugewinnausgleich

882   Als Alternative zur Güterstandsschaukel wird die Frage erörtert, ob der Zugewinn auch zwischendurch mit endgültiger Wirkung ausgeglichen werden kann, ohne den Güterstand zu beenden. Dieser zwischenzeitliche Zugewinnausgleich, auch **fliegender Zugewinnausgleich** genannt[31], ohne Ende des Güterstandes, ist zu unterscheiden von der sog. Güterstandsschaukel, bei der kurzzeitig Gütertrennung vereinbart wird, um den Zugewinnausgleich durchzuführen. Anschließend wird der gesetzliche Güterstand wieder übernommen.

aa) Definition des zwischenzeitlichen Zugewinnausgleichs

883   Der zwischenzeitliche Zugewinnausgleich soll während des Bestandes des Güterstandes stattfinden. Entweder einmalig oder laufend in kürzeren Abständen soll der Zugewinn bei Fortbestand der Zugewinngemeinschaft ausgeglichen werden. Der Ausgleich soll für die abgelaufene Periode jeweils endgültig sein. Der darauffolgende Ausgleich soll nur noch die Periode seit dem vorangegangenen Ausgleich betrachten. Der Güterstand wird also in mehrere selbständige Abschnitte aufgeteilt, an deren Ende jeweils ein endgültiger Zugewinnausgleich stattfindet. Demzufolge kann der Zugewinn im Verlaufe des Güterstandes auch in verschiedene Richtungen gehen, je nachdem, welcher Ehegatte in der jeweiligen Periode den höheren Zugewinn erwirtschaftet hat.

Der Anspruch auf zwischenzeitlichen Zugewinnausgleich kann jedenfalls nur durch Ehevertrag geschaffen werden, indem die Zugewinngemeinschaft verändert und abweichend von § 1378 III 1 der Ausgleichsanspruch losgelöst vom Ende des Güterstandes und möglicherweise mehrfach entsteht[32].

bb) Gründe für den zwischenzeitlichen Zugewinnausgleich

884   Durch den zwischenzeitlichen Zugewinnausgleich sollen vordringlich die Nachteile gemildert werden, die sich daraus ergeben, dass die Zugewinngemeinschaft während des Bestehens des Güterstandes eine Güter-

---

31 *Kanzleiter/Wegmann*, Rn. 227.
32 Ausführlich zu der Idee und den Gründen des zwischenzeitlichen Zugewinnausgleichs: *Bärenz*, S. 30 ff.

trennung ist. Es soll ein **Gerechtigkeitsdefizit** ausgeglichen werden, indem das gemeinsam erwirtschaftete Vermögen zeitnäher auf die Eheleute verteilt wird[33]. Die Eigenverantwortung der Eheleute soll gestärkt werden. Auch könnten Beweisprobleme erleichtert werden, wenn die Zugewinnberechnung nahe am Entstehenszeitpunkt der Gegenstände durchgeführt wird.

Mit dem zwischenzeitlichen Zugewinnausgleich sollen auch Vermö- **885** gensübertragungen zwischen den Eheleuten ermöglicht werden, ohne dass **Schenkungsteuer** ausgelöst wird. Wenn während bestehendem Güterstand Vermögensgegenstände ohne Gegenleistung von einem Ehegatten auf den anderen übertragen werden, entsteht dadurch Schenkungsteuer. Geschieht die Übertragung in Erfüllung einer Zugewinnausgleichspflicht, ist der Vorgang nicht steuerpflichtig (§ 5 II ErbStG).

Der zwischenzeitliche Zugewinnausgleich – sei er ehevertraglich oder **886** stillschweigend begründet – kann dafür herangezogen werden, die **Anrechnungswirkung des § 1380** zu vermeiden[34]. Der potentiell ausgleichspflichtige Ehegatte kann ein Interesse daran haben, im Zugewinnausgleichsstreit nach Ende des Güterstandes Übertragungen, die während der Ehe stattgefunden haben, für endgültig zu erklären und damit einen ganzen Vermögensbereich aus dem Zugewinn herauszunehmen.

cc) Stellungnahme

Ob ein zwischenzeitlicher Zugewinnausgleich ohne Beendigung der **887** Zugewinngemeinschaft möglich ist, hängt davon ab, ob die Regelung des § 1378 III 1, wonach der Ausgleichsanspruch erst mit dem Ende des Güterstandes entsteht, durch Ehevertrag abdingbar ist. Die Frage ist eher dogmatische Natur und wird deshalb in Rechtsprechung und Literatur kaum behandelt. Es ist aber davon auszugehen, dass das Entstehen des Ausgleichsanspruchs mit dem Ende des Güterstandes wesensbestimmend für die Zugewinngemeinschaft ist und deshalb nicht verändert werden kann[35]. Gerichtlich ist die Frage nur von der finanzgerichtlichen Rechtsprechung behandelt worden. Der *BFH* hat in zwei Urteilen entschieden, dass ein zwischenzeitlicher Ausgleich nicht in Erfüllung einer gesetzlichen Schuld geschehen könne, und eine Schenkungsteuerpflicht bejaht[36]. Der Zugewinnausgleich ist nur deshalb nicht steuerbar, weil er ein kraft Gesetzes entstehender Anspruch ist. Ein vertraglich vereinbarter Anspruch

---

33 *Kornexl*, FamRZ 2011, 692.

34 *OLG Koblenz*, 1.7.2008, 11 UF 563/07, FamRZ 2010, 296.

35 *Staudinger/Thiele*, § 1378, Rn. 37; *MK/Koch*, § 1378, Rn. 36; *Schwab/Schwab*, VII Rn. 206; a.A. *Münch*, Rn. 490.

36 *BFH*, 24.8.2005, II R 28/02, FamRZ 2006, 1670, Rn. 18, 19; *BFH*, 28.6.2007, II R 12/06, FamRZ 2007, 1812 (nur Leitsatz), BFHE 217, 260, Rn. 12, 13.

genügt dem nicht[37]. Der zwischenzeitliche Zugewinnausgleich ohne gleichzeitige Beendigung des Güterstandes kann wegen des Schenkungsteuerrisikos nicht empfohlen werden[38]. Für den zwischenzeitlichen Zugewinnausgleich aus steuerlichen Gründen besteht wenig praktisches Bedürfnis[39]. Es gibt kaum Vorteile gegenüber der Güterstandsschaukel bei gleichzeitig erheblicher Rechtsunsicherheit.

888　　Aus der zutreffenden Ansicht des *BFH* folgt, dass der fliegende Zugewinnausgleich auch nicht geeignet ist, ein Gerechtigkeitsdefizit auszugleichen. Es ist zwar möglich, während des Güterstandes durch Ehevertrag schuldrechtliche Ansprüche entstehen zu lassen, die wie ein Zugewinnausgleichsanspruch berechnet werden. Dadurch lässt sich der Gesamtausgleich bei Güterstandsende aber nicht vermeiden und nicht präjudizieren. Die zwischenzeitlichen Zahlungen können nur als Vorauszahlungen im Sinne des § 1380 angesehen werden. Deshalb ist dem *OLG Koblenz*[40] nicht zu folgen. Es hat eine Verfügung während der Ehe als endgültigen Ausgleich angesehen und damit § 1380 ausgeschlossen. Mit der entgegenstehenden (zutreffenden) Auffassung des *BFH* hat es sich nicht auseinandergesetzt. Außerdem hat das *OLG* die Formproblematik übersehen. Eingriffe in den zukünftigen Zugewinnausgleichsanspruch sind nur in Form des Ehevertrages oder unter der Voraussetzung des § 1378 III 2 möglich (→ Rn. 506).

III. Inhaltliche Veränderung der Zugewinngemeinschaft

889　　Der gesetzliche Güterstand der Zugewinngemeinschaft tritt kraft Gesetzes mit der Eheschließung ein. Die Eheleute haben aber die Freiheit, durch Ehevertrag unter grundsätzlicher Beibehaltung der Zugewinngemeinschaft Bedingungen zu vereinbaren, die von dem Gesetz abweichen. Diese Möglichkeit folgt aus der Ehevertragsfreiheit und aus § 1356[41].

§ 1409 bestimmt, dass nur Güterstände vereinbart werden dürfen, die im Gesetz in seiner jeweils gültigen Fassung vorgesehen sind. Das wird als *numerus clausus* der Güterstände oder Typenzwang bezeichnet[42]. Verän-

---

37 *Bärenz* vertritt in seiner Dissertation mit ausführlicher Begründung die Auffassung, entgegen der Ansicht des BFH ließen sich das Entstehen des Ausgleichsanspruches und das Ende des Güterstandes entkoppeln, überzeugt damit aber nicht (S. 237 ff.).

38 Ebenso *Kornexl*, FamRZ 2011, 692; *Kogel*, Strategien, Rn. 18; *von Oertzen*, FPR 2012, 103, 106.

39 *Kornexel* (FamRZ 2011, 692, 694) sprich davon, der fliegende Zugewinnausgleich sei aus dem Pool sinnvoller Gestaltungsvorschläge hinausgemeldet worden.

40 *OLG Koblenz*, 1.7.2008, 11 UF 563/07, FamRZ 2010, 296.

41 *BGH*, 26.3.1997, XII ZR 250/95, FamRZ 1997, 800, Rn. 29.

42 *Gernhuber/Coester-Waltjen*, § 32, Rn. 21.

derungen am gesetzlichen Güterstand können diesen so weit *denaturie-ren*[43], dass die Frage aufkommt, ob sich die Vereinbarung noch im gesetzlich vorgegebenen Rahmen hält. Ob es einen solchen Rahmen gibt, der überschritten werden könnte, hat der *BGH* ausdrücklich offen gelassen[44]. Die Frage ist auch eher theoretischer Natur. Die hier erörterten Abwandlungen halten sich nach allgemeiner Ansicht jedenfalls in einem etwa bestehenden Rahmen.

1. Ausschluss des Zugewinnausgleichs unter Lebenden

Als **Alternative zur Gütertrennung** ist eine gebräuchliche Form der Veränderung der Ausschluss des Zugewinns unter Lebenden. Dafür hat sich die Bezeichnung *modifizierte Zugewinngemeinschaft* eingebürgert. Der Begriff würde zwar auch für andere Veränderungen der Zugewinnge-meinschaft passen. Ohne weiteren Zusatz ist darunter jedoch der Ausschluss des Zugewinnausgleichs im Falle der Scheidung zu verstehen[45]. Bei dieser Modifikation kann im Falle der Scheidung kein Zugewinnausgleich verlangt werden. Mangels eines Ausgleichsanspruchs bestehen auch keine Auskunftsansprüche nach § 1379, weil von vornherein feststeht, dass die Auskünfte zur Ermittlung oder Abwehr eines Anspruchs nicht benötigt werden. Hingegen findet im Todesfall der Zugewinnausgleich nach den allgemeinen Bestimmungen statt, sei es als erbrechtlicher, sei es als güterrechtlicher Ausgleich.

890

a) Gütertrennung oder modifizierter Zugewinnausgleich?

Eine veränderte Zugewinngemeinschaft, die nur im Scheidungsfall den Zugewinnausgleich ausschließt, entspricht meist der Interessenlage von Eheleuten, die beim Notar den Wunsch nach Gütertrennung äußern. Im Normalfall soll die Gütertrennung nur den möglichen Konfliktfall, also die Scheidung regeln und Ausgleichsansprüche vermeiden. Hingegen besteht üblicherweise kein Konflikt, wenn der Güterstand durch den Tod eines der Eheleute endet. Hatte die Ehe bis zum Tode Bestand, so gibt es zumeist keinen Grund, den Überlebenden von der Teilhabe an dem in der Ehe Geschaffenen auszuschließen.

891

Die echte Gütertrennung ist deshalb den Fällen vorzubehalten, in denen auch im Todesfall der Überlebende nicht begünstigt werden soll. Das sind vor allem die Fälle, in denen ein **ererbtes Familienvermögen** innerhalb der Familie bleiben und nicht auf Ehegatten übergehen soll.

---

43 *Soergel/Gaul*, vor § 1408, Rn. 21.
44 *BGH*, 26.3.1997, XII ZR 250/95, FamRZ 1997, 800, Rn. 29.
45 *Kogel*, Strategien, Rn. 4; *Brambring*, Rn. 198.

892   Allerdings ergibt sich ein erheblicher Unterschied zwischen Gütertrennung und modifizierter Zugewinngemeinschaft, wenn es um die Inhaltskontrolle des Vertrages geht. Ein Vertrag, durch den Gütertrennung vereinbart wird, wird praktisch immer der Wirksamkeitskontrolle standhalten und kann grundsätzlich nicht im Wege des Ausübungskontrolle bei Eheende angepasst werden. Hingegen ist bei einem Vertrag, der den gesetzlichen Güterstand beibehält und nur für den Fall der Scheidung den Zugewinnausgleich ausschließt, grundsätzlich anpassbar[46].

893   Es ist deshalb immer Aufgabe des Notars, Eheleuten, die eine Gütertrennung wünschen, die Alternativen darzustellen, damit eine interessengerechte Güterstandswahl getroffen werden kann. Auf die Unterschiede bei einer zukünftigen Ausübungskontrolle sollte er dabei hinweisen.

b) Erbschaftsteuerliche Vorzüge

894   Die modifizierte Zugewinngemeinschaft ist der gebotene Güterstand, um eine unnötige Belastung mit Erbschaftsteuer zu vermeiden. Wenn dem überlebenden Ehegatten im Todesfalle Vermögen zugewandt werden soll, ist das bei Gütertrennung nur durch Erbeinsetzung möglich. Der gesamte Nachlass, der dem Überlebenden zufällt, ist erbschaftsteuerbar. Abgesehen von dem Freibetrag (500.000 €, § 16 I Nr. 1 ErbStG) unterliegt der Nachlass der Erbschaftsteuer. Hingegen unterliegt der Zugewinnausgleich nicht der Erbschaftsteuer. Wird der Zugewinn güterrechtlich ausgeglichen, so erfüllt das schon nicht den Steuertatbestand (§ 5 II ErbStG). Ist der Ausgleich erbrechtlich (§ 1371), so ist dieser ausdrücklich von der Erbschaftsteuer ausgenommen (§ 5 I ErbStG). Bei Gütertrennung muss also der Teil des Nachlasses, der ohne Ehevertrag Zugewinnausgleich wäre, versteuert werden. Der steuerliche Vorteil im Todesfalle ist also in der Regel Anlass, anstelle der Gütertrennung den Zugewinnausgleich nur im Falle der Scheidung auszuschließen.

895   Der steuerliche Vorteil lässt sich auch nicht nachträglich schaffen, indem im Verlaufe der Ehe, wenn sie sich als voraussichtlich haltbar erweist, Zugewinngemeinschaft vereinbart wird. Zwar ist es zivilrechtlich möglich, die Zugewinngemeinschaft auch rückwirkend auf den Tag der Eheschließung zu vereinbaren. Der Rückwirkung ist aber durch ausdrückliche gesetzliche Regelung (§ 5 I 4 ErbStG) die steuerliche Anerkennung versagt. Damit kann ein Zugewinn, der vor dem Tag des Vertragsschlusses erwirtschaftet worden ist, endgültig nicht steuergünstig vererbt werden[47].

---

46 → Rn. 954.
47 Wenn der Zugewinn unter Lebenden auszugleichen ist, ist eine Rückwirkung möglich → Rn. 876.

Auch im Hinblick auf eine zukünftige **Güterstandsschaukel** ist die **896**
modifizierte Zugewinngemeinschaft von Bedeutung, um eine sicher steuerfreie Vermögensübertragung zu ermöglichen. Wenn in dem Ehevertrag
der Zugewinnausgleich nur für den Fall der Scheidung ausgeschlossen wurde, nicht aber für den Fall einer sonstigen Beendigung des Güterstandes,
dann können die Eheleute später zur Gütertrennung übergehen und den
Zugewinnausgleichsanspruch (steuerfrei) entstehen lassen (→ Rn. 868 ff.).
Muss dafür zunächst die Zugewinngemeinschaft rückwirkend hergestellt
werden, so ist die Steuerfreiheit jedenfalls ungewiss (→ Rn. 876).

c) Erbrechtliche Folgen

Das gesetzliche Erbrecht des überlebenden Ehegatten ist abhängig **897**
vom Güterstand. Grundsätzlich bestimmt sich der gesetzliche Erbteil
nach § 1931. Im Güterstand der Zugewinngemeinschaft ist aber dieser
Erbteil um ein Viertel erhöht (§ 1371 I). Nach diesen Erbteilen richtet sich
auch der Pflichtteilsanspruch des überlebenden Ehegatten. Entsprechend
sind die gesetzlichen Erbteile und Pflichtteilsansprüche der Kinder verringert.

Die modifizierte Zugewinngemeinschaft, die den Zugewinnausgleich
nur im Scheidungsfalle ausschließt, hat dieselben erbrechtlichen Folgen
wie die unveränderte Zugewinngemeinschaft. Die modifizierte Zugewinngemeinschaft ist deshalb immer dann in Betracht zu ziehen, wenn
die **Pflichtteilsansprüche (nicht gemeinsamer) Kinder** möglichst klein
gehalten werden sollen.

d) Vertragsinhalt

Die modifizierte Zugewinngemeinschaft wird in der notariellen Pra **898**
xis mindestens ebenso häufig vorkommen wie die eigentliche Gütertrennung. Da die Gütertrennung dadurch ersetzt werden soll, ist sie ihr in der
Wirkung unter Lebenden möglichst anzunähern. Neben dem Ausgleichsanspruch sind deshalb auch die Verfügungsbeschränkungen auszuschlie
ßen.

Ebenso ist der vorzeitige Zugewinnausgleich auszuschließen. Hierzu **899**
besteht zwar die allgemeine Ansicht, dass er einer vertraglichen Beschränkung nicht zugänglich sei[48]. Diese grundsätzlich zutreffende Meinung
muss jedoch dahin eingeschränkt werden, dass der Zugewinnausgleichsanspruch unentziehbar durch die Möglichkeit gesichert sein muss, unter
den gesetzlichen Voraussetzungen auch den vorzeitigen Zugewinnausgleich zu verlangen. Ist hingegen der Zugewinnausgleich unter Lebenden
ganz ausgeschlossen, so wäre es widersprüchlich, den vorzeitigen Aus

---

[48] *Staudinger/Thiele*, § 1385, Rn. 24; *Palandt/Brudermüller*, § 1386, Rn. 3.

gleich verlangen zu können. Bei modifizierter Zugewinngemeinschaft ist deshalb auch der Ausschluss des vorzeitigen Zugewinnausgleichs möglich.

900   Formulierungsbeispiel:

Die Beteiligten behalten für ihre Ehe den gesetzlichen Güterstand der Zugewinngemeinschaft bei, verändern diesen aber wie folgt:

Der Zugewinnausgleich wird für den Fall der Scheidung oder Aufhebung der Ehe ausgeschlossen. Der Zugewinn soll deshalb nur bei sonstiger Beendigung des Güterstandes ausgeglichen werden, insbesondere im Todesfall. Der vorzeitige Zugewinnausgleich (§§ 1385, 1386) wird ausgeschlossen. Die Verfügungsbeschränkungen der §§ 1365 und 1369 gelten nicht.

Die Beteiligten wünschen derzeit eine Eintragung in das Güterrechtsregister nicht.

2. Veränderung der Zugewinngemeinschaft

901   Neben dem Ausschluss des Zugewinnausgleichs im Scheidungsfalle sind vielfältige sonstige Veränderungen der Zugewinngemeinschaft möglich. Der Phantasie sind dabei kaum Grenzen gesetzt. Die Vielfalt der Gestaltungsmöglichkeiten ist so groß, dass ihr in der Reihe, in welcher auch die vorliegende Arbeit erscheint, ein eigenes Buch gewidmet ist.

FamRZ-Buch Nr. 9
Verträge in Familiensachen
von Dr. Ludwig Bergschneider
5. Aufl. 2014

Das FamRZ-Buch Nr. 9 wird als Ergänzung zu der vorliegenden Arbeit angesehen. Wegen der weiteren Gestaltungsmöglichkeiten wird darauf Bezug genommen.

Es finden sich eine Vielzahl von weiteren Veröffentlichungen, die Vorschläge zu Änderungen machen. Vor allem Formularbücher, die sich speziell mit Ehevertragsgestaltungen befassen enthalten jeweils dieses Thema[49]. Auf diese spezielleren Veröffentlichungen sei hier verwiesen. Im Rahmen dieses Buches wird nur auf die wesentlichen Themen eingegangen.

---

49 *Zimmermann/Dorsel*, S. 52 ff.; *Waldner*, Rn. 42 ff.; *Brambring*, Rn. 93 ff.; *Langenfeld*, Rn. 255 ff.

a) Ausschluss einzelner Gegenstände

Unter den Veränderungen der Zugewinngemeinschaft haben Rege- **902**
lungen das meiste Gewicht, bei denen es darum geht, einzelne Gegenstände vom Zugewinn auszuschließen[50].

Beispiel: Junge Eheleute wollen heiraten. Der Mann ist Inhaber eines größeren
Unternehmens, das er von seinen Eltern übernommen hat.

Beispiel: Während der Ehe erbt die Frau ein Miethaus in guter Innenstadtlage.

Beiden Fällen ist gemeinsam, dass die Eheleute im gesetzlichen Güterstand der Zugewinngemeinschaft gelebt haben und diesen Güterstand
auch weiterhin grundsätzlich für sie für adäquat halten. Sie sehen aber voraus, dass der ererbte Vermögensgegenstand zukünftig stark an Wert zunehmen wird, und sie halten eine solche Wertsteigerung nicht für eine gemeinsame Leistung. Ohne Veränderung würde die Zugewinngemeinschaft dazu führen, dass Wertsteigerungen bis zum Ende des Güterstandes den Zugewinn erhöhen würden. Ob das Vermögen schon vor oder
während der Ehe geerbt wurde, macht dabei keinen Unterschied.

Es sind viele Vorschläge veröffentlicht, mit welcher Vertragsformulie- **903**
rung dem Interesse genügt werden kann. Keine Formulierung ist ohne
Nachteile. Keine Formulierung erreicht das Ziel mit Gewissheit und keine schützt vor Auseinandersetzungen über die Auswirkung des Vertrages,
vor allem wenn zwischen Vertragsschluss und Ende des Güterstandes eine
längere Zeit liegt[51]. Die Ursache dieser Schwierigkeit liegt in der Natur
der Zugewinngemeinschaft. Gegenstände des Anfangsvermögens sind
nicht dinglich vom übrigen Vermögen getrennt, sondern sind reine Rechnungsposten. Im Verlaufe des Güterstandes können Gegenstände des Anfangsvermögens verändert oder vermischt werden, sie können untergehen
oder durch andere ersetzt werden. Die bilanzielle Ermittlung des Zugewinns sieht es nicht vor, den Weg eines Gegenstandes während des Güterstandes nachzuverfolgen. Bei Beibehaltung der Zugewinngemeinschaft
kann durch vertragliche Veränderung eine dingliche Sonderung einzelner
Gegenstände auch nicht erreichen.

Durch den Vertrag soll erreicht werden, dass Wertveränderungen des **904**
Mietshauses im Beispielsfall, die auf einer Marktentwicklung beruhen,
nicht zu einem Zugewinn führen. Eine Wertveränderung kann aber auch
dadurch entstehen, dass in das Haus investiert wird, womöglich mit Hilfe von gemeinsam erwirtschafteten Mitteln, oder der Wert sinkt, weil Erträgnisse entnommen worden sind, anstatt notwendige Erhaltungsmaß-
nahmen durchzuführen. Bei dem Unternehmen im Beispielsfall treten an-

---

50 Dazu *Brambring*, Rn. 101: „Ein *Klassiker*, auf den sich die güterrechtliche Vereinbarung in
   einem Ehevertrag häufig beschränkt".
51 *Bergschneider*, Rn. 692.

dere Abgrenzungsprobleme auf: Gewinne können entnommen werden, die dann dem Zugewinnausgleich unterliegen, oder Gewinne bleiben im Unternehmen und erhöhen dessen Eigenkapital, also seinen Wert, der nicht dem Zugewinnausgleich unterliegt. Die Abgrenzung von Betriebsvermögen zum Privatvermögen kann schwierig sein, weil das Betriebsvermögen willkürlich verändert werden kann[52]. Oder das Unternehmen wird veräußert, und der Mann beteiligt sich statt dessen an einem anderen Unternehmen.

Die beschriebenen Probleme sind nur beispielhaft. Die Menge der möglichen Abgrenzungsprobleme ist unendlich. Ein universeller Formulierungsvorschlag, der generell passt, kann deshalb nicht gegeben werden. Es muss immer eine Regelung gesucht werden, die auf den konkreten Fall zugeschnitten ist. Die nachfolgenden Erwägungen sollen dabei helfen.

aa) Zur Herausnahme geeignete Gegenstände

905   Gegenstände sollten nur dann vom Zugewinn ausgenommen werden, wenn sie eindeutig beschreibbar und dauerhaft vom übrigen Vermögen abgrenzbar sind. Je mehr Einzelgegenstände von der Regelung betroffen sein sollen, um so größer wird die Zahl der Abgrenzungspunkte. Die Gegenstände sollten der Gewinnerzielung dienen und nicht typischerweise in den Privatbereich gehören, weil die Gewinnerzielung schon aus steuerlichen Gründen eine gewisse Trennung vom übrigen Vermögen erforderlich macht.

Geeignet für eine Herausnahme aus dem Zugewinn sind:

– Kapitalgesellschaften[53]
– Beteiligungen an Personengesellschaften
– Grundstücke oder grundstücksgleiche Rechte
– Kunstgegenstände und Sammlungen.

Weniger geeignet für eine Herausnahme sind:

– eine ungeteilte Erbschaft
– gewerbliche oder freiberufliche Einzelunternehmen
– Wertpapiere
– Geldforderungen
– die Gesamtheit des Anfangsvermögens.

---

52 Dazu ausführlich *Heiss*, Rn. 116 ff.
53 *OLG Bremen*, 8.5.2014, 5 UF 110/13, NZFam 2014, 698.

bb) Inhalt der vertraglichen Vereinbarung

Es gibt unterschiedliche Vorschläge, wie die Herausnahme einzelner **906** Gegenstände aus dem Zugewinnausgleich vertraglich zu gestalten sei. So wird erwogen, die Wertsteigerung eines Gegenstandes aus dem Zugewinnausgleich auszuschließen[54]. Oder es soll vereinbart werden, dass einzelne Gegenstände „bei der Ermittlung des Anspruchs auf Zugewinnausgleich unberücksichtigt" bleiben[55]. Die Vorschläge haben den Nachteil, die Behandlung in der Zugewinnausgleichsbilanz offen zu lassen und damit Anlass für eine Kontroverse zu bieten. Sinnvoller erscheint es, die Behandlung vorzuschreiben. Aus Gründen der Klarheit und Übersichtlichkeit sollten die Gegenstände in der Zugewinnausgleichsbilanz auch auftauchen, jedoch ohne dass sie zu einer Erhöhung oder Verminderung des Zugewinns führen können. Um dieses Ziel zu erreichen, muss der Wert in der Anfangs- und in der Endbilanz gleich sein.

Formulierungsbeispiel:

Zum Anfangsvermögen des Mannes gehört seine Beteiligung an der XY-GmbH. Dieser Gesellschaftsanteil wird bei der Berechnung des Zugewinns des Mannes im Anfangs- und im Endvermögen mit null bewertet. Sollte die Beteiligung im Endvermögen nicht mehr vorhanden sein, so ist sie im Anfangsvermögen mit X EUR zu bewerten. Der Wert kann indexiert werden.

Die Regelung kann im Ergebnis dazu führen, dass der andere Ehegatte, der unter Berücksichtigung des ausgenommenen Gegenstandes ausgleichsberechtigt wäre, seinerseits ausgleichspflichtig wird. Die Ausgleichsrichtung kippt also gleichsam um. Dieses Ergebnis führt für sich genommen nicht dazu, dass die ehevertragliche Vereinbarung unwirksam wäre oder angepasst werden müsste[56]. Es kann aber sinnvoll sein, den Fall im Ehevertrag von vornherein zu berücksichtigen. Dazu kommt folgende Vertragsformulierung in Betracht:

Formulierungsbeispiel:

Ein Ehegatte ist nicht verpflichtet, seinen Zugewinn auszugleichen, wenn er unter Berücksichtigung des vom Zugewinn des anderen Ehegatten ausgenommenen Vermögens nicht zur Ausgleichung verpflichtet wäre[57].

---

54 *Waldner*, Rn. 51.
55 *Brambring*, § 7, Rn. 33.
56 *BGH*, 17.7.2013, XII ZB 143/12, FamRZ 2013, 1543.
57 Formulierung von *Münch*, FamRB 2014, 71.

cc) Erträgnisse

907   Der ausgenommene Gegenstand erzielt reguläre Erträge. Diese Erträge können bei einem Unternehmen entnommen werden – dann werden sie ausgleichspflichtiges Privatvermögen –, oder sie werden im Unternehmen belassen. Erträgnisse eines Hauses werden zu Instandhaltungen verwendet oder sie werden verbraucht. Es gibt Formulierungsvorschläge, wonach auch alle Erträge, mögen sie entnommen sein oder nicht, vom Zugewinnausgleich ausgenommen werden.

Alle Gewinne aus dem Zugewinnausgleich auszunehmen ist nicht praktikabel. Bei einer längeren Ehedauer kann die Summe der entstandenen Gewinne sehr erheblich sein. Entnommene Gewinne werden jedoch zumeist durch die Lebensführung verbraucht sein, so dass sie dem tatsächlich vorhandenen Vermögen erst fiktiv hinzugerechnet werden müssten, um dann vom Zugewinnausgleich ausgenommen zu werden. Mit der Herausnahme einzelner Gegenstände aus dem Zugewinnausgleich soll verhindert werden, dass Wertsteigerungen des Anfangsvermögens auszugleichen sind. Erträgnisse sind aber keine Wertsteigerungen, sondern Einkünfte, die typischerweise das Endvermögen eines Ehegatten erhöhen, soweit sie am Stichtag noch vorhanden sind. Wenn auch die Einkünfte dem Ausgleich entzogen werden sollen, dann stellt sich eher die Frage, ob nicht besser insgesamt Gütertrennung vereinbart wird.

908   Einkünfte können auch zum Erhalt des ausgenommenen Gegenstandes dienen. In dem Fall kann es richtig sein, auch Einkünfte dem Zugewinnausgleich zu entziehen. Allerdings stellt sich das Problem bei Mietobjekten, deren Ertrag durch Einnahmeüberschussrechnung ermittelt wird (§ 4 III EStG), nicht. Erhaltungsaufwendungen mindern unmittelbar den Gewinn, sind also wie alle Werbungskosten in der Zugewinnausgleichsbilanz nicht zu erfassen. Hingegen werden bei bilanzierenden Unternehmen Investitionen in der Unternehmensbilanz aktiviert, mindern den Gewinn also nur in Höhe der Abschreibungen. Hier ist eine Abgrenzung erforderlich, welcher Gewinnanteil ausgeschlossen ist und welcher nicht, weil er als Verstärkung des Eigenkapitals des Unternehmens erforderlich ist. Daraus ergeben sich folgende Empfehlungen:

– Bei Mietobjekten wird nur das Grundstück selbst vom Zugewinnausgleich ausgenommen, Gewinne jedoch nicht.

– Bei Unternehmen, die für die Gesellschafter/Inhaber Gewinnkonten führen, ist der Bestand der Gewinnkonten, soweit sie ausschüttungsfähigen Gewinn enthalten, Teil des Endvermögens.

– Bei gewerblichen oder freiberuflichen Einzelunternehmen ist das gesamte Betriebsvermögen einschließlich der Beträge auf betrieblichen Konten vom Zugewinnausgleich ausgenommen, soweit nicht durch

Gutachten festgestellt wird, dass Vermögensbestandteile nach betriebswirtschaftlichen Grundsätzen nicht betriebsnotwendig sind.

Es ist offensichtlich, dass die Verwendung von Einnahmen in allen **909** Fällen für den Betriebsinhaber Manipulationsmöglichkeiten eröffnet[58]. Allerdings wird ein Ehegatte, solange die Ehe nicht in der Krise ist, keine Veranlassung haben, aus Schädigungsabsicht Manipulationen vorzunehmen. Schädigungen in der Krise sind jedoch nicht auszuschließen und machen die generelle Problematik deutlich, die mit der Herausnahme einzelner Gegenstände aus dem Zugewinnausgleich notwendig verbunden sind. Besonders offensichtlich sind die Manipulationsmöglichkeiten beim Einzelunternehmen, weil der Inhaber weitgehend willkürlich entscheiden kann, ob er Vermögenswerte dem Unternehmen zuordnet oder nicht[59]. Deshalb ist bei Einzelunternehmen auch besondere Zurückhaltung geboten, wenn sie vom Zugewinnausgleich ausgenommen werden sollen.

dd) Surrogate

Häufig findet sich der Vorschlag, Surrogate eines ausgenommenen Gegenstandes ebenfalls vom Zugewinnausgleich auszuschließen. Es sind keine Entscheidungen veröffentlich, bei denen sich eine derartige Vereinbarung hätte bewähren müssen. Erhebliche Abgrenzungsprobleme sind jedoch zu erwarten.

Eine solche Vereinbarung kann sich immerhin auf eine gesetzliche Definition stützen. Im Güterstand der Gütergemeinschaft entspricht das Vorbehaltsgut den Gegenständen, die durch Ehevertrag vom Zugewinnausgleich ausgenommen werden sollen. Dazu enthält § 1418 II Nr. 3 eine Bestimmung, welche Gegenstände als Surrogate dem Vorbehaltsgut zugehören. Praktische Erfahrung mit der Anwendung dieser Vorschrift gibt es allerdings kaum, weil die Gütergemeinschaft fast nicht mehr verwendet wird. Auf die Vorschrift kann jedoch im Vertrag in Bezug genommen werden. Gleichzeitig sollte aber geregelt werden, dass im Zweifel solche Gegenstände, die nicht ausdrücklich durch Ehevertrag ausgenommen sind, nicht als Surrogate anzusehen sind.

910

911

Formulierungsbeispiel:

Zum Anfangsvermögen des Mannes gehören folgende Kunstgegenstände [einzeln genau bezeichnen]. Bei der Berechnung des Zugewinns des Mannes sind diese Gegenstände im Anfangsvermögen wie im Endvermögen mit Null zu bewerten.

---

58 Sehr plastisch werden die Manipulationsmöglichkeiten anhand der Formulierungsvorschläge von *Münch* (Rn. 960–1012), die deshalb äußerst kompliziert werden.
59 *Kogel*, Strategien, Rn. 21.

Ist im Endvermögen ein Gegenstand vorhanden, der in entsprechender Anwendung von § 1418 II Nr. 3 BGB als Surrogat eines nicht mehr vorhandenen Gegenstandes aus der vorstehenden Aufstellung anzusehen ist, so ist auch dieser mit null zu bewerten. Ist einer der vorstehend bezeichneten Gegenstände im Endvermögen nicht vorhanden und ist an dessen Stelle nicht ein Surrogat festzustellen, so ist dieser Gegenstand im Anfangsvermögen mit seinem nach § 1376 zu ermittelnden Wert und im Endvermögen überhaupt nicht zu berücksichtigen.

Zur Berechnung der Kappungsgrenze nach § 1378 II BGB sind die hier vereinbarten Gegenstände nicht mit Null, sondern mit ihrem wirklichen Wert zu bewerten.

ee) Verbindlichkeiten

912 Eine unternehmerische Beteiligung oder ein Grundstück ist häufig zum Teil durch Bankkredite finanziert. Bei einem Unternehmen sind die Verbindlichkeiten, die der Finanzierung des Anteils des Inhabers dienen, nicht betriebliche Verbindlichkeiten. Dasselbe gilt für Grundstücksfinanzierungen. Die Verbindlichkeiten müssen aber ebenso wie der begünstigte Gegenstand selbst vom Zugewinnausgleich ausgenommen werden, um das Ergebnis nicht zu verfälschen.

Formulierungsbeispiel:

Der Mann ist als Gesellschafter an der XY-oHG beteiligt. Dieser Gesellschaftsanteil ist im Anfangs- wie im Endvermögen des Mannes mit Null zu bewerten. Darlehensverbindlichkeiten des Mannes, die er zur Finanzierung seines Anteils oder des Eigenkapitals der Gesellschaft aufgenommen hat oder zukünftig noch aufnehmen wird, sind ebenfalls mit Null zu bewerten.

ff) Alternativ: Vereinbarung eines anderen Güterstandes

913 Sollen einzelne Gegenstände aus dem Zugewinnausgleich ausgeschlossen werden, so bedeutet das immer einen Bruch mit der Systematik der Zugewinngemeinschaft. In Abweichung von dem bilanziellen Stichtagsprinzip müssen die herausgenommenen Gegenstände während des gesamten Güterstandes in ihrer Entwicklung verfolgt werden. Es muss festgestellt werden, ob Veränderungen an dem Gegenstand stattgefunden haben und ob diese auch ausgenommen sind. Erträgnisse müssen eingeordnet werden oder es muss die Surrogateigenschaft eines Gegenstandes ermittelt werden. Das wird um so komplexer, um so mehr Einzelgegenstände ausgeschlossen werden sollen[60]. Wenn das von den Eheleuten gleichwohl ge-

---

60 Ganz ungeeignet erscheint deshalb der Vorschlag von *Waldner* (Rn. 51), die Wertsteigerung aller Gegenstände des Anfangsvermögens aus dem Zugewinnausgleich auszuschließen.

wünscht wird, sollte der beratende Notar in die Überlegungen auch einen anderen Wahlgüterstand anstelle der modifizierten Zugewinngemeinschaft einbeziehen.

Die **Wahl-Zugewinngemeinschaft** (§ 1519) enthält dem französischen Recht entnommene Bestimmungen, wonach Wertsteigerungen von Grundstücken im Anfangsvermögen vom Zugewinnausgleich ausgenommen sind (Art. 9). Die Wahl-Zugewinngemeinschaft entspricht im Übrigen weitgehend dem deutschen gesetzlichen Güterstand. Wenn es nur darum geht, ererbtes Grundvermögen aus dem Ausgleich auszunehmen, so sollte erwogen werden, diesen Güterstand anstelle einer einzelvertraglichen Regelung zu vereinbaren.

914

Sollen sehr viele oder komplexe Gegenstände vom Zugewinnausgleich ausgenommen werden, so kann das Anlass sein, über eine **Gütergemeinschaft** (§ 1415) nachzudenken. Dieser Wahlgüterstand wird allgemein als nicht mehr zweckmäßig und übermäßig mit Nachteilen behaftet angesehen. Das muss bei geeigneter Gestaltung aber nicht so sein und die unvermeidbaren Nachteile haben nicht in jedem Fall Bedeutung. In Betracht kommt die Gütergemeinschaft insbesondere, wenn das gesamte Anfangsvermögen vom Zugewinnausgleich ausgenommen werden soll. Es können dann alle Vermögensgegenstände, die die Eheleute bei Eheschließung oder bei Vertragsschluss besitzen, zum Vorbehaltsgut (§ 1417) gemacht werden. Diese Gegenstände sind dann dinglich von der Gemeinschaft ausgenommen. Auch während der Ehe können weitere Gegenstände durch ergänzenden Ehevertrag zum Vorbehaltsgut gemacht werden. Vermögen, das in der Ehe erworben wird, wird gesamthänderisches Eigentum. Bei der Auseinandersetzung dieses Gesamtgutes am Ende des Güterstandes ergibt sich ein ähnlicher Effekt wie beim Ausgleich des Zugewinns. Bei der Gütergemeinschaft unvermeidbar ist die gesamtschuldnerische Haftung beider Eheleute mit dem Gesamtgut für Schulden des jeweils anderen. Wenn eine Überschuldung eines Ehegatten nicht zu erwarten ist – was die Regel ist –, so ergibt sich daraus aber kein wirklich relevantes Problem. Die wesentlichen Probleme der Gütergemeinschaft lassen sich durch sorgfältige Gestaltung des Ehevertrages beherrschen. Dann kann dieser Güterstand seinen Vorteil, dass er **verschiedene Vermögensmassen dinglich trennt**, ausspielen[61].

915

b) Vereinbarungen zum Anfangsvermögen

Durch Ehevertrag können Vereinbarungen über den Bestand des Anfangsvermögens getroffen werden. Das ist besonders zu empfehlen, wenn das Anfangsvermögen umfangreich, unübersichtlich oder schwer zu be-

916

---

61 Ausführlich zu den Vorteilen der Gütergemeinschaft: *Kanzleiter/Wegmann*, Rn. 28 ff.

werten ist. Ehevertragliche Vereinbarungen zum Anfangsvermögen **erset-zen das Verzeichnis gemäß § 1377** und haben diesem gegenüber erhebliche Vorteile.

Nach längerer Ehedauer ist es zumeist schwierig, den Bestand des Anfangsvermögens nachzuweisen. Das Problem tritt für den Ehegatten auf, der das Anfangsvermögen hatte, wenn es positiv war, oder für den anderen, wenn es negativ war. Ein Verzeichnis nach § 1377 kann diese Probleme verringern, hat in seiner Wirkung aber erhebliche Einschränkungen. Das Verzeichnis hat in der Praxis deshalb auch kaum Bedeutung erlangt.

917   Die begrenzte Wirkung des Anfangsverzeichnisses liegt an Folgendem:

–   Das Verzeichnis begründet die Vermutung, dass es hinsichtlich der darin enthaltenen Gegenstände richtig und vollständig sei und dass die Werte richtig seien. Der **Gegenbeweis** bleibt jedoch möglich.

–   Das Verzeichnis muss mit der Wirklichkeit übereinstimmen. Eine Pauschalisierung oder eine bewusst vom tatsächlichen Zustand abweichendes Verzeichnis würde eine Verfügung über den zukünftigen Zugewinnausgleichsanspruch bedeuten und würde deshalb das Verzeichnis gem. § 1378 III 2 unwirksam machen.

918   Eine ehevertragliche Vereinbarung über das Anfangsvermögen vermeidet die beschriebenen Nachteile des Verzeichnisses und ersetzt dieses. Die Vereinbarung über das Anfangsvermögen ist sowohl hinsichtlich der Gegenstände wie auch hinsichtlich der angesetzten Werte abschließend[62]. Ein Gegenbeweis ist ausgeschlossen. Bei umfangreichem Anfangsvermögen ist es im Ehevertrag auch entbehrlich, die Gegenstände einzeln zu bezeichnen. Es genügt die Angabe des Wertes des Anfangsvermögens, auf den sich den sich die Eheleute anlässlich des Vertragsschlusses geeinigt haben.

Der Ehevertrag über das Anfangsvermögen kann zu jedem Zeitpunkt abgeschlossen werden. Eine solche Vereinbarung kommt in Betracht bei der Eheschließung, aus Anlass eines größeren privilegierten Erwerbs oder auch in der beginnenden Krise der Ehe, wenn ein noch bestehendes Einverständnis der Eheleute zur Konfliktvermeidung genutzt werden soll.

919   **Formulierungsbeispiel:**

Die Beteiligten behalten für ihre Ehe den gesetzlichen Güterstand der Zugewinngemeinschaft bei. Sie vereinbaren hinsichtlich ihres Anfangsvermögens:

---

62 *Kanzleiter/Wegmann*, Rn. 150.

Der Ehemann verfügt über ein Anfangsvermögen von X EUR und die Ehefrau verfügt über ein negatives Anfangsvermögen, bei dem die Verbindlichkeiten das Vermögen um Y EUR überstiegen haben.

Die Werte sind jeweils vereinbart zum Geldwert am Tage des Vertragsschlusses. Das Anfangsvermögen kann sich verändern durch zukünftige Hinzurechnungen nach § 1374 II. Im Übrigen ist der Nachweis eines abweichenden Anfangsvermögens ausgeschlossen.

c) Veränderungen im gesetzlichen System des Zugewinnausgleichs

Eingriffe in das gesetzliche System des Zugewinnausgleichs durch **920** Ehevertrag sind fast unbegrenzt möglich. Der Phantasie sind kaum Grenzen gesetzt. Hier können deshalb nur Einzelbeispiele gegeben werden, die als Anregung dienen mögen.

– Es wird klargestellt, dass der Zugewinn auch negativ werden kann.

– Der zukünftige Zugewinnausgleichsbetrag wird auf einen Höchstbetrag beschränkt, der am Bedarf des Berechtigten für seine Versorgung orientiert ist.

– Die Vermutungswirkung eines abweichenden Trennungsvermögens (§ 1375 II 2) wird ausgeschlossen.

d) Nicht ausschließbare Bestandteile der Zugewinngemeinschaft

Einzelne Bestimmungen, die das Wesen der Zugewinnausgleichsbe- **921** rechnung ausmachen, können grundsätzlich nicht ehevertraglich im vorhinein ausgeschlossen werden.

So ist es nicht möglich, die **Unbilligkeitsklausel** des § 1381 generell auszuschließen[63].

Auf die **Auskunftsansprüche** nach § 1379 kann nicht im voraus durch Ehevertrag verzichtet werden.

Es soll nicht zulässig sein, die Hinzurechnungstatbestände des **922** § 1375 II durch Ehevertrag auszuschließen[64]. Dem kann so allgemein nicht zugestimmt werden. Verfügungen, seien es unentgeltliche oder verschwenderische, fallen durch Zustimmung des anderen aus dem Bereich des § 1375 II heraus. Dann kann es nicht unzulässig sein, dieses Einvernehmen auch ehevertraglich generell herzustellen. Immerhin trifft jede Verfügung auch den Verfügenden selbst, wodurch eine hinreichende Beschränkung bei der Ausübung erreicht wird. Allein ein Vertrag, der auch

---

63 *Staudinger/Thiele*, § 1381, Rn. 39; *Soergel/Kappler*, § 1381, Rn. 6.
64 *Gernhuber/Coester-Waltjen*, § 36, Rn. 36.

Handlungen in Schädigungsabsicht (Nr. 3) gestattet, dürfte in der Regel an § 138 scheitern.

923   Es wird auch vertreten, dass die **Vermutungswirkung des § 1377 I** nicht abbedungen werden könne[65]. Ein Grund für diese Beschränkung ist allerdings nicht ersichtlich, zumal durch Ehevertrag das Anfangsvermögen frei und auch abweichend von der Wirklichkeit vereinbart werden kann.

924   Überwiegend wird die Ansicht vertreten, der Anspruch auf **vorzeitigen Zugewinnausgleich** (§§ 1385 und 1386) sei zwingendes Recht und könne nicht ausgeschlossen werden[66]. Das trifft zu, wenn nicht der güterrechtliche Zugewinnausgleich überhaupt durch Ehevertrag ausgeschlossen ist[67]. Ist jedoch durch **modifizierte Zugewinngemeinschaft** für den Fall der Scheidung der Zugewinnausgleich ausgeschlossen, so gehört dazu zwingend auch der Ausschluss des vorzeitigen Zugewinnausgleichs. Andernfalls würde das Vertragsziel, nämlich zu Lebzeiten eine gütertrennungsähnliche Regelung zu schaffen, verfehlt.

3. Form des Ehevertrages

a) Grundsätzliches

925   Der Ehevertrag kann wirksam nur in der Form einer **qualifizierten notariellen Beurkundung** abgeschlossen werden. Voraussetzung ist also die Niederschrift durch einen Notar im Sinne von § 8 BeurkG. Qualifizierend hinzukommen muss, dass beide Beteiligten während des Beurkundungsvorganges gleichzeitig anwesend sind (§ 1410).

926   Das Erfordernis der **gleichzeitigen Anwesenheit** bedeutet nicht, dass die Erklärungen auch nur persönlich abgegeben werden könnten. Wenn die Erklärung höchstpersönlich wäre, hätte das im Gesetz ausdrücklich geregelt werden müssen, wie etwa bei der Testamentserrichtung in § 2064. Somit ist die Formvorschrift für die Errichtung eines Ehevertrages der Auflassungserklärung (§ 925 I) vergleichbar. Ebenso wie bei der Auflassung ist für den Abschluss des Ehevertrages **Stellvertretung** zulässig. Lediglich die Aufspaltung in zwei Urkunden, von denen eine das Vertragsangebot enthält und die andere dessen Annahme, ist unwirksam. Zum Vertreter kann auch der andere Ehegatte bestellt werden[68].

Die Stellvertretung beim Abschluss des Ehevertrages kann aufgrund vorher erteilter Vollmacht oder auch **vollmachtlos** geschehen, indem der

---

65 *NK-BGB/Heiss*, § 1377, Rn. 13; *Staudinger/Thiele*, § 1377, Rn. 25; *MK/Koch*, § 1377, Rn. 25.
66 *MK/Koch*, § 1386, Rn. 40 m.w.N.
67 Ebenso *Münch*, Fn. 57.
68 *NK-BGB/Völker*, § 1410, Rn. 4.

Vertretene die für ihn abgegebenen Erklärungen nachträglich genehmigt (§ 177 I). Die Vollmacht ist nicht formbedürftig.

Die **Vollmacht selbst bedarf keiner Form**. Solange die Vollmacht widerruflich ist, bedarf sie grundsätzlich keiner notariellen Beurkundung (§ 167 II)[69]. Dasselbe gilt für die Genehmigung einer vollmachtlos abgegebenen Erklärung.

Ein Ehevertrag, der ohne Einhaltung der vorgeschriebenen Form geschlossen wird, ist endgültig und unheilbar **nichtig** (§ 125). Eine Heilung durch Vollzug wie beim Grundstückgeschäft (§ 311b I 2) oder bei der Schenkung (§ 518 II) kommt nicht in Betracht.   **927**

Der Abschluss eines Ehevertrages ist seinem Wesen nach eine sehr persönliche Angelegenheit, so dass sich die Frage nach der Stellvertretung im Normalfall nicht stellen wird. Praktische Bedeutung hat der Vertragsschluss durch Stellvertreter gleichwohl.   **928**

Wenn die Verlobten einen Ehevertrag schließen wollen, kann es vorkommen, dass sie noch in verschiedenen Städten wohnen. Der Notar wird den Vertragsentwurf erst nach einem gemeinsamen Beratungstermin fertigen. Wenn die Verlobten dann nicht erneut für die Beurkundung gemeinsam zu dem Notar kommen können, bietet sich eine zeitlich oder örtlich versetzte Beurkundung an, die indes nur wirksam ist, wenn der Vertrag in einer Verhandlung vollständig beurkundet und von dem Vertretenen später genehmigt wird.

b) Einzelfragen zur Form

aa) Notarielles Verfahren

Es ist vielfach üblich, in die notarielle Niederschrift ausdrücklich aufzunehmen, dass die beiden Vertragsbeteiligten während der gesamten Verhandlung **gleichzeitig anwesend** gewesen seien. Das ist indes nicht erforderlich. Im Urkundseingang wird angegeben, wer vor dem Notar zu der Verhandlung erschienen sei. Wenn sich am Ende der Niederschrift auch die Unterschrift dieser beiden Personen befindet, wird gesetzlich vermutet, dass die Niederschrift den Unterzeichnenden vorgelesen worden sei (§ 13 I 3 BeurkG). Damit kann die gleichzeitige Anwesenheit während des gesamten Beurkundungsvorgangs bewiesen werden, so dass die zusätzliche Erwähnung in der Niederschrift überflüssig ist.   **929**

---

69 *BGH*, 1.4.1998, XII ZR 278/96, FamRZ 1998, 902.

bb) Prozessvergleich

930   Die notarielle Form kann generell durch den Abschluss eines gerichtlichen Vergleichs ersetzt werden (§ 127a). Das gilt auch für den Ehevertrag[70].

Ein gerichtlicher Vergleich erfüllt die Formvoraussetzungen nur, wenn er im Rahmen eines gerichtlichen Verfahrens abgeschlossen wird[71], der in einem inneren Zusammenhang mit dem Gegenstand des Vergleichs, hier also des Ehevertrages, steht[72]. Es muss auch ein Vergleich im Sinne des § 779 mit gegenseitigem Nachgeben sein. Damit kommt der Prozessvergleich zum Abschluss eines Ehevertrages vor allem in Betracht, wenn Rechtsverhältnisse, die Gegenstand eines Ehevertrages sein können, vor Gericht gelangt sind.

Beispiel: In einem Verfahren über den Ehegattenunterhalt während der Trennung wird ein Vergleich geschlossen, der auch den Güterstand beendet und dessen Folgen regelt[73].

931   Die Stellvertretung ist bei Abschluss eines Ehevertrages im Rahmen eines **Prozessvergleiches** nicht nur möglich, sondern vielfach auch unumgänglich. In einem Verfahren mit Anwaltszwang kann der Vergleich wirksam nur durch die Verfahrensbevollmächtigten geschlossen werden. Die Verfahrensvollmacht bedarf dafür keiner besonderen Form. Vermutete Verfahrensvollmacht (§ 11 S. 4 FamFG) genügt.

Die qualifizierte Form des § 1410 muss auch beim Prozessvergleich eingehalten werden. Es müssen deshalb bei der Protokollierung des Vergleichs beide Beteiligte anwesend sein, wenn auch nicht persönlich, sondern vertreten durch ihre Verfahrensbevollmächtigten.

932   Ein **schriftlicher Vergleichsschluss** durch gerichtliche Anerkennung (§ 278 VI ZPO) ist **nicht ausreichend**. Die ZPO ermöglicht den vereinfachten Vergleichsschluss, der keine Protokollierung voraussetzt, sondern durch Feststellung des Gerichts in Beschlussform zustande kommt. Das gilt auch im Verfahren nach dem FamFG. Ob ein solcher Vergleich gemäß § 127a die notarielle Beurkundung ersetzt, ist streitig[74]. Im Allgemeinen muss zu diesem Streit im Zusammenhang mit einem Ehevertrag nicht Stellung bezogen werden. Jedenfalls die qualifizierte Form des § 1410 kann durch den Beschluss-Vergleich nicht eingehalten werden. Dafür ist

---

70 *Erman/Budzikiewicz*, § 1410, Rn. 5; *Staudinger/Thiele*, § 1410, Rn. 12.

71 Das Verfahren darf nicht schon rechtskräftig abgeschlossen sein (*BGH*, 18.11.1954, IV ZR 96/54, BGHZ 15, 190).

72 *Staudinger/Hertel*, Bearbeitung 2004, § 127a, Rn. 14.

73 Zu prüfen ist in diesem Fall, ob ein Ehevertrag abgeschlossen werden soll oder eine Vereinbarung über den Zugewinnausgleich für den Fall der Scheidung (§ 1378 III 2).

74 Dagegen: *Brandenburgisches OLG*, 9.10.2007, 10 UF 123/07, FamRZ 2008, 1192; *MK-ZPO/Prütting*, § 278, Rn. 39.

die *gleichzeitige Anwesenheit* der Beteiligten erforderlich, was im schriftlichen Verfahren ausgeschlossen ist[75].

cc) Faktische ehevertragliche Vereinbarungen

Vereinbarungen über Einzelgegenstände können leicht, ohne dass   **933** die Beteiligten das wahrnehmen, Einfluss auf den Inhalt des gesetzlichen Güterstandes haben. Dann gilt für die gesamte Vereinbarung die Form des Ehevertrages. So kann durch Nachlässigkeit Formunwirksamkeit (§ 125) des gesamten Vertragswerkes entstehen[76].

Schon eine **Schiedsgutachtervereinbarung** über die Bewertung von   **934** Vermögenspositionen im Endvermögen kann eine Verfügung gemäß § 1378 III und damit beurkundungsbedürftig sein[77].

dd) Änderung eines Ehevertrages vor Eheschließung

Eheverträge können – und sollten – schon vor Beginn der Ehe abge-   **935** schlossen werden. Sie unterliegen zu jedem Zeitpunkt dem Formzwang des § 1410. Beurkundungsbedürftig sind dabei auch solche Gegenstände, die für sich genommen formfrei vereinbart werden könnten, deren Regelung von den Verlobten aber als eine Einheit mit dem Ehevertrag angesehen wird. Wie bei einem Grundstückkaufvertrag, bei dem eine heimlich getroffene Schwarzgeldabrede den ganzen Vertrag nichtig macht, so ist auch ein Ehevertrag in seiner Gesamtheit nichtig, wenn ein Teil der Abrede außerhalb des beurkundeten Textes getroffen wird.

Ist ein Ehevertrag über den Güterstand von den Verlobten formgerecht   **936** geschlossen worden, so kommt es vor, dass nachträglich ein Änderungswunsch entsteht. Das mag für sich genommen nicht der Formvorschrift der §§ 1410 oder 1587b unterliegen. Wird der Zusatz nicht beurkundet, so kann er auch den Ehevertrag formnichtig machen (§§ 124, 139), wenn beides nur einheitlich gewollt ist. Allerdings spricht eine nachträgliche Änderung in der Regel gerade dagegen, dass sie bei dem Ausgangsgeschäft schon gewollt war. Unter dieser Annahme bliebe der beurkundete Ehevertrag unberührt. Das ist jedoch nach Ansicht des *OLG Bremen*[78] anders, wenn die formlose Änderung vor der Eheschließung vereinbart wird. Weil der vorehelich abgeschlossene Ehevertrag unter dem Vorbehalt der Eheschließung stehe, bildeten alle bis zur Eheschließung getroffenen ehever-

---

75 Ebenso für den parallelen Fall der Auflassung: *OLG Düsseldorf*, 28.8.2006, 3 Wx 137/06, NJW-RR 2006, 1609.
76 Beispielsfall dafür entschieden vom *OLG Karlsruhe* am 19.1.2009, 1 U 175/08, FamRZ 2009, 1670.
77 *Born*, FPR 2009, 305; *Kogel*, FamRB 2010, 155, 157.
78 *OLG Bremen* 11.3.2010, 5 UF 76/09, FamFR 2010, S. 335, mit Anm. *Braeuer.*

traglichen Abreden eine Einheit und unterlägen somit dem einheitlichen Formzwang. Eine formlos getroffene Änderungsvereinbarung kann deshalb auch noch den beurkundeten Ehevertrag beeinträchtigen.

IV. Scheidungsfolgenvereinbarung über Zugewinnausgleich

1. Verfügungsverbot vor Ende des Güterstandes

937   Im Zusammenhang mit einer bevorstehenden Scheidung ist auch der Zugewinnausgleich zu regeln. Dass dies streitig geschieht, ist die Ausnahme. Zumeist einigen sich die Eheleute und führen die Einigung dann auch durch. Bei der Einigung ist das Verfügungsverbot aus § 1378 III 3 zu beachten. Solange die Ehe noch besteht, also bis zur Rechtskraft des Scheidungsbeschlusses, sind Verfügungen über den Ausgleichsanspruch nicht möglich. Ein Verstoß gegen das Verfügungsverbot macht das Geschäft nach § 134 unwirksam (zu den Einzelheiten des Verfügungsverbotes → Rn. 449 ff.).

Jede Vereinbarung über den Zugewinnausgleich kann eine Verfügung über den Ausgleichsanspruch darstellen. Der Ausgleichsanspruch lässt sich der Höhe nach objektiv ermitteln. Wenn der Betrag, über den sich die Eheleute geeinigt haben, von dem objektiven Anspruch auch nur geringfügig abweicht, wird in dem Betrag der Abweichung über den Anspruch verfügt. Diese Situation wird fast immer bestehen, wenn die Eheleute im Wege eines Vergleichs Ungewissheiten im Hinblick auf den Ausgleichsanspruch ausräumen. Spätestens mit der Erfüllung einer Vereinbarung über den Zugewinnausgleichsanspruch wird über diesen verfügt, denn der Anspruch geht mit seiner Erfüllung unter.

Nach Ansicht des *OLG Hamm*[79] ergibt sich aus § 1378 III nicht nur ein Verfügungsverbot, sondern ein Verbot jeglicher Vereinbarung über den zukünftigen Zugewinnausgleichsanspruch. Im konkreten Fall hatte sich der Antragsteller eines Arrestverfahrens auf ein privatschriftliches Anerkenntnis gestützt. Das darin enthaltene konkrete Schuldanerkenntnis wurde für formnichtig gehalten.

Eine Vereinbarung über den Zugewinnausgleich ist deshalb vor Ende des Güterstandes formlos nicht möglich. Es muss die Form des Ehevertrages oder der beurkundeten Vereinbarung nach § 1378 III 2 eingehalten werden.

---

79 *OLG Hamm*, 19.8.2013, 8 UF 145/13, FamFR 2013, 511.

2. Vereinbarungen für den Fall der Scheidung

a) Ehevertrag oder Scheidungsfolgenvereinbarung

Wenn im Zusammenhang mit einer bevorstehenden Scheidung eine **938** Vereinbarung über den Zugewinnausgleich abgeschlossen werden soll, dann wird häufig die **Form des Ehevertrages** gewählt. Es wird durch den Ehevertrag Gütertrennung vereinbart und gleichzeitig der Ausgleich des bis dahin entstandenen Zugewinns geregelt. Diese Form vermeidet einen Konflikt mit dem Verfügungsverbot des § 1378 III 3, ist jedoch aus **Kostengründen nicht zu empfehlen**[80]. Der Ehevertrag bedarf der notariellen Beurkundung. Die Gebühr richtet sich nach dem Geschäftswert. Bei einem Ehevertrag richtet sich der Geschäftswert nach dem gesamten Vermögen beider Eheleute (§ 100 I GNotKG), auch wenn der vereinbarte Zugewinnausgleich viel niedriger oder gar null ist. Hingegen entspricht der Geschäftswert einer Vereinbarung für den Fall der Scheidung (§ 1378 III 4) nur dem Betrag, der auszugleichen ist (§ 100 II GNotKG), und ist somit immer wesentlich geringer. Ein Vorteil des Ehevertrages gegenüber der Scheidungsfolgenvereinbarung ergibt sich in der Regel nicht.

b) Zeitliche Schranke der Scheidungsfolgenvereinbarung

§ 1378 III 2 setzt das Verfügungsverbot für solche Verfügungen über **939** den Ausgleichsanspruch, die *während eines Verfahrens, das auf die Auflösung der Ehe gerichtet ist,* getroffen werden und die erst mit dem tatsächlichen Ende des Güterstandes wirksam werden. Voraussetzung für deren Gültigkeit ist, dass sie notariell beurkundet werden. Scheidungsfolgenvereinbarungen sind also auch schon vor dem rechtskräftigen Abschluss des Scheidungsverfahrens möglich. Sie sind für die Beteiligten mit ihrem Abschluss verbindlich, entfalten ihre Wirkung aber erst, wenn der Güterstand tatsächlich beendet ist.

Der Anwendungsbereich dieser Vorschrift über die Scheidungsfolgenvereinbarung ist weit. Nach einer Entscheidung des *BGH* aus dem Jahre 1982[81] ist der Wortlaut des § 1378 III 2 auslegungsbedürftig. Er hält die Auslegung für geboten, wonach eine beurkundete Scheidungsfolgenvereinbarung über den Zugewinnausgleich auch schon vor dem Anhängigwerden eines Scheidungsverfahrens zulässig ist, wenn sie für eine konkret beabsichtigte Scheidung geschlossen worden ist. Das erscheint zutreffend und ist seither allgemeine Meinung[82]. Der Gegenansicht, die die förmli-

---

80 A.A. *Menzel*, MittBayNot 2012, 202.
81 *BGH*, 16.12.1982, IX ZR 90/81, FamRZ 1983, 157.
82 *MK/Koch*, § 1378, Rn. 21; *Palandt/Brudermüller*, § 1378, Rn. 13; *Schwab/Schwab*, VII Rn. 383.

che Anhängigkeit eines Scheidungsverfahrens verlangt[83], ist die Rechtsprechung zurecht nicht gefolgt.

c) Inhalt der Scheidungsfolgenvereinbarung

940   In einer Vereinbarung, die die Eheleute für den Fall ihrer Scheidung abschließen, sind sie frei in der Gestaltung, insbesondere hinsichtlich der Höhe der Ausgleichsforderung. Der Ausgleichsanspruch kann an einer konkreten, den Regeln des gesetzlichen Zugewinnausgleichs folgenden Berechnung ausgerichtet sein. Ebenso kann der Ausgleichsanspruch aber auch pauschal ermittelt oder im Vergleichswege abweichend von dem Ermittelten vereinbart werden. Der Anspruch kann geringer oder höher als der gesetzliche Anspruch vereinbart werden, er kann auch ganz ausgeschlossen werden. Bei einer Erhöhung ist nur die Kappungsgrenze des § 1378 II zu beachten. Der Zugewinnausgleich kann also nicht höher als das positive Endvermögen des Verpflichteten vereinbart werden.

941   Eine nach § 1374 III 2 wirksame Scheidungsfolgenvereinbarung ändert nichts am gesetzlichen **Entstehen des Ausgleichsanspruchs.** Dieser entsteht erst mit dem Ende des Güterstandes, im Normalfall also mit Rechtskraft des Scheidungsbeschlusses. Die Scheidungsfolgenvereinbarung ist für die Beteiligten zwar schon mit ihrem Abschluss bindend. Sie begründet einen Anspruch aber erst unter der weiteren Voraussetzung dass der Güterstand tatsächlich beendet ist. Erst von diesem Zeitpunkt an ist sie auch zu **verzinsen.** Eine Vereinbarung, wonach der Anspruch schon zuvor entstehen soll, würde gegen zwingendes Recht verstoßen (→ Rn. 886).

Abweichend davon ist eine Vereinbarung möglich, die die Zahlungspflicht **sofort fällig** werden lässt. Die Zahlung ist dann aber zunächst rein vertraglicher Natur. Vor dem Ende des Güterstandes wird die Ausgleichsforderung dadurch noch nicht erfüllt, weil sie noch nicht existiert. Die Erfüllungswirkung tritt aber nachträglich gleichzeitig mit der Rechtskraft des Scheidungsbeschlusses ein (→ Rn. 510). Das mag einem Interesse beider Beteiligter entsprechen, birgt aber ein Risiko: Wenn der Ausgleichsberechtigte vor der Rechtskraft des Scheidungsbeschlusses stirbt oder der Scheidungsantrag zurückgenommen wird, entsteht die Ausgleichsforderung endgültig nicht, und der Pflichtige hat ohne Rechtsgrund geleistet. Das Risiko kann nur vermieden werden, indem anstelle der Scheidungsfolgenvereinbarung ein Ehevertrag geschlossen wird, der den Güterstand vorzeitig beendet und gleichzeitig den Ausgleichsanspruch regelt.

942   Die Vereinbarung kann und sollte auch Regelungen über die **Erfüllung des Ausgleichsanspruchs** enthalten. Die Fälligkeit kann durch Stundung hinausgeschoben werden. Es kann Sicherheitsleistung verein-

---

83 *Johannsen/Henrich/Jaeger*, § 1378, Rn. 13; *Staudinger/Thiele*, § 1378, Rn. 19.

bart werden. Es kann auch die Übertragung einzelner Gegenstände Erfüllungshalber oder an Erfüllungsstatt vereinbart werden. Fehlt eine Regelung, kann der Schuldner auch nach Abschluss des Vertrages noch eine gerichtliche Entscheidung über Stundung (§ 1382) oder der Gläubiger die Übertragung von Vermögensgegenständen (§ 1383) beantragen.

d) Form

Die Scheidungsfolgenvereinbarung über den Zugewinnausgleich bedarf, solange der Güterstand noch nicht beendet ist, der **notariellen Form**. Es ist nur die „allgemeine" notarielle Form verlangt, also die Niederschrift über eine Verhandlung (§ 8 BeurkG). Die verschärfte Form des Ehevertrages (§ 1410), die die gleichzeitige Anwesenheit beider Beteiligter bei der Niederschrift verlangt, ist nicht erforderlich. **943**

Die Form wird auch durch den **gerichtlichen Vergleich** eingehalten (§ 127a). Das ist in § 1378 III 2 ausdrücklich geregelt, obwohl es dessen nicht bedurft hätte, denn § 127a ist als eine Bestimmung des Allgemeinen Teils unmittelbar anwendbar. **944**

Die Formvorschrift des § 1378 III S. 2, 2. Hs. enthält den Zusatz, dass § 127a anzuwenden sei bei Vergleichen, die **in Ehesachen vor dem Prozessgericht** protokolliert worden sind. Daraus kann aber nicht der Schluss gezogen werden, dass nur ein Vergleich in Ehesachen das Formerfordernis erfülle, ein Vergleich, der in anderen Verfahren zustande gekommen ist, hingegen nicht[84]. Die Auffassung orientiert sich zu stark am reinen Wortlaut der Vorschrift. Das zeigt der **Vergleich mit dem Ehevertrag**. Obwohl für den Ehevertrag in § 1410 eine besonders qualifizierte Form der Beurkundung bei gleichzeitiger Anwesenheit vorgeschrieben ist, wird der Form genügt, wenn der Ehevertrag zu gerichtlichem Protokoll bei gleichzeitiger Anwesenheit der beiden Verfahrensbevollmächtigten geschlossen wird. Für die einfachere Scheidungsfolgenvereinbarung kann deshalb sinnvollerweise keine strengere Regel gelten. Der *BGH* hat die Frage zu § 1585c entschieden, der für die Form der Unterhaltsvereinbarung eine identische Formulierung enthält[85]. Nach Auffassung des *BGH* soll durch die Bezugnahme auf die Ehesache der Anwendungsbereich von § 127a ausgeweitet und nicht eingeschränkt werden. Deshalb ist ein gerichtlicher Vergleich über den Zugewinnausgleichsanspruch, der in einem beliebigen anderen Verfahren als protokolliert worden ist, formwirksam[86].

---

84 So aber: *Schröder/Bergschneider*, Rn. 4.866; *Büte*, FuR 2008, 177; *Schulz/Hauß*, Kap. 1, Rn. 439.

85 *BGH*, 26.2.2014, XII ZB 365/12, FamRZ 2014, 728, mit ausführlicher Darstellung des Streitstandes; dazu Anm. *Kogel* in FF 2014, 250.

86 Dem hat sich nun auch *Palandt/Brudermüller*, der zuvor skeptisch war, angeschlossen (§ 1585c BGB, Rn. 5).

945   Ein gerichtlicher Vergleich genügt der Form des § 1578 III allerdings nur dann, wenn die Voraussetzungen, die für § 127a allgemein gelten, erfüllt sind. Der Vergleich muss in einem gerichtlichen Verfahren abgeschlossen werden, das noch nicht beendet war, und er muss in mündlicher Verhandlung protokolliert worden sein. Es muss sich um einen Vergleich im Sinne des § 779 handeln, also ein – wenn auch ggf. nur geringes – Nachgeben beider Seiten enthalten. Der Vergleich muss den Streitgegenstand des gerichtlichen Verfahrens zumindest teilweise erledigen. Der Vergleichsgegenstand kann über den Streitgegenstand hinausgehen und etwa den nicht streitgegenständlichen Zugewinnausgleich erledigen. Der Vergleichsgegenstand muss aber in einem inneren Zusammenhang mit dem Rechtsstreit stehen[87].

Damit ist jedes familiengerichtliche Verfahren, an dem beide Eheleute beteiligt sind, geeignet, um dort auch eine Einigung über den Zugewinnausgleich zu protokollieren. Das kann ein Unterhaltsstreit sein, aber auch jedes Verfahren der freiwilligen Gerichtsbarkeit, ebenso jedes Verfahren der einstweiligen Anordnung.

Das Gericht ist nicht in jedem Fall verpflichtet, einen Vergleich aufzunehmen. Ohne weiteres ergibt sich diese Pflicht nur, wenn der Vergleich den Streitgegenstand selbst trifft. Geht der Vergleichsgegenstand über den Streitgegenstand hinaus, hat das Gericht nach pflichtgemäßem Ermessen zu entscheiden, ob es den Vergleich aufnimmt[88]. Das Problem stellt sich, wenn nur die Scheidungssache bei Gericht anhängig ist und dort eine Vereinbarung über den Zugewinn protokolliert werden soll. Im Scheidungsverfahren werden die Materien, die Gegenstand einer Folgesache sein können, immer zu protokollieren sein[89]. Deshalb kommt jedenfalls bei Anhängigkeit der Scheidungssache immer ein gerichtlicher Vergleich über den Zugewinnausgleich in Betracht, zumal er wesentlich kostengünstiger ist als ein notarieller Vertrag.

946   Nicht ausreichend ist indes ein gerichtlicher Vergleich, der ohne Protokollierung durch Beschluss zustande gekommen ist (§ 278 VI ZPO)[90]. Das ist allgemeine Meinung[91] und im Falle des § 1378 III 2 besonders deutlich zutreffend, weil dort ausdrücklich von *protokolliert* die Rede ist.

---

87 *MK/Einsele*, § 127a, Rn. 4–6.
88 *BGH*, 5.8.2011, XII ZB 153/10, FamRZ 2011, 1572.
89 *OLG Koblenz*, 20.2.2015, 13 WF 144/15, NJW 2015, 1316.
90 *Brandenburgisches OLG*, 9.10.2007, 10 UF 123/07, FamRZ 2008, 1192; *MK/Prütting*, ZPO, § 1378, Rn. 39.
91 A.A. für die Erfüllung eines Schriftformerfordernisses *BAG*, 23.11.2006, 6 AZR 394/06, NJW 2007, 1831.

Formulierungsbeispiel: **947**

Die Eheleute leben dauerhaft getrennt und wollen beide die Scheidung ih-
rer Ehe. Für den Fall der Rechtskraft eines ihre Ehe scheidenden Beschlus-
ses vereinbaren sie über den Zugewinnausgleich:

Der Ehemann verpflichtet sich, an die Ehefrau als Zugewinnausgleich ei-
nen Betrag von X EUR zu zahlen. Der Betrag ist fällig, sobald die Ehe
rechtskräftig geschieden ist und von diesem Tag an mit dem Verzugszins-
satz des § 288 BGB zu verzinsen. Ein Stundungsverlangen ist ausgeschlos-
sen. Das Begehren, in Anrechnung auf die Zugewinnausgleichsforderung
Vermögensgegenstände zu übertragen, ist ausgeschlossen. Mit der Zahlung
des Betrages ist der Zugewinn aus der zu scheidenden Ehe vollständig aus-
geglichen.

Der Ehemann unterwirft sich wegen der Zugewinnausgleichspflicht und
der Zinsen der sofortigen Zwangsvollstreckung aus dieser Urkunde in sein
gesamtes Vermögen. Der Notar wird angewiesen, der Ehefrau eine voll-
streckbare Ausfertigung dieser Verhandlung ohne Nachweis der weiteren
die Fälligkeit begründenden Tatsachen zu erteilen, wenn ihm die Ausfer-
tigung des Scheidungsbeschlusses mit Rechtskraftattest vorgelegt wird.

3. Vereinbarungen nach Ende des Güterstandes

Nach dem Ende des Güterstandes unterliegt eine Vereinbarung keinen **948**
Beschränkungen mehr. Die Ausgleichsforderung ist dann kraft Gesetzes
entstanden und ist zu einer gewöhnlichen schuldrechtlichen Forderung
geworden. Über sie können nach den allgemeinen schuldrechtlichen Regeln Verträge geschlossen werden. Eine Formvorschrift besteht nicht[92].
Vereinbarungen über den entstandenen Zugewinnausgleichsanspruch
sind deshalb auch formlos oder stillschweigend möglich.

V. Inhaltskontrolle bei Verträgen über den Zugewinnausgleich

1. Arten der Inhaltskontrolle

Verträge, die auf einen Zugewinnausgleich Einfluss haben können, **949**
sind in dem beschriebenen Umfange möglich. Wie alle Verträge müssen
sich Eheverträge und sonstige Verträge über den Zugewinnausgleich aber
an den allgemeinen Grenzen der Sittenwidrigkeit messen lassen. Verträge
sind nur wirksam, wenn sie nicht wegen einer nicht gerechtfertigten einseitigen Dominanz eines Vertragsteils, die auf der Unterlegenheit des anderen beruht, sittlich zu missbilligen sind. Dabei ist der in Art. 6 und 3

---

92 *Bamberger/Roth*, § 1378, Rn. 16; *Schröder/Bergschneider*, Rn. 4.865.

GG begründete Maßstab zugrunde zu legen, wonach die Ehe als Verbindung von zwei gleichberechtigten Partnern ausgestaltet ist.

Die Rechtsprechung und ihr folgend die einhellige Literatur führt unter dem Begriff „Inhaltskontrolle" eine zweistufige Prüfung durch. Auf der ersten Stufe ist zu prüfen, ob der Vertrag schon bei Vertragsschluss als sittenwidrig (§ 138) einzustufen ist („Wirksamkeitskontrolle"). Erweist sich der Vertrag danach als wirksam, so ist in einem zweiten Schritt zu prüfen, ob sich der begünstigte Ehegatte bei Scheidung der Ehe auf vertragliche Regelungen berufen kann, die für ihn im konkreten Fall ungünstige Scheidungsfolgen ausschließen. Ggf. ist dann der Vertrag gem. § 242 anzupassen und dadurch die gesetzliche Scheidungsfolge ganz oder teilweise wieder herzustellen („Ausübungskontrolle").

Grundsätzlich sind alle Verträge, die Einfluss auf einen Zugewinnausgleichsanspruch haben können, der Inhaltskontrolle zu unterziehen, namentlich

– Eheverträge
– Güterrechtsverträge im Verlauf oder zum Ende der Ehe
– Verträge zur Modifizierung des Zugewinnausgleichs
– Scheidungsfolgenvereinbarungen.

2. Wirksamkeitskontrolle

950   Verträge mit Auswirkung auf den Zugewinnausgleich, insbesondere also die Vereinbarung von Gütertrennung, können nur in seltenen Fällen als von vornherein sittenwidrig eingestuft werden.

Wegen der nachrangigen Bedeutung des Zugewinnausgleichs im System der Scheidungsfolgen ist der Zugewinnausgleich einer vertraglichen Disposition am weitesten zugänglich[93]. Der Güterstand gehört **nicht zum Kernbereich** der Ehescheidungsfolgen und ist deshalb einer ehevertraglichen Disposition am ehesten zugänglich. Die generelle Ausdehnung des Kernbereichs auch auf das Güterrecht würde die Grenze des zulässigen Eingriffs in die Privatautonomie der Ehegatten überschreiten[94]. Der *BGH* begründet die sehr weite Vertragsfreiheit im Bereich des Güterrechts zutreffend mit dem pauschalen Charakter des Systems der Zugewinngemeinschaft:

Sittenwidrig kann ein Vertrag, mit dem Gütertrennung vereinbart wird, für sich genommen kaum werden. Der Ausschluss des Zugewinnausgleichs kann aber unwirksam sein, wenn sich das Verdikt der Sittenwidrigkeit aus der Gesamtwürdigung eines einseitig belastenden Ehever-

---

93 *BGH*, 21.11.2012, XII ZR 48/11, FamRZ 2013, 269.
94 *BGH*, 21.11.2012, XII ZR 48/11, FamRZ 2013, 269.

trages ergibt, die Nichtigkeitsfolge notwendig den gesamten Vertrag erfasst, ohne dass eine Erhaltungsklausel hieran etwas zu ändern vermag[95].

„Die formal ausgestalteten Regelungen über den Zugewinnausgleich greifen allerdings über die teleologischen Grundlagen des Teilhabeanspruches – die verfassungsrechtlich verbürgte Gleichwertigkeit von Familienarbeit und Erwerbstätigkeit – deutlich hinaus, soweit sie auch solche Partnerschaften dem Ausgleich ehezeitlicher Vermögenszuwächse unterwerfen, in denen eine dem klassischen Ehetyp der Alleinverdienerehe entsprechende Rollenverteilung überhaupt nicht stattgefunden hat und indem sie – von den wenigen Ausnahmen des § 1374 Abs. 2 BGB abgesehen – auch solchen Zugewinn in den Ausgleich einbeziehen, zu dem der andere Ehegatte nicht beigetragen haben kann. […] Die insoweit als Korrektiv zur gesetzlichen Typisierung zu verstehende güterrechtliche Vertragsfreiheit der Ehegatten umschließt das Recht, den von ihnen als unbillig oder unbefriedigend empfundenen Verteilungsergebnissen des gesetzlichen Güterstandes durch eine eigenverantwortliche Gestaltung ihrer Vermögenssphäre zu begegnen"[96].

Bei der Wirksamkeitskontrolle unbedenklich sind nicht nur Gütertrennungsverträge, die den Zugewinnausgleich ausschließen, sondern auch Verträge, die ihn modifizieren. Deshalb bestehen keine Bedenken, einzelne Gegenstände (hier ein Unternehmen und ein Grundstück) von Zugewinn auszunehmen[97]. **951**

Die Inhaltskontrolle hat im Stufenverfahren schon auf der Auskunftsstufe stattzufinden[98]. Erweist sich ein Gütertrennungsvertrag als von vornherein wirksam, so steht damit fest, dass eine Auskunft nach § 1379 nicht geschuldet ist.

3. Ausübungskontrolle

Eine zweite Prüfungsstufe, nämlich die Ausübungskontrolle, hat beim Zugewinnausgleich nicht stattzufinden. Eine auf § 242 gestützte Anpassung eines Verzichtsvertrages bei Ende der Ehe ist zum ehelichen Unterhalt und zum Versorgungsausgleich entwickelt worden. Danach kann es dem Begünstigten ganz oder teilweise verwehrt werden, sich auf einen Unterhaltsverzicht für den Fall der Scheidung oder den Ausschluss des Versorgungsausgleichs zu berufen. Grundlage dafür ist ein anderer als der bei Vertragsschluss einvernehmlich angenommene Verlauf der Ehe, der es **952**

---

95 *BGH*, 17.5.2006, XII ZR 25/03, FamRZ 2006, 1097; *BGH*, 28.3.2007, XII ZR 130/04, FamRZ 2007, 1310, Rn. 17; *OLG Bremen*, 8.5.2014, 5 UF 110/13, NJW-RR 2014, 1097.
96 *BGH*, 21.11.2012, XII ZR 48/11, Rn. 31, FamRZ 2013, 269.
97 *OLG Bremen*, 8.5.2014, 5 UF 110/13, NJW-RR 2014, 1097.
98 *OLG Naumburg*, 11.4.2013, 8 UF 310/12, FamRZ 2014, 944.

für den Benachteiligten unzumutbar macht, die Folgen des Verzichts zu ertragen. Die zu Unterhalt und Versorgungsausgleich entwickelten Grundsätze lassen sich auf den Zugewinnausgleich nicht übertragen.

Die Rechtsprechung[99] und die überwiegende Literatur halten es im Grundsatz für geboten, auch bei wirksam vereinbarter Gütertrennung zu prüfen, ob der Ehegatte mit dem höheren Zugewinn sich auf den Ausschluss des Zugewinnausgleichs berufen dürfe. Tatsächlich ist ein praktischer Fall, in dem das in Betracht gekommen wäre, bisher von der Rechtsprechung nicht entschieden und in der Literatur auch nicht erörtert worden. Es ist nur eine Entscheidung bekannt geworden, bei der das Gericht den Gütertrennungsvertrag über eine Ausübungskontrolle angepasst hat[100]. Die Entscheidung ist allerdings zum Auskunftsanspruch im Stufenverfahren ergangen und lässt nicht erkennen, wie letztlich in der Sache entschieden worden ist[101].

Eine Ausübungskontrolle scheitert schon daran, dass Gütertrennung nicht ein Verzicht auf Zugewinnausgleich ist. Vielmehr wird durch den Ehevertrag ein gänzlich anderer Güterstand vereinbart, der von vorneherein verhindert, dass überhaupt ein Zugewinnausgleichsanspruch entsteht, auf den verzichtet werden könnte[102]. Der Zugewinnausgleichsanspruch wird definiert als Differenz zweier Bilanzsalden. Die einzelnen Bilanzpositionen dürfen nicht aus Billigkeitsgründen verändert, der Ausgleichsanspruch nicht auf Billigkeitserwägungen gestützt werden. Es wäre widersinnig, bei einer Ausübungskontrolle diese Billigkeitskorrektur zuzulassen, die beim regulären Zugewinnausgleichsanspruch nicht zugelassen ist. Schließlich ergäbe sich ein Widerspruch zum Schenkungsteuerrecht; alle Zahlungen eines Ehegatten an den anderen, die nicht gesetzlicher Zugewinnausgleich sind, unterliegen der Schenkungsteuer. Auf die ausführliche Begründung des *Verfassers* in dem dazu veröffentlichten Aufsatz wird Bezug genommen[103].

953 Die veröffentlichte Rechtsprechung hat bisher nur Fälle entschieden, in denen aus anderen Gründen schon keine Anpassung des Gütertrennungsvertrages in Betracht kam[104]. Wird durch Ehevertrag ein Gegenstand (etwa ein Unternehmen) aus dem Zugewinnausgleich ausgenom-

---

99 *BGH*, 29.1.2014, XII ZB 303/13, FamRZ 2014, 629, mit Anm. *Braeuer* in NZFam 2014, 457.

100 *OLG Celle*, 8.2.2008, 21 UF 197/07, FamRZ 2008, 2115, mit zustimmender Anm. *Bergschneider*.

101 Ablehnend unter Hinweis auf unübersehbare Folge für die Gütertrennung in der Unternehmerehe: *Kogel*, Strategien, Rn. 52.

102 Skeptisch, aber ohne nähere Begründung: *Kanzleiter*, FamRZ 2014, 998.

103 *Braeuer*, FamRZ 2014, 77.

104 *OLG Hamm*, 22.5.2014, 1 UF 66/13, FamRZ 2014, 1635 (nur Leitsatz).

men, so kann das dazu führen, dass dadurch ein Ehegatte zugewinnausgleichspflichtig wird, der ohne die vertragliche Änderung selbst einen
Ausgleichsanspruch gehabt hätte. Das allein führt nicht dazu, dass der
Vertrag im Wege der Ausübungskontrolle anzupassen wäre[105]. Dasselbe
gilt, wenn der Ehevertrag vorsieht, dass das Betriebsvermögen des Ehemannes nur mit dem Bestand seiner Kapitalkonten berücksichtigt wird
und stille Reserven außer Betracht bleiben[106].

Eine Ausübungskontrolle der Gütertrennung findet nur durch Eingriffe in sonstige Scheidungsfolgen statt (Unterhalt, Versorgungsausgleich),
nicht durch Schaffung eines Zugewinnausgleichsanspruches[107]. Die Ausübungskontrolle eines Gütertrennungsvertrages wird erwogen, wenn der
begünstigte Ehegatte seine Altersvorsorge durch Vermögensbildung betrieben hat und der andere dadurch ohne ein angemessenes Äquivalent für
den inhaltslosen Versorgungsausgleich bleibt. Im Wege der Ausübungskontrolle könne dann der Teil des Vermögens, der zur Versorgung im Alter gebildet worden ist, für einen Ausgleich herangezogen werden[108]. Das
hält auch der *BGH* grundsätzlich für richtig[109]. Der *BGH* möchte das allerdings auf Fälle beschränken, bei denen der ausgleichsberechtigte Ehegatte als Folge eines ehebedingten Nachteils keine eigene Versorgung auf-
bauen konnte und der andere seine Altersvorsorge durch Vermögensbildung betrieben hat.

Die Gründe, die vom Ansatz her gegen eine Ausübungskotrolle bei **954**
vereinbarter Gütertrennung sprechen, lassen sich nicht auf die **modifizierte Zugewinngemeinschaft** übertragen. Bei diesem Vertrag wird aus
steuerlichen Gründen die Gütertrennung gerade vermieden und nur für
den Fall der Scheidung auf Zugewinnausgleich verzichtet. Die Eheleute
wollen sich die Möglichkeit offen halten, im Todesfalle oder durch Vertrag Vermögen zu übertragen, ohne dass das steuerlich ein Geschenk wäre.
Bei der modifizierten Zugewinngemeinschaft entsteht der Zugewinnausgleichsanspruch und erst im Moment der Scheidung entfaltet der Verzicht
darauf seine Wirkung. Die zur Anpassung eines Unterhaltsverzichts entwickelten Regeln können deshalb grundsätzlich angewendet werden.
Auch ein Konflikt mit der Schenkungsteuer entsteht nicht.

---

105 *BGH*, 17.7.2013, XII ZB 143/12, FamRZ 2013, 1543, mit Anm. *Münch*, FamRB 2014,
 71.
106 *OLG Bremen*, 6.5.2014, 5 UF 110/13, FamRZ 2014, 1635 (nur Leitsatz).
107 *BGH* 17.10.2007, XII ZR 96/05, FamRZ 2008, 386; *OLG Karlsruhe*, 31.10.2014, 20 UF
 7/14, FamRZ 2015, 500, 504.
108 *OLG Karlsruhe*, 31.10.2014, 20 UF 7/14, FamRZ 2015, 500 mit Anm. *Bergschneider*; *Brudermüller*, in Festschrift für Mark Binz, 2014, S. 105; *MK/Koch*, § 1375 Rn. 16c.
109 *BGH*, 8.10.2014, XII ZB 318/11, FamRZ 2014, 1978, mit Anm. *Braeuer* (NZFam 2014,
 1137).

Haben Eheleute durch Ehevertrag den gesetzlichen Güterstand beibehalten und nur für den Fall der Scheidung den Zugewinnausgleich ausgeschlossen, so kommt eine Ausübungskontrolle grundsätzlich in Betracht. Die Gründe, die im Güterrecht eine denkbar weite Abweichung vom gesetzlichen Regelbild zulassen, gelten indes auch beim modifizierten Zugewinnausgleich. Fälle, in denen es bei der modifizierten Zugewinngemeinschaft zu einer Anpassung gekommen wäre, sind bisher nicht bekannt geworden. Woran eine Anpassung zu orientieren wäre, ist auch schwer vorstellbar. Nach Auffassung des *BGH* dient die Ausübungskontrolle zum Ausgleich ehebedingter Nachteile[110]. Maßstab ist dabei der fiktive Verlauf, den die wirtschaftliche Entwicklung des benachteiligten Ehegatten genommen hätte, wäre diese Ehe nicht eingegangen. Welchen Zugewinn ein Ehegatte ohne die konkrete Ehe erwirtschaftet hätte, lässt sich aber schlechterdings nicht ermitteln[111]. Vermögen kann nur aus dem Teil des Einkommens gebildet werden, das nicht durch die Lebenshaltung verbraucht wird. Dazu lässt sich rückschauend nicht einmal eine annähernde Feststellung machen.

---

110   *BGH*, 8.10.2014, XII ZB 318/11, FamRZ 2014, 1978.
111   Dazu im Einzelnen *Braeuer*, FamRZ 2014, 77, 82.

Stichwortverzeichnis

(Die Zahlen verweisen auf Randziffern.)